Vidas Fabris

CONSELHO EDITORIAL
Ana Paula Torres Megiani
Eunice Ostrensky
Haroldo Ceravolo Sereza
Joana Monteleone
Maria Luiza Ferreira de Oliveira
Ruy Braga

Vinícius de Rezende

Vidas Fabris

Trabalho e conflito social no complexo coureiro-calçadista de Franca-SP (1950-1980)

Copyright © 2017 Vinícius de Rezende
Grafia atualizada segundo o Acordo Ortográfico da Língua Portuguesa de 1990, que entrou em vigor no Brasil em 2009.

Edição: Haroldo Ceravolo Sereza
Editora assistente: Danielly de Jesus Teles
Editora de livros digitais: Clarissa Bongiovanni
Projeto gráfico, diagramação e capa: Danielly de Jesus Teles
Assistente acadêmica: Bruna Marques
Revisão: Alexandra Colontini
Imagens da capa: *Setor produtivo da Avelar & Cia. - Calçados Peixe, década de 1950.* Foto pertencente ao acervo do Museu Histórico Municipal "José Chiachiri", Franca-SP.

Este livro contou com o apoio da FAPESP, número do processo: 2016/14892-9

As opiniões, hipóteses e conclusões ou recomendações expressas neste material são de responsabilidade do autor e não necessariamente refletem a visão da FAPESP.

CIP-BRASIL. CATALOGAÇÃO NA PUBLICAÇÃO
SINDICATO NACIONAL DOS EDITORES DE LIVROS, RJ

R359v

Rezende, Vinícius de
Vidas fabris : trabalho e conflito social no complexo coureiro-calçadista de Franca-SP (1950- 1980) / Vinícius de Rezende. - 1. ed. - São Paulo : Alameda, 2017.
23 cm

Inclui bibliografia
ISBN 978-85-7939-367-9

1. Fábricas - História. 2. Calçados - Indústria - Franca (SP). I. Título.

17-45115   CDD: 338.09
                           CDU: 675.01

ALAMEDA CASA EDITORIAL
Rua 13 de Maio, 353 – Bela Vista
CEP 01327-000 – São Paulo, SP
Tel. (11) 3012-2403
www.alamedaeditorial.com.br

Sumário

Agradecimentos   13

Prefácio   17

Apresentação   21

I. A apropriação do gesto operário   37

A formação do complexo coureiro-calçadista   38

As transformações dos processos   51
produtivos e de trabalho

A aplicação da ciência ao trabalho: 99
técnica X disciplina?

II. Da arte de saber fazer ao "operário-boi"?   107

A arte de saber fazer   108

Mecânicos e eletricistas   113

Família, vizinhos e bancas   119

As fabriquetas e a possibilidade
de aprender tarefas diversas   126

Aprendizado metódico de um ofício
ou burla à legislação trabalhista?   128

Migrantes rurais e o ingresso
na grande indústria   139

As exportações e a implantação do SENAI   144

O controle do ritmo de trabalho:
salário por peça X salário por tempo   151

Trabalhadores taylorizados?   161

**III. Os "donos" do chão de fábrica:
a formação dos gestores**   167

Os "donos" do chão de fábrica
e o predomínio da empiria   171

"Ficar no meio" e as ambiguidades
na construção de uma identidade   185

A implantação do TWI em Franca   190

A obtenção da legitimidade
e a brutalidade recorrente   197

A importação de gestores e a
implantação da instrução formal   211

A técnica a serviço da produtividade   222

A campanha "Operário Padrão"
e o ideal de ascensão social   229

IV. Experiências em comum — 239

Migrantes rurais — 241

As condições de trabalho — 257

A produção não pode parar — 270

A divisão sexual do trabalho — 287

"Capital e trabalho podem viver em harmonia total" — 294

V. Luta de classes tem todo dia — 319

A "recriação festiva" do ambiente de trabalho — 322

"O absenteísmo é uma doença grave para a indústria e o progresso da nação" — 338

A arte de "fazer cera": tempo de trabalho é para trabalhar? — 349

Os "atos de má fé do trabalhador": acidentes ou sabotagens? — 365

"Nem o rei me manda, quanto mais o dono da fábrica" — 374

A apropriação ilegal de bens materiais — 378

"Larga do meu pé senão eu te acerto" — 382

De braços cruzados — 387

Luta de classes tem todo dia — 396

VI. A serviço da paz social? — 403

Trabalhadores a domicílio amparados pela CLT — 409

Gratidão *versus* luta por direitos — 420

A proteção à maternidade — 432

O direito ao adicional de insalubridade — 443

O poder de comando em disputa	459
Perseguidos pelo capital	471
"Chamou a gente de desgraça"	481
Considerações finais	**499**
Fontes	**505**
Referências bibliográficas	**513**
Anexos	**523**

Para Jeusa e Márcia

Ao contrário da opinião de certos praticantes teóricos, nenhum trabalhador conhecido pelos historiadores permitiu jamais que a mais-valia lhe fosse arrancada do couro sem encontrar uma maneira de reagir (há muitas maneiras de "fazer cera"), e, paradoxalmente, por sua reação, as tendências foram desviadas e as "formas de desenvolvimento" se processaram de maneiras inesperadas.

Edward P. Thompson. *A miséria da teoria.*

Agradecimentos

Ao rememorar os diversos caminhos percorridos até a publicação deste livro, lembro-me de um momento decisivo: uma sexta-feira à noite, nos idos de 2002. Eu me encontrava cheio de dúvidas e incertezas em relação à escolha do objeto para a elaboração de um projeto de iniciação científica e um amigo foi enfático: "você deve estudar os trabalhadores de Franca-SP". Posso dizer que dos diálogos que seguiram resultaram meu trabalho de conclusão do curso de História, minha dissertação de mestrado e, finalmente, minha tese de doutorado.

Ao longo desses anos, contei com a ajuda, o apoio e a colaboração de muitas pessoas e peço desculpas àquelas, por ventura, não citadas abaixo devido aos lapsos de minha memória. Saibam que foram importantes para a conclusão da pesquisa que resultou nessa publicação e que lhes sou grato.

Agradeço à minha Márcia, que tem me acompanhado durante toda esta jornada. Desde março de 2003 tenho o prazer de desfrutar de seu amor, carinho, cumplicidade e dedicação. Você não é apenas a mulher que amo e que escolhi para viver a dois, é também minha melhor amiga, companheira de trabalho e de utopias. Já disse isso em outras oportunidades e reitero: você me proporciona alegria num mundo tão desigual e opressivo. Contigo tenho desfrutado os melhores momentos de minha vida. Sou-lhe grato por toda a ajuda acadêmica ao longo desses anos: na coleta de fontes, transcrição de entrevistas, na troca de ideias, por me ouvir falar tanto dos trabalhadores que compõem esse livro, e pela leitura atenta e generosa. Te amo daquele tanto!

À minha mãe, Jeusa, por todos os sacrifícios em nome do bem estar e da educação dos filhos e por sempre ter acreditado em mim e me incentivado. Sem você nada disso teria sido possível. Espero estar à altura de toda sua dedicação. Minha mãe é mais uma trabalhadora que teve sua saúde tragada pela dupla jornada de trabalho que enfrentou desde criança.

Ao amigo Fernando Teixeira, com quem tive a felicidade de trabalhar desde 2006. Lembro-me de nossa primeira conversa em uma ANPUH e não poderia imaginar que alguns anos depois eu teria o prazer de contar com sua orientação e desfrutar de sua amizade. Sempre me incentivou de forma entusiástica, deu dicas e indicações precisas, leu tudo que escrevi com esmero e com grande generosidade em seus comentários.

À Teresa Malatian, minha orientadora na graduação e no mestrado, por ter acreditado e incentivado minha ideia inicial e por todos os ensinamentos sobre pesquisa. Seu curso de *Historiografia da classe trabalhadora* me possibilitou o contato com autores decisivos para minha formação, como E. P. Thompson.

Aos professores Claudio Batalha e Michael Hall, pelas contribuições em meu exame de qualificação e na defesa da tese, por todas as indicações bibliográficas, debates, discussões e sugestões nas reuniões de linha de pesquisa, nas quais praticamente todos os capítulos desse livro foram debatidos. Estendo os agradecimentos aos professores Antonio Luigi Negro – Gino – e José Sérgio Leite Lopes, pelas contribuições na defesa da tese. Gino se tornou meu colega de trabalho na UFBA e sempre me incentivou a publicar o livro.

Aos funcionários do Arquivo Histórico Municipal de Franca, que me proporcionaram um excelente ambiente de trabalho e toda a liberdade para que eu pudesse pesquisar os processos trabalhistas; aos funcionários do Museu Histórico Municipal de Franca, onde pude pesquisar o jornal *O Comércio da Franca* e que me auxiliaram na localização da imagem reproduzida na capa do livro; aos funcionários do IPT/Núcleo de Franca, onde pesquisei importantes obras sobre o setor coureiro-calçadista; aos funcionários da empresa *Amazonas*, que me auxiliaram na pesquisa do boletim *O Amazonas*; aos funcionários da biblioteca do IFCH/UNICAMP, sempre solícitos; à Flávia, por toda a ajuda na resolução de questões burocráticas ao longo do doutorado e no processo de publicação.

Um agradecimento muito especial ao Alexandre Marques Mendes, que gentilmente me cedeu seu banco de dados sobre os processos trabalhistas sob a guarda do AHMF; à Michelle Silva e, especialmente, à Vanessa Dias que me auxiliaram a complementar o banco de dados e a digitalizar cerca de 1.400 processos; à Nayara Moura Cruz que realizou o levantamento dos processos cíveis relacionados aos acidentes do trabalho; a todas e todos que me auxiliaram com as transcrições das entrevistas realizadas desde 2003.

Às entrevistadas e aos entrevistados que gentilmente me receberam em suas residências ou locais de trabalho e comigo compartilharam um pouco de suas experiências e possibilitaram fundamentar e enriquecer significativamente as análises e conclusões tecidas nesse livro.

Aos industriais e gestores que me autorizaram a conhecer algumas indústrias – Jerson Júnior, Romeu Caetano Cintra, Saulo Pucci e Wagner Sábio de Mello. Um agradecimento especial, em memória, a Zdenek Pracuch, por toda a generosidade em me conceder uma entrevista, me emprestar livros e sua coleção de *O Calçadista* e por esclarecer, por e-mail, várias das minhas dúvidas sobre processos produtivos do setor calçadista.

Ao amigo Moacir Gigante, uma das pessoas mais influentes para minha formação acadêmica e política. Um verdadeiro artesão – dedicado e detalhista –, sempre em busca da perfeição em tudo que faz e que me concedeu a honra de trabalhar ao seu lado em várias oportunidades. Ao amigo João Bernardo, intelectual libertário e anticapitalista, pelos ensinamentos compartilhados, pelas indicações bibliográficas e pelas leituras e comentários.

Ao amigo David, companheiro de mudanças e de ótimas horas de conversas em que degustamos boa comida e bebida, momentos fundamentais para fugir do estresse dos meses de escrita; ao amigo Samuel, um dos primeiros a ler meu projeto de iniciação científica, leitor de vários textos que escrevi, interlocutor e companheiro desta e de outras empreitadas.

Aos colegas do curso de pós-graduação da UNICAMP, que comigo cursaram disciplinas e participaram de reuniões de linhas de pesquisa e ofereceram importantes contribuições aos textos que apresentei; ao professor Oliver Dinius, por ter lido o primeiro capítulo da tese que resultou nesse livro; aos colegas das revistas História Social e Mundos do Trabalho; aos membros do GT Mundos do Trabalho-ANPUH, que em várias oportunidades me ofereceram importantes contribuições; aos colegas e aos amigos das instituições em que trabalhei e trabalho: DIEESE, UFRB e UFBA.

A todos os familiares que compartilharam suas experiências de vida comigo, que me concederam entrevistas e me indicaram outras pessoas a serem entrevistadas.

Um agradecimento especial à FAPESP, que financiou minhas pesquisas de Iniciação Científica, Mestrado e Doutorado; e concedeu o auxílio financeiro para a presente publicação.

Prefácio

O que as histórias do cotidiano fabril ainda têm para ensinar? Alguns estudos sustentaram que a reconstituição minuciosa do processo de trabalho nas fábricas daria a chave para se compreender o comportamento, as escolhas, os valores e os posicionamentos políticos dos trabalhadores. A depender das características da tecnologia, das dimensões de uma empresa, do montante de capital investido na produção, da composição da força de trabalho – em número, sexo, idade e qualificação –, dos modos de dominação e do grau de divisão do trabalho, poder-se-ia explicar porque determinadas categorias profissionais tendiam a ser radicais ou conservadores, sindicalistas revolucionários, anarquistas, "amarelos" ou comunistas, entre tantas outras essências.

Vidas fabris, de Vinícius de Rezende, não acalenta ou compartilha ambições tão limitadas. Ao escolher o "chão da fábrica" para compreender as experiências dos trabalhadores do couro e dos calçados da cidade de Franca-SP, o autor escapou das tentações de predicar que, em condições semelhantes, as mesmas causas deverão produzir os mesmos efeitos ou fatos. Seus objetivos são mais elevados: coloca em questão e abate uma série de simplificações que buscam respostas em modelos idealizados do desenvolvimento capitalista "avançado" para explicar a gênese e evolução do "capitalismo tardio e periférico".

Por que, afinal, a fabricação de sapatos em uma cidade do norte paulista não deveria ter passado pela transição linear do artesanato e da manufatura para a grande indústria? Como não encontrar nos curtumes, na produção da borracha e, sobretudo, nas fábricas de sapatos da cidade, entre as décadas de 1950 e 1980, o "operário-boi" evocado por Frederick Taylor em seu afã de tudo calcular, mensurar e pesar? O pressuposto de tais perguntas, com elevados teores de teleologia, é que "sapateiros politizados" e forjados no aprendizado artesanal do ofício qualificado fatalmente cederiam espaço para o trabalhador profissional e politicamente sem qualificação.

Rezende, entretanto, encontra em sua extraordinária pesquisa em diferentes séries documentais não apenas o que procura, mas o que as fontes também lhe "dão" a ver. O que as "teorias da transição" elidem é a heterogeneidade e a coexistência de diferentes modos de produção do couro, da borracha e dos calçados na Franca da segunda metade do século XX. Se o chamado "controle operário" no decorrer da produção e o saber-fazer dos trabalhadores de fato sofreram abalos ao longo do complexo e multifacetado *processo* de industrialização, é preciso, porém, repensar o próprio conceito de qualificação profissional. Um dos pontos altos deste livro está em considerá-la como um fenômeno que transcende o processo de trabalho em seus aspectos técnicos. A análise do autor sobre o aprendizado, em sentido amplo, e a socialização dos trabalhadores rurais em suas relações de trabalho, parentesco e vizinhança oferece novas e insuspeitadas maneiras de interpretar as habilidades dos trabalhadores, porquanto não são elas apenas profissionais, mas principalmente sociais.

Daí a necessidade de se conhecer o que os trabalhadores levavam consigo antes de pisar numa fábrica pela primeira vez, em particular aqueles que vinham do campo e que constituíam a maior fatia da força de trabalho no complexo coureiro-calçadista. Assim como as indústrias, as vidas dos trabalhadores antes de seu ingresso no mundo fabril também foram heterogêneas. Vasta literatura vê os migrantes do campo para a cidade como uma gente impregnada de medo e submissão, indistinta e modelada na quase sempre essencializada tradição patriarcal e paternalista da vida rural. Por isso, seria incapaz de impor resistência às formas de dominação engendradas em um mundo urbano-industrial supostamente marcado pela completa racionalização e impessoalidade. Todavia, Vinícius de Rezende – hábil em tirar o leitor, ao menos por alguns momentos, do claustro das fábricas – apresenta um universo de experiências muito mais nuançado e rico em significados sócio-culturais porque faz o que poucos historiadores costumam fazer: sair em busca das experiências pré e extra-fabris dos trabalhadores. Armado com grande munição empírica, composta acima de tudo por horas a fio de relatos orais e centenas de processos da Justiça do Trabalho, Rezende deu sentido a múltiplas e pequenas lutas dos trabalhadores no chão das fábricas. Isso porque foi capaz de unir os fios que ligam campo e cidade, roça e máquinas, casa e indústria, trabalhadores rurais e urbanos.

A cultura fabril dos trabalhadores ocupa a maior parte das páginas do livro. Do mesmo modo que trabalhar na fábrica implica o encontro de adolescentes e adultos, homens e mulheres, labuta e diversão, paternalismo e resistência, favores e direitos, a lida de todo dia em um curtume, uma grande indústria de sapato ou uma pequena oficina doméstica também implica rusgas, violência aberta e misoginia entre colegas – nada que, aliás, seja exclusivo do ambiente fabril. A virtude do autor está em compreender os nexos e tensões entre solidariedade e disputa, identidade de classe e desagregação das ações coletivas.

Se esses trabalhadores não estiveram na "vanguarda" do movimento operário, não protagonizaram greves de grandes proporções, não formaram as principais bases sociais de partidos de massa – nem por isso são menos interessantes. Ao contrário, tornam seu estudo ainda mais instigante e desafiador. E o livro de Vinícius Rezende está à altura dos desafios impostos pelas tantas *vidas fabris* que agora se abrem para os leitores.

Fernando Teixeira da Silva
Departamento de História da UNICAMP

Apresentação

O sol nem bem nasceu e milhares de homens e mulheres se levantam para iniciar mais um dia que não será vivido da maneira que mais lhes agrada. Como não existem muitas opções de sobrevivência, é necessário ganhar a vida por meio da venda de seu tempo de trabalho. Então, resta lavar o rosto, tomar um café, pegar a marmita e ir para a fábrica. Procedentes de várias partes da cidade, a primeira ação ao chegar às empresas é brincar com os colegas de trabalho, fazer alguma piada, comentar sobre os acontecimentos mais recentes, sobre telenovelas e futebol, se vangloriar da vitória ou lamentar a derrota do time de coração na última rodada, que acarretará inúmeras troças ao longo do dia. Esses momentos duram pouco, pois logo a sereia – sinal de entrada e saída – canta e é necessário ocupar o posto de trabalho, afinal de contas, atrasos não são tolerados.

Após serem ligadas, as máquinas não podem parar, pois os prazos são exíguos e para cumpri-los é necessária concentração, ritmo constante e esforço físico para se manter, durante horas a fio, na mesma posição a executar gestos monótonos, precisos e repetitivos. Uma pausa para o almoço e mais um pouco de interação com os colegas, outros preferem se recostar à sombra e dormir para repor as energias. Logo o trabalho é retomado e só será encerrado ao final do dia, quando finalmente poderão se dirigir para suas casas. Alguns terão que realizar horas extraordinárias, os serões, antes de poderem deixar o local de trabalho, pois recusas não são bens aceitas pela chefia e o dinheiro extra ajuda o orçamento. Outros tantos darão prosseguimento ao trabalho em casa, fazendo "bicos", pois precisam complementar os parcos ganhos com alguma outra atividade. Muitas continuarão a trabalhar, dessa vez, nas tarefas domésticas necessárias à manutenção da família, intensificando ainda mais o desgaste físico, que acarretará dolorosas sequelas com o passar dos anos marcados pela dupla jornada.

No dia seguinte, essa rotina será retomada e assim prosseguirá por anos e mais anos dedicados à produção de bens materiais que tantos ganhos trazem aos capitalistas. Quando finalmente conseguirem se aposentar, trabalhadoras e trabalhadores terão passado grande parte do tempo atrás dos muros das fábricas e muitas de suas experiências e memórias resultarão dessas vidas fabris. Muitos sentirão falta do trabalho e, principalmente, dos colegas; outros tantos estranharão o fato de não mais exercerem uma atividade produtiva, pois foram condicionados a isso no transcurso de décadas e aprenderam que na sociedade em que vivem tem valor quem produz. Se eles não mais produzem, tornaram-se inúteis, um peso a ser carregado pelas novas gerações.

Entre os milhares de homens e mulheres que dedicaram e dedicam suas existências ao trabalho assalariado, poucos conseguem exercer atividades que lhes possibilita desenvolver um sentimento de realização e de satisfação; a maioria trabalha nesta ou naquela profissão por falta de opção e por ser o único recurso disponível para conseguir ganhar o mínimo suficiente para sobreviver e para prover o sustento do núcleo familiar. Para os capitalistas, interessam sobretudo os trabalhadores mais disciplinados e produtivos, aqueles que colaboram com o crescimento de suas empresas sem questionar as normas e sem fugir do trabalho; esperam que seus funcionários "vistam a camisa" da empresa e não percam um minuto sequer do valioso tempo a ser dedicado à produção.

Porém, trabalhadores não são autômatos, tampouco simples agregados do maquinário. Eles têm vontade própria, se cansam, se entediam, possuem necessidades fisiológicas e, durante a jornada de trabalho, insistem em interagir com os colegas e amenizar a estafante rotina que lhes massacra. Mais do que isso, eles desenvolvem variadas estratégias para produzir menos do que são capazes, se ausentam de seus postos de trabalho, "fazem hora" nos banheiros ou vestiários, brincam, pregam peças, lutam uns com os outros e, assim, conseguem se reapropriar de parte do tempo vendido ao patrão. Mas é preciso praticar tais atos com cautela, pois os superiores hierárquicos estão sempre presentes no local de trabalho para garantir a máxima eficiência e obter a maior produtividade possível de seus subordinados.

Neste livro, busquei explicar em detalhes as experiências de trabalho no interior das unidades fabris. A meu ver, analisar como os processos produtivos se transformaram ao longo do tempo e interpretar seus impactos sobre os trabalhadores constitui por si só um objeto de pesquisa relevante, especialmente para aqueles que almejam compreender a formação da classe trabalhadora em seus múltiplos aspectos. Não ignoro a importância da militância sindical e partidária para o estudo da história operária. Na pesquisa inicial que resultou nessa obra, planejei construir os últimos capítulos em torno dos sindicatos das categorias profissionais que foram objeto da pesquisa – borracheiros, curtumeiros e sapateiros –, mas conforme a análise e a escrita do texto avançaram, constatei o risco dos capítulos não dialogarem entre si e optei por priorizar as experiências no chão de fábrica. Diferentemente de outros pesquisadores,[1] as fontes que utilizei para o desenvolvimento da pesquisa não possibilitaram estabelecer uma relação direta entre trabalho e militância sindical-partidária. Ao contrário, indicaram uma aparente distância entre o local de trabalho e as associações de classe. No fim, fiz um recorte temático e priorizei o estudo da vida operária dentro das indústrias e das pequenas unidades produtivas.

Acredito que abdicar da escrita da história sindical foi uma boa decisão, pois me permitiu aprofundar a pesquisa sobre as relações e condições de trabalho vivenciadas por milhares de trabalhadoras e trabalhadores anônimos que raramente se destacaram pela militância política, mas que nem por isso tiveram menor importância no processo de formação da classe trabalhadora. Com isto, não procurei estabelecer uma dicotomia entre a abordagem que adotei e aquelas que priorizam a atuação política dos trabalhadores em sindicatos e partidos polí-

---

1 Cf., por exemplo, BEYNON, Huw. *Trabalhando para Ford. Trabalhadores e sindicalistas na indústria automobilística*. Rio de Janeiro: Paz e Terra, 1995. Ao analisar o cotidiano de trabalho da Ford da Inglaterra, o autor conseguiu estabelecer as relações entre os operários e seus representantes no local de trabalho, os *shopstewards*, e as lideranças sindicais.

ticos, o que em nada contribuiria para o avanço das pesquisas na área de História social do trabalho. A ponte entre o privado – as vidas vividas nas fábricas – e o público foi buscada por meio do recurso dos trabalhadores à Justiça do Trabalho, instituição estatal utilizada pelos trabalhadores para reivindicar direitos e questionar certos aspectos do controle da força de trabalho por parte dos capitalistas.

A delimitação espacial abrange o complexo coureiro-calçadista da cidade de Franca, localizada na região norte do estado de São Paulo. Esse recorte justifica-se pelo fato de o município ter se constituído, entre as décadas de 1950 e 1980, no principal produtor de calçados masculinos de couro do país, cujas indústrias se caracterizaram pelo emprego intensivo de força de trabalho e pela significativa heterogeneidade do parque fabril no que diz respeito ao porte das unidades produtivas e à tecnologia empregada. Essas características possibilitaram pesquisar um setor industrial que mesclou indústrias com tecnologia avançada, mas que continuaram a necessitar de trabalhadores aptos a realizar trabalhos manuais complexos em determinados setores, e manufaturas que recorreram predominantemente ao trabalho manual. A diversidade desse parque fabril permitiu problematizar generalizações a respeito do desenvolvimento industrial que tendem a compreendê-lo como um processo unívoco e retilíneo, que invariavelmente destruiu capacidades laborais e as incorporou em artefatos metais-mecânicos. Essa tendência ocorreu, mas o processo foi mais plural e contraditório do que muitas vezes se supõe.

O desenvolvimento industrial de Franca foi compreendido como parte das transformações mais amplas do capitalismo industrial. Nacionalmente, inseriu-se numa conjuntura de consolidação da industrialização, crescimento urbano e concentração populacional nas cidades. Internacionalmente, relacionou-se à busca, por parte de comerciantes de vários países, por produtores de bens de consumo fabricados a preços mais baixos e mais competitivos devido aos salários reduzidos de sua força de trabalho. Isso foi decisivo para as maiores fábricas de Franca começarem a exportar calçados no início da década de 1970. Como ressaltou Achyles da Costa,

> convém lembrar que o ingresso do Brasil no mercado internacional de calçados ocorre a partir de um movimento em que se desloca a produção desse bem de consumo – e de outros produtos intensivos em mão-de-obra – dos países desenvolvidos em direção a regiões com oferta abundante de força de trabalho. Adicione-se, ainda, que o final da década de 1960 constitui-se na fase derradeira dos chamados "anos dourados", período de

acelerado crescimento econômico que se iniciou ao término da Segunda Guerra Mundial. Nessa fase de prosperidade, a taxa de salários se elevou nos países desenvolvidos, encarecendo a fabricação de produtos que requeriam elevado conteúdo de trabalho direto. [...]
O por que de o Vale dos Sinos e Franca terem recebido os pedidos dos importadores de calçados deve-se a um fato trivial: há muito se achava ali instalado um parque industrial calçadista com uma longa tradição de produção, o que não ocorria em outras regiões brasileiras.[2]

Assim, apesar de a maior parte da análise centrar-se no estudo do cotidiano de trabalho, procurei relacioná-la ao processo histórico mais amplo, visto que a industrialização de Franca não pode ser compreendida de forma parcial e fragmentada, como se fosse capaz de se auto-explicar.

O desenvolvimento urbano e industrial de Franca despertou o interesse de vários pesquisadores que, desde meados dos anos 1960, se dedicaram a estudar o tema, o que foi intensificado pela existência na cidade do Instituto de História e Serviço Social da UNESP. No entanto, apenas na década de 1980 – período de grande efervescência política, com a campanha pelas "Diretas Já", o desenvolvimento de movimentos sociais e a formação de oposições sindicais no cenário nacional – surgiram as primeiras pesquisas focadas nos trabalhadores de Franca.[3] Esses pesquisadores tiveram como eixo central de suas reflexões o movimento sindical da categoria dos sapateiros, mais especificamente a análise do evento conhecido como "virada sindical" de 1982, quando uma diretoria ligada ao "novo sindicalismo", principalmente à Oposição Sindical Metalúrgica de São Paulo, assumiu a direção do Sindicato dos Sapateiros de Franca.

A partir desses trabalhos, iniciou-se uma tradição, ainda encontrada em pesquisas mais recentes,[4] de se reduzir a história dos operários de Franca ao es-

---

2 COSTA, Achyles Barcelos da. "A trajetória competitiva da indústria de calçados do Vale dos Sinos." In: COSTA, Achyles B. da; PASSOS, Maria C. (org.). *A indústria calçadista no Rio Grande do Sul*. São Leopoldo: Editora UNISINOS, 2004, p. 15.

3 Ver ALVES, Elisabete Aparecida. *A organização operária em Franca e o Serviço Social*. TCC (Serviço Social)- Instituto de História e Serviço Social, UNESP, Franca, 1983; ALCANTARA, A. C. de; PEDRO, V. B. de C. *Um velho sindicato... uma nova atuação*. TCC (Serviço Social)- FHDSS, UNESP, Franca, 1988; DOMINICI, Gilmar. *Sapateiros em luta*. TCC (Serviço Social) - FHDSS, UNESP, Franca, 1988.

4 GUIMARÃES, Maria Isabel B. do N. *Sindicalismo e atitudes operárias. Franca-1982-2000*. Dissertação (Mestrado em Serviço Social)- FHDSS, UNESP, Franca, 2001; e OLIVEIRA, Tito F. B. N. de. *Inovação sindical e burocratismo: limites e avanços do sindicalismo cutista no Sindicato dos Sapateiros de Franca (STIC)*. Dissertação (Mestrado em História)- FHDSS, UNESP, Franca, 2002.

tudo do Sindicato dos Sapateiros, relegando a segundo plano as múltiplas experiências das demais categorias profissionais do município, assim como a história dos próprios sapateiros quando não relacionada ao movimento sindical. Muitas dessas análises foram carregadas de juízo de valor e centradas na oposição entre o "novo" e o "velho" sindicalismo, estando em consonância com diferentes obras dedicadas à compreensão do "novo sindicalismo" no Brasil. Como ressaltou Marcelo Badaró Mattos,

> como toda novidade, ao "novo sindicalismo" opunha-se uma tradição, um "velho sindicalismo" ou "velhos sindicalismos". As especificidades das novas manifestações sindicais foram definidas em oposição tanto aos sindicatos controlados do período ditatorial, como ao movimento sindical do pré-64, genericamente definido como "sindicalismo populista".
> [...] como outras categorias, esta também se construiu de forma contrastiva e relacional. Isto é, dizer "novo sindicalismo" é opor as atitudes dos dirigentes sindicais considerados mais combativos às atitudes de seus contemporâneos ditos pelegos. Mas é também opor novas práticas às consideradas tradicionais no sindicalismo brasileiro de antes do golpe militar.[5]

Nesse sentido, verifica-se que os pesquisadores da "virada sindical" em Franca objetivaram legitimar publicamente a atuação de uma determinada tendência sindical. O "novo" caracterizaria a atuação dos líderes sindicais defensores de uma política classista e combativa, cuja maior expressão foi a organização e realização de grandes greves. O "velho" englobaria *indistintamente* todo o período entre o fim dos anos 1930, quando foram fundados os primeiros sindicatos de trabalhadores no município,[6] e o início dos anos 1980, caracterizado pela presença ininterrupta de sindicalistas "pelegos", defensores da harmonia social e promotores de uma política de conciliação entre patrões e empregados. Elisabete Alves, por exemplo,

---

5   MATTOS, Marcelo Badaró. *Novos e velhos sindicalismos no Rio de Janeiro (1955-1988)*. Rio de Janeiro: Vício de Leitura, 1998. p. 11 e 55.

6   O Sindicato dos Trabalhadores nas Indústrias de Artefatos de Couros foi fundado em 1937 e reconhecido pelo Ministério do Trabalho em 1939, englobava os trabalhadores das indústrias de curtimento e os trabalhadores das indústrias de calçado. Em função da obrigatoriedade dos sindicatos por categorias, este sindicato desmembrou-se em 1941 e originou o Sindicato dos Trabalhadores na Indústria de Calçados de Franca- STIC, reconhecido pelo governo em 1943. O Sindicato dos Trabalhadores nas Indústrias de Artefatos de Borracha foi fundado posteriormente, em 1967.

concluiu que "a tendência do movimento operário francano é de *passividade*, de atuar de acordo com as leis implantadas pelo Estado Varguista."[7]

Outra perspectiva analítica, mas que manteve a concepção do operariado de Franca como completamente subordinado ao Estado durante o período anterior à década de 1980, pode ser encontrada em Agnaldo Barbosa. O autor analisou a política de incentivos ao desenvolvimento industrial de Franca e concluiu que as práticas populistas[8] concorreram para desestruturar a ascensão de um movimento operário mais combativo na cidade, explicando a quase ausência de greves. Para Barbosa, "os sindicatos incorporaram igualmente, e sem oferecer *resistência alguma*, o espírito de colaboracionismo entre capital e trabalho" e se constituíram em "mais um dos componentes do circuito produtivo que favoreceu a expansão do parque industrial calçadista francano."[9]

Muitas dessas considerações a respeito dos trabalhadores antes dos anos 1980 remetem à estrutura sindical corporativista montada no primeiro governo Vargas, a qual se estruturou sob os princípios da unicidade sindical, do monopólio da representação, do imposto sindical compulsório e da necessidade de reconhecimento e controle das organizações sindicais pelo Estado, por meio da ação do Ministério do Trabalho. Como afirma Marcelo Badaró, "legitimando e limitando a ação sindical, a tutela estatal constitui-se na moldura do sindicalismo corporativista brasileiro."[10]

Se várias pesquisas a respeito da história dos operários de Franca caracterizaram-se por generalizações sem fundamentação empírica a respeito do período anterior a 1982, desde meados dos anos 1990 têm sido realizados estudos sobre os sapateiros que superaram o reducionismo anterior e valorizaram os múltiplos aspectos da vivência operária dentro e fora dos locais de trabalho, rompendo

---

7   ALVES, Elisabete Aparecida. op. cit., f. 46. (grifos meus).

8   O conceito de *populismo* foi utilizado para designar os processos políticos ocorridos na América Latina, entre as décadas de 1930 e 1960, em que os setores populares passaram a desempenhar um papel político e social inédito. A ideia central por detrás desse conceito é a de integração subordinada de diferentes grupos sociais ao Estado, que tinha o objetivo de administrar os conflitos sociais, por meio da *tentativa* de converter os trabalhadores em aliados do poder estatal. Uma análise crítica sobre este conceito pode ser encontrada em ANDRADE, César Ricardo de. "O conceito de populismo nas ciências sociais latino-americanas". *Estudos de História*, Franca, v. 7, n. 2, 2000, p. 69-84.

9   BARBOSA, A. de S. *Política e modernização em Franca, 1945-1964*. Franca: Unesp, 1998, p. 146. (grifos meus).

10 MATTOS, Marcelo Badaró. op. cit., p. 121.

com a história dos trabalhadores centrada exclusivamente na análise do Sindicato dos Sapateiros em um período específico.[11] Apesar dos significativos avanços e contribuições trazidas por esses pesquisadores, inexistia uma obra sobre os trabalhadores do setor coureiro-calçadistas que englobasse, além dos sapateiros, os borracheiros e os curtumeiros e que tivesse como temática central as transformações dos processos produtivos em conjunto com as diversas formas de luta operária gestadas no cotidiano de trabalho.

Ao optar por estudar esse setor industrial, foi necessário resistir à tentação de buscar os "sapateiros politizados" de outrora, retratados em instigante artigo de Eric Hobsbawm e Joan Scott, que descreveram uma categoria conhecida pelo radicalismo político de seus profissionais. Os sapateiros europeus do final do século XVIII e início do XIX se destacaram pela ação militante em movimentos políticos de esquerda e como ideólogos do povo, distinguindo-se como intelectuais-operários, o que seria explicado em grande medida pelas especificidades do ofício que exerciam.[12]

A pesquisa empírica demonstrou que tomar esse padrão de atuação política como um modelo a ser encontrado entre os sapateiros de quaisquer outras localidades e períodos pode resultar em frustração. Se eu tivesse como parâmetro de comparação a militância política descrita por Hobsbawm e Scott, certamente teria me decepcionado, pois em Franca, os sapateiros não se destacaram pelo ativismo e radicalismo político nos mesmos termos analisados por esses autores, o que demonstra que apesar de as características do ofício exercido terem relevância para se explicar a atuação política de certas categorias pro-

---

11 Cf. GARCIA, Ronaldo Aurélio Gimenes. *Migrantes mineiros em Franca: memória e trabalho na cidade industrial (1960-1980)*. Franca: UNESP/FHDSS/Amazonas Prod. Calçados S/A., 1997; GIGANTE, Moacir. *A fábrica é escola. Práticas sociais e educativas de empresários e trabalhadores*. Tese (Doutorado em Educação)- UFSCAR, São Carlos, 2003; MALATIAN, Teresa Maria. "Memória e Identidade entre Sapateiros e Curtumeiros". *Revista Brasileira de História*, São Paulo, v. 16, n. 31/32, 1996, p.193-206; MENDES, Alexandre M. *Classe trabalhadora e Justiça do Trabalho: experiências, atitudes e expressões do operário do calçado (Franca-SP, 1968-1988)*. Tese (Doutorado em Sociologia)- FCL, UNESP, Araraquara, 2005; REZENDE, Vinícius D. de. *Lutas silenciosas: experiências de vida a partir da memória de velhos sapateiros (Franca 1920-1980)*. TCC (História)- FHDSS, UNESP, Franca, 2003; Idem. *Anônimas da História: relações de trabalho e atuação política de sapateiras entre as décadas de 1950 e 1980 (Franca-SP)*. Dissertação (Mestrado em História)- FHDSS, UNESP, Franca, 2006; SOUZA, Samuel F. de. *Na esteira do conflito: trabalhadores e trabalho na produção de calçados em Franca (1970-1980)*. Dissertação (Mestrado em História)- FHDSS, UNESP, Franca, 2003.

12 HOBSBAWM, Eric J.; SCOTT, Joan W. "Sapateiros politizados". In: HOBSBAWM, Eric J. *Mundos do trabalho*. 3ª ed. Rio de Janeiro: Paz e Terra, 2000, p. 149-191.

fissionais, elas não são suficientes e é necessário levar em consideração uma conjunção de fatores mais ampla. Conforme demonstrarei ao longo do texto, em Franca, os trabalhadores do setor coureiro-calçadista desenvolveram outras formas de luta e expressaram uma politização distinta dos "sapateiros intelectuais", mas não menos importante.

A partir da perspectiva de interpretar os trabalhadores nos seus próprios termos, priorizei o estudo de suas experiências cotidianas de trabalho e de luta. Tal proposta inseriu-se numa tradição historiográfica que compreende a classe trabalhadora como uma formação histórica.[13] No Brasil, esta historiografia se desenvolveu amplamente nas últimas décadas, sob a influência teórica de autores como Edward P. Thompson, Eric Hobsbawm, Cornelius Castoriadis e outros. O "novo sindicalismo" e os movimentos sociais do final dos anos 1970 estimularam uma nova reflexão a respeito dos trabalhadores enquanto sujeitos políticos e diversos pesquisadores romperam com certas considerações tecidas pelas sínteses sociológicas dos anos 1960,[14] que desconsideraram "os sinais reais do antagonismo de classe"[15] e descreveram a classe trabalhadora como subordinada ao Estado, tido como o protagonista da história brasileira. Os chamados "revisionistas" objetivaram captar as variadas experiências dos trabalhadores e não apenas o operariado organizado, resultado da concepção dos trabalhadores como "sujeitos sociais que se expressam em múltiplas dimensões, com formas de vida própria, estratégias de vida caracterizáveis, definindo-se a cada momento

---

13 O principal referencial teórico dessa abordagem é THOMPSON, E. P. *A formação da classe operária inglesa*. 3 v. Rio de Janeiro: Paz e Terra, 1987. Como define o autor, "Classe é uma formação social e cultural frequentemente adquirindo expressão institucional que não pode ser definida abstratamente ou isoladamente, mas apenas em termos de relação com outras classes; e, em última análise, a definição só pode ser feita através do tempo, isto é, ação e reação, mudança e conflito." Idem. *As peculiaridades dos ingleses e outros artigos*. Campinas: Ed. da Unicamp, 2001, p. 169.

14 Para uma síntese da historiografia do trabalho no Brasil, cf. dentre outros: HALL, Michael M.; PINHEIRO, Paulo Sérgio. "Alargando a história da classe operária: organização, lutas e controle". *Remate de Males*, Campinas, n. 5, 1985, p. 96-120; e BATALHA, Cláudio H. M. "A história da classe operária no Brasil: Trajetórias e tendências". In: FREITAS, Marcos César (org.) *Historiografia brasileira em perspectiva*. 3ª ed. São Paulo: Contexto, 2000, p. 145-158.

15 PAOLI, Maria Célia; SÁDER, Eder; TELLES, Vera da Silva. "Pensando a classe operária: os trabalhadores sujeitos ao imaginário acadêmico". *Revista Brasileira de História*, São Paulo, v. 3, n. 6, 1983, p. 142.

em seu local de moradia, de trabalho, nas suas formas de lazer, de religiosidade, de saber."[16]

Essa perspectiva interpretativa teve diferentes desdobramentos e deu origem a trabalhos que divergiram significativamente entre si em vários pontos. É possível destacar, por exemplo, autores que interpretaram os períodos pré-1930[17] e pós-1978[18] e, de certa forma, mantiveram a concepção a respeito do suposto imobilismo e subordinação dos trabalhadores à estrutura sindical erigida pelos governos "populistas". Por outro lado, um conjunto de estudos de casos problematizou as generalizações a respeito do período compreendido entre 1930 e 1964 e reviu as afirmações que defendiam que a legislação sindical implicou invariavelmente na restrição à organização e mobilização dos trabalhadores.[19] Nesse mesmo sentido, recentemente a Justiça do Trabalho tem sido tomada como objeto de estudo e compreendida como um campo de disputas; um espaço público onde os trabalhadores puderam dar vazão às suas demandas por direitos e, muitas vezes, alcançar seus objetivos.[20]

---

16 PAOLI, Maria Célia; SÁDER, Eder; TELLES, Vera da Silva. *op. cit.*, p. 149.

17 Por exemplo, RAGO, Margareth. *Do cabaré ao lar: utopia da cidade disciplinar. Brasil 1890-1930*. 3ª ed. Rio de Janeiro: Paz e Terra, 1997.

18 Dentre outros, MARONI, Amnéris. *A estratégia da recusa. Análise das greves de maio/78*. São Paulo: Brasiliense, 1982; SADER, Eder. *Quando novos personagens entram em cena: experiência e luta dos trabalhadores da grande São Paulo (1970-1980)*. Rio de Janeiro: Paz e Terra, 1988.

19 Um balanço historiográfico sobre essas diferentes abordagens pode ser consultado em: SILVA, Fernando Teixeira da.; COSTA, Hélio da. "Trabalhadores urbanos e populismo: um balanço dos estudos recentes". In: FERREIRA, Jorge. (org.) *O populismo e sua história: debate e crítica*. Rio de Janeiro: Civilização Brasileira, 2001, p. 205-271.

20 Cf. CORRÊA, Larissa R. *A tessitura dos Direitos: patrões e empregados na Justiça do Trabalho, 1953-1964*. São Paulo: LTR, 2011; MOREL, Regina L. M. e MANGABEIRA, Wilma. "'Velho' e 'novo' sindicalismo e uso da Justiça do Trabalho: um estudo comparativo com trabalhadores da Companhia Siderúrgica Nacional". *Dados*, v. 37, n. 1, 1994, p. 103-124; PRIORI, Ângelo. *O protesto do trabalho. História das lutas sociais dos trabalhadores rurais do Paraná: 1954-1964*. Maringá: EDUEM, 1996; SILVA, Fernando Teixeira da. *A carga e a culpa. Os operários das docas de Santos: direitos e cultura de solidariedade, 1937-1968*. São Paulo/Santos: Hucitec/Prefeitura de Santos, 1995, p. 99-103; "Justiça do Trabalho brasileira e Magistratura *Del Lavoro* italiana: apontamentos comparativos". In: CAIXEITA, M. C. D. (et. all.). (orgs.) *IV Encontro Nacional da Memória da Justiça do Trabalho*. São Paulo: LTR, 2010, p. 63-89; *Idem*; GOMES, Angela de C. (orgs.) *A Justiça do Trabalho e sua história: os direitos dos trabalhadores no Brasil*. Campinas: Ed. da Unicamp, 2013; SOUZA, Samuel F. de. *Na esteira do conflito*; *Idem. Coagidos ou subornados: trabalhadores, sindicatos, Estado e leis do trabalho nos anos 1930*. Tese (Doutorado em História)- IFCH, UNICAMP, Campinas, 2007; VARUSSA, Rinaldo J. *Trabalho e legislação: experiências de trabalhadores na Justiça do Trabalho (Jundiaí-SP, décadas de 40 a 60)*. Tese (Doutorado em História)- PUC, São Paulo, 2002.

Inserido nesse amplo debate historiográfico, interpretei as transformações dos processos produtivos, as relações de trabalho, a qualificação dos trabalhadores, as condições de trabalho, a divisão sexual do trabalho, as lutas entre trabalhadores e capitalistas forjadas a partir das disputas em torno do controle da produção, do ritmo e do tempo a ser dedicado à fabricação de mercadorias e o recurso à mediação judicial para dirimir as disputas entre trabalhadores e empresários. Dessa maneira, foi possível verificar que os trabalhadores não eram uma massa facilmente moldável ao bel prazer dos capitalistas e que o local de produção se constituiu em importante ambiente político e espaço privilegiado para se interpretar os conflitos de classes.

Para tanto, realizei o cruzamento de diferentes tipos de fontes: boletins do Sindicato dos Curtumeiros e do Sindicato dos Sapateiros; censo industrial; documentos pertencentes ao SENAI, unidade de Franca; jornal *Comércio da Franca*, principal publicação local durante os anos 1950 e 1980; jornal *O Amazonas*, publicação interna do grupo industrial *Amazonas*; jornal *O Calçadista*, publicação técnica voltada ao setor coureiro-calçadista; manuais técnicos; processos trabalhistas; processos cíveis; e relatos orais. Tais fontes não foram utilizadas de forma isolada em cada um dos capítulos, ao contrário, confrontei e complementei as informações colhidas em cada tipo de documento com o intuito de enriquecer a narrativa.

Em relação aos processos trabalhistas, foram pesquisadas mais de dez mil reclamações sob a guarda do Arquivo Histórico Municipal de Franca com o objetivo de complementar o banco de dados originalmente formulado pelo pesquisador Alexandre Marques Mendes para catalogar os processos relacionados às indústrias de borracha, couros, calçados, componentes e prestadores de serviço. Inicialmente, eu pretendia tomar essas fontes para analisar exclusivamente os casos de indisciplina que geraram penalidades disciplinares e demissões por justa causa. Contudo, à medida que a pesquisa avançou, constatei que os processos ofereciam contribuições muito maiores e que possibilitavam analisar variadas características das transformações dos processos produtivos, as condições de trabalho, as relações sociais entre as classes, o emprego a domicílio, questões de gênero, emprego de força de trabalho infantil, conflitos sociais, os significados do próprio recurso à mediação judicial e o papel da Justiça do Trabalho na resolução das disputas. Ao final, foram digitalizadas pouco mais de 1.400 reclamações, utilizadas, em maior ou menor número, em todos os capítulos desse livro. Os processos cíveis serviram para aprofundar a análise a respeito dos acidentes do trabalho, possibilitando uma quantificação destas ocorrências.

Por meio dos processos trabalhistas também testei um método que se mostrou relativamente bem sucedido para a composição do grupo de entrevistados: a seleção de nomes de personagens que moveram reclamações ou que participaram como testemunhas nas audiências judiciais, seguida da busca via lista telefônica. Cinco entrevistados foram selecionados a partir deste recurso. Também recorri aos sindicalistas e a conhecidos que indicaram outras pessoas a serem entrevistas. Além dos trabalhadores e daqueles que se tornaram gestores, entrevistei cinco empresários. No total foram entrevistadas 36 pessoas, entre borracheiros, curtumeiros, sapateiros, sindicalistas, gestores e industriais. A essas entrevistas, agreguei sete realizadas durante minha pesquisa de iniciação científica, 13 realizadas durante o mestrado e 28 pertencentes ao fundo Teresa Malatian. Logo, trabalhei com 84 entrevistas, que possibilitaram analisar uma ampla variedade de experiências.

Nas entrevistas que realizei optei por trabalhar com pequenas histórias de vida, visando apreender as trajetórias dos entrevistados, combinadas com uma série de questões previamente elaboradas e relacionadas aos temas centrais da pesquisa. Ou seja, não restringe as entrevistas a um pequeno número de questões pontuais e tampouco solicitei ao entrevistado que narrasse livremente suas experiências.

O trabalho com as fontes orais demandou alguns cuidados e ofereceu algumas dificuldades que foram além daquelas que geralmente temos com outras fontes. Em primeiro lugar, as narrativas são construídas no presente e os entrevistados rememoram suas trajetórias de vida sabendo no que elas resultaram, o que pode levá-los a dar um sentido aos acontecimentos que marcaram suas vidas diferente daquele que realmente possuiu. Em segundo lugar, dificilmente os entrevistados oferecem uma cronologia precisa a respeito dos fatos que narram. Na maior parte das vezes, utilizaram expressões como "naquele tempo", "antigamente" etc., o que dificulta uma datação mais rigorosa por parte do historiador. Ao escrever os capítulos que compõem esse livro, sempre que possível, tentei especificar o período a que os narradores se referiam, mas nem sempre isso foi possível. Por fim, o trabalho com fontes orais traz a necessidade da conversão da linguagem falada para a escrita. Esse processo traz perdas inevitáveis ao pesquisador. O ritmo da narrativa, as pausas, os silêncios, as expressões faciais, a linguagem corporal, a emoção ao rememorar temas marcantes e o próprio timbre do narrador são características que se perdem ao verter a entrevista para a linguagem escrita.

Por isso, há diferentes técnicas para se realizar a transcrição: a transcrição absoluta consiste em grafar todos os sons captados pelo gravador, enquanto a transcriação é caracterizada pela reelaboração da entrevista por meio de várias correções gramaticais, da supressão das perguntas e da reordenação dos temas narrados.[21] Eu optei por realizar transcrições integrais com pequenas intervenções visando adequar a transposição da fala para a linguagem escrita. A meu ver, essa é a alternativa mais adequada para se obter um texto escrito que seja o mais fiel possível à fonte oral, mas que ao mesmo tempo, possibilite que sua leitura flua de forma mais fácil. Assim, foram suprimidos apenas os excessos de vícios de linguagem e realizadas pequenas correções gramaticais para facilitar a leitura.

O projeto que deu origem a este livro foi elaborado a partir de dois objetivos centrais: compreender as transformações da estrutura produtiva do setor coureiro-calçadista e interpretar como os trabalhadores reagiram ao processo de intensificação da extração de mais-valia; em outras palavras, analisar as formas de resistência desenvolvidas no chão de fábrica. Essas duas perspectivas analíticas conduziram boa parte do trabalho, mas a pesquisa empírica possibilitou formular outras indagações que guiaram a redação dos seis capítulos. Dessa maneira, o texto não foi elaborado a partir de uma única problemática, mas de um conjunto de questões.

O primeiro capítulo, "A apropriação do gesto operário", foi estruturado em torno de três questões centrais e intrinsecamente interligadas. Primeira, ocorreu uma evolução contínua e retilínea que invariavelmente destruiu capacidades laborais e as incorporou em máquinas? Segunda, foram as necessidades técnicas ou disciplinares que acarretaram as transformações dos processos de trabalho? Por fim, a mecanização da produção resultou em benefícios para o conjunto da sociedade? Para responder a essas questões analisei as transformações dos processos produtivos das fábricas de couro, de calçados e de artefatos de borracha e dei atenção especial à divisão do trabalho e à mecanização da produção.

O segundo capítulo, "Da arte de saber fazer ao 'operário-boi'?", traz no seu título o problema central que guiou sua elaboração: é possível conceber a industrialização do complexo coureiro-calçadista de Franca, entre os anos 1950 e 1980, como um processo que resultou na *taylorização* da produção? Para responder a essa questão, centrei a exposição nas transformações do processo de qualificação ao longo do período e constatei que a empiria a que Frederick W. Taylor tanto se opunha dificilmente foi abolida completamente no setor industrial analisado. Des-

---

21 Cf. MEIHY, José C. Sebe Bom. *Manual de história oral*. 4ª ed. rev. e amp. São Paulo: Loyola, 2002.

sa maneira, os dois primeiros capítulos compuseram uma unidade analítica que teve como principal objetivo interpretar as transformações dos processos produtivos e seus impactos sobre os trabalhadores a partir de dois enfoques complementares: no primeiro, priorizei a parte técnica; no segundo, enfatizei o ato de trabalhar.

O leitor observará que ao longo desses primeiros capítulos, bem como no restante do texto, não utilizei a consagrada expressão *taylorismo* para explicar as transformações dos processos produtivos e de trabalho. Isso não representou um lapso de minha parte, mas uma opção conceitual decorrente da compreensão de que a utilização generalizada do termo *taylorismo* tende a reforçar a ideia de que as principais transformações dos processos de trabalho no século XX foram desdobramentos diretos dos princípios de organização científica do trabalho formulados por Frederick W. Taylor e seus discípulos. De maneira distinta, conforme demonstrei em diversas passagens, várias inovações organizacionais, relacionais e tecnológicas tiveram outras matrizes e alguns de seus formuladores eram antagonistas declarados dos princípios taylorianos.[22]

A não utilização do termo *taylorismo* não significa que considero que ele deve ser descartado, pois, em conjunto com a expressão *fordismo*, tornou-se bastante difundido para se referir a um *modelo de dominação social* que teve como fundamento retirar dos trabalhadores o controle sobre os processos produtivos e transferi-lo para o pessoal especializado em gerir a força de trabalho. Todavia, é um conceito que deve ser mais bem delimitado e devidamente problematizado. Por isso, optei pelo termo *racionalização* para explicar as transformações dos processos de produção e das relações de trabalho no complexo coureiro-calçadista. Diferentemente de *taylorismo*, *racionalização* faz referência a um

---

[22] Existem ao menos duas posições teóricas distintas a respeito da definição do taylorismo. Restringindo o debate à historiografia brasileira, destaco dois autores que sintetizaram grande parte dos debates em torno do conceito: por um lado, Edgar De Decca definiu o taylorismo como um conceito caracterizado pela plasticidade, podendo ser aplicado para explicar praticamente qualquer expressão de poder na sociedade capitalista, "está em toda parte e em lugar nenhum"; por outro lado, Adalberto Marson expressou a preocupação com o maior rigor conceitual e com a historização do conceito, buscando o que realmente foi desdobramento do método de Frederick Taylor e o que lhe foi atribuído, pois considerava necessário evitar a confusão de identificar como de origem tayloriana toda e qualquer preocupação de diretores ou de patrões visando obter ganhos de produtividade mediante introdução de procedimentos "científicos". Cf. DE DECCA, Edgard S. "A ciência da produção: fábrica despolitizada". *Revista Brasileira de História*, Rio de Janeiro: Marco Zero, n. 6, 1984, p. 47-79; MARSON, Adalberto. "O taylorismo e seus artifícios". In: ARAÚJO, Ângela M. Carneiro (org.). *Trabalho, cultura e cidadania: um balaço da história social brasileira*. São Paulo: Scritta, 1997, p. 153-175.

processo mais amplo de elaboração e aplicação de métodos de controle da força de trabalho que tiveram como objetivo primordial intensificar a produtividade dos trabalhadores e, em alguns casos, minimizar os conflitos sociais decorrentes da oposição de interesses inerente à organização da produção.

No terceiro capítulo, "Os 'donos' do chão de fábrica", aprofundei a análise a respeito do controle dos processos produtivos e de trabalho. Para isso, interpretei a formação e a função do pessoal dedicado à gerência industrial. Provavelmente, esse capítulo constitui o mais polêmico desse livro, pois utilizei o conceito de gestor para fundamentar a exposição. Adoto uma perspectiva teórica que ao constatar que os gestores têm como principal atributo *controlar* o tempo de trabalho alheio, os defini como uma segunda classe capitalista, que se apropria de parte da mais-valia gerada pela classe trabalhadora por mecanismos distintos da burguesia. No setor coureiro-calçadista de Franca, os gestores tiveram como principal atributo gerir os processos produtivos no chão de fábrica e, consequentemente, protagonizaram inúmeros conflitos com seus subordinados. Outra característica marcante da formação dessa classe social foi a maioria de seus membros provirem da classe trabalhadora, o que, por um lado, teve grande importância para dotar-lhes de conhecimentos utilizados para coibir atos de sabotagem e, por outro lado, contribuiu para difundir o ideal de ascensão social por meio do esforço pessoal.

No quarto capítulo, "Experiências em comum", analisei as experiências de exploração vivenciadas por borracheiros, curtumeiros e sapateiros fora e dentro das unidades fabris. Para isso, iniciei com a interpretação das principais características do trabalho rural, visando desconstruir as generalizações formuladas em torno das "origens rurais" do operariado brasileiro no pós-1930, analisei o processo migratório do campo para a cidade e a inserção dos ex-trabalhadores rurais no trabalho industrial. Após interpretar esse período que precedeu o emprego fabril, dois temas se destacaram na construção do capítulo: as condições de trabalho dentro das indústrias e as estratégias patronais desenvolvidas para minimizar os antagonismos de classe, difundir o ideal de harmonia entre trabalho e capital e fixar a força de trabalho.

No quinto capítulo, "Luta de classes tem todo dia", me dediquei a compreender as diversas formas de resistência à exploração capitalista desenvolvidas no chão de fábrica. Se os capitalistas almejavam trabalhadores assíduos, disciplinados e produtivos, os diversos casos de indisciplina registrados nos processos trabalhistas e narrados pelos entrevistados demonstraram que nem sempre os trabalhadores se restringiram a produzir sem questionar as normas internas e as ordens recebidas dos superiores hierárquicos. Assim, a principal questão desse capítulo foi compreender como os trabalhadores interpretaram e reagiram à disciplina fabril. Ao conceber o espaço produtivo como um ambiente político, interpretei as brincadeiras, as brigas entre trabalhadores, a embriaguez, o absenteísmo, a "cera", a sabotagem, os furtos, as agressões a superiores hierárquicos e as paralisações coletivas da produção como expressões de uma cultura operária em constante elaboração e demonstrei que a luta de classes, muitas vezes, se desenvolveu de forma prosaica.

Finalmente, no sexto capítulo, "A serviço da paz social?", analisei o papel da justiça trabalhista na resolução das reclamações impetradas pelos trabalhadores. Dentre outros objetivos, busquei responder à seguinte questão: a Justiça do Trabalho, erigida a partir do princípio de minimização de conflitos de classes, atuava prioritariamente em defesa dos interesses patronais? Para responder a esta questão e aprofundar considerações tecidas nos capítulos precedentes, analisei alguns dos principais temas que motivaram os trabalhadores a apelar à mediação judicial: a comprovação do vínculo empregatício, a regulamentação das relações de trabalho informais – muitas vezes caracterizadas pela proximidade entre empregadores e empregados –, o direito à licença maternidade, a reivindicação do pagamento do adicional de insalubridade, o questionamento ao poder de comando das empresas e as disputas em torno da organização dos trabalhadores em associações profissionais e sindicatos. Dessa maneira, ao retomar temas analisados nos capítulos anteriores com o enfoque voltado para o papel do poder judiciário na resolução das disputas, foi possível estabelecer uma relação entre os espaços privado e público e constatar que a justiça trabalhista foi apropriada pelos sujeitos sociais que a ela recorreram e se transformou em um espaço privilegiado para publicizar os conflitos entre trabalho e capital forjados no interior das fábricas.

De forma sintética, esse livro é o resultado de uma densa pesquisa e rigorosa análise empírica inspiradas pelas contribuições da História Social recente e pelo diálogo com outras disciplinas. A estratégia de privilegiar as experiências dos trabalhadores no cotidiano fabril desenvolveu-se sem perder de vista a política mais ampla, as questões sindicais e a luta por direitos via Justiça do Trabalho. O recorte cronológico abrangeu um longo período e alcançou as décadas mais recentes, nem sempre privilegiadas por outras obras sobre a História do Trabalho no Brasil. Em adição, espero que o estudo das relações de trabalho e das formas de resistência operária no chão de fábrica contribua para se compreender com maior profundidade alguns dos variados elementos que compõem o fazer-se da classe trabalhadora.

I. A apropriação do gesto operário

Cotidianamente utilizamos uma série de objetos fabricados em diferentes unidades produtivas e que se tornaram, na sua maior parte, imprescindíveis para nossa vida. Poucas vezes indagamos como os mesmos foram fabricados, por meio de quais processos produtivos, quem são os responsáveis pela fabricação, o que e como fazem, e em quais condições. E mais, como a produção de tais objetos se transformou ao longo do tempo e quais os significados dessas transformações para os trabalhadores? Muitas dessas questões guiarão esse capítulo, que tem como principal objetivo analisar as transformações dos processos produtivos e de trabalho do complexo coureiro-calçadista do município de Franca-SP.

Ao falar em processos produtivos e em processos de trabalho, abordo dois objetos que se complementam, mas que possuem distinções. De forma sintética, defino os processos produtivos como a organização tecnológica empregada para a fabricação de mercadorias, ou como a infra-estrutura produtiva. Por isso, a maior parte da análise desenvolvida nesse capítulo versará sobre a mecanização das fábricas de couro, calçados e artefatos de borracha. Por sua vez, os processos de trabalho referem-se à organização social do trabalho, à maneira pela qual se dá a inserção dos trabalhadores no processo produtivo. É a partir da interseção entre transformações tecnológicas e trabalho que desenvolverei meus argumentos, com atenção especial para os impactos da mecanização sobre a atividade laboral.

"A apropriação do gesto operário" remete ao clássico processo histórico de incorporação de conhecimentos, destrezas, gestos e habilidades laborais aperfeiçoadas e transmitidas ao longo de gerações operárias em artefatos metaismecânicos, o que transformou milhares de trabalhadores em auxiliares do maquinário. A análise que segue estrutura-se em torno de três questões centrais e intrinsecamente interligadas. Primeira, ocorreu uma evolução contínua e retilínea que invariavelmente destruiu capacidades laborais e as incorporou em máquinas? Segunda, foram as necessidades técnicas ou disciplinares que acarretaram as transformações dos processos de trabalho? Por fim, a mecanização da produção resultou em benefícios para o conjunto da sociedade? A partir dessas questões de fundo, analisarei cada segmento produtivo em busca de singularidades e elementos em comum no que se refere à mecanização da produção e à divisão do trabalho, mas antes de desenvolver tal interpretação é necessário tecer um breve histórico da industrialização de Franca.

A formação do complexo coureiro-calçadista

A região onde se situa o atual município de Franca ocupou uma posição geográfica estratégica durante o século XIX. Era "uma espécie de entroncamento" que se articulava com Minas Gerais, Goiás e Mato Grosso e com o restante da província de São Paulo, constituindo-se num entreposto comercial.[1] Essa condição fez com que a criação e o comércio de gado e o comércio de sal se constituíssem nas principais atividades econômicas da localidade durante os três primeiros quartos do XIX, o que contribuiu para a formação de um núcleo urbano incipiente. É consensual na historiografia local a constatação de que as peles provenientes da pecuária propiciaram o desenvolvimento das primeiras ativida-

---

1 TOSI, Pedro G. *Capitais no interior: Franca e a história da indústria coureiro-calçadista (1860-1945)*. Franca: UNESP-FHDSS, 2002, p. 42.

des de fabricação de couro e de seus artefatos, existindo registros de artífices do couro desde meados do referido século.

Pesquisas formuladas na década de 1960 tomaram as origens artesanais como ponto de partida para compreender a formação das indústrias locais e afirmaram a *evolução* gradual da fase artesanal à fabril.² Pedro Tosi considerou insuficiente esse tipo de explicação e interpretou a industrialização a partir da acumulação de capitais e das transformações econômicas, sociais e culturais decorrentes da inserção de Franca no complexo cafeeiro. A organização das atividades de seleiro e de sapateiro na forma de empresas inseriu-se nas *condições gerais* de oferta e de procura estimuladas pela integração de mercados promovida pela cafeicultura e pela ferrovia, que propiciaram uma população operária urbana, renda agrícola e certa disponibilidade de dinheiro, que serviu de capital de empréstimo em atividades de pequena monta, e fez surgir um segmento médio junto à população local, que se envolveu na comercialização dos produtos de couro.³

Até meados da década de 1940, os curtumes foram a principal indústria da economia local. Além da existência de peles, a região possuía disponibilidade de insumos utilizados na fabricação de couros, como a árvore conhecida como barbatimão, de cuja casca se extraía o tanino utilizado no curtimento. A instalação do primeiro curtume no município, o *Curtume Cubatão*, ocorreu por iniciativa do Padre Alonso de Carvalho, em 1886.⁴ Após passar por diferentes proprietários, em 1913 essa fábrica tornou-se o segundo curtume a ser mecanizado no estado de São Paulo.⁵

---

2 Cf. dentre outros: BORGES, Teresinha de J. *A indústria do couro em Franca*. Monografia de Conclusão de Curso (Geografia)- FFCL, Franca, 1966; COSTA, Alfredo H. "Contribuição ao estudo da indústria do calçado de Franca: suas bases artesanais e o impacto tecnológico". In: *Anais do III Simpósio de Professores Universitários de História*, São Paulo: Ed. da FFCL da USP, 1967, p. 577-593; e VILHENA, Maria I. de F. "A indústria de calçados em Franca". *Revista da FFF*, Franca, v. 1, n. 2, 1968, p. 61-86.

3 TOSI, P. G. *op. cit.*, p. 119 e 199.

4 Cf. Ferreira, Valdir G. *Homens do crédito: o fabriqueiro da Igreja e a acumulação em Franca (1880-1929)*. Dissertação (Mestrado em História)- FHDSS, UNESP, Franca, 2005.

5 RINALDI, Dalva M. C. *A indústria curtumeira em Franca. Relatório Trienal.* (mimeo). Franca, 1987, p. 14. Segundo a autora, apenas o curtume de Água Branca, na capital, era mecanizado até então.

No final da década de 1890, foi montado o *Curtume Coqueiros*[6] que veio a se tornar posteriormente um dos maiores curtumes do estado de São Paulo.[7] O crescimento dessa fábrica resultou da sua aquisição, em 1917, por Carlos Pacheco de Macedo, que se associou a outros homens de negócios para angariar os recursos necessários para reestruturá-la, o que se deu em 1920. Tal iniciativa teria sido "a mais importante [para] a sustentação das atividades coureira e calçadista em Franca."[8] Dois outros curtumes foram fundados nos primeiros anos do século XX: o *Curtume Santa Cruz* (1908) e o *Curtume Pucci* (1915).[9]

Apesar de os curtumes constituírem-se na principal atividade industrial da cidade no começo do século XX, com exceção do *Curtume Progresso* os demais eram bastante incipientes. Considerando-se o número de operários, o *Curtume Progresso* chegou a ser o maior do interior paulista e se manteve entre os cinco maiores do estado, entre 1927 e 1938, com cerca de 90 operários, o que permite classificá-lo como de médio porte. O maior curtume do estado localizava-se na capital, *S.A. Franco-Brasileira*, e empregava mais de 300 operários. Os outros três curtumes francanos eram unidades pequenas e não empregavam mais de 15 operários cada.[10]

Em relação à indústria calçadista, quase todas as fábricas foram iniciadas com pequeno capital e raramente empregavam mais de 20 operários.[11] A pri-

---

6   Em meados da década de 1930, passou a se chamar *Curtume Progresso*, nome pelo qual ficou conhecido e que será usado na sequência do texto.

7   Cf. FERREIRA, V. G. *op. cit.*, p. 108-109.

8   TOSI, P. G. *op. cit.*, p. 161. O contrato de constituição da sociedade comercial foi celebrado na cidade do Rio de Janeiro, o que indica que os sócios de Macedo deviam proceder da capital federal.

9   RINALDI, D. M. C. *op. cit.*, p. 17-19.

10 Cf. TOSI, P. G. *op. cit.*, p. 333-342. Anexos VI - Relação de Curtumes de Franca, principais fabricantes da capital e interior de S. Paulo (1928-1937). A título de comparação, em 1941, Novo Hamburgo-RS possuía 15 curtumes e juntos empregavam 472 operários. Um empregava mais de 200 operários, outro cerca de 70 operários e a maioria empregava entre 10 e 20 operários. CARNEIRO, Lígia G. *Trabalhando o couro: do serigote ao calçado "made in Brazil"*. Porto Alegre: L&PM/CIERGS, 1986, p. 148.

11 Barbosa utiliza o seguinte critério para definir o tamanho das fábricas de calçados de Franca entre 1900 e 1940: *grandes*: capital igual ou superior a 500 contos; *médias*: capital entre 100 e 500 contos; *pequenas*: capital inferior a 100 contos (valores que correspondem a 1/3 dos propostos por Sérgio Silva em *Expansão cafeeira e origem da indústria no Brasil*). Entre os 33 estabelecimentos fundados no período, inexistiam os de porte grande e apenas a *Calçados Jaguar* e a *Calçados Peixe* podiam ser consideradas de porte médio quando de sua fundação. BARBOSA, Agnaldo de S. *Empresariado fabril e desenvolvimento econômico: empreendedores,*

meira experiência de inserção de maquinário no segmento ocorreu na década de 1920, na *Calçados Jaguar*. A duração dessa fábrica – que chegou a empregar quase uma centena de operários – foi curta, 1921-1926, mas de grande importância, pois parte de seu maquinário foi adquirido por outros produtores locais.[12] A *Calçados Peixe* foi uma das fábricas que adquiriu máquinas da massa falida da *Jaguar* e, até meados dos anos 1930, foi a única fábrica de calçados de Franca que empregou maquinário em maiores proporções.

A posição que a produção cafeeira ocupava como a principal atividade econômica do município começou a se alterar a partir da crise de 1929. Segundo Tosi, o setor calçadista foi um dos que mais sofreu as consequências da crise econômica e isso motivou os industriais do estado de São Paulo a buscarem formas de reduzir os custos de produção com o objetivo de conquistar um mercado consumidor mais amplo. Nessa conjuntura, ocorreu o paulatino enfraquecimento da indústria calçadista dos grandes centros produtores, as cidades de São Paulo e Rio de Janeiro. Franca se beneficiou dos custos com mão-de-obra inferiores aos da capital[13] e especializou-se na produção de calçados rústicos ("sapatões") destinados, especialmente, ao trabalho rural.[14]

Nos anos 1930, ocorreu nova experiência de mecanização da produção de calçados em Franca, com a difusão do sistema de arrendamento de máquinas. Em 1936, Antônio Lopes de Melo importou máquinas da Alemanha e pouco tempo depois a empresa norte-americana *United Shoes Machinery Company* (USMC)[15]

---

 ideologia e capital na indústria do calçado (Franca, 1920-1990). São Paulo: Hucitec/FAPESP, 2006, p. 68-69.

12 Cf. TOSI, P. G. *op. cit.* Cap. 4.
13 *Ibidem*, p. 165-168, 216.
14 No mesmo período, a região do Vale do Rio dos Sinos-RS especializou-se na produção de calçados femininos. Segundo Carneiro, por ser tecnologicamente mais defasada do que a indústria calçadista paulistana, as fábricas gaúchas puderam atender a um segmento de mercado que considerava "o artesanal como sinônimo de qualidade" e, além disso, possuíam maior flexibilidade para acompanhar "as mudanças da moda". Cf. CARNEIRO, L. *op. cit.*, p. 113; e COSTA, Achyles B. da; PASSOS, Maria C. (org.). *A indústria calçadista no Rio Grande do Sul*. São Leopoldo-RS: Ed. UNISINOS, 2004.
15 Fundada nos EUA, em 1899, a USMC ampliou o sistema de arrendamento de máquinas a tais proporções que, em 1911, respondeu na Suprema Corte pela acusação de monopólio. Nesse ano, a empresa tinha mais de 90 mil máquinas alugadas nos EUA e mais de mil patentes. Cf. ROE, Richard. "The United Shoe Machinery Company". *The Journal of Political Economy*, v. 21, n. 10, Dec. 1913, p. 938-953 e v. 22, n. 1, Jan. 1914, p. 43-63.
No Brasil, a USMC instalou-se na primeira década do século XX e foi determinante para a disseminação da maquinaria na fabricação de sapatos e para o barateamento do produto

se dispôs a substituir o maquinário alemão por máquinas mais modernas e eficientes mediante o sistema de *leasing*,[16] há décadas difundido nos EUA, Europa, São Paulo e Rio de Janeiro. O arrendamento de máquinas foi fundamental para o incremento da produção local de calçados, pois liberou os industriais de grandes dispêndios de dinheiro para a aquisição de maquinário, o que não estava ao alcance dos mesmos, em função do tamanho reduzido de suas fábricas e da escassez de crédito.

Em 1939, o jornal *Comércio da Franca* publicou uma série de reportagens sobre as principais indústrias locais que indicaram o crescimento do setor calçadista associado à importação de maquinário. A *Calçados Mello*, por exemplo, possuía 37 máquinas importadas e sua capacidade produtiva era de 400 pares/dia com o emprego de 100 operários.[17] A mecanização e o consequente aumento da capacidade produtiva das fábricas de calçados contribuíram para a fundação de novos curtumes: *Curtume São Francisco* em 1939, *Curtume União* em 1940 e *Curtume Faith* em 1943.[18]

A partir de 1945, pela primeira vez a atividade calçadista ultrapassou "o montante de capitais envolvidos no fabrico do couro [e passou] a reger a vida dos vários segmentos sociais da cidade."[19] Em 1948, novas reportagens enalteceram o cenário de evidente expansão industrial. "Com o desmantelamento das indústrias metropolitanas, as fábricas do interior desenvolvem-se rapidamente. Excetuando-se Novo Hamburgo, no RS, Franca é o maior centro interiorano produtor de calçados."[20] Existiam 6 curtumes e 65 fábricas de calçados, que produziam cerca de 1.500.000 de pares de calçado por ano. As fábricas maiores empregavam entre 50 e 130 operários e produziam diariamente de 150 a 500 pares cada.

---

nacional. Cf. SUZIGAN, Wilson. *Indústria brasileira: origem e desenvolvimento*. São Paulo: Hucitec/Ed. da Unicamp, 2000, p. 193-197.

16   COSTA, A. H. *op. cit.*, p. 584.
17   *Comércio da Franca*. "As grandes indústrias francanas". Franca, 17/08/1939.
18   RINALI, D. M. C. *op. cit.*, p. 22.
19   TOSI, P. G. *op. cit.*, p. 234.
20   *Comércio da Franca*. "O nosso parque industrial". Franca, 15/07/1948.

Vidas fabris 43

Empresa	Empegados	Produção diária
Calçados Mello	130	500 pares
Palermo & Irmãos	110	400 pares
Calçados Samello	cerca de 100	300 pares
Calçados Peixe	80	350 pares
Fábrica Douglas	não consta	200 pares
Calçados Motta	55	130 pares
Calçados Régis	cerca de 50	150 pares
Calçados Brasil	30	150 pares

Tabela 1 – construída a partir das reportagens publicadas no jornal *Comércio da Franca* em 1948[21]

Ainda que o parque fabril especializado na produção de calçados estivesse em expansão, ao se comparar o porte das fábricas de calçados de Franca no final da década de 1940 com as maiores fábricas existentes no Rio de Janeiro e em São Paulo nas primeiras décadas do século XX, constata-se que as unidades produtivas de Franca possuíam médio porte. Em São Paulo, por exemplo, a maior fábrica do setor empregou 500 operários.[22]

Na década 1950, a expansão da produção calçadista de Franca intensificou-se ainda mais, com a consolidação das indústrias antigas e a abertura de novas fábricas. As indústrias de curtimento de couros continuaram a ter importância: as existentes foram ampliadas e outras foram fundadas.[23] A consolidação desse segmento produtivo proporcionou a verticalização de atividades e foram montadas fábricas de formas de madeira para modelagem de calçados, de artefatos de borracha, de adesivos, de embalagens e de outros insumos diretamente utilizados no fabrico de calçados. Dois acontecimentos destacaram-se: a fundação, em

---

21 *Comércio da Franca. Calçados Samello* – 27/05/1948; *Calçados Peixe* – 1/07/1948; *Calçados Motta* – 8/07/1948; *Fábrica Palermo & Irmãos* – 15/07/1948; *Calçados Brasil* – 29/07/1948; *Calçados Régis* – 19/08/1948; *Fábrica Douglas* – 5/12/1948; *Calçados Mello* –16/12/1948.

22 Cia Calçados Clark - 565; São Paulo Alpargatas - 326; Navajas & Cia. - 233; Cia de Calçados Bordallo S.A. - 179. Cf. TOSI, P. G. *op. cit.*, p. 330. Anexo V – Relação das empresas fabricantes de calçados em Franca, principais produtores da capital e interior de São Paulo: 1937.

23 *Curtume Orlando* em 1953; *Curtume Santo Antonio* em 1955, posteriormente renomeado para *Curtume Cubatão*; *Curtume Francano* em 1958, posteriormente *Curtume Francouro*. Cf. RINALI, D. M. C. *op. cit.*, p 22.

1947, da *Manufatura de Borracha Amazonas* – produtora de saltos de borracha vulcanizada – e a introdução de um novo modelo de calçados.[24]

Saulo Pucci Bueno, neto de um dos fundadores da *Amazonas,* afirmou que seu avô se interessou pelo ramo após ler uma reportagem sobre o processo de vulcanização de borracha que dizia ser possível vulcanizar saltos.[25] No início, os saltos *Amazonas* eram o único produto da empresa e por décadas foram sua principal mercadoria, com grande aceitação no mercado devido à sua praticidade e durabilidade. A fábrica foi fundada por uma família de origem italiana que possuía diversos negócios na cidade e desfrutava de uma rede de relacionamentos com comerciantes da cidade de São Paulo, muitos italianos, que os auxiliaram com informações sobre maquinário e comercializando matéria-prima,[26] o que se constitui num forte indício da ligação entre alguns empresários de Franca e os da capital do estado.

De acordo com Teresa Malatian, as alterações do processo produtivo nos anos 1950 foram motivadas, dentre outros fatores, pela facilidade para obtenção de crédito e pela supressão de impostos para a importação de equipamentos.[27] Por outro lado, Agnaldo Barbosa argumentou que a despeito do incremento dos mecanismos creditícios do segundo governo Vargas (1951-1954), as indústrias calçadistas de Franca continuaram a ter sérias dificuldades de acesso ao crédito oficial, que contemplou em especial as indústrias metalúrgicas, automobilísticas, químicas, farmacêuticas e de bens de consumo duráveis. Os industriais locais continuaram a depender do crédito informal e, em grande medida, da USMC que foi credora de várias indústrias.[28]

Ainda que os industriais de Franca tenham se valido principalmente de crédito informal, o desenvolvimento industrial do setor inseriu-se nas transformações mais amplas da sociedade brasileira, decorrentes do crescimento industrial que se intensificou a partir da década de 1950 e que atraiu maiores investimentos estrangeiros, gerou a expansão do mercado interno e um colossal movimento

---

24 Conferir a análise sobre o mocassim no item "A esteira não pára".

25 *Apud.* BUENO, Lígia da C. *A indústria de borracha em Franca.* TCC (História)- FHDSS, UNESP, Franca, 1997, f. 65-66.

26 Depoimento de Saulo Pucci Bueno ao autor em 4 de setembro de 2009.

27 MALATIAN, Teresa M. "Memória e identidade entre sapateiros e curtumeiros". *Revista Brasileira de História,* São Paulo, v. 16, n. 31/32, 1996, p. 198.

28 BARBOSA, A. de S. *op. cit.,* p. 118-121, 124.

migratório de trabalhadores do campo rumo aos centros urbanos, o que foi determinante para o fornecimento de mão-de-obra para as indústrias e para a formação de um mercado consumidor mais amplo.

Na década de 1960, o número de curtumes e, em especial, o de fábricas de calçados aumentou consideravelmente. Entre 1962 e 1967, foram criadas 138 fábricas, totalizando 360 indústrias de calçados; novos curtumes também foram montados, atingindo o total de 17 estabelecimentos em funcionamento.[29] Uma característica marcante desse crescimento foi a heterogeneidade das indústrias calçadistas no que se refere ao tamanho das fábricas. Ao lado de empresas que empregavam até 700 funcionários existia uma maioria de pequenas fábricas que não empregavam mais de 50 pessoas cada.[30] É importante destacar que, assim como acontecera na conjuntura pós-crise de 1929, na década de 1960, os baixos salários dos sapateiros foram um fator crucial para a expansão do setor em Franca. Em 1960, a remuneração da categoria era 32% inferior à dos sapateiros da cidade de São Paulo.[31]

O desenvolvimento industrial atingiu seu ápice nos anos subsequentes ao Golpe Militar de 1964, quando o setor calçadista brasileiro como um todo se beneficiou dos incentivos fiscais advindos do governo militar, promotor de uma política de estímulo às exportações de manufaturados, que contribuiu para que as fábricas francanas exportassem calçados a partir de 1970. Os estímulos estatais à exportação incluíram a isenção de impostos, a concessão de créditos e de incentivos fiscais, subsídios às exportações e uma política cambial de desvalorização da moeda nacional.[32] Além disso, o baixo custo da força de trabalho, agravado pelo arrocho salarial característico da política econômica do governo federal, foi

---

29   Respectivamente, VILHENA, M. I. *op. cit.*, p. 61, 69; e RINALI, D. *op. cit.*, p. 28.

30   Em 1967, existiam cerca de 7.200 operários no setor calçadista. Uma amostragem feita entre 130 das 360 fábricas existentes apontou os seguintes dados: 58 fábricas com até 10 funcionários; 31 de 10 a 20; 14 de 20 a 30; 8 de 30 a 50; 8 de 50 a 100, 9 de 100 a 200; 1 com 260; e 1 com 700. VILHENA, M. I. *op. cit.*, p. 74.

31   TOSI, P. G. *op. cit.*, p. 240.

32   Cf. REIS, Carlos N. dos. *A indústria brasileira de calçados: inserção internacional e dinâmica interna nos anos 80*. Tese (Doutorado em Economia)- IE, Unicamp, Campinas, 1994, f. 176-181; e NAVARRO, Vera L. *Trabalho e trabalhadores do calçado: a indústria calçadista de Franca (SP): das origens artesanais a reestruturação produtiva*. São Paulo: Expressão Popular, 2006, p. 142-145.

fundamental para a ampliação do setor calçadista no país.³³ O relato do maior exportador nacional de calçados no começo dos anos 1970 sintetiza bem a questão:

> A Espanha, a Itália, a Inglaterra podem fazer sapatos mais baratos do que nós? Efetivamente, não. [...]
> Motivo para a certeza de conquistar os mercados norte-americanos: *as fábricas de calçados dos Estados Unidos não têm condições de competir com nenhuma outra, de qualquer outro país, por causa da mão-de-obra.* [...]
> Por isso, enfrentando uma concorrência assim fraca, a obrigação do empresário brasileiro é ocupar o mercado. [...] Já recebemos do governo excelentes incentivos. Só falta que todos se decidam a aproveitar esses incentivos. *Em que país existem condições como as nossas, sem problemas trabalhistas, sem greves, com mão-de-obra barata?* É o nosso grande argumento para ter certeza do sucesso.³⁴

Assim, a inserção do segmento coureiro-calçadista de Franca no mercado internacional deve ser compreendida como parte da expansão do capitalismo mundial, pois refletiu a busca dos países desenvolvidos por mercados fornecedores de produtos de consumo a preços baixos,³⁵ decorrentes, em grande medida, dos parcos salários percebidos pelo operariado brasileiro, sobretudo se comparados aos níveis salariais dos trabalhadores europeus e estadunidenses.

O advento das exportações: grandes e pequenos ocuparam fatias distintas do mercado

Em março de 1970, o jornal *Comércio da Franca* noticiou que, entusiasmados pelos estímulos criados pelo governo federal, os industriais locais "puseram-se a campo" para iniciar a exportação. O pioneirismo coube a *Calçados Samello*, que recebera uma carta de crédito correspondente aos negócios fechados com a firma importadora *Jamilar Corporation*. Wilson Sábio de Mello, diretor-superintendente da empresa, afirmou:

---

33 NAVARRO, V. L. *op. cit.*, p. 141.

34 *Comércio da Franca*. "Industriais francanos precisam ser mais arrojados e agressivos". 30/04/1971. (grifos meus) Entrevista com Vlastimir Arambasic, diretor da *Arcoflex*, instalada na cidade de São Paulo. A reportagem original foi publicada no *Jornal da Tarde* de São Paulo (24/04/1971).

35 Cf. COSTA, Achyles Barcelos da. "A trajetória competitiva da indústria de calçados do Vale dos Sinos." In: COSTA; A. B. da; PASSOS, M. C. (org.) *op. cit.*, p. 15.

> É preciso divulgar este fato, para que a comunidade francana saiba que novas perspectivas se abrem para nós. Inicia-se uma nova etapa para a indústria francana. E devemos encarar com otimismo o futuro, pois o governo federal e o estadual estão promovendo estímulos fiscais, a fim de que entremos no mercado exterior e logremos mais dólares para o Brasil.[36]

Em maio de 1970, a empresa enviou uma remessa de 17 mil pares de sapatos para cadeias de lojas em Nova Iorque, Boston, Houston, Miami e Dallas. Estavam previstas mais seis remessas, até julho, para a América do Norte e para Israel. Quase um ano após a primeira venda de calçados para os Estados Unidos, outras empresas anunciaram o início do comércio com aquele país. A partir de então, as notícias sobre tais transações comerciais se tornaram recorrentes e a maior parte das vendas ocorreu para os EUA. Ainda em 1971, foi fechado o primeiro contrato de venda para a Europa e gerou grande repercussão o início das negociações para vendas de calçados para a União Soviética. Alguns curtumes exportaram couros acabados para a Europa[37] e a *Amazonas* exportou seus produtos para países de diferentes continentes, produziu solados para grandes grifes e para o exército dos EUA.[38] Nos anos 1980, ocorreu a abertura mais significativa do mercado europeu e empresas como a *Samello* exportaram para países de diferentes continentes: Alemanha, Bélgica, Dinamarca, França, Holanda, Inglaterra, Itália, Polônia, China, Japão, Argentina, Chile e Venezuela. Nesse período, a *Amazonas* chegou a fabricar 110 mil pares de saltos e solas por dia.

A criação da FRANCAL – Feira do Calçado e Couro de Franca – teve papel primordial para a promoção das indústrias francanas no país e no exterior.[39] A feira foi realizada em Franca entre os anos de 1969 e 1982, quando então foi transferida para a cidade de São Paulo. Ao longo desses anos, a feira recebeu expositores e compradores de diversas localidades, importadores de diferentes

---

36 *Comércio da Franca*. "Samello realiza 1ª venda para o exterior: US$ 300 mil". Franca, 27/03/1970.

37 *Idem*. "Samello vence a batalha da exportação". Franca, 31/05/1970; "Terra exporta Calçados para os EE.UU". Franca, 11/04/1971; "Franca continua exportando: Paulu's enviou pedido para os Estados Unidos". 20/04/1971; "Fipasa envia a 1ª remessa de calçados para o exterior". 29/04/1971; "Franca fecha 1º contrato com a Europa". 30/06/1971; "Francal: em um só dia, vendidos 23 mil pares para o exterior". 1/07/1971; "Amostras do sapato francano vão para a Rússia." Franca, 25/03/1971; "Alemanha recebe couros de Franca." Franca, 15/06/1973.

38 Depoimento de Saulo Pucci ao autor.

39 No Rio Grande do Sul foi criada, em 1963, a FENAC – Feira Nacional de Calçados. O objetivo era integrar produtores e compradores nacionais. CARNEIRO, L. *op. cit.*, p. 132, 134.

nacionalidades e contou com a presença de chefes de Estado do regime militar (Geisel em 1974 e Figueiredo em 1979), governadores do estado de São Paulo, ministros, secretários de Estado e outras autoridades.

Nessa conjuntura de incentivo estatal às exportações de manufaturados, os industriais locais, principalmente os calçadistas, adotaram uma postura mais agressiva no que diz respeito às reivindicações junto ao governo federal e estadual pela continuidade dos incentivos fiscais, liberação de créditos, proibição da exportação de peles em determinados momentos – para evitar o encarecimento do produto processado no mercado interno e consequente elevação dos custos de fabricação dos sapatos –, exigência de ações governamentais para se opor à sobretaxa sobre o calçado nacional por parte dos Estados Unidos,[40] dentre outras ações.[41]

Uma das iniciativas de ação conjunta das empresas exportadoras com o intuito de *desenvolver estratégias* para tornar o produto local mais competitivo no mercado externo ocorreu após o anúncio do envio de amostras de sapatos para a União Soviética. Em 5 de abril de 1971, 18 indústrias – organizadas em torno do Sindicato das Indústrias de Calçados de Franca (SICF) e da Associação Comercial e Industrial de Franca (ACIF) – constituíram um *pool*,[42] que tinha como objetivo imediato concretizar a exportação para a URSS e visava, a longo prazo, criar normas para as exportações. Montou-se uma *Comissão de Assessoria para Exportação* e enviou-se um memorial para o ministro da Indústria e Comércio, Pratini de Moraes, reivindicando verbas para promover o calçado brasileiro no exterior.[43]

Frente à organização das principais empresas para obter incentivos públicos e para desenvolver estratégias de ação com o objetivo de serem mais competitivas

---

40 A região do Vale do Rio dos Sinos foi a maior exportadora de calçados do país (mais de 70% do volume total) e também teve nos EUA seu principal comprador. Em 1974, os EUA estabeleceram uma sobretaxa para as importações de calçados brasileiros (4,8% e 12,3%) como retaliação aos estímulos creditícios. Em 1979, com a redução dos subsídios internos, a sobretaxa foi substituída por um depósito compulsório de 1%, abolido em 1983. Cf. CARNEIRO, L. *op. cit.*, p. 134.

41 Segundo Barbosa, os industriais de Franca souberam instrumentalizar a máxima do regime militar de que "exportar é o que importa" a seu favor. Cristalizou-se no pensamento e na atuação destes a ideia da relação com o Estado baseada na *concessão* e no *favorecimento*. Cf. BARBOSA, A. de S. *op. cit.*, p. 250-256.

42 Associação entre várias firmas para operações em comum.

43 As 18 indústrias que firmaram o protocolo foram a *Cincoli, Egiflex, Emanuel, Ferrante, Fipasa, Flausino, Francano, HB, Paragon, Paulu's, Peixe, Pestalozzi, Roberto, Samello, Sândalo, Squalo, Terra* e *Wilson*. *Comércio da Franca*. "Constituído o pool Francano para a exportação de calçados". Franca, 7/04/1971.

no mercado externo, como agiram as fábricas de pequeno e médio porte? Diferentes indícios permitem afirmar que as grandes, médias e pequenas empresas ocuparam fatias distintas do mercado consumidor. As mais beneficiadas pelas ações governamentais de incentivo às exportações foram as fábricas maiores. A média dos valores de financiamentos, por exemplo, foi alta e das cerca de 500 fábricas existentes em meados dos anos 1970, apenas 113 empresas foram beneficiadas. Destas, a *Amazonas* tomou 30% de todo o valor financiado à indústria local: US$ 6.223.750 dos US$ 20.640.500 apurados. "Os pequenos industriais continuaram sujeitos às intempéries do mercado, alheios à concessão de créditos oficiais e, em larga medida, aos préstimos do sistema bancário convencional."[44]

Outro forte indício da ocupação de fatias distintas do mercado segundo o tamanho das empresas foi obtido em uma das notícias sobre a FRANCAL de 1974. A diretoria da Feira lamentava a ausência das indústrias médias e pequenas, que alegavam altos gastos e repercussão incerta. Num universo de aproximadamente 500 fábricas, apenas 40 ou 50 participavam do evento. Segundo Nelson Palermo, presidente da feira, além dos gastos elevados, as indústrias não participantes alegavam "já terem mercado garantido para sua produção."[45] Portanto, assim como no caso dos financiamentos, a FRANCAL também se restringiu às fábricas de maior porte.

Ao que tudo indica, os pequenos produtores voltaram-se para o público de menor poder aquisitivo por meio da fabricação de calçados mais baratos. As estratégias para a venda desses produtos foram diversas, sendo muito comum a existência de vendedores que vendiam para lojas e também para o consumidor direto. Os preços desses sapatos eram muito inferiores aos das grandes marcas, muitas vezes inacessíveis a boa parte da população, e uma estratégia recorrente para diminuir custos era a informalidade tanto na fabricação quanto na comercialização, não raro sonegando direitos trabalhistas e impostos.

Além de inexistirem registros sobre formas de organização específicas dos pequenos produtores, o excerto abaixo ilustra que eles estiveram praticamente ausentes do sindicato patronal, que se tornou o porta-voz das indústrias de grande porte:

---

44 BARBOSA, A. de S. *op. cit.*, p. 135-136.
45 *Comércio da Franca*. "Francal lamenta a ausência das pequenas e médias indústrias." 29/03/1974.

> Os grandes empresários viram a necessidade [...] de montar o sindicato em 1959 e montaram, fundaram o sindicato. E nos anos 70 montou o grupo ASTECO [referência ao *pool*], por que? Porque dentre as maiores os interesses são conflitantes, mas esse grupo reuniu e estabeleceu a regra do jogo, e faziam trabalhos juntos. Mesmo porque esses eram os grandes exportadores e no mercado interno cada um tinha a sua briga. Mas aqui dentro era unido; [...] Agora o que acontecia? Automaticamente inibe a presença do micro.[46]

Essa questão adquire relevância em função do setor coureiro-calçadista de Franca ter como uma de suas principais características a diversidade do tamanho das fábricas. A quantidade de indústrias ao longo do período analisado sofreu grandes alterações, pois muitas empresas tiveram um curto período de existência. Os dados provenientes de diferentes fontes apresentam certas discrepâncias a respeito do número de fábricas, mas todos apontam a diversidade do parque fabril. Tomo os dados de duas pesquisas como ilustrativos dessa característica.

Em 1978, pesquisadores do SENAI catalogaram, dentre outras indústrias, 233 fábricas de calçados que empregavam 14.253 operários, três fábricas de artefatos de borracha para calçados que empregavam 2.221 operários e 14 indústrias de artefatos de couro que empregavam 844 operários. Os pequenos estabelecimentos (5 a 49 empregados) representavam 77,7% do total de indústrias e empregavam 22,3% da mão-de-obra total, os médios (50 a 499 empregados) representavam 20,7% e empregavam 50,9% da mão-de-obra, e os grandes estabelecimentos (com mais de 500 empregados) representavam 1,6% e empregavam 26,8% da mão-de-obra.[47]

Tais características foram confirmadas pelo primeiro Censo Empresarial realizado pelo SICF no ano de 1983 (publicado em 1984). Foram recenseadas 400 unidades produtivas: 279 indústrias de calçados, 29 indústrias de componentes para calçados e 92 prestadoras de serviços, excluindo-se os curtumes. Em conjunto, as empresas empregavam 28.508 funcionários e tinham uma capacidade de produção anual de mais de 36 milhões de pares de calçados. Em números de empregados, 120 empresas empregavam até 10 pessoas, 98 empregavam de 11

---

46 Depoimento de José Carlos Brigagão do Couto ao autor em 2 de março de 2010. O depoente foi diretor e sócio da *Calçados Sândalo*, um dos industriais mais atuantes nos anos 1970 e 1980, presidente do Sindicato das Indústrias entre 1983 e 1986, e era o atual presidente da entidade no momento da entrevista.

47 SENAI. *Mão-de-obra industrial em Franca*. Coordenadoria do Ensino e Treinamento, Divisão de Pesquisas, Estudos e Avaliação. 1978, p. 12-14.

a 20 pessoas, 81 empregavam de 21 a 50 pessoas, 69 empregavam de 51 a 200 pessoas e 32 empregavam acima de 200 pessoas.[48] Além do número elevado de unidades de pequeno e médio porte, destaca-se a existência de várias empresas prestadoras de serviços, outra característica recorrente da industrialização do setor, pois diversas indústrias recorreram à terceirização de parte da produção para se manterem competitivas.

Se por um lado, a permanência de um grande número de pequenas unidades produtivas continuou marcante, por outro lado, o próprio critério adotado pelo SENAI para definir o tamanho das indústrias do setor comprova o expressivo crescimento industrial ao longo dos anos 1950 e 1970. Para os padrões das décadas 1940 e 1950, uma fábrica de calçados com mais de 100 operários era considerada de médio para grande porte; já no final dos anos 1970, uma fábrica de grande porte era aquela que empregava mais de 500 operários e nos anos 1980, as maiores fábricas de calçados chegaram a empregar mais de 1.000 operários.

As transformações dos processos produtivos e de trabalho

Após apresentar as características gerais da industrialização do setor coureiro-calçadista de Franca, faz-se necessário aprofundar a análise sobre os temas centrais desse capítulo: as transformações dos processos produtivos e dos processos de trabalho. Um segmento industrial caracterizado pela significativa diversidade de suas unidades produtivas resultou em fábricas de diferentes tamanhos e em estágios tecnológicos bastante distintos. Além disso, também existiram diferenças marcantes no emprego de tecnologia no que se refere ao tipo de indústria: curtumes, fábricas de calçados e fábricas de artefatos de borracha.

De antemão, é possível destacar as características centrais de cada tipo de fábrica. Os curtumes empregaram maquinário pesado desde o início do século XX, este sofreu melhorias e aperfeiçoamentos ao longo do tempo, e o desenvolvimento de novos insumos foi tão importante quanto à mecanização para reduzir o tempo de produção dos couros. Por sua vez, as fábricas de calçados foram as indústrias que melhor exemplificaram a incorporação do trabalho manual em artefatos metais-mecânicos e que apresentaram maiores diferenças no emprego de tecnologia. Neste setor, o trabalho manual e as habilidades laborais de certos pro-

---

48 SICF. *Censo Empresarial de Franca.* (mimeo) Franca, 1984, p. 34, 36 e 61.

fissionais continuaram a ser indispensáveis em várias tarefas. Por fim, as fábricas de artefatos de borracha se caracterizaram pela ampla utilização de maquinário pesado e pela incorporação de tecnologia nos processos produtivos, o que fez com que em algumas seções o número de trabalhadores fosse bastante reduzido.

Dessa forma, analisarei a mecanização de cada ramo produtivo, seus significados mais profundos e os impactos sobre os processos de trabalho. Como se observará, o incremento da produção não resultou apenas da ampliação das unidades produtivas, mas do aumento da produtividade dos trabalhadores. Ou seja, a formação de um complexo industrial especializado na fabricação de calçados englobou transformações drásticas no interior das unidades fabris, com o fim de se reduzir o máximo possível o tempo necessário para a produção das mercadorias.

"Onde o filho chora e a mãe não vê": o trabalho nos curtumes

Ao longo do período estudado, o couro, com destaque para o bovino, foi a matéria-prima primordial para a confecção de calçados. O trabalho de *curtir* consiste em transformar a pele do animal em couro, ou seja, em material imputrescível, por meio de processos denominados *curtimento*. Para fins de utilização industrial, busca-se um produto flexível, macio e pigmentado, o que requer diversas etapas de produção.

O *Curtume Cubatão*, quando de sua instalação no final do século XIX, ilustrava a fase artesanal – no sentido de trabalho exclusivamente manual – da fabricação de couros em Franca. "Era bastante rudimentar, [com] barracões de taipa cobertos de sapé." O curtimento do couro era arcaico, "feito em tanques de cimento"[49] e sem utilização de maquinário. Alguns sapateiros que aprenderam o ofício no começo do século XX, quando era comum também curtirem o couro com que trabalhavam, descreveram o trabalho de curtimento.

> Quando eu comecei a trabalhar já existiam os curtumes, mas eram poucos. Tinha uma ciência mais elevada, mas muito pouco. A maioria dos sapateiros curtiam, eles mesmos, o couro. Pegava a casca de barbatimão [...]. Então eles tiravam aquela casca, colocavam pra secar, moíam e colocavam dentro de uns tanques. Os tanques eram barris de madeira e ali dentro eles jogavam. Demorava quatro, cinco, seis meses para curtir um couro daqueles.[50]

---

49 RINALDI, Dalva M. C. *op. cit.*, p. 12.
50 Depoimento de Antonio Moreira. *Apud.* MALATIAN, T. M. *op. cit.*, p. 197-198.

A fabricação de couros de maneira rudimentar era composta pelas seguintes etapas: limpeza das peles, remoção dos pêlos, curtimento por imersão das peles por longo período em banhos frios em barricas ou tanques de cimento, com materiais vegetais com propriedades curtentes (casca de barbatimão ou de angico), diminuição da espessura, amaciamento e engraxamento manual com escovas. Todas as tarefas eram manuais e resultavam num produto com características diferentes das atuais, mais grosso, menos macio e menos maleável, além de possuir um acabamento grosseiro.

As tarefas de descarnar (remover partes que não compunham o couro) e rebaixar (diminuir a espessura) eram executadas com lâminas de corte e requeriam habilidade e destreza por parte dos trabalhadores que as manuseavam. As demais tarefas exigiam principalmente força física e consistiam, na maior parte das vezes, em introduzir e retirar couros de tanques e arrastá-los no interior do curtume. Algumas etapas eram bem arcaicas, como o engraxamento e o amaciamento do couro: "engraxava com graxas mesmo, que eles conseguiam e passavam com a mão, iam passando, pendurando e *porrete nele pra amaciar*. (risadas)"[51]

A produção exclusivamente manual de couros em Franca teve uma duração relativamente curta, visto que no começo do século XX os curtumes mecanizaram diferentes etapas do curtimento. A primeira experiência de mecanização ocorreu no *Curtume Cubatão*, adquirido por Elias Mota em 1909, e as evidências indicam que a introdução de máquinas decorreu de necessidades técnicas. "Foi a falta de quantidades apreciáveis de barbatimão na região de Franca que [o] motivou [...], em 1912, a fazer uma viagem ao sul do país para investigar as condições de curtimento com cromo, bem como indagar sobre os maquinários necessários para a tarefa."[52] Desta viagem resultou a importação, em 1913, de maquinário alemão apto a executar quase todas as operações da fabricação de couros.[53]

---

51 Depoimento de Osmar Finotti ao autor em 28 de fevereiro de 2009. (grifos meus)

52 Pedro Tosi chegou a essa conclusão a partir da análise de registros dos cortes de madeiras na primeira década do século XX. TOSI, P. G. *op. cit.*, p. 151.

53 Picador automático de cascas com capacidade de cortar mil quilos de casca por hora; moinho automático; bombas de transporte dos líquidos às diferentes seções do curtume; extratores de tanino; tamborões para banhos de tanino e sulfurosos; máquina de abrir ou serrar o couro ao meio; máquina de rebaixar o couro; máquina de *blanchir*, dar às peles uma alvura especial; máquina de lustrar, amaciar e esticar; cilindros com pressão de 20 mil quilos para cilindrar solas; carros de transporte; existiam também setenta tanques, seção de tinturaria, surraria, laboratório químico e seção de cromo. A fábrica possuía uma área de 2.450 m², dotada de dois motores, um a vapor e um elétrico. Reportagem originalmente publicada,

As máquinas existentes nessa fábrica demonstram duas características do processo de industrialização dos curtumes: a construção de equipamentos que incorporaram o trabalho manual dos curtumeiros e a invenção de máquinas para executar tarefas inexequíveis manualmente. Exemplos do primeiro tipo são as máquinas de rebaixar, de lustrar, de amaciar e de esticar o couro, e os trituradores de casca para a extração de tanino. A máquina de dividir, ou rachar, constitui-se em exemplo de mecanismo do segundo tipo.

Os processos de curtimento do couro resultam no intumescimento de suas fibras e em couros com grandes espessuras, inapropriados para a fabricação de sapatos. A única possibilidade de diminuir a espessura do couro era por meio do trabalho manual com grandes facas. A máquina de dividir possibilitou separar o couro em duas camadas, a camada superficial, denominada "flor", e a camada inferior, denominada crosta ou raspa. Neste caso, não ocorreu a incorporação de gestos ao maquinário, e sim o desenvolvimento de uma máquina que executa uma tarefa irrealizável manualmente. A obtenção da "flor" e da raspa é de grande importância, pois da primeira é fabricado o couro mais fino, maleável, com maior elasticidade e aplicável na fabricação dos diversos tipos de calçados; enquanto a raspa é industrializada para outras aplicações.[54]

A segunda experiência de mecanização de curtumes foi realizada ao final da década de 1910. Como visto anteriormente, três anos após a aquisição do *Curtume Progresso* por Carlos Pacheco de Macedo a fábrica foi ampliada e dotada de "métodos mais racionais", realização diretamente relacionada à contratação de "experimentados" técnicos e à importação de vários tipos de máquinas, ambos de procedência alemã.[55]

Na década de 1930, a maior parte das máquinas utilizadas pelo *Curtume Cubatão* nos anos 1910 estava difundida nos outros curtumes da cidade. O *Curtume Santa Cruz*, por exemplo, pertencente à Firma *Spessoto & Cia*, causou grande impressão ao repórter que o visitou no ano de 1935: "tal é a eficiência técnica dos maquinismos de que dispõe o Curtume, que, nele, *a ação do homem quase*

---

em 20/03/1913, no extinto jornal *Cidade da Franca* e transcrita em: *Comércio da Franca*. "A indústria do couro em Franca". Franca, 16/07/1950.

54 A camada flor é a parte mais nobre do couro, apresenta desenho característico para cada tipo de animal e é composta pela flor (parte visível, externa, dos produtos fabricados em couro) e pelo carnal, camada inferior do couro. A raspa é composta exclusivamente por carnal e é utilizada na fabricação de luvas, aventais etc.

55 RINALDI, D. *op. cit.*, p. 16.

que se limita a pô-los em movimento, pois tudo é feito à máquinas, desde a lavagem do couro até seu lustramento."[56] A empresa tinha capacidade para produzir 800 couros mensais e empregava 18 funcionários.[57]

A digressão aos anos iniciais do século XX demonstra que a mecanização da fabricação de couros ocorreu bem antes do período de maior desenvolvimento do complexo coureiro-calçadista. Nos anos 1950, os curtumes já possuíam máquinas nas diversas seções de produção e a difusão de maquinário possuiu dois sentidos centrais que se complementam: aperfeiçoamento técnico e ganhos de produtividade, ao potencializarem a capacidade de produção dos operários. Contudo, a evolução do maquinário não atingira seu ápice, visto que certas tarefas permaneceram manuais e devido ao fato de muitas máquinas serem rudimentares e pouco produtivas.

Além da evolução do maquinário, as transformações dos processos de fabricação de couros englobaram o desenvolvimento e o aperfeiçoamento de produtos químicos, a incorporação de técnicas de curtimento modernas, a racionalização e a maior divisão dos processos de trabalho, com a especialização do trabalhador na execução de uma única tarefa, e algumas unidades produtivas especializaram-se na fabricação de determinados produtos ou na execução de apenas parte do processo produtivo.

Para aprofundar a análise, é relevante mencionar que a produção de couro resulta na obtenção de vaquetas – couros de menor espessura utilizados para compor a parte superior do calçado – e de solas, couros grossos e duros, cuja principal característica almejada é a obtenção de um material com boa durabilidade, para resistir ao contato direto com o chão. A fabricação dos dois produtos difere a partir de certas etapas e é mais complexa no caso da fabricação de vaquetas. Um curtume possui três seções: a *ribeira*, ou *caleiro*,[58] engloba as tarefas iniciais de preparação da pele, remoção da maioria das estruturas e substâncias não formadoras do couro, e é comum à fabricação de solas e de vaquetas; o *curti-*

---

56 Máquinas listadas: moinho para casca, tamborões, máquina de dividir, máquina de rebaixar, máquina de lustrar, máquina "Jacaré" para amaciar couro, lixadeira, cilindro, instalação elétrica geral acionada por um motor "Siemens" de 10 H.P. *Comércio da Franca*. Franca, 27/01/1935.

57 Segundo dados apresentados por Tosi, o curtume teria 11 operários em 1935. Cf. TOSI, P. G. *op. cit.*, p. 340.

58 Nos manuais técnicos utiliza-se a denominação *ribeira*. A denominação *caleiro* é mais usual em Franca.

mento, etapa em que a pele é tratada com substâncias curtentes e torna-se imputrescível – com o desenvolvimento técnico, o curtimento de solas e de vaquetas passou a diferir significativamente; e o *acabamento*, que engloba grande variedade de tarefas que darão o aspecto e a aparência final ao couro.

Logo após ser retirada do animal (esfola) a pele começa a sofrer o ataque maciço de bactérias e precisa ser submetida a processos de conservação em curto espaço de tempo. A primeira medida é lavá-la e remover os restos de sangue. Até os anos 1980, existiam três tipos de conservação: secagem, salagem e seco-salagem. A mais comum era a salagem, que consistia na deposição de camadas de sal sobre a pele para diminuir a umidade, alterar o pH e inibir o desenvolvimento bacteriano.[59] A quantidade elevada de sal requerida por pele resultava em significativos problemas de poluição ambiental decorrente dos processos de curtimento.

Os couros salgados chegavam aos curtumes e precisavam ser submetidos a diferentes procedimentos antes de serem curtidos. Na seção de *ribeira* ocorria o *reverdecimento* ou *remolho*, o *caleiro* e o *preparo da tripa*. Inicialmente, os trabalhadores removiam o excesso de sal batendo manualmente as peles. Em seguida, elas eram colocadas dentro dos fulões ou tamborões[60] – grandes barricas de madeira movidas mecanicamente – para repor a água perdida com a salagem.[61] Segundo Osmar Finotti, nos anos 1950 e 1960, o remolho era feito em 24 horas por causa das limitações técnicas impostas pelos insumos utilizados no processo, que não possibilitavam que se aumentasse a temperatura do banho sem que ocorresse o ataque bacteriano.[62] Esta tarefa tinha grande importância, pois a água funcionava como veículo em todas as operações posteriores, levando os diferentes produtos químicos em solução a entrarem em contato com as fibras.[63]

---

59 No final dos anos 1970 estavam em estudo sistemas de conservação com agentes anticépticos. HOINACKI, Eugênio; GUTHEIL, Nelson Carlos. *Peles e couros: origens, defeitos, industrialização*. Porto Alegre/Novo Hamburgo: CIENTEC/CTCCA, 1978, p. 53-61.

60 Na sequência do texto utilizo a denominação fulão, mais usual nos curtumes francanos.

61 A temperatura da água era uma das variáveis mais importantes para o tempo de duração do remolho. A maior temperatura diminuía o tempo, mas aumentava o desenvolvimento bacteriano. HOINACKI, E.; GUTHEIL, N. C. *op. cit.*, p. 69; e BELAVSKY, Eugenio. *O curtume no Brasil*. Porto Alegre: Globo, 1965, p. 101.

62 Depoimento de Osmar Finotti ao autor.

63 HOINACKI, E.; GUTHEIL, N. C., *op. cit.*, p. 68.

O *caleiro* era uma operação chave no processo de fabricação do couro. Era feito nos fulões e consistia na remoção dos pêlos e na preparação da pele para as operações seguintes. O sistema cal-sulfeto era o mais utilizado. Os trabalhadores colocavam a cal e o sulfureto de sódio no interior dos fulões e as peles ficavam nesse banho por horas. Ocorria uma ação química sobre os pêlos – a depender do sistema, podia destruí-los ou apenas removê-los – e o intumescimento das peles.[64] Esta etapa era a responsável pela maior carga poluidora dos córregos onde os efluentes eram eliminados.

Depois dos banhos o couro passava por operações mecânicas. A primeira delas era o *descarne*, remoção da "carne"[65] arrancada junto com a pele. Nos curtumes do começo do século XX não existiam máquinas de descarnar e a tarefa era feita manualmente, situação predominante até os anos 1950 – nos pequenos curtumes, persistiu até a década de 1970. Diferentemente dos trabalhos anteriores que exigiam principalmente a força física dos operários para carregar e descarregar fulões, o descarne requeria destreza e habilidade, adquiridas por meio da prática cotidiana.

Ao ser indagado se o descarne manual não resultava em couros irregulares, Osmar Finotti foi categórico: "ficava muito bem descarnado. Eram pessoas, viche! O cara que era famoso! *Quando falava que era descarnador ganhava o dobro dos outros, era especializado e valorizado.*"[66] O descarne manual resultava, inclusive, em peles de melhor qualidade do que as trabalhadas nos primeiros modelos de descarnadeiras. Segundo Eugenio Belavsky, obtinha-se "um trabalho mais perfeito, razão porque existem até agora curtumes que preferem o trabalho executado à mão, com faca comprida no cavalete."[67] Portanto, a criação de certas máquinas não eliminou imediatamente o trabalho manual.

A máquina de descarnar era composta por um cilindro revestido de borracha que se aproximava do cilindro com as lâminas de corte e o movimento de rotação efetuava o descarne. Dois operadores seguravam o couro em suas

---

64 A depilação em fulão tinha duração entre *18 e 24 hs*. Couros cuja maciez era mais acentuada requeriam novo tratamento em banho de cal, *recaleiro*, por mais *8 a 18 hs*. HOINACKI, E.; GUTHEIL, N. C., *op. cit.*, p. 81, 84-85.

65 Terminologia adotada no curtume para se referir à estrutura constituída por diferentes tecidos combinados (tecido areolar, tecido adiposo, tecido conectivo, vasos sanguíneos, nervos e músculos).

66 Depoimento de Osmar Finotti ao autor. (grifos meus).

67 BELAVSKY, E., *op. cit.*, p. 97.

extremidades e o levavam até a máquina, que efetuava o descarne de uma parte, eles viravam o couro e descarna-se a outra parte.[68] Com o aperfeiçoamento dessas máquinas e, sobretudo, com os ganhos de produtividade que permitiam auferir,[69] o descarne manual paulatinamente deixou de existir e sobreviveu apenas em curtumes com baixa produção. No *Curtume Orlando*, a descarnadeira foi introduzida nos anos 1970 e, ainda que o nível técnico da máquina deixasse muito a desejar, os resultados foram marcantes.

> Eu já tinha quatro descarnador manual, e a descarnadeira fazia sozinha. Eles pegavam começavam 4 horas da manhã e quando era 11 horas, 11 e pouco da manhã, eles terminavam. Aí quando veio a descarnadeira foi um sucesso! Você pegava a produção 7 da manhã, quando era 10, 11 horas tava pronto. Duas pessoas. Um de cada lado. […] *Era muito mais rápido*. Mas antigamente as descarnadeiras eram muito ruim, nós sofria pra descarnar. O funcionamento delas… pra abrir e fechar, aquelas coisas toda, era aquelas roda, fricção e aquilo dava um trabalho… quebrava e você arruma… Aí depois foi melhorando.[70]

O excerto evidencia duas características relevantes: primeiro, o fato de o descarne manual ser executado fora do expediente normal para possibilitar uma sequência mais bem adequada do trabalho; segundo, a redução do tempo e do número de trabalhadores para a realização do descarne. Ao incorporar os gestos operários, a descarnadeira potencializou a capacidade produtiva da força de trabalho e, ainda que inicialmente apresentasse deficiências técnicas, devido aos ganhos de produtividade que possibilitou, praticamente eliminou uma tarefa que exigia destreza manual.

Após o descarne, eram realizadas as seguintes operações na seção de *ribeira*: *recorte*, trabalho manual para eliminar restos de unhas, umbigos, parte interior do rabo etc.; no caso das vaquetas, *divisão*, operação executada exclusivamente em máquinas nas quais a pele passa entre dois rolos e é dividida em duas camadas por uma navalha de aço;[71] e *limpeza da flor* para a remoção dos restos das substâncias decompostas no caleiro. Concluídos esses processos a

---

68 HOINACKI, E.; GUTHEIL, N. C., *op. cit.*, p. 88.
69 Tinham capacidade de fazer 400 couros em 8 horas. Cf. BELAVSKY, E., *op. cit.*
70 Depoimento de Osmar Finotti ao autor.
71 HOINACKI, E.; GUTHEIL, N. C., *op. cit.*, p. 88-89.

pele era denominada "tripa".⁷² Ao longo dos anos, o maquinário desta seção foi aperfeiçoado e suas dimensões aumentadas. Por exemplo, os cilindros das primeiras *descarnadeiras* e *divisoras* tinham cerca 80 centímetros e permitiam trabalhar apenas com peles cortadas ao meio, meia pele. Posteriormente, tornou-se possível trabalhar com peles inteiras.

Feita a remoção das partes não formadoras do couro e o inchamento das peles, iniciavam-se os trabalhos na seção de *curtimento*. As peles utilizadas para a fabricação de *solas* passavam por um processo de remoção da cal por meio de lavagem com produtos descalcinantes⁷³ e, em seguida, iniciava-se o *curtimento*. Durante anos, essa etapa foi feita exclusivamente por meio de banhos com taninos vegetais. No decorrer da década de 1960, alguns tanantes vegetais foram industrializados e criaram-se tanantes sintéticos. Ambos entravam nos curtumes na forma de pó e eliminaram o trabalho de triturar as cascas para a extração do tanino, tornando obsoleto o maquinário existente para esse fim. Além disso, os insumos industrializados tinham maior concentração de tanino e possibilitaram reduzir o tempo de curtimento. Outro avanço foi o "curtimento combinado", feito em tanques e em fulões.⁷⁴ A última etapa da evolução desse processo foi o *curtimento ultra-rápido*, realizado exclusivamente em fulões, que podia ser concluído em cerca de três dias.⁷⁵

A combinação de novos insumos com a utilização de maquinário (fulão) resultou na enorme redução do tempo necessário para a conclusão dessa etapa: um processo que em tempos remotos poderia durar um ano passou a ser executado em poucos dias. É necessário enfatizar, que no "método antigo" a grande demora decorria das limitações dos processos físico-químicos em soluções com baixas

---

72   O peso das peles em cada etapa produtiva evidencia o esforço físico demandado na *ribeira*: a pele salgada pesava entre 25 e 30 kg; após o remolho, entre 40 e 50 kg; após o caleiro, podia chegar a 60 kg; após o descarne, cerca de 40 kg; e a "tripa" poderia pesar até 35 kg.

73   Síntese a partir de BELAVSKY, E., *op. cit.*; e HOINACKI, E.; GUTHEIL, N. C., *op. cit.*

74   Curtimento em tanques com tanantes concentrados (*10 a 15 dias*) e recurtimento no fulão a quente (*3 a 4 dias*). Os novos tanantes e a utilização dos fulões, com controle de temperatura e movimentação da solução, possibilitaram reduzir o tempo de curtimento de solas para até *uma semana*.

75   No *método antigo*, o curtimento era feito exclusivamente em tanques com a solução extraída a frio das cascas de angico e barbatimão: *3 a 4 semanas* de molho em soluções muito fracas, recurtimento e couros "encascados" (cobertos com grossa camada de casca moída e com o licor) por prolongado tempo. A operação poderia ser repetida 2 ou 3 vezes e durar *até 1 ano*. BELAVSKY, E., *op. cit.*, p. 168-169.

concentrações de tanino e que o tempo já não estava sob controle dos trabalhadores. Consequentemente, o fulão foi determinante para os ganhos de produtividade no curtimento e recurtimento por ter permitido maior controle sobre as variáveis químicas envolvidas no processo. Conforme explicou Eugenio Belavsky,

> somente com o curtimento no tambor pode ser conseguido o ótimo grau dos fatores mais importantes para o curtimento rápido: "a densidade e a temperatura do licor tanante e o movimento necessário".
> Só este método pode dar os resultados satisfatórios de máxima economia na fabricação e melhor qualidade da sola pronta. [...]
> O método de curtimento ultra-rápido – método curto, físico-químico – [...], sempre pode ser bem controlado e dirigido.[76]

Concluído o curtimento, os couros destinados à fabricação de solas passavam pelos seguintes procedimentos: *branqueamento*; *engraxamento*, para melhorar a impermeabilidade e aumentar o peso (as solas eram vendidas por quilo); *remolhagem*; e compactação em *máquina de cilindrar*.

A partir dos anos 1950, os curtumes francanos deixaram de fabricar solas e dedicaram-se exclusivamente à fabricação de vaquetas, caracterizando uma primeira especialização das fábricas na produção de determinados produtos. A produção de *vaquetas* envolvia etapas mais complexas. Na seção de *curtimento* as peles passavam pela *desencalagem, purga, piquel* e *curtimento*.[77] A velocidade dessas operações dependia da concentração das substâncias e das temperaturas dos banhos. Além da importância do fulão para agilizar os processos feitos em meio aquoso, outra inovação determinante para o curtimento de vaquetas – a princípio, feito exclusivamente com tanantes, tal como as solas – foi a introdução dos sais de cromo. O curtimento com tanantes vegetais *"era muito prolongado e por isso não podia ser bem controlado e dirigido."* O curtimento ao cromo *"eliminou os tanques e molinetas, deu logo a possibilidade de racionalizar e economizar a fabricação* e melhorar a qualidade da vaqueta."[78]

---

76 BELAVSKY, E., *op. cit.*, p. 54, 181.

77 Purga: tratar as peles com enzimas proteolíticas para limpar a estrutura fibrosa. P*iquel*: tratamento com solução de ácido sulfúrico e sal para eliminar o resto de cal e preparar as fibras para a penetração dos agentes curtentes. Síntese a partir de HOINACKI, E.; GUTHEIL, N. C. *op. cit.*, p. 97, 99, 104.

78 BELAVSKY, E. *op. cit.*, p. 50. (grifos meus)

Os sais de cromo empregados no fabrico do couro foram aperfeiçoados ao longo dos anos. Nas décadas de 1950 e 1970, era necessário realizar no interior dos curtumes a redução do dicromato de sódio, que consistia em torná-lo solúvel e apto a ser aplicado na produção. Posteriormente, foram desenvolvidos sais de cromo prontos para utilização,[79] constituindo mais um exemplo de como a aplicação da ciência à produção permitiu reduzir o tempo de trabalho e exercer maior controle sobre os processos químicos da fabricação de couros.[80]

Entre fins dos anos 1970 e início dos 1980, algumas unidades produtivas começaram a realizar apenas os trabalhos de *ribeira* e *curtimento*, enquanto outras trabalhavam o couro a partir de seu estado *wet blue*, fazendo o recurtimento e o acabamento.[81] Durante o período em estudo, a maior parte dos curtumes francanos permaneceu como "curtumes completos", executando todas as tarefas de fabricação dos couros.

A última etapa da fabricação de couros é o *acabamento*, seção que comportava a maior quantidade de tarefas: *enxugamento*; *rebaixamento*; *neutralização* (executado em fulões para se elevar o pH das peles); *recurtimento ao cromo* (também efetuado em fulões para enriquecer a camada flor e possibilitar o lixamento); *tingimento* (inicialmente feito por sistema rudimentar com a utilização de escovas, posteriormente passou a ser executado em fulões por meio de banhos com anilinas); *engraxe*; *estiramento*; *secagem*; *condicionamento*; *amaciamento*; *estaqueamento*; *secagem*; *lixamento*; *impregnação*; *acabamento*; *secagem*; *prensagem*; e *medição*.[82] Essas tarefas apresentam variações de acordo com o produto final a ser obtido. Por isso, restringirei a análise à questão da evolução

---

79 Depoimento de Osmar Finotti ao autor.

80 O *curtimento ao cromo* resulta num couro com coloração azul, conhecido como *wet blue*, estágio em que o couro já não sofre a ação de bactérias. Apesar do método ter se generalizado, não eliminou por completo a fabricação de couros atanados, *curtidos ao tanino*.

81 No Vale do Rio dos Sinos essa especialização iniciou-se no final dos anos 1970. Calçadistas compravam *wet blue* da Argentina e montavam seções de acabamento para realizar o tratamento final, dando origem a curtumes especializados em determinadas etapas do curtimento. Cf. CARNEIRO, L. *op. cit.*, p. 139-140.
A partir dos anos 1990, muitos curtumes de *ribeira* foram instalados em regiões criadoras de gado, com destaque para a região centro-oeste. A proximidade com os frigoríficos e a utilização de anticépticos para a conservação das peles permitiram a utilização do *couro verde*, que resulta em produto de qualidade superior. Além disso, inexistiam sindicatos operários nessas regiões.

82 A repetição do termo secagem não é descuido do autor, reproduz o complexo processo de acabamento, no qual os couros são secados e reumidificados constantemente.

do maquinário da seção reunindo-o por similaridades e não por sequência de utilização no processo produtivo.

Três máquinas da seção de acabamento apresentam semelhanças estruturais entre si e com a *descarnadeira* e a *divisora*: máquinas de enxugar, rebaixar e lixar. Na *enxugadeira*, o couro passa por entre rolos revestidos com feltros para remover mecanicamente o excesso de água por meio de pressão.[83] A *rebaixadeira* iguala a espessura do couro e é constituída por cilindros, um deles com navalhas em disposição helicoidal. A *lixadeira* serve para uniformizar a flor e o couro é passado por entre rolos, um revestido com lixas, cujas gradações variam segundo as correções a serem feitas. Essas máquinas são formadas pela combinação de rolos/cilindros com facas, feltros ou lixas, que se adéquam às características da matéria-prima e realizam tarefas antes feitas manualmente.

A máquina de amaciar e a máquina de lustrar apresentam estruturas distintas das anteriores. Um dos primeiros modelos de máquinas de amaciar, conhecido como "Jacaré", baseava-se num método de trabalho cujo movimento simulava uma "mordida" seguida pela "mastigação" do couro.[84] A superfície de contato com o couro possuía apenas 30 centímetros e o trabalhador movia o couro para que todas as partes fossem amaciadas igualmente pelo contato com as paletas. A máquina de lustrar possuía uma estrutura semelhante ao "Jacaré": o lustro, ou abrilhantamento, era obtido pelo contato de um rolo de vidro polido, também de pequena dimensão, preso a um braço oscilante na parte superior do equipamento.[85]

Estas máquinas foram amplamente utilizadas, pelo menos, até a década de 1970. Nos dois equipamentos, cabia ao operador variar a posição do couro para proporcionar a ação mecânica sobre este. Consequentemente, a velocidade de execução da operação estava condicionada à agilidade do operário. "No 'Jacaré' o cara tem que ser mais esperto, o cara tem que ser mais vivo, porque exige mo-

---

83 É uma máquina com um sistema contínuo e de alta produtividade: as peles entram de um lado, são prensadas e descarregadas do lado oposto.

84 "Esta máquina possui dois braços móveis, dispostos um acima e outro abaixo do nível da mesa de colocação dos couros a amaciar. O braço superior apresenta em sua extremidade duas paletas, e o braço inferior, uma paleta. Pelo funcionamento, os braços sofrem um fechamento e, em razão da movimentação, os couros passam entre as paletas." HOINACKI, E.; GUTHEIL, N. C. *op. cit.*, p. 210.

85 *Ibidem*, p. 225.

vimento mais rápido."[86] Apesar da estrutura bastante engenhosa da máquina de amaciar, ela oferecia sérios riscos de danificar o couro.[87]

Não foi possível precisar quando a máquina de amaciar com construção mais moderna foi inserida nos curtumes de Franca, mas ela foi descrita em manual técnico no final dos anos 1970. Conhecida atualmente como *molissa*, o amaciamento era feito por um *sistema contínuo de pinos*: os couros eram colocados de um lado, transportados por cintos de borracha entre placas que contêm pinos desencontrados em constante movimento vibratório para amaciar o couro uniformemente quando este saía do lado oposto.[88] Essas máquinas ilustram a transição da etapa em que era necessária a intervenção humana para a etapa em que máquinas mais modernas incorporaram totalmente o gesto do trabalhador, transformando-o num "alimentador" de máquinas.[89] Conforme demonstra o depoimento a seguir, a simplificação do trabalho, a redução do tempo de execução e a maior qualidade do produto final mais uma vez se complementaram:

> Demorava demais, o cara pra amaciar um couro ficava ali 5, 6, 10 minutos. Numa máquina hoje é 30 segundos. Já vai indo e passa do outro lado e tá macio. [...] *O cara tinha que saber, tinha que ser bom* pra passar o couro e poder amaciar ele sem problema, sem estragar o couro, deixar ele totalmente uniforme, a maciez dele toda uniforme. *O cara tinha que ser bom, bem treinado mesmo*. Ao contrário da *molissa* que o cara só enfia e pega do outro. Alguém vai lá e regula, aperta um pouco mais, mas isso muitas vezes não é nem o operador que faz, é o mecânico de manutenção, é o técnico que faz. Passou a ser uma operação das mais simples do mundo.[90]

A secagem também sofreu grandes transformações ao longo do período estudado e até os dias atuais varia de curtume para curtume, de técnico para técnico e de acordo com o tipo de couro e sua aplicação. Durante décadas, os couros foram secados em varais próximos aos telhados ou em camadas de serragem que absorviam a umidade. A secagem com utilização de energia elétrica

---

86 Depoimento de Jerson do Nascimento ao autor em 20 de dezembro de 2008.
87 Seria "a mais velha e a pior máquina do curtume". BELAVSKY, E. *op. cit.*, p. 269-270.
88 HOINACKI, E.; GUTHEIL, N. C. *op. cit.*, p. 211.
89 No caso do abrilhantamento, a evolução se deu pela introdução das máquinas de estampar, mais antigas, e das prensas hidráulicas e prensas rotativas, utilizadas para finalizar o acabamento e, em alguns tipos de couros, também para estampar desenhos na flor.
90 Depoimento de Jerson do Nascimento ao autor. (grifos meus)

iniciou-se em câmaras e em túneis com circulação de ar aquecido sob condições controladas artificialmente. Utilizou-se ainda o sistema de secagem em placas – *pasting* e *secoterm*[91] –, que reduzia o tempo, mas apresentava o inconveniente da utilização de cola que podia danificar o couro. Nos anos 1960, desenvolveu-se o sistema de secagem a *vácuo*, feito numa máquina que reduz a pressão atmosférica e baixa o ponto de ebulição da água, que evapora mais rapidamente.[92] No caso da *secagem*, não ocorreu a simples substituição de um método por outro e com exceção da secagem com serragem, que praticamente desapareceu,[93] os demais sistemas coexistiram.

Na parte final da seção de *acabamento* de vaquetas, as transformações mais significativas ocorreram na qualidade e variedade das tintas e na forma de aplicá-las sobre os couros. Nos curtumes do início do século XX aplicavam-se graxas manualmente por meio de escovas, posteriormente as tintas passaram a ser aplicadas com pistolas de pintura, dinamizando o trabalho. A etapa seguinte foi incorporá-las a sistemas mecânicos: os couros eram colocados sobre correias transportadoras e recebiam as camadas de tinta pela ação de pistolas giratórias, com velocidade constante. Ao final, passavam por um túnel de secagem acoplado à máquina de "pistolar".[94]

O *Curtume Progresso* possuía máquinas de pintura nos anos 1960 e as primeiras foram desenvolvidas por José Pereira, mecânico e "engenheiro prático" da fábrica, possuidor de grande conhecimento empírico sobre mecânica e engenharia industrial, o que lhe possibilitou criar e aperfeiçoar várias máquinas. "A máquina era cheia de cordinha, você colocava o couro ali e tinha um revólver e a hora que o couro chegava, o revólver, tudo automático, soltava a tinta ali cer-

---

91 No *pasting*, criado na década de 1910, os couros eram colados em quadros de vidro e transportados ao longo de um túnel com temperatura e umidade controladas, a operação levava até 7 horas. No *secoterm*, desenvolvido na década de 1950, os couros eram colados em quadros de aço inoxidável dispostos verticalmente e aquecidos. O processo durava entre 30 e 45 minutos. Cf. BELAVSKY, E. op. cit. e HOINACKI, E.; GUTHEIL, N. C. op. cit.

92 O *vácuo* era uma novidade no final dos anos 1960, tinha alto custo e era empregado apenas em curtumes europeus e norte-americanos. Cf. BELAVSKY, E. op. cit., p. 317.

93 Outro método substituído por máquina foi o de secar e esticar o couro em grades de madeira abertas manualmente pelos trabalhadores e colocadas ao sol. Na máquina conhecida como *toggling*, os trabalhadores prendem os couros em grades de aço que são movidas até uma câmara onde se abrem mecanicamente, esticam e secam o couro, o que aumenta sua elasticidade e área (o couro é vendido por metro).

94 No Brasil dos anos 1960 predominava o sistema antigo: fundo feito com escova e acabamento com pistola. Cf. BELAVSKY, E. op. cit.

tinho. Tudo bolado pelo Pereira mesmo."[95] Empreendimento menos elaborado foi desenvolvido no *Curtume Orlando* por iniciativa de Osmar Finotti, devido à necessidade de se aumentar a produção, e mesclou o transporte em esteira com a pistola manual.

> A primeira máquina de pintura foi eu que fiz. Era um túnel... fiz o túnel, fiz tudo, fiz a esteira, mandei tornear os eixos. A caixa de redução dela, pra girar, era um câmbio de caminhão velho que eu pus lá, eu adaptei ele. Era elétrica.
> (De onde vieram essas noções de mecânica?) Ué, apertava e você tinha que fazer. Eu fui ver uma que tinha no *Progresso* e falei: isso aqui eu faço! Foi indo, foi indo, eu fiz. Não tinha carrossel, não tinha nada. Era um banco, a pessoa sentava no banco ali com a pistola, punha uma lata em cima, de 20 litros, descia na pistola e o cara ficava pintando. [...] Antes tinha uma grade lá no sol e o cara ficava pistolando, punha na grade e com o compressor ele pistolava, e no sol, pra secar rápido. E eu falei: eu tenho que fazer uma máquina de pintura. Porque a produção foi crescendo demais e o cara ficava naquele solão e quando chovia não tinha jeito de trabalhar.[96]

Ao incorporar o trabalho de pintar com pistolas às máquinas, tornou-se possível obter uma velocidade constante e a cobertura uniforme do couro, sem o inconveniente do inevitável cansaço dos braços humanos no transcorrer da jornada de trabalho.

> Por mais que o cara consegue, de manhã ele tem uma velocidade no braço, na hora do almoço ele tem outra e de tarde ele tem outra. A distribuição não é uniforme. Nas máquinas de pintura não, você põe a tua esteira de acordo com a velocidade do braço [mecânico], e você tem uma rotação perfeita pra um revólver vir atrás do outro e ir jogando a tinta uma atrás da outra, uniforme. Chega lá você não vê diferença nenhuma na pintura.[97]

O conjunto de transformações analisado resultou no que era chamado na década de 1960 de "curtume moderno", caracterizado pela mecanização de praticamente todos os processos produtivos. Isso fez com que a maior parte das tarefas prescindisse de trabalhadores polivalentes e capazes de exercerem funções

---

95 Depoimento de Ulisses Quirino de Souza ao autor em 19 de dezembro de 2008.
96 Depoimento de Osmar Finotti ao autor.
97 Depoimento de Jerson do Nascimento ao autor.

que requeriam destreza, habilidade e conhecimento detalhado sobre a totalidade do processo produtivo. Não obstante, a operação de algumas máquinas ainda demandava trabalhadores que conhecessem seu funcionamento, pois a perfeição do serviço dependia da regulagem precisa de seus mecanismos.

> O moderno curtume, bem mecanizado, já não precisa, como antes, de operários qualificados, especializados para diversos trabalhos manuais, característicos dos curtumes antigos.
> Tendo o técnico boa experiência, um químico de confiança, um laboratório bem equipado e os contra-mestres expertos, o moderno curtume pode, durante curto tempo, *deixar aprender a dirigir as máquinas, a qualquer operário inteligente e de boa vontade.*
> Para a máquina de rebaixar, todavia, necessitaria de operários já qualificados, porque, para aprender bem este trabalho, é necessário um tempo prolongado.
> Em geral, a quantidade e qualidade de produção do curtume depende muito das instalações racionais e da mecanização do trabalho.[98]

Em relação ao *transporte interno* das peles de uma seção para outra, Eugenio Belavsky afirmou, em 1965, que era um dos problemas a serem resolvidos por meio da mecanização do carregamento e descarregamento dos tambores, visto que a produtividade da fabricação dependia desse fator.[99] Contudo, não ocorreram alterações significativas nos métodos de transporte no interior dos curtumes francanos no decorrer dos anos 1950 a 1980. Peles e couros continuaram a ser transportados manualmente e em carrinhos e/ou cavaletes com rodas, evidenciando os limites tecnológicos desse setor industrial.[100]

Em 1987, existiam dez indústrias curtidoras em funcionamento, juntas empregavam pouco mais de 800 operários. Individualmente, a quantidade de empregados por empresa oscilava entre menos de 30 operários nas menores e mais

---

98 BELAVSKY, E. *op. cit.*, p. 27. (grifos meus)

99 *Ibidem*, p. 198-99.

100 Nos anos 1980-1990 foram introduzidas empilhadeiras nos curtumes francanos e mais recentemente esteiras mecânicas, conhecidas como aéreos, que fazem o transporte do couro pelo alto. As esteiras foram implantadas principalmente no caleiro, onde os couros são engatados no transportador mecânico e levados até as máquinas. A partir de visita feita a um dos curtumes mais modernos de Franca em 2009, fui informado que existiam limites técnicos para a generalização desse maquinário em todo o processo produtivo, pois muitas vezes é necessário que o couro "descanse" antes da próxima etapa para que as reações químicas se completem.

de 100 operários nas maiores.[101] Eram indústrias predominantemente de médio porte, não empregavam grande quantidade de mão-de-obra e utilizavam maquinário industrial em 90% das etapas de produção. O trabalho manual restringia-se às atividades de pregação, extração do sebo, alimentação e controle da caldeira e *transporte interno* das peles. Juntos, os curtumes possuíam 461 máquinas e, como a maioria dos equipamentos possuíam alto custo, nem sempre era possível substituí-los imediatamente por novos modelos.[102]

Durante décadas, praticamente todo o maquinário dos curtumes foi importado e os principais fornecedores eram a Alemanha, a Tchecoslováquia e a Itália. Os altos custos dos equipamentos mais modernos acarretavam a defasagem dos curtumes nacionais em relação aos curtumes europeus e norte-americanos. Nos anos 1950 e 1960, foram instaladas indústrias de máquinas para curtumes no Brasil, sendo a região do Vale dos Sinos a pioneira neste empreendimento, mas o maquinário importado tinha maior qualidade.[103] Outra dificuldade era a reposição de peças e muitas tinham que ser confeccionadas nas oficinas dos próprios curtumes, onde também se fazia aperfeiçoamentos, melhorias e desenvolvimento de máquinas.

As transformações dos processos produtivos dos curtumes demonstram duas características interligadas: a construção de maquinário para substituir o trabalho manual, o que transformou muitos operários em "alimentadores de máquinas", e o desenvolvimento de insumos indispensáveis para potencializar a capacidade produtiva das unidades fabris. Os dois processos se complementaram

---

101 Três curtumes empregavam até 30 operários e foram definidos como de porte pequeno; dois empregavam até 50 operários e seriam de porte médio; cinco empregavam mais de 100 operários e seriam de porte grande. RINALDI, D. M. C. *op. cit.*, p. 40. Essa definição do porte das empresas é equivocada quando comparada com outras localidades, como apontei no item anterior.

102 *Ibidem*, p. 41-42. A autora oferece dados imprecisos, mas que indicam o crescimento das indústrias nos anos 1970. O equipamento mais numeroso era o fulão (153), seguido por rebaixadeiras (37), enxugadeiras (35), prensas (31), máquinas de pintura (24), divisoras (16), lixadeiras (15), descarnadeiras (15), caldeiras (10), molissas (8), vácuo (6), medidoras (6), estiradeiras (4), togglins (4), pasting (2) e túnel de secagem (1).

103 Em 1973, o ministro Pratini de Morais fez um discurso na *Francal* e apontou a necessidade de pesquisas e melhoramentos do calçado brasileiro: "Com relação ao setor de máquinas e equipamentos, devo dizer que o Governo está insatisfeito com a qualidade dos equipamentos fabricados no Brasil para curtumes e indústrias de calçados. Devemos manter nível de qualidade e produtividade. É preciso que a indústria de máquinas melhore seus produtos, aproveite os incentivos do Governo e importe a tecnologia moderna para dar suporte adequado às indústrias." *Comércio da Franca*. "Qualidade das máquinas para calçados preocupa o Governo". 12/06/1973.

e resultaram em produtos de melhor qualidade e fabricados em menor espaço de tempo: ocorreu tanto o aumento da produção – quantidade de produtos fabricados – quanto da produtividade – produção *per capita*.

Ainda que a análise desenvolvida até aqui tenha privilegiado as transformações dos processos produtivos ao invés das condições de trabalho – objeto do quarto capítulo –, foi possível ao leitor entrever algumas das principais características do trabalho em curtumes: era um serviço pesado, "bruto", sujo, realizado em ambiente mal cheiroso – devido à decomposição das partes descartadas durante a fabricação do couro – molhado e insalubre. As transformações dos processos produtivos resultaram em um tipo de fábrica que exigia da maior parte dos trabalhadores quase que exclusivamente força física e capacidade para suportar as extenuantes jornadas de trabalho. A combinação dessas características – estrutura produtiva e condições de trabalho – me remeteu a uma frase carregada de sentido para descrever o *sofrimento* vivenciado pelos trabalhadores dentro de uma fábrica de couros e que ouvi diversas vezes, ainda na infância, pronunciada por um familiar que era curtumeiro: "*Curtume é o lugar onde o filho chora e a mãe não vê!*"

"A esteira não pára": o trabalho nas indústrias de calçados

Se o trabalho nos chamados "curtumes modernos" caracterizou-se pela execução de tarefas que, na maioria das vezes, exigia quase que exclusivamente força física dos trabalhadores, quando muito, conhecimento sobre o funcionamento e regulagem de algumas máquinas, o mesmo não ocorreu com o trabalho nas indústrias de calçados. Nas pequenas oficinas, o artesão fabricava o sapato do começo ao fim. Nas manufaturas a divisão do trabalho era incipiente e a destreza manual, a habilidade e o conhecimento por parte do sapateiro de todas as etapas de construção do sapato continuaram a ser características marcantes desse ramo industrial durante décadas. Existiam três tipos de trabalhadores: os cortadores, as pespontadeiras e os oficiais com seus ajudantes.

Os cortadores eram – e *continuam a ser* – trabalhadores centrais na produção de calçados, pois do conhecimento das partes do calçado e das técnicas de encaixe dos moldes, dependia o melhor aproveitamento da matéria-prima. Os couros possuem diversos defeitos que nem sempre são cobertos pelo acabamento (marcas de carrapatos e bernes, arranhões de cerca etc.) e conseguir o maior rendimento possível da matéria-prima era fundamental, assim como saber "esconder" as imperfeições, ou seja, inseri-las em partes não visíveis do sapato. Do mesmo modo, o couro possui elasticidade e cabe ao cortador cortá-lo de forma a possibilitar sua aplicação ideal para cada peça do sapato. O trabalho consistia em encaixar os moldes de papel sobre o couro e contorná-los manualmente com o instrumento de corte.[104]

O pesponto, costura das peças que compõem a parte superior do calçado – o sapato costurado e antes de ser montado é chamado de cabedal –, era outra atividade de grande importância e de execução mais ou menos complexa de acordo com o modelo e os detalhes do sapato. A tarefa era executada tanto nas residências dos trabalhadores quanto no interior das unidades fabris e, historicamente, a maior parte da mão-de-obra foi formada por mulheres. Inexistem dados precisos de quando a máquina de costura foi difundida nas indústrias locais e não encontrei referências a respeito da costura manual de todas as partes do cabedal. Inicialmente, tais máquinas eram de pedal e posteriormente movidas por motores elétricos.[105]

Os oficiais e seus ajudantes compunham a maior parte da força de trabalho e executavam as demais tarefas. O trabalho era realizado no sistema de bancas, caracterizado pelos sapateiros trabalharem sentados em banquetas uns de frente para os outros. Os cabedais e os insumos utilizados para montar o sapato ficavam dispostos no chão e as ferramentas numa mesinha. As tarefas consistiam em: fixar a palmilha na forma; colar reforços na parte frontal e traseira do cabedal (couraça e contra-forte); vestir o cabedal na forma e, com o auxílio de uma tenália, ou torquês, puxar o couro e pregá-lo na palmilha com tachinhas, que ficavam em suas bocas para agilizar o serviço; pregar o debrum, ou vira (tira de couro com a função de fazer a junção entre o cabedal, a palmilha e a sola); colocar um enchimento em baixo da palmilha; pregar ou costurar a sola; pregar o salto (de madeira ou de camadas de couro, conhecido como tacão e feito pelos trabalhadores); dar o acabamento final com lixas, cacos de vidro, ceras passadas manualmente na sola e fixadas por ferramentas esquentadas em

---

104 Síntese a partir de diversos depoimentos, dentre os quais, Jorge Luis Martins em 20 de fevereiro de 2009. Cf. também REZENDE, Vinícius D. de. "Memórias do Trabalho". In: *Lutas Silenciosas: experiências de vida a partir da memória de velhos sapateiros (Franca 1920-1980)*. TCC (História)- FHDSS, Unesp, Franca, 2003.

105 Cf. Idem. "O mundo do Trabalho". In: *Anônimas da História: relações de trabalho e atuação política de sapateiras entre as décadas de 1950 e 1980 (Franca – SP)*. Dissertação (Mestrado em História)- FHDSS, UNESP, Franca, 2006.

lamparinas (giga e retombão); lustrar; retirar das formas e rebater os pregos com o martelo e o pé de ferro.[106]

Essas manufaturas de calçados foram dominantes até os anos 1930 e, ainda que em número mais reduzido, persistiram nas décadas seguintes. Nesse sistema, "a operação continua[va] manual, artesanal, dependendo portanto da força, habilidade, da rapidez e segurança do trabalhador individual, ao manejar seu instrumento. O ofício continua sendo a base."[107] A remuneração era predominantemente por tarefa e associava o ganho à produção.

Como visto acima, a primeira experiência de mecanização da produção de calçados ocorreu na *Calçados Jaguar*. Um filme da fábrica, feito em 1922, mostra parte das máquinas e as operações que executavam: máquina de pesponto, balancim de cortar solas, máquinas de montar sapatos, de pontear, de pregar saltos, de tachear capas de saltos, de alisar sola e de gigar – dar acabamento à sola.[108] O balancim para cortar solas e saltos era operado por trabalhadores que encaixavam as formas de aço sob uma prensa mecânica que funcionava continuamente. A montagem do sapato era realizada numa máquina que incorporou os gestos dos trabalhadores de puxar o couro com a tenália e fixá-lo no cabedal. Tinha capacidade para produzir 500 pares diários e era operada por um único operário. A máquina de pontear fazia a junção do cabedal, palmilha e debrum por meio de costura. A função do trabalhador era segurar e manipular o sapato, com a parte inferior voltada para cima, para que a costura fosse feita por agulhas acionadas mecanicamente. A máquina de pregar saltos também tinha a capacidade de produzir 500 pares diários e era operada por um operário e seu ajudante. O operador inseria um salto num compartimento e encaixava o sapato com o solado voltado para cima, a máquina o prendia e martelos mecânicos pregavam o salto.

Segundo Pedro Tosi, apesar de vultoso, o maquinário era obsoleto para os anos 1920. As máquinas eram dispostas em duas fileiras e acionadas por um único motor elétrico que fazia movimentar um sistema de transmissão por correias. Esse sistema de transmissão já havia sido superado, em São Paulo, pela introdução de máquinas americanas movimentadas por motores individuais, o

---

106 Esse processo foi descrito em detalhes e embasado em relatos de sapateiros em *Lutas silenciosas...*
107 MARX, Karl. *O capital*. Livro I – O processo de produção do capital. 7ª ed. São Paulo: DIFEL, 1982, p. 389.
108 "*Calçados Jaguar*" - filme 16 mm, 1922. In: Cd-rom *Memorial Samello – História, produção e personagens. Franca, SP 1898/1960*. Franca, 200?

que contribuiu para o declínio da indústria calçadista guanabarina. O fato de os genros de Carlos Macedo procederem do Rio de Janeiro e de Hercílio Avellar, responsável técnico da fábrica, ter realizado estágio naquela cidade seriam indícios de que as máquinas provinham de alguma fábrica em processo de reestruturação. Além disso, era maquinário velho, de origem européia e possivelmente adquirido por baixo valor.[109]

Não obstante, a lista de máquinas arroladas no processo de falência da *Jaguar*, em 1926, apresenta um número de máquinas muitíssimo superior àquelas filmadas em 1922. Foram arroladas 72 máquinas de diversos modelos e aplicadas nas várias tarefas de fabricação de calçados, dentre as quais, quatro fabricadas pela USMC.[110] Ainda que não tenha sido possível precisar se tais máquinas já faziam parte da fábrica em 1922 ou se foram adquiridas posteriormente, fica nítido que, em 1926, a *Jaguar* não utilizava exclusivamente maquinário europeu e que estava mais bem equipada do que se deduz ao assistir o filme. Demonstra também a complexidade e variedade de máquinas empregadas na produção de calçados, muitas utilizadas apenas na fabricação de alguns modelos específicos de sapatos.[111]

Ainda que a mecanização das fábricas de calçados de Franca tenha se intensificado cerca de uma década após a falência da *Jaguar*, muitas dessas primeiras máquinas foram adquiridas por outros empresários. Além disso, as máquinas filmadas em 1922 atestam algumas das transformações dos processos produtivos e de trabalho que iriam se intensificar a partir dos anos 1930 e 1940, em especial, a substituição de trabalhadores virtuosos por operadores especializados na execução de uma única máquina.

Se nas manufaturas existiam três principais tipos de trabalhadores, nas fábricas a divisão do trabalho se intensificou. Para se ter uma ideia da fragmentação do processo produtivo, ao final dos anos 1970, os dados coletados por pesquisadores do SENAI indicaram a existência de cerca de 40 operações distintas. Esse número torna-se maior ao se acrescentar as várias operações de pesponto numa indústria de grande porte. (vide Anexos A e B). As principais seções de trabalho eram: almoxarifado, modelagem, corte, preparação, pesponto, montagem,

---

109 TOSI, P. G. *op. cit.*, p. 157-158.
110 *Ibidem*, p. 179-182.
111 Segundo Roe, entre o final do XIX e o início do XX, a produção de calçados se tornou extremamente complicada e podia exigir até 185 operações distintas; destas, 157 eram executadas sem máquinas, o que requeria um complexo arranjo organizativo para o funcionamento do sistema produtivo. ROE, Richard. *op. cit.*, p. 941.

acabamento e expedição. Para se compreender o processo de incorporação do trabalho manual por sistemas mecânicos na fabricação de calçados, restringirei a análise à montagem e à costura do solado.

A maior parte dos sapatos fabricados em Franca era montada da seguinte maneira: o sapateiro puxava o couro com o auxílio da tenália, com a outra mão o segurava junto à forma, pegava uma tacha e assentava no couro, sendo esta batida com a tenália. A ferramenta em questão era a *extensão da mão do trabalhador*, um *instrumento facilitador de trabalho*. Com a construção de máquinas, muitos gestos humanos foram incorporados pelos mecanismos.[112] No caso da montagem, foram desenvolvidas três máquinas, uma para montar a base, outra para montar o bico e a terceira para montar a lateral. Uma das máquinas de montar base era conhecida como *negra* e sua operação era extremamente cansativa.

> A pessoa que trabalhava na máquina sofria muito! Era uma posição só. A batida da máquina pra ela pregar o corte, ela puxa e prega, tem hora que o seu braço quase estoura, fica dum jeito só. Trabalhava uns tempo lá depois não aguentava mais.
>
> Dava muito soco na mão do operador. A pessoa adquiria uma certa prática e amortecia a pancada. Não podia ir contra a pancada, senão não resiste. Um operador chega a fazer uns 600 pares por dia, com uma média de 20 tachas por par, então calcule a quantidade de pancadas.[113]

Num filme da *Samello*, feito nos anos 1950, foi filmada uma máquina de montar bico e o trabalho aparenta ser menos penoso que o executado na máquina de montar base descrita acima: o operador inseria o sapato na máquina com a parte inferior voltada para cima, pinças puxavam o couro e o pregavam, sem a necessidade do operador suportar o impacto com as mãos.[114]

Diferentemente desses modelos, o *palmilhado* – sapato social mais nobre – não empregava tachas em sua fabricação, o que requeria oficiais aptos a costurarem o cabedal, o debrum e a sola: batiam alguns pregos para segurar o debrum e a sola, faziam um pequeno corte horizontal em volta de toda a sola (*abrir entaca*),

---

[112] Cf. discussão sobre o tema em GIGANTE, Moacir. *A Fábrica é escola. Práticas sociais e educativas de empresários e trabalhadores*. Tese (Doutorado em Educação)- UFSCAR, São Carlos, 2003.

[113] Depoimentos de Fábio Amâncio Rodrigues ao autor em 17 de maio de 2003 e de Idacir Ferreira ao autor em 9 de fevereiro de 2009.

[114] "*Samello, 1950*". In: Cd-Rom *Memorial Samello...*

furavam as partes com a sovela e introduziam a agulha e a linha. O serviço era realizado com duas agulhas: uma prendia o cabedal no debrum e a outra prendia o debrum na sola, conforme costuravam, os trabalhadores retiravam os pregos colocados provisoriamente. Depois de finalizar a costura, a parte da sola que havia sido levantada era fechada e colada com grude ou cola, o que deixava a linha protegida entre as duas camadas da sola. A máquina desenvolvida para realizar essa costura simplificou drasticamente o processo: uma "mão mecânica" segurava a agulha e ao ser posta em movimento por um motor fazia o que antes era feito manualmente por oficiais habilidosos; a função do trabalhador era manipular o sapato em fabricação em torno da agulha acionada mecanicamente.

Várias máquinas foram desenvolvidas para a fabricação de calçados e é desnecessário descrever todas,[115] pois os casos analisados demonstram o impacto e o significado da mecanização da fabricação de sapatos. Contudo, a mecanização não aboliu completamente trabalhos manuais e tampouco a necessidade de conhecimentos por parte de alguns trabalhadores. Na seção de corte, por exemplo, a utilização do *balancim* potencializou a produtividade do cortador, que ao invés de ter que contornar manualmente o molde com a faca de corte, passou a acionar a prensa (inicialmente mecânica e posteriormente hidráulica), que ao descer sobre a faca de aço no formato da peça cortava o couro com um único golpe. Isso não eliminou a necessidade dos demais conhecimentos e habilidades desse profissional. Ademais, o custo bem mais elevado das facas de aço em relação aos moldes de papelão fazia com que a máquina fosse lucrativa para a produção em larga escala, o que explica em grande medida a continuidade do corte manual.

Além do maquinário, a introdução do *mocassim* – modelo inspirado em calçados primitivos – foi determinante para o crescimento da indústria calçadista de Franca. O *mocassim* foi introduzido na cidade, no início dos anos 1950, pelos filhos do fundador da *Samello* após a realização de estágios nos EUA.[116] Oswal-

---

115 Dentre as máquinas introduzidas, destacam-se: balancim para o corte de vaqueta; vários modelos de máquinas de pesponto; as máquinas de montar foram aperfeiçoadas e passaram a fazer a fixação com cola ao invés de tachas – a *calceira* para montar base e a *molina* para montar bico; o acabamento conhecido como *sete instrumentos* foi desdobrado e aprimorado em máquinas individuais; etc.
Uma excelente fonte de consulta a respeito das transformações do maquinário é: BASTOS, Sandra G. D. (et. all.) *Tecnologia patenteada no setor de máquinas para fabricação de calçados. 1920-1986*. Rio de Janeiro: ASB, 1988. (Programa de Acompanhamento da Evolução Técnica da Indústria).

116 Em 1947, Miguel S. de Mello e seu filho primogênito, Wilson S. de Mello viajaram aos EUA

do S. de Mello afirmou que o modelo "criou polêmica, diziam que o *Samello* fabricava um sapato afeminado, sapato de enfiar no pé é de mulher, é a mulher que usa isso... Mas aí eles estudaram, o pessoal de classe mais alta sabia que os americanos fabricavam"[117] e o modelo se generalizou, conquistou um amplo mercado consumidor e alavancou as vendas da empresa. Os modelos de sapatos predominantes até então se caracterizavam por serem sapatos pesados e, não raro, desconfortáveis.

Além de ser um sapato leve e flexível, o *mocassim* representou uma grande inovação em termos de construção. Ao contrário dos outros sapatos, ele era montado de baixo para cima (assemelha-se a um simples couro preso na parte superior e que envolve o pé).[118] O cabedal era composto basicamente pela parte inferior, "chinelão", unida à parte superior, "pala", por meio de costura manual. Era consenso na historiografia sobre industrialização de Franca que essa inovação possibilitou a economia de matéria-prima e de trabalho, já que eliminou várias tarefas necessárias para a montagem dos sapatos tradicionais.[119]

Contudo, o *mocassim genuíno*, costurado na forma, demandava várias tarefas manuais executadas por diferentes trabalhadores. Primeiro, o "chinelão" era molhado e montado de baixo para cima com o emprego de tenália e tachas, o montador tinha que ser habilidoso para não deixar rugas no couro; após secar, o couro adquiria o formato da forma e o aparador cortava, arrancava e descartava a parte de couro pregada com as tachas; feito isso, o apontador colocava algumas tachas para segurar provisoriamente o "chinelão" e a "pala"; só então o costurador manual realizava a união das duas partes com a utilização de sovela, agulha e linha (os pregos colocados pelo apontador eram removidos conforme se

---

com o objetivo de conhecer as instalações da *USMC*. Em 1949, Miguel S. de Mello Filho seguido pelo irmão, Oswaldo S. de Mello, em 1951, foram enviados para estudar na *Lynn Shoemaking School*, em Boston – EUA, escola mantida pela *USMC*. Cf. BARBOSA, A. de S., op. cit., p. 173.

117 Depoimento de Oswaldo Sábio de Mello a Agnaldo de Sousa Barbosa em julho de 2001 (mimeo).

118 "A construção do mocassim genuíno é uma simples peça de couro formando o fundo e a lateral do sapato e uma segunda peça, chamada 'plug' ['tampão'], formando o topo do sapato. Ficou claramente estabelecido que o calçado modelo-mocassim tem sido usado por milhares de anos." SCHACHTER, Ruth J. *The art science & of footwear manufacturing*. Philadelphia: Footwear Industries of America, 1983, p. 26. (tradução minha)

119 Dentre outros pesquisadores, eu reproduzi essa concepção em meu trabalho *Anônimas da História*. Segundo Gigante, seria a expressão da introdução do taylorismo em Franca. GIGANTE, Moacir. op. cit., f. 148.

realizava a costura). A costura requeria grande habilidade manual, pois os furos eram realizados sem marcação prévia.[120] Como se percebe, era um sistema de trabalho manual, que prescindia do emprego de maquinário, e que não economizou trabalho. Além disso, havia o desperdício de matéria-prima e de insumos descartados após a montagem.

O que levou diferentes pesquisadores a afirmarem que o *mocassim* representou a racionalização do processo produtivo foi a confusão entre o *mocassim genuíno* e a derivação desse modelo, o *mocassim ensacado*, desenvolvido posteriormente. Este último não era montado e sim costurado fora da forma, introduzida posteriormente para se finalizar as tarefas que davam forma ao sapato. Além de eliminar as tarefas de montagem, as peças cortadas no balancim já possuíam os furos onde a linha deveria passar, o que simplificou a tarefa de costurar e eliminou a necessidade de certas habilidades dos costuradores, como maior destreza e coordenação motora. Esse modelo empregou grande número de costuradores e, principalmente, costuradeiras domiciliares, com ampla utilização de mão-de-obra infantil.[121] Portanto, apenas nesse caso houve racionalização do trabalho.

Paralelamente à introdução do *mocassim*, a Samello adquiriu um *pantógrafo*, transferidor que amplia e diminui o desenho copiado e permite fazer projetos em diferentes escalas com exatidão. A partir de uma matriz era possível desenvolver toda a grade de produção e escalonar a numeração do sapato. Após viagens feitas à Europa e aos EUA com o objetivo de conhecer novas técnicas de fabricação de *mocassim*, a máquina foi adquirida e proporcionou um amplo domínio de mercado à empresa. "Com o pantógrafo nós conseguimos fazer o mocassim e ficou 15/20 anos sem que ninguém fizesse; então essa foi a nossa dianteira de [19]53 para 1970... tinha um ou outro mocassim e muito mal feito, sem marca, tudo meio mal-acabado, o pessoal não tinha tecnologia para desenvolver também."[122]

Existe uma ambiguidade marcante nas interpretações a respeito da introdução do *mocassim* enquanto elemento transformador de processos de trabalho: representou o desenvolvimento de um *novo* modelo com o objetivo de reduzir gestos e economizar trabalho ou foi uma recriação de um calçado primitivo?

---

120 Baseado no depoimento de Romeu Caetano Cintra ao autor em 3 de maio de 2010 e em correspondência eletrônica com Zdenek Pracuch em 23 de junho de 2010.
121 Uma breve análise sobre o cinismo dos industriais a respeito do emprego de crianças na costura do *mocassim* pode ser encontrada em REZENDE, Vinícius D. de. de. *Anônimas da História...* p. 84-86.
122 Depoimento de Oswaldo S. de Mello a Agnaldo de S. Barbosa.

Como demonstrei, apenas com o *mocassim ensacado* ocorreram economias na produção e ganhos de produtividade. Portanto, considero problemático conceber a essência do *mocassim* como fruto da racionalização do trabalho, pois os diversos tipos de costura manual continuaram a exigir habilidades variadas por parte dos costuradores.[123] Assim, o principal significado do *mocassim* foi simbolizar a recriação de um calçado primitivo que possibilitou a obtenção de enormes ganhos financeiros ao dar-lhe ares de modernidade. Nesse sentido, as campanhas de marketing da *Samello* enfatizaram que o *mocassim* era um calçado flexível, macio, prático, leve, confortável e com desenho moderno e inovador.

Além das transformações nos processos produtivos decorrentes da mecanização da produção e de novas concepções de construção do calçado, as indústrias do ramo passaram por significativas transformações no espaço de produção. O pioneirismo também coube à *Samello*, que construiu um prédio amplo, funcional e moderno. Em 1954, Wilson S. de Mello realizou uma viagem aos Estados Unidos e assinou um contrato de consórcio com a organização "General Shoes Corporation" para a instalação de uma nova fábrica em Franca a ser construída segundo os planos elaborados por departamentos técnicos da empresa estadunidense.[124]

A *Samello* gastou mais de 10 milhões de cruzeiros na construção do prédio, inaugurado em 1956, e 20 milhões na montagem, apenas um terço do valor financiado pelo poder público. A área construída era 6.470 m² e tinha capacidade projetada para produzir 3.600 pares diários – no momento da inauguração a produção era de 750 pares por dia. O amplo salão principal foi construído em concreto armado, era arejado e bem iluminado, e comportava o maquinário instalado e disposto segundo o *layout* das firmas norte-americanas. Possuía ainda áreas para depósitos, estufa, cartonagem, serraria para fabricação de embalagens, oficina mecânica e estavam em fase de acabamento as dependências conexas: cozinha, refeitório, clube, cinema,

---

123 Nos anos 1960 foi desenvolvida a máquina de costura *Adler*, capaz de realizar costuras pesadas. Essas máquinas imitavam a costura manual do *mocassim* e foram utilizadas para a costura fora da forma, o que gerou maiores ganhos de produtividade. Não obstante, como a costura manual tradicional conferia ao produto características artesanais, o *mocassim genuíno*, ou "*true mocassim*", era muito mais valorizado. Baseado em correspondência eletrônica com Zdenek Pracuch em 23 de junho de 2010.

124 *Comércio da Franca*. "Franca será industrialmente ligada aos Estados Unidos." Franca, 4/04/1954.

ambulatório médico e gabinete-dentário. Na área externa seriam construídos um lago artificial e jardins.¹²⁵

O novo prédio refletiu a intensificação da mecanização e a concentração de todas as etapas da produção no interior de uma única planta fabril, o que acarretou mudanças no *layout* que começou a ser adaptado para "a produção organizada em moldes 'científicos.'"¹²⁶ Assim como no caso da mecanização, a construção dessa unidade fabril atesta a incorporação de tecnologia desenvolvida nos EUA e a importância da ligação da *Samello* com a *USMC*. Ao analisar as transformações na arquitetura e na construção das fábricas estadunidenses, Daniel Nelson destaca que a *USMC* foi a primeira grande fábrica norte-americana a adotar o sistema de construção com concreto armado em sua fábrica em Beverly, Massachusetts (1903-1904). A iniciativa atraiu grande atenção e iniciou a tendência de construção com concreto armado que se espalhou para outras fábricas nos anos seguintes.¹²⁷

Contudo, a simples transposição de um projeto desenvolvido externamente traria sérios inconvenientes se não fossem levadas em conta as peculiaridades do local a ser executado: "[...] nossa fábrica foi projetada em Boston, na United Shoe, em 1951 [...]. [o projeto da fábrica] tem um problema que nós, infelizmente, só fomos notar na prática. O pé direito da nossa fábrica é baixo, porque seguiu a planta americana, feita para um ambiente de calefação etc."¹²⁸ Isso fez com que ao distribuírem cópias das plantas para outros industriais, os aconselhassem a elevar o pé direito de 6 para 10 ou 12 metros, altura mais adequada às condições tropicais. Como se observa, tem-se um processo de assimilação e, ao

---

125 *Comércio da Franca*. "Bom dia Miguel Sábio de Mello e filhos"; "Samello – iniciativa arrojada e progressista." 20/07 e 12/10/1956.

126 NAVARRO, V. L. *op. cit.*, p. 95-96. Uma análise das transformações arquitetônicas das plantas das indústrias calçadistas em Franca pode ser encontrada em FERREIRA, Mauro. *O espaço edificado e a indústria de calçados em Franca*. Dissertação (Mestrado em Arquitetura)- USP, São Carlos: 1989.

127 Embora o concreto armado tenha sido desenvolvido por construtores europeus nos anos 1870, os arquitetos e construtores estadunidenses não o utilizaram até 1887. Sua utilização difundiu-se após o reconhecimento de suas vantagens: embora difícil de trabalhar, era relativamente barato, permitia aplicações adequadas às mais diversas necessidades, era forte e durável como nenhum outro material, permitia janelas muito maiores (poderia ter até 80% da área dedicada à iluminação, enquanto as outras construções, apenas 50%), a construção não vibrava e era fácil de limpar. NELSON, Daniel. *Managers and workers. Origins of the new factory system in the United States. 1820-1920*. Madison, Wisconsin: The University of Wisconsin Press, 1975, p. 15-16.

128 "Samello em sucessão: um legado." *Lançamento*. S.l., n. 43, 1990. Apud. NAVARRO, V., *op. cit.* p. 96.

mesmo tempo, de recriação da tecnologia externa adaptando-a às necessidades locais, "a adoção da inovação por imitação de modelos pré-existentes não significa simplesmente reprodução do já feito. A imitação por outras empresas, para que ocorra, necessita passar por adaptações. Dá-se um processo de síntese, e não absorção mecânica, pura e simples."[129]

Considero pertinente abrir um parêntese para aprofundar essa questão da absorção e da recriação de tecnologia. Ao analisar a mecanização dos curtumes citei exemplos de máquinas desenvolvidas por funcionários das próprias empresas frente às necessidades surgidas na produção. O mesmo ocorreu com as indústrias calçadistas que possuíam oficinas próprias, onde peças de reposição foram fabricadas e máquinas adaptadas, aperfeiçoadas e desenvolvidas. O papel de Fausto José Pimenta – mecânico da *Samello* eleito *Operário Padrão* de Franca em 1978 – é elucidativo:

> Seu trabalho no aperfeiçoamento e construção de máquinas é uma constante, sempre visando Segurança e Aumento de Produção. - Construiu máquina de ensacar mocassim, baseando-se em máquina vinda da Espanha. - Adaptou máquina de calçar mocassim e bota, também baseada em uma vinda da Espanha. - Um de seus grandes trabalhos foi a adaptação das esteiras. [...] - Por trabalho seu, inventou a máquina de Espianar e as Lixadeiras. - Criou a máquina de cortar puxadores de pano, através da adaptação feita em uma máquina de abrir entaca. [...] - Criou a máquina de moldar Gáspea, através de uma outra máquina vinda dos Estados Unidos [...] - Criou a máquina de moldar cano de bota. [...] - Criou a máquina de bater costura no cano da bota. - Modificou totalmente as máquinas de passar cola em canos de botas. A substituição de máquinas de carimbar forro, manuais por automáticas, foi idéia sua, com muito sucesso, o mesmo acontecendo com as máquinas de carimbar caixas. - A confecção do ferramental das máquinas de montar bico, é de sua responsabilidade. A máquina é proveniente da USM da Alemanha e todo o tipo de ferramental é construído aqui na empresa. [...] 90% das peças usadas na fábrica passam por suas mãos.[130]

Retomando a análise sobre a construção arquitetônica, o prédio principal possuía uma estrutura que permitia aos proprietários e ao corpo técnico-admi-

---

129 GIGANTE, M. *op. cit.*, f. 150.
130 *Comércio da Franca*. "É da Samello o 'Operário Padrão' de 78 de Franca". Franca, 1/09/1978.

nistrativo observar os trabalhadores do interior de escritórios envidraçados que ficavam acima e circundavam a área de produção. Wilson S. de Mello afirmou que o principal objetivo era "mostrar ao operário que também ele trabalhava em conjunto, numa grande equipe, desde às 7:00 horas da manhã."[131] Contudo, o principal significado dessa estrutura parece ter sido a vigilância, visando disciplinar os trabalhadores ao fixar-lhes o receio de serem observados o tempo todo. Nesse sentido, Agnaldo Barbosa afirmou que o empreendimento foi "precursor na difusão de um modelo de arquitetura industrial que expressava o duplo aspecto da racionalização da produção: o técnico e o psicológico."[132]

Para além do aspecto disciplinar, a preocupação com a racionalização do *layout* de produção e com a edificação de um espaço produtivo com boas condições de iluminação e ventilação esteve diretamente relacionada ao objetivo de aumentar a produtividade, pois um ambiente de trabalho inapropriado e insalubre constituía-se num importante fator para a baixa produtividade do operário.[133] Ou seja, investir na melhoria das condições de trabalho visava potencializar a capacidade produtiva da força de trabalho.

Fábricas mecanizadas, as de maior porte com prédios amplos e projetados especificamente para a produção industrial, processos de trabalho fragmentados e trabalhadores parcelares substituindo trabalhadores virtuosos foram elementos que caracterizaram as transformações dos processos produtivos e de trabalho da fabricação de calçados em Franca, já nos anos 1950. Mas outro elemento ainda precisava ser racionalizado: o transporte interno do produto em fabricação entre os diferentes postos de trabalho.

Nas manufaturas de calçados essa questão não causava preocupações, uma vez que a divisão de tarefas era ínfima e a maior parte delas era executada por um único trabalhador e seu ajudante. Entretanto, ao se fragmentar a produção, ao se estabelecer um ordenamento sequencial das tarefas e ao se produzir em série, a necessidade de agilizar o deslocamento do objeto em fabricação de um trabalhador a outro adquiriu grande importância. Uma primeira forma de se organizar o transporte interno do sapato foi adotar carretas transportadoras. Nesse sistema de transporte, o operário pegava o sapato, executava a tarefa que lhe cabia, o co-

---

131 FERREIRA, M., *op. cit.*, p. 93.
132 BARBOSA, A. de S., *op. cit.*, p. 174-175.
133 Cf. PRACUCH, Zdenek. *Quem sabe explica! Crônicas sobre a atual tecnologia de produção de calçados*. Franca: Ribeirão gráfica e editora, 2004, p. 126.

locava na carreta e a empurrava para o próximo operário. *A velocidade de execução das tarefas continuava condicionada ao ritmo de trabalho de cada operário* e, por conseguinte, a intensificação da produção dependia da fiscalização, coerção e/ou de incentivos financeiros por meio da remuneração por tarefa, ações que possuíam nítidos limites e acarretavam constantes disputas.

A retirada do ritmo de trabalho das mãos dos trabalhadores já havia sido executada há décadas em diferentes tipos de indústrias,[134] inclusive nas maiores fábricas de calçados de outros países. A indústria de calçados *Bata*, de origem tcheca, foi pioneira na instalação das linhas de montagem na fabricação de calçados. Tomas Bata, fundador da empresa, realizou diferentes viagens aos Estados Unidos e em 1919 visitou a fábrica de Henry Ford instalada em Detroit, onde teve a oportunidade de ver em funcionamento a linha de montagem. Em 1927, foram instaladas linhas de montagem nas seções de pesponto, montagem e acabamento da *Bata* em Zlin, como parte de um processo mais amplo de reorganização do trabalho que englobou a planificação da produção, um sistema de autonomia das oficinas e a instalação de cadeias de fabricação. Os impactos? A produção diária de calçados da fábrica passou de 8.000 pares em 1923 para 75.000 pares em 1928 e atingiu 168.000 pares em 1935.[135]

Zdenek Pracuch,[136] gestor de origem tcheca formado pela *Bata*, afirmou que a primeira linha de montagem de calçados da indústria brasileira foi instalada numa fábrica de propriedade de imigrantes tchecos estabelecida em Salvador-BA, a *Mirca S.A.*[137] Ele era o gerente industrial e o responsável pela organização

---

134 O fato da linha de montagem ter se difundido a partir da indústria automobilística de Henry Ford não é novidade, mas talvez poucos saibam de onde surgiu a inspiração: "Em abril de 1913 experimentamos a primeira aplicação de uma rede de montagem. Tratava-se da montagem dos magnetos. [...] Creio que esta estrada móvel foi a primeira que já se construiu com este fim. Veio-me a idéia *vendo o sistema de carretilhas aéreas que usam os matadouros de Chicago*." FORD, Henry. *Minha vida e minha obra*. In: *Os princípios da prosperidade*. Trad. Monteiro Lobato. Rio de Janeiro: Ed. Brand, 1954, p. 71. (grifos meus)

135 Sobre as viagens de Tomas Bata aos EUA, cf. CEKOTA, Anthony. *Entrepreneur extraordinary. The biography of Tomas Bata*. Rome-Italy/Ontario-CA: EIS/T.H. Best Printing Co., 1968. Sobre o aumento da produção após a instalação da linha de montagem cf. LE BOT, Florent. "La 'famille' du cuir contre Batta: malthusianisme, corporatisme, xénophobie et antisémitisme dans le monde de la chaussure en France, 1930-1950". *Revue d'Histoire Moderne et Contemporaine*, Paris: Belin, 52, n. 4, 2005, p. 134-135.

136 Cf. biografia e análise detalhada sobre Zdenek Pracuch no terceiro capítulo.

137 O Decreto nº 48.531, de 18 de julho de 1960, assinado pelo presidente Juscelino Kubitschek, declarava "prioritária ao desenvolvimento do Nordeste, para efeito de isenção de impostos e taxas federais, a importação dos equipamentos novos, ora descritos e a serem trazidos do

da produção dessa fábrica. Em uma das viagens de Wilson S. de Mello ao exterior, este teria conhecido a antiga *Bata* na Tchecoslováquia e se impressionado com seu sistema de organização do trabalho. Na ocasião, soube da existência da fábrica instalada em Salvador que funcionava segundo o *sistema Bata* e era dirigida por Pracuch.[138]

No início dos anos 1960, Pracuch saiu da referida fábrica e foi trabalhar em São Paulo. Wilson o procurou e o convidou a conhecer a *Samello*, onde se deparou com uma fábrica caótica, um "mar de carretas" sem nenhuma organização racional da produção.

> (risos) Isso é até folclórico. [...] Então, tinha um mar de carretas. Tinha um mezanino e paredes de vidro. O pessoal até chamava... dizia que era televisão [escritórios envidraçados de frente para a produção]. Tava sentado assim, virei a cadeira e olhei aquilo, meu Deus do céu! Nem Cristo acerta! E Wilson falava e eu tentando lembrar que hora o rapaz da *Cometa* disse que tinha ônibus. [...] Porque isso *não é só botar a esteira, tem uma infra-estrutura organizacional que tem que ser preparada pra esteira funcionar*. Tudo vai depender de falhas no suprimento, falhas mecânicas, mau planejamento. Senão os operários ficam lá de braços cruzados, olhando um para o outro e a esteira vai andando vazia.[139]

Como se depreende do excerto, a introdução da linha de montagem demandava a reorganização prévia de toda *infra-estrutura produtiva*. A esteira, como ficou conhecida no setor de calçados, teve uma importância crucial para o aumento da produtividade ao retirar o *controle do tempo* de trabalho das mãos dos operários, mas sua introdução deve ser compreendida como mais um dos elementos de um amplo processo de *racionalização* do trabalho, que englobou aspectos técnicos e disciplinares, o desenvolvimento do setor de planejamento e a profissionalização da gestão. "Uma economia fundada em uma tecnologia muito sofisticada deve caracterizar-se por uma detalhada divisão do trabalho e por diretores formados profissionalmente que monopolizem suas funções de

---

exterior pela Mirca S/A. Indústria e Comércio, de Salvador (Ba.)." Disponível em: <http://legis.senado.gov.br/legislacao/ListaPublicacoes.action?id=179152>. O referido decreto possui uma vasta lista com a descrição detalhada de mais de 200 máquinas cuja importação fora autorizada. Dentre elas, constam quatro linhas de montagem da marca *Svit*, empresa do grupo *Bata* na Tchecoslováquia.

138 Depoimento de Zdenek Pracuch ao autor em 12 de janeiro de 2009.

139 *Ibidem*. (grifos meus)

planificação, de gestão e de supervisão."[140] A linha de montagem tornou-se um dos principais símbolos do reordenamento da sociedade sob os princípios da fragmentação, especialização e disciplinarização dos trabalhadores. Foi uma das mais poderosas imagens do século XX, "combinava 'eficiência' e 'tédio'; as duas vigas-mestras da vida moderna."[141]

A *Samello* produzia quatro modelos de sapatos, cada um com características distintas de fabricação, o que ocasionou maior dificuldade para se montar um *layout* funcional. Foi necessário cronometrar cada tarefa, levar em consideração tempos de secagem de colas e elaborar um complexo planejamento de suprimentos. "Faça uma ideia. Só o planejamento pra ela andar cheia, sempre no mesmo ritmo..."[142] Em 1965, foi introduzida a primeira esteira na fabricação de calçados em Franca, construída por uma empresa paulistana de transportadores mecânicos para indústria automobilística, pois não houve autorização federal para sua importação por existir similar nacional. Como visto acima, Fausto Pimenta teve como "um de seus grandes trabalhos [...] a adaptação das esteiras",[143] o que mais uma vez demonstra a necessidade de intervenção sobre a tecnologia incorporada. Dez anos depois havia cinquenta esteiras espalhadas pelas fábricas da cidade.[144]

Reportagens e propagandas de fabricantes de esteiras para calçados publicadas nos jornais de Franca oferecem alguns dados sobre os ganhos proporcionados às indústrias pela introdução desse mecanismo: "Outrora: 6.000 pares de formas para uma produção de 600 pares por dia. Com a *Esteira Lunear*: apenas 1.300 pares de formas para 750 pares por dia."[145] Ou seja, a esteira possibilitou auferir 25% de aumento da produtividade e uma redução de mais de 80% do capital fixo gasto com formas para a montagem dos sapatos. Mas as vantagens não paravam por aí. A *Lunear* propagandeou ainda outros "benefícios" do equipamento:

---

140 MONTGOMERY, David. *El controle obrero en Estados Unidos. Estudios sobre la historia del trabajo, la tecnología y las luchas obreras*. Madrid: Ministerio de Trabajo y Seguridad Social, 1985, p. 11. (tradução minha)

141 BEYNON, Huw. *Trabalhando para Ford. Trabalhadores e sindicalistas na indústria automobilística*. Rio de Janeiro: Paz e Terra, 1995, p. 32.

142 Depoimento de Zdenek Pracuch ao autor.

143 *Comércio da Franca*. "É da Samello o 'Operário Padrão' de 78 de Franca"...

144 CRUZ, Hélio Nogueira da. *Alternativas e difusão tecnológicas: o caso do setor calçadista no Brasil*. Tese (Doutorado)- Faculdade de Economia e Administração, USP, São Paulo, 1977, f. 104. A esteira foi o principal equipamento adquirido pelas empresas que obtiveram financiamentos. BARBOSA, A., *op. cit.*, p. 188.

145 *Comércio da Franca*. Franca, 16/01/1969.

> Graças à esteira – o operário tem tudo à mão, sem despender grande esforço físico.
> Outro ponto importante: a *Esteira Lunear* [...] *permite aos chefes de seção verificarem tudo o que está se passando na fábrica, com uma simples olhadela*. Qualquer irregularidade, que no atual sistema de carretas demoraria a ser verificada, é prontamente corrigida. Produz-se muito mais em muito menos espaço. [...] *O giro da produção é muito mais rápido*, e ganha-se até mesmo na qualidade do sapato: o operário – com mais conforto – pode aprimorar o trabalho.[146]

O suposto conforto desfrutado pelo operário da linha de montagem não encontrou respaldo nos depoimentos daqueles que trabalharam nesse sistema. José do Nascimento, por exemplo, ex-curtumeiro que não suportou o trabalho na seção de *ribeira* e foi trabalhar na *Calçados Sândalo*,[147] ao ser questionado se o serviço era difícil, foi enfático:

> Difícil é dar conta, né. [...] Difícil é dar conta de fazer tudo que vinha. [...] À tarde a gente ficava cansado, *porque esteira, a esteira não pára.* [...] [A respeito de como era o trabalho, respondeu:] Pegava um, já fazia e punha lá, pegava o outro e já fazia, colocava, pegava o outro... aí se não desse conta ia passando, não dava conta ia indo pra frente. Pra dar conta tem que saber muito e trabalhar mesmo! O negócio era feroz, o negócio não era fácil não! Pensa que era fácil?! De tarde você tava moído!!![148]

Portanto, a introdução de esteiras possibilitou redução de custos, ganhos de produtividade e maior controle da força de trabalho, resultado da possibilidade de se fiscalizar com mais rigor os trabalhadores. Questionado se a esteira simplesmente tornaria a fábrica mais vistosa, ou se contribuía realmente para o aumento da eficiência, o proprietário da *Poppi* respondeu: "A esteira, uma vez instalada, o fabricante verifica suas vantagens e instala outras, ampliando a linha de montagem, conforme exemplo da *Samello*. [Ela] *aumenta o ritmo da produ-*

---

146 *Comércio da Franca*. Franca, 16/01/1969. (grifos meus)

147 Em 1971, a *Poppi* anunciou a instalação de uma esteira na *Sândalo* projetada para até 1.500 pares de calçados diários. *Comércio da Franca*. "Amplia-se a indústria de Calçados Sândalo S.A." Franca, 23/03/1971.

148 Depoimentos de José Domiciano do Nascimento a Moacir Gigante e ao autor em 17 de agosto de 2002, e ao autor em 27 de setembro de 2003. (grifos meus)

ção, barateando a mão-de-obra."[149] Idacir Ferreira, gerente da *Calçados Agabê* ao longo de quase 30 anos, sintetizou o papel da esteira enquanto elemento de disciplinarização da força de trabalho.

> *A esteira nada mais é do que um chefe de produção, um gerente de produção*. Porque quando você tem a esteira numa empresa, você não precisa de gerente de produção. [...] você vai dirigir qualidade. Você vai trabalhar em cima da qualidade, porque *a produção ela puxa, ela se encarrega da produção*. [...] Então a *esteira foi uma revolução*. [...] Eu jamais deixo de trabalhar com esteira.[150]

O equipamento foi empregado nas principais seções da indústria de calçados, exceto na de corte, que devido às suas especificidades não permitia um trabalho fragmentado e seriado. Ao transferir a um sistema mecânico o controle do ritmo de trabalho, o mecanismo obrigava o trabalhador a economizar gestos e condicionar o corpo a movimentos repetitivos e constantes na mesma cadência ao longo do dia, por mais que suas condições físicas variassem no transcorrer da jornada de trabalho. Não por acaso, ser definida metaforicamente como um "chefe" ou um "gerente de produção", pois visava extrair dos trabalhadores o máximo de sua capacidade produtiva, "puxar o serviço", expressão recorrente nos depoimentos. Por isso, qualquer trabalhador que tenha trabalhado em uma fábrica com esteiras, ao ser questionado sobre a experiência, afirmou que "*a esteira não pára*". Isso deu origem a um tipo especial de trabalhador, o *coringa*, operário polivalente em determinada seção, apto a exercer diversas tarefas na linha de montagem e que tem a função de cobrir faltas de companheiros de trabalho, saídas para necessidades fisiológicas, e assim por diante.

O último aspecto a ser analisado sobre a linha de montagem é a possibilidade que ela oferecia de acelerar o ritmo de trabalho segundo as necessidades dos capitalistas. A intensificação da velocidade da esteira ocorreria sobretudo quando era necessário concluir um pedido. Ao ser questionado sobre o tema, Pracuch afirmou que após o estabelecimento da velocidade de transporte do sapato não se fazia qualquer alteração, pois caso contrário implicaria queda da qualidade

---

149 *Comércio da Franca*. "Poppi: perfeição e engenhosidade no fabrico de máquinas para Calçados." Franca, 27/01/1971. Instalada em meados dos anos 1950 como simples oficina de máquinas para calçados, a *Poppi* tornou-se uma fábrica conceituada nacionalmente na produção de máquinas e esteiras para calçados.

150 Depoimento de Idacir Ferreira ao autor. (grifos meus)

do produto fabricado, uma vez que a tendência natural do operário que recebia maior quantidade de serviço era executá-lo com mais negligência.[151]

No contexto de inserção do calçado brasileiro no mercado externo, de exigências dos importadores por qualidade e da concorrência com outros produtores, o argumento de Pracuch reflete a preocupação por parte de algumas fábricas exportadoras em fabricar um produto com os padrões de qualidade exigidos pelo mercado externo. Idacir Ferreira fez a mesma advertência a respeito da queda inevitável da qualidade, mas afirmou que "patrão gosta demais de aumentar a velocidade da esteira. Tem que acabar o pedido, a primeira coisa que eles te fala é pra você aumentar a velocidade da esteira."[152] Nesse mesmo sentido, Augusto de Freitas, que foi chefe de seção, afirmou que quando "tava precisando dum sapato urgente, então o patrão via que não ia dar conta até tal dia pro embarque, que era exportação, então ele mandava dar mais um grau..."[153]

Deste modo, tinha-se uma situação ambígua em que a qualidade e as metas de produção se influenciavam mutuamente. Para algumas empresas, nem sempre o risco de queda da qualidade falava mais alto frente à necessidade de cumprir os prazos de entrega acordados. De acordo com os depoimentos, o aumento da velocidade da esteira foi utilizado principalmente como uma válvula de respiração para sanar falhas de planejamento e não como uma tática de se aumentar progressivamente a produtividade do trabalhador mediante a intensificação do giro da linha de montagem. De qualquer maneira, o aumento da velocidade do trabalho ditada externamente foi uma realidade nas experiências cotidianas dos trabalhadores.

As transformações dos processos produtivos e de trabalho analisadas refletem o recorte temático em torno da mecanização e da racionalização dos processos de trabalho. Entretanto, esse processo não foi homogêneo, retilíneo e difundido da mesma maneira entre todas as fábricas de calçados. Dada a grande diversidade do parque industrial, com empresas de pequeno, médio e grande porte, diferentes tecnologias conviveram ao longo do período estudado e em alguns casos foi mais lucrativo pagar um maior número de trabalhadores para realizar determinada tarefa manualmente do que imobilizar capital na aquisição de certas máquinas.

---

151 Depoimento de Zdenek Pracuch ao autor.
152 Depoimento de Idacir Ferreira ao autor.
153 Depoimento de Augusto de Freitas ao autor em 22 de abril de 2003.

Tomo como exemplo, um maquinário, com tecnologia de ponta, desenvolvido na Europa, nos anos 1980. Por meio do sistema CAD/CAM,[154] tornou-se possível modelar e cortar calçados de forma computadorizada. Além da modelagem, o conjunto de máquinas era capaz de acionar um sistema de corte a laser ou por jato d'água com altíssima capacidade produtiva, mas as irregularidades e imperfeições do couro tornavam necessária a intervenção humana para indicar os pontos a serem ou não cortados. A *Samello* foi a única empresa local que introduziu esse sistema no final dos anos 1980 e o utilizava apenas na seção de modelagem.[155] Apesar de ser extremamente produtivo, ele não se difundiu nas indústrias francanas devido aos altos custos de aquisição, o que demonstra que a difusão de tecnologia estava condicionada às relações sociais de trabalho: se fosse mais lucrativo produzir com o emprego de força de trabalho do que imobilizar grandes somas na aquisição de certas máquinas, os industriais postergavam esse investimento o máximo possível, até o momento em que o não emprego da tecnologia os colocassem em situação de desvantagem frente aos seus concorrentes.

Outra característica da industrialização do setor foi a utilização em larga escala, inclusive entre as indústrias grandes, de trabalho domiciliar, na maior parte das vezes sem vínculo empregatício formal.[156] A heterogeneidade industrial e o recurso à diferentes relações de emprego não foi exclusividade de Franca. Ao contrário, foi uma realidade recorrente no setor do vestuário como um todo, o qual historicamente empregou mão-de-obra intensiva e recorreu ao trabalho doméstico como estratégia para o pagamento de baixos salários, supressão de direitos trabalhistas e obtenção de longas jornadas de trabalho. Nesse sentido, as palavras de Marx, ainda que se referindo à etapa inicial da formação das indústrias do vestuário, continuam atuais para se compreender o uso recorrente do trabalho a domicílio.

---

154 Computer Aided Desing - Projeto Assistido por Computador e Computer Aided Manufacturing - Fabricação Assistida por Computador.

155 Cf. REIS, Marisa dos. *Reestruturação internacional e inserção do Brasil na indústria de calçados*. Dissertação (Mestrado em Economia)- IE, Unicamp, Campinas, 1992, f. 35-36; REIS, C. N. dos., op. cit., f. 115-119; NAVARRO, V. L., op. cit., p. 229-232; e GIGANTE, M. op. cit., f. 179-182.

156 Sobre a terceirização de etapas do processo de fabricação do sapato e a diversidade do setor produtivo conferir dentre outros: NAVARRO, V. L. op. cit.; RINALDI, Dalva M. C. *O façonismo em Franca*. Franca: UNESP, 1987; SOUZA, Samuel F. *Na esteira do conflito: trabalhadores e trabalho na produção de calçados em Franca (1970-1980)*. Dissertação (Mestrado em História)- FHDSS, UNESP, Franca, 2006.

> A grande produção de mais valia nesses ramos de trabalho e o barateamento progressivo de seus artigos tinham e têm por causa principais o salário reduzido ao mínimo indispensável para vegetar e o tempo de trabalho ampliado ao máximo que o organismo humano pode suportar. Foi o baixo preço do sangue e do suor humanos transformados em mercadorias que atuou continuamente no sentido de ampliar o mercado e continua a ampliá-lo todos os dias.[157]

Na sequência do texto, Marx afirmou que apenas a "exploração brutal do material humano" não era suficiente para atender às necessidades crescentes do mercado e a maquinaria se difundiu. A indústria de calçados de Franca é um típico exemplo da combinação da extração de mais-valia absoluta e de mais-valia relativa,[158] pois mesmo com a generalização da maquinaria e a racionalização do processo produtivo, ocorreu com frequência o emprego de trabalho precarizado.[159] Não raro, era útil, do ponto de vista do capitalista, transferir para fora dos muros das unidades fabris parte do trabalho que poderia ser realizado em residências por uma força de trabalho barata e apta à realização de tais tarefas. Ao mesmo tempo, o trabalho fragmentado e parcelado dos operadores de máquinas conviveu com uma série de trabalhos manuais que continuaram a exigir destrezas e habilidades laborais para serem bem realizados, como o corte do couro e a costura manual do *mocassim*. Em síntese, tem-se na indústria calçadista uma realidade que articulou racionalização e precarização, trabalho complexo e trabalho parcelado, difusão de tecnologia e persistência da necessidade de destreza manual.

---

157 MARX, K., *op. cit.*, p. 540.

158 Em tempos em que *O Capital* é cada vez mais deixado a empoeirar nas estantes de livros, nunca é demais retomar o conceito da mais-valia. "O segundo período do processo de trabalho, quando o trabalhador opera além dos limites do trabalho necessário [para a reprodução de sua força de trabalho], embora constitua trabalho, dispêndio de força de trabalho, não representa [cria] para ele nenhum valor. Gera a mais-valia, que tem, para o capitalista, o encanto de uma criação que surgiu do nada. A essa parte do dia de trabalho chamo tempo de trabalho excedente, e o trabalho nela despendido, trabalho excedente [mais-trabalho (*surplus labour*)]. [...]
Chamo de mais-valia absoluta a produzida pelo prolongamento do dia de trabalho, e de mais valia relativa a decorrente da contração do tempo de trabalho necessário e da correspondente alteração na relação quantitativa entre ambas as partes da jornada de trabalho." MARX, K., *op. cit.*, p. 242, 363.

159 Utilizo o conceito num sentido amplo, que ajuda a explicar as múltiplas estratégias patronais para aumentar a *mais valia absoluta* sem o investimento em tecnologia e que engloba a supressão de direitos sociais, a inexistência de contratos de trabalho, a transferência aos trabalhadores de gastos com capital fixo (energia elétrica, insumos, desgaste do maquinário), a extensão da jornada de trabalho etc.

"Além de escravidão é o inferno": o trabalho nas fábricas de artefatos de borracha

Assim como no caso dos curtumes, o desenvolvimento de novos insumos para a fabricação de sapatos fez parte do processo de racionalização do trabalho na indústria calçadista, com destaque para as colas e os artefatos de borracha. Com o *sistema de colagem*,[160] intensificou-se a substituição do solado de couro pelo solado de borracha, colado no sapato por meio de pressão. Outra inovação foi a introdução dos saltos vulcanizados, que substituíram os "tacões" – feitos manualmente pela sobreposição de camadas de sola de couro – e os saltos de madeira. As solas e os saltos de borracha possibilitaram economizar trabalho na indústria de calçados e resultaram em ganhos de produtividade e na confecção de um produto considerado mais moderno.

Esses insumos eram produzidos em fábricas especializadas na fabricação de solas e saltos de borracha e, posteriormente, placas de borracha e outros componentes para calçados. Se vastos são os estudos sobre a indústria de calçados, o mesmo não ocorre com as indústrias de artefatos de borracha.[161] Na primeira parte deste capítulo, destaquei a fundação da *Manufatura de Borracha Amazonas*, em 1947, como parte importante da formação do complexo coureiro-calçadista. Outra empresa de destaque no ramo, a *MSM*, foi fundada em 1961 pelo grupo *Samello*, que se verticalizou com o objetivo de reduzir custos de produção e desenvolver produtos exclusivos e de alta qualidade.[162] As duas empresas constituíram-se nas principais fábricas de artefatos de borracha para calçados de Franca e a *Amazonas* se transformou na maior fábrica do segmento na América Latina.

No que diz respeito ao processo produtivo, metaforicamente, pode-se comparar a produção de artefatos de borracha ao processo de fabricação de pão, pois consiste basicamente no preparo e cozimento da massa de borracha. Entre as décadas de 1950 e 1960, a produção englobava diferentes etapas interligas entre si: a primeira tarefa era preparar a massa misturando a borracha (natural e/ou sintética) e demais componentes químicos; essa massa era cortada em fitas e transportada, por meio de carrinhos manuais, até a seção de prensas; os prensei-

---

160 Não confundir o *sistema Goodyear* de mecanização da fabricação do sapato palmilhado (máquinas de costurar cabedal, palmilha e solado) com o *sistema de colagem* do solado.
161 BUENO, Lígia da C. op. cit.; SOUZA, Fabiana T. de. *Amazonas: a trajetória de uma empresa*. TCC (História)- FHDSS, UNESP, Franca, 1999.
162 Depoimento de Wagner Sábio de Mello ao autor em 27 de fevereiro de 2009.

ros cortavam essas fitas de borracha em pedaços menores, pesados em pequenas balanças, de acordo com a numeração de cada salto ou sola para evitar o desperdício excessivo de matéria-prima; os pedaços de borracha eram colocados em formas com os moldes dos saltos e solados, matrizes, que eram introduzidas nas prensas, onde a borracha era vulcanizada pela ação do vapor; após o tempo de vulcanização, variável de acordo com o tipo de massa, as matrizes eram retiradas das prensas e os saltos ou solas eram encaminhados para a seção de aparação, que empregava grande número de trabalhadores, na maior parte mulheres, com a função de cortar com tesouras o excesso de borracha, rebarbas, nas bordas do produto; os saltos e solados passavam então por seleção, para serem descartados ou "maquiados" (correção de pequenos defeitos por meio da cobertura com tinta) e, ao final, eram encaminhados para o setor de expedição. Dentre as indústrias do complexo coureiro-calçadista, o segmento de artefatos de borracha foi o que mais incorporou tecnologia em sua estrutura produtiva, tanto pelo aperfeiçoamento quanto pela introdução de novas máquinas que substituíram muitas das tarefas feitas manualmente.

Antes de analisar a mecanização da fabricação de borracha, cabe examinar o que se pode chamar de "uma fábrica dentro da fábrica": a *matrizaria*. Apesar de fazer parte da indústria de artefatos de borracha, essa seção era uma indústria metalúrgica quase "autônoma". As matrizes eram fabricadas por mecânicos aptos a executarem trabalhos complexos e dos quais se exigia grande habilidade e destreza manual. Esse setor tinha fundamental importância para toda a fábrica e as matrizes eram produtos de alto valor agregado, devido à complexidade do trabalho e ao tempo despendido na sua confecção.

Até a década de 1960, a maior parte do trabalho na matrizaria era manual, combinado com o emprego de poucas máquinas elétricas, como a furadeira e a serra de fita. Existia o modelista que desenvolvia o projeto do salto ou solado no papel, especificando o tamanho, espessura, largura e os detalhes, e em alguns casos fazia um modelo de madeira para servir de guia aos matrizeiros. Estes riscavam o contorno da peça a ser confeccionada sobre uma chapa de ferro, faziam um furo para poder inserir a serra de fita e serravam a chapa contornando o risco feito previamente. Todo o acabamento era realizado manualmente com ferramentas como lima, limatão, martelo e talhadeira. Os detalhes e desenhos eram realizados com pedaços de arame entortados e rebitados no interior da chapa de ferro ou feitos com batidas manuais. A confecção de uma matriz poderia demorar cerca de 20 dias,[163] pois era uma atividade que requeria habilidade, destreza e coordenação motora.

Com o tempo, foram introduzidas mais máquinas, como fresas, plainas e tornos para desbastar o ferro. A maior parte dessas máquinas era importada e acarretaram um grande incremento da produção. Ainda que o seu manuseio exigisse destreza por parte dos trabalhadores, já que não talhavam o ferro sem a intervenção humana, levaram a uma primeira especialização dos trabalhadores do setor na operação de determinada máquina. Nesse processo, duas máquinas foram fundamentais para potencializar a capacidade produtiva: a fresa, utilizada para desbastar o ferro, e o pantógrafo, utilizado para dar acabamento.[164]

Ao analisar a introdução do *mocassim* na indústria brasileira de calçados, apontei a incorporação do pantógrafo como um dos elementos responsáveis pelo domínio do mercado pela *Samello* ao permitir o escalonamento do sapato com precisão. Na matrizaria, o pantógrafo também teve significativo impacto, a ponto de sua introdução ser tratada como segredo industrial pela *Amazonas*, primeira empresa a introduzi-lo na fabricação de matrizes em Franca. A máquina ficava em uma seção sigilosa, de acesso restrito aos poucos trabalhadores que a manuseavam e aos diretores da empresa, como se depreende da leitura do processo trabalhista movido por Fausto Sardini contra a *Pucci S.A.*[165]

O trabalhador, natural da Itália, foi demitido sob alegação de justa causa, por prática de *concorrência desleal*. No ano de 1964, Fausto foi envido à Itália com as despesas pagas pela empresa e lá permaneceu por aproximadamente três meses. O objetivo da viagem foi se especializar no manejo do pantógrafo. Ao regressar ao Brasil, a empresa adquiriu a máquina e ele passou a operá-la, além de ter ensinado outros dois trabalhadores. A *Amazonas* alegou que, em outubro de 1967, a *MSM* adquiriu uma máquina igual e, por inexperiência em relação a sua operação, solicitou a colaboração de Sardini, que teria atendido ao pedido, comparecendo à concorrente e indicando as ferramentas a serem adquiridas para o seu manejo (bitz). Além disso, a *MSM* teria lhe feito uma proposta de trabalho.[166]

---

163 Síntese a partir dos depoimentos ao autor de Geraldo Ferreira Nobre, em 10 de outubro de 2007, e de José Vitor de Souza, em 18 de dezembro de 2008.

164 Depoimento de Zé Vitor ao autor.

165 AHMF. Caixa 3. Processo 25/1968. Iniciado no Cartório de 1º Ofício em 21 de novembro de 1967. *Pucci S.A.* era a razão social da empresa na década de 1960, adotei o nome *Amazonas* ao longo de todo o texto.

166 *Ibidem*, f. 13.

Por sua vez, Sardini confirmou a visita à *MSM* a fim de examinar a máquina, mas alegou que como não a conhecia, a empresa ficou de solicitar informações na Itália ou tentar outra solução.

A disputa resultou em conciliação entre as partes e os detalhes do processo não permitem verificar se de fato ocorreu ou não a alegada "espionagem industrial". Não obstante, esse processo demonstra a complexidade da incorporação de maquinário importado da Europa frente às dificuldades iniciais de seu manuseio, em função da inexistência de mão-de-obra especializada no mercado de trabalho local em condições de operá-lo.

Com o pantógrafo obtinha-se melhor acabamento das matrizes, maior precisão e riqueza de detalhes, extremamente difíceis de serem alcançados manualmente. Combinado com a fresa, ele possibilitou *suprimir* o serviço de riscar o ferro, furá-lo, serrá-lo com a serra de fita – o que resultava em trabalhos irregulares – e finalizar o acabamento manualmente com limas e limatões. A máquina é formada basicamente por dois braços mecânico articulados entre si (ambos fazem o mesmo movimento), o braço manipulado pelo operador transfere os movimentos para o segundo braço, que possui um bitz que gira em alta velocidade e desbasta o ferro. O operador segue os contornos de um molde e seus movimentos são transferidos para a peça de ferro. É possível controlar a profundidade do desbaste e, em alguns pantógrafos, o tamanho da transferência, o que permite escalonar a numeração: a partir de um único molde é possível fazer matrizes de diferentes tamanhos. Sua precisão possibilitou entalhar no ferro, com perfeição, desenhos, nomes e outros detalhes.

Nas décadas seguintes outras máquinas elétricas foram introduzidas (máquina de lixar, de polir etc.), assim como sistemas de eletro erosão (para desenhos na lateral do solado, o que não é possível fazer com o pantógrafo) e fundição. Contudo, a mecanização dessa seção não suprimiu a necessidade de operários capazes de executar trabalhos complexos, pois essas máquinas dependiam de operadores aptos a manipulá-las com precisão. Além disso, continuaram necessárias certas tarefas manuais para os ajustes e a finalização das matrizes. Em visita realizada à *MSM* observei que ferramentas manuais continuavam a ser utilizadas e que os trabalhadores não se tornaram "alimentadores" de máquinas.[167]

---

[167] Em 2008, a empresa implantou o sistema CAD-CAM na fabricação de matrizes: os projetos eram desenvolvidos com tecnologia 3D em computadores e executados por uma máquina com um conjunto de ferramentas controladas por computador e capazes de confeccionar a

A fabricação dos artefatos de borracha apresentava características produtivas completamente distintas da matrizaria. A maior parte das tarefas era trabalho braçal, com grande desgaste físico e alto risco de acidentes, sendo realizadas em três seções centrais: *preparação, prensagem e aparação*. A primeira etapa da elaboração da massa consistia na pesagem dos componentes[168] e a formulação das misturas ficava a cargo de químicos, muitas vezes formados na prática de trabalho, sem a realização de curso técnico ou superior. Zé Leme, por exemplo, começou como pesador e o trabalho ao lado de químicos profissionais foi fundamental para sua formação, complementada posteriormente com o curso de técnico em química.[169]

Durante os anos 1950 e parte de 1960, a mistura dos componentes era realizada exclusivamente em misturadores abertos (cilindros), onde os componentes eram inseridos manualmente pelos cilindreiros. "Era a fase mais perigosa porque era um trabalho tudo manual. Tudo manual, cara! Você tava trabalhando ali, tava empurrando a borracha, tava com a mão em cima."[170] O ritmo de trabalho dos cilindreiros era intenso e rigorosamente controlado pelos chefes da seção. "O cilindreiro não tinha nem tempo de ir no banheiro, nossa! Era muito difícil. A máquina não pode parar, tem a produção determinada que o cara tem que fazer. E ele corria a noite inteira até chegar 5 horas da manhã e entregar tantos quilo pronto."[171]

Em termos de maquinário, a grande evolução dessa seção ocorreu nos anos 1960 com a introdução do misturador fechado, conhecido como *bambury*, espécie de "batedeira" de grandes dimensões. O trabalhador passou despejar os componentes na "boca" da máquina e a mistura era efetuada no seu interior por rotores com pás, o que gerou um enorme aumento da produtividade:

> No cilindro você gasta meia hora pra fazer uma mistura de 40 quilos e no *bambury* você gasta 3 minutos pra fazer uma de 60. No bambury da *MSM*, porque o nosso *bambury* é de 60. Agora quem trabalha com o *GK*, igual na Amazonas, é 300 quilos cada vez. É um *bambury* em tamanho grande. (En-

---

matriz sem a intervenção humana.

168 Uma formulação básica empregava borracha natural processada e/ou borracha sintética (SBR = synthetic rubber), cargas e pigmentos, que forneciam volume, abrasão, dureza, resistência e cor, como caulim, enxofre, negro de fumo, estearina, breu etc.

169 Depoimentos de José Leme de Araújo ao autor em 17 e 18 de fevereiro de 2009.

170 *Ibidem*.

171 Depoimento de Luis Natalino Teixeira ao autor em 9 de outubro de 2007.

tão isso elimina trabalhador.) Elimina, claro! Tinha que ter vários cilindros e vários operários. No *bambury* nós faz uns 60 quilos em três minutos.[172]

Portanto, o misturador fechado realizava a mistura de maiores quantidades de massa em menos tempo e com o emprego de menor quantidade de mão-de-obra. A capacidade de produção da máquina variava segundo suas dimensões e a *Amazonas* possuía os maiores, dentre os quais o conhecido como GK, instalado na década de 1970.[173] Mas os cilindros não foram completamente eliminados, visto que continuaram a ser utilizados na fase final de homogeneização da massa. Além disso, a *Amazonas* também fabricava artefatos de menor qualidade – borracha regenerada – por meio do aproveitamento de restos dos próprios artefatos produzidos, pneus velhos, luvas etc., como matéria-prima. Esse material era previamente triturado em cilindros e passava por um pré-cozimento na *autoclave*, "espécie de forno grande",[174] para então ser utilizado na fabricação da massa.

Encontra-se em alguns processos trabalhistas uma síntese das características da seção de preparação, "considerada da maior importância para todo o complexo industrial. É órgão vital, 'coração da empresa', no setor industrial. A sua paralisação provoca a das demais seções que funcionam harmoniosamente, sob planejamento, e que dependem umas das outras."[175] Na década de 1960, a *Amazonas* introduziu esteiras para interligar o misturador fechado e os cilindros. *"Tudo funciona como se fosse um perfeito relógio."*[176]

Após a finalização nos cilindros e o resfriamento das lâminas de borracha, era necessário cortá-las para encaminhá-las para a próxima seção. Saulo Pucci recorda-se que quando era criança e visitava a fábrica, as lâminas de borrachas eram cortadas com facão ou serrote.[177] O primeiro sistema mecânico empregado

---

172 Depoimento de José Leme ao autor.
173 "Os primeiros *bamburys* grandes que vieram aqui eram alemães. O *bambury* maior que nós temos aqui é só na indústria de pneumáticos pra ter maior que o nosso." Depoimento de Saulo Pucci ao autor. Em 1971, o jornal da empresa noticiou a visita do alemão Kurt Siegel, da empresa *Degussa*, responsável por supervisionar a instalação do GK-160. *O Amazonas.* Ano I, n. 7, 3 de out. de 1971, p. 4
174 AHMF. Caixa 6. Processo 80/1968, f. 36.
175 AHMF. Caixa 48. Processo 951/1969, f. 19.
176 *Ibidem*, f. 19. (grifos meus)
177 Depoimento de Saulo Pucci. Apud. BUENO, L. da C., *op. cit.*, f. 66-67.

para eliminar esse trabalho manual foi o de guilhotinas mecânicas que cortavam a manta em tiras, estas eram levadas para os prenseiros que as recortavam em pequenos pedaços com o emprego de tesouras. Posteriormente, desenvolveu-se um sistema de rolos com facas na forma de saltos, em que as lâminas eram transportadas por uma esteira e cortadas em pequenos pedaços. Esse mecanismo apresentava como desvantagens a sobra de matéria-prima (partes da lâmina não cortadas), a pouca flexibilidade para cortar diferentes modelos e a impossibilidade de controlar a espessura dos pedaços de borracha.

A máquina mais moderna desenvolvida para modelar a massa foi a extrusora, conhecida como *Baruel*, incorporada na década de 1970. A lâmina de borracha passou a ser enrolada e introduzida no compartimento cilíndrico da máquina, que expulsa a borracha (extrusão), na saída há uma forma vazada (no formato da peça a ser obtida) e o material é cortado por facas acionadas mecanicamente. A máquina possibilita o aproveitamento total da matéria-prima e o controle exato do peso (espessura), por meio da regulagem da velocidade de corte da máquina (corte mais lento resulta em massa mais espessa, corte mais rápido, massa menos espessa). "Aí quando veio a *Baruel* aí foi beleza mesmo! Vai saindo pesado, prontinho, de acordo com o número e de acordo com o peso."[178] Os pedaços de massa caem em uma esteira e passam por um túnel de resfriamento. Tal máquina alterou inclusive o trabalho na seção de prensas, ao eliminar a tarefa de recortar e pesar a matéria-prima.[179] Consequentemente, eliminou a possibilidade de prejuízos ocasionados pelos prenseiros, que poderiam pesar massa a mais ou a menos, não sendo raras as penalidades aplicadas em função desses "erros". Ou seja, essa máquina permitiu economia de matéria-prima, eliminou tarefas, potencializou a capacidade produtiva e contribuiu para evitar possíveis atos de sabotagem.

A seção de *prensagem* empregava a maior quantidade de trabalhadores e passou por uma evolução colossal em termos de maquinário. A prensa é composta basicamente por um cilindro hidráulico, gavetas (platores) para introdução das matrizes e sistema de vapor para a vulcanização da massa. O prenseiro carre-

---

[178] Depoimento de José Leme ao autor.

[179] Determinados modelos de saltos incorporavam outros componentes em sua fabricação. Fabiana Souza afirma que, em meados da década de 1960, a *Amazonas* experimentou um crescimento bastante significativo, em boa parte motivado pelas "inovações trazidas pelo *Salto Amazonas* (com sua famosa plaqueta branca de nylon – uma revolução para a época), e que tornou a empresa conhecida em todo o Brasil." SOUZA, F. T. de., *op. cit.*, f. 12.

gava as matrizes, as inseria nos platores e acionava a máquina. Enquanto a prensa vulcanizava o material, ele fazia o carregamento da outra matriz a ser inserida em seguida. Seguia um ritmo de trabalho bastante desgastante, sob calor intenso e com a quantidade de prensadas previamente estabelecida e controlada pelo setor planejamento, a partir de cronometragem. O controle da quantidade produzida era realizado por trabalhadoras, "marcadeiras", que faziam a anotação diária da produção de cada prenseiro.

As primeiras prensas eram abertas e fechadas por um sistema de aperto manual. Nos anos 1960, foram ligadas a uma rede hidráulica com água e óleo solúvel e acionadas pela abertura e fechamento de registros; posteriormente, esse sistema foi aperfeiçoado pelo acionamento por alavancas. Depois, cada prensa passou a ter uma bomba individual acionada por botões que ao serem apertados abriam e fechavam a máquina, o que gerou enorme economia de movimentos de trabalho. Nos anos 1970, foram introduzidos painéis elétricos que comandavam a abertura das prensas. O último passo da evolução dessas máquinas ocorreu a partir do final dos anos 1980, com a introdução do Controlador Lógico Programável (CLP) que retirou completamente dos trabalhadores o controle da máquina.[180] As matrizes pesavam entre 20 e 50 quilos e eram colocadas e retiradas das prensas manualmente, sistema modificado pela introdução de trilhos com rolamentos, que permitiram que as matrizes fossem puxadas e empurradas para dentro e para fora dos platores.

O que melhor evidencia as transformações dessa máquina é a alteração do controle do tempo de vulcanização. Nas primeiras prensas, o prenseiro tinha um despertador à sua frente por meio do qual controlava o tempo de desgaseificação (abertura da prensa para eliminar o excesso de gases) e de vulcanização. Posteriormente, instalou-se um temporizador elétrico em cada prensa, o que permitiu um controle visual por parte do trabalhador e por parte da chefia, pois as luzes acendiam e apagavam indicando o momento de abrir e fechar a prensa. Mesmo assim, a abertura e fechamento continuavam a cargo do operário. Nas prensas automáticas, a abertura e o fechamento passaram a ser controlados eletronicamente e o prenseiro perdeu completamente o controle sobre o próprio tempo e ritmo de trabalho.

---

180 O CLP também foi introduzido em outras máquinas, como os misturadores. Síntese a partir dos depoimentos de Erotides de Souza ao autor em 8 de outubro de 2008 e 25 de fevereiro de 2009, e de José Leme ao autor.

A evolução do maquinário acarretou significativa redução de mão-de-obra. Nas primeiras prensas trabalhavam dois prenseiros em cada máquina, um trabalhava rente ao chão e abastecia os dois platores inferiores, o outro trabalhava em cima de um tablado, atrás da máquina, e abastecia os dois platores superiores. O acionamento da prensa ficava a cargo do primeiro prenseiro. A partir dos anos 1990, com a intensificação da informatização do sistema, um único prenseiro passou a operar até 4 ou 5 prensas.

> Você economizou pessoas, você economizou mão-de-obra, você passou a ter uma racionalização muito maior, a produtividade aumentou violentamente, o ganho aumentou muito. Em termos de ganho de produção, antigamente você tinha um funcionário basicamente para uma máquina, hoje você já consegue ter um para cinco máquinas. O nível de perda diminuiu violentamente, o nível de refugo diminuiu muito e por você ter uma tecnologia muito mais evoluída.
>
> Hoje ela funciona com controle estatístico do processo, todas as máquinas são ligadas a computadores, você sabe máquina por máquina, plator por plator, qual a produtividade naquele dia, temperatura, quando ela está... tudo, tudo, tudo.[181]

Na seção de *aparação* também ocorreu a economia de força de trabalho por meio da introdução de maquinário. Inicialmente as rebarbas eram aparadas manualmente com a utilização de tesouras. A partir da década de 1970 foram introduzidas máquinas de aparação, relativamente simples do ponto de vista mecânico, mas extremamente produtivas. A máquina é composta por uma faca circular que gira em alta velocidade e que exige do operador a manipulação do produto. A tarefa requer destreza e agilidade para não provocar danos ao material, mas possibilitou grandes ganhos de produtividade. Em outras indústrias de borracha, existe o sistema de criogenia para quebrar as rebarbas, que possui alto custo e não foi empregado na fabricação de artefatos de borracha para calçados,[182] o que, mais uma vez, demonstra que a introdução de tecnologia está condicionada às características do produto e às relações sociais. Se for possível fabricar um produ-

---

181 Depoimento de Saulo Pucci. *Apud.* BUENO, Ligia da C., *op. cit.*, f. 67-68.

182 Segundo José Leme, o sistema de criogenia é utilizado em artigos técnicos de alta precisão e que impossibilitam a execução manual da tarefa: retentores, vedantes, anéis de vedação, micro anéis de vedação.

to com preços competitivos utilizando-se mão-de-obra barata, não se imobiliza capital na aquisição de maquinário de alto custo.

Além dessas transformações tecnológicas, ocorreu a introdução de injetoras, sistema distinto de fabricação de solados. As primeiras injetoras foram importadas da Itália, em 1977, pela *MSM*, pioneira na aquisição. Zé Leme comandou a introdução dessas máquinas após ter realizado, em 1976, um estágio de vinte e um dias na fábrica *Lorenzin*, na Itália, para conhecer o funcionamento das injetoras.

> Nas injetoras automaticamente você já pega o produto granulado, então o próprio operador abastece a máquina e injeta o solado. É uma máquina que despeja o granulado, tem uma rosca que impulsiona o material, a rosca tem zonas quentes, através de resistência, tudo elétrico e ela já injeta na matriz, não dá rebarba e não dá desperdício. Ela injeta e o solado já sai pronto. Quando a máquina abre, o solado sai prontinho pra pôr na caixa e mandar pro cliente.[183]

A matéria-prima das injetoras era distinta da utilizada na vulcanização convencional e requeria menos tarefas em sua preparação.[184] As injetoras eram extremamente produtivas e operadas por pequena quantidade de trabalhadores. Como dispensavam toda a fase de preparação da borracha possibilitaram que fábricas de calçados de grande porte as adquirissem para fabricar suas próprias solas. Contudo, não ocorreu a substituição completa do sistema tradicional por essas máquinas devido a diversos fatores, sendo o principal deles a maior flexibilidade oferecida pelo sistema convencional para a fabricação de diferentes tipos de produtos, como solados de cores distintas, o que não era possível no sistema de injeção. Existiam ainda dificuldades operacionais que não ocorriam no sistema convencional. Por isso, as injetoras eram ideais para a fabricação em série de determinados modelos de solados, mas não eliminaram a fabricação tradicional.

---

183 Depoimento de José Leme ao autor.

184 PU - poliuretano líquido: que pode ser injetado ou despejado misturado com zoceanato e poliol. Ao serem misturados esses produtos vulcanizam sozinhos. São injetados na matriz e depois de determinado tempo cozinham e ficam sólidos. TPU – termoplástico: pode ser injetado várias vezes, pois não vulcaniza, é moído novamente e injetado. TR – thermoplastic rubber: também permite ser injetado quantas vezes quiser. Ao ser aquecido amolece e ao esfriar ele estabiliza. PVC – policloreto de vinila: também é um termoplástico de fácil manipulação. EVA – copolímero de etileno-acetato de vinila: borracha expandida. *Ibidem*.

Todo o processo analisado resultou na formação de indústrias de capital intensivo, visto que o capital variável – força de trabalho – tendeu a ser substituído pelo capital fixo, por maquinário, intensificando-se a extração de mais-valia relativa: por meio do emprego de tecnologia o trabalhador produzia maior quantidade de produtos sem o alongamento da jornada de trabalho. A fabricação de placas de borracha foi um dos melhores exemplos da automação dessas fábricas: cerca de oito máquinas interligadas entre si por esteiras transportadoras que levavam a matéria-prima de uma máquina à outra. Ao final obtinha-se a placa de borracha pronta para ser comercializada.[185]

Assim como ocorreu com as demais indústrias do ramo, muitas máquinas foram aperfeiçoadas e desenvolvidas nas seções de manutenção da *Amazonas* e da *MSM*. Outra característica comum foi a *Amazonas* iniciar suas atividades em um prédio de dimensões reduzidas, formado por um único galpão e sem divisão física entre as seções de trabalho. Nos anos 1970 a empresa construiu um conjunto de prédios amplos, modernos e projetados especificamente para a produção dos diversos produtos que comercializava.[186] Por fim, cabe destacar que desde os anos 1960, essa fábrica funcionou 24 horas por dia, com três turnos intercalados. A turma A trabalhava das 5:00 às 9:00 e das 13:00 às 17:30, de segunda a sexta-feira, e das 5:00 às 10:30 aos sábados; a turma B trabalhava das 9:00 às 13:00 e das 17:30 às 22:00, de segunda a sexta-feira, e das 10:30 às 16:00, aos sábados (48 horas semanais); a turma C trabalhava das 22:00 às 5:00 de segunda a sexta-feira, e das 16:00 às 23:00 aos sábados (42 horas semanais). Devido ao seu alto custo, o maquinário era utilizado quase ininterruptamente.

O trabalho pesado e insalubre – resultado do contato com substâncias químicas e das elevadas temperaturas –, a exigência de cumprimento de altas cotas de produção, somados à rígida disciplina no cotidiano fabril, marcado pelo frequente autoritarismo das chefias, sobretudo na *Amazonas*, e a recusa inicial dessa empresa em aceitar uma associação organizada pelos seus próprios trabalhadores[187] fizeram com que Luis Natalino afirmasse que o trabalho naquela fábrica,

---

185 Baseado nos depoimentos de Erotides de Souza ao autor.

186 Com o grande crescimento dessa fábrica, ela foi subdividida em outras empresas: *Amazonas* (borracha vulcanizada), *Painel* (transportadora), *Matrizam* (matrizes), *Quimicam* (adesivos e colas), *Componam*, *Vinitram* e *Corax* (injetoras e demais componentes para calçados). Além disso, nos anos 1970, abriram filiais no Rio Grande do Sul (*Vinilex* e *Unisol*) e na Paraíba (*Paraibor*). Ao todo, o grupo chegou a empregar mais de 3.500 pessoas.

187 As condições de trabalho serão analisadas no capítulo IV e a formação do Sindicato dos

"além de escravidão, é o inferno"; frase que sintetiza como essa experiência ficou registrada na memória de alguns ex-trabalhadores das fábricas de artefatos de borracha para calçados.

A aplicação da ciência ao trabalho: técnica X disciplina?

Após a análise desenvolvida, resta retomar as três questões centrais formuladas no início do texto e que guiaram a interpretação da industrialização do setor coureiro-calçadista. Primeira, ocorreu uma evolução contínua e retilínea que invariavelmente destruiu capacidades laborais e as incorporou em máquinas? A partir do estudo de caso desenvolvido foi possível constatar que não. A realidade histórica mostrou-se muito mais complexa do que a ideia de um sistema evolutivo em que uma etapa foi totalmente sobrepujada pela etapa seguinte. Na realidade, ocorreu uma síntese dialética em que o novo carregou resquícios do velho e ambos se influenciaram mutuamente. Como demonstrei, predominou uma significativa heterogeneidade entre as diferentes fábricas e, mesmo tomando as indústrias mais desenvolvidas, observou-se a permanência de tarefas manuais, mais ou menos complexas, convivendo ao lado de modernos sistemas de máquinas que exigiam dos trabalhadores apenas a introdução de matéria-prima no seu interior.

A segunda questão requer maior aprofundamento. Foram as necessidades técnicas ou disciplinares que acarretaram as transformações dos processos de trabalho? Stephen Marglin definiu a divisão do trabalho como uma criação dos capitalistas para justificar sua própria existência, seria uma construção que não necessariamente responderia às necessidades técnicas, mas ao objetivo de "dividir para reinar".[188] Por outro lado, David Landes afirmou que a tese de Marglin interpreta mal a história e é essencialmente ideológica. A divisão do trabalho seria um desdobramento do incremento das forças produtivas a partir das necessidades de ampliação da produção e não teria nada de artificial, pois decorreu de necessidades técnicas.[189]

Borracheiros no capítulo VI.

188 MARGLIN, Stephen A. "Origem e funções do parcelamento das tarefas. Para que servem os patrões?" In: GORZ, André. *Crítica da divisão do trabalho*. 2ª ed. São Paulo: Martins Fontes, 1989, p. 37-77.

189 De acordo com Landes, que analisou o ofício de fabricação de relógios, entre a Idade Média e a Moderna, a procura pelos relógios fabricados por determinados mestres fez com que eles

Um estudo de caso como esse não possibilita, tampouco objetiva, formular uma teoria geral sobre as origens da divisão do trabalho, mas permite interpretar alguns fatores responsáveis pela intensificação das mudanças dos processos produtivos e de trabalho. O que teria estimulado os capitalistas a mecanizarem suas fábricas, a contratar técnicos estrangeiros e a realizar viagens ao exterior com o intuito de conhecer as novidades do setor?[190] Se retomarmos as primeiras experiências de mecanização e seus desdobramentos, observamos que a iniciativa de um determinado industrial o colocava em vantagem na competição com seus concorrentes, fazendo com que tal iniciativa se generalizasse entre os demais industriais. A intensificação da mecanização ocorreu justamente no período em que Franca passou a ter maior peso no mercado interno. A ampla difusão da esteira nas fábrica de médio e grande porte foi um dos principais exemplos da necessidade dos industriais seguirem as iniciativas de outros para continuarem competitivos no mercado. Isso ocorria porque ao se introduzir novas tecnologias tornava-se possível fabricar mais em menos tempo, em outras palavras, aumentar a extração de mais-valia relativa.

A inserção no mercado externo oferece maiores detalhes para se interpretar o tema. Após a primeira remessa de sapatos para os EUA, Wilson S. de Mello afirmou:

> [...] os benefícios advindos da exportação, os benefícios fiscais e o aperfeiçoamento da produção de exportação nos obrigam *a ser mais criteriosos*; nos obrigam a *adotar métodos novos e de controle de qualidade*; nos obrigam também a *produzir matérias-primas de superior qualidade*, porque *o mercado externo é exigente*.[191]

Ou seja, ao entrarem em outro nível de concorrência, não tinham que se preocupar apenas com os seus concorrentes locais, mas com o que se fazia fora

---

ampliassem gradativamente seus negócios, se afastassem da produção e se transformassem em capitalistas, cada vez mais dedicados à administração e à comercialização. Continuavam a assinar as peças e, em alguns casos, a fiscalizar o trabalho e a qualidade. Cf. LANDES, David S. "What do bosses really do?" *The Journal of Economic History*, v. 46, n. 3, Sep. 1986, p. 596.

190 Cf., por exemplo, *Comércio da Franca*. "Industriais de calçados regressaram do exterior. Breves declarações de diretores das organizações Agabê e Palermo". 7/10/1965. *Idem*. "Como se produz calçado nos Estados Unidos. Não tem aceitação a 'linha italiana' – Pouco emprego de mão-de-obra – Preocupação: produzir muito, forte e barato – Um flash sobre o Canadá e o México". 17/10/1965.

191 *Comércio da Franca*. "Samello vence a batalha da exportação". Franca, 31/05/1970. (grifos meus)

do país, não por acaso a formação do *pool* e suas ações em comum de estímulo às exportações. Ao analisar a aceleração do ritmo de trabalho por meio do aumento da velocidade da esteira, afirmei que os indícios sugerem que se tratava de prática utilizada com maior frequência para sanar gargalos de produção, contraposta à necessidade de se adequar às exigências de qualidade da mercadoria por parte dos importadores. O excerto acima indica que a concorrência intercapitalista foi um dos elementos centrais para se compreender o incremento tecnológico, já que a necessidade de conquistar mercado estimulou a intensificação da incorporação de novas tecnologias com o fim de se auferir ganhos de produtividade – consequentemente, reduzir o valor da mercadoria –, e fabricar produtos de maior qualidade, adequados às exigências dos compradores.

A introdução do Núcleo Tecnológico do Instituto de Pesquisas Tecnológicas em Franca oferece maiores subsídios para a compreensão do problema. As discussões em torno de sua instalação, voltada para a assistência aos três ramos do complexo coureiro-calçadista, começou em 1976. A ACIF encaminhou um documento ao diretor do IPT de São Paulo, no qual enfatizou a disponibilidade de verba e a necessidade tecnológica decorrente das *dificuldades de se competir no mercado externo*.[192] A Comissão formada pela Secretaria de Cultura, Ciência e Tecnologia do estado de São Paulo foi imediatamente favorável à iniciativa.

Os técnicos do IPT realizaram pesquisas prévias para determinar as principais necessidades do setor e constataram que o ramo de couros sofria com a baixa qualidade dos couros crus, a baixa produtividade, o maquinário defasado e a falta de qualidade. As falhas no ramo de calçados eram a falta de administradores e técnicos, a baixa qualidade do couro usado, a falta de processos modernos na fabricação de calçados, a baixa produtividade e a deficiência do controle de qualidade. As principais sugestões envolviam uma parceria com o SENAI e com a Unifran (União das Universidades Francanas) para melhorar a formação da mão-de-obra nos níveis básico, médio e superior, e a elaboração de normas e padrões de produção. Por sua vez, os empresários elencaram várias necessidades, em especial a realização de estudos para a melhoria da produtividade, "que é bastante baixa no Brasil: Franca 3 a 6 pares/operários; Europa 30 pares operário; curtumes: 6,5 a 13 m^2/operário; Europa 30 m^2."[193]

---

192 *Comércio da Franca*. "A cidade terá o centro Tecnológico". 20/02/1976.

193 Outros pontos levantados: desenvolvimento e aprimoramento de equipamentos existentes no mercado nacional; controle de poluição; estudos de novos mercados; novas técnicas e aprimo-

Em meio às pesquisas para a efetivação do projeto, os industriais do Rio Grande do Sul se opuseram à criação do Núcleo Tecnológico de Franca. Alegaram que possuíam maior infra-estrutura para desenvolver o setor e que possuíam um órgão que coordenava as pesquisas há algum tempo, o Instituto Brasileiro do Couro, Calçados e Afins, com sede em Novo Hamburgo.[194] Além disso, a criação do instituto em Franca pulverizaria recursos já escassos. Por sua vez, o presidente da ACIF minimizou a questão e afirmou que não existia conflito e que o objetivo era desenvolver núcleos regionais que contribuíssem para o desenvolvimento de todo o setor nacional.[195] A oposição por parte dos industriais do Rio Grande do Sul é mais um forte indício da disputa em torno do controle da tecnologia, uma vez que centralizar o desenvolvimento de pesquisas e a formação de mão-de-obra especializada possibilitaria competir em condições mais favoráveis.

Apesar da oposição gaúcha, o Núcleo Tecnológico de Couro e Calçados de Franca foi instalado em 1977. Menos de um ano após o início de seus trabalhos foi publicada uma notícia sobre suas ações e projetos para o desenvolvimento do setor. Em médio prazo, implantar-se-ia "o mais moderno" centro de pesquisa de couro e calçados do país, com a criação de um curtume e uma fábrica-piloto, paralelamente a um amplo programa de formação de recursos humanos de nível médio e superior. Um dos principais objetivos era implantar um sistema de certificação da qualidade dos produtos.

> O controle de qualidade, diz o professor Massakaru Outa [IPT], é imprescindível para garantir uniformidade nas exportações, dentro dos padrões estabelecidos pelos compradores. Além disso, [...] *o controle de qualidade pressupõe redução de custos e aumento de produtividade, condições básicas para ampliar o poder de competição da indústria no mercado internacional.* [...] [O "pool" de Franca] *"teria muito mais poder de competição, se ofere-*

---

ramento das existentes para a fabricação de couros e calçados; ensaios e análises visando o controle de qualidade; expedição de certificados de qualidade que viriam a ajudar nas exportações; estudos da anatomia dos pés e das diferentes formas; estudos sobre as influências da moda; estudos de *layout*; levantamento de estatísticas. *Comércio da Franca*. "Grupo responsável pelo Núcleo Tecnológico mostra falhas na produção de couros e de calçados". 4/04/1976.

194 A preocupação dos industriais do Rio Grande do Sul com a qualidade dos produtos para exportação os levou à criação do Centro Tecnológico do Couro, Calçados e Afins em 1972. Cf. CARNEIRO, L., *op. cit.*, p. 136.

195 *Comércio da Franca*. "Gaúchos declaram guerra ao Centro Tecnológico de Franca". 16/03/1976.

cesse aos importadores folhetos técnicos indicando o tipo de controle a que o produto é submetido".[196]

Como se observa, dois elementos se destacavam e se complementavam: a preocupação com a *produtividade* e com a *qualidade*. Ambos possibilitariam a fabricação de produtos com valores e características capazes de concorrerem em boas condições no mercado interno e externo. As ações dos exportadores sugerem que possuíam uma visão sistêmica, segundo a qual era necessário pensar no setor como um todo e não apenas nas unidades isoladas, pois de nada adiantaria uma unidade produtiva produzir sapatos a partir de determinados critérios se as matérias-primas não seguissem os mesmos padrões de qualidade. Portanto, as transformações dos processos produtivos e de trabalho relacionaram-se à competição intercapitalista em âmbito local, nacional e internacional.[197]

Ao afirmar que a concorrência intercapitalista foi determinante para a incorporação de tecnologia, procuro enfatizar que para ser competitivo era necessário primar pela qualidade e aumentar a produtividade. Para aumentar a produtividade era necessário fazer mais produtos com a mesma quantidade ou com menos trabalhadores. Ou seja, diminuir a quantidade de capital variável incorporada em cada unidade produzida por meio do desenvolvimento de tecnologias e formas de controle que fizessem os trabalhadores despender a maior parte possível de suas capacidades produtivas durante a jornada de trabalho diária. Para tanto, foi imprescindível intensificar a disciplinarização da força de trabalho e retirar o controle, ou o que restava dele, que os trabalhadores possuíam sobre o próprio trabalho.

Assim sendo, a dicotomia entre necessidades técnicas e necessidades disciplinares parece carecer de comprovação empírica. Afirmar que os capitalistas eram motivados exclusivamente por necessidades técnicas é uma visão fragmentada, assim como afirmar que a divisão do trabalho foi apenas uma necessidade política de dominação. As duas teses resultam no risco de se perder de vista que o modo de produção capitalista é uma totalidade estruturada e indeterminada e que cada elemento se relaciona um com o outro sem que ocorra uma simples

---

196 *Comércio da Franca*. "Núcleo Tecnológico dá apoio à indústria de calçados de Franca". 21/03/1978. (grifos meus)

197 Artur Vitorino concluiu que a competição intercapitalista forçou reestruturações nas oficinas gráficas entre o final do século XIX e o início do XX. O autor insere-se na historiografia que não concorda com a tese da mecanização como expressão de controle social. Cf. VITORINO, Artur J. R. *Máquinas e operários: mudança técnica e sindicalismo gráfico (São Paulo e Rio de Janeiro, 1858-1912)*. São Paulo: Annablume/FAPESP, 2000.

determinação deste sobre aquele. Ainda que eu tenha priorizado o estudo da mecanização da produção e deixado em segundo plano as relações de trabalho no chão de fábrica, foi possível compreender que, principalmente nas maiores indústrias, esse processo resultou na substituição de trabalho vivo por trabalho morto e que saberes laborais formados ao longo de gerações de trabalhadores foram incorporados em artefatos metais-mecânicos, o que fez com que os trabalhadores perdessem o controle do tempo sobre o trabalho que executavam. Logo, constata-se que as necessidades técnicas e disciplinares se complementaram.

Ao se reduzir o campo de visão num estudo de caso é possível ampliar o foco de análise e interpretar parte das transformações globais observando suas especificidades com maiores detalhes. Contudo, é necessário estar atento ao risco de se tomar o objeto como suficientemente capaz de explicar a si mesmo. Para aprofundar a questão sobre necessidade técnica *versus* necessidade disciplinar, considero necessária uma pesquisa comparativa que tome os principais centros irradiadores de tecnologia como ponto de partida, pois, como demonstrei, a maior parte da tecnologia incorporada pelas indústrias de Franca foi importada com defasagem e um fator motivador para o desenvolvimento original de determinada máquina não necessariamente era o mesmo que explicava a sua incorporação numa realidade histórica distinta. Caso se realize esse tipo de pesquisa, acredito que minha tese possui mais chance de ser sustentada do que refutada, pois as disputas intercapitalistas e os conflitos entre capitalistas e trabalhadores fazem parte de um mesmo processo histórico, com especificidades em cada localidade e que dependem de uma complexa combinação de fatores. Assim, não considero pertinente concluir que o processo de mecanização decorreu exclusivamente das necessidades técnicas dos capitalistas e desconsiderar os conflitos sociais no chão de fábrica.

A terceira questão de fundo que guiou parte da análise foi compreender o significado social da incorporação da ciência à produção. Pode-se afirmar que a mecanização da produção resultou em benefícios para o conjunto da sociedade? Do ponto de vista capitalista, não há a menor dúvida, pois se argumenta frequentemente que a tecnologia aplicada à produção resultou em maior quantidade de produtos, com maior qualidade, menor preço e acessíveis a um número mais amplo de pessoas. É inegável que a industrialização aumentou significativamente a quantidade de bens fabricados e tendeu a possibilitar o aumento do consumo. Em termos de qualidade, nem sempre uma mercadoria produzida em série mostrou-se superior a uma confeccionada manualmente por um artesão. Além disso, determinados produtos de marcas famosas (como os sapatos das maiores fabricantes de Franca) raramente tornaram-se acessíveis à maior parte da população.

Para além dessas questões, o ponto central que quero destacar é o fato de a fabricação de mercadorias resultar do trabalho de apenas uma parcela da humanidade e de a tecnologia desenvolvida na sociedade capitalista não ser socialmente neutra, pois sua aplicação objetiva permitir um controle cada vez mais intenso sobre a força de trabalho. A maquinaria carrega em si uma ambiguidade marcante:

> como instrumental que é, encurta o tempo de trabalho, facilita o trabalho, é um vitória do homem sobre as forças naturais, aumenta a riqueza dos que realmente produzem, mas, com sua *aplicação capitalista*, gera resultados opostos: prolonga o tempo de trabalho, aumenta sua intensidade, escraviza o homem por meio das forças naturais, pauperiza os verdadeiros produtores.[198]

Dessa maneira, a maquinaria deve ser analisada como encarnação da revolução técnico-científica, que "ofereceu a oportunidade de fazer por meios inteiramente mecânicos aquilo que [a gerência] anteriormente pretendera fazer pelos meios organizacionais e disciplinares", é um artefato social, uma *expressão das relações sociais*, e permitiu a submissão de enormes contingentes de trabalhadores aos fins daqueles que controlaram os processos de trabalho.[199]

---

198 MARX, K. *op. cit.*, v. 1, p. 506.
   O pequeno trecho citado traz alguns elementos que resultaram em duas linhas interpretativas opostas dentro da tradição marxista e em projetos políticos divergentes. Grosso modo, existem os que distinguem a tecnologia de sua aplicação capitalista e consideram a ciência em si como neutra. Por outro lado, há os que consideram que a tecnologia, na condição de artefato social do capitalismo, carrega na essência sua marca e é um objeto de dominação e de exploração da classe trabalhadora. Muito genericamente, tais posturas relacionam-se a projetos políticos divergentes e antagônicos: por um lado, tem-se a perspectiva de que a característica essencial do sistema capitalista encontra-se na propriedade privada dos meios de produção e que, uma vez socializados, poder-se-ia fazer uso da tecnologia herdada do capitalismo para promover o desenvolvimento da nova sociedade a ser construída. Por outro lado, há a concepção de que a propriedade dos meios de produção é insuficiente para se compreender o capitalismo, sendo o *controle* um elemento tão ou mais importante para a exploração da classe trabalhadora, por ser mais genérico do que a *posse*. Para estes, a construção de uma nova sociedade não se resume à socialização dos meios de produção, pois seria necessário desenvolver relações sociais de tipo novo, das quais resultariam novas tecnologias. Cf. BERNARDO, João. *Economia dos conflitos sociais*. 2ª ed. São Paulo: Expressão Popular, 2009.
199 BRAVERMAN, Harry. *Trabalho e capital monopolista: a degradação do trabalho no século XX*. 3ª ed. Rio de Janeiro: Zahar, 1981, p. 168-169.

Ao analisar as transformações dos processos produtivos e de trabalho do complexo coureiro-calçadista foi possível concluir que, ainda que a mecanização tenha facilitado a execução de algumas tarefas e, em alguma medida, diminuído o desgaste físico dos trabalhadores, esse processo intensificou a extração de mais-valia. O desenvolvimento de novos insumos, a incorporação de tecnologias variadas, a reorganização dos processos produtivos, a profissionalização da gestão da força de trabalho e a introdução da linha de montagem levaram a intensificação do trabalho ao extremo. A instalação do IPT também se constituiu num típico caso de utilização da ciência para fins capitalistas, visto que seu principal objetivo era desenvolver pesquisas que resultassem em maiores ganhos produtivos para os industriais.

Em síntese, considero questionável interpretar a industrialização como algo abstrato e em prol da humanidade como um todo, pois seu desenvolvimento se relacionou às relações sociais fundamentadas na exploração da força de trabalho pelos capitalistas. Assim, o aumento da quantidade de mercadorias produzidas, a ampliação do mercado consumidor e a facilitação do acesso a uma variedade maior de bens de consumo representou um lado dos resultados da revolução técnico-científica. O outro lado foi caracterizado pelo aumento da intensidade e do ritmo de trabalho, pela perda do controle e do conhecimento sobre a totalidade dos processos produtivos por parte dos produtores diretos, pela disciplinarização intensa, pelo desgaste físico e psíquico, pelo tédio decorrente da monotonia e pelo estranhamento, levando o trabalho a perder uma de suas dimensões mais importantes para o ser humano: a capacidade deste se realizar e se auto-reconhecer no resultado daquilo que ele produz.

II. Da arte de saber fazer ao "operário-boi"?

No capítulo anterior, analisei em detalhes o processo de mecanização da produção de couros, calçados e artefatos de borracha e demonstrei como a maquinaria representou a apropriação do gesto humano por estruturas metais-mecânicas, o que transformou muitos operários em alimentadores de máquinas. Não obstante, o processo foi heterogêneo e diversas tarefas continuaram a demandar trabalhadores capazes de executar trabalhos manuais complexos e que requeriam destrezas, habilidades e conhecimentos mais amplos sobre a totalidade do processo de trabalho. Neste capítulo, tomarei como ponto de partida a qualificação da força de trabalho e suas transformações ao longo do tempo.

Mais do que um capítulo dedicado exclusivamente ao estudo das transformações na qualificação dos trabalhadores, partirei deste objeto para discutir temas mais amplos como controle operário, racionalização do trabalho, relações e conflitos sociais em torno do aprendizado. Se no primeiro capítulo privilegiei o desenvolvimento tecnológico, neste a análise se voltará para o ato de trabalhar, o que possibilitará aprofundar a resposta de alguns problemas de fundo que guiaram o capítulo anterior, bem como responder uma questão central e comum aos dois primeiros capítulos: é possível conceber a industrialização do complexo coureiro-calçadista de Franca, entre os anos 1950 e 1980, como um processo que resultou, invariavelmente, na *taylorização* da produção?

A arte de saber fazer

Entre os três segmentos industriais pesquisados, a fabricação de calçados foi a atividade que mais bem ilustrou a transição do trabalho artesanal para a manufatura e para o sistema fabril. Numa oficina de sapatos o artesão realizava manualmente todas as etapas de confecção do calçado: tomava as medidas do pé do freguês, confeccionava ou adaptava as formas, desenvolvia o modelo, cortava a matéria-prima, costurava, montava e dava acabamento ao produto. A concepção e a execução eram duas atividades perfeitamente combinadas. Algumas oficinas sobreviveram ao longo dos anos e existem até os dias atuais, como as sapatarias especializadas na fabricação de calçados sob medida para pessoas diabéticas e/ou com deformidades congênitas ou adquiridas.

Nas manufaturas de calçados teve início uma incipiente divisão do trabalho e o rompimento entre concepção e execução do trabalho. Existiam três grupos de trabalhadores: cortadores – em algumas sapatarias essa função cabia ao proprietário, que também era responsável pelo desenho dos modelos e pela confecção dos moldes –, pespontadores e oficiais. Apesar da divisão do trabalho, as três funções requeriam trabalho manual complexo e a produtividade dependia das habilidades manuais dos trabalhadores. A remuneração era por peça – pagamento segundo a quantidade produzida – e os trabalhadores controlavam o próprio ritmo de trabalho e decidiam qual a melhor maneira de executar suas tarefas.

Entrevistei diferentes sapateiros que aprenderam o ofício em pequenas sapatarias entre as décadas de 1920 e 1940[1] e constatei que eles diferenciavam-se pelo conhecimento detalhado de todas as etapas necessárias à confecção de sapatos e pelo orgulho em relação ao ofício que exerceram. Ainda que muitos tenham trabalhado em fábricas de médio e grande porte, seja na condição de operadores

---

1 Benedito Cardoso (30 de maio e 3 de setembro de 2003); Dario Maranha (19 de abril e 26 de abril de 2003); Fábio Amâncio Rodrigues (17 de maio de 2003); Joaquim Sola Ávila (21 de abril de 2003); José Tognatti Filho (22 de fevereiro de 2009).

de máquinas ou de chefes de seção, foi o trabalho artesanal que marcou suas lembranças. Esses sujeitos, em número cada vez mais reduzido, constituem-se no que se pode chamar de guardiões das memórias do ofício.

A partir de seus depoimentos, foi possível elaborar uma síntese do processo de qualificação da força de trabalho predominante até, pelo menos, os anos 1950. Analisarei, inicialmente, o trabalho dos oficiais que montavam e acabavam os sapatos, tarefas realizadas no sistema de bancas: os trabalhadores sentavam em um banquinho de frente para uma pequena mesa – banca – onde dispunham as ferramentas e os insumos, o cabedal e o sapato ficavam no chão. O aprendiz era, na maior parte das vezes, uma criança com idade entre sete e 14 anos que ocupava um banco ao lado do oficial sapateiro. O aprendizado se dava por observação e execução de tarefas por imitação, partindo-se das mais simples para as mais complexas e poderia se desdobrar ao longo de até quatro anos. É importante destacar que a duração do aprendizado no sistema de bancas não seguia normas pré-definidas e podia ser variável. Dependia da avaliação subjetiva do oficial, que determinava o trabalho a ser executado, inspecionava o serviço realizado e decidia quando o aprendiz estava apto a realizar outro tipo de tarefa. Além disso, o rodízio de tarefas dependia das necessidades relacionadas à produtividade em determinados dias.

Na maior parte das vezes, os pais pediam aos oficiais que aceitassem seus filhos como aprendizes e que lhes dessem a oportunidade de aprender o ofício. Por tratar-se de trabalho remunerado por produção, era do interesse do oficial tomar aprendizes, sem remuneração formal, e empregá-los como ajudantes. À medida que o aprendiz adquiria maior competência na execução do serviço passava a ser denominado meio oficial e era remunerado pelo próprio oficial a quem estava subordinado. Não raro, além do meio oficial, admitia-se um novo aprendiz como segundo ajudante. Joaquim Sola, por exemplo, ingressou em uma oficina, em 1931, com apenas sete anos de idade e quando começou a trabalhar, "não ganhava nada, o patrão passava na venda o dia que ele recebia, comprava um doce, me dava um doce e ficava por isso mesmo."[2]

Raramente, este tipo de relação de trabalho foi interpretado pelos depoentes como exploração de trabalho infantil e muitos sapateiros afirmaram ser agradecidos aos seus mestres, que lhes deram a oportunidade de aprender a profissão sem cobrar nada por isso. Não obstante, conforme ressaltou Teresa Malatian,

---

2 Depoimento de Joaquim Sola Ávila ao autor.

> o aprendizado deveria ser custeado pelo iniciante seja na forma de trabalho não remunerado, seja mediante pagamento direto, ou ainda como parte das relações informais de solidariedade, associadas ao parentesco. O domínio da técnica era considerado um bem precioso, com valor de mercado, a ser repassado pelos mais experientes, detentores dos segredos do ofício. Essa formação dos aprendizes, embora implicasse trabalho não remunerado e camuflasse exploração de mão-de-obra barata, nas oficinas artesanais, adquire valorização positiva nos relatos, mesmo que em alguns deles chegue a esboçar-se a consciência de sua inserção num contexto de apropriação de mais-valia.[3]

Nos depoimentos que coletei, não obtive nenhum indício do esboço da consciência da extração de mais-valia apontado por Malatian, pois predominaram os relatos caracterizados pelo sentimento de gratidão para com o oficial instrutor. Além disso, alguns relatos demonstraram que as relações sociais engendradas nesse tipo de aprendizado ultrapassavam a esfera do trabalho e adentravam o espaço doméstico. José Tognatti, por exemplo, acompanhava a esposa do seu patrão ao mercado para carregar as compras, "fazia alguma coisa além da aprendizagem, porque me via na obrigação de fazer alguma coisa para o chefe. Porque ele tava me fazendo isso de graça."[4]

Portanto, nesse sistema de trabalho, a capacidade produtiva dos oficiais era potencializada pela utilização de trabalho precarizado, no caso, emprego de menores sem vínculo empregatício e, durante algum tempo, sem remuneração, o que combinava sonegação de direitos trabalhistas e trabalho não pago. Esta estratégia era imprescindível numa estrutura produtiva em que a produtividade estava sob o controle dos trabalhadores e condicionada à intensificação do próprio trabalho ou à extensão da jornada de trabalho. Se os oficiais aparecem como os beneficiários imediatos do emprego de aprendizes e ajudantes, o maior beneficiado era o proprietário da sapataria, que detinha a posse da matéria-prima e comercializava os produtos.

Na produção em bancas, os oficiais e seus ajudantes recebiam o cabedal (peças de couro costuradas) e tinham que entregar o sapato pronto. Para isso, utilizavam apenas ferramentas manuais para a execução do trabalho. O oficial

---

3 MALATIAN, Teresa Maria. "Memória e Identidade entre Sapateiros e Curtumeiros". *Revista Brasileira de História*, São Paulo, v. 16, n. 31/32, 1996, p.202.

4 Depoimento de José Tognatti Filho ao autor.

executava as tarefas mais complexas, como montar o sapato e dar o acabamento final no solado com a giga e retombão – ferramentas aquecidas e que requeriam destreza em seu manuseio para não ocasionar estragos ao sapato. Para potencializar o próprio trabalho, os sapateiros colocavam as tachas empregadas na montagem dentro da boca e utilizavam a língua para deixá-las na posição ideal, o que diminuía o tempo para apanhá-las: "A gente pega uma habilidade tão grande com a taxinha na boca que a gente habitua a deixar ela viradinha, você já pega ela pronta pra fincar no couro. Então o serviço saía mais rápido, mas às vezes acabava o serviço e você tinha que lavar a boca, porque deixava aquela coisa ruim na boca da gente."[5]

Aos aprendizes eram destinadas inicialmente as tarefas de fazer tacão (saltos), pregar e aviar palmilha, colar os aviamentos (couraça e contraforte) e executar serviços mais simples de acabamento, como limar as cabeças de pregos, lixar e alisar a sola com cacos de vidro, passar cera e lustrar com escovas e panos. Na época em que a cola não estava difundida, também aprendiam a fabricar o grude – mistura de água, polvilho e limão – utilizado na colagem dos aviamentos. Paulatinamente passavam a montar partes do sapato, a pregar a vira e, por fim, a executar as tarefas de acabamento consideradas mais delicadas.

Alguns aprendizes também aprenderam a fazer modelos, cortar o couro e pespontar, como José Tognatti, que após trabalhar por alguns anos ao lado de um oficial, foi ajudar o proprietário da oficina nas tarefas de modelagem e corte e, por fim, aprendeu a costurar cabedal em máquina de pedal, sob a supervisão da filha de seu patrão, que pespontava para a sapataria dentro de casa, ilustrando a tênue separação entre a esfera doméstica e a de trabalho.

Nas oficinas que fabricavam produtos finos e de maior valor agregado, os oficiais tinham a oportunidade de se aperfeiçoarem na execução de tarefas mais complexas, como as costuras manuais para fixar o solado de sapatos que não empregavam tachas em sua confecção. Entre os diferentes tipos de costuras existiam o *ponto legítimo*, o *ponto dentro e fora*, a *vira francesa*, a *vira japonesa* e a *vira beira-mar*. Para Benedito Cardoso, trabalhar numa pequena oficina deste tipo lhe deu a oportunidade de "desenvolver mais meu serviço, aprender mais meu serviço, ficar um oficial perfeito como eu fiquei."[6]

---

5   Depoimento de José Tognatti Filho ao autor. A intoxicação por chumbo – saturnismo – entre sapateiros será objeto do capítulo IV.
6   Depoimento de Benedito Cardoso ao autor.

Esse tipo de trabalhador, formado exclusivamente no chão de fábrica, dominava o *saber fazer* e ainda que vendesse seu tempo e força de trabalho, retinha o controle sobre o trabalho, o conhecimento sobre todo o processo produtivo e a posse das ferramentas. Como todos afirmaram, sabiam fazer o sapato do começo ao fim sem o emprego de maquinário. Tais elementos determinaram a construção de suas identidades enquanto artesãos, ou em suas palavras, oficiais: "Eu era oficial! Eu era não, eu sou! Eu sou oficial [fala com orgulho]. Oficial é que sabe fazer o sapato, sabe fazer o sapato, não depende de máquina, eu não preciso de máquina pra fazer qualquer serviço, [...] eu faço qualquer sapato sem levar na máquina."[7]

Não raro, o ofício era considerado uma arte, "é considerado um artista, porque ele sabe dominar o setor que ele tá trabalhando", e exercício de auto-realização: "Sentia prazer de fazer um sapato, principalmente quando era um sapato fino, que eu via o sapato pronto assim, que era aquela beleza de sapato. Eu ficava até meio orgulhoso. Eu sentia bem!"[8] Dona Maria, esposa de Cardoso, enfatizou a valorização do trabalho manual do marido e relatou que quando os "sobrinhos casavam, sempre cham[avam] ele pra padrinho de casamento, então o presente era sempre um sapato de vira francesa, que era o fino da época."[9] Nesses casos, as próprias ferramentas, extensões de suas mãos, adquiriram enorme valorização e, mesmo não utilizadas há décadas, foram guardadas com cuidado e exibidas com satisfação ao pesquisador. "Nenhum oficial tinha as ferramenta igual eu, eu tinha todas as ferramentas pra trabalhar em calçado, todas, sem faltar uma! [...] Eu tinha um capricho que só vendo! E nunca pedi uma ferramenta emprestada. [...] Minhas ferramenta era tudo boa."[10]

Contudo, ao venderem sua força de trabalho, os oficiais se deparavam com a realidade cada vez mais evidente de trabalhar arduamente para perfazer uma produção diária que lhes permitisse receber um salário minimamente suficiente para prover as necessidades básicas. Como relatou Benedito Cardoso, "a pessoa

---

7   Depoimento de Benedito Cardoso ao autor.

8   Respectivamente, depoimentos de Dario Maranha e de Benedito Cardoso ao autor.

9   Depoimento de Benedito Cardoso ao autor.

10 *Ibidem*. Cardoso guardou parte de suas ferramentas e até insumos como tachas, aresta amarela e linha que usava na fabricação de sapatos finos. Cf. análise sobre a relação afetiva dos trabalhadores para com suas ferramentas em GIGANTE, Moacir. *A Fábrica é escola. Práticas sociais e educativas de empresários e trabalhadores*. Tese (Doutorado em Educação)-UFSCAR, São Carlos, 2003, f. 75-76.

pra ganhar 10 mil réis precisava arrebentar o peito, chegava de tarde não podia nem quase levantar do banco. [...] Cansava muito o braço, o corpo, não sei se era de ficar sentado, e quando levantava assim, ficava até meio descadeirado."[11]

Frente ao exposto, fica evidente que não empreendo uma defesa ingênua do trabalho pré-fabril para em seguida contrapô-lo ao trabalho fabril. Meu intento é compreender as transformações da qualificação e das relações de trabalho em diferentes estágios produtivos. Assim, a análise empírica evidenciou que o sistema artesanal também se caracterizou por estratificação social e encobriu formas mais ou menos veladas de exploração da força de trabalho. A produção de sapatos em oficinas e manufaturas combinou o emprego de trabalhadores virtuosos remunerados por tarefas, com o fim de intensificar a produtividade, com a utilização de mão-de-obra infantil sob condições precarizadas. Não obstante, em circunstâncias específicas, alguns trabalhadores desenvolveram um sentimento de auto-realização por meio do trabalho que exerciam.

Mecânicos e eletricistas

Se as primeiras gerações de sapateiros foram qualificadas exclusivamente no chão de fábrica, o aprendizado inicial dos mecânicos se deu dentro de uma instituição escolar formal. Ao analisar o processo produtivo e de trabalho nos três segmentos produtivos, destaquei o importante papel dos mecânicos para o desenvolvimento industrial: aperfeiçoaram, adaptaram e desenvolveram diferentes máquinas, além de fabricarem variadas peças de reposição para o maquinário existente. Ao apontar a centralidade da matrizaria para o setor de artefatos de borracha, demonstrei que os matrizeiros se distinguiram dos demais trabalhadores daquele ramo industrial pela execução de trabalho complexo e pelo controle sobre o próprio ritmo de trabalho. Estes trabalhadores foram na grande maioria alunos da Escola Industrial "Dr. Júlio Cardoso" de Franca.[12]

A instituição foi inaugurada em 1924 e refletiu o desenvolvimento urbano e a formação de indústrias incipientes no município, desdobramentos do incremento da economia local estimulado, em grande medida, pela atividade cafeeira. "A necessidade de mão-de-obra para as fábricas de móveis, roupas, chapéus,

---

11 Depoimento de Benedito Cardoso ao autor.
12 A instituição de ensino teve seu nome alterado ao longo dos anos, mas optei por utilizar a denominação Escola Industrial por ser a mais conhecida e utilizada pela população local.

fundição, bem como a manutenção de máquinas utilizadas nas diversas fábricas existentes pode ter sido o fator crucial para o projeto da criação da Escola Profissional." Seria uma "resposta à pressão que a elite econômica em desenvolvimento fazia para conquistar uma mão-de-obra especializada."[13] Quando de sua fundação, a escola oferecia os cursos industriais básicos de Mecânica de máquinas e Marcenaria e, no primeiro ano de funcionamento, teve mais de trezentos alunos matriculados, sendo que muitos trabalhavam em oficinas e buscavam aperfeiçoar seus conhecimentos práticos.

Em 1927, a escola deixou de ser exclusivamente masculina e incorporou alunas em novos cursos,[14] o que faz necessário abrir um pequeno parênteses na análise, pois os cursos voltados para a formação de trabalhadoras retratavam uma nítida divisão sexual do trabalho na sociedade da época. "Funcionando com diversos cursos, femininos, masculinos, diurnos e noturnos, a escola conta com várias seções, como Marcenaria e Mecânica, *para os rapazes* e Roupas Brancas, Modas e Confecções, Flores e Chapéus, Rendas e Bordados e Economia Doméstica *para as alunas*."[15] Em 1956, foi publicado um relato de uma visita feita à Escola Industrial que explicita seu papel para a formação das trabalhadoras: na "seção feminina", além das tarefas de corte e costura, as alunas aprendiam "a fazer mamadeira, pratos saborosos, *a preparar-se para futura esposa*, capaz de fazer verdadeira economia doméstica."[16] Portanto, essa instituição de ensino reforçava a divisão do trabalho centrada no fator gênero e contribuiu para se difundir a concepção de que às mulheres trabalhadoras era destinado o futuro de esposas prendadas.[17]

---

13 Franca foi a quarta cidade do estado de São Paulo a inaugurar uma escola profissionalizante. Cf. SILVA, Adriana V. G. da. *Trabalho e educação: ensino profissionalizante em Franca - Escola Industrial "Dr. Júlio Cardoso"*. TCC (História)- FHDSS, UNESP, Franca, 2002, f. 21, 37.

14 *Ibidem*, f. 26-27.

15 *Comércio da Franca*. "O 16º aniversário de fundação da Escola Industrial". Franca, 5/05/1940. (grifos meus)

16 *Idem*. "Visita à Escola Industrial Dr. Júlio Cardoso". Franca, 4/09/1956. (grifos meus) Texto de autoria de Wanda Valério Faria, catedrática de Sociologia do Instituto de Educação Torquato Caleiro.

17 Sobre a construção social da divisão sexual do trabalho, para o caso específico das sapateiras, consultar: REZENDE, Vinícius D. de. "A construção social da divisão sexual do trabalho entre as operárias do calçado. (Franca-SP, décadas de 1950 a 1980)". *Esboços*, Florianópolis, n. 16, 2006, p. 221-247.

A princípio, os cursos tinham duração de três anos e além das aulas práticas nas oficinas, os alunos tinham aulas de Português, História, Geografia, Matemática, Plástica, Desenho Profissional, Tecnologia e Educação Física. Na "seção feminina" também tinham aulas de puericultura e dietética.[18] Nos anos 1940, o curso industrial básico passou a ter duração de quatro anos e visava o ensino completo de um ofício, os cursos técnicos duravam entre três e quatro anos. O curso básico integral era oferecido nas áreas de marcenaria, mecânica, fundição, serralheria, ajustagem, forja, entalhação e tornearia em madeira. Entre 1953 e 1958, existiram cursos de Mestria, com dois anos de duração, em fundição, marcenaria, mecânica de máquinas, corte e costura.[19]

Além destes cursos, algumas notícias jornalísticas dão conta da existência do curso de Artes de couros. Em 1950, a Escola Industrial almejava preparar técnicos para as fábricas de calçados e reativar o referido curso, que teria existido nos primórdios de sua instalação. A iniciativa teve apoio de alguns industriais locais, que colaborariam financeiramente para a aquisição do material necessário para a implantação do curso.[20] Não obtive informações sobre a estrutura curricular e as poucas notícias indicam que o referido curso funcionou com dificuldades durante parte dos anos 1950. Nesse sentido, em 1956, Noêmio Marangoni (mestre da Seção de Artes e Couros) encaminhou um ofício ao secretário estadual da educação para solicitar que fossem sanadas as deficiências da seção.[21] A existência do curso e o apoio inicial que recebeu por parte de alguns industriais indicam a preocupação de se obter uma força de trabalho formalmente treinada no período em que o setor começava a se expandir, mas as dificuldades técnicas poucos anos após sua instalação sugerem que a iniciativa não conquistou grande número de adeptos junto aos industriais locais.

Em 1956, a escola tinha 451 alunos matriculados nos seus cursos ministrados no período diurno e noturno. No primeiro semestre, os alunos passavam por

---

18 *Comércio da Franca*. "O 16º aniversário de fundação da Escola Industrial".

19 SILVA, A. *op. cit.*, p. 27-28. Maiores detalhes sobre a evolução da escola no que diz respeito às mudanças da legislação educacional e seus impactos sobre o caráter dos cursos pode ser consultada no texto citado.

20 Dentre os industriais listados encontram-se Miguel S. de Mello, Wilson Mello, Silvio Pucci, Paulino Pucci, Antonio Maniglia, Tomaz Licursi, Celso Ferreira Nunes, Irmãos Flausino e Dante Pucci. *Comércio da Franca*. "Uma iniciativa a bem da indústria local". Franca, 4/06/1950.

21 *Idem*. "Seção de Artes e Couros da 'Júlio Cardoso." Franca, 4/01/1956.

todas as oficinas para se detectar suas aptidões e então eram matriculados numa seção em definitivo. O curso mais representativo das atividades da instituição foi o de mecânica e formou milhares de trabalhadores. Muitos ex-alunos se tornaram proprietários de pequenas empresas e alguns de fábricas de máquina para calçados de grande destaque, como a *Poppi* e *Ivomaq*.[22] Dessa maneira, centrarei a análise nas principais características do processo de ensino-aprendizagem desse ofício. Os primeiros instrutores dos ofícios eram profissionais que trabalhavam nas fábricas e davam aulas na escola,[23] o que reforçava o princípio do "aprender a fazer fazendo":

> Cada seção possui um conjunto sincronizado de estágios, de modo que o aluno participa realmente da confecção integral da peça desde o processo de utilização e transformação da matéria prima até o acabamento do conjunto. Na mecânica de máquina, por exemplo, acompanha a fundição, forja, serralheria, ferramentaria, ajustagem, máquinas operatrizes, até a construção e montagem de máquinas. Aprende a conservá-las, pela limpeza, lubrificação e reparos.[24]

Os relatos de mecânicos formados pela Escola Industrial[25] reforçaram que o aprendizado era centrado na execução das tarefas necessárias para o domínio do ofício. A parte teórica do curso voltava-se para a aplicação direta na produção e os alunos aprendiam cálculo, trigonometria e desenho de projetos. A parte prática consistia na fabricação de peças e máquinas. A cada ano os alunos fabricavam uma máquina: recebiam a matéria-prima e os projetos, calculavam a quantidade, o tamanho e a angulação do corte dos dentes das engrenagens; usinavam as peças em máquinas como fresas, tornos e serras; utilizavam a forja e a fundição para determinadas operações; e manuseavam ferramentas como lima, limatão, martelo e morsa. Eles fabricavam furadeiras de mão, furadeiras de bancada e máquinas de desempenar madeira, entre outras. Anualmente, eram realizadas feiras abertas ao público, onde as peças e máquinas fabricadas eram vendidas.[26]

---

22 SILVA, A. *op. cit.*, f. 39.
23 TEIXEIRA, Wagner da Silva. *Educação e poder local: formação do sistema de ensino em Franca e os limites da cidadania (1889-1928)*. Dissertação (Mestrado em História)- FHDSS, UNESP, Franca, 2000, f. 71.
24 *Comércio da Franca*. "Visita à Escola Industrial 'Dr. Júlio Cardoso'".
25 Geraldo Ferreira Nobre (10/10/2007), Jerson José do Nascimento (20/12/2008), José Tozatti (11/12/2008) e José Vitor de Souza (18/12/2008).
26 Dentre outros, depoimento de José Tozatti ao autor em 11 de dezembro de 2008.

Os mecânicos formados pela Escola Industrial passaram por um aprendizado metódico do ofício, com plano de ensino e duração pré-estabelecida. O curso tornava o aluno apto a manipular diferentes ferramentas e máquinas que seriam utilizadas nas seções mecânicas e de manutenção das unidades fabris. Mesmo assim, o aprimoramento das capacidades laborais ocorria no chão de fábrica, onde se tornariam profissionais capazes de executar múltiplas tarefas, que demandavam criatividade para a solução das dificuldades e problemas originados no processo produtivo: falta de peças de reposição, necessidade de adaptar e, mesmo, construir novas máquinas, e assim por diante. Deste modo, o ensino formal do ofício seria concluído no cotidiano de trabalho, por meio do exercício da profissão.

Ao contrário dos oficiais sapateiros, os mecânicos entrevistados não expressaram qualquer esboço de construção de uma identidade de artistas. Mesmo sendo oficiais que detinham um amplo conhecimento sobre todas as etapas de seu trabalho, parece que não o concebiam como uma arte. O fato de não trabalharem em indústrias metalúrgicas pode, em parte, explicar essa questão, já que não fabricavam um produto que seria vendido diretamente a um freguês, como no caso de alguns artesãos do sapato. Além disso, a maior parte do trabalho diário era dar manutenção ao maquinário existente. No caso específico dos matrizeiros, seu trabalho resultava em peças que entrariam na produção dos artefatos de borracha vulcanizados e isso poderia contribuir para que concebessem o próprio trabalho como apenas uma parte de um processo produtivo mais amplo. Operar máquinas e, menos frequentemente, executar trabalhos "com as mãos" também poderia ser um dos motivos de não se identificarem como artesãos. Restaria verificar como os mecânicos que fabricaram máquinas viam essa questão, o que não foi possível realizar. De qualquer maneira, ainda que os mecânicos do complexo coureiro-calçadista não retratassem a figura do artesão, eram trabalhadores virtuosos que, em função da importância de seu ofício para o funcionamento regular da produção de couros, sapatos e artefatos de borracha, ocupavam uma posição estratégica no processo produtivo.

Além dos mecânicos, os eletricistas também possuíam significativa importância no interior das unidades produtivas: eram os responsáveis pela construção de redes elétricas e telefônicas, pela instalação, manutenção e aperfeiçoamento de máquinas. A trajetória de Erotides de Souza possibilita analisar algumas características desse conjunto de trabalhadores: em meados dos anos 1960, ele ingressou na *Amazonas* como prenseiro, depois exerceu outras ocupações e, com o intuito de conseguir um emprego melhor, fez um curso de eletricista por correspondência junto ao *Instituto Monitor* – pioneiro no ensino à distância no Brasil. Dois anos após a conclusão do curso, conseguiu uma vaga como eletricista na empresa e chegou a ser chefe da seção por alguns anos. Entre as décadas de 1970 e 1990, aprimorou seus conhecimentos e realizou diversos cursos em empresas privadas (bobinamento de motores na *Arno*; telefonia na *Siemens*; manutenção de soldas, elevadores e talhas elétricas na *Bambozzi*) e no SENAI (eletrônica, blocos e comandos digitais e hidráulica).

Dentre outras atividades, Erotides participou da ampliação da fábrica, da mudança para os prédios construídos no começo dos anos 1970 e auxiliou na transformação de máquinas, como a adaptação de painéis elétricos para o acionamento automático das prensas. Muitas vezes, eletricistas e mecânicos desenvolveram máquinas a partir de descrições feitas por um industrial ou diretor que vira determinada máquina em funcionamento numa feira ou em outra indústria. Não raro, recorreram à criatividade para realizar instalações elétricas de máquinas, pois nem sempre recebiam um manual com a descrição detalhada dos esquemas elétricos, e mesmo máquinas com manuais, em especial as importadas, requeriam aperfeiçoamentos e melhorias a partir da *experiência* e das *necessidades cotidianas*.[27] Assim como entre os mecânicos, a trajetória de Erotides exemplifica como o aprendizado formal – por meio do ensino à distância – e o aprendizado no chão de fábrica se complementaram e constituíram uma unidade intrinsecamente interligada. O curso por correspondência forneceu-lhe uma base e um conhecimento mínimo sobre eletricidade, mas foi o trabalho empírico que lhe permitiu se aperfeiçoar no exercício de seu ofício.

O conjunto de trabalhadores composto por matrizeiros, mecânicos de manutenção e eletricistas, distinguiu-se pelo conhecimento, polivalência, criatividade, capacidade de executar tarefas complexas e por exercer um ofício imprescindível para o funcionamento regular de toda a engrenagem industrial. Trabalhadores aptos a reparar em curto espaço de tempo as máquinas eram imprescindíveis para a produção fluir regularmente, e a capacidade de adaptar, improvisar e melhorar peças e máquinas reduzia os gastos com capital fixo e permitia ganhos de produtividade que asseguravam a lucratividade do setor como um todo.

Em comum com os oficiais sapateiros, estes trabalhadores dominavam o *saber fazer* – conhecimento, capacidade criativa, habilidade e destreza manuais –, con-

---

27 Síntese a partir dos depoimentos de Erotides de Souza ao autor em 8/11/2008 e 25/02/2009.

trolavam o ritmo de trabalho e gozavam de uma relativa autonomia frente à chefia. Se tomarmos como exemplo o conserto de uma máquina, cabia à chefia designar o trabalhador para realizar o conserto, e este tinha a função de identificar o problema e realizar os reparos necessários para o seu funcionamento, o que demandava um tempo bastante variável, um amplo conhecimento sobre o maquinário, concentração e raciocínio para a resolução do problema. Por mais que estes trabalhadores sofressem pressões por parte do chefe para concluir o conserto no menor espaço de tempo possível, seus ritmos de trabalho não eram ditados externamente. Tampouco vivenciaram transformações nos processos produtivos que fizeram com que se tornassem repetidores de gestos condicionados ao longo dos anos.

Família, vizinhos e bancas

Além dos oficiais sapateiros, matrizeiros, mecânicos e eletricistas que possuíam um amplo conhecimento sobre o processo de trabalho, outros trabalhadores executaram tarefas que podem ser consideradas complexas e que, apesar da intensificação progressiva da divisão do trabalho, demandavam um período maior de aprendizado e capacidades laborais que iam muito além do simples movimento para alimentar uma máquina. Na fabricação de sapatos, esse era o caso dos modelistas, cortadores, pespontadores e montadores.

Os modelistas eram os responsáveis pela elaboração dos modelos de sapato, tarefa bastante importante devido às variações da moda, e que exigia conhecimento sobre a anatomia dos pés, as matérias-primas e todo o processo produtivo. Muitas vezes, os industriais realizaram viagens ao exterior e retornaram com sapatos que faziam sucesso nos mercados dos países visitados, de modo que cabia aos modelistas adaptá-los e desenvolver a linha de calçados a ser fabricada em Franca. As fábricas de grande porte contratavam seus próprios modelistas, as de pequeno porte produziam a partir de cópias dos modelos desenvolvidos por outras, e existiam ainda modelistas autônomos que prestavam serviços. Durante décadas, o aprendizado da modelagem foi basicamente empírico.

Como afirmei no primeiro capítulo, os cortadores ocupavam uma posição estratégica na produção de calçados: executavam o primeiro serviço da fabricação e manipulavam a matéria-prima mais nobre dos sapatos, o que lhes possibilitava aumentar ou reduzir o desperdício de couro e influir nos custos finais com capital fixo. Dentre as características do trabalho dos cortadores se destacava a necessidade de conhecer as características físicas da matéria-prima e saber encaixar as peças para obter maior rendimento por metro quadrado de couro, o que levou algumas empresas a estimular financeiramente a redução da quantidade de retalhos por meio de bonificações salariais. Para tanto, os trabalhadores do almoxarifado ou do setor de planejamento calculavam o aproveitamento por metro quadrado de couro e estabeleciam metas a serem cumpridas. "Eu trabalhei um certo período em almoxarifado e era muito intenso o interesse dos trabalhadores, o próprio trabalhador zelava pra dar economia porque aquilo dava um retorno muito interessante mesmo."[28]

Até os anos 1970, quando da instalação do SENAI, o aprendizado da profissão de cortador ocorria basicamente por meio de familiares e conhecidos que se dispunham a transmitir os segredos do trabalho ou pelo ingresso em bancas de corte ou pequenas unidades fabris, as fabriquetas. A trajetória de Jorginho representa a transmissão de saberes laborais por familiares e em pequenas unidades de produção:

> Quem me ajudou a aprender a cortar foi o Pardal [irmão mais velho]. Na época ele trabalhava numa pequena empresa, *Calçados Gonçalves*, num fundo de quintal ao lado da casa em que a gente morava, e passei a aprender e com ele aprendi a cortar. Cortava forro, porque tem duas escalas, hoje tem três, você primeiro cortava forro, que é a parte inferior do calçado, depois você passa a cortar vaqueta, depois você pode dobrar. Depois eu fui trabalhar um tempo na máquina, que era o balancim. […] Nos horários que eu não estudava eu ia ajudar, ia ver como era, começava a ajudar, a aprender.[29]

O aprendizado acontecia nos horários que não coincidiam com os estudos e, assim como no caso dos oficiais sapateiros, a qualificação adquiria o caráter de auxílio ao instrutor e era do interesse dos próprios cortadores, pois à medida que o aprendiz adquiria maior prática contribuía para potencializar a produtividade, fundamental no sistema de remuneração por peça. O aprendizado partia do mais simples para o mais complexo e por isso iniciava-se pelo corte de forro, geralmente material de menor valor e que, no caso dos sintéticos, não possuía as variações físicas características do couro (elasticidade, ausência de padronização da cor e defeitos). Além do corte, os aprendizes poderiam aprender tarefas como

---

28 Depoimento de Jorge Luís Martins ao autor em 20 de fevereiro de 2009.
29 *Ibidem*.

chanfrar (diminuir a espessura do couro nos locais a serem costurados) e dobrar essa parte chanfrada para aumentar a resistência do material.

O corte de vaqueta em máquina (balancim) não ocasionou a perda do controle e do conhecimento sobre o trabalho, visto que os dois elementos cruciais para a boa execução do serviço (conhecimento da matéria-prima e encaixe das peças) prevaleceram. Todavia, o balancim potencializou significativamente a produtividade ao substituir o ato de contornar manualmente o molde com a faca por uma única pancada sobre uma forma de aço. No corte de forro, os conhecimentos mais elaborados do cortador de vaqueta eram prescindíveis, o que resultou numa nítida diferenciação em termos de remuneração: os cortadores de vaqueta, na maior parte das vezes, eram remunerados por peça e os cortadores de forro em balancim eram, predominantemente, remunerados por hora.

O balancim não descartou o conhecimento do trabalhador e tampouco extinguiu o corte manual. Muitas fabriquetas não possuíam recursos suficientes para imobilizar capital nessa máquina, que potencializava a produtividade, mas que, a depender da escala da produção, não era imprescindível. Mesmo nas fábricas grandes os trabalhadores manuais persistiram, fosse para cortar amostras ou para cortar modelos produzidos em pequena escala, o que tornava desinteressante imobilizar dinheiro em formas de aço de alto custo em relação aos moldes de papel. Mais uma vez, tem-se um exemplo de que o trabalho manual continuou a ser utilizado enquanto fosse mais rentável do que a execução da mesma tarefa em máquinas.

Outro atributo marcante dos cortadores era imprimir suas características individuais à ferramenta de trabalho fabricada por eles próprios (faca de corte manual). Ainda que a estrutura básica fosse a mola de relógio despertador dentro de um caninho, "é engraçado que raramente um cortado tem o mesmo estilo do outro na sua faca, todas as facas de cortador são diferentes, cada um tem um estilo."[30] Assim como os oficiais, os cortadores se identificavam positivamente por meio do trabalho que executavam e as ferramentas simbolizavam a auto-valorização do trabalho. Por fim, estes trabalhadores possuíam uma nítida consciência da importância do trabalho que realizavam para o conjunto da produção:

> A profissão de cortador é muito especial. Porque você se sente como o grande cirurgião do sapato, você se sente como o cara importante da pro-

---

30 Depoimento de Jorge Luís ao autor.

dução. Porque você trabalha com a carga de saber que se errar ali isso vai dar problema lá na frente, vai ser um baita problema. [...] Ele sabe perfeitamente que o trabalho dele ali é essencial pra o produto final. É a essência, se ali der errado não adianta todo o resto dar certo, porque lá vai sair e vai ser reprovado o processo.[31]

Se pensarmos no sapato como resultado do trabalho coletivo, cada tarefa específica compunha o todo e possuía significativa importância para o resultado final. Sendo assim, qualquer erro poderia resultar na perda do produto em fabricação, mas algumas ocupações tinham uma importância estratégica para o processo produtivo e se não fossem bem realizadas paralisariam o restante da linha de produção. Os trabalhadores que executavam essas tarefas, como os cortadores, tinham consciência da importância de seu trabalho e de que podiam desencadear um efeito dominó sobre toda a produção caso paralisassem suas atividades, mas ter consciência da posição estratégica que se ocupa não implica necessariamente desencadear ações diretas de paralisação da produção ou sabotagem, e sim a possibilidade de fazê-lo.

Outra tarefa muito distante daquelas que requeriam um trabalhador que executava um único movimento ao longo de todo o dia de trabalho, era o pesponto, que exigia concentração, boa visão, tato, destreza e coordenação motora para ser bem executado. Desde longa data, esta atividade foi amplamente realizada nos lares dos trabalhadores e a aprendizagem iniciava-se pelo auxílio das crianças – filhos, parentes ou vizinhos – ao pespontador(eira). Os aprendizes colavam as peças a serem costuradas, cortavam linhas, contavam e amarravam a produção, e com o tempo começavam a costurar retalhos de couro para adquirir a coordenação motora necessária para dominar a velocidade da máquina e a destreza para conduzir as peças.

Como a costura fica na parte visível do sapato, caso fosse mal executada comprometeria a imagem do produto e o desvalorizaria. Não é possível precisar quando se teve a ideia de colar previamente as peças a serem costuradas com o objetivo de facilitar o trabalho de pespontar, mas isso se tornou uma tradição que, em Franca, nunca foi abolida. Para Zdenek Pracuch, o trabalho de colagem é absolutamente dispensável e, por isso, resulta num desperdício de capital fixo e variável.

---

31   Depoimento de Jorge Luís ao autor.

> Por que o resto do mundo não cola? O que faz a gente colar? Quando a *Nike* me treinou pra fazer tênis do jeito que eles queriam, me mandaram para Coréia do Sul. Uma fábrica que produzia 300 mil pares por dia de *Nike*. No pesponto não tinha uma lata de cola. Por que lá podia e aqui não pode? Vício, vício, mau hábito. Nós não tínhamos aqui, não é do meu tempo, não tínhamos pespontadeiras capazes de costurar, então pelo sim e pelo não cola, se cola errado arranca e cola outra vez e depois se confirma essa colagem com costura. E daquela emergência, daquela gambiarra, virou regra. [...] É burrice. Burrice pura, é burrice pura. Incapacidade gerencial.[32]

É difícil responder com exatidão qual o principal motivo para a colagem não ter sido abolida. Resistência dos trabalhadores ou comodismo dos industriais? Possivelmente ambos. Do ponto de vista capitalista, a colagem poderia ser considerada desnecessária, mas desde que existissem trabalhadores treinados para unir peças de couro apenas com costura. Se não houvesse esse treinamento ou se ele fosse insuficiente, a colagem não era desnecessária, já que possibilitava empregar força de trabalho menos hábil se comparada à necessária para pespontar peças não coladas previamente: manusear peças descoladas exige maior coordenação motora, é muito mais fácil descolar e colar novamente do que costurar e descosturar em caso de erro, e descosturar deixa visíveis as marcas dos furos de agulhas no cabedal.

Se na seção de corte a fragmentação do trabalho foi parcial (cortador de sola, de vaqueta e de forro), o pesponto em indústrias com linha de montagem sofreu uma fragmentação extrema. A atividade foi dividida em várias tarefas executadas por trabalhadores distintos.[33] O trabalhador deixou de costurar todas as peças que compunham o cabedal e passou a costurar uma única peça, com isso a costura total resultava do trabalho coletivo e não mais do trabalho de um único indivíduo. A fragmentação do pesponto reduziu significativamente o tempo de aprendizado e permitiu empregar trabalhadores sem as antigas capacidades laborais exigidas das gerações anteriores. Entretanto, dada a heterogeneidade do setor e a recorrente terceirização do pesponto, não ocorreu a extinção do "pespontador universal" (expressão usada por Pracuch) e as residências e bancas de

---

32 Depoimento de Zdenek Pracuch ao autor em 12 de janeiro de 2009.
33 Num livro dedicado a ensinar métodos de organização da seção de pesponto, Pracuch listou 21 tarefas distintas a título ilustrativo e afirmou que existiam mais tarefas em modelos mais trabalhados. Cf. PRACUCH, Zdenek. *Organização e gerência do pesponto*. Franca: Editora do Calçadista, 1981, p. 87.

pesponto tampouco deixaram de ser espaços de ensino-aprendizagem. Além disso, mesmo nas maiores indústrias era necessário empregar alguns pespontadores polivalentes e capazes de costurar qualquer parte do sapato, fosse para cobrir faltas ou para sanar gargalos de produção.[34]

Além do pesponto, a costura manual de *mocassim ensacado* (costurado fora da forma) foi realizada majoritariamente fora das fábricas e empregou mão-de-obra infantil em larga escala. Em 1988, Gladys Leme constatou que essa prática continuava recorrente e precedia o ingresso em uma fábrica de calçados de maior porte. As mães utilizavam o trabalho dos filhos, a partir dos seis e sete anos de idade, na costura manual nos horários em que eles não estavam na escola. Além disso, pais e mães solicitavam aos familiares e vizinhos uma oportunidade de trabalho para seus filhos, muitas vezes menores de 14 anos, em bancas e fabriquetas. As crianças entrevistadas encaravam esse trabalho como "um primeiro momento que lhes permitirá seguir na carreira de sapateiro", e os pais reproduziam o discurso de que o trabalho prevenia a delinquência infantil, ao evitar que as crianças ficassem "pelas ruas".[35]

Assim como no caso dos oficiais que ingressaram na profissão entre os anos 1920 e 1950, no final dos anos 1980, muitas crianças não recebiam salários até serem consideradas capazes de "dar a produção", quando então perceberiam o "salário de menor", 50% do salário mínimo. Como era irregular o emprego de menores de 14 anos de idade, os banqueiros e pequenos fabricantes não registravam esses trabalhadores e os classificavam como aprendizes. O registro também estava condicionado à avaliação da competência e produtividade do menor. Alguns donos de bancas lamentavam ter que pagar a um aprendiz, quando deveriam receber pelo ensino: "hoje em dia, quase não está compensando trabalhar com menino assim, porque você tem: ao invés de você receber pra ensinar, você paga pra ensinar. Aí que tá o problema. Ele tá me ajudando, mas eu ainda estou ensinando ele, você entendeu?"[36] Portanto, constata-se que a utilização de crian-

---

34 Cf. análise detalhada sobre as transformações da seção de pesponto em REZENDE, Vinícius D. de. *Anônimas da História: relações de trabalho e atuação política de sapateiras entre as décadas de 1950 e 1980 (Franca-SP)*. Dissertação (Mestrado em História)- FHDSS, UNESP, Franca, 2006, f. 90-95.

35 LEME, Gladys B. de T. da S. *Indústria calçadista em Franca: trabalho informal infanto-juvenil*. Franca: FHDSS-UNESP/Prefeitura Municipal, 1994, p. 159,184.

36 Depoimento de Nilo. *Apud. Ibidem.*

ças não remuneradas sob a alegação de aprendizado foi uma prática que perpassou todo o período estudado.

Por fim, cabe destacar que a mecanização da fabricação de sapatos levou à incorporação de vasto maquinário nas etapas de montagem e de acabamento, e isso aboliu o antigo oficial sapateiro no sistema fabril. Alguns oficiais se tornaram montadores manuais e passaram a realizar apenas uma das etapas do processo produtivo. Nas fábricas amplamente mecanizadas, a própria montagem manual caiu em desuso, mas várias indústrias, em especial as de menor porte, continuaram a recorrer ao trabalho manual nesta etapa. A principal exigência era montar o sapato de uma maneira que não o deixasse torto ou com rugas, o que requeria habilidade e destreza manual. Oficiais formados em sapatarias que fabricavam sapatos finos sentiram um grande impacto ao ingressarem em fábricas produtoras de sapatos rústicos e de baixa qualidade. Acostumados a um trabalho que primava pela perfeição, tiveram que se preocupar exclusivamente com a produtividade:

> Eu devia ter uns 17 anos, por aí, e fui *enfrentar* fábrica mesmo. Só que encontrei uma fábrica completamente diferente da que eu aprendi. Era do Tônico Maniglia. *Porque lá o que valia era a produção e não a qualidade!* Então você faz ideia da cabeça da gente, eu saí de um lugar que exigia qualidade e fui trabalhar num lugar que era a produção. Então eu sempre fui assim muito comunicativo com as pessoas e tinha do meu lado um senhor que era descendente de espanhol e eu expliquei pra ele o meu caso e ele falou: " — Olha José, eu sei mais ou menos o que passa com você. Então vamos fazer o seguinte. Eu vou sentar mais perto de você e você vai ver como a gente monta aqui e como é que a gente faz o solado, é completamente diferente." Então ele puxou a banquinha dele pra perto de mim e sem o chefe notar, de vez em quando eu observava ele. No lugar que eu aprendi, por exemplo, o bico do sapato era muito bem puxado, não podia ter ruga e muito bem tacheado. Lá era o contrário. Era sapato de carreação [carrear bois], você punha quatro tacha ali no bico do sapato, alguma salteada longe, puxava bem e punha bem mais pro centro da forma e já ia a palmilha em cima; e a vira lá no bico do sapato era três tachinha só. E já rolava aquilo ali, botava a sola em cima e cravava. (No Mazota eram quantas tachinhas?) Quase que tinha que tachear tudo, porque tinha que ficar bem esticadinho, sem ter ruga.[37]

---

37 Depoimento de José Tognatti ao autor. (grifos meus)

A expressão "enfrentar fábrica" estabelece a nítida distinção feita pelo trabalhador entre a sapataria e a fábrica, pois o oficial teve que, de certa maneira, reaprender o serviço ao deixar de primar pela perfeição e se preocupar em dar a produção. Com isso, algumas capacidades laborais adquiridas na oficina tornaram-se obsoletas para a fábrica. O relato evidencia ainda a importância de se observar o companheiro de trabalho para se adequar à nova realidade, o que foi feito de maneira velada para não ser repreendido pelo chefe, personagem que também aparecia como uma novidade para os ex-trabalhadores de sapatarias, que vivenciariam de maneira mais intensa a disciplinarização do trabalho e teriam que seguir normas e procedimentos de conduta com o fim de produzir mais.

As fabriquetas e a possibilidade de aprender tarefas diversas

Até o momento analisei tarefas que exigiam dos trabalhadores mais do que o simples movimento de seus membros em auxílio a uma máquina. Nas grandes indústrias, a mecanização levou a uma intensa divisão do trabalho e à especialização dos trabalhadores na operação de uma única máquina. Apesar disso, as fabriquetas se mantiveram como espaços privilegiados para o aprendizado de diferentes tarefas. Como empregavam uma quantidade menor de trabalhadores por unidade produtiva, as pequenas fábricas recorriam a trabalhadores polivalentes e permitiam, ou até mesmo estimulavam, que um mesmo trabalhador aprendesse diversos trabalhos manuais e operasse diferentes máquinas, pois a própria estrutura produtiva requeria trabalhadores aptos a realizarem tarefas variadas. Como afirmou Samuel Souza,

> a heterogeneidade da indústria de calçados era fator fundamental para o funcionamento do sistema. A variação do porte das empresas abarcava fábricas de 1 a 1.000 empregados, com diferentes modalidades de incorporação de seus trabalhadores – fosse a partir de contratação formal/informal ou mesmo temporária –, fazia com que o transitar entre um emprego e outro, uma fábrica e outra, sempre agregasse uma forma de capacitação ou experiência ao trabalhador, que seria utilizada na busca de um novo emprego.[38]

---

38 SOUZA, Samuel F. de. *Na esteira do conflito: trabalhadores e trabalho na produção de calçados em Franca (1970-1980)*. Dissertação (Mestrado em História)- FHDSS, UNESP, Franca, 2003, f. 58-59.

As trajetórias de alguns sapateiros retratam como o transitar por diversas fábricas fez com que, paulatinamente, adquirissem múltiplas competências. Augusto de Freitas começou a trabalhar aos treze anos de idade, em 1958, numa seção de acabamento, em seguida mudou de fábrica e aprendeu a chanfrar calçados, e a partir de então, trabalhou em diversas fabriquetas. "Esse negócio da gente querer ganhar uns troquinho a mais, aí comecei trabalhar em fábrica pequena, porque pagava mais, mas em compensação não registrava."[39] A experiência de trabalho em fabriquetas o transformou num sapateiro versátil. "[Em] cada firma que eu entrava eu ficava fazendo uma coisa. E tinha fabriqueta pequena também que a gente fazia era tudo mesmo." Além da remuneração, sua opção indica uma estratégia de qualificação para conseguir emprego com maior facilidade. "Eu achava que não devia ficar num serviço só, porque eu saía daquela firma e às veiz na outra tava precisando de outro pra outro cargo, então eu não ficava parado, então tem que aprender."[40]

Nelson Vieira foi trabalhador rural e ao migrar para Franca trabalhou como servente de pedreiro e como prenseiro na *Amazonas*, durante quatro anos e meio. Com o objetivo de conseguir um trabalho menos pesado, aprendeu a fabricar sapatos numa fabriqueta entre os dois turnos de trabalho da empresa.[41] Nessa fabriqueta aprendeu diversas tarefas manuais, dentre as quais, montar sapatos. Ao sair da indústria de borracha, foi trabalhar numa fábrica de calçados e aprendeu a operar várias máquinas. Assim como no caso anterior, a obtenção de maior capacitação objetivava possibilitar a obtenção de emprego com mais facilidade. "Pra ter nome né, porque o dia que eu chegava na fábrica o patrão, o gerente perguntava assim pra mim: '— O que você sabe fazer?' '—Eu faço de tudo! O que você quiser, eu vou fazer. Qual o serviço que tem disponível pra eu fazer?'" Nelson tornou-se inclusive "coringa" de esteira. "O coringa é o cara assim, que ele faz qualquer serviço. […] Chegava em mim e falava: '— Você faz isso?' '— Faço!'

---

39 Depoimento de Augusto Aparecido de Freitas ao autor em 22 de abril de 2003. Por não arcarem com encargos sociais e trabalhistas, muitas fábricas pequenas ofereciam como contrapartida um salário um pouco superior ao piso da categoria . No momento da entrevista o trabalhador lamentou a opção da juventude, pois os anos de contribuição ao Instituto Nacional de Previdência Social (INSS) não recolhidos iriam interferir na contagem de seu tempo de aposentadoria. "Uai, a vantagem não era nenhuma. A gente tinha aquele pensamento que era vantagem você ganhar uns troquinho a mais, mas você não pensava no tempo de aposentar lá na frente."

40 *Ibidem*.

41 Trabalhava na turma A, das 5:00 às 9:00 e das 13:00 às 17:30.

'— Então vai lá suprir o lugar do rapaz.' [...] O coringa vai tampar o seu lugar, sua falta, porque a esteira não pára!"[42] Segundo relatou, sua capacidade de exercer praticamente qualquer tarefa na linha de montagem lhe possibilitou reivindicar maiores salários em relação aos demais trabalhadores e exigir a equiparação salarial com o chefe de seção:

> A gente discutia né, falava com o chefe geral, chamava o chefe geral e falava: " — Eu não vou ficar com esses encargos aqui, trabalhando feito burro aqui pra ganhar essa mixaria, porque o fulano de tal não sabe fazer nada e tá de chefe aí, e tá ganhando mais do que a gente, ou vocês normaliza o nosso ordenado, ou então vocês passa esse chefe aí pra fazer o serviço nosso." Aí eles pegava e punha nosso ordenado junto com o do chefe. [...] A gente que trabalhava em todas as máquinas, que fazia todos os serviços, tinha que ter mais valor que um empregado simples.[43]

Os casos analisados indicam que a aquisição de diferentes capacidades laborais foi uma estratégia para se conseguir emprego com maior facilidade e para reivindicar aumentos salariais. Ainda que inseridos num processo de intensificação da fragmentação do trabalho, muitos trabalhadores ocupavam uma posição significativamente distante da imagem consagrada por parte do imaginário acadêmico dos simples disparadores de engrenagens pelo acionamento do maquinário ou dos apertadores de porcas e parafusos. Por caminhos diferentes dos oficiais, alguns sapateiros se tornaram capazes de executar praticamente todas as tarefas de fabricação de um sapato. Não por acaso, Augusto de Freitas e Nelson Vieira deixaram de ser empregados, abriram oficinas de conserto e chegaram a fabricar sapatos por conta própria.

Aprendizado metódico de um ofício ou burla à legislação trabalhista?

Com exceção dos trabalhadores formados pela Escola Industrial, a maior parte da força de trabalho ingressou na profissão, em especial a de sapateiro, por meio de relações informais de trabalho. Todavia, desde meados da década de 1950, algumas indústrias calçadistas empregaram menores de 18 anos regu-

---

42 Depoimentos de Nelson Ludovino Vieira ao autor em 22 e 29 de março de 2003.
43 *Ibidem*.

larmente registrados. A aprendizagem dentro das indústrias era regulamentada pela legislação trabalhista,[44] e a portaria ministerial número 43, de 1953, determinou, a partir de dados fornecidos pelo SENAI e SENAC, quais ofícios ou ocupações requeriam aprendizagem metódica e estabeleceu os prazos de duração do aprendizado, nunca superiores a três anos.[45] O Anexo C apresenta o tempo máximo do aprendizado das diferentes funções nas indústrias calçadistas, de artefatos de couro e de artefatos de borracha. Além disso, a legislação determinava que os menores aprendizes receberiam salário equivalente a 50% do salário mínimo integral.[46]

Frente a possibilidade legal de emprego de menores aprendizes, o secretário da ACIF e o prefeito municipal de Franca foram à São Paulo, em dezembro de 1955, para uma reunião com o diretor geral do SENAI e pleitearam a instalação em Franca de cursos de treinamento de mão-de-obra para a indústria de calçados. Pouco tempo depois, o conselho regional da entidade aprovou a instalação do curso "Ofício Especializado do Calçado" que previa o treinamento dos aprendizes nas próprias indústrias a partir de um programa de aprendizagem elaborado pelos empregadores sob orientação e controle do SENAI. Os menores teriam ainda aulas complementares de tecnologia e de cálculo. Também seriam concedidas bolsas de estudos, em regime de internato, para aprendizes dos ofícios de mecânica e eletricidade na Escola "Roberto Mange" do SENAI de Campinas-SP

---

[44] O artigo 80 da CLT estipulava que o contrato de trabalho poderia assumir a forma de contrato de aprendizagem para os trabalhadores menores de 18 e maiores de 14 anos de idade desde que sujeitos à formação profissional metódica do ofício em que exerciam o seu trabalho. (Decreto-Lei N.º 5.452, de 1º de maio de 1943. Aprovou a CLT. Disponível em: <https://www.planalto.gov.br/ccivil_03/decreto-lei/del5452.htm>).

O Decreto-Lei 31.546 de 6 de outubro de 1952 dispunha sobre o conceito de empregado aprendiz. Dentre outras determinações, o empregador era obrigado a submeter o empregado à formação profissional metódica e o menor assumia o compromisso de seguir um regime de aprendizagem. Estaria sujeito à formação profissional metódica do ofício ou ocupação, o trabalhador menor matriculado em curso do SENAI ou SENAC; o trabalhador menor, submetido, no próprio emprego à aprendizagem metódica: a) de ofício ou ocupação para as quais não existam cursos em funcionamento no SENAI ou SENAC; b) de ofício ou ocupação para cujo preparo existam cursos das duas entidades e quando não possam estas aceitar a inscrição por falta de vaga, ou por não manterem cursos na localidade. Disponível em: <http://www.planalto.gov.br/ccivil_03/decreto/1950-1969/D31546impressao.htm>.

[45] Portaria Ministerial n. 43, de 27-4-1953. Apud. RUSSOMANO, Mozart V. Comentários à consolidação das Leis do Trabalho. 5ª ed., vol. V, Anexos, p. 1.629-1.655.

[46] Art. 80 da CLT., op. cit.

visando assegurar às indústrias locais "a renovação da mão-de-obra qualificada de que dependiam para a manutenção das máquinas."[47]

Em fevereiro de 1956, o diretor geral do SENAI visitou a cidade para tratar da instalação do Curso de Aprendizagem Industrial. O jornal *Comércio da Franca* noticiou que Franca teria "o privilégio de ser a primeira cidade do Brasil a receber um curso de aprendizagem industrial na própria indústria. Quis o SENAI, com essa medida, prestar justa homenagem ao maior parque manufatureiro de calçados."[48] Em agosto, mais de duzentos menores frequentavam o curso, "com a vantagem de serem eles ministrados no próprio local de trabalho, adaptando-se às máquinas dos estabelecimentos onde trabalham".[49]

A implantação do programa de aprendizagem dentro das indústrias em Franca sugere a preocupação de alguns industriais em treinar adequadamente a mão-de-obra num período de expansão mais intensa do setor. Mas a realidade cotidiana teria, de fato, comprovado a observância à lei? Os menores trabalhadores foram, realmente, submetidos ao aprendizado metódico do ofício e treinados de acordo com um plano de aprendizagem coordenado pelo SENAI? Ou muitos industriais utilizaram a autorização para ministrar o referido curso com o objetivo de ficar sob o respaldo da lei para continuarem a empregar menores remunerados por um salário inferior ao mínimo integral?

Os processos trabalhistas permitiram responder a essas questões. Localizei 49 processos diretamente relacionados ao tema do aprendizado metódico do ofício entre 1959 e 1977.[50] O primeiro processo localizado foi movido por Mauro Mariano de Souza contra a fábrica *Borghi e Puglia S/A*: o trabalhador fora admitido em novembro de 1955 e demitido em outubro de 1958, durante esse período recebeu 50% do salário mínimo integral. Em seu depoimento, esclareceu que um ano após ingressar na empresa foi instalado um curso de aprendiz que ele

---

47 *Comércio da Franca*. "Escola do SENAI será instalada em Franca". Franca, 21/01/1956. *Idem*. "Serão instalados, em Franca, cursos de aprendizagem do SENAI". Franca, 22/02/1956.

48 *Idem*. "Em Franca, o primeiro curso de aprendizagem industrial do Brasil". 24/02/1956.

49 Inicialmente o curso seria implantado nas fábricas *H. Betarello, Cia. de Calçados Palermo, Borghi & Puglia, Terra & Cia e Irmãos Flausino*. *Idem*. "Cursos de Aprendizagem Industrial". 16/05/1956. *Idem*. "Duzentos menores recebem treinamento dentro da indústria". 10/08/1956.

50 31 processos foram conciliados, 11 foram julgados procedentes em parte (nesses casos, encontram-se alguns em que se considerou a existência da aprendizagem metódica, mas outros aspectos foram procedentes), 3 arquivados por não comparecimento do reclamante, 2 procedentes e 2 improcedentes.

frequentou até a época em que saiu da firma. Trabalhou apenas no setor de lixar solas e na seção de corte de solas. Para o advogado do trabalhador, "o que acontece na cidade de Franca, em relação ao aprendizado metódico, não pode ter o beneplácito da Justiça, pois não existe por parte do SENAI qualquer fiscalização e o rodízio do aprendiz pelas diversas seções da firma é uma utopia." Em síntese, "o menor não foi admitido para efeito de aprendizagem e sim para o trabalho normal na firma."[51]

Mauro foi contratado antes da existência do curso de aprendizagem industrial e a implantação deste veio regulamentar a situação de emprego de menores sob remuneração inferior ao mínimo legal, mesmo sem serem submetidos ao aprendizado metódico do ofício ou ocupação. A ação foi concluída por conciliação na última audiência, mas a alegação de que não havia fiscalização por parte do SENAI e tampouco rodízio pelas diversas seções indica uma nítida fraude à lei. Além disso, o fato de ter exercido, no decorrer de quase três anos, apenas duas funções comprova o desrespeito aos prazos de aprendizagem estipulados pela Portaria Ministerial n. 43 (vide Anexo C).

Alguns processos que não foram resolvidos por conciliação possibilitaram aprofundar a análise sobre o tema e observar os posicionamentos dos juízes de direito e magistrados do trabalho que julgaram as reclamações.[52] José Antonio da Silva, admitido pela *Cia. de Calçados Palermo* em abril de 1958 e despedido em julho de 1959, também alegou não ter sido submetido à aprendizagem metódica do ofício e pleiteou o recebimento das diferenças salariais. Em seu depoimento, afirmou

> que [...] para trabalhar em operações de balancim recebeu unicamente um rápido ensinamento, que não durou coisa superior a quinze minutos e que lhe foi ministrado por José Nalini [chefe de seção]; que o depoente, em determinado dia, por ter faltado um empregado que operava um balancim automático, recebeu a determinação de José Nalini no sentido de que fosse trabalhar junto a essa máquina, tendo, nessa ocasião, sofrido um acidente

---

51 AHMF. Caixa 474. Processo 2431/1959. Iniciado no Cartório de 2º Ofício em 12/5/1959, f. 13-14.

52 Entre 1944 a 1968, as reclamações trabalhistas na cidade de Franca foram feitas via Justiça Civil e julgadas por juízes de direito. Em 1968, foi instalada a Junta de Conciliação e Julgamento (JCJ) da Justiça do Trabalho.

e perdido o dedo indicador da mão direita, sendo que o MM. Juiz disse que efetivamente o depoente não tem o dedo indicador da mão direita.[53]

Por sua vez, a empresa argumentou que o menor foi submetido à aprendizagem metódica e anexou uma ficha que continha anotações sobre as seções que ele passou. Durante um ano e três meses, José Antônio limpou formas (tarefa que não demandava aprendizagem metódica) e exerceu outras funções na seção de solas. O documento foi fundamental para que o juiz de Direito Manuel Ferraz Filho julgasse a ação improcedente. Segundo sua decisão, o menor foi submetido à aprendizagem e o acidente que sofreu indicava apenas que deveria ter sido indenizado. "Finalmente, cumpre pôr em realce que o reclamante, de qualquer maneira, durante o período em que trabalhou para a reclamada, terá se submetido a uma disciplina e a uma responsabilidade no emprego, que lhe terá, indubitavelmente sido útil."[54] O trabalhador interpôs recurso ordinário junto ao TRT, mas este manteve a decisão inicial.

Possivelmente, a mutilação sofrida por José Antônio teve relação direta com o fato de não ter sido corretamente instruído sobre a maneira de operar o balancim automático. A tarefa em si poderia ser simples e de rápido aprendizado (colocar e retirar formas de aço sob a prensa automática), mas era bastante perigosa. O advogado do reclamante afirmou, inclusive, que era vedado o trabalho de menores nesse tipo de máquina. Não obstante, como a empresa anexou documentos que, ao menos no papel, comprovavam a existência de um programa de aprendizagem industrial em convênio com o SENAI, a ação foi julgada improcedente. Além disso, a afirmação do juiz sobre a importância do menor ter sido submetido a uma *disciplina* de trabalho atesta sua concepção da disciplinarização como um aspecto central da qualificação da força de trabalho. Ou seja, seguir um horário fixo de trabalho, normas de conduta e procedimento, e estar submetido a uma relação hierárquica sobrepunha-se a aprender ou não o ofício de sapateiro a partir de um programa metódico de ensino como estabelecia um conjunto de leis.

---

53 AHMF. Caixa 476. Processo 2531/1959, f. 15. Iniciado em 8/8/1959 no Cartório de Segundo Ofício.

54 *Ibidem*, f. 28. Em outro processo, afirmou: "De resto, é oportuno sublinhar que o reclamante, de qualquer forma, esteve sujeito a uma disciplina de trabalho, o que terá sido de incontestável utilidade para sua formação." Cf. AHMF. Caixa 475. Proc. 2455/1959, f. 30.

Em outros processos, as decisões em primeira instância foram reformadas pela instância superior como resultado de interpretações absolutamente distintas sobre o mesmo caso. Nesse sentido, o juiz Laert de Oliveira Andrade decidiu que o fato de Sidney Valeriano da Silva ter arrancado pregos por cerca de quatro anos e ter sido costurador de mocassim por seis meses era suficiente para julgar sua reclamação improcedente.

> É certo que essa *aprendizagem não foi rigorosamente metódica*, de acordo com um programa pré-estabelecido, com um mestre especialmente designado.
> Mas, inegavelmente, o reclamante entrou para a fábrica sem nada saber do ofício de sapateiro e dali saiu costurando mocassim, como bom operário. Como já se decidiu, o aprendizado deve ser empírico, mesmo porque não se deve transformar empresa econômica em estabelecimento de ensino (*Rev. Trib.* 369/328).[55]

Os juízes do TRT reformaram esta decisão sob o argumento de que a empresa não juntou a autorização do SENAI para ministrar a aprendizagem industrial, nem o programa de ensino, "requisitos mínimos exigidos pela lei e por portarias ministeriais que dispõe sobre o trabalho do menor e respectiva aprendizagem." Acrescentaram que "somente excepcionalmente, quando todos os requisitos foram cumpridos, quanto à aprendizagem é que o salário mínimo poderá ser pago com a redução de 50%."[56] Apesar de o trabalhador ter exercido apenas duas tarefas no decorrer de quatro anos, o que fundamentou a reforma da sentença foi a não anexação da documentação relativa ao aprendizado industrial.

O processo mais relevante para a compreensão das relações de trabalho e das disputas em torno da regulamentação do trabalho de menores foi movido por Antonio Rios e Carlos Pessoni contra a indústria de calçados *H. Rocha Filho*. O proprietário da empresa afirmou que sua fábrica tinha em média vinte menores na condição de aprendizes, todos regularmente inscritos no programa de treinamento do SENAI, mas admitiu

> que a firma não tem um esquema rígido de trabalho para os aprendizes, sendo certo que em reuniões periódicas da diretoria com os gerentes é que

---

[55] Proc. 574/1969, f. 44. Iniciado no Cartório de 2º Ofício, sob o nº 7057, em 11/07/1967. (grifos meus)
[56] *Ibidem*, f. 59.

> são determinados os rodízios dos aprendizes, tendo em vista o aproveitamento que cada um demonstra no setor em que está trabalhando; *que o aprendizado total varia em função da idade dos aprendizes, de 3 a um ano; que quando o menor ingressa na firma, como aprendiz, tendo a idade de 17 anos, o aprendizado dura um ano*.[57]

Portanto, o industrial pagava um salário ao menor trabalhador em geral e não ao menor aprendiz. A lei definia objetivamente os prazos máximos de duração do aprendizado de ocupações e ofícios, mas nessa indústria a extensão desse período variava em função da idade do suposto aprendiz. Além disso, a afirmação de que os trabalhadores admitidos aos dezessete anos de idade permaneciam sob aprendizado por um ano explicita o subterfúgio utilizado para remunerar os menores de 18 anos com salários 50% inferiores ao salário mínimo integral. Acrescenta-se ainda que o chefe geral da fábrica, Ignácio Ferreira, afirmou em depoimento que a empresa empregava entre 30 e 40 funcionários na fabricação de sapatos.[58] Portanto, mais da metade da força de trabalho era composta por supostos menores aprendizes.

Com a nítida intenção de tirar o foco do desrespeito às regulamentações estatais sobre o tema, o advogado da empresa, Hélio Palermo, desqualificou os reclamantes e asseverou que eles mentiram com o intuito de embolsar respeitável soma de dinheiro. Justificou a dispensa dos dois trabalhadores sob a alegação de indisciplina e concluiu: "bons 'aprendizes' não são aqueles que sabem fazer bem alguma coisa do seu ofício. *Devem ser disciplinados, atentos, ordeiros, ativos, produtivos*. Com tais traços de personalidade mais a aprendizagem do ofício, conseguem ser os operários que interessam às Empresas."[59] Mais uma vez, verifica-se que a qualificação da força de trabalho não se restringia à aquisição de saberes laborais, englobava um processo mais amplo de socialização e disciplinarização a fim de tornar o operário apto a seguir normas que resultassem em maior produtividade. Além disso, o advogado manifestou a preocupação dos industriais locais para com o papel a ser exercido pela Justiça frente a esse tipo de reclamação trabalhista.

---

57 Caixa 39. Proc. 631/1969, f. 16-17. Iniciado no Cartório de 1º Ofício, nº 7390, em 15/02/1967. (grifos meus)

58 *Ibidem*, f. 20.

59 *Ibidem*, f. 30. (grifos meus)

> Trata-se de caso da mais alta importância, não só para a Reclamada, como para todos os industriais de Franca, a tese de que menores aprendizes, regularmente inscritos e regularmente pagos podem exigir diferenças salariais do nível de adultos, alegando mentirosamente que não tiveram o necessário aprendizado, poderá refletir-se no Município todo, onde milhares de menores poderão animar-se a reclamar contra os patrões coisa igual.[60]

Sua principal preocupação era a possibilidade de uma decisão favorável aos trabalhadores abrir um precedente e ampliar a jurisprudência sobre o tema, estimulando outros a recorrerem à Justiça: "v. Excia. evitará que centenas ou milhares de menores aprendizes venham a Juízo, estimulados por uma eventual vitória, reclamar direitos que não têm, pondo fim a uma harmonia que ainda existe nas relações entre industriais de calçados e seus empregados menores."[61]

A despeito da ameaça à harmonia social entre trabalho e capital, o juiz Ercílio Cruz Sampaio não legitimou essa relação de trabalho recorrente nas indústrias do ramo:

> Vale dizer, em razão apenas da idade, nenhum menor pode receber "quantum" inferior ao salário mínimo [...]. Procurando afastar percalços apontados, os empregadores, com muita frequência, lançam mão do chamado contrato de aprendizagem, como uma forma de burlar os dispositivos invocados. Aproveitando menores em tarefas que lhe são próprias (e, às vezes, até impróprias), pagam-lhes salários reduzidos, dando-lhes tratamento de empregados comuns. A aprendizagem metódica, entretanto, fica no papel... Embora justificável sob certo aspecto, tal procedimento carece de amparo legal. [...]
> Inexiste, na firma reclamada, qualquer programa, método, escalonamento ou hierarquização de tarefas que possibilitem um ensino regular. [...] Onde, pois a aprendizagem metódica?[62]

A empresa recorreu ao TRT e anexou o Acordo de aprendizagem firmado com o SENAI em 1963 e revalidado anualmente.[63] O procurador do Ministério do

---
60 Proc. 631/1969, f. 29.
61 Ibidem, f. 33.
62 Ibidem, f. 38-39.
63 "4. Instruções gerais: 4.1. A aprendizagem metódica pode ser feita nos locais de trabalho da empresa ou em recintos especiais para esse fim, sempre durante a jornada normal e de acordo com os programas e orientação didática fornecidos pelo SENAI. 4.2. Os programas de aprendizagem poderão ser revistos e modificados periodicamente, mediante ajuste entre a

Trabalho e Previdência Social, Ugo Recchimuzzi, foi contrário à reforma da sentença e alegou que "[…] rodízio não é ensinamento pelo contrário é perambular de seção em seção sem aprender nada. Observa-se nos autos a burla do contrato de experiência. Verdadeira exploração da meia força. Trabalhavam isto deduz-se [sic] facilmente como verdadeiros maiores…" Entretanto, os juízes do TRT da 2ª Região decidiram, por maioria de votos, reformar a sentença. "Todos nós sabemos que a profissão de sapateiro é eminentemente prática, e os reclamantes, com o rodízio de seção e os ensinamentos dados, tiveram o ensejo de aprenderem a profissão que escolheram."[64] Assim, a estratégia da empresa em foco de compor mais da metade de seu quadro de funcionários com menores de idade percebendo 50% do salário mínimo integral resultou justificada pela justiça trabalhista.

Os demais processos reforçaram a constatação de que casos praticamente iguais tiveram julgamentos discrepantes, como exemplificam duas reclamações julgadas por Valentim Carrion após a instalação da JCJ. Na reclamação de José Belizário da Silva contra a *Calçados Martiniano S/A* o juiz decidiu que "a ré não provou a existência de aprendizado metódico dentro da empresa. Nem indicou metodicidade e as diversas fases do ensino, nem sequer juntou prova de estar autorizada a ministrar o ensino na própria indústria."[65] No processo movido por Maria Irene Saturi contra a *Calçados Roberto*, mesmo após afirmar "que a execução de simples trabalhos fáceis não constituem aprendizado metódico", Carrion decidiu que executar serviços que desconhecia, sob a supervisão do chefe imediato, "tentando até conseguir a execução perfeita" somado à "autorização, com contrato homologado pelo Ministério do Trabalho" permitia considerar a reclamante como aprendiz. Ponderou que as atividades que Maria Irene exercera destinavam-se ao aprendizado da função de pespontadeira, com duração de um ano, e que após o primeiro ano ela deveria ter recebido o salário mínimo

---

EMPRESA e o SENAI. 4.3. A EMPRESA se obriga a enviar à Escola SENAI acima mencionada, até o dia 5 de cada mês, o 'Movimento Estatístico de Aprendizes' devidamente preenchido. 4.4. A EMPRESA se obriga a observar o fiel cumprimento dos programas e da orientação didática fornecidos pelo SENAI. 4.5. As despesas decorrentes dessa forma de aprendizagem serão de responsabilidade da EMPRESA. 4.6. O ajuste ora feito não exonera a EMPRESA da obrigação de enviar menores às Escolas do SENAI quando notificada para esse fim […] 4.7. Esse acordo será revalidado anualmente podendo ser revogado a qualquer tempo, por inobservância, pela EMPRESA, das condições acima estipuladas." Proc. 631/1969, f. 47.

64   Ibidem. Acórdão 3705/69, f. 64 e 69.
65   AHMF. Caixa 25. Processo 149/1969, f. 43. O TRT manteve a decisão da JCJ. Acórdão 153/70, f. 57.

integral.⁶⁶ Portanto, a fundamentação das acusações e das defesas, em especial a anexação de acordos de aprendizagem firmados com o SENAI, foi determinante para a resolução das disputas.

Em 1967, em plena ditadura civil-militar, ocorreu uma alteração na legislação trabalhista no que se refere ao trabalho de menores de 18 anos. A Lei nº 5.274 revogou o artigo 80 da CLT e permitiu o pagamento de salários inferiores ao salário mínimo integral, independentemente da condição de ser ou não aprendiz: 50% para os menores entre 14 e 16 anos e 75% para os menores entre 16 e 18 anos de idade. Todos os menores sob formação metódica do ofício continuariam a ser remunerados por metade do salário pago aos trabalhadores adultos. A lei determinava ainda que os empregadores eram obrigados a empregar um número de menores trabalhadores não inferior a 5% nem superior a 10% do quadro de pessoal.⁶⁷ Portanto, a alteração legitimou a antiga prática de se remunerar de forma diferenciada os empregados menores de 18 anos independentemente de estarem ou não sob aprendizado metódico de ocupação ou ofício.

Com essa alteração, os advogados dos trabalhadores alegaram a não submissão ao aprendizado metódico de menores com idade entre 16 e 18 anos para reivindicar um acréscimo salarial de 25%, uma vez que algumas indústrias pagavam apenas 50% do salário mínimo sob a alegação de aprendizado.⁶⁸ Em 1974, a lei 5.274 foi revogada e o artigo 80 da CLT foi restabelecido,⁶⁹ o que levou ao retorno da reivindicação da equivalência ao salário mínimo integral nos casos de menores não aprendizes.⁷⁰

Em meio a essa conjuntura, algumas empresas fraudaram deliberadamente a legislação trabalhista. Em 1974, a *Calçados Markeli* respondeu a duas ações trabalhistas por firmar ao mesmo tempo contratos de experiência por prazo determinado e de aprendizagem com menores trabalhadores. Em audiência, o representante da empresa admitiu que os trabalhadores não eram aprendizes e que os contratos de aprendizagem eram para fins de fiscalização, concernentes

---

66 AHMF. Caixa 32. Processo 419/1969, f. 50.
67 Lei nº 5.274, de 24 de abril de 1967. Disponível em: <http://www.planalto.gov.br/ccivil_03/LEIS/L5274.htm>.
68 AHMF. Caixa 52. Processo 149/1970; Caixa 64. Processo 587/1970; Caixa 107. Processo 218/1972; Caixa 185. Processo 776/1974.
69 Lei nº 6.086, de 15 jul. de 1974. Disponível em: <https://www.planalto.gov.br/ccivil_03/Leis/1970-1979/L6086.htm>.
70 Cf., dentre outros, AHMF. Caixa 187. Processo 810/1974.

ao número compulsório de aprendizes estabelecido pela lei 5.274.[71] Em 1975, após a revogação desta lei, a firma *P. Santos Indústria de Calçados* foi acusada de ter coagido todos os menores de 18 anos a assinarem contratos de aprendizagem para continuarem a receber metade do salário mínimo.[72]

Como demonstrei, pouco tempo após a implantação do convênio de aprendizagem industrial com o SENAI, mais de duzentos menores estavam sob essa relação de emprego nas unidades fabris de Franca e algumas empresas empregaram quase 50 menores ao mesmo tempo.[73] Os processos analisados indicam que a maior parte dos trabalhadores com menos de 18 anos de idade foi empregada na condição de ajudantes e que não havia programas de aprendizado.[74] Quando muito, existia rodízio entre algumas funções, de acordo com as necessidades de produção e não com o fim de permitir um amplo aprendizado da profissão. Além disso, a maior parte dos menores trabalhadores não frequentou as aulas de tecnologia e cálculo como estabelecido quando da instalação do programa. Com exceção do primeiro processo analisado, nos demais não há qualquer indício de que os pretensos aprendizes receberam instrução formal complementar.

As evidências possibilitam concluir que a lei autorizou uma diferenciação injusta entre trabalhadores maiores e menores de 18 anos de idade, pois como se verá a seguir, milhares de trabalhadores adultos ingressaram em fábricas sem possuir qualquer experiência prévia de trabalho fabril e aprenderam da mesma maneira que os menores: trabalhando diretamente na produção. Porém, ganhavam o salário mínimo integral. Assim, se por um lado regulamentou-se o aprendizado de trabalhadores menores de idade, por outro lado permitiu-se um pagamento injusto que tomava por base a idade e não o sistema de trabalho a que estavam efetivamente submetidos. Além disso, houve negligência e conivência por parte do SENAI que firmou os convênios, mas que não fiscalizou a situação dos menores trabalhadores.

---

71 AHMF. Caixa 184. Processo 762/1974; Caixa 187. Processo 806/1974.

72 AHMF. Caixa 196. Processo 49/1975. A JCJ julgou a ação procedente e afirmou que a alteração contratual foi totalmente ilegal. A empresa recorreu ao TRT e alegou que a alteração se deu em função da assinatura do convênio com o SENAI. O TRT negou provimento ao recurso.

73 AHMF. Caixa 477. Processo 2718/1959. O diretor da empresa *Samello*, Wilson Sábio de Mello, afirmou em depoimento que a fábrica empregava quarenta e cinco menores aprendizes.

74 Mesmo nos processos em que as empresas anexaram cópias dos convênios firmados com o SENAI, em nenhum deles foram anexados programas de aprendizagem.

Migrantes rurais e o ingresso na grande indústria

Até aqui analisei três tipos principais de experiências de trabalho: trabalhadores que exerciam trabalhos manuais complexos, formados no sistema de bancas ou na Escola Industrial; trabalhadores do ramo calçadista que tiveram como espaço de aprendizado as bancas e fabriquetas e que apesar da intensificação da divisão do trabalho exerceram tarefas que exigiam mais do que a capacidade de introduzir e retirar sapatos de máquinas; e, por último, os menores sob contratos de aprendizagem, mas não necessariamente submetidos a programas de aprendizagem metódica como determinava a lei. Todos esses trabalhadores aprenderam a trabalhar, trabalhando, o que fez das fábricas espaços privilegiados de ensino-aprendizagem.[75] Outra característica comum foi a constatação de que a qualificação da força de trabalho não se restringia à aquisição de capacidades laborais, implicava um processo mais amplo de socialização e disciplinarização dos trabalhadores com o objetivo de torná-los mais produtivos e condicionados ao ritmo de trabalho fabril.

A interpretação desse tema estaria incompleta se não considerasse o amplo contingente de trabalhadores migrantes de áreas rurais[76] que ingressaram nas indústrias dos três ramos do complexo coureiro-calçadista e que, em grande medida, foram empregados na execução de uma única tarefa ao longo de suas vidas de trabalho. Se até aqui demonstrei que as indústrias necessitavam de trabalhadores aptos a exercerem trabalhos manuais mais ou menos complexos, relembro que a mecanização da produção simplificou várias tarefas e fez com que muitos trabalhadores passassem a executar trabalhos que requeriam quase exclusivamente a capacidade de adequar seus gestos aos movimentos e ao ritmo ditado pela maquinaria.

As histórias de vida dos migrantes demonstram que alguns exerceram durante toda a experiência de trabalho fabril uma mesma função. Arquimedes Matos migrou para Franca quando tinha aproximadamente vinte e cinco anos de idade; e até então trabalhara apenas no meio rural. Ingressou no *Curtume Progresso* na condição de auxiliar de serviços gerais e pouco tempo depois passou a

---

75 Cf. GIGANTE, Moacir. *op. cit.*

76 Conferir análise detalhada a respeito das condições de vida no campo e do processo de migração no capítulo IV.

operar uma máquina de lixar couro. "Como eles viu que eu era muito esforçado, falou: '— Cê vai dar certo de trabalhar de maquinista.' Aí me pôs pra trabalhar na máquina. Porque tem que dar produção! A pessoa não pode ser assim... ele tem que ser bom de trampo mesmo, pra poder dar a produção!"[77] E ele realmente devia ser muito "bom de trampo", pois, durante os trinta anos de trabalho nesse curtume, operou esse único tipo de máquina, que além de um movimento constante de colocação de couros entre seus eixos demandava um pequeno conhecimento sobre sua regulagem, que variava segundo a espessura dos couros. Dar a produção significava ser capaz de realizar gestos precisos e repetitivos e ter sido disciplinarizado a utilizar todo o tempo de trabalho, ou a maior parte possível deste, exclusivamente para produzir.[78]

A maioria das tarefas executadas nos curtumes e nas fábricas de artefatos de borracha consistia em introduzir o material em fabricação em máquinas, do que se depreende que eram tarefas relativamente simples, de fácil e rápido aprendizado. A maior exigência era a força e a resistência física dos trabalhadores e o aprendizado consistia basicamente numa rápida explicação por parte da chefia e na observação durante algum período de um companheiro de trabalho mais experiente.[79]

A trajetória de Adolfo de Oliveira sintetiza as principais características da inserção de migrantes rurais em indústrias de grande porte. Aos doze anos de idade iniciou a lida diária como trabalhador rural e durante vários anos foi "bóia fria". Seu irmão mais velho foi o primeiro membro da família a migrar para Franca, onde ingressou na *Amazonas*. Em 1974, aos dezenove anos, Adolfo receava sair da pequena cidade onde nasceu para enfrentar a desconhecida realidade de uma fábrica de grande porte e só se decidiu devido à insistência do irmão. Numa segunda-feira pela manhã fez a ficha na *Amazonas*, no outro dia foi ao posto de saúde fazer o exame médico e na parte da tarde já começou a trabalhar. Necessidade de experiência prévia? "Não, não, aprendia lá na hora! Tinha nada disso

---

77 Depoimento de Arquimedes Pereira Matos ao autor em 5 de janeiro de 2009.

78 No quinto capítulo, demonstrarei que nem todo o tempo de trabalho era usado pelos trabalhadores para produzir e que existiram várias ações de reapropriação do tempo a ser dedicado exclusivamente à produção.

79 Aprender na prática era uma experiência recorrente para a maior parte dos migrantes rurais que ingressavam em grandes indústrias. Cf., por exemplo, FONTES, Paulo. *Trabalhadores e cidadãos: Nitro Química: a fábrica e as lutas operárias nos anos 50*. São Paulo: Annablume, 1997, p. 84-87. Idem. *Um Nordeste em São Paulo: trabalhadores migrantes em São Miguel Paulista (1945-66)*. Rio de Janeiro: FGV, 2008, p. 109-110.

não. Igual escolaridade, se você soubesse escrever e assinar seu nome, pronto! Tinha nada disso." Os funcionários do Departamento Pessoal perguntavam: "'— O que você já fez?' '— Eu só trabalhei na roça.' '— Bom, beleza! Esse aí aguenta.' É lógico, [que] esse aí aguenta." E como aprendeu o serviço?

> Tinha o mais velho e ensinou eu, chamava Zé, aí ele ensinou eu. Eu cheguei e fiquei lá com ele, o Zé falou: "— Você vai ficar só olhando. Não vai mexer com nada." O chefe [...] falou: "— Oh Adolfo, você vai ficar só olhando, não vai pegar em nada não. Amanhã você começa a aprender, hoje é só pra olhar. [...]" *Mas não dava, você que é acostumado a trabalhar, não tem jeito, fica com vergonha de ficar ali do lado.* Aí eu falei pro cara: "— Deixa eu arrastar uma coisa, eu dou conta de arrastar essas formas." "— Você não dá." "— Dou, isso aí que você tá fazendo eu dou conta de fazer também." "— Então experimenta." Peguei e arrastei aquilo lá, era duas formas assim, pegava as duas de cá e punha pra cá, pegava duas de cá e punha lá dentro.[80]

Como se verifica, a instrução recebida do chefe consistiu exclusivamente na ordem de observar o trabalhador com experiência na tarefa, mas chama a atenção sua afirmação de que por ser acostumado a trabalhar, ficou com vergonha de apenas observar o companheiro, o que pode ser interpretado como expressão da assimilação do ideal de que na sociedade capitalista o sujeito social tem que utilizar seu tempo para produzir. Esse ideal relaciona-se à concepção do trabalho como elemento de dignificação do homem e faz parte da formação moral desses trabalhadores que, acostumados desde a infância a trabalhar para sobreviver, sentiam um desconforto ao se verem dentro de uma indústria apenas a observar o trabalho de outrem.

Além de arrastar as matrizes para dentro e para fora da prensa, o prenseiro tinha que carregá-las com a massa a ser vulcanizada. Alguns modelos de salto eram compostos por três peças – a plaqueta, a borracha e a "alma"[81] – e os prenseiros realizavam os seguintes procedimentos: colocar a plaqueta, socar, soprar com ar comprimido, colocar a massa e encaixar a "alma". Para ganhar tempo, alguns não encaixavam a última peça, apenas a colocavam sobre a massa, davam uma olha-

---

80 Depoimento de Adolfo Serafim de Oliveira ao autor em 19 de fevereiro de 2009. (grifos meus) Após treze anos como prenseiro, Adolfo trabalhou na caldeira e posteriormente no sistema de tratamento de água da empresa. Após se aposentar por tempo de serviço, voltou a ser prenseiro (anos 2000).

81 Borracha mais dura com a função de oferecer maior resistência ao salto, ficando camuflada no seu interior (espécie de "esqueleto"). Também servia para a fixação dos pregos do sapato.

dinha dos lados pra ver se o chefe não estava por perto e fechavam a matriz. Essa prática era uma estratégia para potencializar o próprio trabalho e uma resposta às rígidas metas de produtividade. O objetivo de receber prêmios por produtividade também fazia com que alguns prenseiros retirassem as matrizes antes do tempo estipulado para a vulcanização: "Tirava adiantado o tempo, se era 1 minuto e 48, eu tirava com 1 minuto e meio a sola. [...] (Mas se o senhor ganhava por hora, por que fazia isso?) Pra poder fazer o nome. Tinha prêmio de produção."[82]

Essas estratégias poderiam ser facilmente transmitidas pelo trabalhador que explicava o serviço ao novato e no cotidiano de trabalho após a inserção deste no processo produtivo. "Muitas vezes, na troca de experiências com o companheiro de trabalho aprendia-se não apenas o serviço, mas também a burla à fiscalização fabril e a montagem de estratégias informais de resistência individual ou coletiva na busca de um melhor controle do ritmo de produção."[83] No caso analisado, o trabalhador não visava emperrar a produção; ao contrário, seu objetivo era cumprir as metas de produção e auferir um acréscimo salarial por meio de premiações por produtividade. Como analisei no capítulo anterior, os trabalhadores controlavam o ritmo de produção nas prensas manuais e semi-automáticas, o que foi abolido com a automação dessas máquinas, representando uma transformação técnica que contribuiu para disciplinar a força de trabalho e intensificar a extração de mais-valia.

A necessidade de se adequar ao ritmo de trabalho era fundamental para o aprendizado da profissão, e isso adquiria uma importância ainda mais marcante entre os migrantes acostumados a outro modo de vida e ao trabalho regulado pelo tempo da natureza, sob a influência das estações climáticas e, quando necessário, de sol a sol. Nestes casos, a resignificação da noção de tempo e a adequação a um novo modo de vida precediam a qualificação para o trabalho industrial. Para migrantes como José do Nascimento, o próprio artefato mecânico de marcar a contagem do tempo foi uma novidade trazida pelo meio urbano. Na roça, "naquele tempo não tinha relógio, né! Você não tinha o maldito do relógio, a tal de hora!"[84] E por que a qualificação pejorativa dada ao relógio?

Se a fragmentação do trabalho fez com que muitas tarefas se tornassem de fácil execução, o mesmo não ocorreu em relação à adequação ao ritmo em que

---

[82] Depoimento de Adolfo de Oliveira ao autor.
[83] FONTES, Paulo. *Um Nordeste em São Paulo...*, p. 110-111.
[84] Depoimento de José Domiciano do Nascimento a Moacir Gigante em 17 de agosto de 2002.

deveriam ser realizadas. Após trabalhar como auxiliar de serviços gerais em curtumes, José do Nascimento foi levado por um sobrinho (chefe de seção) para uma fábrica de calçados de grande porte, a *Sândalo*. Sua função era lixar a sola do sapato na fase de acabamento: deveria retirar o sapato da esteira, passar a sola em uma máquina com um eixo revestido por uma lixa e que girava em alta velocidade, e colocar o sapato novamente na esteira. O sobrinho explicou-lhe e demonstrou como realizar a tarefa, que em si era fácil. "Difícil é dar conta. Difícil é dar conta de fazer tudo que vinha."[85] Ou seja, para ele, o relógio materializou o enquadramento a uma jornada de trabalho com um tempo previamente estabelecido e a um ritmo de trabalho em que cada segundo era crucial para cumprir as metas de produção. Como afirma Thompson, "a atenção ao tempo no trabalho depende em grande parte da necessidade de sincronização do trabalho",[86] o que atingiu seu ápice com a linha de montagem.

Frente à dificuldade de conseguir adequar seu corpo ao ritmo de trabalho ditado pela esteira, José do Nascimento pensou em abandonar o emprego, mas o sobrinho o instou a continuar: "O senhor tem que ir, não pode afinar não. [...] Não, o senhor não pode parar não e eu trouxe o senhor pra cá e o senhor pára assim? Os outros vão falar: "—Você trouxe um parente seu e o cara num… num trabalha.""[87] O diálogo com o sobrinho, reconstruído em seu depoimento, comprova como a relação familiar poderia ser central para a inserção do trabalhador na grande indústria. Como fora um parente que lhe conseguiu a posição, sentiu-se na obrigação de não trair sua confiança e de não decepcioná-lo. Não "afinou", ficou e trabalhou por um ano nessa função, depois foi lixar salto, serviço mais delicado e que requeria maior coordenação motora para ser realizado. Todavia, para quem se acostumara ao ritmo da esteira, lixar salto não representou maior problema, e ele exerceu a tarefa por mais de uma década, dia após dia, sob o implacável "tic-tac" do "maldito relógio".

Essas trajetórias retratam elementos recorrentes do emprego de um amplo contingente de trabalhadores rurais em indústrias de grande porte e que exerceram por longos períodos uma única função. Diferentemente dos antigos oficiais sapateiros e dos mecânicos, esses trabalhadores não possuíam o conhecimen-

---

85 Depoimento de José do Nascimento a Moacir Gigante.
86 THOMPSON, E. P. "Tempo, disciplina de trabalho e capitalismo industrial". In: *Costumes em comum. Estudos sobre a cultura popular tradicional*. São Paulo: Cia. das Letras, 1998, p. 280.
87 Depoimento de José do Nascimento a Moacir Gigante.

to sobre a totalidade do processo de trabalho – esse não era mais necessário, tornara-se obsoleto –, tampouco o sentimento de auto-realização por meio do trabalho que exerciam. Mas isso não significa que eram desprovidos de qualificações, muito pelo contrário: adaptar-se ao meio urbano, ao sistema fabril, a um ambiente de trabalho fechado, condicionar os movimentos do corpo ao ritmo de trabalho imposto externamente, adquirir o hábito de seguir pontualmente o tempo ditado pelo relógio, condicionar as necessidades fisiológicas aos horários de descanso e ser capaz de executar movimentos regulares e contínuos, eram qualificações indispensáveis para a grande indústria e adquiridas, em grande medida, no chão de fábrica.

As experiências de trabalho dos migrantes rurais que se especializaram na execução de uma ou poucas tarefas foram distintas daquelas vivenciadas por oficiais sapateiros, visto que foram socializados em sistemas tecnológicos distintos. Mas todos possuíram um elemento em comum: vendiam seu tempo de trabalho e tinham que "dar a produção", fosse porque os chefes os coagiam, porque ganhavam por peça, para receber prêmios e complementar o salário, ou porque a linha de montagem os obrigava a seguir seu ritmo, resultado da racionalização da produção e da imposição de metas estabelecidas pelos departamentos de planejamento.

As exportações e a implantação do SENAI

O advento das exportações de calçados nos anos 1970 contribuiu para um significativo aumento do número e do porte das fábricas. Com isso, em alguns períodos, ocorreu escassez de mão-de-obra para realizar determinadas tarefas. A possibilidade de incorporar trabalhadores sem qualquer experiência prévia de trabalho industrial e em poucos dias capacitá-los a exercerem trabalhos braçais ou a operarem satisfatoriamente determinadas máquinas não se aplicava a todas as ocupações existentes. Na fabricação de sapatos, este limite ficou evidente em relação à capacitação de modelistas, cortadores e pespontadores. Diante de tal situação, um grupo de industriais calçadistas pleiteou e conseguiu a implantação de uma unidade do SENAI no município com o objetivo de treinar mão-de-obra em curto prazo. A iniciativa compôs o processo mais amplo de incorporação de tecnologia à produção, de formação de gestores e de desenvolvimento de pesquisas para se produzir calçados com maior qualidade e que concorressem em melhores condições no mercado externo. Como demonstrei anteriormente, o objetivo final desse grupo de industriais era aprimorar e aumentar a produtividade.

Pouco mais de um ano após o início das exportações de sapatos, o Sindicato das Indústrias de Calçados (SICF) divulgou seus planos para o incremento da produção e apresentou o projeto de instalação em Franca de uma escola técnica para sapateiros, sob o patrocínio do SENAI ou de alguma entidade governamental.[88] Alguns meses depois, a comissão coordenadora da instalação de cursos de preparação de mão-de-obra especializada formalizou um acordo com o Centro Nacional de Aperfeiçoamento de Pessoal para a Formação Profissional (CENAFOR) para o funcionamento de cursos para instrutores nas áreas de pesponto, corte, acabamento, montagem, operador de máquinas e costurador de mocassim.[89] Para coordenar a formação dos instrutores (entre 20 e 30) foi contratado um professor do Rio Grande do Sul. Contudo, a ausência de outras notícias sobre o tema impossibilitou verificar se a iniciativa em parceria com a CENAFOR se concretizou.

Ainda que esse primeiro projeto tenha se concretizado, parece que não teve vida longa, uma vez que em julho de 1973 o SICF, em parceria com a ACIF e a delegacia local do CIESP (Centro da Indústria do Estado de São Paulo), enviou cartas circulares às 50 maiores indústrias de calçados solicitando que liberassem empregados especializados em corte e em pesponto para realizarem um treinamento por 20 dias no SENAI em São Paulo visando capacitá-los para atuarem como instrutores em Franca. Seriam selecionados dez profissionais que contribuiriam para "sanar a falta de mão-de-obra especializada nas indústrias de calçados locais".[90] José Carlos Brigagão, na época diretor de Recursos Humanos da *Sândalo* e membro do SICF, explicou a necessidade da qualificação de força de trabalho, especialmente, em algumas tarefas:

> Chegou um ponto em que o SENAI tinha que existir, por que? Porque começou a faltar mão-de-obra especializada. Não dava mais conta. Então o SENAI, principalmente nessas funções de cortador, de pespontador, essas duas funções principais que eram corte e pesponto, que eram as principais dentro da empresa, como é até hoje. Então o que acontecia? Aumentava a produção e começava a faltar mão-de-obra na praça. Até que houve uma época que teve uma coisa inédita, faltou tanto pespontador, que as empresas começaram a publicar no jornal e botar quanto é que pagava. Era uma disputa acirrada e aquilo virou um inferno.[91]

---

88 *Comércio da Franca*. "Sindicato das Indústrias de Calçados divulga os planos". 14/09/1971.
89 Idem. "A Escola de Calçados começará com pesponto". 13/02/1972.
90 Idem. "Recrutamento para cursos de pesponto e corte". 3/07/1973.
91 Depoimento de José Carlos Brigagão do Couto ao autor em 2 de março de 2010.

A despeito da escassez de mão-de-obra, a iniciativa não causou grande impacto entre a maioria dos industriais, tanto que dois dias após a publicação da notícia "Escola do SENAI é uma certeza",[92] Brigagão lamentou a falta de interesse demonstrada por alguns industriais quando solicitados a colaborar com a instalação do Centro de Treinamento: poucos enviaram chefes de seção para a seleção para o treinamento de instrutores, "apareceram apenas três funcionários e quase Franca fica sem o empreendimento, pelo total desinteresse."[93] Isto é um forte indício de que muitas iniciativas de modernização da produção local foram capitaneadas por um número reduzido de industriais e que a maioria das indústrias se beneficiou de tais iniciativas sem delas participar diretamente, ou mesmo sem colaborar.

Mesmo com a pequena colaboração por parte da maior parte dos proprietários de fábricas de calçados, em 20 de agosto de 1973, antes mesmo da conclusão da reforma do prédio a ser instalado o Centro de Treinamento, iniciou-se os cursos de corte e de pesponto num espaço cedido pela Escola Industrial.[94] Após a fase emergencial de treinamento no prédio emprestado, o Centro de Treinamento foi inaugurado em março de 1974. "O problema da escassez de mão-de-obra especializada nas indústrias calçadistas da cidade poderá ser resolvido, agora, gradualmente. O motivo: com dois cursos – pesponto e corte – e 108 alunos, começa a funcionar hoje a escola que o SENAI instalou em Franca..."[95] Os cursos teriam duração de quarenta e cinco dias, com uma carga horária de 180 horas, e seriam ministrados em três períodos: o curso de pesponto comportaria 24 alunos em cada turno (72 no total) e o de corte 12 alunos por turno (36 no total). As aulas seriam ministradas por seis monitores que eram trabalhadores das indústrias locais treinados pelo SENAI.[96]

Em 1975, o Centro de Treinamento foi incrementado com a transferência da maquinaria da Escola de Calçados do SENAI de São Paulo para Franca, o que

---

92 *Comércio da Franca*. "Escola do SENAI é uma certeza". 9/081973. O Centro de Treinamento de Calçados seria instalado no prédio do antigo Sanatório Santana e ofereceria cursos de pesponto, de corte e de modelagem. O SENAI custearia parte da reforma do prédio e a ACIF fiscalizaria as obras e orientaria os cursos. As obras também teriam o apoio da prefeitura municipal.

93 *Idem*. "Industriais não apóiam empreendimentos de classe". 11/08/1973.

94 *Idem*. "Trabalho conjunto nos Cursos de Treinamento". 16/08/1973. O início dos cursos resultou do convênio entre o poder público e entidades patronais. O Estado cedeu o prédio e o maquinário, o SENAI deu orientação técnica e financeira, o CIESP, o SICF e a Associação Profissional de Curtimento de Peles e Couros de Franca forneceram o material de consumo.

95 *Idem*. "Haverá mais mão-de-obra especializada em calçados". 26/03/1974.

96 A respeito do processo de formação de instrutores e supervisores consultar o terceiro capítulo.

atesta a preponderância que o município adquiriu na produção de calçados no estado. As 70 máquinas foram inicialmente instaladas no pavilhão número 2 da FRANCAL, no Parque de Exposição "Presidente Médici". Luiz Gaspar, diretor do SENAI-Franca, ressaltou que esta transferência tornaria o Centro de Treinamento apto a suprir "todas as necessidades de formação de mão-de-obra especializada em calçados, muito carente em Franca".[97] As máquinas permaneceram no pavilhão da FRANCAL até 1978, quando foram transferidas para o prédio do Centro de Treinamento.[98] A partir de 1976, além dos cursos de corte e de pesponto, foram oferecidos cursos de acabador, costurador manual, frisador, lixador, modelista, montador e preparação.[99]

Segundo Luiz Gaspar, era um exagero chamar o Centro de Treinamento de "fábrica-modelo", pois os alunos fabricavam apenas partes do calçado e, quando possuíam maior experiência, confeccionavam material para as fábricas em algumas etapas. Os cursos primavam pelo aprendizado na prática, "era o ensinar a fazer, fazendo",[100] o que refletia as características dos instrutores, trabalhadores com amplo conhecimento empírico, assim como ocorrera nos primórdios da Escola Industrial. Para Gaspar, os trabalhadores formados exclusivamente no chão de fábrica se limitavam a fabricar os modelos produzidos nas fábricas em que trabalhavam, enquanto os alunos do SENAI tinham uma formação mais diversificada. Contudo, frequentemente os alunos recebiam ofertas de trabalho antes da conclusão do treinamento:

> Em determinados períodos a demanda por mão-de-obra era muito grande e antes da pessoa concluir o curso já recebia a oferta de emprego e ia trabalhar. Então já tínhamos cumprido nossa missão. Às vezes a gente queria até segurar um pouco mais as pessoas pra ver mais algumas alterações, aperfeiçoar um pouco mais. "— Ah, não. A gente só quer uma pessoa pra fechar forro." Que não é uma costura que precisa ser tão primorosa. "— Não, mas espera um pouco mais, pra que ele aprenda a costurar o calçado também, o cabedal…" "— Não, mas eu preciso trabalhar, preciso ganhar dinheiro." Então teve cursos em período de grande

---

97 Comércio da Franca. "Fábrica-modelo de calçados em Franca". 3/06/1975. Idem. "SENAI recebeu 70 máquinas para seus cursos." 25/10/1975. Idem. "Diretor do SENAI aborda os problemas para a mudança das instalações". 2/03/1978.
98 Idem. "Diretor do SENAI aborda os problemas para a mudança das instalações".
99 SENAI. Índice de Matrículas. 1974-1986. Microfilmes.
100 Depoimento de Luiz Gonzaga Gaspar ao autor em 2 de março de 2010.

demanda que no final, no término da carga horária, tinha 4 ou 5. Os outros já estavam todos trabalhando.[101]

A possibilidade de contratar pespontadores antes da conclusão dos cursos está diretamente relacionada à fragmentação desta função nas grandes indústrias. Ainda que o "pespontador universal" não tenha sido abolido, difundiu-se a figura do pespontador parcelar, treinado para executar apenas costuras mais simples.

O aprendizado na prática era complementado por uma pequena parte "teórica" voltada para o trabalho. No curso de corte, por exemplo, as explicações se voltavam para as características dos couros e tinha-se o objetivo de estimular o aluno a obter o maior aproveitamento possível da matéria-prima, pois "o cortador pode quebrar uma empresa. Era essa parte da teoria que a gente ensinava: a colocação pra ter aproveitamento de material. Então a gente batalhava muito em cima de aproveitamento de material."[102] Com este objetivo, o curso de modelagem possuía papel central na redução de desperdício de matéria-prima:

> O instrutor do curso de modelagem também era modelista da empresa. Então você tem que fazer aproveitamento de material, *tem que modelar pra poder aproveitar mais material e não ter desperdício*. Então o modelista tinha que trabalhar de forma a fazer um produto bom, de vendagem boa, bonito... mas que também desse um bom aproveitamento de material. Isso a gente insistia muito.[103]

O aprimoramento e a formação de modelistas para calçados foram apontadas como necessidades prementes antes da criação do Centro de Treinamento do SENAI. Em abril de 1972, dentre uma série de benefícios pleiteados para o setor calçadista de Franca, reivindicou-se ajuda financeira do Ministério da Indústria e Comércio para a criação de uma escola especializada para a formação de modelistas de calçados e que viesse a contratar técnicos estrangeiros. O presidente do SICF, Nelson Vieira, esclareceu que "a formação de modelistas, em sua grande parte, foi feita de maneira empírica e os passos dados para o conhecimento

---

101 Depoimento de Luiz Gaspar ao autor. A ocorrência de evasão devido à oferta de emprego antes da conclusão dos cursos oferecidos pelo SENAI vinha de longa data. Cf. WEINSTEIN, Barbara. *(Re)formação da classe trabalhadora no Brasil, 1920-1964*. São Paulo: Cortez/CDAPH-IFAN/USF, 2000.

102 Depoimento de Luiz Gaspar ao autor.

103 *Ibidem.* (grifos meus)

científico no setor foram bastante tímidos." Como o país pretendia "figurar como um dos principais fornecedores mundiais de calçados, t[inha] necessidade de preparar-se também para o lançamento da moda."[104] Entretanto, a referida escola não foi criada.

Quando da instalação do Centro de Treinamento, o curso de modelista deveria ter sido imediatamente iniciado, mas ocorreram contratempos e dificuldades para se conseguir um profissional apto a ministrá-lo.[105] Somente em 1975, a primeira turma, composta por doze alunos, concluiu a fase inicial do curso, que deveria ter outra fase e totalizar 300 horas. Os trabalhos dos primeiros alunos foram avaliados e os três primeiros premiados.[106] Novos concursos de modelagem, abertos aos modelistas de todo o país, foram realizados na FRANCAL e tiveram o objetivo de estimular a criatividade desses profissionais.[107]

Além dos cursos realizados nas suas dependências,[108] o SENAI treinou e aperfeiçoou uma enorme quantidade de trabalhadores e de chefes de seção no interior das unidades fabris. Tomando-se o pesponto como exemplo, constata-se que em determinados períodos a necessidade por pespontadores extrapolou a capacidade de formação do Centro de Treinamento e fez com que cursos rápidos fossem realizados dentro das próprias indústrias após o expediente de trabalho:

> Quando tava uma necessidade muito grande de pespontador, então a empresa que trabalha com determinado produto, ela pega ali entre seus funcionários quem trabalha como auxiliar de pesponto, passando cola, chanfrando etc., aparador, colando peça. Então pega esses trabalhadores,

---

104 *Comércio da* Franca. "Indústria pleiteia através do MIC benefícios para Franca". 15/04/1972.

105 *Idem.* "Novo curso do SENAI". 31/08/1974. "SENAI continua com seus cursos". 11/09/1974. "SENAI à procura de ampliação". 18/09/1974.

106 *Idem.* "Curso de modelagem termina em agosto. Troféu 'Atualizado' para o melhor trabalho". 10/07/1975. Os alunos receberam noções de história do calçado, couros, combinação de cores, nomenclatura científica do pé humano, processos de fabricação, formas, preparação para o desenho e processo de cópias. Cf. *Idem.* "Segunda fase do curso de modelagem." 21/08/1975.

107 *Idem.* "Francal e SENAI vão promover concurso de modelagem." 27 /05/ 1977; "Sândalo vence concurso de modelagem do SENAI." 11/07/1977; "Regulamento do II Concurso Nacional de Modelagem – X Francal" 27/04/1978; "Resultado do Segundo concurso nacional de modelagem" 10/06/1978.

108 A partir dos anos 1980, a entidade ofereceu em suas dependências os cursos de Cálculo técnico, Cálculo técnico – ajustador mecânico, Eletricista e enrolador de motor, Eletricista instalador, Manutenção básica, Manutenção específica em equipamentos e máquinas de pesponto, Preparação básica – ocupações da mecânica geral. Cf. SENAI. *Registro de Treinamento Industrial.* 1977-1988. Microfilmes.

principalmente da área do pesponto, que já tem familiaridade, sabe o que acontece. A gente sempre falava: "— O colador de peças seria a melhor pessoa, o melhor aprendiz pro curso de pespontador." Porque ela já sabe a colocação, o encaixe, o que é cano, a pala, a tira, o reforço, o vivo... Então a gente pegava essa pessoa que não era leiga em pesponto, recrutava, montava o grupo e a gente preparava, dava umas pinceladas de didática com o instrutor, que às vezes era o chefe da seção, o subchefe da seção. Basicamente usava a primeira fase do TWI, falava como é que se ensina, ensinar a ensinar. Era uma coisa bem simples e ele tocava o barco. E aí você contava com o interesse da empresa, com o interesse da pessoa, com o interesse do instrutor e com o grande interesse do funcionário que queria ascender socialmente.[109]

Os cursos de treinamento dentro das indústrias também foram contratados por fábricas de artefatos de borracha, em especial a *Amazonas*, e, em menor número, por alguns curtumes. Estes treinamentos ocorreram a partir de 1977, englobaram praticamente todas as seções de produção e atenderam as fábricas de maior porte. O tempo de duração variava entre 20 e 180 horas. Em alguns anos, uma mesma empresa chegou a contratar os serviços de treinamento para cinco ou seis turmas diferentes de uma mesma seção,[110] o que indicava a necessidade de se complementar o aprendizado adquirido exclusivamente por meio da observação do companheiro de trabalho e das rápidas orientações dos chefes.

Ainda que a maior parte dos trabalhadores ingressasse nas indústrias sem qualquer treinamento formal prévio, não se pode desconsiderar o papel que o SENAI exerceu, a partir de 1974, na formação da mão-de-obra industrial em Franca. Diferentemente do que ocorrera entre 1956 e 1974, quando apenas assinou convênios que autorizavam as indústrias a empregarem menores sob uma suposta aprendizagem metódica, após sua instalação no município a instituição treinou efetivamente trabalhadores dentro e fora de suas instalações.

Em 1989, foi inaugurada a nova sede da entidade, o que aumentou significativamente sua capacidade de formação de mão-de-obra. O antigo Centro de Treinamento comportava cerca de duzentos alunos e a Escola SENAI "Márcio

---

109 Depoimento de Luiz Gaspar ao autor. Conferir análise detalhada sobre o método de supervisão TWI (*training within industry*) no terceiro capítulo.

110 SENAI. *Registro de Treinamento Industrial*. 1977-1988. Os registros evidenciam que cerca de uma dezena de trabalhadores eram treinados por turma e que algumas fábricas contrataram tais serviços com regularidade.

Bagueira Leal" tinha capacidade para abrigar até oitocentos alunos. A unidade tinha 4.766 metros quadrados, possuía um conjunto de três prédios, estacionamento, quadra de esportes, vestiários e outras dependências. No primeiro prédio foram instaladas as salas de aulas gerais, a sala de desenho/modelista, os laboratórios de Física e Química e a sala de modelagem, o segundo prédio abrigou as oficinas de calçados e o terceiro prédio as oficinas de Mecânica Geral e Eletricidade, os laboratórios de Hidráulica, Pneumática e Metrologia, salas de Eletrotécnica, entre outras.[111]

O controle do ritmo de trabalho: salário por peça X salário por tempo

Ao longo do texto, teci algumas considerações a respeito da relação entre o trabalho exercido e o sistema de remuneração adotado, o que torna necessário aprofundar a interpretação sobre o tema. Em diferentes ramos produtivos e em diferentes conjunturas históricas, a associação entre ganho e produtividade – pagamento por peça – constituiu uma fórmula clássica de tentar obter a maior quantidade possível de trabalho por meio do estímulo financeiro. No entanto, longe de ser a solução para obter a máxima produtividade de cada trabalhador, frequentemente esse sistema de remuneração resultou em constantes conflitos em torno do estabelecimento do valor unitário da tarefa e das alterações desse valor, além de disputas decorrentes das trocas de um sistema para outro: salário por tempo para salário por peça, ou salário por peça para salário por tempo.

Os três tipos de indústrias do complexo coureiro-calçadista possuíram semelhanças e diferenças em relação ao sistema de remuneração. Nos curtumes, sempre predominou o salário por hora e não encontrei indícios da adoção da remuneração por tarefa, o que se relacionou às características produtivas desse ramo, que possuía limites estruturais e tecnológicos para a intensificação da produção[112] e requeria dos operários, acima de tudo, a capacidade de suportar as duras condições de trabalho. Por outro lado, as fábricas de artefatos de borracha e, principalmente, as fábricas de calçados alternaram o pagamento por peça e o

---

111 *Comércio da Franca*. "SENAI inaugura escola de calçados em Franca". 23/08/1989; *Idem*. "Escola SENAI 'Márcio Bagueira Leal': uma grande conquista para Franca". 29/08/1989.
112 Consultar o item "Onde o filho chora e a mãe não vê" no capítulo I.

pagamento por tempo de acordo com a seção de trabalho e o estágio de desenvolvimento tecnológico em que se encontravam.

De maneira geral, o salário por peça foi mais comum em atividades que exigiam trabalho manual mais complexo e cujo controle do tempo e do ritmo de sua execução era mais difícil de ser retirado dos trabalhadores. Todavia, não se pode extrair dessa tendência uma fórmula que relacione invariavelmente trabalho manual complexo a salário por peça. As fábricas de calçados foram as que mais utilizaram esse sistema de pagamento nas tarefas de corte, pesponto e montagem manual. A seção de corte de calçados possuía limites para se obter um rígido controle sobre o ritmo de trabalho, pois mesmo com a introdução do balancim, o rendimento dependia da habilidade do cortador para encaixar os moldes. Na maior parte das fábricas, o salário dos cortadores de vaqueta era pago por peça com o objetivo de estimulá-los a produzir mais, dando em contrapartida a possibilidade de auferir maiores salários. Com a divisão entre cortadores de vaqueta e cortadores de forro, predominou a remuneração por hora entre os últimos, em especial quando se utilizava material sintético, pois a uniformidade dessa matéria-prima tornava a função mais simples.[113]

Antes da introdução da esteira, o pagamento por tarefa também predominou na seção de pesponto, mas com a fragmentação do trabalho o pagamento por hora se generalizou. Nos casos de terceirização, o pagamento por tarefa continuou a ser efetuado, pois nas residências não havia outra forma de se controlar a quantidade produzida, tampouco de estimular o trabalhador a prolongar sua jornada diária de trabalho sem o consequente aumento de sua remuneração. Ao analisar o aprendizado nas bancas de pesponto, constatei a exploração de trabalhadores por trabalhadores, pois o dono da banca, ou um intermediário, pegava o serviço de uma fábrica por peça e contratava outros trabalhadores pagando-lhes um valor menor por peça ou um salário por hora, comumente o equivalente ao salário mínimo, o que lhe possibilitava se apropriar da diferença não repassada ao contratado. Esta prática vinha de longa data e Marx a definiu como típica do sistema de salários por peça, que "facilita que entre o capitalista e o trabalhador assalariado, se insira parasitas que subaluguem o trabalho. [...] A exploração dos

---

113 Como o material sintético não apresenta os defeitos do couro, não era necessário fazer encaixes para retirá-los ou escondê-los, o que possibilitava cortar camadas sobrepostas.

trabalhadores pelo capital se realiza então por meio da exploração do trabalhador pelo trabalhador."[114]

Os processos trabalhistas possibilitaram interpretar algumas disputas relacionadas às transformações dos processos produtivos e às alterações dos sistemas de remuneração. Em 1952, três trabalhadores moveram uma reclamação contra a *Indústria de Calçados Ferro & Cia* a respeito das alterações dos valores da remuneração por peça. Eles executavam serviços de acabamento de calçados com o auxílio de ajudantes, ganhavam Cr$ 1,50 por par e perfaziam a média de Cr$ 60,00 livres por dia. Contudo, a empresa reduziu o pagamento para Cr$ 1,00 por par, o que gerou protestos por parte dos três trabalhadores. Em represália, a empresa retirou-lhes os ajudantes e aumentou a remuneração para Cr$ 2,30 por par. Como seria "humanamente impossível concluir mais de vinte pares por dia" sem o auxílio de ajudantes, receberiam no máximo Cr$ 46,00 diários.[115] Os reclamantes solicitaram o retorno à situação anterior (Cr$ 1,50 por par com o auxílio de ajudantes) ou a rescisão do contrato de trabalho por culpa da empregadora (Artigo 483, letra "g" da CLT) e o pagamento das indenizações e demais direitos. A reclamação foi resolvida por conciliação, com o pagamento dos valores referentes à rescisão dos contratos de trabalho. A opção da empresa por rescindir os contratos de trabalho muito provavelmente deveu-se à possibilidade de contratar novos trabalhadores remunerados pelos valores reduzidos por par de calçado.

Esse processo comprova a importância do emprego de ajudantes para aumentar a quantidade de pares produzidos e as disputas em torno do estabelecimento do valor da tarefa. Visando aumentar a extração de mais-valia, a empresa reduziu a remuneração por tarefa, o que obrigaria os trabalhadores a perfazerem uma quantidade diária maior de pares para não terem seus salários reduzidos. A tentativa de se intensificar o ritmo de trabalho por meio do rebaixamento da remuneração por peça refletia o estágio incipiente de mecanização da produção em que os trabalhadores detinham o controle do ritmo de trabalho.

A reclamação movida pelo matrizeiro Geraldo Nobre contra a *Amazonas* oferece maiores subsídios para se compreender as disputas em torno da implantação e do funcionamento do sistema de salários por peças. O reclamante alegou que era

---

114 MARX, K. *O capital*. Livro I. O processo de produção do capital. v. 2. 7ª ed. São Paulo: DIFEL, 1982, p. 640.
115 AHMF. Caixa 466. Processo 1701/1952, f. 3.

um "operário trabalhador"[116] e cumpridor de seus deveres e que, por isso, recebera com indignação uma carta de suspensão por cinco dias sob a alegação de agir com indisciplina ao trabalhar com morosidade proposital na confecção de formas.[117] Em audiência, a empresa argumentou que foi obrigada a aplicar a penalidade porque Geraldo demonstrou ser um mau empregado: cada forma requeria 90 horas para ser confeccionada e o reclamante vinha consumindo 130 horas, o que resultaria em prejuízo para a reclamada, visto que ganhava por hora e não por produção. Dentre os documentos anexados ao processo, encontra-se um Memorando de Conduta Interna endereçado ao Departamento Pessoal por Armando Castilhone Jr., chefe da seção de matrizaria, em que ele afirmava que Geraldo

> não quis entrar em acordo de trabalhar por produção conforme os outros trabalham *amarrando o serviço e atrapalhando o bom andamento da oficina*, está fazendo uma forma que gasta uma média de 80 a 90 horas de serviço e a mesma já está com 130 horas, e a firma está precisando da forma [...].[118]

Ao relacionar esse excerto com um processo movido meses depois por Geraldo Nobre e mais três trabalhadores, em que a empresa anexou uma série de correspondências enviadas por clientes que cobravam pedidos atrasados,[119] observa-se que os matrizeiros trabalhavam sob intensa pressão e que a seção era uma das mais importantes para a fábrica.

Em 1968, com o objetivo de aumentar a produtividade da matrizaria, a *Amazonas* implantou o sistema de remuneração por produção, mas isso ocasionou diversos conflitos no chão de fábrica. Geraldo explicou que a seção tinha aproximadamente 25 mecânicos, inicialmente todos eram horistas, posteriormente alguns se tornaram tarefeiros e, no momento, metade era remunerada por hora e metade por produção. Ao que tudo indica, essa situação devia-se à recusa por parte de alguns trabalhadores em aceitar as alterações no sistema de remuneração, pois pouco após a adoção do pagamento por tarefa, a fábrica *rebaixou*

---

116 É interessante notar como o substantivo trabalhador foi utilizado como adjetivo na elaboração da defesa que procurava desacreditar os argumentos da empresa sobre a indisciplina do reclamante.

117 AHMF. Caixa 14. Processo 463/1968.

118 *Ibidem*, f. 19. (grifos meus)

119 AHMF. Caixa 17. Processo 678/1968. Os quatro trabalhadores foram demitidos, sob alegação de justa causa, após se candidatarem às eleições do Sindicato dos Borracheiros. Consultar análise sobre o tema no capítulo VI.

o valor inicial das formas, o que fez Geraldo se recusar a trabalhar por produção. Em seu depoimento, ele esclareceu ainda que o tempo médio

> para a confecção de formas é de 100 a 130 horas para cada forma, quando trabalha na base por produção, e de 120 a 150 horas quando trabalhando por hora; [...] o depoente levou 135 horas para executar uma forma, enquanto um colega, que foi quem trabalhou mais rápido, trabalhando por produção a executou em 95 horas; [...] os colegas que trabalharam por hora fizeram essa forma em 130 ou 135 horas; a razão de o trabalho por produção ser mais rápido é devido a várias razões: *maior interesse para ganhar mais, o fato de que os que trabalham por produção terem privilégio sobre os demais para serem atendidos nas máquinas e no recebimento do material e ainda porque os que trabalham por hora são chamados as vezes a executar pequenos serviços de intensidade variável*, interrompendo a confecção da forma; o depoente na execução dessa forma que motivou a suspensão foi chamado várias vezes para colaborar com colegas que, trabalhando na base da produção, necessitavam de sua ajuda; além disso fez outras pequenas formas de sola lisa.[120]

O representante da empresa, Camilo Pinheiro, desmentiu a justificativa de Geraldo para produzir menos do que os *tarefeiros*, acrescentou que ele era o único que trabalhava por hora e concluiu: "a reclamada não admite que o empregado *fique observando o relógio andar*, devendo produzir igualmente o que trabalha por hora ou por produção."[121] Segundo os depoimentos de Benedito Pereira Queiroz e de Joel Baungarte, que executavam os mesmos serviços que Geraldo, após implantar o sistema de remuneração por produção, os mecânicos ganharam mais do que o habitual. Isso fez com que a empresa reduzisse em 20 e 30% os valores das formas e prometesse um salário mínimo de NCr$ 300,00 sempre que a produção global média e individual atingisse determinados níveis, mas esse acordo não foi cumprido, motivando Geraldo a se recusar a trabalhar por tarefa. Essa versão foi confirmada no depoimento do chefe da seção, que disse que o acordo não estava em vigor porque era necessário calcular o preço médio a ser pago por cada serviço.[122]

Como se observa, a introdução da remuneração por peça na matrizaria estimulou os trabalhadores a intensificarem o ritmo de trabalho, mas ao terem o

---

120 Proc. 463/1968, f. 26-27. (grifos meus)
121 *Ibidem*, f. 27. (grifos meus)
122 *Ibidem*, f. 27-29.

salário aumentado em decorrência do esforço extraordinário, receberam como contrapartida a redução do valor pago por matriz, o que gerou questionamentos e a revolta de alguns.

Este caso guarda muitas semelhanças com a experiência relatada por Frederick Taylor quando de seu ingresso na *Midvale Steel*, em 1878, onde se deparou com trabalhadores calejados com a prática patronal de reduzir o valor unitário da tarefa sempre que os níveis salariais atingiam certo patamar, e que por meio da "vadiagem" mantinham a produção dentro de níveis estabelecidos por eles próprios por meio de uma cota informal de produção para evitar cortes no pagamento unitário que os obrigaria a trabalhar mais arduamente para receber o mesmo salário. Com isso, trabalhavam num ritmo mais folgado. Segundo Taylor,

> é, entretanto, com o trabalho por peça que a arte de *fazer cera* desenvolve-se completamente; depois que o operário, como decorrência do trabalho mais eficiente e do aumento de seu rendimento, vê baixar o preço das peças, que produz, a menos duas ou três vezes, é então levado a colocar-se no ponto de vista oposto ao seu patrão e a imbuir-se de determinação de não sofrer mais corte, desde que pode conseguir isso, *fazendo cera*.[123]

Portanto, o pagamento por tarefa tal como estabelecido na matrizaria da *Amazonas*, numa seção em que os operários controlavam o ritmo de trabalho, caracterizava-se como um dos principais elementos do que Taylor definiu como antigo sistema de administração, já que cabia aos operários escolher o melhor e mais econômico método de realizar o trabalho.[124] No começo do século XX, os trabalhadores norte-americanos possuíam uma longa experiência de trabalho sob esse sistema de remuneração e desenvolveram uma tradição de luta.[125]

---

123 TAYLOR, Frederick Winslow. *Princípios de administração científica*. São Paulo: Atlas, 1989, p. 43. (grifos no original). Taylor apontou outros motivos para a vadiagem: a crença dos trabalhadores de que trabalhar menos evitaria o desemprego dos companheiros, e o objetivo deliberado de manter o patrão na ignorância do que seria um dia justo de trabalho e de como o trabalho poderia ser feito mais depressa.
Uma introdução à trajetória de Taylor pode ser consultada em GABOR, Andrea. "Frederick Winslow Taylor. O pai da gestão científica". In: *Filósofos do capitalismo: a genialidade dos homens que construíram o mundo dos negócios*. Rio de Janeiro: Campus, 2001, p. 17-61.

124 Taylor definiu essa relação de trabalho como administração por *iniciativa e incentivo*. Como patrões e gerentes desconheciam a melhor maneira de se realizar um trabalho, recorriam aos incentivos para obter a melhor *iniciativa* de cada operário: remuneração por tarefa, prêmios e gratificações… TAYLOR, F., *op. cit.* p. 49-50.

125 Cf., dentre outros, MONTGOMERY, David. *El controle obrero en Estados Unidos. Estudios*

Para os matrizeiros da *Amazonas*, o sistema era uma novidade, mas suas reações conservaram similaridades com outros casos, ainda que em proporções bem menores. A redução do valor pago por matriz gerou a recusa de se trabalhar por peça, já que na condição de horistas teriam um salário fixo, "independentemente" da quantidade produzida, e como tarefeiros, tiveram o esforço extra "recompensado" pela redução salarial. A aparente desvinculação entre remuneração e produtividade sob o sistema de salário por hora é uma questão ilusória, pois os trabalhadores não eram contratados para observar "o relógio andar". O incentivo financeiro visava estimular o aumento da produção sem recorrer exclusivamente à fiscalização e à coerção. Por conseguinte, estava em disputa o controle do ritmo e do tempo de trabalho numa seção em que tais elementos permaneciam condicionados às habilidades e destrezas dos trabalhadores. Conforme relatou Armando Castilho Jr., representante da empresa na audiência: "a vantagem que a reclamada vê no trabalho por produção é que nesta modalidade o rendimento é maior; a média de produção da forma Saci, quando o trabalhador produz na base de tarefa é de 68 a 85 horas; a média do trabalhador produzindo na base horária é de 95 a 105 horas".[126] Tratava-se de uma elevação da produtividade da ordem de 20 a 40% sem transformações dos meios de produção.

A elevação da produção na matrizaria resultou de uma estratégia coletiva dos próprios matrizeiros para potencializar a capacidade produtiva do grupo. A produção de uma matriz englobava diferentes tarefas e cada trabalhador possuía maior habilidade na execução de uma delas. Com isso, durante o período que receberam por produção, os matrizeiros dividiram o trabalho entre eles para que cada um realizasse a tarefa que tinha mais habilidade, o que aumentaria a produção de todos. "Isso quando era por produção, por hora não, cada um faz o seu trabalho. [...] Era pra ajudar um ao outro."[127] Zé Vitor foi um dos trabalhadores mais produtivos da seção e, segundo afirmou, sob o sistema de remuneração por

---

sobre la historia del trabajo, la tecnología y las luchas obreras. Madrid: Ministerio de Trabajo y Seguridad Social, 1985; BRAVERMAN, Harry. *Trabalho e capital monopolista: a degradação do trabalho no século XX*. 3ªed. Rio de janeiro: Zahar, 1981. Para uma experiência brasileira, cf. SILVA, Fernando T. da. *A carga e culpa: os operários das docas de Santos: direitos e cultura de solidariedade 1937-1968*. São Paulo/Santos: Hucitec/Prefeitura de Santos, 1995, p. 73. Após a introdução do pagamento por produção, os doqueiros de Santos recomendaram que não se intensificasse a produção e que se mantivesse o "ritmo normal de trabalho".

126 Proc. 463/1968. f. 29. A JCJ decidiu que houve rigor excessivo da empresa, a ação foi julgada procedente e a punição foi cancelada.

127 Depoimento de José Vitor ao autor.

produção chegou a receber mais do que o chefe da seção, o que motivou a empresa a realizar as alterações que deflagraram os conflitos na seção.

Se na matrizaria da *Amazonas* o conflito ocorreu após a introdução do salário por peça, nas atividades tradicionalmente remuneradas por produção, as disputas se deram em torno da oposição à remuneração por unidade de tempo. É o que se observa no processo movido por sete trabalhadores contra a *Squalo Calçados S/A*.[128] Os trabalhadores eram montadores de calçados e recebiam *por produção*, mas a partir de junho de 1974 a empresa passou a remunerá-los *por hora*, o que lhes acarretou prejuízos salariais em média de Cr$ 200,00 mensais para cada um. Com isso, reivindicaram o retorno da forma anterior de pagamento.

A empresa alegou que não ocorrera redução salarial: os trabalhadores eram tarefeiros, mas ao introduzir a *esteira* tornou-se impossível remunerá-los por tarefa. Com a esteira, passou-se da produção individual para a produção coletiva e houve a necessidade de se estabelecer um salário fixo. Além disso, seria impossível averiguar a produção individual de cada operário, o que inviabilizava o pagamento por peça. A única maneira de atender a solicitação dos trabalhadores seria retornar ao sistema anterior, o que a colocaria em inferioridade e impossibilitaria "concorrer com suas adversárias". Para não prejudicar os empregados, e por não existir legislação específica a respeito, apurou a média de produção dos últimos 12 meses para estabelecer o salário mensal.[129]

Valentim Carrion, presidente da JCJ, legitimou o método adotado pela indústria para estabelecer os novos salários e determinou apenas que os cálculos fossem refeitos, retirando-se os períodos de afastamentos dos trabalhadores. Segundo o juiz, as circunstâncias das alterações dos contratos de trabalho situavam-se entre o direito adquirido pelo empregado e as necessidades da empresa, que precisava se adaptar às mutações do mercado, às novas técnicas e aos novos procedimentos, sob pena de perecer perante a concorrência ou sob os ônus tributários e sociais. A necessidade de modificar o sistema de produção era inevitável, mas não poderia ferir os direitos do trabalhador. Por fim, concluiu que "os teóricos das doutrinas políticas e os doutrinadores do direito do trabalho consideram o trabalho por tarefa como possibilitando a fadiga e mesmo a exploração do trabalhador, com maior intensidade que o trabalho por unidade de tempo."[130]

---

[128] AHMF. Caixa 175. Processo 588/1974.
[129] *Ibidem*, f. 15, 33.
[130] *Ibidem*, f. 26.

Os argumentos de Carrion chamam a atenção para diferentes aspectos: em primeiro lugar, a afirmação de que o direito de efetuar modificações técnicas no processo produtivo não poderia desrespeitar os direitos adquiridos pelos trabalhadores e tampouco causar-lhes perdas salariais. Entretanto, os documentos anexados ao processo comprovam que ocorreu prejuízo salarial aos trabalhadores ao se tomar os últimos três meses como referência, quando passaram a receber um valor maior por par de calçado montado.[131] Como inexistia uma legislação específica sobre o tema, a empresa valeu-se dos artigos 140 e parágrafo 4º do artigo 478 da CLT para estabelecer os novos salários a partir da média salarial dos últimos 12 meses.

Em segundo lugar, o juiz manifestou sua preocupação em relação à maior intensidade da fadiga e exploração do trabalhador sob o sistema de remuneração por peça. O trabalho por produção realmente poderia estimular o trabalhador a produzir mais, mas isso não era uma regra inquestionável, pois como o trabalhador controlava seu ritmo de trabalho, intensificá-lo ou não dependia de uma complexa interação de fatores e tradições de luta. Por isso, o sistema de remuneração não é capaz de explicar por si só os níveis de produtividade, diretamente relacionados ao tipo de trabalho executado e ao nível tecnológico de cada setor produtivo.

Nesse caso específico, a alteração do sistema de remuneração foi uma consequência direta da transformação do processo produtivo: com a introdução da linha de montagem, retirou-se dos trabalhadores o controle sobre o próprio ritmo de trabalho. Ao contrário do que a empresa alegou, era perfeitamente possível remunerar os trabalhadores por tarefa, pois a quantidade de trabalho a ser executado era previamente calculada para se estabelecer a velocidade da esteira. Todavia, a inovação tecnológica tornou desnecessário e menos rentável, para a empresa, o salário por produção. Como o ritmo de trabalho era ditado externamente, a produtividade aumentaria e não haveria vantagem de se pagar os trabalhadores por peça. Por isso, a argumentação de Carrion sobre a maior intensidade da fadiga e da exploração sob o sistema de trabalho por produção, ao ser devidamente contextualizada, mostra-se insustentável.[132] Ainda que a

---

131 Tomando os salários de maio e junho, ocorreram as seguintes variações: 1) de Cr$ 1,120,23 para Cr$ 947,50; 2) não consta o pagamento de maio, a média foi de 765,39; 3) de 1.013,45 para 854,43; 4) de 887,35 para 543,02; 5) de 901,40 para 849,75; 6) de 1058,10 para 858,92; e 7) de 860,62 para 858,75. Proc. 588/1974, f. 16.

132 Não pude deixar de me lembrar do caso de um trabalhador morto ao lado da linha de montagem na *Ford* da Grã-Bretanha e de me perguntar: quão benéfica foi a introdução da linha

reclamação se relacionasse ao valor da venda da força de trabalho, estava em disputa o controle do ritmo de trabalho.

Além disso, a complexidade da montagem de calçados variava em função dos diferentes modelos existentes, que exigiam diferentes capacidades e habilidades dos trabalhadores, e isso se refletia nas tarifas de remuneração. Por isso, além de ditar um ritmo de trabalho aos trabalhadores, a esteira possibilitou padronizar a remuneração e romper a tradição de pagamento proporcional à complexidade da tarefa realizada, o que é mais um exemplo a reforçar meu argumento de que o trabalho remunerado por unidade de tempo não acarreta melhorias para os trabalhadores.

O trabalho por hora, sob rígido controle, tornou-se mais produtivo do que o trabalho por peça. Segundo Taylor, "sob a administração científica, entretanto, o sistema particular de pagamento que é adotado constitui apenas um elemento subordinado."[133] Ou seja, ao se retirar o controle do ritmo de trabalho dos trabalhadores, o sistema de remuneração transformou-se em elemento secundário nos ganhos de produtividade. Os dois sistemas de remuneração foram estratégias de intensificação do ritmo de trabalho em sistemas tecnológicos distintos e não podem ser definidos *a priori*, como se estivessem apartados das demais variáveis das relações de trabalho. Como afirma Marx, o salário por peça é apenas uma forma modificada do salário por tempo.

> No salário por tempo, tanto faz admitir que o trabalhador trabalhe 6 horas para si mesmo e 6 horas para o capitalista ou que trabalhe em cada hora meia hora para si mesmo e meia hora para o capitalista. Do mesmo modo, no salário por peça, tanto faz dizer que em cada peça uma metade é paga e a outra não, ou que o preço de 12 peças é um equivalente da força de trabalho, incorporando-se a mais valia nas outras 12 peças.[134]

O salário apaga a divisão da jornada de trabalho entre o tempo de trabalho necessário para a reprodução da força de trabalho e o tempo de trabalho excedente – capacidade de produzir além do necessário para a reprodução.[135]

---

de montagem para aquele trabalhador? Será que a intensidade de seu trabalho foi diminuída? Cf. BEYNON, Huw. *Trabalhando para Ford. Trabalhadores e sindicalistas na indústria automobilística*. Rio de Janeiro: Paz e Terra, 1995, p. 107.

133 TAYLOR, F. *op. cit.*, p. 50.
134 MARX, K. *op. cit.*, v. 2., p. 638.
135 *Ibidem*, p. 622.

Tanto o salário por tempo quanto por peça expressaram a exploração da força de trabalho: ambos se combinaram dentro de um mesmo setor produtivo e relacionaram-se ao grau de tecnologia empregado na fabricação dos produtos, à possibilidade maior ou menor de se retirar o controle do tempo de trabalho das mãos dos trabalhadores e à capacidade de reação dos trabalhadores frente a esse processo. A partir do rígido controle da força de trabalho, se generalizou o salário por tempo, mas existiram limites, em grande parte determinados pelas próprias características dos processos produtivos e de trabalho. Nos ramos industriais analisados, as duas formas de remuneração se complementaram com o objetivo de intensificar a extração de mais-valia.

Trabalhadores *taylorizados*?

O leitor familiarizado às análises que afirmam a degradação do trabalho no século XX[136] deve ter estranhado e se frustrado com a argumentação desenvolvida ao longo do capítulo. Ao iniciar a análise com os oficiais sapateiros e encerrar com os migrantes rurais inseridos nas linhas de montagem das grandes indústrias, seria natural reproduzir a tese de Braverman. Entretanto não o fiz por possuir uma compreensão mais ampla do que se define como qualificação, que interpreto como algo histórico, que se transforma ao longo do tempo. Afirmar que trabalhadores de diferentes gerações são mais ou menos qualificados do que os trabalhadores das gerações seguintes é pouco frutífero e precisa ser problematizado.

As diferentes gerações de trabalhadores possuíram as qualificações necessárias para trabalhar nos respectivos sistemas tecnológicos: os que trabalharam num sistema pré-fabril desenvolveram capacidades laborais para execução de trabalhos manuais mais complexos e possuíram maior conhecimento sobre a totalidade do processo produtivo; os que operavam máquinas tinham capacidades laborais distintas, como condicionar o gesto ao ritmo de funcionamento da maquinaria. Isso era uma capacitação laboral. As qualificações não se restringiram ao ato de trabalhar, englobaram um conjunto mais amplo de hábitos e padrões comportamentais, disciplinarização e transformações da própria noção de tempo.[137] Para operar máquinas, era necessário que os trabalhadores adquirissem

---

136 A obra pioneira e mais conhecida sobre essa tese é a de BRAVERMAN, H. *op. cit.*
137 Cf. THOMPSON, E. P. *op. cit.*, p. 267-304.

uma nova noção de tempo, pois cada segundo contava dentro do sistema fabril. Tal aquisição pode ser definida como uma das qualificações que serviu de base para outras qualificações. Se tivermos o antigo artesão em mente, podemos afirmar que seu trabalho foi degradado, mas isso não implica asseverar que o operário fabril era desqualificado, até porque, *do ponto de vista dos capitalistas*, é mais qualificado o trabalhador que é mais produtivo, e ser mais produtivo implica possuir o conjunto de qualificações necessárias para trabalhar num dado sistema tecnológico, o que se transforma ao longo do tempo.[138]

Mas por que então partir das experiências de trabalhadores numa fase de transição do trabalho pré-fabril para o fabril e finalizar com os trabalhadores das indústrias de grande porte? Porque foi isso o que aconteceu no período abordado neste livro, e ao analisar as transformações no ato de trabalhar constatei, por exemplo, que os oficiais sapateiros, em condições cada vez mais restritas, desenvolveram um sentimento de auto-realização por meio do ofício que exerceram, sentimento que se perdeu ao longo das gerações seguintes, que executaram trabalhos cada vez mais fragmentados. Frente a essa constatação, outras questões surgiram: seria possível enquadrar a análise dentro do conceito de controle operário e, em seguida, afirmar a taylorização da produção de couros, sapatos e artefatos de borracha?

No que diz respeito ao controle operário, ao longo do texto demonstrei que várias ocupações caracterizaram-se pelo controle do tempo e do ritmo de trabalho por parte dos trabalhadores e que esse controle gerou disputas e conflitos sociais entre trabalhadores e capitalistas. Mas o controle do processo e do tempo de trabalho é um dos elementos analisados pelos teóricos do controle operário,[139] não o todo. Há que se considerar também uma diversidade de lutas e ações políticas que vão desde a reivindicação por melhores condições de vida até o controle do mercado de trabalho por meio do *closed shop*,[140] ou seja, o controle operário articula o processo de trabalho e a organização política.

---

138 Cf. uma crítica teórica à tese de Braverman em BERNARDO, João. *Economia dos conflitos sociais*. 2ª ed. São Paulo: Expressão Popular, 2009, p. 126-128. Uma problematização à tese de Braverman, a partir de pesquisas empíricas a respeito de diferentes categorias profissionais, pode ser consultada em WOOD, Stephen (ed.). *The degradation os work? Skill, deskilling and the labour process*. London: Hutchinson, 1982.

139 Cf. MONTGOMERY, D. *op. cit.*

140 Cf. SILVA, Fernando Teixeira da. *Operários sem patrões. Os trabalhadores da cidade de Santos no entreguerras*. Campinas: Ed. da Unicamp, 2003. Em especial a Parte I.

No caso dos trabalhadores do complexo coureiro-calçadista de Franca, não se constituiu uma tradição de ofício que resultasse em ações e organizações políticas que atuassem em defesa de um antigo modo de trabalho ou que propusessem uma organização alternativa da gestão do trabalho e da sociedade como um todo. Isso demonstra que o trabalho e a forma de aprendizado do mesmo não são suficientes para explicar a organização política e a militância, mas não ser suficiente é muito distinto de não ter importância. Para se compreender o controle operário, é necessário considerar, entre outros elementos, a existência ou a ausência de uma tradição de ofício arraigada na cultura dos trabalhadores, a tradição de organização coletiva e as condições de venda da força de trabalho.[141]

Em Franca, o desenvolvimento industrial englobou um amplo conjunto de transformações tecnológicas e organizacionais num curto espaço temporal e isso foi fundamental para que não se encontrasse o mesmo padrão de politização descrito por Eric Hobsbawm e Joan Scott sobre os sapateiros europeus dos séculos XVIII e XIX.[142] Ou seja, não se forjou uma tradição de ofício e tampouco uma tradição de militância política centrada na defesa do ofício entre os trabalhadores de Franca, mas isso não resultou na formação de uma categoria que serviu docilmente aos interesses patronais. Os conflitos em torno do sistema de remuneração, por exemplo, expressaram a luta de classes em torno do controle do ritmo e do tempo de trabalho.

No que toca à segunda questão, seria possível constatar a reprodução de um suposto processo universal de fragmentação do trabalho que necessariamente transformou todas as ocupações em tarefas tão detalhadamente simplificadas que possibilitariam empregar operários "mentalmente semelhantes a um boi"? Recorri a essa metáfora porque remete a um caso extremo narrado por Frederick Taylor, além de atestar sua crueza verbal. É amplamente conhecida a descrição das experiências realizadas por Taylor com um carregador de lingotes de ferro, Schimdt, a respeito dos estudos de tomada de tempo, de simplificação e padronização de gestos, instrução metódica e intensificação da cadência do trabalho.[143]

---

141 Na construção civil de Santos, por exemplo, existiu um mercado de trabalho caracterizado pelo predomínio de pequenos empreiteiros e construtores, e isso foi um elemento determinante para a forte organização política dos trabalhadores até o começo do século XX. SILVA, Fernando T. da. *Operários sem patrões...* Capítulo 1.
142 HOBSBAWM, Eric J.; SCOTT, Joan W. "Sapateiros politizados". In: HOBSBAWM, Eric J. *Mundos do Trabalho*. 3ª ed. Rio de Janeiro: Paz e Terra, 2000, p. 149-191.
143 TAYLOR, F. *op. cit.*, p. 56-58.

No complexo coureiro-calçadista francano, nem todas as indústrias caracterizaram-se por um período inicial "áureo" do ponto de vista do artífice. Nos curtumes e nas fábricas de artefatos de borracha, a maior parte das tarefas era composta por trabalhos braçais sem a exigência de grandes habilidades manuais por parte dos trabalhadores. Portanto, não houve o predomínio de uma longa fase artesanal nos três ramos industriais e a arte de saber fazer foi uma característica de trabalho de um período relativamente curto e predominante principalmente na fabricação de sapatos. Com as transformações decorrentes do desenvolvimento industrial e da mecanização, ocorreu um paulatino processo que tornou obsoletas muitas habilidades manuais necessárias em oficinas e em manufaturas. Na grande indústria, muitos trabalhadores executavam apenas tarefas fragmentadas sob um ritmo ditado externamente e pré-estabelecido a partir da tomada de tempo (cronometragem).

Todavia, mesmo com a fragmentação do trabalho e a introdução da esteira, demonstrei que nem todos os operários tornaram-se autômatos agregados ao maquinário. O setor se caracterizou pela significativa heterogeneidade do porte das indústrias e, além disso, certas fases do processo produtivo não prescindiram das habilidades manuais dos trabalhadores, como por exemplo, a modelagem, o corte, o pesponto e a montagem manual de calçados. Outro conjunto de trabalhadores comuns aos três ramos industriais, os mecânicos e os eletricistas, também exerceram trabalhos que requeriam habilidades manuais e intelectuais que iam muito além da realização de gestos repetitivos. Diante dessas constatações, não é factível afirmar um processo de taylorização absoluta do trabalho. O ideal taylorista de monopolização dos saberes operários pela gerência e da "ciência" sobre a melhor maneira de se realizar um trabalho não se concretizou em todas as ocupações, se é que algum dia se concretizou plenamente em algum setor.

Outro fator que permite problematizar a pretensa universalização do taylorismo foi o predomínio da qualificação empírica da força de trabalho nos três ramos produtivos, mesmo com a fragmentação do trabalho e a introdução da linha de montagem. Do mesmo modo, a implantação do SENAI não levou à diminuição substancial do aprendizado no chão de fábrica, até porque o Centro de Treinamento foi implantado com um objetivo imediato bastante específico: suprir a carência por mão-de-obra treinada em tarefas pontuais, e, mesmo que seu papel tenha ganhado importância ao longo dos anos, o aprendizado empírico continuou dominante.

Aprender a trabalhar no cotidiano de trabalho por meio da observação do companheiro mais experiente era uma prática condenada por Frederick Taylor e seus discípulos, já que se constituía num dos principais elementos do antigo sistema de administração. No complexo coureiro-calçadista de Franca, o aprendizado na prática foi a regra, não a exceção, das experiências dos trabalhadores, e carregou consigo a perigosa possibilidade, para os capitalistas, da transmissão e reinvenção de tradições de resistência e de elaboração de técnicas para burlar a disciplina fabril por meio do compartilhamento de experiências de trabalho.

III. Os "donos" do chão de fábrica: a formação dos gestores

Ao analisar as transformações e permanências dos processos e tecnologias de produção, das relações de trabalho e da qualificação profissional, constatei que uma característica central do desenvolvimento histórico do complexo coureiro-calçadista de Franca foi sua heterogeneidade, o que possibilitou problematizar algumas generalizações difundidas em parte da historiografia sobre industrialização. A exposição desenvolvida até aqui não estaria completa sem interpretar a formação e a função do pessoal dedicado à gerência dos processos produtivos e da força de trabalho.

A gerência industrial tem como principal função fiscalizar a força de trabalho, gerir e controlar processos e sistemas produtivos. Segundo Braverman, "o *controle* é, de fato, o conceito fundamental de todos os sistemas gerenciais, como foi reconhecido implícita ou explicitamente por todos os teóricos da gerência."[1] Apesar deste e de outros autores reconhecerem a importância do controle para se interpretar os sistemas de gerência e/ou administração (*management*), considero que eles não tiraram dessa constatação todas as conclusões possíveis para suas formulações teóricas e análises empíricas, o que se explica, em grande medida, por compartilharem uma concepção teórica que compreende o capitalismo como tendo duas principais classes sociais: a classe trabalhadora e a classe burguesa.

Por outro lado, há uma vertente da tradição marxista que afirma a existência de uma terceira classe social no sistema capitalista, cujo principal atributo é *controlar* os processos produtivos e de trabalho.[2] Dentre as diferentes formulações a respeito deste tema, considero o conceito de *gestores*, tal como elaborado por João Bernardo, o mais adequado para minha interpretação sobre a gerência industrial do setor coureiro-calçadista. A classe dos gestores é definida como uma classe *capitalista* porque controla o *tempo* de trabalho alheio e seus membros se apropriam de parte da mais-valia gerada pela classe trabalhadora. Não obstante, como os gestores não detêm a posse privada das unidades particulares de produção eles se distinguem da burguesia. Em outras palavras, burgueses e gestores se apropriam da mais-valia, mas por mecanismos distintos.

---

[1] BRAVERMAN, Harry. *Trabalho e capital monopolista: a degradação do trabalho no século XX*. 3ª ed. Rio de Janeiro: Zahar, 1981, p. 68. (grifo meu)

[2] Muitas formulações originaram-se com o objetivo de compreender a degenerescência da Revolução Russa, outros anteviram a formação de uma terceira classe social antes mesmo da eclosão deste evento. Cf. bibliografia comentada sobre o tema em: MOREL, Henri E. "As discussões sobre a natureza dos países de leste (até a segunda guerra mundial): nota bibliográfica". In: NEVES, Artur J. C. (dir.) *A natureza da URSS (antologia)*. Porto: Afrontamento, 1977, p. 229-252. Diferentes linhas interpretativas podem ser estudadas a partir dos seguintes autores: MAKHAJSKI, Jan W. "O socialismo de Estado", "A ciência socialista, nova religião dos intelectuais". In: TRAGTEMBERG, Mauricio. (org.) *Marxismo heterodoxo*. São Paulo: Brasiliense, 1981, p. 84-170. (Makhajski utiliza o termo *intelligtensia* para definir a classe dos trabalhadores intelectuais que se apropria de parte da mais-valia por organizar os processos de trabalho); CASTORIADIS, Cornelius. *A experiência do movimento operário*. São Paulo: Brasiliense, 1985. (Castoriadis utiliza o termo *burocracia* para definir a classe social exploradora que coordena os processos políticos e econômicos. Apesar de não se restringir ao poder político, vislumbra a formação desta classe primordialmente a partir das cúpulas dirigentes do movimento operário); PEREIRA, Luiz Carlos Bresser. *A sociedade estatal e a tecnoburocracia*. São Paulo: Brasiliense, 1981. (Bresser Pereira define como *tecnocracia* ou *tecnoburocracia* a classe social que domina o conhecimento técnico e organizacional na sociedade capitalista. Além disso, ao privilegiar as forças produtivas em detrimento das relações sociais, afirma que esta classe daria origem a um novo sistema de produção: o estatista).

> O capitalista é aquele que controla a organização do processo de trabalho e que, por isso, se apropria do produto que o trabalhador produz e controla a capacidade do trabalhador de obter produtos para consumir. [...] Tenho sempre insistido na questão da existência de duas classes capitalistas. A classe da burguesia e a classe dos gestores. Ambas essas classes são organizadoras do processo de trabalho. Uns, os gestores, são organizadores coletivos do processo de trabalho; os outros referem-se às questões mais particularizadas do processo de trabalho, à particularização das unidades de produção. Mas ambos se entendem por referência à organização do processo de trabalho.[3]

Diferentemente de alguns autores citados acima, Bernardo compreende os gestores como uma das classes *estruturantes* do sistema capitalista e não restringe sua existência aos países de capitalismo de Estado, tampouco afirma que dariam origem a um novo sistema de produção.[4] Outro aspecto relevante de suas formulações refere-se à concepção da formação das classes sociais a partir das relações sociais ao longo do tempo: "as classes sociais não são passíveis de definições substantivas, mas apenas relacionais. [...] cada classe se define no confronto com as restantes."[5] A partir dessa definição, a formulação do conceito de gestores tornou-se possível porque no decorrer do desenvolvimento do capitalismo os membros dessa classe se diferenciaram tanto dos trabalhadores quanto dos burgueses.

A afirmação da existência de duas classes capitalistas fundamenta-se na compreensão de que o capital "não é bem material, nem símbolo monetário, mas, fundamentalmente, uma *relação social*. Conseguir enquadrar a força de trabalho num sistema em que se lhe extorque mais-valia, conseguir controlá-la durante esse processo de produção – é isso o capital."[6] A partir desta definição, Bernardo

---

[3] BERNARDO, João. "A produção de si mesmo". *Educação em Revista* [Faculdade de Educação da UFMG], Belo Horizonte, n.9, jul. 1989, p. 11.

[4] Burnham lançou a tese, nos anos 1940, de que a sociedade capitalista daria lugar à sociedade *gerencial*, caracterizada pela propriedade estatal dos meios de produção sob a direção dos gerentes. Cf. BURNHAM, James. *The managerial revolution: what is happening in the world.* New York: The Jon Day, 1941.

[5] BERNARDO, João. *Economia dos conflitos sociais.* 2ª ed. São Paulo: Expressão Popular, 2009, p. 269.

[6] *Idem. Capital, sindicato, gestores.* São Paulo: Vértice, 1987, p. 53. (grifos meus). Segundo Marx, "[...] o capital não é uma coisa, mas uma relação social entre pessoas, efetivada através de coisas." Marx cita o caso de um capitalista inglês que levou para a Austrália víveres, meios de produção e trabalhadores com o objetivo de lá estabelecer uma indústria de tecidos. Contudo, ao desembarcarem na Austrália os trabalhadores foram viver por sua própria conta

enfatizou o controle sobre os meios de produção e a gestão dos processos econômicos como elementos centrais da produção capitalista. "O controle é mais genérico do que a propriedade e pode realizar-se mediante várias das suas formas."[7] Ou seja, extrair mais-valia e dela se apropriar vai além de deter um título de posse de determinada empresa. Por conseguinte, as disputas em torno do tempo de trabalho são fundamentais para se compreender os conflitos sociais entre capitalistas e trabalhadores, tanto em conjunturas de predomínio da propriedade privada individual quanto em conjunturas em que prevalece a propriedade coletiva, através do Estado ou do controle acionário das empresas por grupos de investidores pessoais ou institucionais.

Assim, o conceito de gestores poderá contribuir para se interpretar o papel social de um conjunto de sujeitos que carecem de definição conceitual na maior parte da historiografia e que foram responsáveis pelo desenvolvimento e aplicação de diversas formas de controle social. Também possibilitará compreender parte dos significados dos conflitos sociais no cotidiano fabril. Entretanto, é um conceito pouco difundido e que confronta visões consagradas no meio acadêmico, e isso contribui para que sofra inúmeros questionamentos e objeções,[8] os quais poderão ser potencializados devido a certas características do parque fabril em estudo.

As unidades produtivas de Franca eram, na maioria absoluta, empresas de capital fechado administradas por grupos familiares que tinham um papel ativo na administração e organização dos processos produtivos. Ao longo do período estudado, a burguesia constituiu-se na principal classe capitalista a gerir os negócios e manteve os gestores como seus subordinados. Por conseguinte, não se atingiu um estágio de desenvolvimento industrial em que os gestores se tornaram proprietários coletivos das empresas por meio do controle acionário. A maior

---

como camponeses. Não existiam na Austrália as relações de produção existentes na Inglaterra que forçavam os trabalhadores a se submeterem ao emprego por um capitalista como única alternativa para sobreviver. Assim, os meios de produção e de subsistência "só se tornam capital em condições nas quais sirvam de meios para explorar e dominar o trabalhador." Cf. MARX, Karl. *O capital*. Livro I, vol. 2. 6ª ed. São Paulo: DIFEL, 1980, p. 885.

7   BERNARDO, João. *Capital, sindicato, gestores*, p. 9.

8   Paul Sweezy, por exemplo, ao criticar duramente a tese de Burnham, negou que os gerentes constituíssem uma classe independente da burguesia e afirmou que eram apenas representantes do capital (daqueles que detêm a posse dos meios de produção). Cf. SWEEZY, Paul M. "A ilusão da revolução dos gerentes". In: *Ensaios sobre o capitalismo e o socialismo*. Rio de Janeiro: Zahar, 1965, p. 40-66. (Texto publicado originalmente em 1952)

parte da gerência industrial teve o atributo de gerir os processos de trabalho no chão de fábrica, condição muito distinta daquela vivenciada pelos "burocratas" de Estado ou pelos altos executivos de paletó e gravata, facilmente discerníveis do conjunto dos trabalhadores. Se mesmo a definição destes últimos como capitalistas distintos dos burgueses suscita objeções teóricas, o que dizer dos gestores de baixo escalão?

Inserido neste debate mais amplo sobre a formação das classes sociais no capitalismo industrial, o principal objetivo deste capítulo será interpretar a função e as ações dos sujeitos responsáveis pelo controle dos processos produtivos e de trabalho no cotidiano fabril e analisar as singularidades do processo de formação de uma segunda classe capitalista no complexo coureiro-calçadista. Para tanto, focarei as relações sociais no chão de fábrica, espaço privilegiado para se interpretar a formação das classes sociais. Farei uma síntese de algumas trajetórias de personagens que compuseram a gerência industrial – chefes de seção, gerentes, consultores e diretores –, abordarei as características de suas relações com os trabalhadores e interpretarei o significado histórico mais amplo da ascensão social na hierarquia interna das unidades de produção como um possível elemento de minimização de conflitos sociais.

Os "donos" do chão de fábrica e o predomínio da empiria

A maioria absoluta das indústrias de artefatos de borracha, de couros e de calçados de Franca formou-se a partir de empresas de pequeno porte. No período inicial de constituição dessas fábricas, foi comum o proprietário trabalhar diretamente na produção e ser o principal responsável pela fiscalização direta de seus funcionários. À medida que a produção se incrementava, os proprietários se dedicavam às atividades administrativas e comerciais de seus negócios e delegavam a função de fiscalização e controle da força de trabalho a antigos operários, escolhidos a partir de diferentes critérios: ser um bom trabalhador, ser produtivo e ter amplo conhecimento sobre o processo de trabalho; possuir "espírito" de liderança e/ou facilidade de comunicação com os companheiros de trabalho; ter boas relações com os patrões e ser considerado de sua inteira confiança; ter laços consanguíneos com os industriais ou relacionamentos pessoais com seus familiares (namoro ou matrimônio) etc. Portanto, a escolha da chefia englobava capacidades profissionais e relações pessoais com os industriais.

No decorrer dos últimos anos, entrevistei dezessete ex-trabalhadores que exerceram, temporariamente ou permanentemente, funções de gestão da força de trabalho.[9] Seus depoimentos foram importantes fontes para se interpretar a formação de uma classe social distinta da burguesia e dos trabalhadores e, para fins analíticos, tomarei algumas destas trajetórias como representativas do conjunto de entrevistas.

Nos curtumes, os "químicos" – comumente chamados de técnicos, ainda que nem todos tenham feito um curso técnico em química – possuíram funções que extrapolavam as tarefas da área química propriamente dita. Eles não se restringiam ao desenvolvimento de formulações e ao acompanhamento do curtimento, recurtimento e acabamento. O químico era o gerente da produção, o principal responsável pela gestão de todo o processo produtivo e, não raro, tomava decisões referentes à compra de produtos químicos: recebia os representantes das indústrias químicas e tinha autonomia para decidir entre quais fornecedores escolher e a quantidade de insumos a ser adquirida.[10] Tais funções adquiriam importância ainda maior nos curtumes de pequeno porte sem um quadro gerencial plenamente constituído.

A trajetória de Osmar Finotti possibilita interpretar alguns elementos da formação dos gestores das fábricas de couros. Sobrinho de Orlando Paludeto,

---

9 *Curtumes*: Jerson José do Nascimento: chefe dos mecânicos do *Curtume Orlando*; Osmar Finotti: químico prático e gerente do *Curtume Orlando* e de outros; Ulisses Quirino de Souza: chefe da expedição do *Curtume Progresso* por mais de quarenta anos. *Fábricas de calçados*: Augusto Aparecido de Freitas: chefe da seção de acabamento da *Maperfran*; Benedita de Souza: chefe da seção de pesponto da *Calçados Palermo* por cerca de trinta anos; Benedito Cardoso: chefe da seção de solas da *Agabê* por quase trinta anos; Cristiano Roberto Pimenta: chefe da seção de acabamento da *Calçados Peixe*; Dario Maranha: chefe de qualidade da *Samello*; Joana Odete da Silva: chefe da seção de preparação da *Calçados Mamede* por seis anos; João Alves da Silva: chefe da seção de acabamento da *Calçados Peixe*; Marilene Paes Leme: chefe da seção de pesponto do *Charm* (fábrica do grupo *Samello*) por doze anos; Idacir Ferreira: chefe de seção de diferentes fábricas e gerente de produção da *Agabê* por mais de trinta anos. *Fábricas de artefatos de borracha*: Erotides de Souza: chefe dos eletricistas da *Amazonas* por doze anos; João Orlando: chefe da seção de prensas por sete anos e gerente de produção por trinta e cinco anos da *MSM*; José Leme de Araújo: subchefe do setor de cilindro e modelagem, químico, gerente, assessor da diretoria e diretor industrial da *MSM*, empresa em que foi funcionário por mais de trinta anos; José Vitor de Souza: chefe e gerente da matrizaria da *MSM*, onde era funcionário há quarenta anos; Zilda Maria Malta: chefe da seção de aparação da *Amazonas* por mais de vinte anos.

10 Segundo Osmar Finotti, "antigamente tinha poucas firma de produto químico e essas firma chegava fim de ano, eles te dava televisão, presentes bons mesmo, procê comprar deles. Então cada um queria levar você pra tomar uma pinga, jantar ou almoçar. Ia tudo por conta deles." Depoimento ao autor em 28 de fevereiro de 2009.

proprietário do *Curtume Orlando*, Osmar entrou na fábrica no começo dos anos 1950 como motorista e ajudante geral. O curtume tinha cerca de trinta funcionários e Écio Volpe era o químico prático – não fizera curso técnico ou superior – que ensinou a Osmar o básico da função. Em tais circunstâncias, o aprendizado foi totalmente empírico: possuía certas formulações raramente alteradas, mesmo porque a produção era pequena e pouco variada, e quando era necessário desenvolver uma nova fórmula, fazia-se por meio de testes práticos. "Então você fazia, funcionava e você tava lá fazendo. Se não funcionasse, será o que que tá faltando?" Seu aperfeiçoamento como químico se deu por meio de manuais e da troca de experiências com os técnicos representantes de empresas químicas que visitavam o curtume. "Um pouco da imaginação da gente também, ia melhorando... aí você vai pegando as manhas..."[11] Na condição de químico, exercia diversas atividades que exigiam grande criatividade e polivalência:

> Eu era mecânico, eu era eletricista... (risadas) eu era o coringa. Se faltava o cara do "Jacaré" eu pegava, o cara da lixadeira, eu pegava... o curtimento eu que fazia, pôr os produtos, todo o curtimento era eu que fazia. Quando você chegava no curtume o que tava mais sujo era o chefe, era o técnico (risadas). Que era aquele que fazia tudo. [...] *E aprendendo ali no chão de fábrica mesmo. Não tinha escola, não tinha nada.*[12]

Com o crescimento da produção, novas máquinas foram adquiridas e contratados mais funcionários. Pouco a pouco, Osmar deixou de exercer o trabalho direto na produção para se dedicar exclusivamente à administração do chão de fábrica. Alguns funcionários se tornaram "comandantes" de seções, mas não deixaram de trabalhar. Nesses casos, o "comando" relacionava-se à transmissão das ordens do gerente e à capacidade de realizar serviços diversos e auxiliar os companheiros de trabalho. O número reduzido de trabalhadores não exigia um chefe que apenas gerisse a seção e tampouco permitia prescindir do trabalho direto dos "comandantes" de seção.[13] Nos anos 1980, o curtume chegou a empregar uma centena de trabalhadores e a situação se transformou completamente, existindo chefes em todas as seções.

---

11 Depoimento de Osmar Finotti ao autor.
12 *Ibidem.* (grifos meus)
13 *Ibidem.*

Osmar Finotti permaneceu no *Curtume Orlando* até o início dos anos 1980 e, na condição de principal responsável pelo setor produtivo, era a pessoa mais bem remunerada dentro da empresa, além de ter uma participação de 10% na propriedade da firma quando da montagem da Sociedade Anônima (S/A). A saída desta fábrica foi motivada pelo estresse decorrente do acúmulo de funções, que o levou, por exemplo, a ficar doze anos sem tirar férias. Em meados dos anos 1980, assumiu as funções de químico e de gerente no *Curtume Progresso*, fábrica maior e bastante diferente do curtume onde havia se formado. A fábrica fazia parte do grupo *Samello* e contava com uma estrutura administrativa plenamente constituída e com chefes em todas as seções. Posteriormente, gerenciou outro curtume e aposentou-se em meados dos anos 1990, tendo então prestado serviços de consultoria.[14] Ao ser indagado a respeito da função de gerente, constata-se que sua identidade foi construída em torno do controle exercido sobre os processos de trabalho:

> Não tem a posse, mas... o gerente tem que gerenciar tudo. Porque às vezes tem certos técnicos que é técnico apenas do caleiro e cromaria. [...] Eu não, eu pegava de cabo a rabo. Eu era o gerente geral. (E como senhor se via?) Você se vê que você é o supremo! Você que manda em tudo, nem o dono dá palpite dentro do curtume! O dono fica na parte de administração, por exemplo, ele chega e vê se tá saindo o couro bem, se tá bom, se tá vendendo, tá... então ele não vem te encher o saco. [...] *O curtume, na produção é do gerente. É do gerente e acabou!*[15]

O excerto elucida como o gerente se identificava no conjunto das relações de trabalho: não possuía a posse jurídica da empresa, mas era o principal gestor dos processos produtivos, controlava a força de trabalho e prescindia da autorização do proprietário para tomar decisões cotidianas. Afirmar que "*a produção é do gerente*" simboliza como o controle torna-se tão, ou até mais, importante que a posse jurídica para gerir o chão de fábrica, característica recorrente em todos os tipos de indústrias analisadas.

---

14 Depoimento de Osmar Finotti ao autor. Formado exclusivamente no chão de fábrica, chama a atenção sua afirmação de que ao prestar assessoria a um curtume do Paraná foi indagado se não iria cronometrar o processo produtivo, ao que teria respondido não ser necessário, pois em curtume "isso não funciona", se o operário trabalha bem não precisa cronometrar.

15 *Ibidem.* (grifos meus)

Nas indústrias de calçados, em especial as de médio e de grande porte, a estrutura gerencial mais comum era composta pelos chefes de seções (almoxarifado, modelagem, corte, pesponto, montagem, acabamento e expedição) e pelo gerente de produção, também chamado gerente geral. Nas fábricas maiores o quadro gerencial era mais complexo e a chefia de algumas seções era subdividida: chefe da seção de sola distinto do chefe da seção de corte de vaqueta, chefe da preparação distinto do chefe do pesponto, chefe do acabamento (colocação e acabamento do solado) distinto do chefe de plancheamento (limpeza e tarefas correlatas da finalização do sapato). Também existiam subchefes, auxiliares dos chefes das seções que empregavam grande número de trabalhadores, e algumas indústrias tinham chefes de produção e chefes de qualidade distintos. A complexidade da estrutura gerencial estava condicionada ao tamanho da empresa e ao número de trabalhadores por seção.

Todos os chefes e gerentes das indústrias calçadistas entrevistados tiveram trajetórias semelhantes: eram provenientes de famílias de trabalhadores – a maioria ex-trabalhadores rurais –, começaram a trabalhar na infância para auxiliar na sobrevivência do núcleo familiar, alguns ingressaram em fabriquetas e/ou fábricas antes de completar catorze anos, o aprendizado da profissão se deu por meio do trabalho direto e quase todos aprenderam a executar as diversas tarefas de uma determinada seção ou todas as tarefas envolvidas na fabricação de sapatos, fator fundamental para a nomeação ao cargo de chefia. Muitos desses gestores trabalharam numa única empresa ao longo de suas vidas profissionais: ingressaram como operários, tornaram-se chefes de seção e alguns ascenderam à condição de gerentes de produção. Outra característica comum foi a divisão de gênero no exercício das funções de chefia, reflexo da divisão sexual do trabalho: as mulheres chefiaram exclusivamente as seções de preparação e de pesponto,[16] os homens além de chefiarem todas as seções, foram gerentes.

A trajetória de Idacir Ferreira, migrante mineiro, sintetiza as experiências dos gestores das indústrias calçadistas. Começou a trabalhar aos treze anos de idade, em 1963, como auxiliar de sapateiro numa pequena fábrica que produzia calçados manualmente. Algum tempo depois, tornou-se operador de máquinas

---

16 Uma análise detida a respeito das gestoras na indústria calçadista foi realizada no capítulo 3 de REZENDE, Vinícius D. de. *Anônimas da História: relações de trabalho e atuação política de sapateiras entre as décadas de 1950 e 1980 (Franca – SP)*. Dissertação (Mestrado em História)- FHDSS, UNESP, Franca, 2006.

na seção de acabamento de outra fábrica. Após ser demitido por completar dezoito anos, quando deveria receber o salário mínimo integral, ingressou numa terceira fábrica e aprendeu a operar diferentes máquinas. O gerente dessa fábrica o levou para a *Calçados Fipasa* para supervisionar a seção de acabamento e, com menos de vinte anos, tornou-se chefe de seção e teve o salário mais do que dobrado. A partir de então, deixou de ter a função de operar máquinas, mas afirmou que sempre trabalhou diretamente na produção quando um funcionário faltava, porque mesmo com coringa – imprescindível numa seção com mais de quinze trabalhadores –, às vezes era necessário cobrir a falta de algum operário para não afetar a qualidade. Foi chefe de seção nas fábricas *Sândalo* e *Squalo*, e, em 1975, assumiu a gerência da produção da *Calçados Agabê*, onde trabalhou durante trinta e dois anos, com uma pequena interrupção após vinte anos para gerenciar duas outras fábricas. Quando ingressou na *Agabê*, a produção diária era de mil e duzentos pares e, em meados dos anos 1980, atingiu doze mil pares diários, oito mil no interior da unidade produtiva e quatro mil terceirizados. Idacir gerenciava a produção dos modelos montados tradicionalmente e havia outro gerente na produção de *mocassins*.

Em seus depoimentos, Idacir afirmou ser um *gerente de chão de fábrica*, avesso às salas e escritórios com ar condicionado apartadas da produção. "Não, eu nunca gostei de trabalhar com papel. Eu gosto de trabalhar olhando, pegando sapato, examinando, orientando, checando a produção, vendo se faltou alguém, se a pessoa que tá operando a máquina é a pessoa certa." A preocupação com a substituição adequada de um funcionário ausente decorria da constatação de que um único trabalhador despreparado para a execução de uma tarefa na linha de montagem comprometeria todo o lote em fabricação. "Eu sou um chefe, um gerente, um líder bem antiquado, eu me considero assim. [...] Então eu gosto de ficar na minha, aonde eu aprendi, aonde eu tenho confiança no meu trabalho, aonde eu sou valorizado." Ao se referir à sua importância para a empresa, afirmou nunca ter precisado pedir aumento, quando recebeu melhores propostas salariais para gerenciar outras empresas, ameaçou se demitir. "Eu não sou de pedir aumento, eu sou de pedir as contas. Aí a pessoa aumentava pra mim. Já teve época de eu pedir conta na empresa e o meu salário foi dobrado pra mim não sair."[17] Idacir representa um típico exemplo de gestor formado de maneira

---

17 Depoimentos de Idacir Ferreira ao autor em 9 e 10 de fevereiro de 2009.

empírica e que controlava os processos de trabalho a partir do conhecimento acumulado ao longo dos anos no cotidiano de trabalho.

Em relação às indústrias de artefatos de borracha, a *Amazonas* e a *MSM* (duas principais empresas do ramo) também começaram pequenas e se tornaram empresas de grande porte. A *Amazonas* possuía uma estrutura gerencial plenamente constituída: diretores departamentais, gerentes, engenheiros de produção, químicos e técnicos, grande número de chefes, subchefes e supervisores. Possuía também Departamentos de Recursos Humanos e Social muito bem estruturados.[18] Como entrevistei alguns dos principais gestores da *MSM*,[19] analisarei a formação dos gestores desse segmento produtivo a partir desta empresa que compunha o grupo *Samello* e tinha a seguinte estrutura administrativa: presidente-proprietário; diretores industrial, comercial e financeiro; gerentes e chefes de seção.

João Orlando era trabalhador rural e migrou para Franca aos vinte e dois anos de idade, tendo ingressado na *Amazonas*, em 1962, como prenseiro. Um ano depois foi ser prenseiro na *MSM*, época em que a fábrica estava sendo montada, tinha pequenas dimensões e empregava duas dezenas de trabalhadores. Em 1965, tornou-se chefe da seção de prensas e, em 1972, gerente de produção, função que exerceu até 2004. A promoção ao cargo de chefe de seção decorreu da implantação do Planejamento de Produção por Zdenek Pracuch e da necessidade de alguém capaz de fazer cálculos e anotações a serem repassadas ao setor administrativo (escritórios). Apesar de ter cursado apenas o ginasial incompleto, possuía maior grau de instrução formal que os demais trabalhadores da seção, fator determinante para sua escolha. Não obstante, seu baixo nível de escolaridade teria feito com que ele "estacionasse" na hierarquia interna da empresa, levando-o a afirmar que, se tivesse retomado os estudos, poderia ter se tornado engenheiro industrial e diretor da empresa.[20]

Na condição de chefe de seção, ele controlava a produção e a produtividade: verificava a quantidade de pares por prensa, as perdas por estragos, fiscalizava o trabalho dos funcionários, determinava a melhor maneira de se trabalhar e

---

18 O recorte em torno das relações de trabalho no processo de produção justifica a opção por não analisar a estrutura organizativa dos departamentos administrativo, financeiro, comercial, de recursos humanos e de serviço social existentes nas maiores empresas e que ampliaria significativamente a quantidade de gestores.
19 Entrevistei o proprietário da fábrica e três gestores: João Orlando, José Vitor e José Leme.
20 Depoimento de João Orlando ao autor em 13 de janeiro de 2009.

coibia atos de indisciplina e de sabotagem. Como gerente, tornou-se o elo entre a diretoria e a chefia. Andava pela produção e tomava nota de tudo, realizava duas reuniões semanais com os chefes de seção e reuniões quinzenais com a diretoria para discutir as diversas questões pertinentes ao setor produtivo. Após ser nomeado gerente, deixou de abordar diretamente os trabalhadores em casos disciplinares e reportava-se ao chefe de seção quando verificava algo errado, para não retirar a autoridade deste junto aos subordinados. Outra função era cronometrar os processos de trabalho para elaborar os cálculos de custos e estabelecer metas de produtividade, muitas vezes ajustava ou corrigia os cálculos elaborados pelo setor de planejamento. Antes da implantação do departamento de Recursos Humanos, era o responsável pela contratação de funcionários para a produção: recebia e entrevistava os candidatos às vagas de trabalho.

Esse personagem foi o entrevistado que mais bem expressou a construção de uma identidade centrada no controle sobre os processos de produção:

> *O setor é seu, é seu, a responsabilidade é sua*. Então você, além de comandar o funcionário, você vê a produção sua inteirinha e *você não pode trabalhar*, você tem que olhar, tem que fiscalizar. *Não pode trabalhar*. Ele não pode trabalhar [o chefe]. E a mesma coisa o gerente. [...] Você respeita a hierarquia do funcionário com você, do chefe para o gerente e do gerente pro patrão. *Você vê que todos vai com o patrão*. [...]
> *Quando o patrão coloca você como chefe ou gerente, a fábrica é sua!* Tudo que eu quero, você vai fazer. Você faz de conta que a fábrica é sua. Tudo que acontece ali, a responsabilidade é sua. [...] Aquilo lá você nem fala, eu não vou fazer isso porque o patrão não quer. O chefe falar: se o patrão souber aqui... Não. Isso aqui não pode fazer porque não pode, senão dá problema. Ele é o responsável, ele é o dono daquele setor lá.
> (É isso que o senhor quis dizer quando falou que é o dono, é quem toma as decisões...) Exatamente. Porque o patrão não sabe... ele sabe pelas estatísticas. Não sabe quem mandou embora, quem não mandou. [...] (Então não é um simples trabalhador?) Não é mesmo, não é de jeito nenhum. Primeiro que além de *você ser o dono da seção, você é como se fosse o dono, e você não pode trabalhar*. Enquanto você tá trabalhando, você deixa de fazer outra coisa.[21]

Três argumentos são centrais: primeiro, afirmar que o chefe e o gerente são os "donos" da produção, não porque possuem a posse jurídica, mas porque con-

---

21 Depoimento de João Orlando ao autor. (grifos meus)

trolam os processos de trabalho. Por isso, as ordens dadas aos subordinados são justificadas a partir da própria autoridade da chefia, não se afirma que o patrão determinou isso ou aquilo, quem determinou foi o chefe, a quem o trabalhador deve se submeter no dia a dia. Em segundo lugar, destaca-se a assertiva de que chefes e gerentes *não podem trabalhar*, pois resultaria em negligência na tarefa de fiscalizar e organizar o trabalho alheio. A função deles era controlar o trabalho daqueles que exerciam diretamente as atividades produtivas. Além disso, não trabalhar também era um sinal a reforçar a distinção entre trabalhadores e chefia. Por fim, ao falar da hierarquia interna, menciona que, em última instância, "os donos do chão de fábrica" continuavam submetidos ao proprietário da fábrica.

Alguns depoimentos indicaram que nem sempre era fácil a transição entre deixar de trabalhar e passar exclusivamente a controlar o trabalho alheio. José Vitor formou-se como mecânico pela Escola Industrial e trabalhou na matrizaria da *Amazonas* entre 1964 e 1970. Foi um dos primeiros operadores do pantógrafo e um dos operários mais produtivos da seção, a ponto de receber mais do que o chefe da seção após a implantação da remuneração por peça.[22] Em 1970, transferiu-se para a *MSM* após receber uma oferta melhor de emprego. Trabalhou seis anos como operador de pantógrafo e foi promovido a chefe da matrizaria após a transferência do antigo chefe para a oficina de manutenção. Sem ter recebido qualquer instrução formal para o exercício da função, teve dificuldades para se adaptar ao cargo.

> Como eu fazia tudo no pantógrafo tive dificuldade de arrumar alguém. Até lembro o dia que o patrão falou: "- *Você é chefe ou você é funcionário?*" Por que você nunca esqueceu como é trabalhar, então você tinha que fazer o trabalho do líder, então eu tinha que formar uma pessoa pra ficar no meu lugar. Tinha que formar uma pessoa pra ficar lá e eu tomar conta. Porque a gente falava assim: "- No meu tempo eu fazia." E não tem nada a ver. Porque eu não estou lá pra fazer mais, eu estou lá pra orientar, certo? Ele tem razão. [...] (Mas o senhor continuava a pôr a mão na massa?) Não, eu achava que a pessoa não fazia porque não tinha a habilidade que eu tinha. Eu tinha que formar gente, pessoal. (E o senhor teve dificuldade de conseguir alguém com a mesma habilidade.) Isso, deu pra perceber como é? [...] *Porque quando passa a ser chefe não era muito preparado*, porque entrou lá... naquele tempo não tinha muito igual tem hoje de recursos

---

22 Depoimento de José Vitor de Souza ao autor em 18 de dezembro de 2008. Cf. análise sobre o tema no cap. II.

humanos pra fazer isso aí, pra falar, chamar, conversar, não tinha isso aí. Você tinha que ir na sua intuição.[23]

Se por um lado, o conhecimento empírico era determinante para a escolha da chefia, por outro lado, a falta de treinamento para exercer a função poderia ocasionar dificuldades, no caso específico, relacionadas ao trato com os trabalhadores. Percebe-se nas entrelinhas que José Vitor teve dificuldades para se relacionar com os antigos companheiros que se tornaram seus subordinados, e isso pode ter resultado em autoritarismo. Era um operário extremamente habilidoso que de uma hora para a outra passou a comandar a seção e sua reação imediata foi exigir dos trabalhadores que executassem as tarefas tal como ele fazia quando era um operador de máquinas.

Apesar das dificuldades iniciais, sua promoção lhe possibilitou adquirir um amplo conhecimento sobre desenho e desenvolvimento de solados. Na condição de responsável pela seção, lidava diretamente com clientes, visitava fábricas de calçados (a empresa não produzia exclusivamente para o grupo *Samello*) e desenvolvia projetos, muitas vezes a partir de modelos trazidos do exterior. O acúmulo de funções gerou a necessidade de nomear um auxiliar, um subchefe, para fiscalizar a seção quando de sua ausência. Com o tempo, tornou-se o gerente da matrizaria, responsável pelo contato direto com a direção da empresa, desenvolvimento de projetos, cálculo de custos da seção e, assim como João Orlando, deixou de controlar diretamente a força de trabalho, função primordial do chefe de seção. Como nos casos anteriores, zelava pelos interesses da empresa como se ela fosse sua.[24]

Dentre os entrevistados, José Leme ocupou o cargo mais alto na estrutura gerencial do setor coureiro-calçadista. Assim como os dois personagens anteriores, ingressou no trabalho industrial na *Amazonas* e, entre 1960 e 1964, exerceu diferentes tarefas: prenseiro, limpador de matrizes, pesador de produtos no setor de preparação e cilindreiro. Em 1965, transferiu-se para a *MSM* e trabalhou como prenseiro, cilindreiro e pesador de produtos. Foi nomeado chefe e depois

---

23 Depoimento de José Vitor ao autor. (grifos meus)

24 "Eu acho que a gente tem que ter um pouco de responsabilidade, tem que agir com a fábrica como se fosse... mesmo não sendo sua, você tem que ter um pouco de responsabilidade sobre aquilo, como se fosse seu. Se você fosse o dono, como é que você agiria? Você admitiria certas coisas?" *Ibidem*.

gerente da seção de preparação, experiências decisivas para que se tornasse o químico da empresa.

Tal como ocorreu em muitos curtumes, os primeiros químicos das indústrias de borracha eram químicos práticos, mas a necessidade de desenvolver produtos cada vez mais bem elaborados e de melhor qualidade levou à contratação de profissionais com ensino técnico e/ou superior. No final dos anos 1960, a *MSM* contratou Gerd Eugênio Malchist, descendente de poloneses, formado em química pelo Mackenzie e com experiência de trabalho no exterior e em grandes indústrias de borracha do Brasil. Segundo Wagner Sábio de Mello, presidente da fábrica, Malchist era um "químico extraordinário, fantástico", que "revolucionou" a empresa. "As fórmulas dele eram apuradíssimas, fazia a fórmula e não se dava por satisfeito, ele ia aprimorando." Visava melhorar as características físicas dos saltos e solados e reduzir o tempo de preparação da massa nos cilindros para aumentar a produtividade. A partir do trabalho junto a Malchist, José Leme se tornou o químico da *MSM*. "Ele que formou o Zé Leme. Até que chegou um dia pra mim e falou: ' — Esse tá feito. Posso entregar a ele tranquilamente o cargo e vir aqui quando for necessário, uma vez por mês.'"[25]

Com o intuito de ascender na hierarquia interna da fábrica, José Leme voltou a estudar no período noturno, fez o curso ginasial e o de técnico em química industrial no Colégio Jesus Maria José, concluído em 1980. Em 1982, obteve o registro profissional junto ao Conselho Regional de Química do estado de São Paulo e pôde assinar como químico responsável pela fábrica. Em 1984, tornou-se assessor da diretoria e, em 1986, diretor industrial. "Eu tinha acesso praticamente a tudo. Eu era diretor industrial, então eu tinha que decidir e definir praticamente tudo, desde o planejamento, até o despacho, era tudo por minha conta. O setor produtivo da MSM, praticamente era eu que comandava tudo." Mesmo tornando-se o principal responsável pelo controle da produção, nunca teve uma sala separada, "nunca tive redoma não",[26] seu escritório era no próprio laboratório.

Em visitas realizadas a essa fábrica, constatei que o laboratório químico fica num piso superior, é envidraçado e está de fronte para a seção de cilindros, o que possibilita ao químico uma visão ampla de toda a seção e de seus trabalhadores. É uma estrutura física semelhante ao estilo arquitetônico da *Samello* analisado no primeiro capítulo. Portanto, a afirmação de José Leme expressa, assim como

---

25 Depoimento de Wagner Sábio de Mello ao autor em 27 de fevereiro de 2009.
26 Depoimentos de José Leme de Araújo ao autor em 17 e 18 de fevereiro de 2009.

no caso de Idacir Ferreira, o hábito de estar presente no cotidiano de trabalho para fiscalizar os trabalhadores. Formaram-se no chão de fábrica e era ali que exerciam suas funções: controlar a qualidade e a produtividade.

José Leme afirmou ainda que cresceu junto com a empresa (em meados dos anos 1980, a *MSM* empregava mais de quinhentos trabalhadores) devido ao seu esforço e dedicação, e refutou quaisquer acusações de ter alcançado o cargo de diretor por meio de adulação:

> Foi uma condição de merecimento pela minha dedicação. Então muitas pessoas podem falar que o sujeito cresceu na vida porque ficou bajulando, puxando o saco... Não, não é nada disso! Eu fazia por minha espontânea vontade de crescer e acompanhar o crescimento da empresa. Pra mim não tinha hora, não tinha dia. A hora que a empresa precisava de mim eu tava disponível.[27]

Portanto, sua nomeação à diretoria foi narrada como uma recompensa por sua dedicação e sua trajetória, assim como a dos demais gestores do chão de fábrica, adquiriu um significado ideológico mais amplo ao difundir entre os trabalhadores o ideal de ascender socialmente no sistema capitalista por meio do esforço pessoal e da dedicação ao trabalho. A ascensão é concebida como resultado do merecimento e definida como possível a qualquer trabalhador "ordeiro" e "colaborativo".

Os diferentes excertos citados anteriormente evidenciaram que os chefes e gerentes se definiram recorrentemente como os "donos" do chão de fábrica. José Leme, químico e diretor industrial, levou essa visão ainda mais longe. Ele não se via apenas como o "dono" do setor produtivo, mas como o principal representante da imagem da empresa no mercado.

> Eu tinha a responsabilidade de toda a indústria na minha mão, tudo! Então isso foi uma condição assim, de trabalhar vendo que eu na frente daquela equipe, eu *tinha que representar a empresa. Quer dizer, eu era a empresa!* Então se a empresa tinha que produzir, ela tinha que ser marco no mercado, esse marco tinha que ser Zé Leme.
> (O senhor falou: "Eu era a empresa." Tenho percebido que são funcionários que não são os donos da empresa...) Mas agem como tal. *Todas as*

---

[27] Depoimento de José Leme ao autor.

decisões, toda a dedicação, o trabalho, era feito como se fosse meu. Porque a responsabilidade era muito grande.[28]

Diante dessas evidências empíricas, não parece ser mera abstração teórica definir esses sujeitos sociais como uma terceira classe social. A distinção entre trabalhadores e gestores do chão de fábrica atingiu seu ápice nas fábricas de grande porte e os próprios trabalhadores definiam o pessoal dedicado à gerência de maneira distinta. Nesse sentido, Vera afirmou: "*o patrão pra gente era o chefe, o patrão nunca aparecia!* Você nunca vê ele. Quem exerce o papel é mesmo o gerente e os chefes!"[29] Nas fábricas maiores, era comum os trabalhadores não conhecerem pessoalmente o proprietário da empresa. "Não. Patrão você dificilmente vê. No *Samello*, por exemplo, você não sabia quem era dono. No *Calçados Terra* eu não conhecia o dono, nunca vi!!! É só gerente e chefe!"[30] Isso não implicava a inexistência da relação entre capital e trabalho, muito pelo contrário. O capital era representado pelo pessoal dedicado exclusivamente a controlar o tempo de trabalho alheio. Não por acaso, os trabalhadores definiam seus superiores hierárquicos como "patrões".

Ao definir o capital como uma relação social, como a capacidade de submeter os trabalhadores a certas condições de venda de sua força de trabalho, constata-se que o controle torna-se, de fato, o conceito fundamental para se compreender as relações de trabalho. A metáfora de que no cotidiano de trabalho os chefes e os gerentes eram os "patrões" funde-se com a afirmação destes de que eles eram os "donos" do setor produtivo. Tais afirmações resultam da linguagem conhecida, compartilhada e articulada por esses sujeitos sociais para expressar a distinção existente entre aqueles que produzem e aqueles cujo "trabalho" é controlar o *tempo* de trabalho dos outros para assegurar a extração de mais-valia. Os capitalistas objetivam garantir que todo o tempo comprado dos trabalhadores seja efetivamente dedicado à produção. Logo, burgueses e gestores organizam os processos produtivos, mas como a imagem do burguês é a mais difundida na sociedade, Vera recorreu à expressão "patrão" para definir os chefes e gerentes,

---

28 Depoimentos de José Leme ao autor.
29 Depoimento de Everalda Aparecida de Souza Flores (Vera) ao autor em 4 de fevereiro de 2005. (grifos meus)
30 Depoimento de Edna Aparecida Lima ao autor em 26 de julho de 2004.

visto que estes personificavam os interesses do conjunto de capitalistas nas relações cotidianas de trabalho.

Da distinção entre o quadro gerencial e os trabalhadores resultavam inúmeros conflitos no cotidiano de trabalho, objeto do quinto capítulo. No momento, e com o fim de demonstrar a oposição de interesses entre trabalhadores e gestores no chão de fábrica, é relevante citar o caso de uma trabalhadora que se recusou a aceitar o cargo de auxiliar de chefe da seção de aparação[31] da *Amazonas* porque a promoção a afastaria dos companheiros.

> Quando eu estava na produção, a minha chefe numa época precisava de alguém pra chefiar o outro setor e ela achou que eu serviria, eu não aceitei. Eu falei assim; "- Não vou me sentir à vontade." Porque eu era amiga de todo mundo, tinha amizade com todo mundo. E se eu fosse chefiar alguém no meu setor, *o pessoal já ia te olhar com outros olhos...* (Então você recusou uma promoção?) Recusei, recusei.[32]

Os argumentos mobilizados por essa trabalhadora para justificar sua recusa ao cargo de chefia demonstram que os chefes não eram representantes dos trabalhadores junto à direção da empresa. Ao contrário, eles eram representantes dos interesses do capital junto aos trabalhadores, resultando numa nítida distinção entre trabalhadores e chefia. Ao longo do tempo, tal diferenciação tende a se consolidar na formação de identidades sociais distintas, marcadas pela oposição de interesses entre o "nós" (os trabalhadores) e o "eles" (os capitalistas). Ascender ao cargo de chefe era o passo inicial para ser olhado "com outros olhos" pelos amigos.

A diferenciação entre chefia e trabalhadores frequentemente era materializada nos uniformes. Por exemplo, na *Calçados Agabê*, os operários usavam camisetas brancas, os chefes e os supervisores camisetas azuis, o revisor camiseta vermelha e o gerente um guarda-pó cinza. Na *Amazonas*, os operários usavam calça cinza e camisetas verdes; os chamados operários "qualificados", como os eletricistas e mecânicos, usavam guarda pó cinza e capacete verde; já os chefes vestiam o guarda pó cinza com a gola branca, para aqueles que faziam uso do capacete, este era azul; os químicos trajavam guarda pó branco.[33] A distinção

---

31 Nas indústrias de artefatos de borracha também existiu uma distinção entre os gestores que reproduzia a divisão sexual do trabalho na sociedade, fazendo com que as mulheres chefiassem apenas a seção de aparação.

32 Depoimento de Isilda Dias Figueiredo ao autor em 9 de abril de 2009.

33 Respectivamente, depoimentos ao autor de Idacir Ferreira e de Erotides de Souza em 08 de

das vestimentas facilitava a rápida identificação do quadro gerencial e fixava visualmente a divisão central existente nos processos de trabalho entre os que trabalham e os que controlavam o trabalho alheio e se apropriavam de parte da mais-valia extraída dos trabalhadores. Assim, o conceito de gestores possibilita compreender que os cargos de chefia e gerência industrial não representam simples hierarquias relacionadas exclusivamente à capacidade de comando, mas o resultado de uma divisão social que fundamenta a produção capitalista e que se assenta na capacidade de exploração do trabalho alheio.

"Ficar no meio" e as ambiguidades na construção de uma identidade

Os casos analisados anteriormente possibilitaram interpretar algumas características da formação dos gestores do chão de fábrica e a construção de suas identidades, marcadas pela distinção em relação ao conjunto dos trabalhadores. Não obstante, como afirmei inicialmente, a burguesia do complexo coureiro-calçadista tinha um papel ativo na administração das indústrias e ainda que os gestores fossem os principais responsáveis pelo controle dos processos produtivos no cotidiano de trabalho, eles eram funcionários da empresa, com carteira de trabalho assinada como qualquer operário, e isto gerou ambiguidades na construção de suas identidades, em especial entre aqueles que ocupavam as posições hierárquicas mais baixas no controle da força de trabalho.

Um elemento que chamou a atenção em alguns depoimentos foi a possibilidade de ser demitido. Idacir Ferreira sempre zelou pelos interesses das empresas que gerenciou como se fossem suas, mas nunca usou a expressão "nossa" empresa.

> [O gerente] normalmente é uma pessoa de mais confiança da empresa. É uma pessoa que não tem hora pra chegar. Eu sou o primeiro a chegar e o último a sair. [...] Uma pessoa nunca vai pegar um cargo de liderança se ele não for da confiança da direção da empresa, não tem como, a chance não existe. [...] (Um gerente de uma indústria de solados me disse que a empresa não era dele, mas era como se fosse. Porque no dia a dia quem comandava era ele, quem tomava decisões era ele.) Exatamente, ele falou bem. Na minha opinião ele falou como eu ajo. [...] Então *o dia em que a empresa que eu trabalho não produz, eu não durmo bem.* [...] Então

outubro de 2008 e 25 de fevereiro de 2009.

> essa fábrica que eu trabalho hoje, as que eu já trabalhei todas, *eram como se fossem minhas. Só que eu nunca falei a minha fábrica, a nossa fábrica*, por que? Pra alguém não rir de mim amanhã. Porque amanhã alguém me manda embora e fala: "- Olha lá o dono da fábrica aonde foi." Então eu não vou dar esse prazer pra ninguém, entendeu? Porque os donos gostam que a gente fale: a nossa fábrica! Mas o dia que eles te dispensa, você não leva nada da fábrica. [...] Então essa palavra comigo não combina: a nossa.[34]

A possibilidade de demissão decorria da distinção entre posse e controle: ambas as classes capitalistas controlavam os processos de trabalho, mas apenas a burguesia detinha a posse dos meios de produção no complexo coureiro-calçadista. Consequentemente, os gestores encontravam-se numa posição subalterna em relação aos industriais, ainda que fossem os principais responsáveis pelas decisões sobre os processos produtivos no chão de fábrica. Osmar Finotti, por exemplo, deixou o *Curtume Progresso* pouco depois da morte de Miguel Sábio de Mello Filho, presidente do curtume, devido a divergências com a nova diretora da empresa – sobrinha do antigo presidente –, que entre outras retaliações o retirou da gerência e o deixou apenas como químico. Os membros da família Sábio de Mello exerciam um papel ativo na administração do grupo e a posse jurídica lhes permitia dispor sobre as funções a serem exercidas pelos gestores.

Convém destacar que a demissão nunca se concretizou para os dois personagens citados. Eles não tiveram na gerência um cargo transitório em suas carreiras profissionais e tampouco se restringiram ao emprego numa única empresa. A possibilidade de ser demitido existia, mas a de voltar a ser um simples operário deixou de lhes acenar no horizonte desde que se tornaram gerentes de produção. Por isso, suas trocas de emprego sempre foram escolhas profissionais. Para os gestores de "alto escalão" das indústrias em estudo, os cargos de gerente e de diretor industrial tornaram-se uma profissão a ser exercida em qualquer fábrica.

De maneira distinta, para outros entrevistados, o cargo de chefia foi uma experiência transitória e condicionada a circunstâncias conjunturais ou ao emprego numa determinada fábrica, e isso teve grande importância na construção de suas identidades. Erotides de Souza começou a trabalhar como eletricista na *Amazonas* em 1968, período de grande expansão da empresa e da construção e transferência para os novos prédios. O número de eletricistas chegou a dezesseis profissionais e, em 1969, ele foi nomeado chefe dos eletricistas pelo engenheiro

---

34 Depoimento de Idacir Ferreira ao autor. (grifos meus)

mecânico que gerenciava o setor de manutenção, tendo exercido a função até 1981. Segundo afirmou, mesmo com pouco tempo de serviço e conhecimento limitado, foi escolhido como chefe devido ao seu perfil de liderança e à maneira de se comunicar com os demais trabalhadores. Em termos financeiros, a promoção resultou num aumento salarial de 40%.

No começo dos anos 1980, a empresa realizou um corte de pessoal e o quadro de eletricistas foi reduzido para apenas quatro trabalhadores. Como existiam três turnos de trabalho distintos, cada eletricista ficou em um turno para realizar os serviços de manutenção e instalação elétrica e o quarto tornou-se o coringa e chefe do setor, função que exigia flexibilidade de tempo. Devido a problemas de ordem pessoal, Erotides optou por ficar em um turno fixo e outro eletricista foi nomeado chefe. Deixar de ser chefe não provocou a imediata redução salarial, mas em médio prazo seu salário ficou defasado em relação aos dos chefes.

Essa experiência levou Erotides a afirmar que "chefe é *status*, não é profissão." A chefia seria apenas um título, uma nomeação passível de ser desfeita pela direção da empresa, sua profissão era a de eletricista. Deixar de ser chefe e não ter tido nova oportunidade de promoção foi determinante para a elaboração dessa visão a respeito do cargo. Nas entrelinhas de seu depoimento, transpareceu uma nítida insatisfação por ter sido preterido em outras promoções, o que o levou a afirmar que nunca pisou em ninguém e nunca fez ninguém de escada para ascender na hierarquia da empresa, colocação que sugere que outros o "fizeram de escada".[35]

Além disso, os chefes dos eletricistas e dos mecânicos de manutenção não deixavam de trabalhar manualmente para apenas comandar os subordinados, o que também influenciou a construção de suas identidades. Mas apesar de continuarem a trabalhar diretamente em seus ofícios, eles acumulavam outras responsabilidades, como coordenar o trabalho dos subordinados, distribuir o serviço, dar e transmitir ordens, definir a classificação dos demais trabalhadores,[36] entre outras funções que demonstram que a chefia não era um mero título. Portanto, estes chefes vivenciaram uma situação ambígua: continuavam a trabalhar e, ao

---

35 Depoimento de Erotides de Souza ao autor.

36 Existia um sistema de classificação nos ofícios de eletricista (1 ao 6), pespontador (1ª a 3ª classe) e matrizeiro (1 ao 7) condicionado à complexidade do trabalho e à polivalência dos operários e se refletia na escala salarial. Era o chefe de seção que classificava e promovia os subordinados. Baseado nos depoimentos de Erotides de Souza, José Vitor e Maria das Graças de Moraes (10/03/2005) ao autor.

mesmo tempo, controlavam o trabalho alheio de seus subordinados, situação totalmente distinta dos gestores dedicados exclusivamente ao controle e organização dos processos produtivos.

Continuar a trabalhar manualmente após tornar-se chefe não era exclusividade dos ofícios de eletricista e mecânico de manutenção. Ocorria o mesmo nas fábricas de pequeno porte, onde a fronteira entre a condição de trabalhador e a de gestor era extremamente tênue. Frequentemente, o número reduzido de funcionários fazia do gerente um coringa apto a exercer diversos trabalhos. O salário era praticamente igual aos vencimentos dos demais funcionários e o pequeno acréscimo salarial advindo da pretensa "promoção" era interpretado como insuficiente para compensar o acúmulo de responsabilidades e o estresse por ter que responder por atrasos, erros e defeitos dos produtos frente ao proprietário da empresa. Em tais circunstâncias, a ambiguidade da posição social que ocupavam nas relações de trabalho era ainda mais marcante e se refletia na formação de suas identidades, levando-os a se definirem como mais um entre os outros trabalhadores. Entre esses sujeitos sociais, a definição do cargo de chefia e/ou gerência como um simples "*rótulo*" adquiria ainda mais força devido à realidade objetiva de não deixarem de trabalhar diretamente na produção após serem nomeados chefes e gerentes.

Por conseguinte, ocupar um cargo hierárquico não significava deixar automaticamente de ser trabalhador – viver do próprio trabalho – para viver exclusivamente da repartição da mais-valia. Além disso, a definição de uma terceira classe social, tal como a tenho utilizado, não se prende exclusivamente aos critérios econômicos, uma vez que privilegia a interpretação das relações sociais e a construção das identidades sociais. Assim, se por um lado, as evidências demonstraram existir uma nítida diferenciação entre trabalhadores e gestores nas indústrias de porte grande, com um quadro administrativo bem organizado; por outro lado, os chefes e gerentes das pequenas empresas – ou mesmo de alguns ofícios específicos – se encontravam numa posição muito mais próxima dos demais trabalhadores do que dos gestores que se autodefiniam como "os donos do chão de fábrica".

Outra característica recorrente nos depoimentos desses personagens refletiu a complexidade da construção de suas identidades: a utilização recorrente da expressão "ficar no meio" para se referir à posição da chefia nas relações de trabalho.[37] O primeiro significado desta expressão era atestar as ambiguidades inerentes à formação dos gestores em conjunturas de predomínio de uma burguesia industrial ativa. "Ficar no meio" simbolizava que os chefes deixavam de se ver e de agir como "simples" operários, mas, ao mesmo tempo, continuavam a ser funcionários das empresas submetidos à autoridade patronal. Como afirmou Idacir Ferreira, "o gerente, o chefe, o supervisor, ele tá numa escala entre... *no meio*." Isto significava ficar ao lado dos proprietários e dos trabalhadores. "Nós temos que estar junto com a empresa e junto com o funcionário. Você tem que olhar o lado do funcionário e o lado da empresa, não pode ser injusto com uma das partes e nem proteger uma das partes."[38]

O segundo significado de "ficar no meio" relacionava-se à estratégia de minimizar conflitos com os trabalhadores nas relações de trabalho.[39] Nesse sentido, Marilene Leme afirmou que ficava "dos dois lados. Então você ajuda aqui e ajuda lá. [...] Que foi sempre a minha meta ali. [...] Eu nunca tive um problema, nem com o patrão e nem com empregado. Então *você tem que ficar no meio*." Para tanto, evitava coagir os subordinados, "*não ficava no pé, não gosto*. Então eu não tive problema, 12 anos como chefe e eu não tive um problema."[40] Mas como se verá adiante, as ações de minimização de conflitos não foram uma regra e conviveram lado a lado com o autoritarismo e a coerção amplamente difundidos nas relações de trabalho entre operários e gestores.

Ao construírem suas narrativas, esses personagens articularam uma linguagem que buscou dar conta da realidade objetiva que vivenciaram nas empresas. Assim, expressões como "donos do chão de fábrica" e "ficar no meio" compuse-

---

37 REZENDE, Vinícius D. de., *op. cit.*, p. 134.
38 Depoimento de Idacir Ferreira ao autor.
39 Ao analisar as realizações de Fritz Roethlisberger, um dos "pais" do movimento das "relações humanas" no trabalho (vide nota 41), Andrea Gabor afirma que um dos problemas que mais chamou a atenção de Roethlisberger foram as disputas entre a gerência e os grupos de trabalhadores que estabeleciam cotas informais de produção. No desdobramento de suas pesquisas, ele "descobriu o que denominou de '*síndrome do homen-no-meio*' que afetava os supervisores de níveis médios e baixo. O supervisor [...] estava encurralado entre seu papel de gerente e sua responsabilidade de assegurar que os objetivos da administração fossem alcançados, por um lado, e pela percepção de que para realizar o trabalho precisava lidar com a organização informal, que frequentemente desprezava as regras da gerência, do outro lado." GABOR, Andrea. *Os filósofos do capitalismo: a genialidade dos homens que construíram o mundo dos negócios*. Rio de Janeiro: Campus, 2001, p. 138. (grifos meus)
40 Depoimento de Marilene Paes Leme ao autor em 28 de agosto de 2004. (grifos meus)

ram o universo mental dos membros de uma classe social em formação e resultaram de suas experiências cotidianas caracterizadas pela ambiguidade da posição social que ocuparam: muitos continuaram a trabalhar diretamente na produção e acumularam responsabilidades de comando, fiscalização e organização dos processos de trabalho. Outros tantos deixaram de ser trabalhadores e passaram exclusivamente a controlar os processos de trabalho, tendo como principal função assegurar o cumprimento das metas de produtividade e qualidade. Em comum, todos continuaram subordinados aos industriais que, apesar de não mais tomarem as decisões cotidianas no chão de fábrica, eram as autoridades máximas em suas empresas.

A implantação do TWI em Franca

O predomínio de gestores que ascenderam da condição de operários aos cargos de chefes e gerentes sem receber qualquer treinamento prévio ou instruções formais a respeito de como liderar e dirigir uma seção de trabalho não foi exclusividade das fábricas de Franca. Ao contrário, esse processo esteve mais para regra do que exceção do desenvolvimento industrial. Justamente por isso, diferentes métodos e sistemas de qualificação da chefia foram formulados internacionalmente, entre os quais o método de treinamento de supervisores *Training Within Industry* (TWI), difundido entre diferentes países ao longo dos anos.

A formulação do TWI nos Estados Unidos inseriu-se na conjuntura do período entreguerras marcado pela aproximação mais efetiva entre as ciências sociais emergentes e o Estado estadunidense. O TWI pode ser considerado um dos desdobramentos do desenvolvimento da escola de "relações humanas" no trabalho.[41] O método criado durante a Segunda Guerra Mundial refletiu a neces-

---

41 Os experimentos de Hawthorne, iniciados em 1927 na *Western Eletric Company* por Elton Mayo e Fritz Roethlisberger, demonstraram a importância de se ouvir seriamente os trabalhadores, de se preocupar com a satisfação destes no trabalho e fizeram com que algumas empresas incentivassem seus supervisores a serem mais sensíveis às necessidades dos trabalhadores e mais justos no tratamento, questões centrais das "relações humanas" no trabalho. Mayo e Roethlisberger divergiram tanto do sistema tradicional de direção, centrado no autoritarismo do capataz, quanto da gerência científica de Taylor, que possuía uma visão mecanicista do trabalhador e era avessa ao sindicalismo. Cf. BREEN, William J. "Social science and state policy in World War II: human relations, pedagogy and industrial training, 1940-1945". *The Business History Review*. v. 76, n. 2, 2002, p. 235-237. Para uma análise sintética das realizações de Mayo e Roethlisberger, cf: GABOR, Andrea. "Fritz Roethlisberger e Elton Mayo. Dois criativos desajustados que inventaram as 'relações humanas' (e puseram a Harvard Business School no mapa)". In: *op. cit.*, p. 104-151.

sidade crescente de desenvolvimento de programas de qualificação apropriada de mão-de-obra e teve como objetivo imediato contribuir para o treinamento do amplo contingente de trabalhadores que se dirigiram para as indústrias de defesa na conjuntura do esforço de guerra. Para tanto, o governo de Franklin D. Roosevelt instalou um escritório em Washington, ligado ao Conselho de Defesa Nacional, responsável pela elaboração do programa, que funcionou entre 1940 e meados de 1945, sob a coordenação de quatro engenheiros especialistas na *gerência de pessoal*.[42]

O método TWI foi composto por três cursos de treinamento intensivo, cada um com dez horas de duração (cinco sessões de duas horas). O primeiro curso, *job instruction training* (JIT), foi implantado nos EUA, em 1941, com o objetivo de preparar os supervisores para treinar e instruir os trabalhadores. O segundo curso, *job methods training* (JMT), foi incorporado ao programa nacional em meados de 1942 e visava decompor um trabalho específico em suas várias fases, rearranjá-lo e simplificá-lo. Era uma espécie de "curso reduzido em gestão científica humanizada" e, assim como os outros cursos TWI, visava capacitar os supervisores a conseguirem a maior produtividade possível com qualidade. O terceiro curso, *job relations training* (JRT), refletia mais diretamente o desenvolvimento da psicologia industrial durante o entreguerras e dava maior atenção ao "lado humano" do problema da gerência, demorou dois anos e dez experimentos para ter aplicação em massa, o que ocorreu no começo de 1943.[43] O JIT foi o curso mais popular e treinou mais de um milhão de supervisores durante a guerra, o JRT treinou cerca de meio milhão e o JMT treinou aproximadamente 250 mil supervisores.[44] Em 1946, Dooley fundou a *Training Within Industry Foundation* para disponibilizar, adaptar, melhorar e ampliar os programas de treinamento e atender às necessidades imediatas da indústria e do comércio.[45]

---

42 Channing R. Dooley, Walter Dietz, William Conover e Michael J. Kane. BREEN, W. J., *op. cit.*, p. 239-240.

43 *Ibidem*, p. 249, 251. O JRT foi concebido para ser o 2º curso do método. Roethlisberger participou de sua elaboração e propôs um curso de dez horas centrado em estudos de casos reais que englobassem as múltiplas situações que os supervisores lidavam no cotidiano (seleção e colocação de trabalhadores, transferência, promoção etc.). Após várias divergências e experimentos, a versão final seguiu o princípio de não dar fórmulas prontas e de desenvolver a capacidade do supervisor para lidar com as variadas situações cotidianas.

44 Segundo Breen, 60% das 16 mil fábricas servidas pelos cursos TWI utilizaram apenas o JIT, 22% usaram dois cursos e apenas 14% recorreram aos três cursos. *Ibidem*, p. 262-263.

45 Cf. DIETZ, John Walter; BEVENS, Betty W. *Learn by doing: the story of Training Within*

No Brasil, o TWI foi introduzido no início dos anos 1950 e esteve ligado às atividades da Comissão Brasileira-Americana de Ensino Industrial (CBAI). Em São Paulo, ficou sob a responsabilidade da Secretaria do Trabalho, Indústria e Comércio. Segundo Flávio Sampaio,[46] a introdução do método resultou da intensificação do crescimento industrial e da preocupação decorrente dos chefes (também chamados de mestres, supervisores, encarregados etc.) serem ex-operários sem conhecimentos prévios a respeito das técnicas de liderança, treinamento e relações de trabalho. No II Congresso Brasileiro de Organização Científica, em 1951, o tema recebeu atenção especial e recomendou-se a introdução imediata de sistemas de treinamento de pessoal dentro da indústria. O relatório do congresso apontou as seguintes características como essenciais para o bom cumprimento das funções de chefia:

> Capacidade de comando, energia, espírito de justiça, noção de responsabilidade, compreensão dos problemas humanos, aptidão educadora, espírito de cooperação, estabilidade emocional são alguns exemplos de requisitos indispensáveis para que um Mestre possa desempenhar eficientemente a tarefa árdua e complexa de dirigir homens, obtendo deles a produção de que sejam capazes, tendo em vista os planos e regulamentos da firma, dentro de um ambiente de harmonia e moral elevado.[47]

O TWI foi considerado o método mais adequado para solucionar os problemas de falta de qualificação dos chefes devido às suas características: comunicação rápida, ação intensiva, baixo custo, forma agradável e convincente de tratamento e conteúdo que abordava a instrução, as relações e a racionalização do trabalho.[48] Em 1952, a CBAI o introduziu em caráter experimental nas cidades do Rio de Janeiro e de São Paulo, principais centros industriais do país. O

Industry, 1940-1970. Summit, New Jersey: Published for Walter Dietz, 1970.

46 Chefe do serviço técnico de produtividade da Secretaria do Trabalho, Indústria e Comércio, Secretário Geral da Comissão de Mão-de-obra, Diretor da Divisão de Ensino Industrial do Ministério do Trabalho, Indústria e Comércio. Informações em: SAMPAIO, Flávio Penteado. *Experiência obtida no Brasil com a aplicação do método de supervisão TWI*. Cadernos de economia Industrial. II série. Nº 14. D.P.I. São Paulo, 1953.

47 *Ibidem*, p. 5.

48 *Ibidem*, p. 10-11.

método obteve imediata aceitação e, em 1953, recomendou-se a sua implantação efetiva e novos instrutores foram treinados para aplicá-lo no interior paulista.[49]

Pouco tempo após a introdução do TWI no Brasil, Sampaio afirmou que já era possível apontar alguns resultados positivos: significativa acolhida e validade para qualquer tipo de indústria, maior capacidade em relação aos outros métodos de despertar o interesse dos chefes e lhes demonstrar a importância e a responsabilidade de suas funções, fazer-lhes pensar sobre a necessidade de um processo racional de treinamento de trabalhadores, possibilitar compreender que melhores relações de comando eram indispensáveis para o êxito industrial, incentivar o estudo de técnicas de administração e de gerência de pessoal e contribuir para diminuir a rotatividade da mão-de-obra, os atritos relacionados ao trabalho e as queixas levadas à Justiça do Trabalho.[50]

Os cursos do TWI eram realizados em pequenos grupos, com cerca de dez pessoas, e tinham como principal característica a objetividade da exposição. Um ex-instrutor de TWI relatou que eles chamavam o método de "enlatado", por ser bastante sintético e possuir algumas ideias centrais reforçadas por frases a serem memorizadas, como: "Se o aprendiz não aprendeu o supervisor não ensinou". Além de exporem o conteúdo programático, os instrutores estimulavam a troca de experiências entre os participantes e a realização de experimentos práticos com o fim de obter resultados imediatos nas empresas. No terceiro curso, por exemplo, cada participante deveria apresentar uma ideia para simplificar e racionalizar algum processo de trabalho. "Tinha que ser uma ideia nova praquela empresa. [...] Podiam ser coisas muito simples, mas que geravam resultados pra empresa."[51] Ou seja, estimulava-se a preocupação com produtividade e a redução de custos.

Em 1956, o TWI foi introduzido em Franca concomitantemente à implantação do curso de aprendizagem industrial dentro da indústria.[52] A ida

---

49 A versão introduzida no Brasil também era composta por três cursos: *Ensino Correto de um Trabalho* (J.I.T.) – iniciar operários em novos trabalhos ou ensinar um trabalho a novos operários; *Relações de Trabalho* (J.R.T.) – promover o trabalho em equipe, evitar ou solucionar problemas pessoais e problemas de comportamento; e *Método de Trabalho* (J.M.T) – simplificar e melhorar a execução dos trabalhos para obter maior produtividade. Em um ano foram treinados mais de 800 supervisores nas indústrias paulistanas. SAMPAIO, Flávio P., op. cit., p. 14-15.

50 *Ibidem*, p. 23-24.

51 Depoimento de Luiz Gonzaga Gaspar ao autor em 2 de março de 2010.

52 Cf. análise sobre o tema no segundo capítulo.

de instrutores do método ao município foi intermediada e financiada pela ACIF e pelo SENAI. A realização do primeiro curso, *Ensino Correto de um Trabalho*, foi descrita como "uma grande oportunidade para ministrar conhecimentos técnicos aos chefes de seção das fábricas, do modo de lidar com os operários, e, principalmente, como 'comandar' o elemento humano dentro da fábrica."[53] Antes da realização do curso, Roberto de Aguiar Corrêa visitou Franca e proferiu uma palestra para os industriais locais a respeito do TWI, definindo-o como "um método destinado a completar a formação dos supervisores, preparando-os a possuírem a capacidade de instruir o pessoal no trabalho, de liderar e de simplificar o trabalho."[54]

O curso foi realizado nas principais fábricas de calçados do município e na ACIF. Ao todo, foram treinadas cinquenta pessoas, dentre chefes, gerentes e alguns industriais, como Wilson Sábio de Mello,[55] o que reforça a constatação de que a burguesia local continuou ativa na condução de seus negócios. As notícias jornalísticas indicaram a intenção de se retirar dos trabalhadores o controle sobre os processos de trabalho, pois um dos objetivos era habilitar os chefes a darem orientações claras e a instruir os trabalhadores sobre *o que, como e quando* fazer.[56] Os chefes não deveriam deixar os trabalhadores decidirem como trabalhar, e para tanto, era preciso eliminar a empiria predominante na gestão do trabalho. "O problema de treinar mestres e supervisores consiste em conseguir *substituir neles tradições errôneas de trabalho por atitudes mais metódicas e em seguir planos mais racionais.*"[57] Destaca-se ainda a preocupação crescente com as relações entre chefes e trabalhadores: "segundo a moderna concepção de organização industrial, o elemento humano é que deve merecer, sobre os demais, a primeira atenção dos dirigentes de empresa."[58]

---

53 *Comércio da Franca*. "Em Franca, o primeiro curso de aprendizagem industrial do Brasil". Franca, 24/02/1956.

54 Chefe do setor de Organização do Treinamento e do escritório conjunto da Secretaria do Trabalho, Indústria e Comércio de São Paulo e Comissão Brasileira Americana de Educação Industrial. Idem. "Aplicação do método TWI. Em março terá início o treinamento dentro da indústria em Franca". Franca, 14/03/1956. (grifos no original)

55 A maioria absoluta das pessoas que concluíram o primeiro curso era de fábricas de calçados: 8 da *H. Betarello*, 5 da *Terra & Cia*, 6 da *Nelson Palermo*, 7 da *Cia. Calçados Palermo*, 9 da *Samello* e 3 da *Cervi & Cia*. Idem. "Concluída a 1ª fase do TWI em Franca." Franca, 26/05/1956.

56 Ibidem.

57 Ibidem. (grifos meus)

58 Idem. "Instalação do curso de 'Treinamento dentro da Indústria' em Franca." Franca, 17/05/1956.

Não foram localizadas outras informações na imprensa local a respeito da realização dos dois outros cursos do TWI em 1956, apenas algumas notícias sobre os cursos de "Relações Humanas para o Trabalhador" oferecidos pelo SESI.[59] Contudo, a experiência não se restringiu ao ano de 1956, algumas empresas promoveram cursos em suas dependências e/ou patrocinaram a participação de seus funcionários em cursos, dentre os quais o de TWI, oferecidos por diversas entidades: João Orlando, por exemplo, realizou os três cursos do método em 1971.[60] Após a instalação da unidade do SENAI em Franca, em meados dos anos 1970, os cursos de TWI foram ministrados com regularidade dentro das indústrias até o final dos anos 1980. O JIT treinou cerca de 700 pessoas, o JRT cerca de 420 pessoas e o JMT pouco mais de 400 pessoas.[61] Também foram oferecidos cursos de *Relacionamento humano e supervisão no trabalho* (15 horas) e *Relações humanas na indústria – introdução* (dez horas). A *Amazonas*, a *MSM*, a *Samello* e a *Sândalo* destacaram-se nos registros analisados, o que indica a preocupação das indústrias maiores com a formação e aperfeiçoamento da chefia.

Em conjunto com os cursos de controle de qualidade, produtividade e "relações humanas", o TWI inseriu-se num amplo movimento de racionalização do trabalho. Seus três cursos visavam aprimorar o treinamento dos trabalhadores, promover relações harmoniosas entre trabalho e capital, evitar conflitos no chão de fábrica, racionalizar os processos de trabalho e aumentar a produtividade ao diminuir as porosidades nos processos produtivos. Assim como demonstrei no capítulo anterior, o TWI reforça a inadequação de se classificar toda e qualquer iniciativa de racionalização do trabalho como fruto do taylorismo. Tais cursos faziam parte de um processo muito mais amplo de gestão de pessoal, composto por experimentos, formulações e realizações de diferentes teóricos e especialistas em gestão de processos de trabalho e alguns desses métodos eram significativamente distintos daqueles defendidos por Frederick Taylor.[62]

---

59 *Comércio da Franca*. "Curso de relações humanas para o trabalhador". Franca, 29/12/1956. Idem. "SESI promove curso de Relações Humanas para o Trabalhador". Franca, 31/05/1970.

60 João Orlando realizou diversos cursos: *Método de Supervisão TWI*, em 1971(Secretaria do Trabalho e Administração do Estado de São Paulo); *Seminário sobre Administração de Pessoal*, em 1972 (SENAC); *31º curso sobre Produtividade Industrial*, em 1975 (FIESP); *Controle de Qualidade – Básico I*, em 1978 (IPT); *Recrutamento e Seleção*, em 1989 (SENAC); *Seminário de Qualidade Total*, em 1993 (IPT/Núcleo de Franca).

61 SENAI. *Registro de Treinamento Industrial*. 1976-1988.

62 Enquanto os defensores da gerência científica queriam deixar os banheiros quentes no verão

Os cursos de relações humanas, como o segundo curso do TWI, objetivavam evitar conflitos, defendiam a necessidade de maior atenção aos trabalhadores e afirmavam a insuficiência da utilização de estímulos exclusivamente financeiros. Como afirmou Gaspar, "a parte de relações humanas é pra evitar os conflitos. [...] É preparar a chefia pra evitar esses conflitos." Para tanto, os chefes eram instruídos a antever possíveis focos de insatisfação. "Se você percebe mudança no comportamento dos seus *companheiros* de seção, de setor, dos seus subordinados, [...] então você vai cuidando, você vai evitar o surgimento de conflitos." O curso buscava suprir deficiências na formação da chefia "porque quem é chefe não tem formação específica pra isso, não estudou psicologia e nada disso."[63] Essa perspectiva influenciou até mesmo a linguagem utilizada para se referir aos subordinados, ao estimular a adoção de expressões mais condizentes com a ideia de harmonia entre capital e trabalho.

> Eu acho que a palavra colaborador é mais bem aceita, porque você falar empregado... eu acho que por mais simples que seja o ser humano, ele gosta de respeito. Isso é muito gostoso. Eu raramente mando uma pessoa fazer uma coisa, é muito comum eu pedir: por favor, faz isso pra mim. Isso aí eu uso o dia todo, até hoje. [...] Então *você valorizando as pessoas e tratando elas com mais carinho, às vezes você consegue um resultado melhor*. [...] (Termos como colaborador não são mais recentes?) Isso surgiu com a implantação dos cursos nas empresas. Porque eu sempre fiz curso de relações humanas, de produção.[64]

A despeito da ampla difusão do TWI, não houve a completa superação das práticas tradicionais de gerência, muito pelo contrário. Segundo Willian Breen, a realização do curso não garantia o compromisso da gerência em buscar maior eficiência e produtividade e os dirigentes do escritório responsável por sua elaboração e difusão se surpreenderam ao descobrir que em curto espaço de tempo as

---

e frios no inverno para evitar que os trabalhadores se demorassem ali, os teóricos das "relações humanas" queriam entender porque os trabalhadores iam tantas vezes ao banheiro e se demoravam lá. Cf. GABOR, A., *op. cit.*, p. 139. Cf. análise a respeito das características, divergências e pontos em comum entre a "Escola de Administração Científica" e a "Escola de Relações Humanas" em: MOTTA, Fernando C. Prestes; PEREIRA, Luiz C. Bresser. "Burocracia e administração". In: *Introdução à organização burocrática*. 6ª ed. São Paulo: Brasiliense, 1988, p. 167-198.

63 Depoimento de Luiz Gonzaga Gaspar ao autor. (grifos meus)
64 Depoimento de Idacir Ferreira ao autor. (grifos meus)

gerências retomavam suas práticas anteriores.[65] Nas indústrias coureiro-calçadistas, as práticas tradicionais de controle da força de trabalho também persistiram. Já demonstrei que o aprendizado por meio da observação do companheiro de trabalho sem a intervenção da chefia foi recorrente mesmo nas grandes indústrias e possibilitou a transmissão de estratégias para burlar a disciplina fabril, fato muito distante de uma taylorização plena do trabalho. Do mesmo modo, como se verá a seguir, muitas vezes as relações entre chefes e trabalhadores distanciaram-se dos princípios das "relações humanas" de se evitar conflitos nos locais de trabalho. Assim como ocorreu com a incorporação da tecnologia, que demandou adaptações e transformações para adequá-la às necessidades locais, os diferentes sistemas disciplinares e de gestão não foram integralmente transpostos e reproduzidos no complexo coureiro-calçadista, tampouco aboliram as antigas tradições de trabalho e de controle do trabalho.

A obtenção da legitimidade e a brutalidade recorrente

O cruzamento de diferentes fontes possibilitou analisar uma ampla diversidade de formas de chefes e gerentes se relacionarem com os trabalhadores no cotidiano fabril. Em alguns casos, predominavam relações harmoniosas e de maior proximidade, em outros imperava o autoritarismo e a violência para com os subordinados. Muitos conflitos resultaram da não obtenção de legitimidade por parte dos chefes de seção, que recorriam a diferentes estratégias para construí-la, e também utilizavam o seu poder para aplicar penalidades disciplinares e demitir com o objetivo de impor a sua autoridade.

O fato de ter trabalhado durante um longo tempo numa mesma empresa e ter ascendido da condição de trabalhador para a de chefe contribuía para uma maior proximidade entre chefes e trabalhadores, não sendo raros os casos em que os superiores hierárquicos participavam das brincadeiras do dia a dia. Em tais circunstâncias, predominava a tolerância em relação às ações consideradas atos de indisciplina passíveis de penalidades em muitas empresas. No *Curtume Orlando*, Osmar Finotti relatou que sua gerência se caracterizava pela relação informal com os trabalhadores e por sua participação nos jogos de bola na hora do almoço.

---

65 BREEN, William J., *op. cit.*, p. 262-263.

> Eram tudo pessoas assim, sem escola, então você precisava ter muito tato, porque pro cara te passar a faca, não precisa muito. Deus me livre! Então você tinha que ser bonzinho. Eu, graças a Deus… eu jogava futebol, era menino novo, jogava futebol com eles, ia pra farra com eles, então eu me dava bem com todo mundo. Então a turma me adorava. Mas tinha certos gerentes aí que passava apertado. Porque o bicho não tinha educação, não tinha nada… era tudo analfabeto. Tudo sangue quente. *Preto antigamente o bicho era sangue quente.*[66] (E no *Curtume Orlando* você procurava levar mais na amizade?) É, eu sempre trabalhei com eles, trabalhava junto. Então jogava bola. Na hora do almoço… viche! Era um racha lá na frente do curtume e ficava todo mundo jogando futebol. (risadas) E eu entrava no meio. […] Rebentava vidro, o Orlando ficava macho pra caramba! Então quebrava e eu já mandava o cara vir correndo colocar outro.[67]

O excerto chama a atenção não apenas pela descrição da participação do gerente nas brincadeiras cotidianas, mas pela afirmação a respeito da necessidade de ter tato para lidar com os trabalhadores e evitar possíveis agressões físicas. Considero equivocado interpretar essa afirmação como expressão de uma estratégia pré-concebida para esse fim. O mais provável é que a informalidade das relações decorresse das próprias condições e relações de trabalho predominantes nessa unidade fabril. Conforme relatou, Osmar intervinha até mesmo na vida privada dos trabalhadores: "Você tinha que estar sempre indo lá na casa dele, porque a mulher tava querendo bater nele. Ele batia na mulher. Era aquela briga e você tinha que estar entrando no meio. Até isso eu fazia. Eu era padrinho de quase todos eles lá, casava e eu ia ser padrinho."[68]

Quando ingressou no *Curtume Progresso*, Osmar Finotti se deparou com uma realidade completamente diferente da anterior. No *Curtume Orlando*, ele fizera parte do crescimento da empresa e chegara a trabalhar ao lado dos operá-

---

66 Cf. análise a respeito do predomínio de trabalhadores negros nos curtumes no próximo capítulo.

67 Depoimento de Osmar Finotti ao autor. (grifos meus). A participação de Osmar nas brincadeiras cotidianas foi confirmada por Dominguinhos, ex-trabalhador desse curtume: "Teve um homem que foi lá pedir as contas pro seu Orlando, reclamar que não queria mais trabalhar no curtume por causa de apelido. Aí ele perguntou: '— Por que você não conta pro gerente?' O gerente era o Osmar, que era sobrinho do seu Orlando. Esse que me levou pro curtume. '— Não seu Orlando, como que vai fazer? Ele é o pior pra pôr o rabo na gente, pôr apelido na gente. O que a gente faz?' O seu Orlando virou as costas e saiu rindo." Depoimento de Domingos Cornélio da Silva ao autor em 23 de dezembro de 2008.

68 Depoimento de Osmar Finotti ao autor.

rios, no *Progresso* era um estranho para os trabalhadores e foi preciso impor sua autoridade por meio da ameaça e do recurso à demissão de quem questionasse suas ordens. Por isso, de antemão colocou como condição para assumir a gerência da empresa a autorização de Miguel S. de Mello Filho para demitir quem quer que fosse, pois sabia que em casos anteriores o presidente do curtume desautorizara alguns chefes ao readmitir funcionários demitidos por estes. Seis meses após assumir a gerência, o caldeireiro – com 12 anos de serviços prestados à empresa – se recusou a acatar uma ordem e foi demitido. Ao ser questionado pelo industrial sobre o ocorrido, Osmar ressaltou que no chão de fábrica era ele quem mandava.

> O Miguelzinho me chamou lá e: "— Osmar, você vai mandar fulano embora?" Falei: "— Vou. Porque senão, com que cara que eu vou chegar lá e dar uma ordem pra ele? Não teria capacidade. Ele ia falar: 'Quem manda aqui sou eu, não é você!" *Então quem manda aqui Miguel, eu falei pra você, sou eu!* […] Aí endireitou tudo, porque eles [os trabalhadores] falaram: "— Rapaz, o homem manda embora mesmo!" Ah, mas aí ficou um quiabo rapaz! Aí foi que foi uma beleza! […]
> Tem que se impor. Se você ficar bananão... não pode ser assim, falei: "
> — Tem que ser do jeito que eu quero." O Wilson Samello gostava muito de mim porque falava: "— Você é um cara que não dá moleza!" Por que ele também não dava moleza não![69]

A mudança de empresa fez com que suas relações cotidianas com os trabalhadores se transformassem drasticamente. A imagem de amigo dos trabalhadores cedeu lugar a de "cara que não dava moleza" e impunha sua autoridade na marra. Não por acaso, foi alvo de uma dura crítica, no ano de 1987, publicada no boletim do Sindicato dos Curtumeiros:

> O Sr. Osmar Finotti (o *Marajá* do curtume) dispensou dois funcionários dizendo que o problema era técnico e a falha era deles. Seria bom que o "Sr. Marajá" fizesse outra visitinha à Europa porque dessa vez ele não aprendeu nada e o problema no Curtimento continua. Que diploma é esse que o Sr Osmar diz que tem?!
> Segundo o boato ele não anda sabendo nem a hora que está com fome!!![70]

---

69 Depoimento de Osmar Finotti ao autor. (grifos meus)
70 STIAC. *O couro* grosso. n. 3, maio de 1987.

O termo "marajá" refletia o poder, o salário e as possíveis regalias usufruídas pelo gerente, como viajar para a Europa para se especializar. O ponto mais relevante da denúncia refere-se ao questionamento da sua capacidade técnica para gerenciar o curtume. Frente ao autoritarismo expresso nas demissões, os autores da nota (os trabalhadores faziam denúncias e reclamações e os diretores da entidade as publicavam) deslegitimaram sua autoridade ao indagar sobre seu suposto diploma e seu conhecimento para exercer a função.

A competência técnica para o exercício da chefia era fundamental para obter legitimidade ou, ao contrário, para a eclosão de conflitos relacionados aos processos de trabalho. Segundo Jorginho, o principal critério para a escolha dos chefes "era mais [ser da] confiança do empresário do que [baseado] na competência da pessoa. Então isso criava uma série de atritos dentro das empresas, muito conflito de interesses. E isso causava demissões permanentes."[71] Frequentemente, esses conflitos eram deflagrados quando o chefe corrigia ou tentava impor ao trabalhador uma maneira diferente de executar determinado trabalho, o que era seguido por questionamentos e discussões. Não raro, os trabalhadores mandavam o chefe executar a tarefa do modo como estava a determinar, testando sua capacidade técnica, como se depreende do relato de uma pespontadeira.

> Eu sempre fui assim, eu não aceitava muito que a pessoa gritasse comigo, eu já era meio casca grossa mesmo. Então eu nunca fui de aceitar que a pessoa gritasse, que a pessoa viesse com falta de educação. Se o chefe chegasse e falasse... igual muitas vezes ele chegava e falava assim: "— Você não pode fazer desse jeito, tem que fazer de tal jeito!" Eu falava: "— *Não, então senta aqui na máquina e faz você! Se você conseguir eu faço* – e muitas vezes eu falava isso pro chefe – *Se você conseguir então eu faço!*" E como muitas vezes *o chefe não sabia coisa nenhuma*, ele sentava e não conseguia, e eu falava: "— Tá vendo? Então eu tenho que fazer do meu jeito!" Então eu era já assim subversiva.[72]

Enquanto a falta de capacidade técnica deslegitimava alguns chefes frente aos trabalhadores, outros se legitimavam justamente por "saber trabalhar", que

---

71 Depoimento de Jorge Luís Martins ao autor em 20 de fevereiro de 2009.

72 Depoimento de Léia Maria de Rezende Silva ao autor em 6 de março de 2005. (grifos meus) A afirmação de que era "subversiva" procura explicar sua atuação como sindicalista nos anos 1980.

adquire um significado bastante distinto do "saber fazer" analisado no segundo capítulo. No caso dos gestores, "saber trabalhar" servia para justificar que "sabiam mandar", pois ao determinarem que um trabalho fosse executado de outra maneira, eram capazes de demonstrar como fazer. Há alguns anos um trabalhador me contou que num determinado dia Idacir Ferreira, então chefe de seção da *Sândalo*, corrigiu o trabalho de um frisador[73] e este lhe retorquiu: "- Se não está satisfeito, faça você!" Idacir não titubeou, tomou um pé de sapato e realizou o serviço manipulando-o com apenas uma das mãos, colocou o sapato na esteira e disse: "— É assim que eu quero que você faça." Ao questionar-lhe sobre esse acontecimento, ele o confirmou e narrou outro caso.

> Isso aí aconteceu realmente, mas eu não fiz isso pra desfazer da pessoa não. É que às vezes eu... quando eu fazia um serviço que eu achava que eu tava com boa habilidade nele, eu costumava treinar com uma mão só. Meu tio te contou essa história e eu vou te contar outra. Um dia, na *Agabê*, o blaqueador [ato de costurar o solado e a palmilha para evitar o descolamento] tava trabalhando na blaqueadeira e eu cheguei pra pedir a ele pra fazer um pé e ele não sabia que eu sabia blaquear. Aí ele começou a rir quando eu peguei o sapato pra blaquear. Aí eu falei: "Você tá duvidando que eu blaqueio?" "— Não, não tô duvidando do senhor não." Aí eu fechei um olho, que era o olho que tava do lado dele, e falei: "Eu vou blaquear com o olho fechado." (risos) E o olho que eu fiquei com ele aberto ele não viu. E eu blaqueei o sapato, e ele achou que eu blaqueei e saiu falando pra todo mundo que eu tinha blaqueado o sapato com os dois olhos fechados, mas não era verdade. Era um olho só que eu fechei.
> (Com isso você ganha legitimidade.) Exato. Você adquire uma maior autoridade junto com o colaborador, seu amigo de trabalho. Isso é muito importante, a pessoa saber que ele tem alguém ali que sabe fazer igual a ele.[74]

Conforme afirmei anteriormente, Idacir era um típico gestor de chão de fábrica, avesso às salas climatizadas, e um ex-trabalhador capaz de executar a maioria dos trabalhos das seções que chefiava. Dessa maneira, ele buscava *conquistar* a legitimidade sem recorrer ao autoritarismo para se impor. Para ele, "o chefe tem que saber fazer o sapato" e, além disso, ser um exemplo para os subordinados não

---

73 Trabalho executado com as duas mãos e que requer grande destreza para dar o formato final ao solado de couro através da manipulação do sapato em torno de uma faca fixada num eixo que gira em alta velocidade.

74 Depoimento de Idacir Ferreira ao autor.

apenas dentro da fábrica, mas também no âmbito privado. "Porque se um líder não for exigente, não for correto, não gostar das coisas certas, não gostar de uma boa disciplina, ele não é líder, ele é mais um do grupo. Eu acho que um líder tem que ser exemplar em tudo, até dentro da casa dele." Para Idacir, o autoritarismo refletia a falta de capacidade para comandar uma seção ou uma fábrica. Nesse mesmo sentido, José Vitor afirmou que "normalmente você quer ser bravo porque desconhece alguma coisa. Quando você conhece você não precisa disso."[75]

Outros entrevistados asseveraram que sempre procuraram conquistar o respeito dos subordinados ao invés de impô-lo[76] e, assim como no caso acima, recorreram à estratégia de executar um serviço para demonstrar que sabiam trabalhar.[77] Conhecer o trabalho possuía outras importâncias para o exercício da chefia: em primeiro lugar, permitia avaliar se determinada tarefa estava sendo realizada no ritmo pré-determinado. "O chefe tem a função de saber. Se você não conhece do seu trabalho, você não sabe se ele tá desenvolvendo ou não. Então o líder, em primeiro lugar, ele tem que conhecer o que ele faz. [...] Como você sabe se ele tá desempenhando bem?" Além de avaliar o desempenho do trabalhador, "sabia como orientar e sabia *o que é mais rápido.*"[78] Em segundo lugar, conhecer o trabalho possibilitava combater os boicotes e diferenciar os acidentes involuntários que danificavam o produto em fabricação dos atos de sabotagem.

> Pro funcionário não boicotar, você tem que conhecer muito o tipo de serviço, se você não tiver conhecimento do serviço que tá sendo feito, tem funcionário que você nem sabe que tá boicotando. Então conhecer o serviço que você tá administrando é o ponto chave, não é só ter jogo de cintura.

---

75 Respectivamente, depoimentos de Idacir Ferreira e de José Vitor ao autor.

76 Cf., dentre outros, o depoimento de Erotides de Souza ao autor.

77 José Leme afirmou que frequentemente tinha que demonstrar que determinado serviço poderia ser executado da maneira pré-determinada. "Então muitas vezes eu falava pro funcionário: 'Você vai fazer isso assim, assim e assim.' '— Não, mas não dá.' 'Dá uai, por que não dá?' '— Não dá, não tem jeito.' 'Então me dá licença, me dá esse avental e a luva que eu vou fazer procê ver.' Então eu fazia pra ele ver. [...] Então não tinha discussão, porque eu sabia fazer." Depoimento de José Leme ao autor.

78 José Vitor relatou que num determinado dia, ao realizar o cálculo de custos de uma matriz divergiu do chefe de seção em relação ao tempo para a execução de um serviço e teve que realizá-lo para provar que estava certo. "Esse cara depois saiu e falou que não me aguentava. *Então você não pode ser enganado, você tem que ter competência no que você tá falando e orientar.*" Depoimento ao autor. (grifos meus)

> Como é que você vai saber se o cara tá fazendo ou não? Você tem que conhecer se o serviço tá mal feito ou se tá bem feito.
>
> *Quem tá com prática no serviço, que sabe tudo que se passa, como que faz as coisas, a gente sabe, a gente percebe.* Porque se a tesoura passou da linha e pegou num lugar por coincidência, é uma coisa; mas quando a pessoa estragou é diferente. Dá pra perceber.[79]

Por conseguinte, ser um ex-trabalhador que se destacara na execução do trabalho possibilitava ao chefe, em muitos casos, exercer o controle sobre os processos produtivos com maior eficiência e coibir certos atos de indisciplina recorrentes no espaço produtivo.

"Saber trabalhar" tinha grande importância para o exercício da gestão, mas ao se tornarem chefes, salvo em alguns casos, eles deixavam de trabalhar e sua principal função era organizar e fiscalizar os processos de trabalho. Consequentemente, é necessário relativizar alguns depoimentos, pois os depoentes podem ter supervalorizado suas habilidades para executar com perfeição certos serviços objetivando exaltar suas capacidades de comando. Mesmo que um chefe fosse capaz de exercer as diversas tarefas das seções, o trabalhador experiente adquiria maior prática de trabalho. Nesse sentido, João Orlando foi categórico: "às vezes tem cilindreiro que sabe igualzinho o chefe, ou mais que o chefe como operário, mas ele sabe fazer, tem muita prática, mais do que o chefe, porque tá todo dia fazendo" e concluiu: "mas ele não pensa que essa sola aqui eu posso fazer tantos par por hora... O chefe não, o chefe fica imaginando: ele fez isso, mas ele pode fazer tantos par."[80] Ou seja, o elemento crucial para o exercício da chefia era controlar a produtividade e não as antigas habilidades de ex-operário.[81] A preocupação constante dos chefes referia-se ao desperdício de *tempo* de trabalho, pois "produtividade é fazer uma coisa com *menos tempo*. Não tem outra definição. Tem definição de produtividade que não seja isso?"[82]

Como os depoimentos dos gestores demonstram, o controle do tempo é a principal questão da produção capitalista: os trabalhadores vendem seu tempo e

---

79 Depoimentos de Cristiano Roberto Pimenta ao autor em 24 de março de 2005 e de Benedita de Souza ao autor em 15 de julho de 2004. (grifos meus)

80 Depoimento de João Orlando ao autor.

81 Como afirmou Cristiano Pimenta em depoimento ao autor, "uma coisa é saber fazer o serviço e a outra coisa é você tirar o melhor da pessoa..."

82 Depoimento de José Vitor ao autor. (grifos meus)

os capitalistas objetivam garantir que a maior parte possível deste seja dedicada exclusivamente às atividades produtivas. Aumentar a produtividade implicava disciplinar a força de trabalho e evitar que os trabalhadores se reapropriassem de parte do tempo que vendiam para realizar qualquer outra atividade que não fosse trabalhar. Para tanto, os gestores poderiam recorrer ao diálogo para minimizar os conflitos ou ao constrangimento e à violência.

Em relação à minimização de conflitos, diferentes gestores relataram que abordavam os trabalhadores sem criar-lhes constrangimento. João Orlando disse ter nascido para ser um líder porque tinha extrema facilidade para se relacionar com os trabalhadores. "O meu forte sempre foi cuidar do pessoal, manejar o pessoal. [...] Nunca tive um atrito com ninguém. [...] Primeiro você tem que ter humildade, você fala, mas também tem que saber escutar… tem que conversar com bastante educação."[83] A forma de abordar os trabalhadores adquiriu grande destaque em vários relatos[84] e os cursos de "relações humanas", como afirmei, auxiliaram a chefia a incorporar maneiras mais polidas de abordar e dialogar com os subordinados.

A linguagem utilizada no cotidiano de trabalho era um elemento fundamental para atenuar as barreiras entre as classes sociais e possuía uma importância muito mais ampla do que simplesmente tratar os subordinados com cortesia. Os gestores provenientes do meio operário compartilhavam com os trabalhadores os mesmos padrões de comportamento, as mesmas tradições, os mesmos códigos e expressões linguísticas, as gírias e o linguajar desbocado do chão de fábrica. Por isso, o fato de muitos gestores provirem do mesmo meio social daqueles que comandavam foi fundamental para manter a ordem capitalista ao difundir a falsa concepção de que todos eram iguais no setor produtivo, o que poderia contribuir para diminuir conflitos e clivagens sociais.

Todavia, o autoritarismo foi recorrente nas relações de trabalho: gritos, xingamentos, constrangimentos públicos e, até mesmo, agressões físicas também marcaram as relações entre gestores e trabalhadores. A linguagem poderia contribuir para aproximar chefes e trabalhadores, mas em contrapartida poderia

---

83 Depoimento de João Orlando ao autor.

84 Em depoimento ao autor, Cristiano Pimenta disse que "tinha facilidade de deslocar funcionário de um lugar pra outro, [...] pedindo sempre com jeitinho", e que estimulava o trabalhador a melhorar: "Nunca tentei jogar o cara no chão, porque tinha uma certa facilidade pra manipular, não tinha problema com funcionário."

intensificar a distinção entre ambos. Os relatos de pessoas que trabalharam na *Amazonas* no começo da década de 1960 enfatizaram que muitos chefes da empresa eram extremamente autoritários e ríspidos. José Leme foi taxativo:

> na verdade, a *Amazonas* na época era uma coisa assim... era uma condição até meio difícil de classificar, porque os chefes da época eram uns toupeiras. Então, por exemplo, lá tinha o Paulo Gomes que era um cavalo, você podia considerar um cavalo. Porque tudo pra ele era na base da porrada. O palavreado, tudo pra ele era burro, era um cavalo mesmo. Então ele tratava as pessoas como se fossem lixo...[85]

A prática excessivamente autoritária dos chefes da *Amazonas* não foi exclusividade dos homens, pois algumas mulheres chefiaram a seção de aparação e seguiram a mesma postura. Segundo Neusa Batista, as mulheres eram ainda mais autoritárias quando exerciam o cargo de chefia. "A chefe mulher é mais mandona, mais autoritária. Ali dentro tinha umas que gritavam com o funcionário, pegava no pé mesmo. Tinha chefe que fazia as moças chorar se você quer saber."[86] Num depoimento bastante sincero e esclarecedor, uma das chefes dessa seção confirmou que era autoritária com os subordinados quando se tratava de garantir a produção.

> *Eu sempre vesti a camisa mesmo*, era pra fazer, então vamos fazer; se era pra fazer bem feito, vamos fazer bem feito. Eu sempre fui assim, de fazer muito direitinho as coisas. (O que é vestir a camisa?) Da empresa. Vestir a camisa da empresa. É fazer, desempenhar bem seu papel, cuidar da produção, ver aquilo que precisa ser feito, precisava trabalhar fora de hora, você ia trabalhar, precisava trabalhar no domingo, você ia trabalhar. Então você tava sempre disponível. É isso o que eu penso que é vestir a camisa. [...] (Muitas vezes o chefe tem fama de ser carrasco.) Tem. Sempre me falaram que eu era muito dura, que eu exigia muito dos funcionários. Sempre me falaram isso. (risos) E eu exigia sim, isso eu via que era um pouco do vestir a camisa da *Amazonas*, exigia muito. Se tinha que dar... se ele dava 60, 70 e dava pra dar 80, eu sabia, eu ia sempre cobrar, eu cobrava. (Como é?) 60, 70% e eu via que ele tinha condição de dar 80%, eu sempre ia e chegava junto pra ver se conseguia maior produção. [...] Tem gente que fala até hoje: "— Mas aquela chefe lá era muito dura!" Eu exigia, exigia sim. (E

---

85   Depoimento de José Leme ao autor.
86   Depoimento de Neusa Aparecida Batista ao autor em 10 de abril de 2009.

como a senhora era no dia a dia?) Olha, hoje eu faria diferente do que eu fazia, naquela época eu não tinha muito conhecimento. *Hoje eu me enxergo que eu era assim muito autoritária, sim,* e isso me fez muito mal pra minha vida, pra minha pessoa. Desgastava muito. Hoje eu faria diferente, hoje com a experiência de vida [...], não ia deixar de exigir, mas hoje eu exigiria com outros meios mais práticos, não precisaria usar tanta... Eu era: "— Oh, oh, quantas horas? Tem que fazer isso ainda, oh, oh, tantas horas, dá pra fazer isso e aquilo." Eu cobrava muito.[87]

A expressão "vestir a camisa" delineia com perfeição o perfil dos chefes de seção: estavam à disposição das empresas a qualquer hora, em qualquer dia e exigiam o mesmo comportamento de seus subordinados. O excerto também comprova que, ainda que Zilda Malta ocupasse uma posição inferior na hierarquia administrativa da empresa,[88] ela exercia o controle direto sobre o tempo de trabalho dos operários e sobre a quantidade de serviço realizado.

O autoritarismo não se restringiu à *Amazonas*, foi uma prática generalizada entre as diversas empresas coureiro-calçadista. Um exemplo extremo de constrangimento foi colocar uma trabalhadora sentada de frente para a seção numa espécie de castigo semelhante às repreendas impostas às crianças. Ao ser transferida da sede da *Samello* para chefiar a seção de pesponto de outra unidade do grupo, a *Charm*, Marilene Leme não foi bem aceita pelas trabalhadoras, que fizeram um abaixo-assinado para solicitar sua demissão, pedido não acatado pela direção.

> Aí chamaram elas lá no escritório, chamaram a atenção. Aí dentro da fábrica depois desse momento começaram a me respeitar. Mas teve um dia que uma menina começou a não querer trabalhar, eu falei: "— Você não vai trabalhar?" Ela falou: "— Não!" Então eu falei: "— Vem cá." E a fábrica é grande, eu peguei, pus um banquinho lá na frente e pus ela sentada lá. Ela falou assim: "— Pra que?" Eu falei: "— Você vai ficar sentada aqui e vai ficar olhando!!! Você não falou que não vai trabalhar?!" Aí eu passava e ela lá sentada falava assim: "— Marilene me tira daqui!" Eu falava: "— Não! Você vai ficar o dia inteiro!" Pois ela ficou o dia inteiro sentada lá, até a hora de ir embora. [...] Ela se cansou de olhar e nunca mais aprontou!!! Eu não fiz certo, não era nem certo fazer isso, mas eu fiz! Mas não era certo,

---

87 Depoimento de Zilda Maria Malta ao autor em 13 de abril de 2009. (grifos meus)

88 Ela afirmou que não tinha contato direto com os proprietários da empresa e nem com os diretores, apenas com os gerentes, que faziam a ligação entre a diretoria e os chefes.

mas era mais fácil do que mandar ela pro escritório pra mandar embora. Mas também foi só essa vez que aconteceu isso, depois acabou, foi logo que eu entrei, sabe? *Que todo mundo fica contra você, sabe?*[89]

Nos anos 1980, os sapateiros e os curtumeiros tiveram nos boletins editados por seus sindicatos – *O sapateiro* (seção "Festival de mancadas") e *O couro grosso* (seção "Pisadas na bola") – dois importantes canais de denúncias dos desmandos praticados pelos chefes no cotidiano de trabalho. Acima citei o caso de Osmar Finotti e o questionamento à sua capacidade técnica para dirigir o *Curtume Progresso*. As denúncias foram frequentes e emblemáticas, e em geral relacionaram-se ao autoritarismo dos chefes:

> *Calçados Martiniano*: O JOAQUIM, gerente geral [...] não tem o mínimo respeito com as pessoas: chuta caixas, grita, maltrata, coloca pessoas de castigo; esse gerente não parece racional; e lugar de irracionais não é dentro da fábrica – cuidando das pessoas [...]
> *Calçados Herlim*: Estamos de olho no DIVINO, chefe do pesponto que vive maltratando as pessoas, costumando até a chamá-las de "porcos". Muitos já pediram demissão por acharem que o único porco da seção é ele.
> *Curtume São Sebastião*: Queremos denunciar categoricamente o *Sr. José Silva*, mais parecido com um MILITAR. Ele trata o pessoal aos berros [...]; e ainda, no dia 20, arrast[ou] fisicamente o pessoal para dentro do Curtume. [referência à greve geral]
> Queremos alertar os companheiros que a greve contra MAL-TRATOS [sic] é legal e pelo jeito vamos ter que dar a nossa resposta a esse militar que parece ter um rei na barriga.
> *Curtume Cubatão*: Trabalha nesse curtume um chefinho, chamado *José Maria*. Diz que esse chefe é tão autoritário que pra ele ser militar só falta a farda. Pessoal vamos dizer a esse Sr. que o militarismo já passou e nós não o queremos de volta.[90]

Como se observa, os autores das denúncias costumavam associar as ações dos chefes ao autoritarismo do período ditatorial (1964-1985) em contraposição à conjuntura de redemocratização da segunda metade dos anos 1980. Além disso, no caso dos curtumes, foi possível delimitar um segundo bloco de denúncias

---

89 Depoimento de Marilene Leme ao autor. (grifos meus)
90 Respectivamente, STIC. *O Sapateiro*, s. n., fevereiro ou março de 1984; STIAC. *O couro grosso*. n. 7, agosto de 1987 e n. 7, março de 1988. (grifos no original)

que ocupou vários números do boletim: as pressões e ameaças para o cumprimento de horas extraordinárias.⁹¹ Finalmente, as denúncias publicadas nos dois boletins em conjunto com as informações obtidas em alguns processos trabalhistas evidenciam a ocorrência de agressões físicas por parte de alguns chefes e gerentes contra seus subordinados.

[1977] [...] a depoente foi beber água, pegando um copo, sendo empurrada pelo chefe, uma primeira vez; a depoente solicitou ao chefe que não repetisse o ato e ainda foi empurrada mais duas vezes;

[1978] [...] no próprio departamento pessoal, na presença do preposto, que se encontra presente nesta audiência, o chefe Hugo confirmou que bateu no depoente e que bateria ainda; [...]
[...] Hugo é muito estúpido e costuma chamar "gente pro tapa"; que o chefe é muito agressivo e em qualquer situação já responde aos funcionários tentando brigar;
[...] Hugo bateu no reclamante já perto da porta de saída, ao lado do relógio; que deu-lhe tapas no rosto e no tórax, empurrando-o seguidamente.

[1978] A vítima compareceu nesta Depol. queixando-se que nesta data, por volta das 10:00 horas, foi covardemente agredido pelo indiciado (no interior da fábrica onde trabalha), que sem nenhum motivo justificado "puxou-lhe fortemente os cabelos, dando-lhe alguns empurrões"...

Plantão Policial: 21 de setembro de 1984. LUÍS CARLOS LOPES: DESPEDIDO A SOCOS. Compareceu na tarde de ontem no Plantão Policial, Luís Carlos Lopes, 18 anos, solteiro, sapateiro, moradia fixa em Franca, queixando-se que por motivos desconhecidos, na ausência de seu patrão, fora agredido e despedido da firma CALÇADOS NEIVA, onde trabalhava; por um tal de Miltão. Como se recusou a ir embora sem antes falar com o patrão, Luís Carlos foi colocado a socos para fora da fábrica. No ato da queixa feita ao investigador Seixas, o agredido apresentava arranhão no braço direito. O CORDÃO DOS PUXAS SACOS...⁹²

---

91   *Curtume Della Torre*: "[...] tem lá um *chefe geral* que é um BURRO. Se as meninas não fazem horas-extras são mandadas embora." *O couro grosso*, n. 5, julho de 1987; *Curtume Quimifish*: "diz que o *Ademir*, chefe nessa empresa, anda forçando os funcionários a fazer horas-extras. Alertamos os companheiros que a escravidão já passou e que a hora-extra é proibida por lei. VAMOS CHEGAR-JUNTO NESSE 'PODEROSO CHEFINHO'". Ibidem, n. 6, agosto de 1987.

92   Respectivamente: AHMF. Caixa 277. Processo 566/1977, f. 20. Excerto do depoimento da sapateira Regina Rosa Robim, que solicitou a rescisão indireta do contrato de trabalho por culpa exclusiva da empregadora (*Makerli*), sob a alegação de ter sido ofendida verbal e fisi-

Os registros dos casos de agressões verbais e físicas decorrentes de desentendimentos entre superiores hierárquicos e trabalhadores comprovam que não ocorreu a simples superação de um sistema disciplinar autoritário por um regido pelos princípios da administração científica ou das relações humanas, ao contrário, os sistemas coexistiram e se combinaram para garantir a exploração da força de trabalho. Por conseguinte, é necessário problematizar a afirmação de Michelle Perrot de que, com a formação das grandes indústrias fabris, "os berros ao estilo de um sargento" tenderam a ser substituídos pelo "frio rigor dos cronometristas de camisa branca. A nova disciplina se quer científica e, portanto, menos passível de contestação." Como a própria autora adverte em outra passagem, "nunca uma evolução se faz em linha reta. Os sistemas se sobrepõem e coexistem."[93] A tendência de um estilo de gestão eminentemente autoritário ser substituído por outro centrado no rigor científico das tomadas de tempo não significou que isso tenha se concretizado plenamente. Mesmo nas indústrias de grande porte, o sistema tradicional de gerência caracterizado pela concessão de plenos poderes ao chefe continuou recorrente. Realizar um curso intensivo de "relações humanas" não garantia a transformação completa dos hábitos e da maneira de se relacionar com os subordinados quando estava em jogo a produtividade.

A respeito dos boletins, as duas diretorias sindicais adotaram a estratégia expositiva de citar os nomes da empresa e da chefia – quando o nome não era citado, ameaçavam fazê-lo caso o envolvido não melhorasse. Além disso, era comum ofender e ridicularizar publicamente chefes e gerentes com o intuito de causar-lhes constrangimentos, intimidação e desmoralização. O boletim *O couro grosso* recorreu constantemente à denominação dos chefes e gerentes como "marajás", fato relacionado aos salários e às regalias usufruídas por eles. Este boletim

---

camente pelo chefe de seção. Os outros depoimentos confirmaram sua versão e a reclamação foi julgada procedente.
AHMF. Caixa 294. Processos 310 e 309/78, f. 31, 33-34. Respectivamente, excertos dos depoimentos do reclamante Marcos Antônio Adrian e de suas testemunhas: João Augusto Capistrano e Eurípedes da Silva. O trabalhador, funcionário da *Decolores Calçados*, alegou ter sido agredido pelo gerente após desentendimento por ter chegado um ou dois minutos atrasado e não ter sido autorizado a marcar o cartão de ponto. O processo foi julgado procedente.
AHMF. Caixa 382 X. Processo 193/1981, f. 6. Excerto do boletim de ocorrência – Averiguação de Lesões Corporais – registrado no dia 10 de fevereiro de 1981 pelo trabalhador João Batista Ferreira, menor de idade. O chefe negou a agressão e disse que apenas mexeu em sua cabeça porque o trabalhador estava cochilando durante o trabalho. O processo foi julgado procedente.
STIC. *O Sapateiro*, s. n., outubro de 1984.

93 PERROT, Michelle. *Os excluídos da história*. Rio de Janeiro: Paz e Terra, 1988, p. 79, 55.

também afirmou várias vezes que a escravidão fora abolida há uma centena de anos e que os trabalhadores possuíam direitos inalienáveis. A comparação com a escravidão não se relacionava à compra e venda do trabalhador como um objeto, mas ao desrespeito aos direitos legais garantidos pelo Estado.

Em pesquisa anterior, constatei que os dirigentes do Sindicato dos Sapateiros afirmaram reiteradamente nessas denúncias que os chefes também eram funcionários e não deveriam ficar do lado dos patrões, e sim dos trabalhadores, pois seriam tão explorados quanto qualquer empregado.[94] Os dirigentes do Sindicato dos Curtumeiros possuíam a mesma concepção e, além do recurso à desmoralização, utilizaram essa tática de convencimento com o objetivo de abrandar o autoritarismo da chefia.[95] Ainda que a tentativa de convencer a chefia e a gerência a se identificarem com os trabalhadores pudesse ser uma estratégia retórica visando diminuir o autoritarismo, as afirmações dos sindicalistas dos anos 1980 de que chefes e gerentes eram explorados assim como os trabalhadores[96] parece resultar de uma concepção político-ideológica que centra seus ataques quase exclusivamente à propriedade privada dos meios de produção, define o capital como posse e considera a existência de apenas duas classes sociais: a trabalhadora e a burguesa.

De maneira distinta, tenho demonstrado ao longo deste capítulo que apesar de os chefes e gerentes serem funcionários das empresas, a posição ocupada nas relações de trabalho, a função exercida e a maneira como passaram a se identificar evidenciam que é equivocado concluir que estavam na mesma condição dos trabalhadores. Ser assalariado não implica necessariamente ser explorado, pois no caso da gerência industrial, os salários representavam a forma jurídica de participarem coletivamente da divisão da mais-valia extraída da classe tra-

---

94 REZENDE, Vinícius D. de., *op. cit.*, p. 141-143.

95 STIAC. *O couro grosso*. n. 5, julho de 1987: "*Curtume Cubatão – DEPARTAMENTO PESSOAL MANDÃO.* […] Chega a ser igual os patrões. Certamente ela se esqueceu que é funcionária como os outros. Ou não é?!"; n. 11, outubro de 1987: "*Bela Franca –* […] Vamos mostrar pra esse sujeito que *chefe também é trabalhador* e por isso ele tem mais é que *respeitar seus companheiros.*" (grifos meus); n. 7, março de 1988: "*Padrão –* […] Pessoal vamos dizer a essa tal de D. Marisa que ela é empregada e um dia pode levar o pé onde o sol não bate como qualquer um de nós!"

96 "PESTALOZZI. Existe também um chefinho com o nome de Kirga que tem desrespeitado os funcionários talvez ainda não saiba que é tão explorado quanto a todos os outros trabalhadores tá na hora desses chefes que tem cabeça de patrão tomar jeito." STIC. *O Sapateiro*, n. 17, maio de 1986.

balhadora. Os chefes e gerentes que tinham a função exclusiva de controlar o tempo de trabalho alheio diferenciavam-se tanto dos trabalhadores quanto dos burgueses, uma vez que controlavam os processos de trabalho e não detinham a posse privada dos meios de produção. Por isso, a partir da análise empírica e da compreensão do capital como uma relação social, torna-se mais profícuo considerá-los como membros de uma terceira classe social em processo de formação e crivada por ambiguidades, numa conjuntura em que a burguesia constituía-se na principal classe capitalista.

A importação de gestores e a implantação da instrução formal

A maior parte da análise desenvolvida até aqui se baseou nas experiências de gestores formados de maneira empírica no chão de fábrica, mas algumas empresas, em especial as de maior porte, também contrataram técnicos e profissionais com curso superior, alguns estrangeiros, para administrar setores chaves dos processos produtivos. No primeiro capítulo, ao traçar um histórico da formação das indústrias locais, citei a importação de maquinário e de técnicos alemães como parte das medidas de modernização do *Curtume Progresso* no final dos anos 1910.[97] Este curtume continuou a empregar químicos estrangeiros nas décadas seguintes.[98] Nos curtumes do Rio Grande do Sul, a contratação de técnicos estrangeiros – a maioria de origem alemã – tornou-se quase uma regra no final dos anos 1940, pois o ensino técnico de curtimento no Brasil só foi implantado em 1965, com a criação da Escola Técnica de Curtimento de Estância Velha (RS).[99]

Além dos químicos do *Curtume Progresso*, existem algumas referências a respeito de modelistas e técnicos estrangeiros contratados por outras indústrias

---

97 Cf. RINALDI, Dalva. *A indústria curtumeira em Franca. Relatório Trienal.* Franca: 1987. (mimeo), f. 16.

98 Nas décadas de 1960 e 1970, o curtume teve alguns técnicos e um gerente alemão. Também foi gerenciado por um técnico espanhol. Depoimentos de Jerson do Nascimento e de Ulisses Quirino de Souza (19/12/2008) ao autor.

99 CARNEIRO, Lígia Gomes. *Trabalhando o couro: do serigote ao calçado "made in Brazil".* Porto Alegre: L&PM/CIERGS, 1986, p. 103. A autora afirma que até a década de 1940 predominavam os químicos práticos.
Pode-se relacionar o predomínio de técnicos alemães nos curtumes brasileiros ao desenvolvimento científico daquele país, pioneiro na incorporação da ciência à produção. Cf. BRAVERMAN, H. *op. cit.,* p. 140-144.

do município.¹⁰⁰ Apesar desses profissionais serem minoria nas indústrias de Franca, tiveram papel importante na introdução e difusão de técnicas de administração e de trabalho mais modernas. Um dos personagens mais emblemáticos da importação de gestores foi Zdenek Pracuch, contratado pelo grupo *Samello* nos anos 1960. Suas atividades e realizações estenderam-se por diversas empresas nacionais e internacionais, e ele pode ser considerado um dos principais expoentes do desenvolvimento dos gestores enquanto classe social no setor calçadista.

Nascido na ex-Tchecoslováquia, no ano de 1927, Pracuch entrou na *Bata School of Labor*, situada em Zlín, aos catorze anos de idade, e formou-se em 1945. A escola foi fundada por Tomas Bata, em 1924, com o objetivo de formar trabalhadores e dirigentes industriais. O ensino escolar obrigatório na Tchecoslováquia encerrava-se quando o jovem completava catorze anos e poucos davam continuidade aos estudos. Tomas Bata idealizou um sistema educacional que combinava a educação teórica com assuntos técnicos e comerciais no local de trabalho. Para tanto, os jovens trabalhavam durante o dia e tinham aulas no período noturno. Após os três anos de internato, os formandos teriam desenvolvido engenhosidade e iniciativa para trabalhar em qualquer empresa.¹⁰¹ Em pesquisa realizada no final dos anos 1920 pelo *International Labour Office*, este sistema de trabalho e ensino foi definido como uma disciplina militar, caracterizado por normas de conduta rígidas, que determinavam a possibilidade do aluno/trabalhador ser demitido a qualquer momento caso as desrespeitassem.¹⁰² Em sua autobiografia, Thomas J. Bata – filho do fundador da empresa – tentou deslegitimar as acusações de autoritarismo do sistema, mas acabou por justificá-las:

> Críticos afirmam que o sistema escolar impunha uma disciplina quase militar aos estudantes, que invadia suas privacidades e os privava da liberdade de ação. Não duvido que no final do século XX, alguns aspectos do regime poderiam ser inaceitáveis para "minha" geração. Mas naquele tempo,

---

100 Segundo Wagner S. de Mello, em depoimento ao autor, o grupo *Samello* contou com assessoria e assistência de modelistas, designers e técnicos de diferentes nacionalidades nos setores de produção e planejamento. A *Amazonas* também teve técnicos estrangeiros. Depoimento de Saulo P. Bueno ao autor em 4 de setembro de 2009.

101 CEKOTA, Anthony. *Entrepreneur extraordinary. The biography of Tomas Bata*. Rome/Italy/Ontario/CA: EIS/T. H. Best Printing Co., 1968, p. 271-284.

102 Os alunos/trabalhadores iniciavam suas atividades à 5:30 com exercícios físicos, trabalhavam na fábrica das 7:00 às 12:00 e das 14:00 às 17:00, assistiam aulas das 18:00 às 20:00 e deitavam-se às 21:00. Seguiam esse ritmo de segunda a sábado. International Labour Office. *Studies on industrial relations*. Geneva, 1930, p. 243.

> e considerando que os recrutas eram jovens adolescentes transplantados do campo ou de pequenas vilas para o interior de um ambiente de rápido crescimento industrial, a rígida disciplina não era inapropriada.[103]

Os candidatos passavam por um rigoroso processo de seleção composto por exames psicotécnicos, de vista, percepção, tato e audição e por testes vocacionais. Tinham aulas de economia, contabilidade, correspondência comercial, inglês, alemão, desenho, desenvolvimento de calçados, entre outros, de acordo com suas aptidões.[104] Nos anos subsequentes, a jornada de trabalho dos alunos foi reduzida para meio período (três horas diárias) e no segundo período eles frequentavam as aulas.[105] Três características são marcantes nesse sistema: primeira, todos os alunos realizavam estágios em todas as oficinas, inclusive os jovens destinados aos trabalhos nos escritórios. Tomas Bata julgava essencial os empregados dos departamentos de compra e venda, futuros gerentes e representantes comerciais conhecerem os detalhes da fabricação e serem capazes de avaliar a qualidade da matéria-prima e dos produtos.[106] A segunda característica era os alunos aprenderem a fazer o sapato em máquinas e manualmente. Antes de concluírem os três anos de ensino realizavam exames junto à guilda dos sapateiros, que avaliava suas destrezas para fabricar sapatos artesanalmente.[107] Essa tradição perdurou, pelo menos, até os anos 1940:

> Eu tenho o diploma que me autoriza a exercer a profissão de sapateiro, a abrir meu negócio de sapateiro. Porque passei no exame da guilda dos mestres sapateiros. A firma nos obrigava: três meses nós largávamos os estudos, largávamos a fábrica e íamos pra uma oficina manual, onde cada quatro ou cinco rapazes tinham um mestre sapateiro, que nos ensinava a fazer calçado à moda antiga: quebrar um pedaço de vidro, raspar a palmilha molhada, bater a sola na coxa até doer, mas a sola tinha que virar um pedaço de tábua...

---

103 BATA, Thomas J.; SINCLAIR, Sonja. *Bata: shoemaker to the world*. Toronto-Ca: Stoddart, 1990, p. 3. (tradução minha)
104 International Labour Office. *op. cit.*, p. 243
105 BATA, T. J.; SINCLAIR, S. *op. cit.*, p. 3. e depoimento de Zdenek Pracuch ao autor em 12 de janeiro de 2009: "[...] cada lugar na escola era ocupado por dois meninos, ou seja, essa cadeira de manhã eu ocupava, a tarde eu trabalhava na fábrica, nas funções normais, como qualquer aprendiz, aprendendo a costurar, a trabalhar em máquina. E menino que trabalhava de manhã na fábrica, a tarde estava ocupando esse banco na escola."
106 International Labour Office. *op. cit.*, p. 243-244.
107 CEKOTA, A. *op. cit.*, p. 282.

Isso nós aprendíamos como parte do currículo. Que Bata insistia que embora tenha tudo mecanizado, nós tínhamos que ter o *feeling*, o sentimento de ser sapateiro. Pegar o couro, pra sentir o couro na mão.[108]

A terceira característica era os alunos receberem ordenados de trabalhadores integrais e terem que praticar um "código de moral econômica" registrando todos seus gastos num livro de contabilidade avaliado pelo diretor do albergue. Parte de seus ganhos era compulsoriamente revertida para os cofres da empresa, que lhes pagava juros de 10% sobre as economias.[109]

Thomas J. Bata se referiu ao sistema de ensino criado por seu pai como um dos fatores responsáveis pelo maior atributo da organização: o espírito dos empregados, o verdadeiro orgulho de fazer parte da fábrica. A escola oferecia cerca de mil vagas anuais e chegou a receber 20 mil candidatos, o que se explicava pela concepção de que ser um "Bataman" ("homem Bata") era um símbolo de distinção, prova da capacidade do indivíduo de pertencer a uma das mais exigentes e dinâmicas empresas da Tchecoslováquia. Muitos egressos ocuparam posições de responsabilidade dentro da organização e foram pioneiros na sua expansão para Índia, Indonésia e América Latina.[110]

Formado nesse sistema que aliava prática, teoria e uma rígida disciplina de trabalho, Pracuch teve sua trajetória dentro da empresa abortada pelos desdobramentos da Segunda Guerra Mundial. Seus anos de aprendizado ocorreram no período de ocupação alemã do território tcheco. Jan Bata assumira a administração da organização depois da morte do irmão Tomas, mas exilou-se nos EUA após a ocupação nazista e posteriormente se fixou no Brasil.[111] Os negócios na Tchecoslováquia ficaram sob a administração de uma diretoria nomeada por Jan e, durante a guerra, os alemães designaram um interventor para administrar as empresas *Bata*, que tiveram parte das instalações voltadas para o esforço militar. Pracuch trabalhou na organização até 1948, quando os comunistas tomaram o poder e ele, por se opor ao novo regime, fugiu para a Alemanha. Receoso de permanecer na Europa frente à expansão comunista, migrou para o Brasil em

---

108 Depoimento de Zdenek Pracuch ao autor.
109 International Labour Office., *op. cit.*, p. 244-245.
110 BATA, T. J.; SINCLAIR, S., *op. cit.*, p. 3.
111 Jan Bata, junto com familiares e diretores da organização, exilou-se nos EUA em 1939 e em 1941 fixou residência no Brasil. Cf. ARCHANJO, Francisco Miguel. *"O mundo compreenderá". A história de Jan A. Bata – o rei do sapato*. Rio de Janeiro: Ed. Aurora, 1952.

maio de 1949. Inicialmente foi levado para Ponta Grossa-PR para trabalhar na agricultura, mas não possuía experiência nessa área e contatou Jan Bata, com quem trabalhou nos negócios que este estava a desenvolver no país.¹¹²

No começo dos anos 1960, Pracuch assumiu a gerência da fábrica de calçados *Mirca S.A.* instalada em Salvador-BA por um sobrinho de Jan Bata e um grupo de investidores baianos – foi quando Wilson S. de Mello soube de sua existência. Em 1963, assumiu a direção de uma massa falida de uma construtora na cidade de São Paulo e, pouco tempo depois, recebeu uma oferta de emprego da *Samello*. Durante cerca de um ano conciliou os afazeres em Franca com a administração da massa falida e, em meados dos anos 1960, intentava deixar a *Samello*, mas foi convencido a assumir integralmente um cargo na empresa.

> Um ano depois já organizei, já começou e tal a encaminhar. Falei pro Wilson: "Não aguento mais, chega! Arranje outro e tal. O que foi possível fizemos…" "— De maneira nenhuma! Você vai para Franca comigo, largue essa bobagem aqui. Você é sapateiro. Nós somos sapateiros! Vamos fazer sapato!" *Me fez uma oferta realmente irrecusável: 40 salários mínimos, o apartamento no Curtume Progresso – lá em cima dos escritórios tem um grande apartamento, me deu de graça –, financiou carro para mim, pra eu poder andar do Curtume Progresso para a General Osório, e uma bonificação de dois milhões de cruzeiros por ano. Tudo sem imposto de renda, sem nada. Uma maravilha! Então era realmente uma proposta que eu não podia recusar.* Então vim para Franca.¹¹³

A proposta feita por Wilson era realmente irrecusável, combinava alta remuneração mensal, bonificação anual e mordomias como moradia e carro, o que torna necessário abrir um parêntese. Ao abordar a ascensão dos gestores provenientes da classe trabalhadora, afirmei em diversas passagens que a promoção foi seguida por elevação salarial, mais significativa entre os gerentes de produção – Osmar Finotti chegou a possuir uma porcentagem da empresa. Os depoentes evitaram especificar valores, mas ficou evidente que seus ordenados eram superiores aos salários dos operários. No caso dos chefes de seção, a diferença era

---

112 Jan Bata fundou uma vila operária chamada Batatuba em Piracaia, distante 80 quilômetros da cidade de São Paulo, onde instalou uma fábrica de sapatos, curtume, armazéns etc. Fundou ainda as cidades de Mariápolis (SP), Bataguassu (MS), Batayporã (MS) e Anaurilândia (MS). No Mato Grosso do Sul os negócios eram nos ramos de colonização, fazendas, olarias e serrarias. Cf. ARCHANJO, F. M., *op. cit.* e Depoimento de Zdenek Pracuch ao autor.
113 Depoimento de Zdenek Pracuch ao autor. (grifos meus)

menor. Ainda que não tenha sido possível levantar dados para quantificar sistematicamente o valor das remunerações dos diversos gestores, os depoimentos e alguns processos trabalhistas ofereceram algumas referências sobre o tema.

Ao analisar a introdução e difusão do maquinário e a importância dos mecânicos para o seu desenvolvimento e aperfeiçoamento, me referi, entre outros, a José Pereira, mecânico do *Curtume Progresso*. Em 1969, Pereira moveu uma reclamação trabalhista contra a empresa para reivindicar a incorporação de gratificações aos seus vencimentos mensais. No ano de 1963, começou a receber 0,1% sobre o faturamento mensal da empresa, percentagem que foi elevada para 0,3% em 1964. As comissões lhe foram pagas até dezembro de 1966, quando recebeu o equivalente a nove e meio salários mínimos. O acréscimo foi suspenso pouco mais de um ano após a aquisição do curtume pelo grupo *Samello* e foi fixada uma remuneração mensal estabelecida pela média dos últimos meses. Pereira aceitou o acordo sob a condição de ser temporário e por isso reivindicou o restabelecimento da situação anterior. Segundo a empresa, três funcionários recebiam comissões e estas cessaram porque a maior parte da produção deixou de ser comercializada para ser beneficiada diretamente para a *Samello*, no início de 1967, o que acarretou uma queda significativa de seu faturamento.[114]

A reclamação movida por José Pereira demonstra que, na condição de "homem chave" do referido curtume, juntamente com mais dois, percebia uma remuneração fixa elevada acrescida por uma participação no faturamento mensal da empresa. Mesmo após o corte da bonificação, seu ordenado era um dos mais altos do curtume, situação diretamente relacionada à sua posição de engenheiro prático responsável pela oficina mecânica. No caso dos curtumes, os chefes de seção, os coloristas, os gerentes, os químicos e os supervisores técnicos eram os funcionários mais bem remunerados no final dos anos 1980, alguns chegavam a perceber quase dez vezes mais que o piso salarial pago à maioria dos operários.[115] Isso não ocorria por acaso, pois algumas dessas ocupações implicavam em poder de comando.

Além dos vencimentos mensais superiores aos dos trabalhadores, há diferentes evidências sobre a participação nos lucros e/ou as bonificações por parte

---

114 AHMF. Caixa 26. Processo 162/1969, f. 2-3, 10-13, 26. O processo foi julgado procedente em primeira instância. O TRT reformou a decisão devido a ter prescrito o prazo de reclamação (dois anos) e o TST manteve a decisão do TRT.

115 RINALDI, D. M. C., *op. cit.*, p. 61.

dos gestores.[116] Benedita de Souza foi chefe da seção de pesponto da *Calçados Palermo* e recebia uma bonificação condicionada à produtividade. "Eu tinha um fixo, mas *quanto mais a seção produzisse mais eu ganhava*."[117] Esta prática também foi observada por Samuel Sousa: "o cargo de chefia deveria ser acompanhado de um grande estímulo, que se traduzia em um aumento de ganho salarial, normalmente esta majoração se fazia com a sua participação nos lucros da empresa."[118]

O ordenado elevado, a participação nos lucros e os benefícios adicionais percebidos por gestores como Pracuch evidenciam que eles não eram simples trabalhadores. A composição dos vencimentos dos gestores de alto escalão contribuía para diferenciá-los, e para que eles se diferenciassem ainda mais da classe trabalhadora. Não obstante, em uma interpretação inserida na tradição marxista não é o montante salarial que define o pertencimento a uma classe social. Ao contrário, o salário camufla a diferença entre o tempo de trabalho necessário para a produção e a reprodução da força de trabalho e o tempo de trabalho excedente apropriado pelos capitalistas. Como os membros das duas classes – trabalhadores e gestores – recebiam salários isso tendia a encobrir a distinção existente entre uns e outros.

Porém, as remunerações dos gestores advinham do trabalho excedente expropriado do conjunto dos trabalhadores e ao demonstrar que a elite dessa classe percebia altas remunerações busquei oferecer ao leitor maiores subsídios sobre como eles se apropriavam de parte da mais-valia. Os gestores de baixo escalão percebiam remunerações pouco superiores às dos trabalhadores enquanto os gestores do alto escalão recebiam grandes montantes, acrescidos por outras benesses, porque a divisão global da mais-valia estava condicionada à hierarquia entre os membros dessa classe social e, principalmente, ao porte das empresas.[119]

---

116 Cf. entre outros: AHMF. Caixa 469. Processo 2300/1957. Roberto Ubiali, subchefe da *Calçados Lopes de Melo*, pleiteou a incorporação de bonificações mensais que foram cortadas sem motivo (procedente); AHMF. Caixa 475. Processo 2514/1959. Armando Galli, chefe da seção de corte da *Calçados Puglia*, recebia bonificações anuais. Informou que os demais chefes e o gerente geral também as recebiam e que estas deixaram de ser pagas após alterações na composição dos proprietários da empresa; a empresa alegou crise (procedente).

117 Depoimento de Benedita de Souza ao autor. (grifos nossos)

118 SOUZA, Samuel F. de. *Na esteira do conflito: trabalhadores e trabalho na produção de calçados em Franca (1970-1980)*. Dissertação (Mestrado em História)- FHDSS, UNESP, Franca, 2003, f. 96.

119 Segundo Bernardo, "o montante das remunerações depende estreitamente do total de mais-valia acumulado por empresa. [...] na generalidade dos países a correlação parece ser

O chefe de uma pequena fábrica não recebia a mesma remuneração que o diretor de uma grande empresa, assim como os lucros auferidos pelos proprietários de uma e outra eram discrepantes. Entre os próprios trabalhadores existe diferenciação salarial relacionada à ocupação que exercem, ao setor produtivo em que labutam e ao tamanho das empresas em que são empregados.

Após este aprofundamento a respeito do significado das remunerações diferenciadas dos gestores, retomo a trajetória de Zdenek Pracuch. Na condição de executivo do grupo *Samello*, ele foi responsável por inúmeros melhoramentos e transformações nos cálculos de custos, planejamento de produção, racionalização de processos de trabalho e implantação da linha de montagem.[120] Suas atividades não se restringiam aos processos produtivos e envolviam também o acompanhamento da instalação e ampliação da rede de lojas de calçados do grupo. Os vencimentos elevados tinham a contrapartida de grandes cobranças por parte de Wilson S. de Mello, dirigente ativo e extremamente rigoroso.

> Wilson era uma pessoa dum trato assim, super amigável. Mas um cobrador absolutamente, digamos assim, sem um pingo nenhum de humanidade. Se a gente dizia pra ele que vai fazer isso ou aquilo, 100%, se você cobria 95%, isso era uma obrigação sua e disso não se fala. "- Mas cadê esses 5%, tá demorando? Que que tá acontecendo, você vai fazer ou não vai fazer? Olha aí, eu tô olhando aqui e será que você sabe fazer mesmo?" E o bobo aqui querendo mostrar que faz tudo, então me matava.[121]

A constante pressão por resultados ocasionou-lhe um esgotamento mental e resultou numa crise nervosa quando estava na cidade de São Carlos a verificar os motivos de uma das lojas não vender bem. Foi colocado em repouso absoluto por ordens médicas e tomou a decisão de sair do grupo. Nesse meio tempo, recebeu nova oferta para ser o diretor industrial da *Mirca* em Salvador-BA. Comunicou sua decisão a Wilson e este exigiu que ele cumprisse os trinta dias de aviso-prévio, tempo utilizado para elaborar um novo *layout* para a *MSM*. Por seu intermédio, o grupo *Samello* contou com mais dois tchecos formados pela *Bata*:

---

sobretudo estreita entre essas remunerações e a dimensão da empresa. [...] Em suma, os gestores, tal como os burgueses, embora por formas jurídicas diferentes, apropriam-se de mais-valia extorquida." BERNARDO, João. *Economia dos conflitos sociais*. p. 274.

120 Conferir análise sobre o tema no primeiro capítulo.

121 Depoimento de Zdenek Pracuch ao autor.

Roberto Stavela, gerente de administração da *Samello*, e Eugênio Pospisil, que gerenciou a *MSM*.[122]

Após alguns anos na Bahia (1968-1972), Pracuch retornou a Franca para dirigir a *Calçados Pestalozzi*.[123] O principal atrativo para voltar foi a proposta de ser professor num curso de técnico em calçados a ser instalado no município. "[Eu] vi uma grande oportunidade de ensinar, de transferir aquilo que *Bata* me deu e criar uma geração daqueles realmente tecnólogos do calçado."[124] Em 1972, foi fundada a *Faculdade Pestalozzi de Ciências, Educação e Tecnologia*,[125] realização inserida no processo mais amplo de qualificação de mão-de-obra e de formação de técnicos para o setor. No mesmo ano, noticiou-se o projeto de criação de um curso em nível superior, a ser instalado na referida faculdade, para a formação de profissionais para o fabrico do calçado.[126]

O projeto foi efetivado nos anos seguintes e resultou na implantação do curso "Tecnologia em fabricação de couro e calçados". Romeu Caetano Cintra foi aluno da primeira turma e, segundo relatou, o curso tinha duração de dois anos e meio e era voltado para a formação de diretores industriais, oferecia um conhecimento panorâmico de processos de produção e administração industrial e enfatizava o conhecimento prático a ser utilizado no dia a dia. A maioria do corpo docente era composta por profissionais das maiores indústrias locais e o currículo englobava disciplinas como cálculo de custos, modelagem de calçados, planejamento, química, técnicas e processos de fabricação, além de noções de organização científica do trabalho. Entre os professores, destacavam-se o alemão Fering Paulix, professor de química e um dos responsáveis pela fundação da fábrica de adesivos da *Amazonas*; o italiano Novello Capelli, professor de iniciação à modelagem e modelista bastante renomado que trabalhou na *Samello* e na

---

122 Alguns anos depois, a indústria de tênis *Dharma* foi gerenciada por um ex-Bataman, de origem iugoslava, chamado Steve Narancic. Informações acrescidas ao depoimento por meio de correspondência eletrônica.

123 Em 1944, Tomás Novelino e sua esposa, professantes da doutrina espírita, fundaram uma escola e no ano seguinte a Fundação Educandário Pestalozzi que além da escola, possuía um internato e atendia órfãos e menores carentes. Em 1955, criaram uma fábrica de calçados infantis para obter recursos para manter a fundação. Em 1960, a fábrica foi ampliada e passou a comercializar calçados com a marca *Pestalozzi*. Informações em: <http://www.pestalozzi.com.br/site_2006/inst_hist.asp>. (Acesso em: 20 de julho de 2010).

124 Depoimento de Zdenek Pracuch ao autor.

125 Não obtive acesso a quaisquer documentos da extinta *Faculdade Pestalozzi*.

126 *Comércio da Franca*. "Calçados: curso de alto nível deve sair em julho". Franca. 16/04/1972.

Pestalozzi, onde também foi diretor industrial; e Zdenek Pracuch, professor de processos de fabricação de calçados.[127]

Concomitante à instalação desse curso, Pracuch comandou a montagem do Centro de Tecnologia de Couros e Calçados, criado em abril de 1974. O jornal *Atualizado*[128] noticiou a importação, com recursos da *Fundação Pestalozzi*, de um moderno laboratório para a realização de testes químicos e físicos proveniente da Inglaterra. Antes os testes eram feitos através de parcerias com os laboratórios da indústria química *Noronha* e da *Amazonas*. Entre suas atividades, o Centro desenvolveu pesquisas para definir padrões corretos para a utilização de colas: temperatura, umidade relativa, secagem, pressão e uso de aceleradores. A colagem fora apontada como o principal problema pelos industriais da época, pois a aplicação de colas se difundira sem o devido conhecimento científico sobre sua utilização.

> Para a classe industrial francana, o centro de tecnologia representa a primazia absoluta de Franca, graças à Fundação Pestalozzi, que tem meios, condições e ainda uma enorme fábrica, que na verdade serve de laboratório. "Estamos juntando coisas – diz Pracuch – que dificilmente alguém possui assim reunidas: educação, indústria, empresa e força de vontade, característica essa predominante em nossa faculdade".[129]

Romeu Cintra trabalhou no Centro a convite de Pracuch e informou que eles conseguiram verbas do Conselho Nacional de Desenvolvimento Científico e Tecnológico (CNPq) para o incremento das atividades. Contudo, o centro teve uma vida efêmera e foi desativado em 1975 após a anexação da *Faculdade Pestalozzi* pela *Associação Cultural e Educacional de Franca* (ACEF), donde surgiu a *União das Faculdades Francanas* (Unifran).[130] Após a fusão das instituições,

---

127 Depoimento de Romeu Caetano Cintra ao autor em 3 de maio de 2010.

128 O *Atualizado: jornal do couro, do calçado e componentes* foi editado em Franca e lançado em 1974. Tinha periodicidade quinzenal e circulação nacional. Publicava notícias sobre o setor e textos de especialistas na área. Tive acesso a alguns números anexados como suplemento ao jornal *Comércio da Franca*.

129 *Atualizado*... "Solução para os problemas da indústria francana: a tecnologia se encarregou disso". Ano 1, n. 1. Franca, 8 a 16 de junho.

130 Em 1970, foi criada a *Associação Cultural e Educacional de Franca* - ACEF com o objetivo de formar, especializar e aperfeiçoar recursos humanos para o magistério. Em 1972, a entidade incorporou a *Faculdade de Desenho e Artes Plásticas de Franca* e iniciou as atividades acadêmicas como Instituição de Ensino Superior. Em 1975, incorporou a *Faculdade Pestalozzi* e

o curso de Tecnologia em Couro e Calçado sofreu transformações e teve sua denominação e estrutura alteradas. Em 1980, a Unifran oferecia o curso "Produção Industrial de Calçados", destinado a formar um profissional eclético e apto a calcular custos, controlar os processos produtivos, orientar a modelagem, participar das compras e vendas, pesquisar e implantar métodos para aprimorar a produção e reduzir custos, selecionar e treinar mão de obra etc.[131] Em 1984, o SENAI implantou um curso de técnico em calçados.[132] Portanto, desde o início da década de 1970, havia uma grande preocupação por parte de um grupo de industriais e de gestores do alto escalão em aperfeiçoar os processos de produção e profissionalizar o pessoal dedicado à administração industrial. Além do curso de tecnólogo em calçado, há referências a respeito de cursos dedicados a sanar necessidades pontuais e imediatas das indústrias locais, como o curso de "Custo Industrial" oferecido pelo SENAI, em 1974.[133]

Na *Pestalozzi*, Pracuch foi ainda um dos principais responsáveis pelas negociações com importadores dos EUA e pelo início das exportações da empresa. Em relação a esse tema, coordenou o desenvolvimento de um novo modelo de calçado, chamado *Rockport* – inspirado num sapato feito com couro de baleia e costurado à mão por *hippies* americanos –, e exportado em larga escala para os EUA pela *Pestalozzi* e pelo *Calçados Francano*.[134] Assim como o *mocassim*, a história do *Rockport* mostra como industriais se apropriaram e recriaram produtos

---

seus cursos de formação tecnológica, criando-se a sigla Unifran. *Histórico da Universidade de Franca* fornecido pelo setor de Marketing e Comunicação da atual *Universidade de Franca – UNIFRAN* por meio de correspondência eletrônica, em 5 de maio de 2010.

131 *O Calçadista*. Nota publicitária da Unifran sobre as inscrições para o vestibular no curso Produção Industrial de Calçados. Ano 1, n. 10, Franca, Dez./1980, p. 13.

132 *Idem*. "I Curso Técnico do Calçado". Ano 4, n. 53, Dez./1984, p. 4. Curso com duração de dois anos para uma turma de trinta alunos.

133 Curso restrito a funcionários indicados por empresas, destinava-se a uma primeira turma de vinte alunos e teria 120 horas-aula. O conteúdo englobava noções gerais de cálculo de custo; custos de fabricação – cálculo de vaquetas, aproveitamento por cortador, coeficientes por cortador, cálculos de sola, coeficientes por perda de vaqueta, base de cálculo dos insumos etc.; cálculo de amortizações; cálculo de mão-de-obra; e cálculo de custo para exportação. *Comércio da Franca*. "No SENAI, curso de Custo Industrial". 29/06/1974.

134 Aproveitou-se a habilidade dos trabalhadores acostumados a costurar *mocassim*, desenvolveu-se um couro feito com óleo de baleia, nomeado *Rockport* em referência ao local onde Pracuch e Saul Katz compraram o sapato original feito por um *hippie*, e criou-se um solado chamado *vaquero*, produzido aos milhares pela *Amazonas*. Depoimento de Zdenek Pracuch ao autor e Pracuch, Z. "Origem do calçado tipo Rockport". In: *Atualizado...* Ano 1, n. 6. Franca, 17 de outubro a 5 de novembro de 1974.

rústicos, dando-lhes ares de modernidade, o que resultou na produção em série e em grandes volumes de vendas, fazendo a fortuna de alguns deles.

Posteriormente, Pracuch foi diretor da *Makerli* e coordenou a transferência da unidade de São Paulo para Franca, com produção diária de seis mil pares de calçados. Em 1976, assumiu a direção da fábrica *Camilo Ferrari* em Limeira (SP) e no final dos anos 1970, aceitou o convite para gerenciar uma fábrica de calçado instalada em Itajubá-MG, de propriedade da família Bata, em troca de um ordenado anual de cinquenta mil dólares. Exerceu o cargo até o começo dos anos 1980, quando se aposentou e se tornou consultor no setor calçadista.[135] Sua trajetória se cruzou novamente com a de Romeu Cintra[136] e os dois montaram a *Editora do Calçadista*, destinada a prestar consultoria em O & M (Organização e Métodos), oferecer cursos, seminários e congressos[137] e publicar um periódico e livros técnicos. A editora publicou o jornal *O calçadista*, especializado em assuntos do setor coureiro-calçadista, com periodicidade mensal e circulação nacional, e dois livros técnicos de autoria de Pracuch.[138]

A técnica a serviço da produtividade

O jornal *O Calçadista* foi lançado em março de 1980 e publicado até 1985. No editorial inaugural foi apresentada a plataforma da publicação: não seria um jornal noticioso, e sim uma publicação técnica, educativa e polêmica, destinada

---

[135] Pracuch também foi representante da *Nike* junto à empresa francana N. *Martiniano*, que fabricou cabedais para a multinacional, entre outras assessorias prestadas a empresas multinacionais. Desde meados dos anos 1970, prestou serviços para a empresa sueca F. *Hollander* do setor calçadista e viajou para diversos países para realizar negócios, vínculo que se manteve até os anos 1990. A partir de 1998 voltou a prestar consultoria para fábricas do Brasil. Biografia elaborada a partir de seu depoimento ao autor e de reportagem publicada em *O Calçadista*. "Zdenek Pracuch, de onde veio e quem é". Ano 1, n. 7, Franca, Set. 1980, p. 2.

[136] Após o fim do Centro de Tecnologia, Romeu chefiou o setor de saltos de madeira da *Amazonas*; paralelamente, fez o curso de instrutor de TWI e tornou-se professor convidado do SENAI; trabalhou na ESPECO, empresa prestadora de serviços em processamento de dados e consultoria para indústrias de calçados de Franca; obteve uma bolsa de estudos para ir para a Alemanha e realizou um curso nas áreas de administração, desenvolvimento estratégico e marketing (1 ano de duração); ao retornar ao Brasil continuou a prestar serviços de consultoria, tendo então estabelecido uma parceria com Pracuch. Depoimento de Romeu Cintra ao autor.

[137] Segundo Romeu Cintra, eles ganharam um bom dinheiro ministrando cursos de curta duração em Cálculo de custos de calçados, Chefia e liderança, Colagem, Organização e métodos de trabalho e Planejamento. *Ibidem*.

[138] PRACUCH, Zdenek. *Cálculo de custo de calçados*. Franca: Ed. do Calçadista, 1980; Idem. *Organização e gerência do pesponto*. Franca: Ed. do Calçadista, 1981.

a representar o setor, reivindicar seus direitos, divulgar lançamentos, promover empresas, alertar e esclarecer para uma condução segura dos negócios a respeito de medidas e decisões, leis e normas, processos e técnicas, fluxos e rotinas. Seria "um veículo de ORIENTAÇÃO mercadológica, administrativa e tecnológica específica para a área de calçados e seus afins."[139]

A publicação contou com colaboradores permanentes nas áreas de marketing e varejo e com colaboradores esporádicos, traduziu artigos sobre técnicas de produção, reeditou textos originalmente publicados em revistas especializadas do setor, publicou notícias sobre feiras nacionais, comércio exterior, economia e política, ampliações e históricos de empresas, além de outros temas. A publicação divulgou e promoveu os cursos oferecidos pela *Editora do Calçadista* e seus serviços de consultoria, bem como divulgou as realizações e os serviços prestados pelo núcleo do IPT em Franca. Romeu Cintra e Zdenek Pracuch destacaram-se como os principais autores do jornal, com seus artigos na seção de "Tecnologia".

Nesses artigos, os autores apontaram os principais entraves ao incremento da produtividade, os prejuízos decorrentes do desperdício de matéria-prima, da falta de planejamento e do mau aproveitamento da mão-de-obra, e apresentaram soluções para tais problemas. Um dos exemplos foi a tarefa de corte de calçados. O couro representava entre 50 e 60% dos custos de fabricação e a falta de planejamento e de técnicas de corte apropriadas acarretavam prejuízos enormes para as indústrias. A solução? Fazer um dos cursos oferecidos pela *Editora* ou implantar os sistemas de controle a partir da contratação de seus serviços de consultoria. Eles realizariam pesquisas de campo, calculariam o gasto de material, estabeleceriam metas e acompanhariam individualmente o desempenho de cada cortador.[140] O objetivo crucial dos tecnólogos do calçado era suplantar a empiria reinante nos processos produtivos. As indústrias "que realmente desejam trabalhar apoiados numa técnica de produção racional e objetiva", observavam Romeu e Pracuch, "devem se formar profissionalmente baseados em conhecimentos científicos reais, em vez de aplicarem métodos, além de arcaicos, empíricos."[141]

---

139 *O Calçadista*. "Plataforma". Ano 1, n. 1, Franca, março de 1980, p. 2. (caixa alta no original)

140 *Idem*. "Romeu Cintra – Desperdício em vaqueta atinge milhões de cruzeiros". Ano 3, n. 46, Abril de 1984, p. 12. *Idem*. "Zdenek Pracuch – Desperdício em vaqueta (2)". Ano 3, n. 47, Jun. de 1984, p. 9.

141 *Idem*. "Curso 'Cálculo de Custo de Calçados' vem cobrir carência do setor". Ano 2, n. 15, jul./81, p. 2.

Os dois livros de autoria de Pracuch objetivavam, justamente, difundir os processos de racionalização do trabalho e tornar as indústrias mais competitivas à medida que aumentassem a produtividade dos trabalhadores. Entre os diferentes temas abordados destaca-se: divisão racional do trabalho em operações fragmentadas; layout de produção; afirmação de que o trabalhador universal se tornaria obsoleto para a grande indústria; métodos de seleção e treinamento adequado da força de trabalho para o exercício de tarefas específicas; planejamento de produção; cálculo e controle rigoroso de custos e de produtividade; redução de desperdícios de tempo e de matéria-prima; estudos de tempos e movimentos; a influência das condições de trabalho e dos sistemas de remuneração sobre a produtividade; necessidade de superação do controle centrado na figura dos chefes formados de maneira empírica e sem instrução formal.[142] Além de disseminarem técnicas de controle elaboradas e aperfeiçoadas internacionalmente, estas publicações (periódicos e livros) afirmavam a imprescindibilidade dos tecnólogos para o desenvolvimento industrial.

A superação da empiria predominante na gestão do chão de fábrica ocupou espaço central nas páginas de *O Calçadista* e nas obras de Pracuch. Era necessário substituir os antigos chefes de seção que se legitimavam no cotidiano de trabalho por "saber trabalhar", por chefes previamente treinados para o exercício do cargo e subordinados a um departamento de planejamento formado por especialistas aptos a controlarem todas as variáveis do processo produtivo. A descrição da organização tradicional da seção de pesponto, extensível a qualquer outra seção de trabalho, retrata a realidade à qual Pracuch se opunha.

> No meio o encarregado, esvoaçando, "tocando" o serviço. Sem nenhum programa, sem nenhum plano, na base do urgente ou de menos urgente. Só ele que conhecia a sequência das operações ou a produtividade das pespontadeiras, os pontos fortes e os pontos fracos. E quando, por acaso, faltava ao serviço, a calamidade ficava completa.
> Ninguém se atrevia a tomar qualquer medida correcional. Voltando ao serviço, com poucas providências colocava tudo em "ordem" novamente, *assegurando assim para si o prestígio e garantindo a sua permanência no emprego por ser insubstituível.*

---

142 Além dos dois livros citados anteriormente, cf. *Idem. Quem sabe explica! Crônicas sobre a atual tecnologia de produção de calçados.* Franca: Ribeirão Gráfica e Editora, 2004.

> Hoje, felizmente, as coisas já se passam de maneira diferente, não temos vice-reis no pesponto; temos mais ordem, organização e limpeza.[143]

De acordo com Pracuch, os "vice-reis" das seções desconheciam termos como administração, liderança, organização, psicologia, racionalização e treinamento. O despreparo para o exercício da chefia resultava da prática de nomear os operários mais produtivos e colaborativos como chefes sem submetê-los a um treinamento prévio para o exercício da função. "Pega-se um operário responsável, assíduo, ordeiro, que domina bem um determinado trabalho, agrada aos seus superiores (porque nunca o contradiz e concorda com tudo) e pronto – temos um novo chefe." Resultado? "Normalmente perdemos um bom operário e ganhamos um medíocre chefe de uma seção." Uma das principais objeções à chefia tradicional era o hábito de continuarem a trabalhar manualmente, pois "toda vez que abaixa a cabeça, alguma coisa está escapando ao controle dele." A principal função do chefe era controlar a força de trabalho:

> [O] chefe está na posição dele para dirigir, programar, instruir, controlar, procurar novos caminhos, proporcionar economias, evitar desperdícios, preocupar-se com a qualidade, motivar seus subordinados – enfim chefiar. Para passar cola, carregar caixas ou fazer consertos, um operário é suficiente. Para isso não necessitaremos de um chefe![144]

Em oposição à empiria predominante na gestão dos processos produtivos, os tecnólogos defendiam que a coleta preliminar de dados, os mais exatos possíveis, tinha a máxima importância para organizar "um fluxo suave e intermitente de produção diária", uma seção de trabalho deveria ser administrada, "em primeiro lugar, *atrás de uma escrivaninha*, e, somente depois que todas as diretrizes forem emitidas e conferidas, o encarregado deve dedicar-se ao trabalho na 'linha de fogo.'"[145] Não é demais reiterar que apesar da organização tradicional ser duramente criticada e se encontrar em transformação, não fora completamente superada até o final dos anos 1980.[146]

---

143 PRACUCH, Z. *Organização e gerência do pesponto*. p. 19. (grifos meus)
144 *O Calçadista*. "O despreparo para a função de chefia." Ano 2, n. 28, set./1982, p. 2. Cf. também: *Idem*. Romeu C. Cintra. "Como se faz um chefe". Ano 3, n. 39, out./1983, p. 2.
145 PRACUCH, Z. *Organização e gerência do pesponto*. p. 60, 91e 86.
146 Quando da redação desse texto, verifiquei que as críticas ao predomínio da empiria e à falta de treinamento de chefes de seção ainda ocupavam espaço privilegiado nos textos que Pracuch

Ao confrontar a atuação dos tecnólogos do calçado com as experiências dos "donos" do chão de fábrica fica evidente a distinção entre as duas formas de controlar os processos de trabalho. De um lado, predomina a empiria, o conhecimento da melhor forma de se executar cada tarefa a partir da própria habilidade advinda da condição de ex-trabalhador, combinada com diferentes estratégias para obter ou impor a legitimidade frente aos subordinados. Do outro lado, defende-se a racionalização dos processos produtivos por meio do conhecimento técnico-científico. Esta distinção gerava divergências entre uns e outros, diretamente relacionadas à autodefesa de cada grupo sobre sua imprescindibilidade para as indústrias.

A diferença entre os dois tipos de gestores pode ser observada nos casos relatos a seguir. Idacir Ferreira afirmou que fez vários cursos de aperfeiçoamento ministrados por pessoas com muita teoria, mas que nunca entraram numa fábrica para operar uma máquina. "Eu acredito no teórico, mas eu acredito muito mais no prático, porque o prático quando te fala, ele já fez, e o teórico estudou. Alguém falou pra ele, entendeu?"[147] Romeu Cintra relatou um acontecimento que complementa esta diferença. Em determinada ocasião, quando prestava consultoria em O & M, defendeu a realização de uma operação do pesponto sem a prévia colagem das peças, disto resultou a negativa por parte do trabalhador, seguida do desafio para que ele realizasse a tarefa. Como nunca fora pespontador, pediu ao chefe da seção que lhe deixasse treinar na máquina após o expediente de trabalho e só então voltou a abordar o trabalhador. "No dia seguinte eu vim com uma certa autoridade e quando o cara falou que não dava certo e virou pra mim: '— Por que você não faz?' '— Pois não. Dá licença.' (risos) Ele achou que eu ia afinar. Aí peguei as mesmas peças que ele tava fazendo e fiz. […] Ele calou a boca ali e passou a fazer sem colar."[148] Idacir era capaz de realizar tarefas com apenas uma mão, Romeu precisou treinar previamente para se impor frente ao trabalhador.

---

continuava a publicar. No depoimento ao autor, ele afirmou que em Franca, "como em outras, nós não temos chefes! Isso implica aquela pré-falência geral da indústria de calçados de Franca. […] Digamos assim, nessa parte tecnológica, técnica, simplesmente está na idade de pedra."

147 Depoimento de Idacir Ferreira ao autor.

148 Antes de realizar o curso de tecnólogo em calçado, Romeu fora costurador manual de mocassim e trabalhador de almoxarifado, onde aprendeu na prática a desenvolver técnicas de planejamento de compra, mas sua experiência na execução manual das operações produtivas era restrita. Depoimento de Romeu Cintra ao autor.

Apesar da distinção entre os "donos" do chão de fábrica e os tecnólogos do calçado, os dois relatos comprovam a característica comum aos dois grupos e que permite defini-los como membros de uma mesma classe social: ambos desenvolveram formas de controlar com a maior eficiência possível o trabalho alheio em prol do incremento da produção e da produtividade. A empiria não foi totalmente abolida, do mesmo modo, a administração científica do trabalho não foi plenamente implantada. Sistema tradicional e sistemas modernos de gestão se complementaram e essa fusão representou a síntese possível em cada conjuntura histórica para se explorar a força de trabalho da maneira mais eficiente possível.

Assim sendo, o conceito de controle pode ser definido como a combinação de múltiplas ações e estratégias com o objetivo de transferir dos trabalhadores para os capitalistas as decisões a respeito da melhor maneira de executar um trabalho. Alguns sistemas de administração do trabalho centravam-se no autoritarismo de chefes originários da classe trabalhadora, outros sistemas assentavam-se na aplicação da ciência ao trabalho e, com isso, levaram ao extremo a distinção entre concepção e execução, ao propugnar que caberia à chefia definir os gestos, a cadência e o ritmo de trabalho mais adequado, além de pré-estabelecer a quantidade a ser produzida e fiscalizar rigidamente os trabalhadores para garantir o cumprimento pleno das metas de produtividade.

A trajetória e atuação de tecnólogos como Zdenek Pracuch, suas realizações e obras ilustram o pleno desenvolvimento da classe dos gestores no complexo coureiro-calçadista e demonstram que a ação dos membros dessa classe não se restringiu a unidades particulares de produção e tampouco possuiu fronteiras nacionais. Desenvolver, aperfeiçoar e difundir técnicas de controle de trabalho, publicar periódicos e livros de cálculo de custos, de planejamento e de gerência científica foram ações passíveis de serem aplicadas em quaisquer indústrias e expressaram de maneira cabal que o capital é uma relação social global. Neste sistema produtivo, as unidades fabris não estão isoladas umas das outras, e sim integradas e articuladas entre si, o que faz com que a classe de capitalistas que não se restringe à administração de uma única fábrica adquira importância ainda maior para a continuidade da exploração da força de trabalho. Pracuch tinha plena consciência disto, como se verifica no excerto a seguir:

> Qualquer proprietário ou diretor de uma indústria está convencido que conhece a sua empresa como ninguém. Nada mais justo. Mas isso de conhecer bem a sua empresa não quer dizer muita coisa. *A empresa não*

> *é uma ilha*. No mínimo faz parte de um arquipélago. [A] avaliação de uma empresa só pode ser feita em função da comparação de empresas do mesmo ramo. [...]
> Essa avaliação comparativa somente poderá ser feita por alguém de fora. [...]
> Três anos de consultoria valem por trinta anos de vida em uma empresa. Por que? Por exemplo: raramente um industrial constrói mais de uma fábrica em sua vida. Um consultor analisa um projeto ou faz um lay-out por mês, no mínimo. Quem tem mais probabilidade de acertar? [...]
> Como abelhas que voam de flor em flor polinizando todas, em benefício geral, assim também *o consultor distribui os conhecimentos que acabam beneficiando todos*.[149]

Uma primeira característica do artigo de Pracuch é ser um artefato de publicidade com o fim de divulgar seus serviços de consultoria. Num contexto de indústrias predominantemente dirigidas por burgueses, era necessário convencê-los sobre a imprescindibilidade de investir em consultoria externa. Mas, para além dessa constatação, o texto demonstra uma diferença crucial entre burgueses e gestores citada no início deste capítulo: os primeiros referem-se às unidades de produção particularizadas, os segundos não. Gestores como os tecnólogos do calçado não se restringiam ao controle de uma única fábrica e isto possibilita defini-los como organizadores coletivos de processos de produção e trabalho. A análise desenvolvida demonstrou não apenas a distinção dos gestores em relação aos trabalhadores, como também a diferenciação deles diante dos industriais. A identidade dos membros da *elite dos gestores* não se fundamentava no trabalho manual e muito menos na posse de fábricas, mas no domínio da técnica, empregada com o objetivo de racionalizar os processos produtivos e alcançar maior eficiência e produtividade,[150] o que reforça a afirmação feita no primeiro capítulo sobre a ciência não ser neutra e constituir um instrumento de exploração da classe trabalhadora. Por fim, é necessário destacar que a publicação de textos sobre gestão de empresas pode ser compreendida como uma das formas de expressão política desses sujeitos sociais,

---

149 *O Calçadista*. Zdenek Pracuch. "O que faz um consultor?" Ano 3, n. 41, dez./1983, p. 9. (grifos meus)

150 Apesar de não compartilhar da tese de Bresser Pereira sobre a tecnoburocracia dar origem a um sistema de produção distinto do capitalista, considero pertinente sua descrição da ideologia desta classe social: racionalista, valoriza a técnica e os técnicos, a administração racional, a eficiência e o planejamento. Cf. PEREIRA, L. C. B. "A ideologia tecnoburocrática". In: *op. cit.*, p. 93-103.

pois foi utilizada com o fim de difundir o domínio dos processos produtivos que possuíam visando se legitimarem perante a sociedade.

A campanha "Operário Padrão" e o ideal de ascensão social

Para finalizar a interpretação do processo de formação dos gestores, analisarei o significado ideológico da ascensão social da condição de operário para chefe e gerente de produção. A partir da trajetória de alguns gestores, foi possível observar a ideia da ascensão na hierarquia interna da empresa como resultado do merecimento decorrente do esforço pessoal, uma recompensa pela dedicação. Este tipo de assertiva se contrapunha às acusações que certamente sofreram de a nomeação aos cargos de comando decorrer da subserviência e da adulação aos industriais. É inegável que tão importante quanto ter boas relações com os patrões era fundamental possuir capacidade de exercer com competência o controle do processo produtivo.

Segundo Marx, "quanto mais uma classe dominante é capaz de acolher em seus quadros os homens mais valiosos das classes dominadas, tanto mais sólido e perigoso é seu domínio."[151] Esta tese possibilita desenvolver duas linhas interpretativas complementares: em primeiro lugar, incorporar às classes capitalistas os membros da classe trabalhadora capazes de desenvolver novas tecnologias e formas de controle foi de grande importância para o desenvolvimento industrial. Em segundo lugar, a promoção aos cargos de chefia adquiriu um aspecto ideológico extremamente relevante ao difundir a ideologia da ascensão social por merecimento. Mesmo em parte da literatura que se reivindica crítica ao sistema capitalista, grassa a noção do cargo de chefe como uma promoção no interior da classe trabalhadora. De maneira distinta, considero que a pretensa "promoção" representa a ascensão social vertical que faz com que ex-trabalhadores passem a controlar e organizar o trabalho alheio.

A ideologia da ascensão social por merecimento objetivava diminuir as expressões de contestação ao capitalismo ao afirmar a possibilidade de um simples operário ascender socialmente por meio de seu esforço pessoal. Isso *poderia* contribuir para minimizar a revolta e o questionamento ao sistema capitalista por

---

151 MARX, Karl. *O Capital*. Liv. III, v. 5. Rio de Janeiro: Civilização Brasileira, 1975, p. 689.

parte de *alguns* trabalhadores, que passariam a almejar os cargos de chefia.[152] Nesse sentido, a perspectiva de ascensão pode ser considerada uma importante válvula de respiração para o sistema capitalista na medida em que contribui para diminuir as ações de contestação e conflito aberto, difundindo o ideal de harmonia social entre as classes para a promoção do bem comum.

A Campanha "Operário Padrão" esteve relacionada justamente à ideologia da ascensão social e da harmonia entre capital e trabalho. Meu contato com o tema se deu a partir das notícias publicadas pelo *Comércio da Franca* entre as décadas de 1970 e 1980. A historiografia sobre a classe trabalhadora no Brasil parece praticamente desconhecer a referida campanha e o único texto que localizei sobre o tema foi o de Barbara Weinstein.[153] Durante o segundo governo Vargas (1951-1954) foi idealizada a premiação de trabalhadores e industriais que se destacassem no desenvolvimento da produtividade e contribuíssem para reduzir a dependência do país em relação à tecnologia estrangeira. Após o suicídio de Getúlio Vargas, o jornal *O Globo* retomou o projeto e formulou a *Campanha Operário Padrão*, em 1955, almejando aumentar seu público leitor junto aos trabalhadores. O projeto não logrou êxito e só foi efetivado a partir de 1964, em parceria com o SESI, instituição que viu na campanha uma excelente oportunidade para difundir seus princípios e afiançar a oportunidade de mobilidade social dentro da indústria para os trabalhadores que aderissem à sua filosofia.[154] A conjuntura política autoritária e repressiva, advinda do regime militar, teve fundamental importância para o êxito da iniciativa, pois com os sindicatos sob constantes intervenções, as ações políticas de contestação à campanha tenderam a ser inexistentes.[155]

O SESI organizou a campanha e existiam pré-requisitos para poder se candidatar: ser empregado na produção, estar na empresa há pelo menos três anos e ser sindicalizado. Era necessário preparar dossiês dos candidatos com informações sobre suas vidas profissionais e pessoais. Os candidatos eram escolhidos em

---

152 As acusações feitas por trabalhadores aos "puxa sacos", aqueles que não ocupavam cargos de comando e que delatavam os companheiros de trabalho com o objetivo de um dia vir a ser promovido foram recorrentes nos depoimentos.

153 WEINSTEIN, Barbara. "The model worker of the paulista industrialists: the 'Operário Padrão' Campaign, 1964-1985". *Radical History Review*, n. 61, 1995, p. 93-123.

154 A respeito da formação e atuação do SESI, cf. cap. 4 e 5 de: Idem. *(Re)formação da classe trabalhadora no Brasil, 1920-1964*. São Paulo: Cortez: CDAPH-IFAN: USF, 2000.

155 Idem. "The model worker of the paulista industrialists...", p. 93-98.

quatro instâncias: fábricas (eleição direta ou, mais comum, indicação da gerência), municípios, estados e país. A maior dificuldade encontrada por Weinstein para pesquisar o tema foi a falta de preservação documental, pois o SESI microfilmou apenas os dossiês dos vencedores estaduais e nacionais a partir de 1978. A autora reuniu 50 dossiês e constatou que a maioria absoluta dos vencedores era formada por homens que exerciam cargos de supervisores, o que fez a campanha se tornar na prática um concurso para eleger o supervisor padrão.[156]

As dificuldades encontradas para pesquisar a *Campanha* no município de Franca mostraram-se ainda maiores e as únicas fontes disponíveis foram as notícias jornalísticas. Consultei as principais entidades promotoras da campanha no município,[157] mas não localizei um único dossiê. Mesmo com a dificuldade relacionada às fontes, foi possível verificar semelhanças significativas com as características encontradas por Weinstein, o que possibilita tecer considerações e formular conclusões a respeito da *Campanha "Operário Padrão"*.

A primeira eleição municipal para a escolha do "Operário Padrão" ocorreu em 1970 e a última notícia localizada refere-se a 1988, englobando um período de 19 anos.[158] Não obstante, localizei notícias pertinentes a doze anos[159] e não foi possível responder se nos sete anos de lacuna não houve eleições locais ou se, simplesmente, elas não foram noticiadas. Além disso, em 1971, ocorreu a eleição de um homem e de uma mulher, e uma mesma pessoa venceu em 1971 e em 1977. Assim, a análise se baseia nas informações sobre 12 "Operários Padrões" escolhidos localmente. Desse conjunto de personagens, oito eram chefes de seções, dois operários e não constam informações detalhadas sobre outros dois.

Em 1970 e 1971, o concurso estadual chamava-se "Operário Bandeirante" e foi patrocinado pelo jornal *Folha de São Paulo* e pela empresa *Light*. Em Franca, as escolhas dos "Operários Francanos" se deram por meio de provas aplicadas aos candidatos pré-selecionados. Em 1970, dos trinta e nove candidatos, Fábio

---

156 WEINSTEIN, B. "The model worker of the paulista industrialists..."

157 Diferentes entidades organizaram a campanha ao longo dos anos: ACIF, *Comércio da Franca*, SESI, delegacia local do CIESP e SICF. Nenhuma dessas entidades preservou qualquer documento sobre o tema e em todas as consultas ouvi a mesma afirmação: "Isso é coisa muito velha!"

158 Em notícia de 1971 afirmou-se que o município teve um 1º e um 2º lugares no estado antes de 1970. *Comércio da Franca*. "Operários francanos fizeram provas na capital". 8/07/1971. Se a informação for correta, não deve ter havido eleição local, apenas uma designação direta de um candidato a nível estadual.

159 1970, 1971, 1976 a 1978, 1980 a 1982, 1984 a 1986 e 1988.

Alves de Andrade da *Calçados Palermo* fez a maior pontuação. Trabalhava há onze anos na empresa e passara por várias seções, no momento era operador de máquina de montar calçados. Descrito como um operário assíduo e bem quisto pela coletividade, Fábio frequentava o segundo ano do curso técnico de contabilidade e tudo fazia no sentido de "melhorar sua condição humana de trabalho".[160] Em 1971, ocorreram eleições em fábricas e curtumes para a escolha dos candidatos que realizariam as provas, mas não há informação sobre os procedimentos adotados para realizar as eleições internas nas empresas. Com o crescimento da participação de mulheres, a direção estadual autorizou a escolha separada de uma operária. Os trinta e nove candidatos e nove candidatas realizaram provas escritas e orais, e foram eleitos Benedito Manoel Pereira, encarregado da mecânica de manutenção de máquinas de pesponto da *Samello*, e Neuza Mesquita de Andrade, pespontadeira da *Pestalozzi*.[161]

A partir de 1976, a campanha foi organizada pelo SESI e adotou-se o nome nacional: "Operário Padrão". Na convocação para as empresas inscreverem seus representantes, afirmou-se o objetivo de "premiar os trabalhadores que se tornaram merecedores de reconhecimento público e de serem apontados como *símbolos* dos trabalhadores brasileiros."[162] A perspectiva de escolher modelos, em especial do ponto de vista dos industriais, para os demais trabalhadores era uma das principais características da campanha.[163] Disputaram a eleição apenas três funcionários das empresas *Amazonas*, *Samello* e *Sândalo* e o júri, composto por dirigentes de entidades patronais, homens públicos e os presidentes do *Rotary* e do *Lions Clube*, elegeu Alcino Teixeira da Silva, chefe de seção da *Amazonas*, onde trabalhava há 27 anos, recebera dois prêmios da indústria por criatividade e fora um dos fundadores do Esporte Clube Ama-

---

160 *Comércio da Franca*. "Escolhido o Operário Francano: Fábio Alves de Andrade (Palermo)". Franca, 11/06/1970. O concurso local foi patrocinado pelo *Comércio da Franca*, Rádio Piratininga e Rotary Clube. Não há informação a respeito do critério de seleção e das características das provas aplicadas aos candidatos.

161 Os patrocinadores locais foram a Câmara Municipal, o Rotary Clube, o Clube Monte Líbano, a ACIF, o SICF, o STICF, a Rádio Piratininga e o *Comércio da Franca*. Idem. "Começou a escolha do Operário Bandeirante". 25/04/1971; "Escolhidos Operário (Samello) e Operária (Pestalozzi) Francanos". 22/061971; "Escolhidos Operário (Samello) e Operária (Pestalozzi) Francanos". 22/06/1971; "Quem é o Operário Francano". 25/06/1971.

162 *Comércio da Franca*. "'Operário Padrão' do estado de São Paulo". 18 de julho de 1976. (grifos meus)

163 Cf. WEINSTEIN, B. "The model worker of the paulista industrialists…", p. 100.

zonas.[164] Em 1977, 1978 e 1980 foram eleitos três funcionários da *Samello* que exerciam cargos de chefia nas áreas de manutenção de máquinas e de mecânica da empresa: Benedito Manoel Pereira, Fausto José Pimenta e Orlando Silvestre Carlos.[165] Fica evidente o predomínio de chefes da área de mecânica como os maiores vencedores da campanha nos anos 1970, característica relacionada à importância destes para o desenvolvimento tecnológico das indústrias onde exerciam seus ofícios.

Os "Operários Padrões" de 1977 e 1978 possuíam trajetórias semelhantes: formaram-se mecânicos torneiros pela Escola Industrial, trabalhavam na empresa há 16 e 23 anos, respectivamente, eram chefes da seção de manutenção de máquinas de pesponto e da seção mecânica, se destacaram no aperfeiçoamento e desenvolvimento de dispositivos, de peças de reposição e de máquinas que contribuíram para o *aumento da produtividade*,[166] e foram premiados pela empresa em diversas oportunidades. Benedito e Fausto também realizaram diversos cursos de aperfeiçoamento da chefia nas décadas de 1960 e 1970: "Aspectos Humanos da Racionalização do Trabalho", "Supervisão de Pessoal", "Técnicas de Chefia" e "Racionalização do trabalho", todos por intermédio do SESI, e "Método de Supervisão TWI" pelo SENAI.

Além dos predicados diretamente relacionados ao trabalho, eram sujeitos ativos na comunidade, contribuíam mensalmente com entidades filantrópicas e faziam parte de clubes desportivos. Possuíam casa e carro próprios, símbolos de pessoas economicamente bem sucedidas. Eram sindicalizados e acreditavam no papel da entidade para *integrar* as classes. Enfatizou-se também a assiduidade ao trabalho: faltavam apenas em casos graves ou excepcionais. Por fim, seriam bem quistos pelos colegas, que os escolheram nas votações internas.[167] Weinstein adverte que, mesmo nas empresas que realizavam eleições diretas para a escolha

---

164 *Comércio da Franca*. "Escolha do Operário Padrão." 8/08/1976. *Idem*. "Operário Padrão: eleito o representante da Amazonas." 13/08/1976.

165 *Idem*. "'Operário Padrão': agora será a eleição regional." 24/08/1977. *Idem*. "É da Samello o 'Operário Padrão' 78 de Franca." 1º/09/1978. Orlando era funcionário da empresa desde 1948: havia sido ponteador, chefe de seção, chefe geral e atualmente era chefe geral de Mecânica de Manutenção. *Idem*. "É da Samello o Operário Padrão de Franca." 7/09/1980.

166 Cf. no capítulo I as principais máquinas desenvolvidas e aperfeiçoadas por Fausto Pimenta.

167 Síntese a partir de: *Comércio da Franca*. "É de Calçados Samello o Operário Padrão 77 de Franca." 25/08/1977 e *Idem*. "O 'Operário Padrão' 78-Franca é da Calçados Samello." 3/09/1978.

do representante, era comum a gerência e o departamento de Recursos Humanos nomearem os concorrentes ao pleito.[168]

As notícias sobre os dois personagens evidenciam o objetivo de se difundir uma imagem que serviria de modelo para o conjunto dos trabalhadores. Fausto foi definido como "um funcionário responsável, inteligente, sério, amigo, atencioso" procurado por muitas pessoas "para opiniões e conselhos. Muita gente o vê como exemplo e não hesitam tentar imitá-lo, principalmente no trabalho."[169] Essas características complementam a afirmação de Idacir Ferreira a respeito do líder como um exemplo dentro e fora da fábrica.

Em 1978, além do "Operário Padrão", o *Comércio da Franca* divulgou em sua coluna social a eleição do "Operário do ano", escolha estritamente local e com o fim de homenagear funcionários de empresas que seriam símbolos para a sociedade. O homenageado foi Hugo Ravagnani Neto, gerente geral da *Decolores Calçados*, envolvido na acusação de agressão contra Marcos Antônio Adrian, analisada acima.[170] Hugo foi descrito pelo reclamante e por suas testemunhas como agressivo e truculento. Por sua vez, a empresa utilizou a homenagem recebida por seu gerente com o objetivo de deslegitimar tais acusações, estratégia não acatada pela Justiça do Trabalho. Foram eleições distintas, mas com o mesmo propósito de homenagear chefes e gerentes. Esse caso demonstra que por detrás da idealização da imagem "santificada" dos chefes, poderiam existir pessoas autoritárias e que recorriam à força física para disciplinar os trabalhadores. Weinstein também se deparou com o caso de um chefe eleito "Operário Padrão Paulista", responsável por várias transformações técnicas na fábrica em que era funcionário, que era desprezado pelos trabalhadores devido ao seu autoritarismo.[171]

Como a campanha se transformou na escolha do "supervisor padrão", ela se tornou alvo de duras críticas por parte dos militantes sindicais do "novo sindicalismo", e isto levou a uma reorganização de sua estrutura. Assim, no final dos anos 1980, passou a se chamar "Operário Brasil" e enfatizou mais o aspecto de homenagem e menos a antiga noção de modelo a ser seguido. Na tentativa de conseguir maior participação dos trabalhadores, o SESI também estimulou as

---

168 O conjunto de características descrito é idêntico ao apontado por WEINSTEIN, B. "The model worker of the paulista industrialists...", p. 101-102.
169 *Comércio da Franca*. "O 'Operário Padrão' 78-Franca é da Calçados Samello"...
170 AHMF. Caixa 294. Processo 310+309/1978.
171 WEINSTEIN, B. "The model worker of the paulista industrialists...", p. 110.

eleições abertas. Algumas fábricas adotaram a medida e trabalhadores, ao invés de supervisores, foram escolhidos pelos colegas de trabalho.[172]

As evidências indicam que, em Franca, mesmo durante os anos 1980, a tradição anterior se manteve e, em plena efervescência do movimento sindical, a maior parte dos vencedores continuou a ser formada por chefes de seção. José Adolfo Ferreira (1981) era chefe da seção de pesponto na *Agabê*, Antonio Querino de Souza (1984) era chefe da seção de pesponto da *Calçados Terra*, José Augusto Moreira (1986) era chefe da seção de acabamento da *Sândalo* e Milton Radi (1988) era chefe da expedição e da manutenção elétrica da *Calçados Jacometti*.[173] Além de eleger os chefes das principais empresas do setor coureiro-calçadista, continuou-se a enfatizar temas como esforço, dedicação, constância, méritos pessoais, espírito comunitário, família e religiosidade. Muitas notícias destacaram a oportunidade de ascender socialmente por meio do esforço pessoal e, em 1988, já com a nova denominação da campanha encontra-se o seguinte título de matéria: "Operário Brasil/88/Franca 'As oportunidades existem e não devem ser desperdiçadas.'"[174] O ex-diretor do SENAI em Franca foi um dos jurados do concurso nos anos 1980 e explicou quais eram os principais critérios para a escolha:

> Eu me lembro que a gente comentava: "— Olha, esse aqui é excelente, grande trabalhador! Inteligente, capaz. Mas ele ficou muitos anos só numa função. Ele não ascendeu dentro da empresa, não girou em outras funções ou na hierarquia. Ele não foi subchefe, ele não foi chefe, não foi gerente." Então buscava valorizar o todo da pessoa. Porque se você pesquisar o trabalhador, o comportamento etc., todo eles querem, ou grande parte, gostaria de ser gerente, ser chefe, ser gerente, ser patrão, montar seu negócio. Quer essa ascensão social. Isso faz parte dos valores da nossa cultura. Nossa sociedade, nossa economia. Tanto é que você tem em Franca grandes exemplos, grande parte dos empresários aqui eram trabalhadores e

---

172 WEINSTEIN, B. *"The model worker of the paulista industrialists..."*, p. 113-114, 120.

173 *Comércio da Franca*. "O operário padrão 81 de Franca é José Adolfo Ferreira da Indústria de Calçados Agabê". 22/08/1981; Idem. "Operário-Padrão/84 é do grupo 'Terra.'" 18/08/1984; Idem. "Hoje a homenagem ao Operário Padrão de Franca." 17/09/1986; Idem. "O Operário Brasil/88 - Franca é de Calçados Jacometti." 11/09/ 1988. Nos anos de 1982 e 1985, apenas se noticiou o nome do vencedor e da empresa sem maiores detalhes: Matheus Veríssimo da indústria *Tony Salloun & Cia* e Maurício Oliver Lopes da *Agabê*, respectivamente. Idem. "Em outubro a eleição do Operário Padrão bandeirante" 28/08/1982; Idem. "É da Agabê o 'Operário Padrão de Franca/85.'" 23/08/1985.

174 Idem. "O Operário Brasil/88..."

principalmente trabalhadores da produção. [...] Era uma coisa pra realçar segundo aqueles padrões.[175]

Ser chefe, gerente e quem sabe um dia ser patrão! Esse era o principal ideal difundido pela campanha. Oportunidades existiam? Sim, mas o significado delas me parece distinto daquele que lhes é amplamente atribuído na sociedade. Ao constatar que os "Operários Padrões" provinham de famílias extremamente pobres e que com esforço pessoal adquiriram qualificações que lhes possibilitaram ascender na hierarquia interna das empresas, Weinstein concluiu: "estes brasileiros podem por fim ter se conformado ao ideal dos industriais, mas eles eram trabalhadores brasileiros do mesmo modo, e suas vidas são contos de luta".[176] De maneira distinta, não considero a nomeação aos cargos de chefia como exemplo de ascensão no interior da classe trabalhadora, mas como um processo que na maior parte das vezes transformou trabalhadores em gestores. Por isso, desconsiderar a existência dos gestores como classe social pode contribuir para reproduzir a ideologia capitalista que propaga a ascensão social como a principal meta dos trabalhadores, passível de ser conquistada por qualquer um a partir do esforço pessoal e do mérito.

Ao desconstruir essa idealização amplamente difundida não faço juízo de valor em relação aos "Operários Padrões", apenas interpreto suas trajetórias utilizando um arcabouço teórico e conceitual que possibilita compreender um processo histórico que fez com que trabalhadores deixassem de trabalhar para controlar o trabalho de outros. No complexo coureiro-calçadista, chefes de seção, gerentes, consultores e diretores tornaram-se os principais responsáveis por controlar coletivamente os processos produtivos, o que me fez defini-los como gestores.

Não obstante, existiu uma nítida hierarquia no interior dessa classe social, relacionada à estrutura administrativa e ao porte das empresas, e que se refletiu na função exercida e no poder que detinham no cotidiano de trabalho. É equivocado concluir que a nomeação a um cargo de chefia por si só fizesse com que automaticamente o sujeito se tornasse capitalista. A transição da condição de trabalhador para a de gestor resultava das relações de trabalho, do controle exercido sobre o trabalho alheio e da constituição de uma identidade distinta dos operários e dos patrões. Alguns chefes vivenciaram experiências ambíguas e

---

175 Depoimento de Luis Gonzaga Gaspar ao autor.
176 WEINSTEIN, B. "The model worker of the paulista industrialists...", p. 119. (tradução minha)

marcadas por uma tênue fronteira entre a condição de trabalhador e a de gestor, pois continuavam a trabalhar manualmente e acumulavam funções de comando. Os chefes de seção de empresas grandes e, principalmente, os gerentes e diretores se viam de forma distinta do conjunto dos operários e identificavam os seus interesses com os interesses das empresas, tendo como principal meta atuar no sentido de auferir aumentos de produtividade.

Do ponto de vista econômico e social, a partir do momento que essas pessoas passaram *exclusivamente* a controlar o tempo de trabalho de seus subordinados, elas deixaram de viver do valor gerado pelo próprio trabalho para viver da repartição da mais-valia extraída dos trabalhadores, o que possibilita defini-los como capitalistas. Quanto maior a empresa e quanto mais elevada a posição que ocupavam, maior sua remuneração, o que resultaria num padrão de vida e *status* social cada vez mais distinto das condições de vida da maioria dos trabalhadores. Dessa conjunção de fatores resultariam inúmeros conflitos sociais inerentes ao sistema de produção capitalista.

IV. Experiências em comum

O ato de migrar do campo para a cidade e ingressar no trabalho fabril foi uma experiência comum a grande parte dos trabalhadores brasileiros, especialmente, durante a segunda metade do século XX. Os motivos para a decisão de ganhar a vida nos centros urbanos combinou as dificuldades materiais para se manter no meio rural, o sonho de um futuro melhor para si e para os filhos, a possibilidade destes continuarem os estudos, o objetivo de ter uma carteira de trabalho assinada e a garantia de direitos trabalhistas, entre outros fatores. A migração significou uma grande transformação em termos culturais e sociais, pois os migrantes tiveram que se adaptar ao meio urbano, ao sistema fabril e a um ritmo de vida significativamente distinto daquele em que foram originalmente socializados.

No interior das unidades produtivas, os trabalhadores foram submetidos a diversas normas disciplinares que tinham o fim último de auferir a maior parte possível de suas capacidades produtivas. Adaptar-se a essa realidade nem sempre foi fácil, pois era preciso desenvolver uma nova percepção do tempo e aprender que cada segundo era determinante para se cumprir as metas de produção. Em oposição ao campo, a fábrica era um ambiente de trabalho fechado, regido por regulamentos, sob a constante fiscalização dos chefes de seção e grande parte das unidades produtivas apresentava péssimas condições de trabalho, insalubridade e periculosidade.

A análise das tecnologias, dos processos produtivos e de trabalho e das formas de controle da força de trabalho ocupou até aqui o cerne da interpretação empreendida. Apesar das especificidades de cada segmento industrial, os trabalhadores vivenciaram condições de trabalho semelhantes, o que possibilita analisar as experiências de trabalho comuns aos borracheiros, curtumeiros e sapateiros. Neste capítulo, meu principal objetivo é interpretar as experiências de exploração no interior das unidades fabris. Essa proposta inspira-se na interpretação de E. P. Thompson a respeito da "natureza verdadeiramente catastrófica da Revolução Industrial", que resultou "em formas de exploração econômica mais intensas, ou mais transparentes." Segundo o autor, "o empreendimento em grande escala, o sistema fabril, com sua nova disciplina, as comunidades fabris [...] tudo contribuiu para a transparência do processo de exploração e para a coesão social e cultural do explorado."[1]

A exposição será estruturada a partir dos seguintes temas: principais características do trabalho rural, primeira forma de venda da força de trabalho da maioria dos entrevistados; processo migratório para Franca e a inserção dos migrantes no sistema fabril; condições de trabalho, com ênfase nas experiências em comum entre os trabalhadores do complexo coureiro-calçadista – insalubridade, acidentes do trabalho e divisão sexual do trabalho; e as diversas estratégias patronais para fixar a força de trabalho nas fábricas e para "minimizar" a insatisfação e a insurgência dos trabalhadores contra as condições a que foram expostos no interior das unidades produtivas. Tais estratégias combinaram elementos de diferentes sistemas de dominação como o autoritarismo, as práticas paternalistas de gestão da força de trabalho, a difusão do ideal de harmonia social entre trabalho e capital e a criação de um aparato assistencial por algumas empresas de grande porte.

---

1 THOMPSON, E. P. *A formação da classe operária inglesa*. v. 2. A maldição de Adão. Rio de Janeiro: Paz e Terra, 1987, p. 22-23.

Migrantes rurais

As relações sociais no campo

A elaboração deste capítulo foi feita a partir da interpretação de diferentes fontes, entre elas 78 entrevistas,[2] 54 feitas com homens e 24 com mulheres. Do total de entrevistados, 62 provieram do campo. Destes, 48 eram migrantes – 24 paulistas, 23 mineiros e um sergipano –, 12 procederam da zona rural de Franca e dois não especificaram o local de nascimento, mas seus relatos evidenciaram que eram migrantes rurais. Mesmo entre os 16 entrevistados nascidos na zona urbana de Franca, muitos descendiam de trabalhadores rurais e alguns trabalharam no campo em determinados momentos de suas vidas.

A constatação de que a maior parte dos entrevistados teve no setor rural a primeira experiência de venda de força de trabalho permitiria concluir que todos os trabalhadores rurais foram socializados sob as mesmas relações de trabalho? Eles comporiam uma massa homogênea, com os mesmo padrões comportamentais que se refletiriam diretamente na maneira como vivenciaram a inserção no setor industrial?

A julgar por algumas formulações elaboradas nos anos 1960 por sociólogos dedicados a estudar a formação da classe trabalhadora no Brasil, as respostas seriam sim. A origem rural de grande parte do proletariado brasileiro foi interpretada como uma mácula que explicaria as ausências na sua constituição: falta de consciência de classe e de ações coletivas, baixa participação sindical, altas taxas de instabilidade e mobilidade profissional, fascínio frente às grandes indústrias, conformismo e submissão. Os migrantes rurais teriam sido socializados em

---

2   28 entrevistas pertencentes ao *Fundo Teresa Malatian*: 20 homens (13 sapateiros, 3 curtumeiros, 3 sapateiros e depois curtumeiros e 1 borracheiro e depois curtumeiro) e 8 mulheres (7 sapateiras e 1 curtumeira): 20 migrantes (10 paulistas, 7 mineiros, 1 sergipano e dois não especificaram) e 8 francanos (5 da zona urbana e 3 da zona rural). Realizei 50 entrevistas: 7 para a pesquisa *Lutas Silenciosas*, todas com homens (5 sapateiros, 1 borracheiro e depois sapateiro e 1 curtumeiro e depois sapateiro): 4 migrantes (3 paulistas e 1 mineiro) e 3 francanos (2 da zona urbana e 1 da zona rural); 13 para a pesquisa *Anônimas da História*: 12 sapateiras e 1 sapateiro, 7 eram migrantes (3 paulistas e 4 mineiras) e 6 francanos (5 da zona urbana e 1 da zona rural); 30 entrevistas para esta pesquisa (desconsiderando-se as entrevistas com empresários e personagens que não exerceram atividades diretamente produtivas): 26 homens (9 borracheiros, 6 curtumeiros, 9 sapateiros, 1 sapateiro e depois curtumeiro e 1 mecânico de manutenção na *Amazonas* e em curtume) e 4 mulheres (borracheiras), 19 migrantes (8 paulistas e 11 mineiros) e 11 francanos (4 da zona urbana e 7 da zona rural).

relações acentuadamente pessoalizadas e desprovidas de conflitos, via produção familiar, laços de parentesco e vizinhança, ou pela proximidade com os patrões.[3]

Além das generalizações incrustadas nestas explicações, é nítida a utilização de um paradigma do que deveria ter sido a classe operária no Brasil. Tais autores tomaram certas características da formação da classe operária na Europa, mais especificamente as tradições de lutas anticapitalistas, como um modelo a ser reproduzido em outras localidades e períodos. Ao não encontrarem uma correspondência direta entre seus objetos de pesquisa e o operariado europeu, suas formulações foram marcadas pela ideia das ausências. De maneira distinta, pesquisadores que estudaram os trabalhadores nos seus próprios termos formularam interpretações alternativas para compreender a inserção dos migrantes rurais no meio urbano-industrial.[4] A formação do setor coureiro-calçadista fez parte do processo histórico mais amplo de industrialização brasileira na segunda metade do século XX. Por isso, existem várias semelhanças entre os resultados que encontrei e os estudos dos anos 1960, entretanto as conclusões divergem em vários pontos.

A partir dos relatos orais, verifiquei que a origem rural comum à maioria dos entrevistados não significou a submissão às mesmas relações de trabalho. Entre os anos 1950 e 1970, existiram diversas formas de trabalho no campo: colonato, arrendamento, meação, pequenos proprietários e assalariados – diaristas, mensalistas, trabalhadores por empreita e trabalhadores remunerados por produção. Nem todos os assalariados moravam nas propriedades onde exerciam suas atividades laborais, muitos residiam em pequenos municípios com economia predominantemente agrícola e se dirigiam diariamente para as fazendas, ficando conhecidos como bóias-frias ou paus de arara.[5]

---

3   Entre os principais expoentes dessa linha interpretativa, cf.: CARDOSO, Fernando Henrique. "Proletariado no Brasil: situação e comportamento social". *Revista Brasiliense*, n. 41, 1962, p. 98-122; LOPES, Juarez Rubens Brandão. *Sociedade industrial no Brasil*. São Paulo: DIFEL, 1964; RODRIGUES, Leôncio Martins. *Conflito industrial e sindicalismo no Brasil*. São Paulo: DIFEL, 1966; e Idem. *Industrialização e atitudes operárias (Estudo de um grupo de trabalhadores)*. São Paulo: Brasiliense, 1970.

4   Cf. FONTES, Paulo. *Trabalhadores e cidadãos: Nitro Química: a fábrica e as lutas operárias nos anos 50*. São Paulo: Anablume, 1997; Idem. *Um Nordeste em São Paulo: trabalhadores migrantes em São Miguel Paulista (1945-66)*. Rio de Janeiro: Editora FGV, 2008; e NEGRO, Antonio Luigi. *Ford Willys anos 60. Sistema auto de dominação e metalúrgicos do ABC*. Dissertação (Mestrado em História)- IFCH, Unicamp, Campinas, 1994.

5   O termo bóia-fria é o mais usual para designar o trabalhador rural contratado temporariamente e que come no local de trabalho a comida que trouxe de casa. A designação pau de

As diferentes formas de contratação da força de trabalho somadas à variação do tamanho das propriedades rurais resultaram em significativas diferenças nas relações estabelecidas entre trabalhadores e empregadores. Em propriedades de pequeno e médio porte eram comuns as relações pessoalizadas entre trabalhadores e patrões. Conforme narrou Adolfo de Oliveira, seu pai e o fazendeiro para quem trabalhou durante anos "eram como irmãos", jogavam bola e saíam para beber juntos.⁶ Depoimentos como esse indicaram a existência de relações fraternais entre trabalhadores e fazendeiros, mas outros enfatizaram a submissão dos trabalhadores. Nesse sentido, José do Nascimento, referindo-se ao período compreendido entre os anos 1940 e 1960, afirmou ter sido "do tempo de chamar o patrão de senhor" e acatar ordens sem questioná-las. "Se o cara [fazendeiro] falasse, abaixava a cabeça, num falava um 'a' pro cara, num falava um 'a', e falasse pra ver!"⁷

Nas maiores propriedades existia uma estrutura administrativa mais bem organizada e raramente os trabalhadores tinham acesso direto ao fazendeiro. No cotidiano de trabalho, lidavam apenas com os fiscais e, em algumas circunstâncias, com os administradores, ambos responsáveis pelo controle da força de trabalho. Sob tais circunstâncias, fiscais e administradores poderiam se tornar pivôs de conflitos que resultavam no desligamento do trabalhador do emprego. A família de Erotides de Souza mudou-se constantemente de fazendas porque seu pai não aceitava desaforos e se desentendia com os fiscais. Em 1959, chegaram a trabalhar em quatro fazendas diferentes, sem receber qualquer indenização após a saída do emprego.⁸

Os depoimentos sugerem que nos anos 1960 e 1970 tornou-se bastante usual as fazendas contratarem diaristas e trabalhadores por empreita, sem vínculo formal de emprego. Nesses casos, o agenciador – conhecido como "gato" – era o responsável pela contratação, fiscalização e pagamento da força de trabalho. Os diaristas eram empregados primordialmente na tarefa de carpir e plantar. Na época de colheita, o mais usual era o pagamento por produção. Alguns agencia-

---

arara faz alusão ao emigrante nordestino que se dirigiu para o sudoeste brasileiro. Contudo, os entrevistados utilizaram os dois termos como sinônimos para designar o trabalhador diarista que se dirigia da zona urbana para as áreas rurais para trabalhar.

6   Depoimento de Adolfo Serafim de Oliveira ao autor em 19 de fevereiro de 2009.
7   Depoimentos de José Domiciano do Nascimento à Moacir Gigante em 17 e 22 de agosto de 2002.
8   Depoimento de Erotides de Souza ao autor em 8 de outubro de 2008.

dores tinham vários caminhões para transportar os trabalhadores da zona urbana para a rural e contavam com "capatazes" para fiscalizar o serviço.[9]

A instabilidade e a insegurança profissional eram elementos característicos desse tipo de emprego e contribuíam para que os trabalhadores fossem mais insubmissos. Erotides sentia-se mais livre na condição de diarista, pois como "pau de arara, por exemplo, duas conversas você junta seus trens e vai embora, não tem nada a perder nem a ganhar."[10] Ou seja, nem sempre "abaixavam a cabeça" frente as ordens dos "gatos" e de seus "capatazes". Exemplos como este, indicam que o setor agrícola não se caracterizou exclusivamente pela ausência de conflitos sociais.

Ainda que em alguns casos predominassem as relações pessoalizadas e a submissão ante o fazendeiro, muitos trabalhadores exerceram suas atividades sob formas de contrato e controle do trabalho que explicitavam com maior ênfase a distinção entre trabalho e capital. Aqueles que trabalharam sob as ordens de fiscais, por exemplo, perceberam a nítida divisão entre trabalhadores e administradores, que se refletia no padrão de vida de uns e outros. Enquanto os trabalhadores levavam uma "vida dura", muita próxima das condições mínimas de sobrevivência, os fiscais e os administradores gozavam de melhores condições materiais,[11] circunstâncias que descortinavam a exploração da força de trabalho no campo.

Existiram ainda variadas percepções sobre o trabalho, o tempo e o controle do ritmo de trabalho. Os pequenos proprietários, muitos colonos e os meeiros trabalhavam de sol a sol, segundo o tempo da natureza, sem a utilização de relógios, sendo o trabalho condicionado às intempéries e com ritmo variável de acordo com as estações climáticas do ano e as épocas de plantio e colheitas. Em determinados períodos o trabalho era mais intenso e a jornada se prolongava o máximo possível, em outros períodos trabalhavam num ritmo mais "folgado".

No sistema de colonato, amplamente difundido até os anos 1960, as famílias eram contratadas para cultivar uma determinada quantidade de pés de café de acordo com o número de membros produtivos. Quanto maior o núcleo familiar,

---

9 Depoimentos de Erotides de Souza e de Adolfo Serafim de Oliveira ao autor. No final da década de 1960, a família de Adolfo saiu da fazenda em que seu pai trabalhou durante anos e mudou-se para a cidade de Aramina-SP. Todos os membros do núcleo familiar passaram a trabalhar como bóias-frias, contratados por diferentes agenciadores.

10 Depoimento de Erotides de Sousa ao autor.

11 *Ibidem*.

maior a quantidade de pés de café que cultivaria.[12] Os colonos recebiam uma casa para residir e acordavam um valor a ser pago durante o ano, muitas vezes na forma de crédito em armazéns de propriedade do fazendeiro ou de algum comerciante com relações pessoais com aquele. Na época da colheita recebiam de acordo com a quantidade de grãos colhidos e, não raro, mal tinham dinheiro a perceber após o acerto, pois os gastos no armazém no decorrer do ano excediam os créditos que possuíam ou praticamente se igualavam ao valor correspondente ao que colhiam. Em algumas fazendas permitia-se o cultivo de pequenos roçados de alimentos para a família em espaços cedidos especificamente para esse fim ou em meio às ruas de café. O excedente podia ser comercializado pelo trabalhador. Outras fazendas proibiam esse tipo de cultivo.

Apesar do trabalho árduo e da escassez de recursos materiais, a maioria dos colonos controlava o próprio ritmo de trabalho e alguns se sentiam "um pouco dono[s] de si".[13] O depoimento de Domingos Cornélio, o Dominguinhos, indica que alguns colonos desenvolviam estratégias para diminuir a intensidade do trabalho.

> Eu aprendi passar por riba. Capinava num lugar, no outro eu enterrava (risadas). [...] Eu pegava meia rua e a minha outra irmã meia. E ela sumia de vista e eu descia o burraio. E ela falava: "— Mas você tá pisando!" "Que pisando, eu tenho que pisar mesmo, pra eu andar, como que eu vou fazer? Tem que pisar mesmo." Eu passava por cima. Nossa Senhora! Era comigo mesmo! Eu era bom de enxada, mas ninguém via o que eu largava no chão sem cortar. (risadas) [...] Pisar era deixar sem cortar! Pisava mesmo! [...] O meu pai achava bom que eu acabava a rua, mas conferir, ele não ia. Eu acho que ele pisava também! [...] Todo mundo tinha que ter um jeitinho de pisar, porque senão não ia.[14]

"Pisar" expressava uma ação de negligência para suportar o trabalho ou trabalhar menos do que efetivamente eram capazes. A ação também poderia refletir o objetivo do trabalhador reter para si maior tempo para o cultivo das pequenas plantações de subsistência.

---

12 Quando procuravam emprego, o pai era questionado sobre "quantas enxadas" tinha a família. Depoimento de Erotides de Sousa ao autor.
13 *Ibidem*.
14 Depoimento de Domingos Cornélio da Silva ao autor em 23 de dezembro de 2008.

A diminuição da intensidade do trabalho e a reapropriação do tempo que deveria ser dedicado exclusivamente ao trabalho para o fazendeiro ocorreram sob outras formas de contrato. Entre os diaristas, o trabalho de sol a sol caíra em desuso e a jornada possuía uma extensão limitada e controlada pelos fiscais. Os trabalhadores recebiam por dia e era comum "fazer cera", o que tornava necessária uma fiscalização mais intensa para garantir que todo o tempo fosse efetivamente dedicado à atividade produtiva.

> Por dia dava 10, 2 horas a gente parava e escorava no cabo do enxadão. […] (Então por dia dava uma enrolada boa.) Nossa! Que que isso? Por dia você tem que… a não ser quando o patrão fala assim: "— Essa tarefa aqui quando nós acabar vai embora." Viche, aí nós metia o pau mesmo, acabava 3 horas e vazava pra casa, mas do contrário? Por dia não. Você ficar das 7 da manhã até 5 horas da tarde, com uma hora só de almoço e um merenda de meia hora, 40 minutos? Tá louco rapaz, não era fácil não.[15]

Assim como a ação de "pisar", escorar-se no cabo da enxada diminuía a intensidade do trabalho e o tornava mais suportável. As duas práticas demonstram que os trabalhadores rurais desenvolveram estratégias para trabalhar menos do que eram capazes, o que possibilita problematizar a tese de docilidade e submissão absolutas por parte dos migrantes rurais

Em contraposição a este tipo de estratégia, os trabalhadores por empreita tendiam a trabalhar mais intensamente para concluir a tarefa contratada num menor espaço temporal e potencializar seus ganhos. Adolfo de Oliveira escorava-se no cabo da enxada quando recebia por dia de trabalho, mas "arrebentava o peito" quando trabalhava por empreita.[16] Nas épocas de colheita, os assalariados recebiam proporcionalmente à quantidade colhida, sistema semelhante ao de remuneração por peça nas indústrias fabris, e por isso também tendiam a trabalhar de forma mais intensa, muitas vezes, no limite de suas condições físicas.

O mutirão foi outra prática que possibilita problematizar certas generalizações dos estudos dos anos 1960. Era uma ação coletiva desenvolvida pelos trabalhadores para socorrer companheiros com o serviço atrasado (sob o sistema de colonato) ou para realizar alguma tarefa que extrapolava a capacidade de trabalho do núcleo familiar e necessitava ser executada em curto espaço de

---

15 Depoimento de Adolfo de Oliveira ao autor.
16 *Ibidem*.

tempo (roçar, preparar o solo ou fazer o plantio) entre arrendatários, meeiros e pequenos proprietários. Também era utilizado para construir moradias e obras de caráter coletivo, como estradas.[17] Para aqueles que acreditam que os trabalhadores deveriam necessariamente lutar pelo fim do capitalismo, esse tipo de ação não causa grande impressão, mas o mutirão atesta uma estratégia de solidariedade horizontal entre os trabalhadores rurais que possibilita problematizar as afirmações sobre a ausência de cooperação no campo como explicação para a baixa solidariedade dos operários fabris.[18]

Os diferentes sistemas de trabalho e formas de remuneração no setor rural comprovam que os trabalhadores não vivenciaram as mesmas relações sociais antes de migrarem para os centros urbanos. Muitos lidaram com fiscais e administradores autoritários, desenvolveram estratégias para diminuir a intensidade do trabalho, forjaram práticas de solidariedade horizontal, experimentaram formas de remuneração que condicionavam os ganhos à produtividade e, em alguns casos, trabalharam sob jornadas de trabalho com extensão limitada, situação muito distinta do rígido controle do tempo nas unidades fabris, onde cada segundo contava, mas que representava uma transição em relação ao trabalho de sol a sol. Em grandes fazendas com sistema de colonato existiam inclusive buzinas ou sinos que eram tocados pelos fiscais para acordar os colonos e para indicar a hora de se dirigem para as lavouras.[19] Em comum, todos foram condicionados a suportar o trabalho árduo, sob condições adversas, viveram sob constantes privações materiais e raramente possuíram uma carteira de trabalho assinada e a garantia de direitos trabalhistas.[20]

---

17 Dentre outros, cf. análises sobre o mutirão em CÂNDIDO, Antônio. *Os parceiros do Rio Bonito*. São Paulo: J. Olympio, 1964; GARCIA, Ronaldo Aurélio Gimenes. *Migrantes mineiros em Franca: memória e trabalho na cidade industrial (1960-1980)*. Franca: UNESP/FHDSS/Amazonas Prod. Calçados S/A., 1997; COSTA, Danilo Roberto da. *A sobrevivência de traços da cultura caipira no nordeste paulista: lembranças do districto de Crystaes*. Dissertação (Mestrado em História)- FHDSS, UNESP, Franca, 2009. Paulo Fontes aponta que práticas como o mutirão foram revitalizadas após a migração. FONTES, P. *Um Nordeste em São Paulo...*, p. 139.

18 Conhecendo o ambiente social de origem da maioria dos operários, "não deveria surpreender a ausência de padrões de ação organizada no grupo e o baixo nível da sua solidariedade." LOPES, J. R. B. *op. cit.*, p. 69.

19 COSTA, Danilo R. da. *op. cit.*, p. 38-39.

20 A Carteira Profissional de Trabalhador Rural e outros direitos trabalhistas foram instituídos apenas em 1963 por meio da Lei nº 4.214, que dispunha sobre o "Estatuto do Trabalhador Rural".

Fatores e estratégias para a migração

Entre 1950 e 1980, cerca de 38 milhões de pessoas migraram para as áreas urbanas, o que constituiu "um dos grandes fenômenos sociais e demográficos brasileiros do pós-guerra" e alterou "profundamente o perfil socioeconômico do país."[21] As privações materiais, as crises cíclicas nas lavouras, a concentração fundiária e a mecanização da produção foram fatores decisivos para o êxodo rural. Mas além dos elementos de "expulsão" do campo, há que se reconhecer também a opção feita pelo migrante com o objetivo de conquistar melhores condições de vida e o fascínio cultural exercido pelos centros urbanos em desenvolvimento. Para o trabalhador do campo, muitas vezes a cidade "era vista como um centro de atração com seus divertimentos, seus personagens e suas aparências."[22]

Nessa conjuntura, a cidade de Franca tornou-se um importante pólo de atração populacional para os moradores de municípios paulistas e mineiros situados próximos aos seus limites geográficos. A composição do conjunto de entrevistas utilizadas neste capítulo evidencia essa tendência, pois dos 78 entrevistados, 24 eram migrantes paulistas e 23 migrantes mineiros. No ano de 1950, Franca possuía pouco mais de 53 mil habitantes. Em três décadas sua população praticamente triplicou e alcançou 148 mil habitantes em 1980, 96,18% residentes no setor urbano. Entre 1960 e 1970, o crescimento populacional foi de 40%, coincidindo com o incremento da produção calçadista.[23] A maior parte dos entrevistados migrou justamente nesse período de intensificação da expansão industrial da cidade.

Alguns autores viram no processo migratório um movimento desorganizado e feito às pressas. "A migração interna é um processo que ocorre sem uma base de apoio, não é um movimento organizado, planejado, pensado. É uma *fatalidade*, é a falta de opção que o explica."[24] A partir das trajetórias dos entrevistados, pude observar uma realidade bastante distinta e a existência de variadas

---

21 FONTES, P. *Um Nordeste em São Paulo...*, p. 46.
22 GARCIA, Ronaldo A. G. *op. cit.*, p. 68.
23 Dados obtidos por meio dos Censos Demográficos do IBGE e organizados por GARCIA, Ronaldo A. G. *op. cit.*, p. 40-45. O autor constatou que paralelamente ao crescimento populacional de Franca, ocorreu uma tendência de concentração fundiária nos municípios de Minas Gerais próximos à Franca.
24 NASCIMENTO, Eliana M. de F. *Itinerário da sobrevivência: processo migratório no contexto de expansão e crise do parque industrial francano – 1970/1995*. Dissertação (Mestrado em História)- FHDSS, UNESP, Franca, 1998, f. 5. (grifos meus)

estratégias desenvolvidas pelos migrantes para efetivar a transferência para o setor urbano de Franca.

As redes sociais, compostas por parentes, amigos e conhecidos tiveram grande importância para a migração, instalação e obtenção de emprego. Em alguns casos, a mudança para Franca foi posterior ao deslocamento para os núcleos urbanos de pequenos municípios (situação dos bóias-frias). Em outros casos, a migração implicou o fracionamento provisório do núcleo familiar e o envio de um ou mais filhos antes da decisão de deslocamento de toda a família. Essa estratégia servia para se ter certeza da decisão e para que os enviados se estabilizassem num emprego antes dos demais familiares os seguirem, o que daria maior garantia de sucesso no processo migratório. Algumas famílias enviaram os jovens para morar com parentes e continuar os estudos após a conclusão dos quatro anos de ensino nas escolas instaladas na zona rural. Os pequenos proprietários faziam sondagens preliminares para avaliar as condições de emprego e moradia em Franca antes de venderem a propriedade. Essas constatações vão ao encontro das conclusões de Paulo Fontes:

> os migrantes rurais nordestinos não foram apenas reflexo de forças econômicas determinadas externamente, embora estivessem imersos nelas. Eles também foram agentes do seu próprio movimento e, dessa forma, por meio de estratégias diversas, contribuíram na moldagem do processo migratório.[25]

As grandes distâncias entre os locais de origem dos migrantes nordestinos e o sudeste explicam em parte o fracionamento dos núcleos familiares, expressando uma cautela frente aos riscos da migração. No caso de Franca, a maioria dos migrantes provinha de municípios distantes entre 15 e 250 quilômetros. O mais frequente foi a migração de todos os membros da família ao mesmo tempo, mas mesmo com as curtas distâncias ocorreram casos de envio preliminar de um dos filhos (fracionamento provisório) ou a migração apenas dos filhos mais velhos (fracionamento definitivo),[26] o que reforça a conclusão de que a migração não foi

---

25 FONTES, P. *Um Nordeste em São Paulo...*, p. 54.
26 Everalda de Souza Flores, Léia Maria Silva (acompanhada de alguns irmãos) e Maria das Graças de Moraes migraram para trabalhar em Franca antes dos demais familiares. José Tozatti mudou-se para a casa de uma tia para continuar os estudos e quando seus irmãos seguiram o mesmo caminho a mãe mudou-se com eles. Adolfo S. de Oliveira, Eustáquio Luís da Silva e José Leme de Araújo migraram sozinhos.

necessariamente um movimento desorganizado e sem planejamento. As semelhanças entre as estratégias elaboradas pelos migrantes paulistas e mineiros que se dirigiram para Franca e os nordestinos que migraram para o sudeste indicam a existência de padrões comportamentais nesse fenômeno social do século XX.

A instalação e as primeiras experiências de trabalho em Franca

Em boa parte dos casos, os familiares e os conhecidos auxiliaram os migrantes a se instalarem e, muitas vezes, a obterem o primeiro emprego em Franca. Não raro, os trabalhadores que já residiam na área urbana indicavam os recém chegados nas fábricas em que trabalhavam,[27] conseguiam-lhes emprego em bancas de pesponto na vizinhança ou obtinham sapatos para costurarem manualmente em suas casas. A família de Francisco de Andrade, o Chico, migrou por influência de seu tio, que dizia que "Franca é a cidade do futuro." A princípio, mudaram-se do sítio que possuíam para a cidade de Ibiraci-SP, mas a escassez de emprego fez com que, em 1972, seu pai vendesse a pequena propriedade e comprasse uma casa em Franca, próxima à residência do irmão. O tio pegava sapatos nas fábricas e os repassava aos costuradores manuais domiciliares. Chico e sua mãe costuraram sapatos repassados por ele após se instalarem em Franca e o irmão mais velho foi trabalhar em fábrica de calçados por intermédio de um primo. Quando Chico completou 14 anos de idade, o irmão obteve uma posição para ele na fábrica em que trabalhava.[28]

Para os homens que migravam sozinhos, muitas vezes as pensões foram o primeiro local de moradia e espaço privilegiado para se estabelecer contatos que auxiliariam a conseguir emprego.[29] Em 1968, o irmão de Adolfo de Oliveira deixou o serviço de bóia-fria na cidade de Guará-SP e mudou-se para Franca para trabalhar na *Amazonas* a convite de uma família de conhecidos que havia feito esse percurso anos antes. Ao chegar à Franca, morou na Pensão da Dona Maria, localizada na Vila São Sebastião, bairro que congregava grande número de borracheiros. A pensão era ocupada por migrantes rurais de diferentes localidades e a maior parte trabalhava como borracheiros e bóias-frias. Quando

---

[27] Diferentes depoimentos aludiram à prática corrente de algumas fábricas calçadistas, nos anos 1970 e 1980, concederem bônus salariais aos funcionários que indicavam outros em períodos de escassez de força de trabalho.

[28] Depoimentos de Francisco de Andrade ao autor em 18 e 19 de dezembro de 2008.

[29] Cf. FONTES, Paulo. *Um Nordeste em São Paulo...*, p. 197-198.

seguiu os passos do irmão, Adolfo preferiu morar na casa de um trabalhador da *Amazonas* que lhe ofereceu pensão. Pouco mais de um ano após sua instalação em Franca, foi morar numa pensão no bairro da Estação, onde funcionavam a *Amazonas* e a *MSM*.[30]

Apesar da ajuda recebida pelos migrantes por parte de suas redes sociais, adaptar-se ao novo modo de vida e obter um emprego fabril nem sempre foi fácil. Muitos continuaram como trabalhadores rurais após se fixarem em Franca: alguns não conseguiram outro tipo de emprego e outros optaram pelo trabalho rural como diaristas. Chico e seus irmãos tornaram-se operários fabris, mas seu pai se recusou a seguir o mesmo destino.

> Ele falava que não gostava de ser prisioneiro. Era acostumado na roça e falava que não dava certo. Então ele trabalhava por dia porque o dia que ele não queria ir ele não ia. Ele falava que queria liberdade. [...] Ele falava assim que o maior valor do homem é a liberdade e dentro de uma fábrica de calçados ele é prisioneiro. [...] Ele falava que o fato de bater cartão coloca a pessoa como prisioneira.[31]

Segundo Ronaldo Garcia, a migração significou a perda das tradições para os pequenos proprietários e a adaptação foi mais difícil do que para os migrantes assalariados. Para os últimos, o trabalho no campo perdera seus atrativos e a migração era vista como solução.[32] O excerto acima reforça a primeira parte desta conclusão, mas outros depoimentos demonstraram que o ajustamento dos migrantes assalariados nem sempre foi fácil.

A trajetória de Erotides de Souza exemplifica as tensões envolvidas nessa transição. Em 1962, Erotides trabalhou poucos meses no *Curtume Progresso* e retornou ao campo. Em 1964, o cunhado lhe conseguiu emprego como prenseiro e ele trabalhou por apenas quatro meses. "Não me adaptei ao sistema de trabalho. O sistema da *Amazonas* era bruto, prensa era difícil, era bravo. O rodízio humano lá era muito grande. Tinha até falta de mão-de-obra. E apesar de eu tá vindo da roça, o baque era duro. Então voltei pra Guará." O ambiente de trabalho fechado e o rígido controle da força de trabalho lhe causaram grande estranhamento. "*Você vem dum lugar livre, aberto*, mesmo penoso, *dificilmente você aguenta ficar*

---

30 Depoimento de Adolfo S. de Oliveira ao autor.
31 Depoimentos de Francisco de Andrade ao autor.
32 GARCIA, Ronaldo A. G., *op. cit.*, p. 77.

fechado. Era melhor, eu ganhava mais, [...] mas não conseguia me adaptar com aquele cheiro, com aquele trem fechado. Com o cara olhando você direto assim. As exigências eram muitas."[33] Em 1966, aos 24 anos de idade, Erotides fez a terceira tentativa de se instalar em Franca e, finalmente, se fixou no trabalho em uma unidade de produtos químicos da *Amazonas*.

Os migrantes rurais foram socializados sob relações de trabalho variadas, mas observam-se elementos comuns na construção de suas identidades, como a valorização de trabalhar num espaço aberto, não receber ordens e ter a liberdade de decidir como trabalhar. O ambiente fechado de uma fábrica, os regulamentos, as normas de conduta e o rígido controle do tempo, materializado no relógio de ponto, e do trabalho representaram transformações impactantes e, muitas vezes, assustadoras. Por isso, nos dois exemplos analisados, tanto o ex-proprietário rural quanto o ex-trabalhador rural assalariado consideraram o trabalho rural como mais "livre" e num primeiro momento recusaram a condição de operário fabril. Para esses personagens, o sistema fabril inegavelmente representou uma forma de exploração distinta, aparentemente mais transparente.

Apesar das dificuldades de adaptação e do retorno ao campo por duas vezes antes de se estabelecer em definitivo em Franca, Erotides não elaborou uma visão idealizada do período pré-migração e enfatizou as dificuldades materiais dos trabalhadores rurais. Nesse ponto, é necessário considerar que o relato oral é feito no presente e representa um balanço da trajetória do indivíduo que narra. Assim que migrou, Erotides não se adequou ao trabalho fabril e considerou o trabalho rural mais "livre", apesar de "penoso". Ao construir sua narrativa, ele comparou sua situação material anterior e posterior à migração, constatou a melhoria de seu padrão de vida e concluiu que valeu a pena abdicar da "maior liberdade" que desfrutava enquanto trabalhador rural.

A instabilidade profissional de muitos migrantes e o desejo de retornarem ao local de origem foi interpretada por Brandão Lopes como um dos elementos responsáveis pela não identificação com a condição de operário, cuja consequência imediata era enfraquecer a ação coletiva dos operários.[34] A meu ver, a instabilidade profissional, por si só, é insuficiente para explicar a atuação política dos migrantes. Além disso, o retorno ao campo ou o desejo de fazê-lo mostra-se perfeitamente compreensível ao se analisar as experiências desses

---

33 Depoimentos de Erotides de Souza ao autor. (grifos meus)
34 LOPES, Juarez R. B. *Sociedade industrial no Brasil...*, p. 45, 51.

sujeitos sociais. Como acabei de demonstrar, a recusa inicial da condição de operário fabril traduzia o estranhamento vivenciado frente a um ambiente de trabalho fechado e muitas vezes insalubre, em franca oposição ao trabalho ao ar livre. Desse modo, a instabilidade profissional expressava a recusa ao trabalho sob um sistema rigidamente controlado externamente.[35]

O ajustamento à vida urbana também foi influenciado pela idade dos migrantes. De modo geral, os mais velhos tiveram maiores dificuldades e os mais jovens tenderam a se ajustar mais rapidamente. "Os valores da sociedade urbanizada foram mais facilmente incorporados pelos novos, que passaram a ver na cidade uma nova perspectiva de vida muito diferente daquela que ficou no campo."[36] Os migrantes mais velhos vivenciaram o desenraizamento de forma mais intensa, pois construíram suas identidades primordialmente em torno das experiências no meio rural e, não raro, os filhos tiveram que convencê-los a não retornarem ao campo.

> Meu pai chegou e ele chorava tanto, sabe! Ele falava que aqui não era lugar pra ele. *"Não é lugar pra mim, não é lugar pra eu criar meus filhos!"* E foi isso durante uns quatro anos. [...] *Ele não se conformava, ele não queria de jeito nenhum ficar aqui.* Então foi mais por minha causa e pela minha irmã, que havia conseguido [emprego] na mesma fábrica que eu; [...] Daí eu sei que meu pai ficava resistindo em não vender a casa em Minas, mas não teve jeito e vendeu.[37]

A vontade de "vencer na vida" e a aquisição de condições materiais superiores às que tinham antes de migrarem mostraram-se fundamentais na transição da vida rural para a urbana.[38] Todavia, o ajustamento mais rápido dos jovens não afastou o estranhamento inicial em relação ao trabalho fabril. Sérgio Pereira começou a trabalhar como sapateiro aos 12 anos de idade e considerou a experiência péssima. A fábrica tinha muitas máquinas, esteira, chefes que gritavam com os empregados,

---

35 Antonio Negro analisou o setor automobilístico e interpretou a recusa ao trabalho como um questionamento aos aspectos degradantes do processo de trabalho. Cf. NEGRO, A. L., *op. cit.*, p. 113.
36 GARCIA, R., *op. cit.*, p. 76.
37 Depoimento de Everalda Ap. de S. Flores (Vera) ao autor em 4 de fevereiro de 2005.
38 Conforme adverte Antonio Negro, o objetivo de vencer na vida não era uma exclusividade dos migrantes rurais e sim uma característica comum a maioria dos operários. Cf. NEGRO, A. L., *op. cit.*, p. 115.

e sua maior vontade era "sair correndo". Nos anos seguintes trabalhou por curtos períodos em fabriquetas de calçados, como servente de pedreiro e na colheita de café e, finalmente, aos dezoitos anos tornou-se curtumeiro.[39]

Além do estranhamento causado pelo trabalho fabril, adaptar-se ao meio urbano foi outro desafio apresentado aos migrantes. O depoimento de Selma Macário indica a fusão desses dois aspectos: "Fazia pouco tempo que a gente morava aqui em Franca, e não era muito acostumada, então foi meio difícil no começo. [...] O que era ruim [na fábrica] era ter que ficar fechado o dia todo! Parecia uma prisão!"[40] Já Adolfo de Oliveira tinha grandes receios frente aos desafios que a mudança para Franca lhe apresentaria:

> Eu não queria vir pra cidade não, tinha vergonha dessas coisas. Eu falava: sei lá que jeito que é isso. [...] (O senhor sentia vergonha?) Ah tinha! Era acostumado só com a roça e tal. Fábrica você não sabe o que é isso, como é o sistema de trabalho, como é isso. Então você fica pensando como é. A cidade maior, porque a cidade nossa era pequenininha, você conhecia todo mundo ali. Franca tava grande. Ali da Vila Tião praqueles outros bairros que a gente conhecia gente lá, tinha que atravessar a cidade inteirinha e a gente nunca andou de ônibus circular, essas coisas.[41]

Como se depreende do depoimento, o migrante estava acostumado a um modo de vida diferente e não sabia como se comportar no novo espaço, por isso sentia vergonha. O deslocamento via transporte coletivo também foi um impacto para Vera: "meu pai ligava e perguntava se eu tava gostando, e eu queria chorar e falar que não tava gostando, eu tava com medo. Tinha que andar de ônibus, nunca tinha andado e era longe e eu tinha que me deslocar todo dia no ônibus coletivo."[42] O ônibus evidenciava que o novo espaço territorial que habitavam se expandira significativamente. Além disso, a utilização do transporte coletivo demandava a capacidade de seguir horários e a necessidade de assimilar uma nova concepção de tempo.[43] Portanto, os migrantes deveriam adquirir os hábitos

---

39 Depoimento de Sérgio Ramon Pereira à Silvia Cristina Arantes em 21 de abril de 1989.
40 Depoimento de Selma Macário à Teresa Malatian em 1989.
41 Depoimento de Adolfo de Oliveira ao autor.
42 Depoimento de Everalda Flores ao autor.
43 No romance *O Zero e o Infinito* há uma passagem em que o policial staliniano faz notar a um prisioneiro bolchevique que sem a repressão os camponeses não procederiam às mudanças rápidas de comportamento necessárias para trabalhar com máquinas. "Pois eu, [...]

e os padrões comportamentais do meio urbano, tinham que se adaptar a um novo ritmo de vida, controlado mecanicamente pelo relógio. Esses aprendizados eram parte crucial da aquisição das qualificações necessárias para a formação dos operários fabris.

Os depoimentos indicaram outra tendência relacionada à idade dos migrantes: a concentração em determinadas profissões. Dos 62 trabalhadores provenientes de áreas rurais, 44 migraram ou se mudaram para Franca com menos de 18 anos e 18 acima dessa idade. Dentre os últimos, 15 eram homens e apenas um tornou-se sapateiro imediatamente após se instalar em Franca. Os demais trabalharam como borracheiros e curtumeiros, sendo que sete tiveram como primeira ocupação na cidade o trabalho como bóia-fria e/ou servente de pedreiro. Se alguns migrantes recusaram a condição de operários fabris, outros tiveram dificuldades para conseguir emprego em indústrias de calçados. Ao que parece, excetuando os períodos de escassez de força de trabalho, mesmo as indústrias de maior porte, com processos produtivos fragmentados, exigiam experiência profissional no setor calçadista. De forma distinta, os curtumes e as indústrias de artefatos de borracha absorveram grande número de migrantes adultos, pois a principal exigência em certas seções dessas fábricas era a capacidade física para suportar condições de trabalho adversas.

> Meu pai mesmo [José do Nascimento] veio pra Franca. Aonde ele ia trabalhar, coitado? Foi trabalhar de servente de pedreiro [no *Curtume Progresso*]. Ele não tinha profissão nenhuma. Não tinha estudo. Mal assinava o nome, muito mal. Ou ia trabalhar de servente de pedreiro, ou ia trabalhar numa chácara capinando, ou ia trabalhar num curtume. Pra ser registrado, pra ter as garantias, tinha que trabalhar num curtume. Nem em fábrica de calçado ele não tinha como de cara [imediatamente].[44]

Quando migrou para Franca, em meados dos anos 1960, José do Nascimento trabalhou alguns meses numa chácara de propriedade do patrão de uma irmã

---

tinha dezesseis anos quando aprendi que a hora se divide em minutos. Na minha aldeia, quando o camponês precisava viajar para a cidade, ia para a estação da estrada de ferro ao sair do sol e se deitava a dormir na sala de espera até a chegada do trem, o que geralmente acontecia lá pelo meio-dia; às vezes, só vinha à noite ou na manhã seguinte." KOESTLER, Arthur. *O zero e o infinito*. Rio de Janeiro: Globo, 1964, 161-162. Agradeço a João Bernardo pela indicação dessa obra.

44 Depoimento de Jerson José do Nascimento ao autor em 20 de dezembro de 2008.

que era empregada doméstica. Em busca de um emprego melhor tornou-se servente de pedreiro na ampliação do *Curtume Progresso* e depois foi trabalhar diretamente na produção de couros.[45] Seu ingresso numa fábrica de calçados ocorreu após sete anos de trabalho no curtume e por intermédio de um sobrinho que era chefe de seção da *Calçados Sândalo*.

Enquanto muitos adultos recém egressos do campo não se empregaram imediatamente nas indústrias calçadistas, entre os jovens a situação foi inversa. Dos 28 homens que migraram com menos de 18 anos, 20 tornaram-se sapateiros assim que se instalaram em Franca (posteriormente, dois tornaram-se curtumeiros), três formaram-se mecânicos torneiros pela Escola Industrial e trabalharam como matrizeiros, três trabalharam no meio rural e/ou como serventes de pedreiro junto com os pais (destes, dois tornaram-se curtumeiros e um borracheiro), apenas um ingressou no curtume em que o pai trabalhava e um foi borracheiro e depois curtumeiro. A concentração dos jovens migrantes na profissão de sapateiro explica-se pela tradição de emprego de menores de 18 anos em bancas, fabriquetas e fábricas de calçados sob a alegação de aprendizado ou auxílio a outro trabalhador, o que muitas vezes implicava remunerações abaixo do salário mínimo integral.

As 19 mulheres migrantes distinguiram-se dos homens devido ao predomínio do emprego doméstico como primeira atividade de trabalho assalariado imediatamente após a saída do meio rural. Três mulheres migraram com mais de 18 anos – duas trabalharam como empregadas domésticas e uma trabalhou num escritório de contabilidade – e 16 migraram com menos de 18 anos: dez se empregaram como empregadas domésticas e/ou pajens antes de serem operárias, três tornaram-se sapateiras assim que se instalaram em Franca, duas trabalharam no setor comercial e uma como ajudante de costureira.[46] Como se observa, houve uma nítida distinção de gênero entre os migrantes, resultado da divisão sexual do trabalho forjada no interior das famílias e reforçada quando do assalariamento nos centros urbanos. Com raríssimas exceções, apenas as filhas eram treinadas para executar as tarefas domésticas, os filhos deveriam exercer atividades fora do lar. Em trabalho anterior, constatei esse padrão sócio-cultural entre as sapatei-

---

45 José Lopes também entrou no *Curtume Progresso* como servente de pedreiro e depois se tornou operário desta fábrica. Depoimento à Silvia Cristina Arantes em 30 de abril de 1989.

46 Cabe destacar que dentre as cinco trabalhadoras nascidas na zona urbana de Franca, três trabalharam inicialmente como empregadas domésticas e duas foram sapateiras.

ras[47] e ao ampliar o conjunto de entrevistas verifiquei as mesmas características entre borracheiras e curtumeiras. A construção social de diferentes papéis para homens e mulheres reforçou-se quando as migrantes ingressaram nas unidades fabris: a maior parte foi empregada em seções produtivas ou em funções consideradas como "tipicamente femininas" – costura e acabamento dos produtos.

As condições de trabalho

"Tinha que ser macho"

Todos os borracheiros, curtumeiros e sapateiros entrevistados destacaram os mesmos elementos para caracterizar as condições de trabalho vivenciadas ao longo de suas trajetórias profissionais: barulho, calor, dispersão de pó e de produtos químicos no ar e mau cheiro. A aglomeração do maquinário e a ausência de dispositivos para diminuir os ruídos causavam grande incômodo auditivo. Certas máquinas geravam altas temperaturas e afetavam diretamente seus operadores e os operários próximos a elas. Além disso, o cheiro de cola nas fábricas de sapatos, o vapor desprendido na vulcanização da borracha e os resíduos em decomposição na fabricação de couros tornavam o ambiente de trabalho fétido.

O depoimento de José Nascimento, trabalhador da *Calçados Sândalo* – fábrica de grande porte – durante os anos 1970 e 1980, indicou que os dispositivos acoplados às máquinas para diminuir a propagação de poluentes no ar não eram totalmente eficazes:

> Barulho era impressionante, muita máquina ligada né. E pó também, tinha pó demais [...] igual o Sândalo que era uma fábrica muito bem organizada, quase toda máquina tem um aspirador de pó. [...] Porque se você ficar trabalhando sem o aspirador de pó ninguém aguenta, vira uma poluição dentro da fábrica que você não aguenta. O aspirador não dava conta de puxar tudo, porque você sentia, alguma paradinha que você dava e olhava a fábrica, que era muito grande, você sentia que tava a poluição... ali era um pó![48]

---

47 REZENDE, Vinícius D. de. "A construção social da divisão sexual do trabalho entre as operárias do calçado. (Franca-SP, décadas de 1950 a 1980)". *Esboços*, Florianópolis, n. 16, 2006, p. 221-247.

48 Depoimento de José do Nascimento ao autor em 27 de setembro de 2003.

A exposição a estas condições de trabalho no decorrer de vários anos, especialmente ao barulho, poderia gerar estafa mental. "Eu fiquei 13 anos trabalhando, a gente vai esgotando com barulho, e coisa, eu fui esgotando com aquilo, sabe o que é você ir trabalhando num serviço e você vai esgotando..."[49] Segundo Vera, "o barulho era tão grande que dava a impressão que você tava ficando louco."[50] Além do desconforto auditivo, o ritmo de trabalho ditado pela esteira era outro fator que intensificava o desgaste físico e mental dos sapateiros. "Quando eu ia dormir ficava com aquele barulho e a esteira correndo, parece que você não descansava dormindo, porque você ficava sonhando com aquilo."[51]

A "cola de sapateiro", produzida com a utilização de tolueno, também apresentava efeitos noviços sobre o organismo dos operários. O insumo era utilizado no pesponto e no acabamento e, segundo Edna Andrade, até os anos 1980, as fábricas em que ela trabalhou não forneciam máscaras para os trabalhadores que manuseavam cola e a inalavam involuntariamente. "O cheiro da cola deixava você grogue; chegava à tarde você tava com a cabeça doendo, o olho doendo e ardendo, não tinha... não tinha uma proteção!"[52] Vera também relatou os efeitos nocivos do composto sobre seu sistema nervoso: "Aquilo lá é tóxico demais. [...] Na época [meados dos anos 1980] eu lembro que eu tinha náusea, eu passava mal, tinha que ir para o ambulatório sempre; dor de cabeça horrível."[53] Apenas em 1990 uma empresa do grupo *Amazonas* lançou uma linha de colas sem tolueno.

> A QUIMICAM Produtos Químicos Ltda. está lançando a nova "cola de sapateiro" sem Tolueno. Um lançamento inédito e pioneiro no Brasil. O objetivo deste revolucionário produto é o de oferecer condições muito mais favoráveis ao operário da indústria do calçado e artefatos de couro e borracha, assim como tirar das ruas um grande problema social: o uso da "cola de sapateiro" tradicional (com Tolueno) como droga.[54]

Apesar de os sapateiros terem sido expostos, no decorrer de todo o período analisado, ao barulho e calor excessivos e ao contato com insumos que afetavam

---

49   Depoimento de José do Nascimento ao autor.
50   Depoimento de Everalda Flores ao autor.
51   Depoimento de Augusto de Freitas ao autor em 22 de abril de 2003.
52   Depoimento de Edna Aparecida Lima de Andrade ao autor em 26 de julho de 2004.
53   Depoimento de Everalda Flores ao autor.
54   *O Amazonas*. "Nova cola Amazonas sem tolueno". n. 178, novembro/dezembro de 1990, p. 7.

sua saúde, os borracheiros e os curtumeiros enfrentaram as piores condições de trabalho, em especial, nas seções de *caleiro* (curtumes) e *prensas* (indústrias de borracha). Como visto nos dois primeiros capítulos, o trabalho nessas seções era predominantemente braçal e exigia dos trabalhadores principalmente força e resistência física para suportar as longas e extenuantes jornadas.

O trabalho na seção de *caleiro* era concebido como bruto, pesado e sujo, por ser realizado em ambiente predominantemente molhado e mal cheiroso, e por expor os trabalhadores ao contato direto com produtos químicos. De acordo com os depoimentos, até os anos 1980, raramente eram utilizados equipamentos de proteção individual, como luvas e máscaras. O mais corrente era os trabalhadores utilizarem apenas aventais. Segundo Chico, todo mundo conhecia um operário desta seção pelo mau cheiro que impregnava na pessoa.[55] Os trabalhadores recém contratados para trabalhar no *caleiro* eram alvos de apostas dos mais velhos em relação ao tempo que suportariam permanecer sob tais condições.

> A gente apostava se o cara aguentava até de tarde. Você apostava. Passava e via o cara que tinha começado e apostava até que hora ele ia aguentar. Às vezes a gente perdia, porque o cara aguentava. Porque no caleiro, o cara passou dois, três dias, ele vai embora. O problema do cara é os dois primeiros dias. *O cara não come, o cara dá vômito. O cheiro é muito forte e às vezes o estômago do cara não aguenta, e é pesado.*[56]

Em alguns casos, essa seção poderia inclusive ser usada como elemento disciplinar e punitivo para os operários que "saíam da linha" em outras seções, ou que "ousavam" buscar seus direitos. Em 1958, Ailton de Almeida, operador de lixadeira, alegou não ter recebido o reajuste salarial que o *Curtume Progresso*, voluntariamente, concedeu aos outros operadores de máquinas. Ele reclamou junto ao chefe e não obteve resposta, procurou o sindicato, que encaminhou uma carta à empresa, mas ao invés do aumento salarial, em represália ele foi transferido para o *caleiro*. Ailton não aceitou a transferência e foi suspenso por dez dias. Ao retornar, continuou se recusando a desempenhar a nova função e foi demitido. O trabalhador justificou a recusa devido à umidade e ao mau cheiro da seção. Por sua vez, a empresa esclareceu que a transferência foi motivada pela baixa

---

55 Depoimento de Francisco de Andrade ao autor em 19 de dezembro de 2008.
56 Depoimento de Jerson do Nascimento ao autor. (grifos meus)

produção de Ailton na rebaixadeira, que também justificaria o não recebimento do *adicional de produtividade* dado aos outros operadores de máquinas.⁵⁷

Nas fábricas de artefatos de borracha encontram-se experiências semelhantes em relação às condições de trabalho. A insalubridade, decorrente do barulho, do calor da seção de prensas e dos produtos químicos dispersos no ar, somada ao rígido controle da produção diária marcaram as experiências dos borracheiros. Até o início dos anos 1970, a produção da *Amazonas* concentrava-se em um único galpão e não existiam divisões físicas entre as seções. Com isso, toda a parte produtiva da fábrica estava exposta à insalubridade e o elemento mais marcante nas memórias dos trabalhadores foi o calor do ambiente de trabalho.

> Na época, o calor era muito grande. Porque a prensa atingia temperaturas altas pra poder cozinhar esse material. Os galpões eram baixos, não tinha exaustão, então o calor era intenso. E tinha também o vapor, tinha vapor do cozimento da borracha, tinha vapor e muito produto químico que também ficava suspenso no ambiente de trabalho, no ar. (Usava máscara, luva, ou algo do tipo?) No início não, no início não usava. Posteriormente [1970-1980] começou a usar máscara, usar luva, a usar aparelho auricular, porque o barulho também era muito grande, porque máquinas pesadas e o barulho era muito... mas no início não.⁵⁸

Luis Natalino trabalhou nessa fábrica entre 1962 e 1968 e definiu o trabalho de borracheiro nos seguintes termos:

> Na *Amazonas* tava bom, mas serviço muito bruto, muito escravizado. Na época não tinha a tecnologia que tem hoje e era na força bruta, e eu muito jovem... sofri demais com aquilo lá. [...] Eu já tinha passado por outras etapas muito difíceis [trabalho rural], mas falei: eu caí numa aqui que *além de escravidão é o inferno*. Porque *quente pra caramba*. Pra todo lado que você virava, você queimava.⁵⁹

Como se verifica, a realidade cotidiana desses trabalhadores foi caracterizada pelo trabalho árduo e sob condições adversas. Sob tais circunstâncias, o "inferno" foi a metáfora utilizada para se referir ao espaço de trabalho. Já

---

57   AHMF. Caixa 473. Processo 2456/1958, f. 2, 14-15. Iniciado no Cartório de 2º Ofício em 14 de novembro de 1958.
58   Depoimento de Geraldo Ferreira Nobre ao autor em 10 de outubro de 2007.
59   Depoimento de Luis Natalino Teixeira ao autor em 9 de outubro de 2007. (grifos meus)

o termo "escravidão", além de fazer menção às adversidades do trabalho, relacionou-se à oposição e ao boicote dessa empresa frente a iniciativa de seus funcionários fundarem uma associação profissional da categoria,[60] o que representaria, na visão de Luis Natalino, a recusa da empresa em reconhecer os direitos trabalhistas da categoria.

Na década 1970, o setor produtivo da *Amazonas* foi transferido para novos e modernos prédios. Não obstante, os depoimentos dos trabalhadores que ingressaram na empresa após a conclusão do processo de transferência guardaram várias semelhanças com os depoimentos dos trabalhadores dos anos 1960 em relação ao ambiente de trabalho. Neusa Batista entrou na empresa em 1968, no antigo prédio, como marcadeira de produção da seção de saltos e relatou que "era muito calor, calor demais da conta. [...] Aquilo tremia, era muito quente."[61] Já Adolfo de Oliveira tornou-se prenseiro em 1974 e trabalhou apenas nos novos prédios, mas também narrou que era tanto calor que os operários viam o chão tremer. Os ventiladores existentes serviam apenas para espalhar o ar quente e não amenizavam a sensação térmica e o desconforto dos operários.[62]

As altas temperaturas não eram exclusividade das fábricas de artefatos de borracha. Nos curtumes, a seção de secagem apresentava condições semelhantes. No primeiro capítulo, afirmei que a secagem de couros passou por grandes transformações e que foram desenvolvidas diferentes máquinas para agilizar o processo. Uma dessas máquinas, o *secoterm*, trabalhava com vapor d'água e causava grande incômodo aos trabalhadores da seção. Segundo José do Nascimento, operário do *Curtume Progresso* nos anos 1960 e 1970, as condições de trabalho dessa seção eram penosas e lhe causaram problemas de saúde.

> Era um serviço custoso porque secagem era um serviço de uma seção de coisa quente, você punha a vaqueta pra secar numa parede, igual essa parede aí... passava uma cola nela e punha ali e aquele calor do coisa, uns 90 grau, você ficava num calor ali que você ficava louco. [...] (O calor incomodava?) Incomodava e deu de fazer mal, calor na vista né, era um calor grande; não era fácil. [...] Você trabalhar dentro dum calor o dia inteirinho secando aquelas vaqueta, fazia 8, 9 horas de serviço naquilo lá. Não era fácil! Mas a gente fazia. Tinha que fazer.[63]

---

60 Cf. Capítulo VI.
61 Depoimento de Neusa Aparecida Batista ao autor em 10 de abril de 2009.
62 Depoimento de Adolfo de Oliveira ao autor.
63 Depoimento de José do Nascimento ao autor.

Era preciso suportar tais condições de trabalho, já que, para sobreviver, esses personagens tinham que ganhar a vida por meio do próprio trabalho. Por isso, tinham que se adaptar às condições adversas e suportá-las pelo máximo tempo possível, pois raramente possuíam outras perspectivas de emprego. Não por acaso, foi tão recorrente em seus depoimentos a expressão "a gente se acostumava" para se referir ao calor, ao mau cheiro e a outros elementos.

Para além das necessidades materiais, muitos depoentes associaram a capacidade de suportar o trabalho em curtumes e indústrias de borracha à postura viril do sujeito. "O cara pra trabalhar num curtume, *ele tinha que ser macho!* Não era qualquer um que aguentava um curtume não. [...] Realmente era duro, não era fácil não."[64] Na seção de *caleiro* do *Curtume Progresso*, "eles só pegava mesmo esses homem forte, porque a parte do caleiro é a mais pesada que tem. [...] Então precisava de *nego macho mesmo* pra trabalhar."[65] A recorrência do termo "macho" nos depoimentos delineia aspectos da "cultura masculina", que enaltece o esforço, o vigor físico e a capacidade dos homens suportarem condições de trabalho adversas.

Em consonância com a associação entre virilidade e capacidade de suportar condições adversas de trabalho, muitos entrevistados afirmaram que os trabalhadores rurais estavam acostumados ao serviço pesado. Segundo Jerson Nascimento, "o grande operário de curtume" era "o cara que veio da lavoura, que veio da roça. Acostumado com a lida, acostumado a capinar, e tudo. Esse é o *funcionário ideal do curtume.* [...] Estão acostumados com o braçal mesmo."[66] João Orlando, gerente de produção da *MSM* entre 1972 e 2004, disse que contratava trabalhadores rurais "porque na borracha se pôr sapateiro, por exemplo, ele não [aguenta]... porque borracha é serviço pesado, muito calor, então trazia gente da fazenda. Porque na fazenda tá acostumado com isso."[67] Nesse mesmo sentido, Saulo Pucci admitiu que, "como a *Amazonas* era uma fábrica 'mais pesada' do que a indústria de calçados, entre aspas, bem entendido, o pessoal que veio da área rural estava mais adaptado a esse tipo de serviço."[68]

---

64 Depoimento de Jerson J. do Nascimento ao autor.
65 Depoimento de Ulisses Quirino de Souza ao autor em 19 de dezembro de 2008.
66 Depoimento de Jerson J. do Nascimento ao autor.
67 Depoimento de João Orlando ao autor em 13 de janeiro de 2009.
68 Depoimento de Saulo Pucci Bueno ao autor em 4 de setembro de 2009.

A maior parte das atividades laborais do campo era desgastante e os trabalhadores adquiriam ao longo de anos de lida diária resistência física para suportá-las. Contudo, é necessário tomar cuidado para não naturalizar a concentração dos migrantes rurais adultos nos setores fabris com as piores condições de trabalho, pois a força física não era imanente a qualquer trabalhador rural. José do Nascimento, por exemplo, trabalhou por mais de 30 anos no campo, foi servente de pedreiro e operário no *Curtume Progresso*, mas não suportou trabalhar no *caleiro*.

> Fui pra uns curtumes, não deu certo também, fui pra outro não deu, o serviço era pesado e eu era fraco, tinha pouca força e os caras jogavam naquele serviço bruto, não aguentava. Mexer com couro, pegar aqueles courão de 40, 50 quilos; e toda vida eu fui fraco, não aguentava peso, aí falava: "Aqui não serve pra mim."[69]

Assim, a concentração dos migrantes adultos em curtumes e indústrias de borracha não pode ser compreendida considerando-se exclusivamente uma suposta capacidade inata desses trabalhadores suportarem o trabalho pesado. Há que se considerar que eram setores que exigiam menores capacitações para o exercício de trabalho complexo e que empregavam prioritariamente os trabalhadores definidos como "desqualificados", com baixo nível de escolaridade, sem prévia experiência profissional em indústrias e mal remunerados. Nesse sentido, José Leme, diretor industrial da *MSM* entre 1986 e 2001, ofereceu uma explicação complementar para o fenômeno:

> O serviço braçal é um serviço de pessoas que têm pouca qualificação. Então o cara chegava da roça e o primeiro serviço que ele ia procurar era o serviço de borracha. As pessoas sem qualificação já chega e já entra, já entra e começa a trabalhar, porque *é um serviço pesado, mas é um serviço fácil*.[70]

Diferentemente de certas tarefas da fabricação de calçados – modelagem, corte, pesponto e montagem manual –, operar uma prensa ou inserir e retirar couros de fulões e máquinas eram trabalhos de rápido aprendizado. Não por acaso, os migrantes adultos concentraram-se nas seções produtivas com trabalho mais monótono e insalubre, concebidas como aquelas destinadas aos trabalhadores "desqualificados". Por outro lado, a fragmentação e a mecanização da produ-

---

69 Depoimento de José Domiciano do Nascimento ao autor.
70 Depoimento de José Leme ao autor. (grifos meus)

ção de calçados também tornaram certas tarefas monótonas e de rápido aprendizado e possibilitaram empregar trabalhadores sem prévio treinamento e que aprenderiam o trabalho em curto espaço de tempo ao observar o companheiro de trabalho. Dessa maneira, as explicações formuladas pelos depoentes centradas na origem rural dos trabalhadores devem ser problematizadas, buscando-se compreender esse processo a partir de uma conjunção de elementos mais ampla.

"Trabalho pesado é coisa de negro"?

Além da origem rural, os relatos dos curtumeiros indicaram a significativa concentração de trabalhadores negros na seção de *caleiro*.[71] Não consegui levantar dados quantitativos a respeito dessas informações, mas a recorrência das mesmas nos depoimentos foi um forte indício do fenômeno. De acordo com o presidente do Sindicato dos Curtumeiros, eleito no início de 1987,

> a maior parte dos trabalhadores do setor de caleiros são negros. [...] no [Curtume] *Bella Franca*, quando nós assumimos aqui o sindicato, eu me lembro direitinho, o principal ator no caleiro chamava Sebastião, já aposentou, Tiazão. Era um puta negão, parecia um guarda roupa. Porque naquele serviço, se for cara fraco não aguenta. Então se você for visitar um curtume que faz todo o processo, você vai verificar isso: 90% dos trabalhadores do caleiro são negros e fortes. *E via de regra, pouco letrados.*[72]

Da mesma maneira que alguns depoentes naturalizaram a concentração de migrantes rurais nos setores mais insalubres dos curtumes e das indústrias de borracha, outros acrescentaram o fator étnico. Osmar Finotti foi gerente do *Curtume Orlando* e do *Curtume Progresso* e relatou que os trabalhadores do *caleiro* eram provenientes do campo e "90% era preto! No caleiro era tudo preto; caleiro, cromaria, tudo preto. É o que *aguentava mesmo o pau!*"[73] De acordo com Jerson do Nascimento, a seleção dos trabalhadores para essa seção baseava-se nas características físicas dos candidatos às vagas de trabalho.

---

71 Obtive informações preliminares, por meio do Prof. Pedro Tosi (trabalhador da *MSM* durante a adolescência), sobre a concentração de negros na seção de prensas das indústrias de borracha, mas os depoimentos coletados não foram unânimes neste sentido. Os depoentes disseram que havia muitos negros, mas proporcionalmente equivalentes aos demais, e que a característica mais comum foi a origem rural dos prenseiros.

72 Depoimento de Francisco de Andrade ao autor. (grifos meus)

73 Depoimento de Osmar Finotti ao autor em 28 de fevereiro de 2009. (grifos meus)

> No *Progresso* tinha uns pretão, maiores, mais forte. Porque realmente é pesado. [...] Antigamente o cara tinha que catar o couro lá no carrinho, jogar dentro da máquina, virar esse couro e depois voltar e jogar ele de volta, lá pra trás. Então tinha que ser cara bom, tinha que ser cara forte, tinha que ser cara alto, senão não aguentava. Então quando você ia dar serviço pra um cara no curtume, e via os mais fortão então falava: "Leva esse pra ser descarnador, leva pra trabalhar no caleiro." Porque senão não vai aguentar. Realmente é o serviço mais pesado. É o serviço mais sujo. É o serviço mais duro que tem.[74]

A necessidade de força física foi o principal fator articulado pelos entrevistados para explicar o predomínio de trabalhadores negros no *caleiro*. A maioria não vislumbrou nesse fenômeno uma expressão das desigualdades sociais agravadas pela componente étnica. Aguentar o trabalho pesado era crucial, mas a preponderância de negros no *caleiro* relaciona-se a um aspecto mais amplo da sociedade brasileira: a concentração dos afro-descendentes em atividades "desqualificadas" e mal remuneradas.[75] Luiz Ezequiel, migrante rural negro, ao ser indagado sobre esse fenômeno, reproduziu a explicação centrada na questão biológica (força).

> Branco era muito difícil. (Como o senhor explica isso?) Sei lá, parece que quando chegava pessoa de cor já ia pro caleiro mesmo. Já mandava. (O senhor acha que isso pode ser algum indício de racismo?) Não, eu acho que não. Eles falam que o negro quando pega no caleiro tem mais vontade. Só conheci um branco que trabalhou no *Progresso*... O resto era sempre negro.[76]

Assim como afirmei a respeito dos migrantes rurais em geral, os trabalhadores negros do *caleiro* não eram naturalmente aptos a trabalharem nesta seção, eles tiveram que se adaptar às condições de trabalho. Dominguinhos – migrante rural negro – ingressou no *Curtume Orlando*, em 1962, e teve dificuldades para suportar o trabalho. Seu corpo adquiriu resistência para o serviço com o passar do tempo.

---

74 Depoimento de Jerson do Nascimento ao autor.
75 Cf. ANDREWS, George Reid. *Negros e brancos em São Paulo (1888-1988)*. Bauru: EDUSC, 1998.
76 Depoimento de Luiz Ezequiel da Silva ao autor em 22 de dezembro de 2008.

> Quando eu entrei no curtume, que tinha esses couros grandes de Barretos, eu pesava 41 quilos. Os outros de fora falavam: "— Você não aguenta isso aí." Eu pensava na minha família, nos menino tudo pequeno. Se eu não aguentar isso aqui, como eu vou tratar da minha família. Deus tem que me ajudar pra mim aguentar e cuidar da minha família. E vai daqui, vai dali. Passa tempo, passa dali. Eu trabalhava na salgadeira. [...] E lá na salgadeira, você tinha que bater o couro três vezes no chão e depois jogar em riba da pilha, quando a pilha tava ali duns 70 couros pra cima, ai, ai, ai meu filho. Era difícil! E eu fraco e magro. Foi indo, foi indo e eu com aquela precisão de trabalhar pela minha família, acostumei com o serviço.[77]

As explicações a respeito da concentração de trabalhadores negros nas piores atividades produtivas centradas exclusivamente em torno da suposta força física inerente a eles resultam de generalizações insustentáveis, decorrentes de construções sociais que tendem a afirmar que "trabalho pesado é coisa para negro". Para compreender o fenômeno, é preciso considerar a necessidade econômica e articulá-la aos fatores culturais e sociais, pois a origem rural acrescida da componente étnica não fez com que as pessoas possuíssem uma compleição física que as tornassem naturalmente capazes de trabalhar nesta ou naquela tarefa.

"O último serviço" X *"Sou da roça, não tenho medo da roça"*

As características do trabalho e as condições em que era exercido nos curtumes e nas indústrias de borracha repercutiram na construção da identidade de seus operários. Para muitos, trabalhar nessas indústrias era a única alternativa para ter uma carteira de trabalho assinada, alguma estabilidade e um salário que, apesar de baixo, lhes possibilitava sobreviver. Benedito Teixeira foi um dos pequenos proprietários rurais que, diante das dificuldades para manter-se no campo, migrou para Franca, em 1979, aos 40 anos de idade. "Quando a gente morava na roça, passava perto de um curtume e falava que não trabalhava naquele serviço porque era um serviço muito porco."[78] Após migrar, foi servente de pedreiro e conseguiu emprego, infortunadamente, num curtume. Pensou em voltar para o campo, mas não teve condições financeiras para efetivar o desejo e só lhe restou se conformar com a profissão de curtumeiro.

---

77 Depoimento de Domingos Cornélio da Silva ao autor.
78 Depoimento de Benedito Teixeira à Silvia Cristina Arantes em 20 de janeiro de 1990.

Ao comparar as experiências de curtumeiros e de sapateiros, Teresa Malatian observou que os primeiros construíram uma identidade específica e distinta da elaborada pelos sapateiros virtuosos. Enquanto estes se identificavam como artesãos e associavam trabalho e arte, os curtumeiros descreveram seu trabalho como penoso, insalubre, perigoso e mal remunerado. Por isso, tenderam a se definir como "perdedores".[79] Além dos curtumeiros, observei a desvalorização da profissão associada às condições de trabalho entre os borracheiros. Trabalhar numa indústria de borracha decorria da falta de opção e não de uma escolha. Francisco Nicolau, por exemplo, migrou para Franca aos 27 anos de idade, em 1962, e afirmou que

> a pessoa que entrava lá na *Amazonas*, por exemplo, ele entrava por precisão de serviço e era trabalhador mesmo. Porque na *Amazonas*, nessa época que eu estou te falando que era manual, a pessoa que trabalhava lá, ele passava em qualquer serviço. Porque era pesado. *Era o último serviço. Era o último serviço dos serviços* que podia ser mais pesado...[80]

Nesse mesmo sentido, Nelson Vieira afirmou que qualquer um trabalhava na indústria de borracha, *"não é profissão aquilo lá,* não precisa conhecer nada. Pra trabalhar na prensa, pra fazer o serviço que eu fazia, com uma hora que ele trabalhar ali ele sabe manejar a prensa."[81] Por isso, ele sentia-se realizado por ter aprendido a profissão de sapateiro. Apesar de não ser um oficial, Nelson tornou-se um sapateiro eclético e abriu sua própria oficina de consertos, o que contribuiu ainda mais para desvalorizar o trabalho como prenseiro.

O ato de valorizar a profissão de sapateiro e de associar o ofício à arte não foi uma regra, mas algo restrito aos oficiais que sabiam fazer o sapato do começo ao fim sem o emprego de máquinas.[82] Na grande indústria, os sapateiros parcelares perderam esse elemento identitário e deixaram de valorizar o ofício para se verem como alimentadores de máquinas. Conforme afirmou uma operária dos anos 1980, "o que vem na minha cabeça quando fala sapateiro, eu *fico imaginando aquele monte de gente na esteira feito bobo*, porque a esteira tá

---

79 MALATIAN, Teresa Maria. "Memória e Identidade entre Sapateiros e Curtumeiros". *Revista Brasileira de História*, São Paulo, v. 16, n. 31/32, 1996, p. 202-203.
80 Depoimento de Francisco Nicolau ao autor em 12 de outubro de 2007. (grifos meus)
81 Depoimento de Nelson Ludovino Vieira ao autor em 29 de março de 2003. (grifos meus)
82 Cf. Capítulo II.

rodando, rodando e você tem que acompanhar o ritmo da esteira."[83] Portanto, a monotonia de certas tarefas tornou-se comum ao conjunto dos trabalhadores do setor coureiro-calçadista e se refletiu na forma como eles viam o próprio trabalho, na maior parte das vezes, definido como algo monótono e penoso.

Apesar da depreciação do próprio trabalho, alguns depoimentos demonstraram a valorização da capacidade de suportar o trabalho pesado. A expressão "tinha que ser macho" constituiu-se em exemplo dessa perspectiva, assim como a afirmação de que o sujeito que veio da roça era aquele capaz de trabalhar em curtumes e fábricas de artefatos de borracha, pois "era trabalhador mesmo", tinha

> *força e opinião!* Porque isso aí ia na opinião! Opinião porque vamos supor, o serviço é pesado e era puxado, se a pessoa for uma pessoa que não tem opinião, [...] ele parava com o serviço e ia embora, largava, mas a precisão da gente não deixava. *A gente precisa vencer, porque a gente não tem nada e a gente tem que fazer um começo na vida.*[84]

Ou seja, os trabalhadores suportavam as condições de trabalho porque tinham força de vontade para superar as adversidades e enfrentar a lida diária, com o objetivo de obter um padrão de vida, ainda que muitas vezes marcado pelas privações materiais, melhor do que aquele que tinham no campo.[85] Nesse sentido, o sentimento de "ser trabalhador" – de ganhar a vida com o próprio suor – constituiu-se em elemento fundamental da construção da identidade operária.

A valorização do "bom trabalhador" foi interpretada de diferentes formas por outros pesquisadores. Para Brandão Lopes, expressava os padrões "tradicionais" oriundos do meio rural, que valorizava o "homem trabalhador", o "pé de boi", e se refletiam na produtividade por meio da noção de "cumprir a obrigação".[86] Por outro lado, Antonio Negro verificou que ser um "bom trabalhador" foi um valor fundamental para a construção do sentimento de dignidade e honra operárias.[87] Nessa mesma perspectiva, Paulo Fontes constatou entre os migrantes nordestinos a reconstrução em termos valorativos da imagem deprecia-

---

83 Depoimento de Isabel Cristina Gomes à Silvia Cristina Arantes em 15 de fevereiro de 1990. (grifos meus)
84 Depoimento de Francisco Nicolau ao autor. (grifos meus)
85 Cf. análise sobre o tema, para o caso dos metalúrgicos, em NEGRO, A. L. *op. cit.*, p. 115-116.
86 LOPES, Juarez R. Brandão. *op. cit.*, p. 70-71.
87 NEGRO, A. L., *op. cit.*, p. 122-123.

tiva que a elite construiu deles. Os migrantes, a partir da capacidade de suportar a lida diária, definiram a si próprios como os responsáveis por construir e gerar a riqueza do país.[88]

A meu ver, esses valores da cultura operária influenciaram tanto a adesão dos trabalhadores aos ideais capitalistas de dedicação ao trabalho, quanto a contestação de certos aspectos da disciplina fabril, como se observa no relato de Adolfo de Oliveira. Com o intuito de estimular a assiduidade, a lealdade à empresa e aumentar a produtividade, a *Amazonas* oferecia diversos prêmios aos seus funcionários, entre os quais os bônus por produtividade, que estimulavam Adolfo a trabalhar intensamente para "dar a produção".

> Eu tinha prazer em tirar a mais na produção, tinha o prazer de tirar a mais. Se o outro tirava 120, eu tirava 123, 124 par. [...] (Mas se o senhor ganhava por hora, por que fazia isso?) *Pra poder fazer o nome*. Tinha prêmio de produção. [...] (Compensava?) A gente era bobo, achava que o salário era bom demais. Veio da roça, trabalhava registrado, se a gente fosse evoluído igual agora, mas não. Mas eu queria atingir aquela meta lá, aquilo lá é um incentivo pro funcionário.[89]

"Fazer o nome" junto à chefia poderia contribuir para evitar demissões em épocas de crise do setor ou para alcançar uma promoção. Esse tipo de ação pode ser interpretado como expressão da adesão e submissão à empresa.[90] Não obstante, esse mesmo trabalhador relatou uma discussão que teve com seu superior hierárquico após ser repreendido verbalmente por não ter limpado a seção de trabalho a contento:

> "— Ah, nem parece que você varreu isso aí." Nossa, eu fui lá no céu e voltei. Eu falei: "— Toma essa desgraça dessa vassoura aqui e varre você então. Eu não vou mexer com essa merda nada." "— Você é nervoso." "— Não sou nervoso. Não chama a atenção de mim não. Eu fiz o serviço e se eu não tivesse feito eu ficava quieto. Nem o meu pai eu aceito chamar a atenção de mim. Eu não vou varrer mais não, varre você. *Pelo mesmo caminho que eu vim eu volto. Eu sou da roça, não tenho medo de roça não.*"[91]

---

88 Cf. FONTES, Paulo. *Um Nordeste em São Paulo...*, p. 198-200.
89 Depoimento de Adolfo de Oliveira ao autor.
90 Para Brandão Lopes, seria uma "atitude de subordinação espontânea, típica nas comunidades rurais." LOPES, Juarez R. Brandão., *op. cit.*, p. 78.
91 Depoimento de Adolfo de Oliveira ao autor.

Ao longo dos anos, Adolfo havia se acostumado a enfrentar o trabalho sob sol intenso arrancando tocos com um enxadão para preparar o solo para o plantio e nem sempre estava disposto a se calar e "baixar a cabeça". O mesmo sujeito que queria "fazer o nome", enfrentou o superior hierárquico ao ser repreendido e utilizou sua origem rural como argumento para exaltar seu destemor em abandonar o trabalho industrial. Portanto, não havia conformismo e submissão irrestritos no chão de fábrica, demonstrando que a realidade era mais complexa do que muitas vezes se supôs. Os depoimentos demonstraram que os trabalhadores forjaram um sentimento de dignidade a partir da auto-valorização da capacidade de suportar o trabalho sob condições adversas, articulada com a exaltação da virilidade, da força e da resistência física entre os homens.

A produção não pode parar

Acidentes do trabalho

Além do trabalho cansativo, repetitivo e exercido, na maior parte das vezes, sob condições adversas, todos os depoentes relataram casos de acidentes nas indústrias em que trabalharam e alguns se acidentaram, com maior ou menor gravidade. Para analisar esse tema, parti da concepção de que os acidentes do trabalho devem ser interpretados como consequências diretas das condições e das relações de trabalho. Muitos pesquisadores que estudaram essa temática verificaram a dificuldade para obter dados quantitativos que registrassem a totalidade dos acidentes ocorridos nos diferentes ramos produtivos. Entre outros motivos, muitas vezes, não houve sequer qualquer registro dos acidentes, em especial daqueles considerados menos graves. Como não localizei registros oficiais sobre tais ocorrências no setor coureiro-calçadista de Franca, fiz um levantamento a partir de dados coletados nos processos cíveis sobre indenizações acidentárias.

Ao longo do século XX, foram promulgadas diferentes leis acidentárias no Brasil. A primeira foi a lei 3.724 de 1919 e teve como principal característica a adoção da teoria do "risco profissional": toda atividade produtiva trazia um risco inerente ao trabalhador e como o empregador era o principal beneficiário da exploração do negócio, caberia a este assumir a responsabilidade sobre o acidente e reparar o acidentado. A contratação de seguro acidentário era facultativa e a reparação seria calculada proporcionalmente em relação ao salário e ao grau da lesão. Essa lei incluiu na definição de acidentes as doenças decorrentes do trabalho. Ainda que sua promulgação tenha garantido aos trabalhadores a reparação, contribuiu para fixar a ideia dos acidentes do trabalho como eventos naturais da atividade produtiva. Outra característica era o ideal de harmonia social entre as classes e o objetivo de evitar conflitos decorrentes das disputas judiciais em torno da comprovação da *culpa* pelo acidente.[92]

Nos anos seguintes, foram promulgadas outras leis acidentárias: o Decreto 24.637 de 1937 determinou a obrigatoriedade do seguro privado pelas empresas; o Decreto 7.036 de 1944 regulamentou a criação das Comissões Internas para Prevenção de Acidentes (CIPA), formadas por representantes da empresa e dos trabalhadores e obrigatórias em fábricas com mais de 100 funcionários. Durante a ditadura civil-militar foram promulgadas duas leis. Em 1967, a Lei 5.316 estatizou o seguro de acidentes, transferiu a responsabilidade pelo amparo às vítimas para o Instituto Nacional de Previdência Social (INPS) e incorporou à teoria do "risco profissional" a do "risco social": caberia ao conjunto da sociedade arcar com os riscos inerentes às atividades produtivas. Criou-se benefícios como auxílio-doença, aposentadoria por invalidez, pensão por morte e incluiu-se o acidente de trajeto no rol dos acidentes do trabalho. Em 1976, foi publicada a Lei 6.367 que manteve as concepções anteriores, mas cortou alguns benefícios aos acidentados.[93]

Apesar de nem todos os acidentes do setor coureiro-calçadista terem originado ações judiciais e de muitos processos não terem sido preservados, a escolha dessas fontes mostrou-se a alternativa mais viável para analisar algumas características gerais dos acidentes do trabalho. Localizei 119 processos cíveis referentes às indenizações acidentárias movidos, entre 1950 e 1980, nos Cartórios de 1º e de 2º Ofício de Franca. Um mesmo processo tratava de 16 trabalhadores acidentados,[94] por isso listei 134 ocorrências: 62 em indústrias de calçados, 43 em

---

92 Cf. COSTA, Marcia R. da. *As vítimas do capital: os acidentados do trabalho*. Rio de Janeiro: Achiamé, 1981; MOURA, Esmeralda B. B. de. *O acidente do trabalho em São Paulo (1890-1919)*. Tese (Doutorado em História)- FFCL, USP, São Paulo, 1984; FERRAZ, Eduardo L. L. "Acidentados e remediados: a lei de acidentes no trabalho na Piracicaba da Primeira República (1919-1930)". *Mundos do Trabalho*, v. 2, n. 3, 2010, p. 206-235. Disponível em: <http://www.periodicos.ufsc.br/index.php/mundosdotrabalho/article/view/12266/13424>.

93 Síntese a partir de CONH, Amélia (et. al.). *Acidentes do trabalho. Uma forma de violência*. São Paulo: Brasiliense, 1985; HENNINGTON, Élida A. *Saúde e trabalho: considerações sobre as mudanças na legislação acidentária brasileira e sua influência sobre a classe trabalhadora*. Dissertação (Mestrado em Saúde Coletiva)- FCM, UNICAMP, Campinas, 1996.

94 AHMF. Caixa 280. Processo 376/1969, Cartório de 1º Ofício. 16 funcionários da *Amazonas*,

indústrias de artefatos de borracha e 29 em curtumes. A *Amazonas* apresentou o maior número de ocorrências: 38 acidentes. A quantidade de processos referentes às fábricas de calçados reflete a maior concentração de trabalhadores nessa atividade, mas os dados indicam que os acidentes foram proporcionalmente mais frequentes nas indústrias de borracha e nos curtumes, que empregaram menos trabalhadores que as indústrias calçadistas em conjunto.

Entre 1950 e 1980, ocorreu um aumento gradual dos processos: 28 entre 1950 e 1959, 31 entre 1960 e 1969 e 60 entre 1970 e 1980.[95] Esses dados são um forte indício de que os acidentes tornaram-se mais corriqueiros com a expansão industrial e que esta se baseou na exploração predatória da força de trabalho. Essa tendência ocorreu no país como um todo e atingiu seu ápice na conjuntura posterior ao "Milagre Econômico" (1969 a 1973), período assinalado por taxas de crescimento econômico, em média, superiores a 10% ao ano. Em 1974, o país foi oficialmente reconhecido como o "campeão mundial" em acidentes do trabalho e, em 1975, foram registradas quase dois milhões de ocorrências. As razões para o fatídico título provinham da combinação de arrocho salarial, estímulo à produção centrada na exploração intensiva da força de trabalho e repressão ao movimento operário.[96]

Nas indústrias coureiro-calçadistas, a maior parte dos acidentes do trabalho refletiu as condições e os processos de trabalho, como se observa abaixo:

---

a maioria da matrizaria, sofreram acidentes variados em 1967 e 1968.

95 Em alguns casos, os processos foram movidos anos após o acidente. Tomando-se o ano do processo, têm-se os seguintes dados: 1950 (6), 1951 (4), 1952 (1), 1954 (1), 1955 (5), 1956 (3), 1957 (3), 1958 (1), 1959 (4), 1960 (7), 1962 (1), 1963 (4), 1964 (3), 1965 (1), 1966 (4), 1967 (1), 1968 (2), 1969 (8), 1970 (2), 1971 (11), 1972 (11), 1973 (12), 1974 (10), 1975 (1), 1976 (1), 1977 (3), 1978 (4), 1979 (4), 1980 (1).

96 Cf. COSTA, Marcia. *op. cit.*; e CONH, Amélia (et. al.). *op. cit.*

Ocorrência	n.	Ocorrência	n.
Acidentes de trajeto	2	Amputação de dedos ou partes	39
Amputação do antebraço	2	Artrite reumatóide deformante	2
Bronquite asmática	1	Cardiopatia	3
Cardiopatia chagásica	17	Escoliose ou dor crônica na coluna	5
Feridas nas mãos – contato com produtos químicos	1	Ferimentos nos olhos	5
Fraturas e perda de visão – acidente automotivo	1	Fratura ou lesão de braços ou mãos	10
Fratura ou torção dos pés ou tornozelos	3	Hérnia	1
Lesão do joelho e coluna por esforços repetitivos	4	Lesão da coluna	8
Morte decorrente de queda num poço	1	Não especificado	2
Paralisia total da perna	1	Perda da visão	5
Perda da capacidade funcional de braço ou mão	3	Perda da capacidade funcional de dedos	10
Queimaduras	4	Reumatismo	1
Trombose com embolia e morte	1	Tuberculose	2

Tabela 2 – construída a partir dos Processos Cíveis relacionados a acidentes do trabalho

As lesões e amputações de dedos e membros superiores compuseram a maioria absoluta dos acidentes.[97] Das 64 ocorrências desse tipo, 32 amputações ocorreram nas indústrias calçadistas. O balancim, com destaque para o de cortar solas, era a máquina mais perigosa desse segmento, responsável por pelo menos 14 acidentes, dez na década de 1950 e quatro nos anos 1960.[98] O balancim contínuo – prensa de funcionamento ininterrupto –, empregado na

---

[97] Característica também observada por COSTA, Marcia. *op. cit.*, p. 26-28; e COHN, Amélia. (et. al.) *op. cit.*, p. 94.

[98] 13 amputações não tiveram a causa especificada e muitas também podem ter ocorrido em balancins. Os demais acidentes ocorreram nas seguintes funções: estampar cortes, frisar, pregar salto, dedo apanhado por ventilador ao polir saltos, e aparar saltos.

produção de calçados desde a década de 1920, foi cada vez menos utilizado após a difusão do solado de borracha, o que pode explicar a redução dos acidentes nesta máquina a partir dos anos 1960.

Não obstante, o balancim de cortar couro também expôs os trabalhadores ao risco de acidentes. Originalmente, a máquina era acionada por um único botão e deixava uma das mãos livre durante a operação. Não consegui precisar quando foram desenvolvidos os balancins acionados por dois botões, para obrigar o cortador a operar a máquina com as duas mãos e evitar que uma delas fosse apanhada quando a prensa era acionada, mas verifiquei que estes já estavam difundidos no começo dos anos 1980.[99] Tomando o balancim como exemplo, observa-se que a máquina não foi originalmente projetada levando-se em consideração a segurança do trabalhador.

Provavelmente, os balancins acionados por dois botões foram desenvolvidos para diminuir sua periculosidade. Porém, a operação demandava mais gestos de trabalho e, por conseguinte, reduzia a produtividade dos trabalhadores. Isso fez com que muitos cortadores sabotassem o dispositivo travando um dos botões e acionando a máquina com apenas uma mão. O sistema de remuneração por produção explica, em parte, essa ação dos cortadores, mas não se pode desconsiderar a pressão constante por produtividade sofrida pelos cortadores.[100]

Os curtumes e as fábricas de borracha também registraram variados casos de lesões e mutilações de dedos e membros superiores. Os casos mais graves ocorreram nas indústrias de borracha. As duas amputações de antebraços ocorreram com cilindreiros da *Amazonas* no começo dos anos 1970. Além desses casos, em 1977, um operário da *MSM* perdeu quatro dedos da mão direita, o polegar e partes de todos os dedos da mão esquerda.[101] Máquinas como o cilindro e as primeiras modeladoras de massa (rolos com facas) eram extremamente perigosas e, assim como o balancim, não foram originalmente projetadas com o

---

99 Observei diferentes modelos de balancins deste tipo nos catálogos de máquinas e nos jornais especializados no setor. Cf. Centro Tecnológico do Couro, Calçados e Afins. *Máquinas brasileiras para curtumes e calçados*. Novo Hamburgo/RS: 1980, p. 32, 34-36; *O Calçadista*. Ano 1, n. 7, set./1980, p. 14.

100 Os operários percebem que se um equipamento de proteção individual impedir a execução de um trabalho ou diminuir o seu ritmo ele deverá ser deixado de lado, pois o trabalho e a rapidez são condições básicas para que mantenham os seus empregos. Cf. COSTA, Marcia. *op. cit.*, p 64.

101 Respectivamente, AHMF. Caixa 719. Processo 12580/1971; Caixa 733. Processo 13153/1973; e Caixa 169. Processo 867/1979.

cuidado de proteger os trabalhadores. Nos curtumes, ocorreu o mesmo problema com o maquinário composto por cilindros (descarnadeira, divisora, enxugadeira, lixadeira etc.).

A ausência de proteção nos sistemas de transmissão que movimentavam as máquinas era outro fator que aumentava os riscos de mutilação. Em 1959, José Alves Ferreira, funcionário do *Curtume Progresso*, fraturou o braço apanhado pela polia de uma máquina. Em 1963, Antonio Jose Barcelos, ajudante geral na *Curtidora Francana*, perdeu quatro dedos da mão direita após escorregar e ter a mão apanhada pela correia de transmissão do fulão de curtir solas.[102] Os espaços de trabalho improvisados, o excesso de umidade em algumas seções, a matéria-prima e os insumos espalhados pelo chão potencializavam os riscos de fraturas e traumas decorrentes de quedas.

Um número considerável de processos cíveis, 17 casos, foi impetrado por causa de lesões da coluna, resultado de quedas, de esforço excessivo para levantar um objeto e de deformações adquiridas ao longo de anos sob condições de trabalho inadequadas. Coriolano Queiroz, por exemplo, descarnou couros no *Curtume Della Torre* durante dez anos e os esforços repetitivos para manipular os couros pesados lhe causaram escoliose lombar.[103]

O risco de acidentes foi agravado pela ausência de equipamentos de proteção individual, como comprovam os dez casos de ferimentos dos olhos e de perda da visão. Muitos acidentes desse tipo poderiam ter sido facilmente evitados com a utilização de óculos de proteção. Os cinco ferimentos registrados ocorreram, em 1967 e 1968, entre matrizeiros da *Amazonas* atingidos por fagulhas e por fragmentos de metal desprendidos durante o exercício de suas tarefas.[104] Um acidente mais grave ocorreu com Antonio Carlos Gimenes, em 1973. O operário da *Calçados Frank* acidentou-se enquanto operava uma máquina de lixar saltos, composta por uma escova de aço que girava em alta rotação, e perdeu a visão do olho direito.[105] Dois trabalhadores argumentaram que a perda da visão decorreu da exposição prolongada ao vapor emanado do cozimento de borracha.[106]

---

102 Respectivamente, Caixa 275. Processo 275/1959; e Caixa 932. Processo 2764/1963.
103 Caixa 1233. Processo 18883/1974.
104 Caixa 280. Processo 376/1969.
105 Caixa 289. Processo 470/1973. Em dois outros casos não foram descritos os acidentes que resultaram na perda da visão: Caixa 274. Processo 262/1957 (curtumeiro) e Caixa 617. Processo 3088/1963 (sapateiro).
106 Caixa 281. Processo 380/1969 (funcionário da *MSM* durante cinco anos) e Caixa 718. Pro-

Diretamente relacionados a esses dois últimos episódios, localizei 28 processos em torno das doenças profissionais ou resultantes das más condições de trabalho. O artigo 2º da lei 7.036 de 1944 definia como doenças do trabalho "além das chamadas profissionais, – inerentes ou peculiares a determinados ramos de atividades –, as resultantes das condições especiais ou excepcionais em que o trabalho for realizado."[107] Entre as alterações decorrentes da lei 6.367 de 1976, destaco a determinação de que as doenças que não constassem na relação elaborada pelo Ministério da Previdência e Assistência Social seriam reconhecidas como acidentes do trabalho somente em "casos excepcionais".[108]

Nos processos a respeito das doenças do trabalho chamam a atenção os 17 trabalhadores com cardiopatia chagásica.[109] Apesar de a doença ser transmitida por meio das fezes do inseto conhecido como "barbeiro", os trabalhadores argumentaram que a exposição à insalubridade durante anos, o esforço físico excessivo e, em alguns casos, o trabalho noturno agravaram a doença, tornando-os permanentemente incapacitados para o trabalho. A incidência desta doença tinha relação direta com a origem rural de grande parte dos trabalhadores, pois o inseto transmissor se multiplicava em regiões rurais recém desmatadas e se abrigava nas frestas das paredes das moradias.

Portanto, os processos cíveis demonstram que ocorreram diversos tipos de acidentes do trabalho no setor coureiro-calçadista e que as principais causas foram o ambiente de trabalho inadequado e o maquinário projetado para intensificar a produção sem levar em consideração a segurança e a saúde dos trabalhadores. Sob tais circunstâncias, mutilações, lesões e doenças profissionais ou doenças agravadas pelas condições de trabalho compuseram as experiências comuns dos trabalhadores ao longo de todo o período estudado.

Os relatos orais ofereceram maiores detalhes a respeito desse tema. Além de o maquinário ser inseguro, muitas vezes os dispositivos de segurança desenvolvidos para evitar acidentes eram ineficazes. Os cilindros de preparação da borracha possuíam dispositivos projetados para desligá-los em casos de emergência, mas mesmo após acionados, as engrenagens se movimentavam por tempo suficiente

---

cesso 12556/1971 (funcionária da *Amazonas* que trabalhava na seção de prensas).
107 Disponível em: <http://www6.senado.gov.br/legislacao/ListaPublicacoes.action?id=6873&>.
108 Art. 2º, § 3º. Disponível em: <http://www.planalto.gov.br/ccivil_03/Leis/L6367.htm#art22>.
109 A doença acometeu 6 curtumeiros, 6 sapateiros e 5 borracheiros. Um curtumeiro morreu no local de trabalho e um borracheiro faleceu dois meses após se afastar do trabalho, seus familiares moveram os processos.

para mutilar o trabalhador. Acrescente-se a isso a falta de treinamento voltado para a segurança do trabalho e o desespero do trabalhador ao ter a mão apanhada pela máquina.

> Quando eu trabalhava na *Amazonas* [anos 1960], do meu lado trabalhava um senhor de cor [negro], chamava Isídio. Era mais ou menos umas nove horas da noite, ele gritou e do lado dele tinha um outro moço trabalhando e o cara correu e desligou a máquina. Então, rapaz, foi uma coisa da mais terrível. Você ver a mão do cara dilacerada! Então, ô rapaz, aquilo lá foi uma coisa terrível. Esse daí eu vi de perto mesmo. A mão entrou junto com a massa. Aí o rapaz chegou e virou o cilindro em velocidade contrária e a mão dele saiu pra trás, aqueles pedaços de borracha tudo com pedaço de dedo. Os quatro dedos ele perdeu tudo. [...] O sistema de segurança era desligar a máquina. O cilindro tinha uma cordinha em cima que a gente puxava e abria a chave. Então veja, muitas vezes... igual o Isídio, quando ele gritou, pegou a mão esquerda, em vez de ele desligar a máquina, ele queria era tentar arrancar, não tem a reação na hora, se apavora.[110]

Durante os anos 1960, outro cilindreiro da *Amazonas* teve o pé apanhado pela máquina. O acidente também ocorreu no turno da noite, que provavelmente agravava a fadiga dos operários.

> O cara pegou e... acho que dormiu, porque quem trabalha a noite também, com sono e tal, vai acumulando, o cara vai ficando meio... [...] E ele foi enrolando aquela massa e a massa foi caindo da gaveta no chão e virou aquele rolo e ele foi catar e ela quente, porque ela forma aqueles cordão dessa grossura, e ninguém consegue arrebentar aquilo lá, tem que cortar. [...] Aquilo lá embrulhou no pé dele, aqueles cordão grosso, e ele não viu e ele tentando jogar, tentando, tentando... e o outro companheiro veio de lá e ajudou a empurrar [...]. Tava amarrada a perna dele e ele já caiu e segurou na gaveta e o colega pelejando, naquela doideira. E ele podia pensar isso, pegar o facão e cortar os cordão. E ele ficou doido puxando o colega e tentando desligar a máquina, e foi, foi, foi. E ele tirou um pé e o outro foi dentro do cilindro e ele aprontou aquele berreiro e o outro desligou a máquina. Ele não tava com o pé dentro do cilindro, tava no vão do cilindro a hora que ele desligou a máquina, mas a máquina pesada até parar, ela comeu a metade do pé dele.[111]

---

110 Depoimento de José Leme ao autor.
111 Depoimento de Luis Natalino ao autor.

Nos curtumes, a maior parte das máquinas oferecia sérios riscos aos operadores e os relatos fizeram referências a acidentes ocorridos, principalmente, naquelas compostas por sistemas de rolos e nas prensas de couro. Três curtumeiros entrevistados se acidentaram no trabalho, dois em rebaixadeiras e um em uma lixadeira. Além das características do maquinário, as horas extras potencializavam os riscos. Nos anos 1980, Géssé Bento teve a ponta do dedo amputada enquanto fazia serão à noite e aprendia a operar uma rebaixadeira. Mesmo assim, não recebeu indenização.[112] Arquimedes Pereira Matos e Luiz Ezequiel da Silva também se acidentaram, mas não sofreram mutilações porque o sistema de segurança fez com que as máquinas desligassem a tempo.

Em alguns depoimentos predominou a forte emoção dos depoentes ao relembrarem os acidentes sofridos por amigos e familiares. O irmão do mecânico Jerson do Nascimento era seu ajudante no *Curtume Orlando* e foi gravemente mutilado, nos anos 1970.

> Ele trabalhava comigo, ele tava com 16, 17 anos por aí. [...] E tem uma máquina de enxugar couro, uma máquina meio antiga, muito perigosa. As máquinas de hoje não são mais perigosas como eram. As máquinas de hoje são com feltros mais longos, não dá pra alcançar a mão do cara lá onde espreme o couro. Naquela lá alcançava. E ele foi lubrificar a máquina. Ele me ajudava a fazer essas coisas. E por uma infelicidade ele... Tinha uns rolete de transporte e parece que um tava meio engripado e ele levou a mão pra empurrar, pra desengripar o rolete que não tava querendo funcionar. Ele levou a mão pra ajudar. A mão dele escorregou e entrou no lugar que entra o couro. Aí desligou, mas ela andou, a máquina andou e comeu todos os dedos dele, assim ó, todos os dedos dele. [mão esquerda] [...] O acidente foi esse, numa enxugadeira, o acidente mais, mais, mais... um dos dias mais... Da moda do outro, um dos dias mais tristes da minha vida [lacrimejando] foi o dia em que ele espremeu a mão. Porque eu sabia que não tinha conserto e ele novinho daquele jeito e perder todos os dedos...[113]

Pouco tempo antes deste acidente, outro trabalhador havia perdido a mão e parte do antebraço na mesma máquina.[114] Como o excerto evidencia, apenas re-

---

112 Depoimento de Géssé Bento à Silvia Cristina Arantes em 3 de junho de 1989.
113 Depoimento de Jerson do Nascimento ao autor.
114 Depoimento de Domingos Cornélio ao autor.

centemente os curtumes incorporaram enxugadeiras que impedem a mutilação dos trabalhadores.

As máquinas mais perigosas e que haviam acidentado algum trabalhador eram temidas pelos demais. Em 1969, Eduardo de Paiva, tesoureiro do Sindicato dos Curtumeiros e funcionário do *Curtume Progresso*, solicitou o cancelamento de uma suspensão recebida por se recusar a operar uma prensa distinta da que trabalhava.[115] O reclamante alegou que sofria perseguição por ser dirigente sindical e que a máquina poderia ferir-lhe a mão por não possuir proteção, como já acontecera com outros operários. A empresa argumentou que ele usufruía do cargo para "causar problemas." A ação foi julgada improcedente porque se considerou que a mudança de máquina decorreu da falta de serviço na prensa habitualmente operada por Eduardo. Os depoimentos indicaram que o curtume não instituíra a CIPA, comprovaram que a prensa antiga acidentara outras pessoas e que existiam significativas diferenças entre os equipamentos novos e os velhos.

> A "prensinha" é acionada à mão, sendo perigosa [...]; o perigo da máquina resulta do fato de não poder mais ser interrompido o movimento depois que as alavancas foram acionadas, de forma que se o ajudante for colocar as mãos naquele momento o acidente será inevitável; [...] a "prensona" é automática, de forma que qualquer corpo estranho que for colocado impedirá o acionamento da prensa, não havendo, assim, a possibilidade de acidente; [...] o movimento da "prensinha" é muito rápido; a "prensona" é protegida dos dois lados, de forma a proteger os dois operários que com ela trabalham.[116]

Esse caso evidencia que não ocorreu a substituição de um equipamento antigo e perigoso pelo modelo mais novo, e sim a aquisição de uma máquina mais moderna que foi instalada ao lado da antiga. É possível concluir que a nova máquina foi incorporada em função da expansão da produção e não porque possuía dispositivos de segurança que evitavam acidentes. A máquina antiga continuou em operação, expondo os operários a maiores riscos de acidentes, pois para alguns industriais importava a economia de custos e o aumento da produção, não a saúde dos trabalhadores.

---

115 AHMF. Caixa 26. Processo 196/1969.
116 Depoimento de Francisco Bertoni (testemunha da empresa). *Ibidem*, f. 12.

Os acidentes não eram exclusividade do trabalho em máquinas, também ocorreram durante a execução de tarefas manuais. Segundo José Andrade, cortador manual de calçados, os cortadores sempre se feriam e alguns perderam partes dos dedos com as facas de corte. Em sua opinião, a remuneração por produção estimulava o ritmo de trabalho mais intenso e acarretava tais acidentes.[117] Cecília Silvestre se lembrou de uma amiga que perdeu a visão de um olho, nos anos 1970, costurando mocassim manualmente:

> Antigamente não tinha a proteção que tem hoje. Hoje tem que usar óculos para trabalhar, hoje tem que usar o protetor por causa do barulho. E lá no *Francano* não tinha nada disso, não tinha protetor, não tinha óculos, não tinha nada para proteger a gente da sovela, da agulha. E essa amiga minha furou o olho. Foi triste pra caramba lá. Furou de derramar mesmo com a sovela. [...] Perdeu a visão trabalhando. (E ela recebeu indenização?) Nada. Nada, nada, nada. Sarou e voltou a trabalhar com um olho só. Na mesma fábrica.[118]

Algumas notícias de jornais e de boletins sindicais deram conta de acidentes ainda mais trágicos. Em 1983, o tanque da caldeira da *MSM* explodiu e vitimou dois funcionários atingidos pelo equipamento, por água quente e por escombros. Luiz Donzelli Terruel (chefe de seção) e Osvaldo Alves de Sousa (caldeireiro) foram socorridos com vida, mas não resistiram aos ferimentos e faleceram.[119] Outro acidente fatal ocorreu em 27 de junho de 1990, no curtume *Couroquímica*. José Claudio Zambelli trabalhava no período noturno e, por volta das 21 horas, foi prensado pela estiradeira e não resistiu aos ferimentos.[120]

Em maio de 1982, a intoxicação de diversos sapateiros por chumbo – saturnismo – foi manchete do *Comércio da Franca*.[121] Conforme analisei no segundo capítulo, os montadores manuais de sapatos tinham o hábito de colocar as tachinhas dentro da boca para facilitar o trabalho e isso contribuiu para o enve-

---

117 Depoimento de José de Andrade Filho à Silvia Cristina Arantes em 7 de abril de 1989.
118 Depoimento de Cecília Santos Silvestre ao autor em 17 de abril de 2005.
119 *Comércio da Franca*. "Caldeira explode. Duas vítimas graves." Franca, 24/06/1983. *Idem*. "Morre uma das vítimas da explosão da caldeira." Franca, 28/06/1983. *Idem*. "Explosão da caldeira: morre a segunda vítima." Franca, 30/06/1983. Não localizei informações sobre o que ocasionou o acidente.
120 STIAC. *O couro grosso*. "Morre um Companheiro". n. 7, julho de 1990.
121 *Comércio da Franca*. "Pânico na cidade: 52 operários envenenados por chumbo." Franca, 7/05/1982.

nenamento. Os principais sintomas foram distúrbios gastrointestinais, infecções renais e neurose. Segundo as notícias jornalísticas, os montadores notaram que as últimas remessas de tachinhas da marca "Paulistinha" estavam carregadas de chumbo devido ao gosto mais forte deixado em suas bocas.

A empresa responsável pela fabricação das tachas se esquivou da responsabilidade sobre o ocorrido por meio de uma nota irônica: "Preliminarmente deve ficar bem claro que a fábrica de tachas Paulistinha Ltda. não fabrica gênero alimentício, nem produtos farmacêuticos. Seu negócio é tachas de mão."[122] Ou seja, o ocorrido seria fruto da irresponsabilidade dos trabalhadores, que inadvertidamente confundiram um insumo de trabalho com gênero alimentício. No transcorrer dos dias, sapateiros que trabalhavam com outras marcas de tachas também acabaram envenenados. No total, 300 montadores se intoxicaram com chumbo.[123] Conforme se observa no excerto abaixo, a reação de alguns industriais evidencia que eles estavam mais preocupados com a "saúde financeira de suas empresas" do que com a saúde dos funcionários:

> Algumas indústrias, *embora a contragosto* baixaram sua produção por causa do surto de "Plumbismo" ou "Saturnismo": é que na maioria delas, ou os montadores foram acometidos do envenenamento ou recusam-se a trabalhar com a tacha na boca. Como se sabe, os montadores ganham por peça e usando a tachinha na boca, montam um calçado mais rapidamente, não havendo segundo eles, um outro meio mais prático de usar aquele componente. A compra de máquina para substituir o método dos montadores foi tirada de cogitação pelos donos de fábricas, pelo alto custo das mesmas.[124]

O expressivo desnível tecnológico existente entre as indústrias de calçados e a reação dos empresários que empregavam trabalho manual para a montagem de calçados frente aos casos de saturnismo reforça meu argumento de que a introdução de maquinário esteve condicionada às relações sociais. Enquanto fosse possível ser competitivo dentro de determinados segmentos do mercado consumidor, os proprietários das fábricas de pequeno porte continuariam a empregar

---

122 *Comércio da Franca*. "Doença dos sapateiros: proposta troca das tachas e campanha de orientação." Franca, 13/5/1982.
123 Idem. "Sapateiros envenenados: dez estão internados em estado grave." Franca, 9/5/1982.
124 Idem. "Doença dos Sapateiros: começam as cirurgias. (São 80 os internados)." 11/5/1982. (grifos meus)

montadores manuais ao invés de imobilizar capital em maquinário. Do mesmo modo, para serem competitivos, a maior parte dos industriais economizava o máximo possível em investimentos voltados a aumentar a segurança do trabalho e garantir o bem estar de seus funcionários.

Após o surto de saturnismo, iniciou-se uma campanha para que fosse abandonado o hábito de trabalhar com as tachinhas na boca e, no mesmo mês, *O Calçadista* noticiou que Donizete Quirino, funcionário da *Calçados Jacometti*, desenvolvera um novo método de trabalho: utilizar uma espuma no fundo de uma caixa para facilitar o ato de apanhar as tachas sem perder tempo. Para os editores do jornal, a empresa "deu uma excelente mostra de humanismo, apesar de nenhum de seus funcionários ter sido atingido pelo mau que abalou os profissionais da área."[125] Industriais humanistas por possibilitarem a criação de um novo método de trabalho e trabalhadores irresponsáveis por colocarem a própria integridade física em risco: essa era a visão corrente a respeito dos acidentes do trabalho no meio empresarial.

"Um trabalhador consciente nunca causa acidentes"

Do ponto de vista capitalista, era mais cômodo negar que os acidentes do trabalho resultavam das condições, dos processos e das relações de trabalho e responsabilizar os empregados pelas ocorrências, definidas como frutos dos "atos inseguros" praticados no espaço produtivo. Essa visão foi amplamente difundida, por exemplo, no jornal *O Amazonas*, criado em 1971 e destinado aos funcionários das unidades desse grupo industrial. O jornal publicou reiteradamente frases destinadas a convencer os trabalhadores que a prevenção de acidentes dependia deles:

> Ajude a Comissão Interna de Prevenção de Acidentes – CIPA: evite acidentes.
> Prevenir Acidentes é dever de todos.
> Trabalhador: *EVITE ACIDENTES!*
> *Trabalhador* precavido é trabalhador *VIVO!*[126]

---

125 *O Calçadista*. "Calçados Jacometti desenvolve método de trabalho e evita doença". n. 24, maio de 1982, p. 4.

126 Respectivamente: *O Amazonas*. Ano 1, n. 9, 1971, p. 1; Ano 3, n. 26, 1974, p. 1; s/n, Agosto, 1974, p. 4 e 5. (grifos no original)

A própria legislação que determinava a constituição de CIPAs em empresas com mais de 100 funcionários estabelecia que estas deveriam "realizar palestras instrutivas, propor a instituição de concursos e prêmios e tomar outras providências, tendentes a *educar o empregado na prática de prevenir acidentes*."[127] Após o Brasil ser oficialmente reconhecido como recordista mundial em acidentes do trabalho, teve início uma série de campanhas de prevenção de acidentes. Contudo, o enfoque destas foi justamente tirar a responsabilidade dos empregadores e enfatizar a necessidade dos trabalhadores tomarem cuidado.[128] Em Franca, além das iniciativas isoladas de indústrias de grande porte como a *Amazonas*, apenas na década de 1980 ocorreu um movimento mais amplo, capitaneado por entidades patronais como CIESP, SENAI e SESI, voltado à realização de eventos para debater a prevenção de acidentes.[129]

As notícias a respeito das Semanas Internas de Prevenção de Acidentes (SIPAT) realizadas, nos anos 1980, nas unidades do grupo *Amazonas* em Franca e na Paraíba oferecem maiores subsídios para se compreender o teor das campanhas. Ocorriam debates, exibições de filmes, palestras e concursos de frases sobre "Prevenção de Acidentes". Em 1986, foi exibido o filme "O Esquecido", baseado "na estória de um personagem que está sempre se esquecendo de cumprir as regras de segurança no trabalho. E consequentemente, criando muitas oportunidades para a ocorrência de acidentes."[130] Entre "Os Dez Mandamentos da Segurança" destaco o segundo: "Nunca praticar um ato inseguro ('DISTRAÇÃO') e não permitir que exista uma condição insegura no seu trabalho ('risco desnecessário')".[131] Os concursos premiavam financeiramente os três primeiros colocados e as frases vencedoras reforçavam o ideal de responsabilizar os operários pelos acidentes.

> Prevenir sempre foi e será melhor do que remediar. Previna-se.
>
> Os acidentes no trabalho são consequência da falta de atenção e da distração. Podem causar danos irreparáveis à sua saúde e até ceifar-lhe a vida.

---

127 Art. 82 da Lei 7.036 de 1944. Disponível em: <http://www6.senado.gov.br/legislacao/ListaPublicacoes.action?id=6873&>. (grifos meus)

128 Cf. COHN, Amélia (et. al.)., *op. cit.*, p. 34.

129 *O Calçadista*. "Uma semana sobre acidentes de trabalho em fevereiro de 1982". n. 20, dez. de 1981, p. 13; Idem. "Semana de Prevenção de Acidentes: reunião deixa garantido o sucesso". n. 21, fev. de 1982, p. 14; Idem. "Prevenção de Acidentes: Ciesp visita Fundacentro e define esquema para realizar a 'Semana'". n. 22, março de 1982, p. 10; Idem. "Em julho, II Semana de Prevenção de Acidentes." n. 45, abril de 1984, p. 2.

130 *O Amazonas*. "CIPA apresentou 'O Esquecido'". n. 155, Nov./dez. de 1986, p. 2.

131 Idem. "SIPAT/88 – Os Dez Mandamentos da Segurança". n. 171, set./out. de 1988, p. 5

> Sabe quanto vale a sua proteção contra acidentes? Vale a sua vida!
> Evite acidentes. Faça tudo com atenção. Segurança no trabalho é fator de proteção!
> Estamos sem acidentes. Não seja você o primeiro.
> *Quando você erra, o acidente acerta!*
> *Trabalho errado, acidente provocado!*
> *Um trabalhador consciente nunca causa acidentes.*
> *Seja prudente. Evite acidentes.*
> Um operário prevenido é um trabalhador garantido.[132]

As frases elaboradas pelos trabalhadores do grupo *Amazonas* seriam um indício de que assimilaram o discurso de se culparem pelos acidentes ou os autores teriam apenas reproduzido o discurso oficial com o objetivo de auferir prêmios financeiros? É difícil responder com precisão a esta questão e os depoimentos indicaram que havia trabalhadores que incorporaram o discurso patronal e outros que o questionavam. De qualquer maneira, o discurso veiculado pelo *O Amazonas* evidencia a desconsideração das reais condições de trabalho para a ocorrência dos acidentes. Expor-se a situações de risco nem sempre era algo sob controle dos operários, visto que decorria das imposições externas que tinham que ser cumpridas para manterem o emprego.

A ideia de "ato inseguro" não se sustenta quando se analisa as condições, os processos e as relações de trabalho. Nesse sentido, trabalhadores como o sapateiro Mauro Dias problematizaram as afirmações que culpavam os acidentados pelo ocorrido:

> O pessoal fala que foi descuido do trabalhador, mas a gente fica na dúvida, porque uma máquina daquela [balancim] é muito perigosa. Tinha que ser uma máquina que o trabalhador não ficasse com o contato tão próximo assim. Pode ser um descuido, mas é um descuido que acontece com qualquer um, porque ninguém é perfeito. E a pessoa pode estar nervosa, pode estar cansada e vai acontecer isso. […] Então a gente vê sempre acontecer os acidentes por aí porque as máquinas não têm aquela proteção.[133]

---

132 Respectivamente, *O Amazonas*. n. 155, nov./dez. de 1986, p. 4; n. 159, set./out. de 1987, p. 7, n. 165, set./out. de 1988, p. 5; n. 171, set./out. de 1988, p. 5; n. 183, jul./ago. de 1991, p. 4. (grifos meus)

133 Depoimento de Mauro Aparecido Dias à Silvia Cristina Arantes em 27 de fevereiro de 1989.

As CIPAs tinham a função de "educar" os trabalhadores para prevenir acidentes e "apresentar sugestões quanto à orientação e fiscalização das medidas de proteção ao trabalho."[134] Algumas fábricas simplesmente desrespeitaram a legislação e não formaram tais comissões, como no caso do *Curtume Progresso*.[135] José Lopes trabalhou nessa fábrica por mais de 30 anos e presenciou vários acidentes. Segundo relatou, o pior acidente ocorreu com o operador do elevador que transportava couros para a expedição, que teve o pé apanhado pela máquina e perdeu todos os dedos. "O seu Miguel Samello foi lá, coitado, muito bonzinho, olhou, olhou e falou: '— Gente, isso aí precisa de uma proteção.'" Só então foi instalada uma barreira em torno do elevador.[136]

Por lei, as comissões deveriam ser formadas por representantes indicados pelos empregadores e por representantes eleitos pelos operários. Era comum a presidência da comissão ser exercida por um representante patronal e, não raro, os representantes dos trabalhadores eram eleitos exclusivamente entre os funcionários de confiança dos patrões.

> Segurança não tem nenhuma, não adianta falar porque não tem. Inclusive no [Curtume] *Cubatão* quem mais faz parte da CIPA é os próprios donos. [...] A CIPA, por exemplo, só arrumava algo depois que acontecia o acidente.

> Lá tinha CIPA, só que o pessoal não fazia nada, pelo menos eu nunca vi fazer nada. Algumas máquinas lá, tipo embonecadeira, muitas vezes as meninas já enrolou os cabelo na máquina e eles falavam que era descuido das meninas.

> A CIPA foi uma coisa que eles [o governo] criou, mas o patrão burlou, porque ele colocava dois da empresa e um dos empregado. Então a decisão da CIPA era sempre a favor do empregador. [...] Eles pegaram até chefe de sessão e colocava na CIPA.[137]

---

134 Artigo 82 da Lei 7.036 de 1944. op. cit.

135 Cf. AHMF. Caixa 26. Processo 196/1969.

136 Depoimento de José Lopes à Silvia Cristina Arantes em 30 de abril de 1989. O depoente não especificou o ano em que ocorreu este acidente. Como o curtume foi comprado pela *Samello* em 1966, foi posterior a esta data.

137 Respectivamente, depoimentos de Sidney Dias de Rezende à Silvia Arantes em 6 de maio de 1989; de Isabel Cristina Gomes à Silvia Arantes em 28 de abril de 1989; e de João Alves ao autor em 28 de março de 2005.

Na maior parte das vezes, as CIPAs se restringiam à implantação de medidas paliativas e só tomavam providências para prevenir acidentes após algum trabalhador se acidentar. João Orlando foi gerente geral de produção da *MSM* e presidente da CIPA por anos. Após ocorrerem graves acidentes nos cilindros, eles elevaram a altura das máquinas por meio de uma plataforma de 30 centímetros com o objetivo de evitar que o trabalhador ficasse com as mãos próximas aos rolos. Do mesmo modo, depois de uma aparadeira ter o cabelo apanhado pela máquina de aparação, eles proibiram a utilização de brincos grandes e de cabelo solto. Também substituíram o guarda-pó pela camiseta, pois o primeiro ofereceria maiores riscos de entrar nas engrenagens das máquinas.[138]

A redução de riscos específicos refletia a concepção dos acidentes como inerentes aos processos produtivos. Ao se detectar um risco, geralmente após um acidente, implantavam-se medidas preventivas pontuais. As comissões não tinham poder para discutir e intervir sobre temas centrais para a ocorrência de acidentes, como: ritmo de trabalho, metas de produção, sistemas de remuneração, formas de gestão da força de trabalho, entre outros.[139]

O acidente sofrido por Zilda Malta, em 1990, exemplifica a conjunção dos diversos fatores responsáveis por estas ocorrências.

> Eu mesma tive um acidente nessa mão. Foi infantilidade minha, pressa, querer fazer depressa, querer ganhar tempo. Eu era chefe e não tinha que fazer serviço de mecânico e fui fazer... O salto era exportação e tinha que ir embora e tava atrasado e a máquina estragou. Aí eu fui regular a lixadeira. [...] E foi tirada a tampa de proteção pra poder regular, aí eu pus o salto e como ela tava puxando demais, não deu tempo de tirar a mão de volta e a mão entrou. Aí ficou lá minhas peles, só sobrou pelinha e alguns ossinhos, o resto ficou tudo lá, sangue... E eu ainda consegui desligar a máquina, porque ninguém vinha desligar pra mim e com essa mão eu desliguei. Aí precisou do mecânico desmontar pra tirar minha mão. (Não tinha botão de emergência?) Não, não tinha. Tinha só o liga e desliga. Então esse aci-

---

138 Depoimento de João Orlando ao autor.

139 De acordo com Tom Dwyer, os comitês existiam para transformar o conflito sobre o perigo no local de trabalho em paz social. Os fenômenos excluídos da pauta eram tidos como elementos sobre os quais nada poderia ser feito. Cf. DWYER, Tom. *Vida e morte no trabalho: acidentes do trabalho e a produção social do erro.* Campinas/Rio de Janeiro: Ed. da Unicamp/Multiação Editorial, 2006.

dente pra mim serviu de lição, porque a minha pressa, a minha vontade de querer ser melhor, querer fazer melhor me levou a isso.[140]

Zilda era uma chefa autoritária, "vestia a camisa da empresa" e procurava extrair de cada trabalhador o máximo de sua capacidade produtiva. Analisar seu acidente como um caso isolado, sem considerar as relações de trabalho que caracterizavam o sistema produtivo, sustentaria as definições dos acidentes do trabalho como meras fatalidades ou consequências exclusivas dos "atos inseguros". A depoente foi imprudente ao remover a tampa de proteção para regular a máquina em funcionamento, mas ela foi motivada pela urgência para concluir um lote com o prazo de entrega vencido. Como se observa, a produção não podia parar, mesmo que isso expusesse os trabalhadores a sérios riscos de mutilação. A meu ver, este foi o significado mais profundo dos acidentes do trabalho: priorizar a produtividade e potencializar a extração de mais-valia em detrimento da saúde e da segurança dos trabalhadores.

A divisão sexual do trabalho

A divisão sexual do trabalho foi outro elemento comum aos trabalhadores do setor coureiro-calçadista. Conforme tenho demonstrado, a fabricação de couros, de calçados e de artefatos de borracha não demandava apenas trabalhadores com força e resistência física para suportar as duras condições de trabalho. Algumas atividades demandavam o emprego de pessoas aptas à realização de tarefas comumente definidas como "tipicamente femininas". Assim como a suposta aptidão natural para o trabalho pesado foi articulada para justificar a concentração de trabalhadores rurais, muitos deles negros, nas seções produtivas mais insalubres, as propaladas qualificações pretensamente inatas às trabalhadoras – capricho, habilidade, organização e paciência – justificariam a concentração das mulheres nas seções de acabamento e de costura.

Ao contrário dessas explicações que tendem a naturalizar a divisão sexual do trabalho, considero que a construção dos papéis sexuais deve ser compreendida num âmbito social mais amplo, no qual a família se constituiu em uma das instituições com maior peso nesse processo.[141] O emprego em indústrias não

---

140 Depoimento de Zilda Maria Malta ao autor em 13 de abril de 2009.
141 Cf. SOUZA-LOBO, Elisabeth. *A classe operária tem dois sexos: trabalho, dominação e resistência*. São Paulo: Brasiliense/Secretaria Municipal de Cultura, 1991. Em texto anterior,

criou e sim reforçou a distinção entre homens e mulheres na esfera da produção e nos três segmentos industriais houve uma nítida divisão do trabalho assentada no fator gênero. Considerando apenas o setor produtivo, observei que as trabalhadoras se concentraram nas seguintes seções: nos curtumes, trabalharam quase que exclusivamente nas atividades finais da seção de acabamento – pintura e prensa; nas fábricas de calçados, se concentraram no pesponto e na seção de acabamento; nas fábricas de artefatos de borracha, elas eram maioria absoluta na aparação, anotavam a produção dos prenseiros e, após a introdução das injetoras, algumas se tornaram operadoras dessas máquinas. Em pesquisa anterior estudei especificamente as sapateiras,[142] por isso restringirei a análise às experiências das borracheiras e das curtumeiras.

Na década de 1970, o Departamento de Serviço Social da *Amazonas* ofereceu cursos às esposas de seus funcionários que reiteravam a divisão sexual do trabalho. O objetivo era possibilitar que "a família melhor[ass]e de vida."[143] Em 1971, foi formada uma turma para o curso de pesponto e, em 1973, o departamento ofertou os seguintes cursos às "donas de casa": Corte e Costura, Gestante, Trabalhos manuais e Confecção de malhas. No curso de gestantes, as "futuras mamães" receberiam ensinamentos de como cuidar da saúde dos bebês e aprenderiam a confeccionar o enxoval.[144] Os outros cursos ensinavam ofícios que poderiam ser exercidos em casa, paralelamente ao trabalho doméstico, para complementar a renda familiar. Portanto, a iniciativa reforçava o papel das mulheres de procriar e cuidar da reprodução da força de trabalho. Além disso, o objetivo era permitir que as esposas *contribuíssem* para o incremento da renda familiar sem a necessidade de se tornarem assalariadas fora dos lares.

Nem todas as mulheres poderiam ser exclusivamente donas de casa e tiveram que enfrentar o chão de fábrica. Os depoentes não precisaram o ano, mas afirmaram que o *Curtume Progresso* foi o primeiro a empregar mulheres na produção. A princípio, elas trabalhavam numa seção à parte, especializada na fabricação de aventais, couros técnicos, gaxetas (retentor que veda bombas d'água e

---

analisei esse processo entre as sapateiras. REZENDE, Vinícius D. de. "A construção social da divisão sexual do trabalho entre as operárias do calçado..."

142 Idem. *Anônimas da História: relações de trabalho e atuação política de sapateiras entre as décadas de 1950 e 1980 (Franca – SP)*. Dissertação (Mestrado em História)- FHDSS, UNESP, Franca, 2006.

143 *O Amazonas*. Ano 1, n. 9, dez. de 1971, p. 2.

144 *Idem*. Ano II, n. 13, abril de 1974, p. 4.

prensas hidráulicas), luvas de raspa e perneiras.[145] Com o tempo, outros curtumes empregaram mulheres no acabamento dos couros. A possibilidade de lhes pagar salários inferiores aos dos homens foi determinante para isto. O *Curtume Orlando* não empregou mulheres até o começo dos anos 1950, mas à medida que outras fábricas as contrataram, decidiu-se fazer o mesmo:

> O *Progresso* era o único que tinha mulher que trabalhava. Aí o *Della Torre* começou a pôr mulher, aí o *União* começou pôr mulher. Aí eu falei: "- Vamos analisar." *Porque realmente era mais barato e a mulher tem assim uma capacidade maior de organização, de... mais caprichosa no acabamento. Aí nós começamos a colocar também. (Era mais barato?) Era. Era o salário mínimo. O homem sempre ganhava mais. (Então o que determina era o salário menor e o capricho?) Salário menor e capricho.* Então na prensa, ao invés de botar dois homens, punha duas mulher, punha um homem com uma mulher. A mulher para tirar e o homem pra colocar.[146]

A iniciativa foi tão bem sucedida que Jerson do Nascimento se surpreendeu com a quantidade de mulheres empregadas por esse curtume em meados dos anos 1970. "Quando eu entrei no *Orlando* eu até estranhei, todo o acabamento era mulher que trabalhava. Máquina de pintura, prensa, pintura manual, tudo as mulheres que faziam."[147]

O emprego de mulheres com remuneração inferior à dos homens motivou Cleusa Maria Silva a mover uma reclamação trabalhista. A operária trabalhou no curtume de propriedade de Joaquim Leôncio Alves, entre 1970 e 1973, e alegou sempre ter recebido salário inferior ao mínimo legal e ter sido coagida a assinar folhas de pagamento referentes ao salário mínimo integral, sob ameaça de ser demitida. Em maio de 1973, se recusou a continuar sob essa situação: recebeu Cr$ 180,00, mas deveria ter recebido Cr$ 312,00. Diante da recusa em assinar a folha de pagamento fraudada, foi sumariamente dispensada. De acordo com a inicial do processo, após o industrial "receber reclamações de suas empregadas, por estarem a receber salários inferiores ao mínimo legal,

---

145 Depoimentos de Jerson do Nascimento e de Ulisses Quirino ao autor.
146 Depoimento de Osmar Finotti ao autor. (grifos meus)
147 Depoimento de Jerson do Nascimento ao autor.

simplesmente lhes di[sse] '*se tiver que pagar o salário para vocês, ponho em seus lugares todos, homens a trabalhar*'[...]."[148]

Em audiência, o advogado do curtume alegou que as diferenças salariais pleiteadas não tinham a menor procedência, conforme demonstravam as folhas de pagamento. Além disso, não ocorrera demissão, pois a trabalhadora abandonou o emprego após receber o aviso prévio. Contudo, as três testemunhas de Cleusa Silva, companheiras de trabalho e moradoras do mesmo bairro, foram unânimes em confirmar que todas recebiam salários inferiores ao mínimo legal e eram obrigadas a assinar folhas de pagamentos fraudadas.

Provavelmente, as trabalhadoras se submeteram a essa situação durante um longo tempo devido ao temor de serem dispensadas e às prováveis dificuldades de conseguir outro emprego em curtumes. No momento da audiência, uma das testemunhas declarou que havia saído do curtume e que trabalhava como empregada doméstica,[149] o que constitui um indício das restrições do mercado de trabalho e demonstra a necessidade das trabalhadoras demitidas se empregarem em serviços domésticos sob condições ainda mais precarizadas, pois, na maior parte das vezes, não possuíam sequer vínculo empregatício formal.

O industrial em questão descumpriu a proibição de diferenciar salários por motivo de sexo[150] e teve o cuidado de fraudar as folhas de pagamento com o objetivo de fundamentar sua defesa no caso de alguma trabalhadora interpor uma reclamação trabalhista. Contudo, essa estratégia resultou frustrada.[151] Esse capitalista recorreu ao emprego de mulheres com o objetivo de rebaixar os salários para aumentar seus ganhos e para se manter competitivo no mercado.

O emprego de trabalhadoras e de crianças com o fim de intensificar o nível de exploração da força de trabalho foi uma prática usual nos primórdios do desenvolvimento do capitalismo industrial. Segundo Marx, "à medida que se es-

---

148 AHMF. Caixa 140. Processo 351/1973, f. 2. (grifos meus)

149 *Ibidem*, f. 24.

150 O Art. 5º da CLT determinava que "A todo trabalho de igual valor corresponderá salário igual, sem distinção de sexo." Disponível em: <https://www.planalto.gov.br/ccivil_03/decreto-lei/Del5452compilado.htm>.

151 A ação foi julgada procedente em parte. A prova testemunhal comprovou a falsidade dos documentos juntados aos autos. O pagamento do aviso prévio seria indevido por não ter sido cumprido. Proc. 351/1973, f. 19-20. O curtume interpôs recurso ordinário e alegou que a prova documental deveria prevalecer. A trabalhadora também recorreu e solicitou o pagamento do aviso prévio. O TRT negou provimento a ambos os recursos e manteve a sentença.

tende, o trabalho das mulheres e crianças vai tornando supérfluo o trabalhador adulto, o que permite manter baixo seu salário."[152] Nesse mesmo sentido, Rosalina Leite afirmou que o emprego de mão-de-obra feminina e infantil tinha como consequência a queda do salário médio da classe trabalhadora. "A desvalorização da mão-de-obra feminina, sob esse aspecto, torna-se uma necessidade do capitalismo, porque permite que aumente em proporções consideráveis a possibilidade de exploração da mais-valia dos trabalhadores em geral."[153]

Contudo, outros autores consideram que o rebaixamento do salário médio ocorreu no início do capitalismo industrial, num primeiro momento o emprego de mulheres e crianças contribuiu para rebaixar os salários médios dos trabalhadores, em seguida tornou-se uma consequência deste rebaixamento. Para Jessita Rodrigues, "a sobrevivência familiar, nestas circunstâncias, só pode ser garantida através do concurso do trabalho feminino e infantil, que então não são rebaixadores do valor da força de trabalho, mas resultam de seu rebaixamento prévio (pauperização)."[154] Ou seja, para sobreviver, o núcleo familiar era obrigado a assalariar todos os seus membros com o fim de obter uma remuneração total que possibilitasse a reprodução da força de trabalho.

Não bastassem os salários diferenciados, existia a possibilidade das trabalhadoras serem vítimas de assédio sexual por parte dos superiores hierárquicos e/ou de abuso sexual dos companheiros de trabalho. Em *Anônimas da História*, citei alguns casos de assédio sofrido por sapateiras e constatei que muitas vezes algumas entrevistadas culparam as próprias mulheres por tais acontecimentos, afirmando que caberia às trabalhadoras evitar maiores liberdades, visto que os homens apenas seguiam seus instintos naturais. Esses relatos compuseram típicos exemplos da assimilação de uma dupla moral na educação dos filhos e das filhas, caracterizada pela maior permissividade para com o gênero masculino.[155]

Nos relatos das borracheiras também constatei a tendência de se responsabilizar exclusivamente as mulheres pelos casos de envolvimento com seus superiores hierárquicos. Neusa Batista, por exemplo, foi categórica: "Isso aí eu acho que

---

152 MARX, Karl. *O capital*. Livro I – O processo de produção do capital. v. 2. 7ª ed. São Paulo: DIFEL, p. 806.

153 LEITE, Rosalina de S. C. *A Operária Metalúrgica: estudo sobre as condições de trabalho de operárias metalúrgicas na cidade de São Paulo*. 2ª ed. São Paulo: Cortez, 1984, p. 65.

154 RODRÍGUEZ, Jessita M. *A mulher operária: um estudo sobre tecelãs*. São Paulo: Hucitec, 1979, p. 90-91.

155 REZENDE, Vinícius D. de. *Anônimas da História...*, p. 118-121.

teve foi muito meu filho. Teve foi muito. Não quero desfazer de ninguém, mas da moda do outro, *quem faz a mulher, é a mulher* mesmo. Sempre entra umas safadas. Então *entra a safada e homem não perde nada*."[156] Para a maioria dos depoentes, as trabalhadoras "permissivas" visavam conquistar o *status* de protegidas no chão de fábrica. Neusa Batista afirmou que era possível identificá-las, porque "você vê quem tá mais folgada, dondoca. Tá na maciota ali dentro. Tinha sim. A gente só fazia de boba, mas tava vendo. [Elas] tinham os privilégios."[157] Segundo Idacir Ferreira, "tem mulheres que acham que saindo com o chefe ou com gerente, *ela é a toda poderosa*. É uma grande ilusão, uma grande bobagem. Porque isso é muito prejudicial a ela futuramente."[158] É bem possível que algumas operárias objetivassem conquistar privilégios ao se relacionarem com os superiores hierárquicos, mas os depoimentos oferecem o risco de se generalizar tais casos e de se desconsiderar o assédio sexual.

Apesar de a força de trabalho feminina ser, na maioria das vezes, remunerada por salários inferiores aos masculinos, apresentava um inconveniente para os industriais: o ato reprodutivo, pois as mulheres se afastavam do emprego para dar a luz e, após o parto, havia a possibilidade de faltarem mais vezes ao trabalho para cuidarem da prole. Para evitar isto, a *Amazonas não* contratava mulheres casadas por considerá-las mais propensas a engravidarem.[159] Saulo Pucci negou esta invasão da vida privada de suas funcionárias por parte da empresa:

> Contratamos um monte! (Os trabalhadores me falaram que nos anos 60 e 70, as mulheres da produção que se casavam eram desligadas.) Eu sou mais novo também, não volta pros anos 60 que você me sacaneia. (risos) A preferência até os anos 70 foi por mulheres solteiras, sempre foi. E a nossa produção como era uma coisa mais pesada, era só na parte de aparação que tinha mais mulheres, o restante era tudo masculino mesmo. Mas na parte administrativa tem um monte. [...] O que pode ter acontecido, o que normalmente acontecia, era que a mulher casava e parava.[160]

---

156 Depoimento de Neusa Aparecida Batista ao autor em 10 de abril de 2009.

157 *Ibidem*.

158 Depoimento de Idacir Ferreira ao autor em 9 de fevereiro de 2009.

159 Esta prática não era uma excentricidade exclusiva da *Amazonas*. Nos anos 1920, a *Bata* desligava as jovens que adquiriam matrimônio e, salvo circunstâncias excepcionais, não contratava mulheres casadas. Cf. International Labour Office. *Studies on industrial relations*. Geneva, 1930, p. 242.

160 Depoimento de Saulo Pucci Bueno ao autor em 4 de setembro de 2009.

De fato, muitas mulheres abandonavam o trabalho fabril após se casarem, por vontade própria ou por pressão dos maridos,[161] mas os entrevistados que trabalharam na *Amazonas* foram unânimes em afirmar que, até anos recentes, todas as trabalhadoras da produção eram solteiras e que se adquirissem matrimônio eram automaticamente dispensadas.

> Mulher que fosse casar, um mês antes do casamento já dava o aviso. De jeito nenhum, nunca pegava mulher casada, de jeito nenhum. Se casasse perdeu o emprego.

> Não podia trabalhar mulher casada não. É verdade, é real. Era só solteira. Tanto é que as mulheres de lá é tudo velha solteira, não casou nenhuma. [...] Custou liberar.

> Ah, e tinha um detalhe: mulher não podia ser casada. E não podia ter filho, nem casada. Era uma exigência, eles não aceitavam. Acho que foi por isso que nós não casamos. [...] A gente pensava no trabalho, porque você precisava trabalhar. [...] É, por que? Por causa das responsabilidades em casa, você teria que sair, levar filho no médico, teria um monte de obstáculo, filho adoece e você tem que faltar. Então não aceitava na época.

> Como faz tempo eu não sei se tinha lei naquela época, porque eu não entendia muito [...]. (Isso nunca teve lei, isso era coisa da *Amazonas*.) Era coisa da *Amazonas*? (Sim.) Mas era, quando a pessoa tava lá solteira e casava saía. Tinha que sair.

> No começo de jeito nenhum, quem casava saía. Não pegava. [...] Casou, saí!

> Mulher quando ia casar, mandava embora. Aí marcou o casamento, já tinha que acertar e sair. (E por que isso?) Não sei, não sei se era a lei.[162]

Como se verifica, algumas trabalhadoras cogitaram que pudesse ter existido alguma lei que legitimasse a ação da *Amazonas*. Tal lei não existiu, ao contrário. O artigo 391 da CLT determinava que "não constitui justo motivo para a rescisão do contrato de trabalho da mulher o fato de haver contraído matrimônio ou de en-

---

161 Cf. REZENDE, Vinícius D. de. *Anônimas da História...*, p. 57-63.
162 Respectivamente, depoimentos de Adolfo S. de Oliveira, Erotides de Souza, Isilda Dias Figueiredo (09 de abril de 2009), Janice das Graças Santos (09 de abril de 2009), Neusa Ap. Batista e Zilda M. Malta ao autor.

contrar-se em estado de gravidez."[163] Porém, oficialmente a empresa dispensava os serviços das trabalhadoras sem justificar o real motivo e lhes pagava regularmente seus direitos, evitando a possibilidade de interposição de ações trabalhistas por parte das trabalhadoras demitidas. Dessa forma, às margens da lei, a empresa se recusou a empregar mulheres casadas, que supostamente poderiam se dedicar ao trabalho fabril com menos afinco devido à família.[164] Ao relacionar esta ação discriminatória com os cursos oferecidos às esposas dos funcionários constata-se que a *Amazonas* reforçou o ideal da mulher como destinada ao trabalho de produção e reprodução da força de trabalho. Para permanecer no seu quadro de funcionários era necessário abdicar do casamento e do direito à maternidade.

"Capital e trabalho podem viver em harmonia total"

Conforme afirmei no início deste capítulo, a análise das experiências em comum dos trabalhadores do complexo coureiro-calçadista de Franca foi inspirada na interpretação de E. P. Thompson a respeito do sistema fabril, caracterizado pela alteração da natureza e da intensidade da exploração econômica e da opressão política. Segundo o autor, "as relações entre patrões e empregados tornaram-se mais duras e menos pessoais", pois a exploração capitalista "é despersonalizada, no sentido de que não admite qualquer das antigas obrigações de mutualidade" e aceita o antagonismo social "como intrínseco às relações de produção". Todavia, Thompson adverte que "nenhum empreendimento industrial complexo poderia ser conduzido [exclusivamente] de acordo com essa filosofia." Em alguns tipos de fábricas, "a necessidade de paz na indústria, de uma força de trabalho estável e

---

163 E acrescentava: "Parágrafo único - Não serão permitidos em regulamentos de qualquer natureza contratos coletivos ou individuais de trabalho, restrições ao direito da mulher ao seu emprego, por motivo de casamento ou de gravidez." Art. 391 do Decreto-Lei N.º 5.452, de 1º de maio de 1943. *op. cit.*

164 Como contraponto, a indústria *Renner* empregava grande número de trabalhadoras na confecção de roupas e implantou creches com o objetivo de manter as operárias jovens e com maior produtividade. Todavia, oferecia subsídios financeiros às mulheres de seus funcionários com mais de três filhos para que estas se dedicassem exclusivamente ao trabalho doméstico. Cf. FORTES, Alexandre. *Nós do quarto distrito: a classe trabalhadora porto-alegrense e a Era Vargas*. Caxias do Sul/Rio de Janeiro: Educs/Garamond, 2004, p. 205-206.

de um corpo de trabalhadores capacitados e experientes exigia a modificação das técnicas gerenciais" e a elaboração de *"novas formas de paternalismo"*.[165]

O termo paternalismo é usualmente empregado para explicar realidades históricas extremamente díspares.[166] Para meus propósitos, importa sua utilização para interpretar determinadas características das relações de trabalho na sociedade industrial. Ao analisar as transformações na estrutura disciplinar das indústrias francesas, Michelle Perrot definiu o paternalismo, sistema de administração industrial predominante no século XVIII e persistente no XIX, a partir dos seguintes elementos:

> 1) A presença física do patrão nos locais de produção. [...] 2) As relações sociais do trabalho são concebidas conforme o modelo familiar: na linguagem da empresa familiar o patrão é o pai, e os operários os filhos [...] 3) *Os trabalhadores aceitam essa forma de integração, e até a reivindicam.* Eles têm a linguagem e o espírito da "casa"; têm orgulho em pertencer à empresa com a qual se identificam.[167]

Uma interpretação mais rigorosa desta definição restringiria a aplicação do termo às indústrias de pequeno e médio porte dos primórdios do desenvolvimento industrial, onde o patrão era o principal, quando não, o único responsável pela fiscalização do trabalho. No entanto, a proximidade entre patrões e empregados, as relações pessoalizadas e sobretudo a metáfora do pai-patrão não se restringiu às pequenas indústrias e tampouco aos séculos XVIII e XIX.[168] Diferentes autores analisaram como esta metáfora funcionou em contextos em que o empregador deixara a administração da força de trabalho a encargo de terceiros,[169] e

---

165 THOMPSON, E. P. *op. cit.* v. 2, p. 23, 28. (grifos meus)

166 Uma crítica à imprecisão do termo paternalismo pode ser consultada em: *Idem*. "La sociedad inlesa del siglo XVIII: ¿Lucha de clases sin clases?" In: *Tradición, revuelta y consciencia de clase. Estudios sobre la crises de la sociedad preindustrial.* 2ª ed. Barcelona: Editorial Crítica, 1984.

167 PERROT, Michelle. "As três eras da disciplina industrial na França do século XIX". In: *Os excluídos da história: operários, mulheres e prisioneiros.* Rio de Janeiro: Paz e Terra, 1988. p. 61-62. (grifos meus)

168 Nas primeiras décadas do século XX, esta realidade estava difundida em vários segmentos produtivos do Brasil. Cf. PINHEIRO, Paulo S; HALL, Michael M. *A classe operária no Brasil. Condições de vida e de trabalho, relações com os empresários e o Estado.* v. 2. São Paulo: Brasiliense, 1981, p. 174-175, 208.

169 Cf. REID, Donald. "Industrial Paternalism: discourse and practice in Nineteenth-Century French mining and Metallurgy". *Comparative Studies in Society and History.* v. 27, n. 4, 1985, p. 579-607.

a expressão paternalismo industrial foi amplamente utilizada para definir certas práticas de indústrias de grande porte, no século XX, que concederam benefícios e serviços aos seus funcionários e difundiram a ideia da empresa como uma "grande família".[170]

"Colaboradores de um amigo"

No complexo coureiro-calçadista de Franca, constatei que o discurso de harmonia social entre trabalhadores e industriais foi amplamente difundido pela imprensa e justificado por meio das benfeitorias ou favores prestados pelos industriais aos funcionários. Discursos e práticas paternalistas compunham as estratégias para minimizar os conflitos sociais e acompanharam todo o desenvolvimento industrial dos três ramos produtivos. A realização de festas, o empréstimo de dinheiro, a construção ou auxílio financeiro para a edificação de casas, entre outras ações, foram recorrentes entre grande número de industriais, mas existiram especificidades condicionadas principalmente ao tamanho das indústrias.

O filme promocional da *Calçados Jaguar*, de 1922, é um dos primeiros registros da propagação do ideal de harmonia entre trabalho e capital. Ao final, foi retratada uma "simpática festa", em que todos interagiram alegremente, oferecida pelos proprietários da empresa aos seus funcionários em comemoração ao dia 1º de maio.[171] Nos anos 1930, a imprensa local noticiou este tipo de confraternização em outras empresas e enfatizou seu papel como paradigma para as relações entre as classes sociais. Na *Calçados Spessoto*,

> todos os anos, no dia 1º de maio, os sócios da firma reúnem todos os operários da fábrica e do Curtume, e com eles, *amistosamente*, comemoram a "festa do trabalho", celebrada naquele dia, dando assim um *belo exemplo de solidariedade* e *amizade* aos operários, dedicados cooperadores do grau de progresso a que atingiu hoje a firma.[172]

---

170 A bibliografia nacional e internacional sobre o tema é bastante vasta. Entre outros, cf. *Le Mouvement social*, n. 144, Paternalismes d'Hier et d'Aujourd'hui, jul.-sep. 1988, p. 1-134; FONTES, Paulo. *Trabalhadores e cidadãos...*; FORTES, Alexandre. *op. cit.*; LOPES, José S. L. *A tecelagem dos conflitos de classe na "cidade das chaminés"*. São Paulo/ Brasília: Marco Zero/ Ed. UnB, 1988; WEID, Elisabeth von der. *O fio da meada: estratégia de expansão de uma indústria têxtil. Companhia América Fabril, 1878-1930*. Rio de Janeiro: FCRB-CNI, 1986.

171 "*Calçados Jaguar*" - filme 16 mm, 1922. In: Cd-rom *Memorial Samello – História, Produção e Personagens. Franca, SP 1898/1960*. Franca, 200?

172 *Comércio da Franca*. Franca, 27/01/1935. (grifos meus)

As reportagens sobre as indústrias de calçados dão conta que as relações harmoniosas entre patrões e trabalhadores não se restringiam às comemorações do 1º de maio, sendo observadas no próprio cotidiano de trabalho. Em 1939, apesar de a *Calçados Mello* contar com amplo maquinário, empregava "os mesmos 100 operários, aproximadamente, a trabalhar dedicada, eficiente, e *prazerosamente, menos como operários que como colaboradores, mais de um amigo que de um patrão*."[173] Como se observa, as palavras cooperadores e colaboradores não são uma novidade da atualidade e foram utilizadas para enfatizar a pretensa "valorização" dos trabalhadores pelos capitalistas e afastar o fantasma da luta de classes.

Em 1954, este ideal foi afirmado de modo mais explícito em outra notícia jornalística. A *Calçados Puglia* ofereceu "um passeio [...] a todos seus empregados, visitando as obras da Usina dos Peixotos e Águas da Piçarra, numa verdadeira confraternização em que *foram afastados os falsos e tolos preconceitos de classe*."[174] Segundo o proprietário desta fábrica, a viagem teve a intenção de permitir aos colaboradores conhecerem o futuro elétrico, que lhes interessaria como industriários e possíveis industriais no futuro.

> Sempre que se oferece uma oportunidade *nos irmanamos como bons cristãos a todos os colaboradores*, ocasião em que *desaparece a superioridade de cargos ou preconceitos tolos e falsos*. [...] Realizamos, também, festas e reuniões sociais entre todos e nós participamos apenas como festeiros integrantes do grupo, nunca como patrões, nessa qualidade apenas pagamos as despesas [...]. Foi um dia de festa. Mais do que isso foi um dia de *harmonia entre os homens*...[175]

Por meio dessas afirmações, constata-se a intenção de se abolir a própria concepção de classes sociais com interesses distintos e antagônicos, definidos como "tolos e falsos" preconceitos, e substituí-la pela ideologia cristã da irmandade entre os homens. A assertiva de que os operários poderiam se transformar em industriais complementava este ideal e expressava a crença na possibilidade de ascensão social para aqueles que se dedicassem arduamente ao trabalho.

Determinadas políticas sociais promovidas por empresas de grande porte tiveram repercussão ainda maior no noticiário local. Em 1939, além da festa de na-

---

173 *Comércio da Franca*. "As grandes indústrias francanas." Franca, 17/08/1939. (grifos meus)
174 Idem. "6 anos de atividades industriais dos Calçados Puglia." Franca, 24/10/1954.
175 Idem. 24/10/1954. (grifos meus)

tal oferecida pela direção do *Curtume Progresso* aos funcionários e familiares,[176] outras iniciativas se destacaram: a distribuição de brinquedos, a entrega de cadernetas da *Caixa Econômica* pela aplicação, assiduidade e comportamento, aos filhos dos trabalhadores que se distinguiram na escola mantida pelo Curtume, e a distribuição de 20% dos lucros da empresa aos funcionários.

> A distribuição de tão avultada quantia entre auxiliares de uma empresa industrial é como uma "sorte grande" conseguida por eles, não por terem tido a sorte de acertar na loteria, mas porque trabalharam com entusiasmo e cooperaram pelo engrandecimento da *sua* empresa [sic], de vez que cada trabalhador é espécie de *sócio-interessado*. [...] Mesmo deduzindo de seu lucro total a quantia gasta em gratificações, o CURTUME PROGRESSO conseguiu no exercício ora findo MAIS LUCRO que em qualquer outro exercício anterior. Devem raciocinar maduramente sobre o caso os que se dedicam a qualquer atividade comercial ou industrial. Não estaria aí um método extraordinariamente eficiente e profundamente humano de se conseguir de quem trabalha um máximo de eficácia e dedicação? Não valeria esse estímulo muito mais do que as multas e represálias? [...] O que esses jovens apologistas de *"economia revolucionária"* realizaram é obra digna de exemplo. Valeu-lhes uma consagração no seio da classe operária de nossa cidade. A "família" PROGRESSO é o que se pode chamar de uma *família-modelo*...[177]

A política administrativa adotada pelo maior curtume da cidade transcendia as habituais confraternizações de fim de ano e constituía uma fórmula ideal para estimular a produtividade sem a necessidade de multas e represálias. Ao participarem da divisão dos lucros, os trabalhadores se identificariam com os interesses da empresa, não por acaso, retratada como uma "família-modelo".

Em 1949, numa conjuntura internacional de Guerra Fria, o tema voltou a ser destaque do *Comércio da Franca*, que nomeou o inimigo a ser combatido: "Melhor arma contra o comunismo: participação dos lucros." A matéria lamentou que o dispositivo ainda não houvesse sido regulamentado, pois tal inércia fornecia argumentos aos comunistas "quando acenam com um paraíso soviético, escondendo a realidade das escravidões nos países comunistas." Mais adequado que o emprego da força seriam as "medidas que lhes destruam os argumentos.

---

176 *Comércio da Franca*. Franca, 1/01/1940.
177 *Idem*. Franca, 11/01/1940. (grifos no original)

[...] Se os empregados participassem do lucro das empresas dentro de normas razoáveis não haveria oportunidade para reclamação."[178] Cada funcionário seria um pequeno sócio da empresa e poderia viver em liberdade com sua família.[179]

A distribuição de ações pela *Samello* a um pequeno grupo de funcionário também foi manchete desse jornal em 1954: "Miguel S. Mello socializa sua indústria". O texto exaltou a árdua batalha do industrial até se estabelecer como proprietário de uma das maiores fábricas de Franca e definiu sua ação como demonstração de gratidão para com seus colaboradores. Foram entregues 135 ações a 16 funcionários dos mais categorizados e antigos da fábrica, que participariam "dos lucros advindos do trabalho realizado em equipe."[180]

A benevolência de alguns industriais francanos se estenderia às preocupações para com a resolução dos problemas privados de seus funcionários. Em visita realizada ao *Curtume Della Torre*, em 1949, o que causou maior impressão ao jornalista do *Comércio da Franca* foi a iniciativa de Antonio Della Torre de construir

> inúmeras e modernas residências [que] se acham alinhadas numa área de terra pertencente à firma *Della Torre & Cia*. Em cada uma dessas casas mora um operário daquelas indústrias, sem nenhum pagamento de aluguel ou outro tributo.
> É intenção dessa firma construir uma casa para cada operário seu, afastando, assim, para o seu trabalhador o problema da habitação e a exploração de aluguéis caros.
> Nessa realização, que é uma das mais beneméritas cruzadas assistenciais que se conhece, reside a compreensão de industriais esclarecidos e de reconhecimento para com aqueles que emprestam a eficiência de seu trabalho em prol da crescente grandeza de uma organização. Oxalá que esta realização da firma Della Torre & Cia seja um exemplo dignificante a ser copiado. Se todos, dentro dos limites permitidos, fizessem a mesma coisa,

---

178 *Comércio da Franca*. "Melhor arma contra o comunismo: participação dos lucros." Franca, 4/12/1949.

179 Ainda que não seja objeto do presente estudo, destaco que me deparei com uma quantidade significativa de matérias e charges anticomunistas publicadas por esse jornal, entre 1940 e 1950. Além de denunciarem os "crimes" dos bolcheviques, o jornal os retratava como rudes e ignorantes.

180 *Comércio da Franca*. "Miguel S. Mello socializa sua indústria". Franca, 28/01/1954.

> *muita ideologia errada não havia razão de vingar neste país onde impera a democracia por índole e por conveniência de seu povo...*[181]

Portanto, desde os anos 1930 a imprensa local se esforçou para construir uma imagem positiva dos industriais de Franca, afirmar a harmonia entre trabalho e capital, propalar as vantagens advindas da cooperação para com os patrões e fixar a ideologia de se vencer na vida por meio do esforço pessoal. Tal discurso não foi fortuito, pois inseriu-se numa conjuntura mais ampla de combate ao comunismo no seio da classe operária.

Relações de trabalho pessoalizadas

Os relatos indicaram que a ideologia de proximidade entre as classes sociais e a construção da imagem de certos industriais como benevolentes para com aqueles que cooperavam com o crescimento industrial obteve relativo êxito junto a alguns depoentes. Nesse sentido, industriais como Antonio Della Torre (*Curtume Della Torre*), Hugo Betarello (*Calçados Agabê*) e Orlando Paludeto (*Curtume Orlando*) foram relembrados com saudosismo por seus ex-funcionários e definidos como verdadeiros amigos, sempre prontos a ajudá-los.

Benedito Cardoso, chefe da seção de corte da *Agabê* por mais de três décadas, ao ser indagado sobre seu relacionamento com o patrão, respondeu que "tinha muita intimidade com ele, com a família dele, como tenho até hoje." Sua esposa, dona Maria, complementou seu relato e afirmou que Cardoso e "o seu Hugo *eram como irmãos*. Brincava ele com o Hugo e seu Hugo com ele, era brincadeira que não faz com qualquer pessoa."[182] Idacir Ferreira, gerente de produção da *Agabê* durante 32 anos, relembrou uma história sobre Hugo Betarello:

> Um colega nosso me contou, eu não presenciei, porque acho que eu não trabalhava ainda na empresa. Tinha um colaborador que fazia muito tempo que trabalhava com ele... E todo fim de ano ele dava uma festa e participava junto com as pessoas, conversava e passava a conhecer melhor as pessoas com quem ele trabalhava. E um dia uma pessoa precisava comprar dois pneus de bicicleta e foi lá no escritório pedir pra ele dinheiro emprestado. E ele pegou e falou: "— Então você vai fazer o seguinte, eu vou te emprestar o dinheiro pra comprar um pneu." A pessoa falou: "— Não, mas

---

181 *Comércio da Franca*. "Cresce o Parque Industrial Francano." Franca, 5/06/1949. (grifos meus)

182 Depoimento de Benedito Cardoso ao autor em 30 de maio de 2003. (grifos meus)

eu preciso de dois seu Hugo." Ele falou: "— Não, mas um eu vou te dar." E diz que isso aí é uma história verdadeira. E o dia que me contaram eu não duvidei, porque eu conhecia bem o seu Hugo e eu acho que ele era capaz de fazer até muito mais pra uma pessoa.[183]

O relato de Idacir Ferreira demonstra como determinadas ações patronais compuseram a memória social dos funcionários e contribuíram para a construção da imagem de alguns patrões como pessoas benevolentes e caridosas, que não se furtavam a auxiliar os trabalhadores. Com o crescimento das indústrias os proprietários se afastaram do chão de fábrica e, muitas vezes, do contato direto com os trabalhadores, mas mesmo assim, alguns não proibiram o acesso de seus empregados a eles. "Às vezes a pessoa procurava ele direto e ele nunca deixou de atender uma pessoa, que fosse do meu conhecimento. Sempre batia no balcão e pedia pra falar com ele e ele mandava levar a pessoa lá na mesa dele, quando ele não vinha atender."[184]

Como a maior parte das fábricas de Franca começou com dimensões pequenas e cresceram paulatinamente, o contato direto com os patrões foi algo corriqueiro. Não obstante, nas maiores fábricas este contato se tornou cada vez mais restrito aos funcionários com maior tempo de casa e que participaram do desenvolvimento das indústrias ao lado do patrão, pois conforme demonstrei no terceiro capítulo, os trabalhadores das maiores fábricas mal conheciam os industriais. Ainda que Hugo Betarello apontasse, em 1983, a amizade entre patrão e empregado como fator de destaque no seu estilo de administrar,[185] é pouco provável que ele continuasse acessível a qualquer um dos mais de mil funcionários que a empresa empregava.

Antonio Della Torre e Orlando Paludeto também ficaram marcados nas memórias de seus funcionários. Acima, citei a construção de residências para os funcionários do *Curtume Della Torre* no final dos anos 1940. Em meados dos anos 1980, Chico ingressou nesta empresa caracterizada pela proximidade entre os trabalhadores e o patrão, considerado por alguns como um pai.

Quando eu entrei no *Della Torre*, o seu Antonio Della Torre, o velho, que já morreu, ele era padrinho de vários filhos dos funcionários. Tinha uma

---

183 Depoimento de Idacir Ferreira ao autor.
184 *Ibidem*.
185 *O Calçadista*. "A imagem do empresário futurista". n. 30, 1982, p. 12.

> relação de opressão, mas tinha uma relação em que ele paparicava os caras que eram fortes, até o cara chamar ele para ser padrinho do filho, padrinho de casamento. E o velho ia. (Era uma expressão do que se chama de paternalismo.) É, os caras falavam: "— O seu Antonio é um pai pra mim." [...] O Della Torre era um exemplo típico, o seu Antonio foi inclusive benfeitor da Santa Casa de Franca e ele tinha esse lado paternalista. E o pessoal achava super bom isso aí.[186]

No *Curtume Orlando* predominou as relações informais entre trabalhadores e capitalistas e o auxílio financeiro aos empregados. Orlando Paludeto era "um patrão assim de funcionário que ficava lá a vida toda trabalhando com ele. Era um cara de ajudar a fazer a casa [...]; financiava a casa. Ele era desse jeito. Era padrinho de casamento, era padrinho dos filhos." Cedia sua "chácara para fazer churrasco junto com os funcionários."[187] Dominguinhos foi um dos curtumeiros que teve um único emprego industrial e, ao longo de mais de 30 anos, trabalhou neste curtume. Em seu relato, o ex-patrão foi relembrado com saudosismo e retratado de forma caricata: "Ele comia a orelha da gente quando você precisava dum dinheiro na primeira vez. Vinha com aquela brabezinha dele. Aí você ia a segunda vez. '— Uai, de quanto você precisa mesmo?' (risadas) Ele dava o dinheiro mesmo, não tinha choro não."[188] Se num primeiro momento o patrão repreendia os pedidos de adiantamento salarial, depois os atendia sem maiores restrições, reproduzindo uma relação semelhante a de um pai com um filho.

Em tal conjuntura, o apadrinhamento pode ser interpretado como um forte indício de que muitos trabalhadores não apenas aceitavam essas relações, como as reivindicavam.[189] Por isso, convidavam seus patrões para serem seus padrinhos de casamento ou de seus filhos. Mesmo numa empresa de grande porte como a *Samello* este tipo de relação parece ter persistido ao menos até meados de 1950. Ao ser inaugurado seu novo prédio, o jornal *Comércio da Franca* exaltou as relações no interior da empresa com aparente exagero: "dá gosto ver-se o ambiente de camaradagem reinante na fábrica, entre empregador e empregados. *Quase todos são 'compadres' de um dos irmãos Mello* e, assim, vivem bem, traba-

---

186 Depoimento de Francisco de Andrade ao autor.
187 Depoimento de Jerson do Nascimento ao autor.
188 Depoimento de Domingos Cornélio da Silva ao autor.
189 Cf. PERROT, Michelle. *op. cit.*

lhando e forjando a riqueza do país."[190] Esta passagem indica ainda a associação da harmonia social ao nacionalismo.[191]

Além do objetivo de evitar conflitos, muitas práticas paternalistas visavam estimular os trabalhadores a atingirem metas de produção,[192] realizar horas extras e executar tarefas distintas das funções para as quais eram originalmente contratados. Orlando Paludeto, por exemplo, sempre agraciava os trabalhadores com bebidas após a execução de trabalhos extraordinários.

> O dia que nós foi [ampliar] o curtume, lá em baixo tem um cimentado bem grande. Aí nós foi fazer num dia de sábado. O seu Orlando falou assim: "— Então vocês correm que a hora que vocês acabar isso aqui eu vou dar uma cerveja." Aí nós meteu o pau mesmo, todo mundo gostava. E vai, e vai que vai. Quando deu meio dia e meio, uma hora por aí, mais ou menos, nós acabou. E esse velho vai lá e traz umas três caixas de cerveja geladinha. Mas e o copo? Não comprou copo, esqueceu. Não! Vai no bico mesmo! Nossa! Mas que fogueira! [...] Não teve esse nem aquele que não ficou tonto. E o seu Orlando ficava satisfeito, você precisava de ver. Nossa Senhora. Toda vida que nós ia fazer qualquer coisa, ou descarregar caminhão de couro, ou qualquer trem dentro do curtume, que ele tivesse por ali, se ele não trazia qualquer coisa pra nós beber, ele dava dinheiro a hora que nós ia embora.[193]

Orlando Paludeto não apenas se divertia com as bebedeiras de seus funcionários, como lhes vendia produtos de sua fazenda. Em um dos churrascos realizados no curtume, um trabalhador se embebedou, caiu dentro do banheiro e quebrou os ovos que comprara do patrão. "Aí vieram carregando ele, arrastando as pernas porque não aguentava andar. O seu Orlando ainda tirou os óculos pra olhar. Ah, mas não teve quem não risse. Aquilo foi melhor do que o churrasco."[194]

---

190 *Comércio da Franca*. "Bom dia Miguel Sábio de Mello e filhos." Franca, 20/07/1956. (grifos meus) É verossímil que muitos funcionários fossem compadres dos proprietários, mas numa empresa com mais de cem funcionários, dificilmente isto ocorreria com a maioria.

191 Sobre o corporativismo, o discurso de "paz social" e o nacionalismo como elementos centrais das relações de trabalho, cf. FONTES, Paulo. *Trabalhadores e cidadãos...*, especialmente o capítulo 2.

192 Osmar Finotti afirmou que, nos anos 1980, Miguel Sábio de Mello, administrador do *Curtume Progresso*, determinou a realização de churrascos sempre que as metas de produção fossem atingidas.

193 Depoimento de Domingos Cornélio ao autor.

194 *Ibidem*.

Como diferentes autores constataram, a "reinvenção criativa" do ambiente de trabalho era fundamental para os trabalhadores suportarem as condições de trabalho.[195] O trabalho nos curtumes era predominantemente braçal e exercido sob condições insalubres. Em tais circunstâncias, era fundamental para o industrial conquistar a simpatia e confiança dos operários e o predomínio das relações informais, pessoalizadas, nestas fábricas relacionou-se ao tamanho das mesmas. A maioria dos curtumes francanos tinha proporções reduzidas[196] e isto contribuiu para a ausência de sistemas disciplinares rígidos e para a maior permissividade dos capitalistas para com alguns hábitos dos trabalhadores, como as bebedeiras.

O predomínio das relações sociais carregadas de pessoalidade nos curtumes não foi o único fator, mas influenciaram a estabilidade profissional de muitos curtumeiros ao longo do período estudado.[197] Dalva Rinaldi verificou que, em 1986, "a mão-de-obra curtumeira [era] mais estável que a das fábricas de calçados e bancas de pesponto. Apesar de se verificar certa rotatividade, ela é menos dinâmica, pois foram comprovados casos de operários que permanecem por vários anos na mesma firma."[198] A autora explicou esta tendência a partir dos seguintes elementos: despreparo para exercer outra atividade, baixo grau de instrução que fazia os curtumeiros se sentirem inseguros para buscar outras ocupações, bom ambiente de trabalho (diferente de condições de trabalho) e boas relações com os patrões. A meu ver, a existência de poucas empresas do ramo em Franca também pode ter desestimulado a troca de emprego devido à menor oferta de trabalho e à inexistência de perspectivas de melhoria salarial.

As alterações no comando das empresas poderiam arruinar as relações harmoniosas no cotidiano de trabalho, pois nem sempre o antigo patrão seria suce-

---

195 Cf. dentre outros, FONTES, Paulo. *Um Nordeste em São Paulo...*, p. 123; e LOPES, José S. L. op. cit., p. 83.

196 Durante décadas, o *Curtume Progresso* foi o único que empregou uma centena de funcionários. Os grandes curtumes de São Paulo e do Rio Grande do Sul empregavam mais de 300 funcionários. Cf. Capítulo I.

197 Entre os entrevistados, três trabalharam durante décadas no *Curtume Progresso*: Arquimedes Pereira Matos cerca de 30 anos, José Lopes 32 anos e Ulisses Quirino de Souza, incríveis, 60 anos; dois no *Curtume Orlando*: Domingos Cornélio da Silva por 32 anos e Jerson do Nascimento cerca de 10 anos, quando saiu para montar uma indústria de manutenção e fabricação de máquinas para curtumes, com o suporte de Orlando Paludeto; e Sebastião de Deus Silva trabalhou 12 anos no *Curtume Pucci*.

198 RINALDI, Dalva M. C. *A indústria curtumeira em Franca. Relatório Trienal.* Franca: 1987, p. 52. (mimeo)

dido por um filho que daria prosseguimento às suas tradições de comando.[199] O exemplo do *Curtume Della Torre* é bastante elucidativo a esse respeito: enquanto Antônio Della Torre era tido como um pai e verdadeiro benfeitor da cidade, seu sucessor, o filho Cornélio Della Torre, ficou marcado nas memórias de muitos trabalhadores como um sujeito rude, de difícil trato e extremamente autoritário. "O Cornélio era bravo! Ele pegava todo mundo dentro da firma e escorraçava! [...] Era sem educação, era não, é até hoje. Já o velho tinha uma educação que eu vou te falar pra você."[200] Nesse mesmo sentido, Chico confirmou que "o seu Antonio Della Torre era o paternalista e era um bonachão, já o Cornélio é muito estúpido, um grosso, grita. Grita e berra com todo mundo."[201]

A reclamação trabalhista movida por Ademar dos Santos, em 1978, contra esta fábrica retratou alguns dos efeitos no cotidiano de trabalho decorrentes dessa transição de comando. Ademar relatou que os trabalhadores tinham o hábito de deixar o posto de trabalho cinco minutos antes do horário de almoço para lavar as mãos. Porém, num determinado dia, Cornélio Della Torre o viu sair três minutos antes do horário e tentou forçá-lo a voltar para a máquina. Após ríspida discussão, ele foi suspenso e ao impetrar uma ação solicitando o cancelamento da penalidade, foi sumariamente dispensado. Além disso, afirmou que nenhum trabalhador aceitou testemunhar a seu favor por medo de ter o mesmo destino.[202] Portanto, o herdeiro da empresa demonstrava maior preocupação com o rígido controle do tempo de seus funcionários, não raro, supervisionando-os pessoalmente e agindo com autoritarismo diante de alguma situação que o desagradasse.

A profissionalização do assistencialismo industrial

O ideal de harmonia entre trabalhadores e capitalistas foi o elemento comum às múltiplas ações patronais analisadas até aqui e genericamente classificadas como paternalistas. No entanto, o desenvolvimento industrial acarretou significativas transformações nas relações de trabalho e o termo paternalismo oferece o risco de se definir sob a mesma terminologia realidades distintas. Como visto acima, nas indústrias de pequeno e médio porte predominaram as

---

199 A esse respeito, conferir WINN, Peter. *Tejedores de la revolución. Los trabajadores de Yarur y la vía chilena al socialismo*. Santiago: LOM Ediciones, 2004.
200 Depoimento de Luiz Ezequiel da Silva ao autor em 22 de dezembro de 2008.
201 Depoimento de Francisco de Andrade ao autor.
202 AHMF. Caixa 290. Processo 165/1978.

relações pessoalizadas e informais. Em tais casos, não existia uma política social voltada aos trabalhadores, apenas concessões pontuais e espontâneas, muitas vezes interpretadas pelos trabalhadores como obras da benevolência dos patrões.

Por outro lado, a escola mantida para os filhos dos funcionários e a política de participação nos lucros existente no *Curtume Progresso* entre 1940 e meados de 1960, quando foi adquirido pelo grupo *Samello*, expressou uma incipiente profissionalização da concessão de serviços aos trabalhadores. Esta profissionalização se desenvolveu plenamente, entre as décadas de 1960 e 1980, acompanhando o crescimento de algumas das maiores indústrias. Em tais casos, a prestação de serviços deixou de ser um ato informal e pessoal deste ou daquele industrial para tornar-se responsabilidade dos departamentos de pessoal, de serviço social ou de recursos humanos. Ao analisar outro setor produtivo, Barbara Weinstein destacou que enquanto

> as firmas têxteis mais antigas apresentavam os serviços sociais como frutos da benevolência e da caridade do proprietário e identificavam tais benefícios com a figura do patrão, as firmas mais novas os apresentavam como símbolo das vantagens de trabalhar numa empresa industrial moderna e progressista. Significativamente, as firmas mais novas deixavam esses serviços a cargo dos departamentos de pessoal, que os administravam de forma racional e impessoal.[203]

O estabelecimento de políticas sociais conduzidas por departamentos específicos nem sempre prescindiu da exaltação da figura do proprietário fundador como benfeitor,[204] mas isto não foi uma regra. Nas primeiras décadas do século

---

203 WEINSTEIN, Barbara. *(Re)formação da classe trabalhadora no Brasil, 1920-1964*. São Paulo: Cortez/CDAPH-IFAN/USF, 2000, p. 44.

204 Nos EUA, a *Endicott Johnson Corporation* desenvolveu um abrangente sistema assistencialista, durante as três primeiras décadas do século XX, construído sobre práticas paternalistas que datavam de 1890. Este sistema foi associado à transposição deliberada da figura de G. F. Johnson como pai. Cf. ZAHAVI, Gerald. "Negotiated Loyalty: welfare capitalism and the shoeworkers of Endicott Johnson, 1920-1940". *The Journal of American History*, v. 70, n. 3, dec. 1983, p. 602-620. Esta fábrica foi uma das principais fontes de inspiração para Tomas Bata, que também construiu uma ampla rede assistencial nas indústrias coureiro-calçadistas que fundou em vários países. Cf. CEKOTA, Anthony. *Entrepreneur extraordinary. The biography of Tomas Bata*. Rome-Italy/Ontario-CA: EIS/ T.H. Best Printing Co., 1968. p.149-150. No Brasil, as indústrias *Renner* exemplificaram a construção do *capitalismo social* associado à imagem de um "pai severo e atencioso". Cf. FORTES, A. *op. cit.*, p. 204-207. A respeito das tensões envolvidas na transição da administração paternalista para a construção de um aparato assistencial, cf. LOPES, José S. L. *op. cit.*, p. 180-183.

XX, algumas indústrias americanas assumiram maiores responsabilidades sobre o bem estar de seus empregados e forjaram um movimento que ficou conhecido como *welfare capitalism*, que consistiu na implantação de uma série de reformas com o objetivo de diminuir os conflitos de trabalho, melhorar a moral do trabalhador e cultivar sua lealdade.[205] Os termos *capitalismo social* ou *assistencialismo industrial* parecem mais profícuos para se interpretar os casos em que as políticas assistenciais prescindiram da metáfora do pai-patrão.

Em Franca, a *Amazonas* foi a fábrica que mais bem exemplificou a construção de uma ampla política de bem estar social, iniciada entre os anos 1950 e 1960, com o objetivo de oferecer um contrapondo às condições de trabalho e fixar força de trabalho. A empresa montou o maior aparato assistencial do município e estabeleceu um rígido sistema disciplinar, com normas a serem seguidas e com a aplicação de penalidades disciplinares aos infratores. Advertências e suspensões foram aplicadas por motivos diversos: baixa produtividade, brincadeiras, desrespeito aos superiores hierárquicos, faltas, serviço mal feito, entre outros.[206] Por outro lado, ofereceu diversos serviços aos funcionários: clube recreativo, cooperativa de consumo, escola, serviço médico (inclusive para os familiares) e odontológico, restaurante com refeições subsidiadas, sistema de empréstimos sem juros para a construção ou reforma de casas e aquisição de bens materiais, entre outros.

> Era uma turma acostumada a trabalhar e que veio pra uma empresa que foi a primeira que deu clube, a primeira que deu refeitório, convênio médico etc. Então essa turma se sentiu reconhecida: "— Eu me esforço, eu trabalho, mas a empresa faz o contraponto ali." [...] (Eu percebi na sua fala a ideia da contrapartida.) Sempre! O justo é isso aqui, tem que ser o ganha, ganha. *O capital e trabalho podem viver em harmonia total desde que exista o respeito. Todo mundo tem que ganhar.* É obvio que a empresa só vive do lucro, tem que visar o lucro, porque se ela não tiver lucro ela não compra equipamento, ela não compra máquina, não concorre... *Mas quem fez o lucro também tem que ter sua participação.*[207]

---

205 Cf. entre outros, BRANDES, Stuart D. *American Welfare Capitalism, 1880-1940*. Chicago: The Univ. of Chicago Press, 1976; BRODY, David. "The rise and decline of welfare capitalism". In: *Workers in Industrial America: essays on the twentieth century struggle*. New York: Oxford Univ. Press, 1980, p. 48-81; e NELSON, Daniel. *Managers and workers. Origins of the new factory system in the United States. 1820-1920*. Madison, Wisconsin: The University of Wisconsin Press, 1975, p. 101-121.

206 Cf. análise detalhada deste tema nos próximos capítulos.

207 Depoimento de Saulo Pucci ao autor em 4 de setembro de 2009. (grifos meus)

A relação entre capital e trabalho era vista pelos dirigentes dessa empresa como "uma rua de mão dupla, você tem tudo aquilo e aquilo outro, mas, tem a contrapartida também. E essa questão de disciplina é uma coisa que sempre foi olhada com muito carinho, nada exagerado, mas uma coisa bastante rígida." Ou seja, a *Amazonas* oferecia os benefícios, mas em troca exigia que os operários dessem o máximo de suas capacidades produtivas. A extensão de alguns serviços aos familiares reforçava a intenção de diminuir a rotatividade da mão-de-obra. "Porque quando o funcionário tá aqui dentro, pode estar desmotivado, ou alguma coisa, e a esposa fala: '— Olha, nós temos isso, aquilo. É uma empresa que faz isso…' E isso tudo pesa."[208]

Ao analisar a inserção de imigrantes nas indústrias estadunidenses no começo do século XX, David Montgomery interpretou a construção do aparato assistencial como expressão do objetivo de transformar as tradições e comportamentos de trabalhadores socializados em um ambiente pré-fabril. A intenção fundamental era "modificar a atitude social dos empregados, seus hábitos e seu estilo de vida" e fomentar a "frugalidade, sobriedade, facilidade para adaptar-se e iniciativa."[209] Refletia as demandas da indústria moderna por trabalhadores com hábitos regulares e ordenados, distintos daqueles compartilhados pelos imigrantes.

Ainda que num contexto distinto, a assimilação de trabalhadores rurais pelo complexo industrial que se formou em Franca guardou semelhanças com o processo analisado por Montgomery. Como se observou ao longo deste capítulo, as fronteiras entre as condições de trabalhador rural e de trabalhador fabril eram tênues. A *MSM*, por exemplo, sofreu ao longo de anos com o abandono do serviço pelos operários nas épocas de colheita.

> Na época de colheita de café, o cara ganhava um dinheiro extra panhando café. Então muitas vezes, o sujeito largava o emprego porque ia ele, a mulher, filhos, tudo pra lavoura de café, porque ele tinha um ganho maior. […] Quando terminava a colheita ele voltava pra pedir emprego de novo. Isso até há pouco tempo.
>
> O pessoal saía da prensa, pedia as contas, ou queria que mandasse embora pra trabalhar na lavoura, porque ganhava mais. Aí, muitas vezes você

---

208 Depoimento de Saulo Pucci ao autor.
209 MONTGOMERY, David. *El controle obrero en Estados Unidos. Estudios sobre la historia del trabajo, la tecnología y las luchas obreras*. Madrid: Ministerio de Trabajo y Seguridad Social, 1985, p. 47-48. (tradução minha)

tinha que sair de carro nas cidadezinhas atrás de funcionário, porque não tinha funcionário.[210]

Diante de tal realidade, a política social implantada pela *Amazonas* pode ser compreendida como uma resposta a estas e a outras ações operárias que causavam transtornos à produção: era preciso adequar o migrante rural à condição de operário fabril. O jornal interno da empresa foi um veículo privilegiado para disseminar preceitos como a união entre trabalho e capital, o culto ao trabalho, a valorização do emprego e as vantagens da lealdade à "família *Amazonas*". No segundo número do jornal foi publicado o seguinte texto: "O que faz o homem digno de sua existência? 1º O respeito profundo a Deus. 2º A obediência às leis morais. 3º O cumprimento das leis civis. 4º O amor ao trabalho."[211] O *Amazonas* não defendia uma religião especificamente, e sim os valores cristãos de forma geral,[212] associando-os à visão de dignificação do homem por meio do trabalho.

> Sociólogos e moralistas estão de acordo em afirmar a obrigação geral do trabalho, baseada na lei natural e divina. [...] "O Deus criador de todas as coisas que impuseste ao gênero humano a lei do trabalho..." "O homem é feito para trabalhar, como o pássaro para voar." [...] A lei do trabalho não é consequência do pecado original, como muitas vezes se pensa. Deus não criou o homem para o ócio, mas para o trabalho.[213]

Assim como ocorrera nos anos 1940 e 1950, essa ideologia continuava a ter um inimigo a ser combatido na década de 1970:

> [...] O cristianismo, consciente da missão que lhe foi confiada, ergueu-se sempre em defesa dos pobres, dos operários oprimidos. E contra as falsas soluções dos regimes socialistas, apresenta a sua doutrina social, assegurando os direitos, em harmonia com os princípios cristãos, baseada na lei da caridade fraterna, que deve presidir as relações entre patrões e operários.[214]

---

210 Respectivamente, depoimentos de José Leme e de João Orlando ao autor.
211 *O Amazonas*. "Dignidade da criatura humana". Ano 1, n. 2, 29 de abril de 1971, p. 1.
212 Ainda no segundo número do jornal, afirmou-se que "a sociedade precisa de uma religião para se manter na organização e na estabilidade." Cf. *Ibidem*, "Religião como base da moral".
213 *Idem*. "O Trabalho". Ano 2, n. 15, 10 de junho de 1973, p. 4.
214 *Ibidem*.

A fraternidade entre os homens encontraria sua maior expressão no interior da *família Amazonas*, composta por diretores e funcionários, que para atender às máximas do regime militar davam "as mãos a fim de, conjuntamente, realizarem a grande meta das aspirações nacionais 'o desenvolvimento.'"[215] O nacionalismo se expressou nesses termos: trabalhar para o progresso da fábrica, da cidade e do país.[216] Assim, a instalação de uma unidade do grupo em João Pessoa-PB foi descrita como resultado da adesão da empresa ao projeto governamental de integração nacional.[217]

Para compor uma família coesa, era imprescindível fixar a força de trabalho ao longo de décadas. De acordo com Saulo Pucci, a meta era o trabalhador entrar e se aposentar na *Amazonas*. "A política da empresa sempre foi essa de valorizar muito o funcionário e, principalmente, o funcionário mais antigo. Tempo de casa e lealdade é uma coisa muito importante pra empresa!" Ainda que não estimulasse oficialmente a contratação de familiares, a direção valoriza as indicações dos funcionários, pois aquele que indicava alguém se responsabilizava pela pessoa. "Uma indicação de um funcionário aqui valia muito mais do que passar no teste de não sei das quantas. Tinha o aval dele: '— Você tá indicando, então tá OK. É indicação sua!'"[218]

Com o objetivo de reforçar essa postura da empresa, alguns funcionários com vários anos de casa foram homenageados e agraciados com premiações. Em 1973, Pedro Gaudêncio da Silva completou 20 anos de serviço e foi apontado como um exemplo a ser seguido. "Caro amigo, você é o funcionário modelo: você é peça valiosa na história da família Amazonas."[219] Um ano depois, Alcino Teixeira[220] recebeu um prêmio de 25 salários mínimos por completar 25 anos de serviço. Ao descrever sua trajetória de vida, a matéria foi concluída com a afirmação: "procuramos mostrar aos senhores a vida de um funcionário que cresceu ao lado da empresa." Após ingressar como operário e exercer variadas funções,

---

215 *O Amazonas*. "Apresentação". Ano 2, n. 13, 10 de abril de 1973, p. 1.
216 Idem. "Ao companheiro". Ano 1, n. 7, 3 de outubro de 1971, p. 2.
217 Idem. "Da Paraíba ao Rio Grande do Sul". Ano 2, n. 19, 10 de outubro de 1973, p. 1.
218 Depoimento de Saulo Pucci ao autor.
219 *O Amazonas*. "Sociais". Ano 2, n. 13, 10 de abril de 1973, p. 2.
220 Eleito "operário padrão" em 1976, cf. capítulo II.

Alcino ocupou cargos de chefia e, em 1983, foi transferido para a *Paraibor* e, em 1989, completou 40 anos de dedicação ao grupo.[221]

Essas homenagens transmitiam aos demais funcionários o ideal de que a empresa reconhecia os esforços e valorizava a dedicação ao trabalho e a lealdade à família fabril. Além disso, as narrativas construídas para descrever as trajetórias dos homenageados realçavam a possibilidade de ascensão profissional a partir do esforço pessoal.[222] Um dos desdobramentos da política administrativa da *Amazonas* foi instituir, em 1974, uma premiação por tempo de serviço. Os funcionários com 5, 10 e 15 anos de vínculo empregatício receberiam prêmios financeiros proporcionais ao tempo de casa e um cartão de agradecimento com os dizeres:

> Achamos que nossa empresa é constituída principalmente de gente. De pessoas como V., que durante todos esses anos, tem contribuído imensamente para o progresso da Amazonas. Por isso, a nossa homenagem e o nosso abraço. Esperamos continuar contando com o seu trabalho, o seu esforço e a sua dedicação.[223]

Estes prêmios eram entregues nos famosos churrascos de fim de ano, restritos aos funcionários, mas com comida farta e regados a muito chope.[224] O departamento de serviço social e o *Esporte Clube Amazonas* também promoviam festas juninas, festas do dia das crianças e distribuição de presentes no natal aos filhos dos funcionários.[225]

As atividades do departamento de assistência social não se restringiam à promoção de festividades. Em 1974, a assistente social da empresa afirmou que era "comum um chefe de seção comunicar que determinado funcionário não

---

221 *O Amazonas*. "Alcino completa 25 anos de Empresa". Ano 2, n. 26, 10 de maio de 1974, p. 1; *Idem*. "Alcino Teixeira, 40 anos de Amazonas". n. 169, maio/jun. de 1989, p. 2; *Idem*. "Paraibor: ainda os 40 anos de trabalho de Alcino Teixeira". n. 171, set./out. de 1989, p. 8. Outro homenageado foi Gercindo Ferrari, que se aposentou após 28 anos de serviços. *Idem*. "Aposentadoria: Gercino Ferrari". n. 155, nov./dez. de 1986, p. 7.

222 Nos anos 1960, o noticiário da montadora *Willys* difundia o ideal do trabalho como fonte de êxito pessoal, por meio do lema: "operário bom é recompensado, mau operário é punido". Cf. NEGRO, A. L. *op. cit.*, p. 130.

223 *O Amazonas*. "Prêmio por tempo de serviço". Edição Especial. Dez. de 1974, p. 3. 121 funcionários receberam a premiação neste ano.

224 Adolfo de Oliveira, em depoimento ao autor, relatou que a fartura era tanta que bebiam chope em jarras.

225 Essa prática foi relembrada com saudosismo pelo filho de Zilda Malta, que acompanhou a entrevista da mãe.

est[ava] produzindo como acontecia anteriormente." Muitas vezes, verificava-se que a queda da produtividade decorria de problemas familiares. Por isso, funcionários do referido departamento realizavam visitas às residências dos operários para entrevistar pais, irmãos e esposas com o objetivo de detectar e solucionar os problemas que interferiam no desempenho dos trabalhadores.[226]

A interferência da empresa na vida privada dos funcionários adentrava até mesmo os momentos de lazer. Todos os sábados eram realizados bailes no clube recreativo, ocorriam exibições periódicas de filmes, montou-se um grupo de teatro composto por funcionários, existia ampla infra-estrutura para a prática de várias modalidades esportivas e periodicamente eram realizados torneios internos. No lançamento de *O Amazonas*, a diretoria do clube declarou que seu objetivo era oferecer aos associados "uma vida social digna" e dar-lhes "divertimentos sadios". Para tanto, impunham limites aos associados: "tem muita gente triste por não poder se esbaldar como antigamente."[227] Acrescenta-se a isso o estímulo a prática regular de atividades físicas com o intento de potencializar a produtividade dos operários. O esporte "possibilita ao indivíduo melhores condições de trabalho, maior força muscular e maior resistência à fadiga, com maior rendimento do trabalho executado."[228]

O último tema a ilustrar a profissionalização da prestação de serviços foi a construção, nos anos 1980, de um conjunto residencial para os trabalhadores. Saulo Pucci era o diretor de recursos humanos na época e coordenou o projeto dedicado a possibilitar a todos os trabalhadores com mais de cinco anos de serviço adquirir a casa própria. A *Amazonas* firmou um convênio com a *Caixa Econômica Federal*, cedeu uma área e indicou os funcionários a serem contemplados com o financiamento público. Em outubro de 1988, foram entregues as primeiras 63 unidades, que demonstravam a "sensibilidade" dos dirigentes do grupo que "jamais [se] esqueceram dos problemas sociais de seus funcionários". O funcionário escolhido para a entrega simbólica da primeira chave foi Vitor da Silva, há mais de 20 anos na empresa. O projeto foi concluído em março de 1989 e entregou um total de 138 moradias, originando a Vila Santa Maria, localizada nos fundos do *Sítio Amazonas*.[229]

---

226 *O Amazonas*. "Bate papo". s. n., out. de 1974, p. 3.
227 Idem. "Por uma vida social digna e sadia". Ano 1, n. 1, 7 de abr. de 1971, p. 2-3.
228 Idem. "Saiba o que é esporte de manutenção". s. n., jul de 1974, p. 7.
229 Depoimento de Saulo Pucci ao autor; *O Amazonas*. "Projeto 'Casas Econômicas' em pleno

A política social voltada à fixação de trabalhadores moldados aos preceitos da empresa teria obtido pleno êxito? Não tive acesso a dados que possibilitassem realizar uma análise acurada da rotatividade da força de trabalho ao longo do período estudado, mas há indícios de que foi grande. Não obstante, constatei entre os entrevistados a tendência, assim como ocorrera entre os curtumeiros, de permanecer em um único emprego ao longo de décadas.[230] A existência de apenas duas fábricas de maior porte no setor de artefatos de borracha contribuiu para isso, mas a infra-estrutura gerencial e o assistencialismo da *Amazonas* também foram decisivos.

Conforme indicaram alguns depoimentos, os serviços oferecidos davam "uma segurança. Você entrava lá dentro e falava: pra mim já é ótimo; pode comprar na cooperativa e já tem farmácia, tem médico." Essa estratégia administrativa parece ter contribuído para fixar força de trabalho: "no caso, se eu tivesse chance aqui fora de arrumar outro trabalho, eu ia pensar em tudo isso."[231] Além do receio de abrir mão dos benefícios que usufruíam, os trabalhadores também se sentiam valorizados. "Eles davam valor no funcionário. [...] Pra você sair dali dava um trabalho. Sendo um funcionário bom, viche! Podia pedir pra eles dar as contas e eles não davam."[232] Não por acaso, vários relatos foram marcados pela nostalgia e pelo sentimento de gratidão para com a empresa em que trabalharam por longos anos.

> Aquela época não volta nunca mais não. (O senhor tem saudade?) Tenho, tenho. Um clube daquele lá dava gosto. Tenho saudade até hoje. [...] Eu devo muita coisa pra *Amazonas*, porque se eu aprendi alguma coisa na minha vida foi na *Amazonas*.
>
> Eu sou suspeita pra falar, eu gostava muito de trabalhar, era um pessoal muito bom, empresa boa. Eu gostei muito de trabalhar lá. O pessoal que

---

andamento". n. 163, maio/jun., 1988, p. 2; "O Grupo Amazonas entrega as primeiras casas aos seus funcionários". n. 165, set./out., 1988, p. 6; "'Amazonas' entrega 63 residências à funcionários". n. 166, nov./dez., 1988, p. 6; "Vila Santa Maria: novo bairro de Franca com 138 moradias de funcionários da Amazonas". n. 168, mar./abr., 1989, p. 6.

230 Adolfo Serafim de Oliveira, Erotides de Souza, Isilda Dias Figueiredo, Janice das Graças Santos, Neusa Aparecida Batista e Zilda Maria Malta permaneceram na *Amazonas* por mais de 30 anos; José Vitor de Souza, José Leme e João Orlando trabalharam, ou ainda trabalham, na *MSM* por mais de 40 anos.

231 Depoimento de Isilda Figueiredo ao autor.

232 Depoimentos de Adolfo S. de Oliveira ao autor.

> trabalhou 30, 35 [anos], não tem como não gostar. [...] O que as pessoas têm elas conseguiram na *Amazonas*, trabalhou, criou filho, se tem casa, foi tudo na *Amazonas*.
>
> Eu aprendi muita coisa na *Amazonas*, foi uma empresa muita boa pra mim, tudo que eu consegui, *lógico que eu trabalhei*, mas consegui lá. É uma empresa boa, todo mundo que trabalha lá fala que é uma empresa boa [...] E do jeito que ela tava aí eu fiquei até muito chateada [crise no fim de 2008], porque lá foi praticamente minha segunda casa.
>
> Sempre achei que a *Amazonas foi uma mãe* pra todo mundo que trabalhou lá.[233]

Os trabalhadores não recorreram à metáfora do pai-patrão, pois os benefícios concedidos pela empresa não eram apresentados como dádivas do proprietário. Existia uma política social coordenada pelo departamento de recursos humanos, daí definir a *Amazonas* como uma "mãe", severa, mas bondosa. Porém, a gratidão dos trabalhadores não implicou a ausência do sentimento de merecimento. Não foram apenas os capitalistas que definiram a relação de trabalho como "via de mão dupla"; para os trabalhadores, o assistencialismo era uma contrapartida à dedicação, à lealdade e ao trabalho árduo. "O que eu ganhei na *Amazonas* eu ganhei trabalhando. [...] A *Amazonas* nunca me deu nada, eu troquei meu trabalho a troco do dinheiro que ela me pagou. Foi uma troca justa e foi muito justa porque nunca deixaram de me pagar nada."[234] Nesse sentido, conforme concluiu Antonio Negro, "embora [os trabalhadores] bebessem no discurso patronal, nele não estavam subsumidos, ou tragados."[235]

Poucas empresas construíram um aparato assistencial como o da *Amazonas*, mas o *Censo Empresarial de Franca*, publicado em 1984, demonstra que das 400 empresas recenseadas 301 adotavam programas de benefícios e ofereciam vários serviços aos trabalhadores, sendo os mais comuns os convênios médicos, odontológicos e farmacêuticos.

---

[233] Respectivamente, depoimentos de Adolfo de Oliveira, Isilda Figueiredo, Janice Santos e Zilda Malta ao autor.

[234] Depoimento de Erotides de Souza ao autor.

[235] NEGRO, A. L. *op. cit.*, p. 134.

Tipo de benefício	Número	Tipo de benefício	Número
Assistência médica	214	Assistência odontológica	87
Assistência social	23	Biblioteca	5
Bolsa de Estudos	10	Clube recreativos	16
Convênio com supermercado	3	Cooperativa	19
Creche	37	Escola	6
Farmácia	237	Financiamento	34
Outros	4	Restaurante	16
Seguro de vida	68	Transporte	34

Tabela 3 – adaptada a partir do *Censo Empresarial de Franca*[236]

Nos anos 1980, *O Calçadista* noticiou a implantação de diferentes benefícios sociais por algumas indústrias calçadistas. Em 1982, o restaurante industrial da *Pestalozzi* foi objeto de uma matéria do periódico. Um operário afirmou que era "difícil conseguir uma vaga para trabalhar naquela empresa, por ser grande a concorrência". O motivo? "O leite com pão oferecido pela indústria aos funcionários" antes do trabalho e as refeições a preços irrisórios. Após a implantação desses serviços, "a produção dos funcionários aumentou, pois eles se sentem mais motivados".[237]

Em 1983, a *Calçados Terra* inaugurou uma fábrica com creche, restaurante, cozinha, escola profissional e moderno pavilhão industrial. Diferente da *Amazonas*, a creche tinha a finalidade de evitar que a empresa perdesse aquelas trabalhadoras que preferiam se demitir a deixar os filhos por um período. De acordo com os diretores, o empreendimento retratava a "meta prioritária [de] valorização do homem, para que ele se integre totalmente à empresa."[238]

Ao assumir a presidência do Sindicato das Indústrias de Calçados, em 1983, José Carlos Brigagão afirmou que uma das metas da diretoria era incentivar as indústrias a investir em recursos humanos. Este projeto não era fortuito, o objetivo era aumentar a qualidade e a produtividade. O exemplo da *Sândalo*, empresa em que ele era diretor de Recursos Humanos, foi utilizado para demonstrar os resultados concretos de tais investimentos. Em setembro de 1976, a empresa

---

236 SICF. *Censo Empresarial de Franca.* Franca, 1984 (mímeo), p. 63-64.
237 *O Calçadista*. "Operários destacam a importância do restaurante industrial". n. 24, 1982, p. 8-9.
238 *Idem*. "O papel social da indústria". n. 34, 1983, p. 8.

registrou uma rotatividade de 82% da mão-de-obra, o que comprometia a qualidade dos produtos. Após lançarem um programa composto por prêmios por tempo de casa, abono de produção e vários incentivos, o problema foi eliminado. "A partir do momento em que ele começa a acreditar na empresa, não há quem o desanime".[239] A *Sândalo* também concedeu cestas básicas condicionadas à redução de desperdício de matéria prima e realizou uma parceria com a *Caixa Federal*, em 1989, para a construção de 120 moradias para os funcionários.[240] O depoimento de Brigagão e o de Saulo Pucci foram muito semelhantes no que tange à ideia da contrapartida a reger as relações entre capital e trabalho, e assim como ocorrera em outras indústrias, a *Sândalo* propagou a ideologia de que constituía uma "verdadeira família" fabril.[241]

O assistencialismo industrial no setor coureiro-calçadista de Franca teve suas primeiras expressões nos anos 1940, adquiriu forma e se desenvolveu acompanhando o crescimento das indústrias e perdurou até os anos 1980. Foi parte de um sistema de dominação gestado e aperfeiçoado ao longo de décadas em várias indústrias espalhadas pelo mundo e, tal como ocorreu com a introdução do maquinário, as políticas sociais não foram simplesmente transplantadas, e sim adaptadas e transformadas de acordo com as especificidades locais, as necessidades e o poderio econômico de cada empresa. Enquanto as fábricas de médio porte ofereceriam apenas alguns benefícios, as maiores concediam maior número de serviços.

Do mesmo modo que ocorreu com a incorporação de tecnologias, as viagens ao exterior, o contato com industriais nacionais e internacionais, os cursos de relações humanas e a literatura técnica foram fontes de inspiração e contribuíram para a circulação de ideias sobre assistencialismo nos meios patronais. Conforme demonstrei, ao relacionar a construção do aparato assistencial à necessidade de fixar força de trabalho em indústrias que apresentavam condições de trabalho adversas, várias iniciativas foram respostas às ações dos trabalhadores, como as altas taxas de rotatividade e o abandono do emprego em épocas de colheita de café. Resta saber até que ponto as empresas conseguiram eliminar a indisciplina no chão de fábrica.

---

239 *O Calçadista*. "Meta final de Brigagão é a Confederação Calçadista". n. 39, 1983, p. 10; *Idem*. "Brigagão quer um sindicato forte". n. 40, 1983, p. 8.

240 Cf. *Comércio da Franca*. "Dia 28 Sândalo entrega 120 casas aos seus funcionários". 26/01/1989; *Idem*. "Sândalo: destacando-se e a seus funcionários também". 5/02/1989

241 Depoimento de José Carlos Brigagão do Couto ao autor em 2 de março de 2010.

***

Ao tomar como objetos desse capítulo o trabalho rural, a migração, a inserção no universo fabril, as condições de trabalho, a divisão sexual do trabalho e as relações de trabalho, abordei elementos vivenciados cotidianamente nas experiências de venda da força de trabalho e que foram fundamentais para se compreender parte do processo social de construção de uma identidade coletiva centrada na delimitação dos interesses comuns aos operários e, não raro, opostos aos dos capitalistas. As experiências comuns aqui analisadas compuseram um processo mais amplo, pois a cultura de classe não foi construída exclusivamente no espaço de trabalho, mas na vivência cotidiana da condição operária: condições de alimentação e moradia, crenças, lazeres, moral, padrões comportamentais e variadas formas de organização política.

Não tive a pretensão de dar conta da totalidade de um processo sócio-cultural significativamente mais amplo, mas que inegavelmente teve nos locais de trabalho espaços fundamentais para a formulação de uma identidade operária que viria a se manifestar nas diversas ações políticas dentro e fora do ambiente fabril, por meio dos conflitos sociais no chão de fábrica, das múltiplas ações de resistência operária, das reclamações trabalhistas em defesa de seus direitos e da organização sindical e partidária.

V. Luta de classes tem todo dia

Nos capítulos anteriores demonstrei que o desenvolvimento industrial não resultou exclusivamente do incremento tecnológico e da aplicação da ciência aos processos produtivos, mas do trabalho de milhares de homens e mulheres que passaram boa parte de suas existências dentro de fábricas. Para se produzir artefatos de borracha, couros e sapatos foram necessárias pessoas para realizar trabalhos manuais e para operar máquinas. Trabalhadores perfeitamente adequados ao sistema fabril e que dedicassem integralmente todo o tempo que passavam no interior das unidades produtivas à produção eram o sonho dos capitalistas. Wagner Sábio de Mello, diretor-presidente da *MSM*, ressaltou em diversos trechos de seu relato a importância do "bom empregado" para a formação do grupo industrial construído por sua família. Ao questioná-lo a respeito dos critérios utilizados para definir o "bom trabalhador", ele respondeu: "É o empregado que é assíduo, é o empregado que produz dentro da normalidade. *Assíduo, disciplinado e produtivo*."¹ Os industriais almejavam estas três características centrais quando contratavam um funcionário.

Será que a totalidade dos trabalhadores se adequou integralmente a estes anseios capitalistas? Entre 1950 e 1980, ocorreu a formação de um "operariado dócil" que "limitava-se a produzir"² sem questionar e colocar em disputa as normas disciplinares? Ao analisar as experiências em comum no capítulo anterior, foi possível antever a resposta a estas perguntas. Conforme demonstrei, muitas "benesses" oferecidas aos trabalhadores foram, na verdade, respostas dos industriais à inadequação daqueles aos processos produtivos, com o intuito de conseguir uma força de trabalho disciplinada, estável e produtiva. Resta avaliar se obtiveram êxito ou suscitaram novas reações operárias. Assim, pretendo responder a seguinte questão: como os trabalhadores interpretaram e reagiram à disciplina fabril?

A resposta será encontrada por meio da análise dos conflitos de classe forjados no cotidiano fabril. Esta proposta inspira-se numa tradição teórico-analítica que não exclui, mas também não se restringe ao estudo do movimento operário institucionalizado, e que interpreta o chão de fábrica como um dos espaços privilegiados das lutas entre trabalho e capital. Assim, um dos meus objetivos será compreender as ações operárias de contestação à ordem capitalista centrada na extração de mais-valia. "O fato de a força de trabalho *ser capaz de* despender no processo de produção um tempo de trabalho superior ao nela incorporado *não quer dizer que o faça* e, *se o fizer*, não implica nunca o grau exato em que pode fazê-lo."³ Esta é a contradição fundamental sobre a qual se assentam as disputas entre trabalho e capital no cotidiano fabril, pois

> quando o capitalista compra uma tonelada de carvão, sabe quantas calorias pode extrair dela; o negócio, para ele, está terminado. Quando ele

---

1   Entrevista de Wagner Sábio de Mello ao autor em 27 de fevereiro de 2009. (grifos meus)

2   Estas expressões foram utilizadas respectivamente por Tito de Oliveira e Maria Guimarães para se referirem aos sapateiros de Franca do período anterior à eleição da oposição sindical, que venceu a eleição do Sindicato dos Sapateiros em 1982. Cf. OLIVEIRA, T. F. B. N. de. *Inovação sindical e burocratismo: limites e avanços do sindicalismo cutista no Sindicato dos Sapateiros de Franca (STIC)*. Dissertação (Mestrado em História)- FHDSS, UNESP, Franca, 2002, f. 77-78; e GUIMARÃES, M. I. B. do N. *Sindicalismo e atitudes operárias. Franca- 1982-2000*. Dissertação (Mestrado em Serviço Social)- FHDSS, UNESP, Franca, 2001, f. 112.

3   BERNARDO, João. *Economia dos conflitos sociais*. 2ª ed. São Paulo: Expressão Popular, p. 87. (grifos meus)

compra uma jornada de trabalho, o problema apenas começou. O que ele vai poder extrair da mesma como rendimento efetivo será o resultado de uma luta que não cessará um segundo durante a jornada de trabalho.[4]

A compra e venda da força de trabalho é na verdade a compra e venda do tempo de trabalho. Quando o capitalista contrata um trabalhador, ele paga pelo tempo de trabalho deste sujeito. A quantidade de trabalho efetivo que conseguirá extrair do conjunto de trabalhadores ao longo da jornada de trabalho não está definida previamente e, historicamente, foi objeto de intensa disputa ao longo do desenvolvimento do sistema capitalista. Muitas vezes, os trabalhadores produziam menos do que eram capazes, e, para tanto, desenvolviam variadas estratégias de resistência que tinham o efeito imediato de reduzir o tempo de trabalho apropriado pelos capitalistas. Como afirma E. P. Thompson,

> ao contrário da opinião de certos praticantes teóricos, nenhum trabalhador conhecido pelos historiadores permitiu jamais que a mais-valia lhe fosse arrancada do couro sem encontrar uma maneira de reagir (há muitas maneiras de "fazer cera"), e, paradoxalmente, *por* sua reação, as tendências foram desviadas e as "formas de desenvolvimento" se processaram de maneiras inesperadas.[5]

Ou seja, além do efeito imediato de redução da taxa de mais-valia expropriada da força de trabalho, a resistência operária pode produzir uma transformação mais ampla do sistema de produção.

Para a elaboração deste capítulo, cruzei as informações obtidas nas fontes orais e nos processos trabalhistas relacionados à indisciplina – entre outros, localizei 1.198 processos solicitando o cancelamento de penalidades disciplinares. Isto possibilitou interpretar as diversas expressões das disputas entre trabalhadores e capitalistas em torno do rendimento a ser auferido da força de trabalho. A análise será desenvolvida em torno dos seguintes temas: brincadeiras no chão de fábrica, brigas entre trabalhadores, embriaguez, absenteísmo, "fazer cera", sabotagem, furtos, agressões a superiores hierárquicos e paralisações coletivas da produção. Esta divisão e sequência resultam de uma estratégia narrativa que visa facilitar a exposição e não afirmar uma evolução gradual de uma forma de

---

4 CASTORIADIS, Cornelius. *A experiência do movimento operário*. São Paulo: Brasiliense, 1985, p. 61.
5 THOMPSON, E. P. *A miséria da teoria*. Rio de Janeiro: Zahar, 1981, p. 170.

resistência para outra. A pesquisa demonstrou que as diversas expressões das lutas entre trabalho e capital se complementaram, se influenciaram mutuamente e foram recorrentes ao longo de todo o período estudado. Por isso, a exposição privilegiará uma ordenação temática, sem uma datação rígida, pois constatei que os vários tipos de conflitos ocorreram em décadas distintas, impossibilitando a construção de uma cronologia precisa a respeito da ocorrência deste ou daquele tipo de resistência numa determinada conjuntura.

A "recriação festiva" do ambiente de trabalho

As brincadeiras no chão de fábrica

Ainda que de forma sucinta, afirmei no quarto capítulo que as condições de trabalho e o ambiente de trabalho são aspectos diferentes do cotidiano fabril. A primeira diz respeito às condições físicas em que se exerce a atividade produtiva. Por sua vez, o ambiente de trabalho engloba as relações sociais que os trabalhadores estabelecem entre si e com os capitalistas. Feita tal distinção, destaca-se que uma estratégia corriqueira para tornar o ambiente menos tenso e, de certa maneira, "amenizar" e suportar as condições de trabalho adversas foi recorrer às brincadeiras.

Uma das principais expressões desta prática era apelidar os colegas a partir das suas características físicas, das compleições morais e comportamentais, ou mesmo a partir da atividade que a pessoa exerce. Os apelidos "eram um código de aproximação e formação de relacionamentos."[6] De acordo com Luiz Ezequiel, "em qualquer lugar que a gente chega, o nego logo, logo vai caçando um apelido pra gente. Sempre foi assim." Dominguinhos era especialista neste "ofício": "Ah, não escapava um que eu não punha apelido."[7] Não raro, os trabalhadores passavam anos trabalhando ao lado de outros sem saber o nome da pessoa, pois acostumavam a se tratar apenas por apelidos.[8] Em muitas casos as alcunhas eram aceitas e adotadas pela própria pessoa, mas outras vezes geravam contrariedades.

---

6   FONTES, Paulo. *Um Nordeste em São Paulo. Trabalhadores migrantes em São Miguel Paulista (1945-66)*. Rio de Janeiro: Editora FGV, 2008, p. 125.

7   Respectivamente, depoimentos ao autor de Luiz Ezequiel da Silva, em 22 de dez. de 2008, e de Domingos Cornélio da Silva, em 23 de dez. de 2008.

8   Chico relatou que trabalhou dois anos, na *Calçados Decolores*, ao lado de um colega sem saber o nome dele. Depoimentos de Francisco Antonio de Andrade ao autor em 18 e 19 de dez. de 2008.

> O Bacalhau eles puseram apelido nele de Bacalhau, porque parecia um bacalhau mesmo, era sardentinho [...]. Mas ele não gostava muito que chamava ele de Bacalhau não, mas a gente chamava. O Valtão e o Juliano que gostavam, passavam perto dele (fingiam tirar uma lasca de bacalhau) e saíam comendo. Ele xingava.[9]

Alguns trabalhadores não encaravam a brincadeira com descontração e revidavam com a ameaça de resolver a peleja fisicamente. "Tinha esses nego que a primeira vez que veio da roça pra dentro do curtume que chamava o outro pro tapa assim, por causa dum rabo, um apelido. Você ria o dia inteiro por causa daquilo. Ria mesmo. Eh, trem bão!" Recorrer ao superior hierárquico nem sempre era a melhor saída para solucionar a contrariedade. Dominguinhos lembrou-se de um novato que foi reclamar junto ao patrão e manifestar a vontade de sair do curtume por causa dos apelidos. "Aí ele perguntou: '— Por que você não conta pro gerente?' [...] '— Não seu Orlando, como que vai fazer? Ele é o pior, pra pôr o rabo na gente, pôr apelido na gente. O que a gente faz?' O Orlando virou as costas e saiu rindo."[10] Na maioria das vezes, demonstrar descontentamento em relação à alcunha recebida contribuía apenas para que esta se fixasse, "pegasse", junto aos companheiros.

Práticas como essas expressam algumas características da "cultura fabril" – conjunto de comportamentos e valores – forjada no cotidiano de trabalho pelos operários.[11] Pregar peças nos companheiros era outra ação corriqueira nas fábricas. Estas troças consistiam em esconder objetos de uso pessoal, colocar algum item estranho entre os pertences do colega, sujar roupas e calçados, afixar objetos nas costas, como um "rabo": geralmente, uma fita ou tira de papel ou couro. Os vestiários eram espaços privilegiados para estas ações.

> Esconder roupa, botar trem dentro das botinas dos caras, essas coisas. Olha, era terrível! Você chegar e enfiar o pé no teu sapato e ele tá cheinho de graxa. (risadas) Você queria matar. Os caras faziam muito isso. Sebo, manteiga do curtume, o cara ia lá e pegava. Às vezes ele pegava o saco do boi ia lá e botava

---

9   Depoimento de Erotides de Souza ao autor em 25 de fevereiro de 2009.
10 Depoimento de Domingos Cornélio ao autor.
11 Leite Lopes define a "cultura fabril" como uma sub parte da "cultura operária", expressa, por exemplo, no orgulho do trabalho bem feito, na busca pelas brincadeiras e na gozação. LOPES, José S. L. *A tecelagem dos conflitos de classe na "cidade das chaminés"*. São Paulo/Brasília: Marco Zero/Ed. UnB, 1988, p. 83.

> dentro da mochila do cara. E a turma ficava tudo lá fora esperando o cara sair bravo. Porque era a maior festa. Dava a hora de sair e o cara catava a mochila dele e saía xingando todo mundo. Aquilo era uma festa.[12]

As troças não se restringiam aos vestiários, tampouco ao horário fora do expediente. Dentro do espaço produtivo, era frequente a prática de os trabalhadores atirarem objetos uns nos outros enquanto trabalhavam. "Você passava perto das descarnadeiras e os caras pegavam aqueles pedaços de carnaça e vap em você. Enrolava no seu pescoço, batia na camisa e grudava. Você tem que arrancar, se não via e secava, aquilo fedia para caramba."[13] Fazer bolas de serragem de couro e atirar nos companheiros era outra ação corriqueira. "Fui eu mesmo que dei a pelota de serragem na nuca do preto e ele ficou lá no chão com coisa que ia morrer. Ficou dando aquele acessinho [convulsão] sem vergonha. E todo mundo ficou sério, véio. Eh, tempo!"[14] Apesar do trabalho pesado e sob condições adversas, constata-se que o ambiente recriado coletivamente por meio das brincadeiras, às vezes um pouco "perigosas", e da informalidade das relações despertou saudades nos trabalhadores aposentados e afastados do chão de fábrica.

Um dos valores centrais da construção da "cultura fabril" era a exaltação da força e da virilidade masculinas. Passar a mão na bunda do companheiro a título de provocação e zombaria, trocar empurrões, dar trombadas e desafiar o companheiro para lutas corporais compunham o universo cultural dos trabalhadores e faziam parte da construção do senso de masculinidade. "Brincadeira dentro de um curtume era mais *brincadeira de homem mesmo*..."[15] Nem sempre os resultados dessas disputas eram salutares para os envolvidos.

> O Miguelão era um lasca dum homem que Deus me livre. [...] Ele tinha esse negócio de dar pistolada, e ele deu uma pistola em nós na hora de marcar o cartão, que o cara quebrou o dedo. (O que é pistolada?) Ele é forte e ele dá um empurrão [jogo de ombro]. (risadas) Nós falava pistolada. [...] Era uma batida na gente assim. [...] O Sérgio enfiou o dedo no vitrô e naquela pancada ele quebrou o dedo. Eh, mas nós ria dele. [...] Na hora de marcar o cartão você tinha que ficar velhaco. O pau comia mesmo. [...]

---

12 Depoimento de Jerson José do Nascimento ao autor em 20 de dezembro de 2008.
13 *Ibidem*.
14 Depoimento de Domingos Cornélio ao autor.
15 Depoimento de Jerson do Nascimento ao autor. (grifos meus)

> O nego ria, se não ria chorava. Porque doía. Tá doido. Era um pretão que você precisa de ver.[16]

Os apelidos, as brincadeiras e as disputas físicas compuseram um conjunto de práticas que expressaram a "recriação festiva"[17] do espaço produtivo, fundamental para os trabalhadores suportarem as condições de trabalho. "As brincadeiras são justamente pra quebrar aquele clima tenso, que tem o chefe pressionando, tem todo um sistema opressor. Então essas brincadeiras são a *saída que se tem pra tornar o ambiente mais ameno*."[18] Nas fábricas, os trabalhadores conviviam por longas horas do dia e as brincadeiras e as lutas corporais demonstravam intensas trocas sociais e o estabelecimento de espaços deles próprios, que, assim, recuperavam partes do tempo que deveriam dedicar exclusivamente ao trabalho.[19]

A aceitação ou a repressão a essas ações operárias esteve condicionada ao porte da empresa e ao fato de não interferirem significativamente na produtividade. Nas fábricas maiores, as brincadeiras foram reprimidas com mais rigor, pois a perda de tempo de trabalho era inadmissível na produção em série. Nesse sentido, ao contrário de alguns gestores mais tolerantes e que chegavam a participar de brincadeiras com seus subordinados, Idacir Ferreira – gerente da *Agabê* por mais de 30 anos – possuía uma postura restritiva.

> Se tem dois funcionários trabalhando junto e eles conversam, mas não brincam e não atrasa o serviço e produz qualidade, por mim tudo bem. Não aceito é brincadeira. Ficar chamando o outro de apelido, jogar coisas um no outro; sair do lugar e ir no lugar do outro conversar. Quando acontece isso, a pessoa tá operando mal ou o serviço tá pouco.[20]

De acordo com seu depoimento, conversar era aceitável, pois poderia amenizar a rotina estafante da linha de montagem e até mesmo contribuir para se

---

16 Depoimento de Domingos Cornélio ao autor.
17 Utilizo a expressão como uma variação do termo "reinvenção criativa". Cf. LOPES, J. S. L., *op. cit.*, p. 82.
18 Depoimento de Francisco de Andrade ao autor. (grifos meus)
19 Cf. LUDTKE, Alf. "Organizational Order or Eigensinn? Workers' Privacy and Workers' Politics in Imperial Germany". In: WILENTZ, Sean (ed.). *Rites of power*. Philadelphia: Univ. Pennsylvania Press, 1985, p. 309-311. O autor analisou a prática de lutas, contato corporal, troca de grosserias e caçoadas no cotidiano de trabalho.
20 Depoimentos de Idacir Ferreira ao autor em 9 e 10 de fevereiro de 2009.

alcançar as metas de produção, ao quebrar a tensão do processo produtivo.[21] "Até eu converso em horário de serviço, mas baixinho, agora gritar não. [...] Sou mais liberal. Eu gosto que a pessoa trabalhe alegre!"[22] Não obstante, sua pretensa liberalidade não admitia ações que tirassem a concentração necessária para operar com toda a atenção necessária para alcançar as metas de *produtividade* e *qualidade*. Trabalhadores alegres? Sim, desde que produtivos.

Os processos trabalhistas movidos por trabalhadores que solicitaram o cancelamento de penalidades disciplinares ou a reversão da demissão por justa causa reforçaram a constatação da longevidade destas ações operárias e registraram algumas medidas tomadas para coibi-las. Em 1958, a *Calçados Faggioni* demitiu dois funcionários após o gerente vê-los trocando tapas no local de trabalho. João Alves Filho alegou que Luiz Soares da Silva lhe dera um tapa por brincadeira e que foram coagidos a assinar os pedidos de demissão sob a ameaça de o patrão dar más informações sobre eles para outras empresas. O trabalhador afirmou que existia liberdade e brincadeiras na fábrica e que o próprio gerente participava delas. Por sua vez, o industrial Nelson Faggioni alegou não admitir trocas de tapas no interior de sua fábrica e disse ter ordenado "a despedida sumária, com o objetivo de não criar *precedente*."[23]

De maneira geral, a troca de agressões constituía o limite entre o tolerável e o excessivo, pois poderia resultar em brigas. João Orlando, gerente de produção da *MSM*, afirmou que apelidos, conversas e piadas eram admitidas, "mas não pode chegar o ponto de você ficar batendo com a mão, brincar de mão. Brincadeira corporal não."[24] Na *Amazonas*, a tolerância era bem restrita. A preocupação central da empresa era disciplinar seus funcionários para conseguir auferir deles o máximo de produtividade possível, mas não foi fácil alcançar esse resultado, pois muitos trabalhadores insistiam em realizar outras atividades que não fosse exclusivamente trabalhar. Os chefes de seção relatavam os casos de indisciplina,

---

21 Segundo Leite Lopes, a "reinvenção criativa" poderia contribuir para criar um clima de trabalho que propiciava a descoberta da maneira mais econômica e criativa de trabalhar. Cf. LOPES, J. S. L., *op. cit.*, p. 87. Em contraposição, um manual de treinamento da *Ford*, ao expor regras para a tomada de tempos, definia que "conversar com outro empregado não é essencial ao trabalho." Cf. BEYNON, Huw. *Trabalhando para Ford. Trabalhadores e sindicalistas na indústria automobilística*. Rio de Janeiro: Paz e Terra, 1995, p. 30.

22 Depoimentos de Idacir Ferreira ao autor.

23 AHMF. Caixa 474. Processo 2340/1958, f. 6-7. (grifos meus)

24 Depoimento de João Orlando ao autor em 13 de janeiro de 2009.

por meio de *memorandos*, ao Departamento de Pessoal e este setor determinava a penalidade a ser aplicada. Em 1967, várias aparadeiras foram penalizadas por brincar em serviço, conforme se observa num processo movido por três delas:

> Contestação: "As reclamantes, [...], por motivo da sua idade, pois se encontram na formosa manhã da adolescência, ou seja, por hábito, tornaram-se indisciplinadas nos serviços, transformando a obrigação que lhes competia em brincadeiras e pilhérias recíprocas e com terceiros operários da fábrica, o que repercutia na disciplina e na produção que devia ser dada, não só por elas, mas também por alguns dos operários que assistiram aqueles desabonadores fatos dentro do ambiente de trabalho."
>
> Memorando de 06/10/1967: "Fez do setor de trabalho um palco de circo. Essa moça é terrivelmente indisciplinada fazendo hora na mesa."
>
> Memorando de 6/10/1967: "Conversa, ri e faz hora na mesa, como se o setor de trabalho fosse um teatro ou um circo."[25]

Dois casos ocorridos em indústrias de calçados evidenciam que o rigor para com os atos de indisciplina dos trabalhadores fez-se presente tanto nas indústrias de porte médio quanto nas de porte grande. Em 1968, Dionízio Engane, funcionário da *Calçados Martiniano* – que empregava cerca de 70 pessoas – foi demitido após ser surpreendido pelo gerente colando um papel com dizeres de baixo calão nas costas de um colega de trabalho, "o que não permitimos em nossa empresa". O trabalhador já fora advertido anteriormente devido às brincadeiras excessivas no trabalho, e a empresa alegou que esses atos fizeram desaparecer "a confiança e a boa fé" em relação ao funcionário.[26] Quase duas décadas depois, Mauricio Mendes Baia, sapateiro da *Calçados Agabê*, teve a mesma sorte.

> O reclamante confeccionou uma espécie de "rabicho", com fita crepe e filetes de sola de calçado, e a título de brincadeira o colocou nas costas de outro funcionário. Como se sabe, a colocação desse "rabicho" nas costas de alguém, sem que ele perceba, faz com que seja motivo de chacota e gozação pelo demais companheiros que percebem a brincadeira. Em vista deste fato o reclamante foi chamado ao departamento de pessoal, onde

---

25 AHMF. Caixa 3. Processo 24/1968, f. 19, 40, 49. Memorandos encaminhados por Vilma Licursi, supervisora do setor, relatando o comportamento de Maria Irene Moreira e de Maria Benedita das Graças.

26 AHMF. Caixa 21. Processo 850/1968, f. 18-19.

foi advertido de que não deveria agir assim, pois estava conturbando o ambiente de trabalho, com brincadeira não permitida pela empresa, *principalmente por contar ela com mais de 600 empregados*.[27]

A demissão de Mauricio ocorreu porque ele rasgou a carta de advertência, caracterizando uma atitude de insubordinação e falta grave. Os dois casos, distantes quase duas décadas, atestam que empresas de diferentes tamanhos preocupavam-se em manter a ordem no ambiente de trabalho e, para tanto, penalizaram os infratores como um exemplo pedagógico para os demais. Punir um funcionário por uma simples brincadeira como colar um rabo em um colega demonstrava ao coletivo que eles não eram contratados para perder tempo com atividades estranhas à execução de suas tarefas e reforçava que não eram admitidas transgressões às normas internas de conduta.

O cruzamento das informações coletadas nos depoimentos e nos processos trabalhistas possibilita concluir que a aceitação de algumas brincadeiras estava condicionada ao fato de não atrapalharem significativamente "o bom andamento da produção". Além disso, as penalidades disciplinares atestam que as indústrias não pretendiam simplesmente excluir os operários indisciplinados, mas moldá-los, fazer com que eles deixassem de se portar de acordo com os seus próprios hábitos e valores, para agirem segundo as determinações impostas pelas normas internas. As penalidades tinham um caráter pedagógico e refletiam a tentativa de fazer com que todos os trabalhadores assimilassem padrões de conduta distintos daqueles que traziam consigo para o interior das fábricas. O fim último era conseguir que todo o tempo comprado fosse utilizado exclusivamente para produzir.

Se aquela faca fosse posta na barriga de alguém, este alguém não pediria nem água

As disputas e brincadeiras com contato físico entre os trabalhadores eram uma preocupação constante para os capitalistas porque muitas vezes resultavam em brigas dentro da empresa. Como afirma Paulo Fontes, "o ambiente fabril entre os operários não era composto apenas de solidariedade e camaradagem."[28] Um xingamento, uma piada, a ofensa à honra do colega ou de algum de seus familiares, em especial às mulheres, deflagravam reações violentas e conturbavam

---

27 AHMF. Caixa 532. Processo 312/1985, f. 10-11. (grifos meus)
28 FONTES, Paulo. *op. cit.*, p. 123.

o espaço de trabalho. As brigas poderiam ainda ser iniciadas por desentendimentos em torno do trabalho ou devido às delações aos superiores hierárquicos.

Entre as brigas originadas por brincadeiras mal aceitas por uma das partes, destaco dois casos. Em 1968, Ciro de Souza empurrou bruscamente o menor José Oripe, "moleque dado às brincadeiras indecorosas e ofensivas", após este passar-lhe a mão na sua bunda. Não bastasse isso, o "rapaz atrevido e insolente" retorquiu e ofendeu a dignidade da mãe de Ciro, que revidou "no mais justo ato de retorsão", pois não tinha "sangue de barata".[29] Caso semelhante ocorreu, em 1981, entre Rubens da Cunha e Eurípedes da Silveira, funcionários da *Calçados Guaraldo*. O primeiro "passou a mão entre as nádegas de seu colega de trabalho, em ato imoral, e a título de brincadeira". Eurípedes "preferiu ele próprio, à sua maneira penalizar [Rubens], agredindo-o violentamente, a empurrões e tapas".[30] Os dois entraram em luta corporal e foram dispensados por justa causa.

Algumas brigas explicitaram as fragmentações entre os trabalhadores relacionadas a manifestações de racismo. Em 1958, a *Calçados Peixe* impetrou um pedido de apuração de falta grave contra Delcides Porfírio por este ter agredido Jaime Novais. O desentendimento teve início após Delcides solicitar que Jaime retirasse um guarda-chuva aberto no meio do vestiário. Ele não foi atendido em sua solicitação e chutou o objeto. Jaime respondeu à provocação com os seguintes dizeres: "Eu não gosto de preto não é atoa." Delcides "desferiu um tapa na cara do menor, tendo este revidado; o interrogado deu outro tapa, ou melhor, deu então um soco no menor, que foi ao chão, ocasião em que lhe deu um pontapé."[31] Segundo o advogado do trabalhador, "tal gesto tem de ser examinado à luz de um preconceito de cor, que os pretos trazem consigo desde o berço e em posição de inferioridade social."[32]

Em 1965, Eunício Ferreira foi dispensado por brigar com o sobrinho do patrão, também funcionário da *Calçados Granero*. Ele perguntou as horas a Ivanir e este disse: "— Não dou horas para preto." Ofendido, o reclamante o mandou "enfiar o relógio naquele lugar" e ouviu em resposta: "— Só se for no da sua

---

29 AHMF. Caixa 17. Processo 680/1968, f. 2.
30 AHMF. Caixa 393. Processos 688/1981 e 691/1981.
31 AHMF. Caixa 354. Processo 2557/1958, f. 10.
32 *Ibidem*, f. 8. O juiz de direito Jurandir Nilson não se sensibilizou com este argumento e autorizou a demissão por justa causa, decisão confirmada pelo TRT da 2ª Região. Porém, a empresa abriu mão de demiti-lo frente ao comportamento irrepreensível que demonstrou depois do ocorrido.

mãe".³³ Os dois se atracaram e foram demitidos. A defesa da honra foi utilizada pelo advogado do trabalhador para justificar sua reação, "uma vez que o homem não pode escolher local ou hora para defender-se de um ultraje."³⁴

Os dois casos explicitam manifestações do preconceito racial existente na sociedade e como este se revelou de forma escancarada após discussões mais ríspidas ou mesmo em ocorrências fortuitas durante a jornada de trabalho. Dessa maneira, as divisões internas na composição do operariado – de gênero, étnicas e regionais – devem ser consideradas como componentes do processo de formação da classe trabalhadora.³⁵ Não obstante, apesar de dificultar, tais fragmentações não resultaram necessariamente em empecilhos intransponíveis para a constituição de uma identidade operária centrada no compartilhamento de interesses em comum e em oposição aos interesses dos capitalistas.

Os desentendimentos relacionados às questões de trabalho foram outro fator desencadeador de discussões e brigas entre os trabalhadores. Na fabricação de artefatos de borracha, a produtividade dos prenseiros era anotada por mulheres designadas para esse fim, e algumas marcadoras de produção sentiam-se no direito de repreender os prenseiros por algum serviço com defeito. Estes não as poupavam de agressões verbais por serem mulheres.

> Teve um dia que a marcadeira de produção, chata! Ela chegou lá me enchendo o saco, não sei o que eu tinha feito com a sola e ela veio chamar a atenção de mim. Eu falei: "— Vai tomar no seu cú!" Falei pra ela. "— O que você falou?" "— Foi isso mesmo! Isso aí que você ouviu. Não vem encher o saco não que você não manda aqui." Ela saiu e foi lá falar pro chefe, foi lá e me entregou eu. O chefe veio e falou: "— Uai Adolfo, o que você falou pra mulher?" "— Eu mandei ela tomar no cú. Falei e falo. Se ele me encher o saco eu falo." [...] (E não tomou advertência?) É, me deram uma advertência.³⁶

---

33 AHMF. Caixa 483. Processo 5727/1965, f. 11-13.

34 *Ibidem*, f. 11. O juiz de Direito Sérgio Segurado Bras confirmou a demissão por justa causa e, assim como no caso anterior, a decisão foi mantida pelo TRT da 2ª Região.

35 Juarez Lopes cita a animosidade contra os trabalhadores nordestinos como um dos elementos que contribuiu para enfraquecer a solidariedade entre os operários. Cf. LOPES, Juarez R. B. *Sociedade industrial no Brasil*. São Paulo: DIFEL, 1964, p. 68. Uma análise alternativa pode ser conferida, entre outros, em FONTES, Paulo., *op. cit.*

36 Depoimento de Adolfo Serafim de Oliveira ao autor em 19 de fevereiro de 2009.

A fiscalização exercida entre os próprios trabalhadores indica o êxito relativo do sistema fabril em conseguir que estes assimilassem a necessidade de produzir com atenção e qualidade, mas reações como as de Adolfo mostram que nem todos aceitaram ser repreendidos por colegas de trabalho. Caso semelhante, mas com consequências mais graves, ocorreu na *Agabê*, em 1984. Dois funcionários que trabalhavam em uma esteira entraram em luta corporal após um chamar a atenção do outro por ter realizado sua tarefa com negligência. Um terceiro operário testemunhou o desentendimento e narrou os fatos:

> o reclamante saiu de seu lugar com o salto mal frisado; [...] foi à presença do Sérgio e disse-lhe: *"frisa isso direito, sem vergonha"*; que a resposta foi: "sem vergonha é você"; que o reclamante, em sequência, passou a mão no queixo de Sérgio; que Sérgio deu-lhe um murro, que por sua vez, [Sidney] também deu-lhe um murro; que o reclamante estava já se afastando, quando recebeu um salto de sapato, atirado por Sérgio.[37]

Sidney Messias sofreu um pequeno corte na cabeça em decorrência do salto arremessado por Sérgio e se mostrou inconformado por também ter sido demitido, visto que foi agredido por estar zelando pelos interesses da empresa, que considerou que ele provocou o colega.

Na maior parte das vezes, a delação ao superior hierárquico era uma atitude mal vista pelos demais trabalhadores, que definiam os delatores como "puxa sacos". Além de ofensas verbais, o delator poderia sofrer reprimendas físicas. Em 1977, Antonio Carlos da Silva foi demitido após golpear com um sapato, por mais de uma vez, a cabeça de um menor trabalhador que mostrou ao chefe da seção um sapato estragado pelo agressor.[38] Já em 1986, Aparecida de Fátima Batista foi advertida verbalmente após a direção tomar conhecimento que ela "vinha sistematicamente insuflando suas colegas à desobediência às normas internas e determinações de serviços emanadas dos superiores hierárquicos."[39] Aparecida desconfiou que Simone fora a responsável pela denúncia porque ao voltar para a seção de trabalho observou que esta ficou rindo dela. Na saída para o horário de almoço, Aparecida agrediu fisicamente a suposta delatora, causando-lhe diversos ferimentos.

---

37 AHMF. Caixa 474. Processo 337/1984, f. 20. (grifos meus)
38 AHMF. Caixa 276. Processo 523/1977.
39 AHMF. Caixa 587. Processo 852/1986, f. 21.

Ser repreendido por um chefe na frente dos colegas de trabalho gerava grande constrangimento. "A cara da gente cai no chão, a gente morre de vergonha, nossa senhora. A coisa mais ruim que tem é os outros olhando e o chefe chamando a atenção sua. Ah não." Em tais circunstâncias, ser alvo de chacota em função do ocorrido agravava ainda mais a situação. "Todo mundo fica olhando em você e depois fala: '— Tomou uma ferrada, hein? Essa foi sequinha mesmo, essa foi seca!' Aquilo lá dava uma raiva. Dava vontade de pegar o chefe e torcer o chefe."[40] Devido à vergonha causada pela repreensão, alguns trabalhadores descarregaram a raiva no autor da piada. Nesse sentido, em 1986, Edgar Veloso fez gozações com um colega repreendido pelo chefe. "Alan não gostou e começou a xingar o depoente e sua mãe de diversos nomes feios e além disso jogou tinta no depoente; então o depoente [lhe] virou um tapa no rosto".[41]

Esses casos evidenciam que à linguagem desbocada do chão de fábrica e às brincadeiras, muitas com conotação sexual, somava-se o costume de resolver as diferenças "no braço". Não fugir de um desafio para uma briga representava defender a honra e o orgulho. Um dos elementos da construção da masculinidade[42] era o princípio de não levar desaforo para casa,[43] componente importante na construção da "cultura fabril". O relato de Dominguinhos sobre uma de suas desavenças no trabalho possibilita observar como era importante não fugir de uma ameaça ou desafio. Num dado dia, ele e outro trabalhador carregavam um fulão com couros e a velocidade com que Dominguinhos realizava sua atividade fez espirrar água no colega, que não gostou e "com a faca na mão ele falou: '— Se você não parar com isso aí eu vou soltar o cabrito aqui.'" Dominguinhos não titubeou: "'Se você soltar o cabrito aqui dentro da salgadeira, eu jogo sal dentro da boca

---

40 Depoimento de Adolfo de Oliveira ao autor.

41 Caixa 582. Processo 690/1986, f. 24. Excerto do depoimento do reclamante Edgar Henrique Veloso.

42 Segundo Fernando Teixeira, os "portuários definem, em parte, sua própria identidade a partir de um senso arraigado de masculinidade em que a coragem é um valor moral definidor dos relacionamentos sociais." Cf. SILVA, Fernando Teixeira da. "Valentia e cultura do trabalho na estiva de Santos". In: BATALHA, Claudio H. M. (et. al.) (orgs.). *Culturas de classe: identidade e diversidade na formação do operariado*. Campinas: Ed. da Unicamp, 2004, p. 209-210.

43 Cf. CHALHOUB, Sidney. *Trabalho, lar e botequim: o cotidiano dos trabalhadores no Rio de Janeiro da Belle Époque*. 2ª ed. Campinas: Ed. da Unicamp, 2001, p. 303. O autor analisou as rixas no meio operário carioca da Primeira República e demonstrou como os confrontos possuíam um caráter ritualista e machista, expressando um sentimento de valentia. Um homem não levava uma bofetada para casa.

dele.' Assim, na cara do homem eu falei. Um homem muito mais forte que eu, muito mais grande."[44] A expressão "soltar o cabrito" significava que "Tião Azul" partiria de faca em punho para cima do oponente. Diante da ameaça, abaixar a cabeça e não responder à afronta resultaria em desmoralização frente aos demais companheiros que tomariam conhecimento do ocorrido.

A reclamação movida por Onadice da Silva contra a *Calçados Terra*, no ano de 1954, oferece outros subsídios para compreender certos valores dos trabalhadores e o desenrolar de um desafio físico para a resolução de diferenças pessoais. Walter Terra justificou a demissão do operário por ele ter utilizado uma lima de propriedade da empresa para fabricar um punhal e escovas para confeccionar uma bainha durante o horário de trabalho. Dentre as testemunhas ouvidas em audiência, o trabalhador Manoel Messias alegou que era o melhor amigo do reclamante, mas que haviam rompido a relação após repreendê-lo por utilizar o material da fábrica para confeccionar os objetos. Após isso,

> umas 4 vezes o depoente ouviu o reclamante dizer a Generino da Silva, quando fazia a faca no esmeril, que aquela faca se fosse posta na barriga de alguém, este alguém não pediria nem água; que o depoente entende que estas palavras eram dirigidas a ele porque o reclamante estava "enguiçando com o depoente", há umas quatro semanas."[45]

Apesar das ameaças indiretas ao ex-amigo, Onadice brigou com outro trabalhador e por motivo diferente. Ele empurrou uma carreta de transportar calçados e esta esbarrou em Barbosa, que não gostou e foi pedir mais cuidado ao reclamante, tendo ouvido como resposta que "ele não era moça, pois em moça é que não podia esbarrar; que daí surgiu uma discussão entre os dois."[46] Onadice confirmou que brigou com Barbosa, mas alegou que "respeitou a fábrica" e esperou o encerramento do expediente de trabalho para o "acerto de contas", ocorrido na Praça Nove de Julho. Lutou de mãos limpas, já que após perceber que o adversário não tinha arma entregou sua "faquinha" a um colega. As testemunhas disseram que os presentes o advertiram que ele "não seria homem se lutasse de faca".[47]

---

44 Depoimento de Domingos Cornélio ao autor.
45 Caixa 467. Processo 942/1954, f. 15.
46 *Ibidem*, f. 15 verso. Depoimento do trabalhador Dair Francisco das Neves.
47 *Ibidem*, f. 9, 13.

Afirmar que alguém "não era homem" desencadeou várias brigas ao longo dos anos estudados.[48] Expressões como esta ou como "você não é moça", por isso não pode reclamar de um simples esbarrão, faziam parte da linguagem deste grupo de operários e expressavam a exaltação de valores como coragem, honra e valentia, constituintes do senso de masculinidade construído socialmente, sendo o local de trabalho um espaço importante para este processo.

Tomar uns "aperitivos" é normal para qualquer homem

Assim como a tolerância às brincadeiras variou entre as indústrias, ocorreu o mesmo em relação a outro costume dos trabalhadores: o consumo de álcool. No capítulo anterior, demonstrei que alguns industriais premiavam seus funcionários com o patrocínio de bebedeiras, dentro das dependências de suas indústrias, após a realização de horas e trabalhos extraordinários, ou depois do cumprimento das metas de produção. Os churrascos de fim de ano, como os oferecidos pela *Amazonas* aos trabalhadores, também eram eventos de livre consumo de álcool. "Aquilo ali era da hora que amanhecia o dia até a noite, o dia inteirinho. Você podia beber, tinha ambulância pra levar nego tonto embora, médico pra aplicar injeção, tinha o diabo a quatro. E rapaz, nós bebia!"[49]

Nestes eventos, as bebedeiras faziam parte de momentos de confraternização e descontração e contribuíam para aproximar patrões e empregados. Como ocorriam após a jornada de trabalho, não interfeririam na produção industrial. Mesmo assim, essas confraternizações demonstravam a aceitação de alguns costumes dos trabalhadores, algo muito distinto da intromissão na vida privada dos operários com o objetivo de incutir-lhes hábitos regrados.[50] Resta saber como as indústrias reagiram quando trabalhadores se apresentaram alcoolizados para trabalhar ou quando o consumo de álcool repercutia no desempenho do operário e na organização do processo produtivo.

---

48 Por exemplo, AHMF. Caixa 147. Processo 485/1973; Caixa 302. Processos 560 e 561/1978.

49 Depoimento de Erotides de Souza ao autor.

50 A *Ford* foi um dos principais exemplos de intromissão na vida privada dos trabalhadores. O *Dia de Cinco Dólares* exigia hábitos pessoais considerados satisfatórios. "Asseio e comedimento eram atributos essenciais; o consumo de álcool e fumo era mal visto…" BEYNON, Huw. *op. cit.*, p. 42. Entre as indústrias de calçados, a *Bata* oferecia incentivos para os trabalhadores pararem de beber e fumar. Cf. ZELENY, Milan. "Bat'a system of management: managerial excellence found". *Human Systems Management*, v. 7, n. 3, 1988, p. 214.

Mais uma vez, os depoimentos indicaram que o *Curtume Orlando* constituiu-se em um dos principais exemplos da aceitação de expressões de indisciplina operária. Segundo Osmar Finotti, isso ocorria porque os trabalhadores eram "bons de serviço".

> O problema era a cachaçada. (Era comum isso?) Todos eles! Tudo pingaiada, tudo pingaiada! Tinha um pretinho que era redutor de cromo, às vezes ele chegava lá e a turma falava assim: "— Hoje o Toinzinho tá ruim." Aí eu precisava ficar de olho nele. Uma vez ele foi pra de baixo da bananeira e cheguei lá e ele tava com a pressão quase a zero, quase morreu lá. Bêbado! Bêbado, bêbado, bêbado... Peguei ele e pus dentro do carro e levei pra Santa Casa. Chegou lá e aplicaram uns remédios nele e levantaram a pressão dele. Quase morreu, de pingaiada! (E não mandava embora?) Não! Era bom de serviço! Então eu contornava isso tudo. [...] De domingo pra segunda então, Ave Maria! Era o problema.[51]

Dominguinhos foi um dos trabalhadores que exagerava na diversão durante a noite e se apresentava sem condições de trabalhar na manhã seguinte. O consumo excessivo de álcool começou durante sua adolescência, depois das partidas de futebol. Sua habilidade como jogador teria inclusive feito com que o gerente o contratasse para trabalhar no curtume, com o objetivo de reforçar a equipe da empresa que disputava torneios com times de outras fábricas.

> Quando eu ia trabalhar no curtume, eu chegava tonto e pensava assim: se eu for subir a escada com a lata de óleo, eu vou cair de lá e isso vai me machucar. *Então eu vou inventar uma mentira aqui e vou embora.* O gerente geral gostava muito de mim, porque jogar bola bem eu jogava. E ele me levou pro curtume pra jogar bola. Eu falava: "— Oh Osmar, eu vou dar um jeito de ir num médico, porque eu tô com uma dor de cabeça rapaz! Ontem de noite eu não dormi!" Ele falava: "— Descansa e amanhã você volta." Ia embora, mas tinha que ir no médico fazer o atestado daquele dia. [...] Quarta-feira eu ia pro Luis Gama [forró]. (E quinta?) Tinha que trabalhar e eu ia assim mesmo. Nossa Senhora rapaz, chegava triste. *Tava doente, mas da cachaça.* É![52]

Apesar destas ocorrências não serem incomuns, é provável que não fossem excessivamente recorrentes, pois dificilmente uma empresa, mesmo disciplinar-

---

51 Depoimento de Osmar Finotti ao autor em 28 de fevereiro de 2009.
52 Depoimento de Domingos Cornélio ao autor. (grifos meus)

mente menos rígida como o *Curtume Orlando*, admitiria que diariamente um trabalhador se ausentasse do trabalho em função de estar bêbado. Alguns faziam isto, mas durante a maior parte do tempo eles davam a produção e, por isso, o gerente contornava a situação, deslocava trabalhadores para cobrir ausências e tentava manter a produtividade dentro da normalidade.

O processo movido por José Fernandes Castro chamou a atenção justamente pelo fato de a empresa ter argumentado que lhe concedeu várias chances antes de demiti-lo. Após ser suspenso do trabalho em diferentes oportunidades, o dono da fábrica lhe enviou uma carta estabelecendo o prazo de três meses para ele se reabilitar. Admitido em 1958, José foi demitido em 1965, sob a justificativa de ter se enveredado pelo "vício da embriaguez", que ocasionava constantes faltas ao serviço. Os depoimentos coletados nas audiências definiram-no como um "oficial dos mais capacitados", a ponto de a produção cair quando ele faltava. O trabalhador negou o alcoolismo e justificou as faltas alegando outros problemas de saúde. Como o alcoolismo não restou comprovado, a demissão foi considerada injusta,[53] mas o mais relevante foi o discurso construído a respeito do tratamento dado ao suposto alcoolismo do montador de calçados. As chances recebidas para se reabilitar indicam a tentativa de recuperar um trabalhador considerado essencial para a empresa.

Em outras fábricas não ocorreu tal condescendência. Em 1972, a *Amazonas* demitiu um de seus motoristas porque este bebeu em serviço, durante deslocamento à cidade de Cristais Paulista, e entregou a direção do caminhão ao ajudante que não possuía habilitação. Estes fatos foram apurados em um inquérito interno após o porteiro comunicar aos superiores hierárquicos que, por volta das 20:00 horas, Osório Pelicari chegou buzinando, tocou a campainha exageradamente, engatou marcha-ré ao invés da primeira marcha e desceu do caminhão "bambeando" e com cheiro de álcool. Em depoimento à JCJ, Osório negou ter bebido em serviço, mas admitiu ter tomado uma "dose normal" de pinga, na sua própria residência, antes de entregar o veículo à empresa. Inquirido, disse que "costumava tomar seus aperitivos, mas o que é normal em qualquer homem."[54] A escolha de suas testemunhas não foi uma estratégia muito feliz, pois Osório levou dois vizinhos que afirmaram conhecê-lo da rua e do bar. Os três bebiam juntos,

---

53 AHMF. Caixa 8. Processo 129/1968. Iniciado em 11de março de 1965.
54 AHMF. Caixa 120. Processo 517/1972, f. 10.

mas sem exageros. Consequentemente, a reclamação foi julgada improcedente e a demissão por justa causa foi confirmada.

Alguns processos apresentaram indícios de que o comparecimento ao trabalho sob efeito do álcool pode ter sido mais frequente no turno da noite. Em 1973, Osmar de Oliveira, funcionário da *Amazonas*, foi demitido por ter se apresentado, por volta das 22:00 horas, "completamente embriagado" e sem condições de trabalhar.[55] Sipriano Batista trabalhava na *Sanbinos* – empresa do grupo *Sândalo* – no noturno e, em 21 de novembro de 1978, recebeu uma suspensão por ir trabalhar embriagado. Pouco tempo depois, em 15 de dezembro, foi proibido de trabalhar pelo chefe por estar novamente alcoolizado. O trabalhador se recusou a acatar a determinação de se retirar da fábrica e entrou em luta corporal com o superior hierárquico e com o vigia que tentou retirá-lo à força das dependências da empresa.[56]

Durante a Copa do Mundo de 1986, Álvaro Vieira de Mello, um dos vigias noturnos do grupo *Samello*, foi demitido por ir trabalhar embriagado. Na contestação da reclamação trabalhista, a empresa argumentou que não podia "em hipótese alguma admitir que um de seus funcionários, ainda por ser vigilante, permane[cesse] em serviço em estado de embriaguez."[57] O trabalhador, que inicialmente argumentou ter bebido apenas um copo de cerveja para comemorar a vitória da seleção brasileira, admitiu em depoimento à JCJ:

> É verdade que tomou uma cervejinha por voltas das 19:00 e quando entrou em serviço às 22:00 horas ainda estava com um pouco de cheiro de álcool; além disso o depoente estava "meio alegre" por causa da cerveja, mas estava em condições de trabalhar normalmente; [...] reconhece que quando José Luiz [chefe geral] chegou não estava no "normalzinho" do depoente...[58]

Noutros casos, as demissões foram sumárias porque a embriaguez foi agravada por outras atitudes de insubordinação. Em 1983, Antônio Bueno, sob contrato de experiência com a *Calçados Terra*, "compareceu na empresa completamente embriagado e, no Departamento Pessoal disse '- Hoje estou de greve e

---

55   AHMF. Caixa 143. Processo 393/1973, f. 7.
56   AHMF. Caixa 516. Processo 1072/1979.
57   AHMF. Caixa 585. Processo 785/1986, f. 24.
58   *Ibidem*, f. 36.

não vou trabalhar."⁵⁹ No mesmo ano, Ronaldo Dias, funcionário da *Calçados Passat*, chegou atrasado após o horário de almoço e "*embriagado*, gritando e batendo nas mesas chamando o patrão de palhaço, bobo, para em seguida pegar o empregador pelos braços e balançava como se fosse jogar contra a parede. O empregador como pessoa de estatura fina e pequena não reagiu porque seria fatalmente esmagado."⁶⁰ Nestas ocorrências, o consumo de álcool parece ter contribuído para que os trabalhadores explicitassem suas revoltas para com as empresas, como no caso de Ronaldo, acusado de ofender verbalmente seu patrão e de aplicar-lhe alguns safanões.

O consumo de álcool pode ser interpretado como expressão da resistência operária ao sistema fabril? A meu ver, sim. O operário sob efeito de álcool tinha a capacidade motora, a concentração e o raciocínio afetados, o que repercutia na sua produtividade, pois seus gestos não tinham a destreza habitual. Além disso, comparecer embriagado ao trabalho expressava a recusa de certas normas disciplinares e, ao mesmo tempo, demonstrava que o trabalhador não abdicava de seus hábitos por causa do trabalho. Aqueles trabalhadores que passavam a noite em festas ou bailes e que, por isso, faltavam ao trabalho no dia seguinte ou se apresentavam sem estar em plenas condições físicas de exercer suas atividades, evidenciavam que eram donos de suas próprias vidas, que não se transformaram em autômatos de engrenagens produtivas e tampouco abdicaram de seus divertimentos para viverem exclusivamente para a produção.

"O absenteísmo é uma doença grave para a indústria e o progresso da nação"

As faltas não justificadas e/ou excessivas foram um dos principais motivos para a aplicação de advertências e suspensões. Entre demissões e punições, localizei 331 registros de trabalhadores penalizados por este motivo. Além das penalidades, as empresas desenvolveram estratégias para persuadir os trabalhadores a serem assíduos, como as premiações na forma de acréscimos salariais. O absenteísmo resultava em transtornos para a organização interna da produção, pois a necessidade de deslocar um trabalhador para cumprir a função do ausente poderia acarretar queda da produtividade, já que o substituto nem sempre teria

---

59 AHMF. Caixa 451. Processo 523/1983, f. 14.
60 AHMF. Caixa 452. Processo 544/1983, f. 16. (grifos no original).

a mesma habilidade para o desempenho da função. Além disso, a depender do tamanho da fábrica, poderiam não existir funcionários suficientes para cobrir as faltas dos outros.

A legislação trabalhista possuía dispositivos com o fim de desestimular as faltas ao trabalho. A Lei 605 de 5 de janeiro de 1949 estabeleceu o direito ao repouso semanal remunerado, mas determinou que "não será devida a remuneração quando, sem motivo justificado, o empregado não tiver trabalhado durante toda a semana anterior, cumprindo integralmente o seu horário de trabalho."[61] Do mesmo modo, a extensão do período de férias anuais estava condicionada à quantidade de faltas ao longo do ano:

> Art. 130. Após cada período de 12 (doze) meses de vigência do contrato de trabalho, o empregado terá direito a férias, na seguinte proporção:
> I – 30 (trinta) dias corridos, quando não houver faltado ao serviço mais de 5 (cinco) vezes;
> II – 24 (vinte e quatro) dias corridos quando houver tido 6 (seis) a 14 (quatorze) faltas;
> III – 18 (dezoito) dias corridos, quando houver tido de 15 (quinze) a 23 (vinte e três) faltas;
> IV – 12 (doze) dias corridos, quando houver tido de 24 (vinte e quatro) a 32 (trinta e duas) faltas.[62]

Há diferentes indícios de que estas leis não alcançaram plenamente o objetivo de reduzir o absenteísmo. Segundo Leite Lopes, no caso dos têxteis da *Companhia Paulista*, o aumento salarial advindo com a Lei 605, criada para aumentar a eficiência do trabalho, parece ter tido um efeito contrário, pois possibilitou "liberar com mais frequência algum membro familiar" para se ausentar do trabalho.[63] Entre os borracheiros, curtumeiros e sapateiros, o desconto do descanso semanal remunerado fez com que muitos evitassem faltar ao serviço, mas outros se ausentavam com relativa frequência. Não por acaso, Valentin Carrion, ao julgar uma solicitação de cancelamento de uma suspensão por faltas injustificadas,

---

61 Art. 6º da Lei 605 de 5 de jan. de 1949. Disponível em: <http://www.planalto.gov.br/ccivil_03/Leis/L0605.htm>.
62 Decreto-Lei Nº 1.535 de 15 de abril de 1977. Alterou o Capítulo IV do Título II da CLT, relativo às Férias. Disponível em: <https://www.planalto.gov.br/ccivil_03/decreto-lei/Del1535.htm#cap>.
63 LOPES, J. S. L., *op. cit.*, p. 285.

asseverou: "dúvida alguma pode haver de que *o absenteísmo é uma doença grave para a indústria e o progresso da Nação, que deve ser combatido*."⁶⁴

No final dos anos 1960, duas reclamações trabalhistas movidas por trabalhadores demitidos pela *Amazonas* indicam que eles não se adaptaram às condições de trabalho e que isso contribuiu para que faltassem várias vezes num curto espaço de tempo. José Carlos Evangelista foi demitido por causa das *30* faltas durante *sete* meses de trabalho. Os memorandos redigidos pelo chefe de seção dão conta que José justificou um período de ausência alegando doença, mas não apresentou atestado médico.⁶⁵ Luciano Simão faltou *16* vezes em *cinco* meses de serviço, o que, segundo a empresa, ocasionou a paralisação de máquinas. Em seu depoimento, Luciano afirmou que algumas faltas foram motivadas pela doença de seu filho, mas disse que não as justificou porque pretendia deixar o serviço. Teria inclusive pedido "as contas", mas a empresa não aceitou. Isso ocorreu por não atenderem seu pedido para não ser colocado no calor, por determinação médica.⁶⁶ Neste caso, foi evidente sua recusa ao trabalho na seção de prensas e a maioria das faltas decorreu deste motivo.

A reclamação de Benedito Borges contra a *MSM* apresenta outras evidências para a compreensão do tema. O trabalhador foi suspenso por um dia após se ausentar do trabalho no período da tarde. A seu ver, a penalidade foi injusta, uma vez que, no dia 15 de agosto de 1967, ele deixou de trabalhar no segundo período do expediente porque o presidente da República estava na cidade e ele se dirigiu ao recinto da exposição de animais,

> onde de resto se encontrava boa parte da população de nossa cidade, para prestar as devidas homenagens ao mais alto mandatário da nação. Aliás, embora não tenha sido decretado feriado municipal, algumas indústrias e o comércio em geral atenderam ao apelo formulado pelo Sr. Prefeito Municipal, no sentido de que fossem, naquele dia, suspensas as atividades econômicas da cidade, para propiciar a oportunidade do maior comparecimento possível de pessoas à chegada do Sr. Presidente da República.⁶⁷

---

64 AHMF. Caixa 10. Processo 225/1968, f. 32. (grifos meus). Apesar desta posição, o caso sob judice foi julgado procedente, pois o trabalhador faltara apenas duas vezes ao longo de três anos.

65 AHMF. Caixa 42. Processo 751/1969, f. 7.

66 AHMF. Caixa 29. Processo 321/1969.

67 AHMF. Caixa 19. Processo 768/1968, f. 2.

A *MSM* não se sensibilizou com esse gesto cívico e argumentou que Benedito exercia a importante função de caldeireiro e ao abandonar o serviço, em desrespeito à disciplina interna, causou transtornos à produção. O ponto mais relevante da contestação à reclamação foi o aspecto disciplinar como um exemplo para o coletivo.

> Não se trata, no caso presente, de discutir o valor da reclamação que é pequeno. Trata-se, no caso, de *fazer valer os regulamentos de trabalho da firma, o seu poder de comando e o caráter disciplinar dos horários de trabalho*. A suspensão do reclamante por 1 dia deveu-se a esse *direito indisputável* da reclamada de *fazer valer os seus regulamentos na sua indústria, a fim de evitar a indisciplina generalizada, a quebra da produção e outros prejuízos daí decorrentes.* [...] espera a reclamada que o MM. Juiz pondere o fato de ser o reclamante apenas um das várias centenas de empregados da firma, cuja sobrevivência repousa no *princípio da disciplina e da lei*. Assim, espera que a presente reclamação não seja deferida, porque o pequeno valor que ora se pretende pode significar um *alto prejuízo moral e material* para a reclamada. [...] A reclamada integra um grupo econômico desta cidade que emprega cerca de 2.000 empregados. Nessas condições, faz-se necessário, observar os regulamentos internos de cada fábrica para que o complexo econômico das várias indústrias não seja arruinado com interrupções do trabalho, desperdício de matéria prima e descumprimento das exigências de produção.[68]

A preocupação manifestada pela empresa não era ser compelida a ressarcir o trabalhador por um dia de trabalho, e sim ter seu poder de comando questionado pelo empregado e deslegitimado pela intervenção de uma instituição estatal. Isto poderia encorajar outros funcionários a burlarem as normas disciplinares e se sentirem no direito de solicitar a anulação das punições, acarretando "prejuízos morais e materiais". Para desestimulá-los a faltarem ao serviço, Benedito recebeu a suspensão e serviu como um exemplo a demonstrar que as normas internas eram invioláveis. Tal qual ocorrera em outras ações punitivas para combater a indisciplina operária, a penalidade imposta a este operário que alegou querer apenas prestigiar o militar Costa e Silva possuiu um sentido pedagógico num processo mais amplo de disciplinarização da força de trabalho.

Indústrias como a *Samello* utilizaram as diferentes interpretações sobre os dispositivos legais a seu favor e não pagaram férias integrais aos funcionários

---

68 Proc. 768/1968, f. 12-13. (grifos meus)

que se ausentaram do serviço além do número máximo de vezes previsto na CLT, mesmo com a apresentação de justificativa médica.[69] A maioria das fábricas recorreu à aplicação penalidades crescentes – advertência verbal, escrita e suspensões com o aumento gradual do número de dias – para tentar tornar os funcionários assíduos ao trabalho. Além das perdas salariais, as suspensões representavam a possibilidade, caso reincidissem no ato, de demissões por justa causa, implicando em perda de direitos trabalhistas. Os históricos das penalidades aplicadas antes da demissão serviam como suporte jurídico para legitimar a dispensa e demonstravam a tolerância e a tentativa de corrigir o funcionário.[70]

Com o objetivo de tornar os trabalhadores assíduos e pontuais, foram estabelecidas normas que impediam a entrada daqueles que se atrasassem, ainda que poucos minutos, no início do expediente de trabalho. Contraditoriamente, o rigor com a pontualidade poderia acarretar faltas injustificadas, visto que "faltando a empregada ao serviço minutos, horas ou mesmo um dia, perderá esta jornada e mais o descanso semanal remunerado."[71] Em determinadas empresas, o trabalhador impedido de trabalhar na parte da manhã, por atraso, poderia se apresentar à tarde, mas como não perceberia o descanso semanal remunerado, se ausentava durante todo aquele dia de trabalho.

Na *Amazonas*, muitas vezes os trabalhadores ficaram à mercê da idiossincrasia de um dos porteiros. Oficialmente, havia uma tolerância de até dez minutos de atraso para marcar o cartão de ponto no início da jornada, mas dependendo do humor do "seu Nelson", mesmo o trabalhador que chegava dentro deste prazo poderia não ter o acesso à fábrica permitido.

> Tinha o prazo de cinco a dez minutos, mas tinha dia que eu não sei como tava o seu Nelson – o seu Nelson deve tá abrindo portão e fechando portão lá em cima hoje (risos) – porque ele era... ele era bem rígido! [...] E se perdesse a hora, perdia sábado, domingo. Então a gente tentava chegar bem no horário. [...] Uai, se você levanta de madrugada, você não vai lá na porta da *Amazonas* pra fazer graça.[72]

---

69 Cf. AHMF. Caixa 119. Processos 494/1972 e 497/1972. Nos dois casos, a decisão da empresa foi legitimada pela Justiça Trabalhista; Caixa 121. Processo 536/1972. Entraram em composição amigável.

70 Entre outros, Caixa 317. Processos 257/1979 e 259/1979. Trabalhadoras demitidas pela *Sândalo*.

71 AHMF. Caixa 281. Processo 658/1977, f. 23. Excerto da decisão da JCJ presidida por Valentin Carrion.

72 Depoimento de Janice das Graças Santos ao autor em 9 de abril de 2009.

O porteiro Nelson Barduco foi, inclusive, entrevistado em uma edição de *O Amazonas*. Ao ser questionado sobre a fama de "durão", respondeu: "concordo, pois obedeço ordens de meus superiores e sou obrigado a agir sem que eu perca a autoridade." Tal postura o fez ser desafiado para brigas várias vezes, mas ele nunca aceitou para não ser prejudicado. O outro porteiro, Anor Ravagnhani, fazia o estilo "bonzinho" e disse que ficava chateado "quando um funcionário perde a hora ou esquece a carteirinha, sendo obrigado a voltar. Sei perfeitamente que no fim do mês esta falta vai descontrolar o seu orçamento."[73] Cândido Vitor Vieira foi um dos trabalhadores penalizados por falta injustificada após ser impedido de entrar no primeiro período de trabalho por se atrasar três minutos. Seu chefe disse que isso ocorreu porque mesmo dentro do prazo de tolerância era a quarta vez que ele se atrasava.[74]

O combate ao absenteísmo combinou punição e persuasão. Se descontar o descanso semanal remunerado não foi plenamente suficiente para conseguir trabalhadores "campeões em assiduidade", fábricas como a *Amazonas* e a *Sândalo* estabeleceram outros incentivos financeiros aos trabalhadores que não faltavam. Como afirmei no quarto capítulo, muitas políticas sociais implantadas pelas empresas decorreram da necessidade de combater resistências operárias. No caso específico, os incentivos financeiros foram uma resposta à indisciplina materializada nas faltas ao trabalho. A quantidade de processos sobre o tema evidencia que o êxito de tais políticas não foi pleno, mas inegavelmente, atraíram muitos trabalhadores, pois nem tudo era rebeldia na relação entre trabalho e capital. José do Nascimento, por exemplo, guardou com orgulho uma caneta que recebeu dos diretores da *Sândalo* por ter trabalhado sem faltas injustificadas ao longo de oito anos.

> O Sândalo tinha uma boa administração, você não faltava, você era um empregado bom, no fim do mês tinha um abono fora do seu salário e você recebia mais tanto, se você não tinha advertência, não tinha falta, não tinha nada, pegava sua ficha, olhava seus cartão [de ponto], mais tanto. Agora por que eles faziam isso? Você faltou não ganhava. Eu trabalhei certinho, ganhava. Se você faltasse um dia, se faltasse uma hora perdia esse abono que eles davam, uma hora que você faltasse. Não por doença, você pegava uma requisição, uma coisa, normal, mas se você faltasse um

---

73 *O Amazonas*. "Destaque". s. n., set. de 1974, p. 5. O termo "bonzinho" foi empregado pelos próprios porteiros.

74 AHMF. Caixa 10. Processo 225/1968.

> dia você perdia. Isso aí forçava o funcionário ir. Era bom uai, forçava você trabalhar! Achava bom! Achava bom, por causa de malandro, o cara chegava lá, igual acontece aí, meu dente ontem doeu, minha cabeça doeu, eu fui levar a mulher no pronto socorro, então a fábrica não tem nada a ver com isso, o cara te ajusta e ele não quer saber do seu problema, ele quer saber das suas horas trabalhadas, agora o resto das suas horas você faz aquilo que você quer fazer uai! Agora eu achava isso importante, uhhhh! Eu trabalhei oito anos... Você já viu aquela caneta amarela? Eu tenho uma caneta aí dentro, uma caneta amarela, eu trabalhei oito ano sem uma falta. Mas o que que eles me deram? Me chamaram lá no escritório. Uma caixinha, uma caneta folheada a ouro, muito bonitinha. "—Por que isso aí?" "— Zé você faz oito anos que tá aqui hoje e você não tem uma falta. Então você guarda de lembrança."[75]

O relato de José Nascimento indica que ele assimilou elementos do discurso de combate ao absenteísmo. Além de ficar tanto tempo sem cometer faltas injustificadas, ele definiu os trabalhadores que se ausentavam com frequência como "malandros" que inventam desculpas variadas para deixar de cumprir as obrigações para as quais eram contratados.

De acordo com o excerto, a Sândalo não deixava de conceder o prêmio por causa de ausências justificadas. A *Amazonas* era mais rígida, apenas os trabalhadores que não tivessem qualquer falta durante o mês recebiam o incentivo. Em 1975, um trabalhador dispensado por esta fábrica entrou na Justiça com o objetivo de receber uma diferença salarial nas verbas rescisórias composta justamente pelo referido prêmio. A empresa se opôs à solicitação sob a alegação de não ter ocorrido a habitualidade, caracterizada no transcurso de 12 meses ininterruptos, que justificaria a incorporação do benefício aos salários.

> No início de 1974, a reclamada, no sentido de *estimular* determinadas categorias de seus colaboradores, recompensando a *eficiência e pontualidade*, visando a cada trabalhador em particular, e como fruto da liberalidade empresarial resolveu conceder ao reclamante um "prêmio de frequência". Para fazer jus ao citado prêmio, o reclamante deveria preencher certas condições, tais como: não se ausentar do trabalho, por um dia sequer, *nem mesmo quando a ausência fosse justificada por atestado médico*. Trata-se, pois, de prêmio, cuja concessão fica na dependência de fato aleatório, e, por isso mesmo, não tem a natureza salarial. O reclamante fez jus ao citado

---

75 Depoimento de José Domiciano do Nascimento ao autor em 27 de setembro de 2003.

prêmio durante os meses de janeiro de 1974 a janeiro de 1975, com exceção dos meses de junho e julho de 1974.[76]

O trabalhador em questão, José Sampaio de Almeida, cumpriu as condições estabelecidas pela empresa no transcurso de dez meses, por isso considerou que o acréscimo salarial transformara-se em um direito adquirido por meio de sua dedicação ao trabalho.

A necessidade de justificar as ausências para não sofrer descontos salariais e não ser penalizado gerou outro ponto de conflito entre trabalho e capital: a aceitação ou recusa dos atestados médicos. Ao analisar a embriaguez e suas repercussões sobre a produtividade dos trabalhadores, este tema veio à tona no depoimento de Dominguinhos, pois mesmo em uma fábrica menos disciplinadora, ele deveria apresentar atestados médicos sempre que o gerente o dispensava do trabalho por causa da indisposição física. Porém, como ele afirmou, "tava doente, mas de cachaça."[77] Ao recorrer a esta estratégia, este trabalhador manipulava as normas disciplinares, visto que seu mal estar advinha das bebedeiras durante a noite anterior.

Outros trabalhadores fingiram deliberadamente problemas de saúde para faltar ao trabalho. Léia Maria de Rezende Silva, ex-sindicalista, assumiu essa prática e relatou que sua estratégia consistia em simular moléstias, como diarréia e dor de cabeça, mais difíceis de serem identificadas como fingimento. Em outros casos, médicos amigos de trabalhadores poderiam fornecer-lhes atestados, mesmo que não estivessem doentes.

> No *Paragon* mesmo, uma vez eu disse que estava com uma diarréia, com uma dor na barriga. Eu estava desanimada de trabalhar depois do almoço, falei que naquele dia eu não ia mais trabalhar, e peguei e falei que estava com dor na barriga, pedi uma autorização para ir na Unimed, porque naquela época era Unimed. Fui e ganhei o atestado. Cheguei lá o médico me examinou, achou que eu tava mesmo, mandou eu tomar chá com biscoito, e tal, com torrada. (risadas) Queria me dar uma injeção e eu falei que não, que não gostava de injeção, falei pra passar um remédio de farmácia que eu ia comprar, mas eu não tinha nada! E peguei e ganhei o atestado depois do almoço e não fui depois do almoço. Foi algumas vezes que aconteceu isso. [...] Quem tinha médico, colega, conhecido, eu já fiquei sabendo de

---

76 Caixa 203. Processo 250/1975, f. 10. O caso foi conciliado. (grifos meus)
77 Depoimento de Domingos Cornélio ao autor.

muitos que ia e falava que tava com problema e o médico dava três, quatro dias de atestado e não tinha nada.[78]

Essas simulações ocorriam *"no dia que você não tava a fim de trabalhar, porque tem dia que você está cansada, esgotada do serviço. Aí você pegava e falava: '— Vamos dar um jeito?' '— Vamos!'* Fazia sozinha, mas *sempre comentava com a colega..."*[79] Como se verifica, tais ações eram deflagradas devido ao cansaço e não poderiam ser praticadas com grande frequência para não gerar a desconfiança dos chefes. Apesar de ser uma ação individual, o depoimento indicou que era comentada com o colega mais próximo. Portanto, mesmo este tipo de resistência compartilhava da solidariedade de alguns companheiros de trabalho e indica a formação de laços de solidariedade horizontal entre os trabalhadores.

Seria ingenuidade acreditar que as administrações industriais não estavam atentas a estas simulações dos trabalhadores. As empresas de porte grande contrataram seus próprios médicos e diversos processos trabalhistas foram movidos porque estes profissionais restringiam a aceitação de atestados fornecidos por outros médicos, uma vez que cabia a eles validar o documento apresentado para abonar as faltas. Esta medida dificultava a ocorrência de casos como o citado acima de atestados fornecidos a trabalhadores saudáveis.

No final dos anos 1960, a recusa da *Amazonas* em aceitar atestados de outros profissionais teve como principal alvo os documentos fornecidos pelo médico da *Associação Profissional dos Borracheiros*, fundada em 1967. Nesse ano, 13 trabalhadores[80] moveram uma reclamação trabalhista porque, em momentos diferentes, recorreram ao Dr. Cirilo Barcelos, médico da *Associação*, e a empresa não abonou suas faltas, efetuou descontos salariais e lhes aplicou penalidades. O advogado dos reclamantes alegou que a *Amazonas* feriu a honra do médico e dos trabalhadores. A empresa justificou a recusa sob a alegação de que o atestado deveria ser oficial, diferente dos que foram apresentados, pois nem todos tinham firma reconhecida. Além disso, enfatizou que para esse médico, a Justiça do Trabalho teria se tornado uma pilhéria judicial, pois nem ao menos especificou a

---

78 Depoimentos de Léia Maria de Rezende Silva ao autor em 6 e 8 de março de 2005.
79 *Ibidem*. (grifos meus)
80 Aparecida Oliveira Mondine, Benedito Belarmino Tristão, Edjalma Ferreira Pessoa, Esmeraldo Moscardini, Iolanda Benicio da Silva, Izair de Souza, Jaime Pereira, Janete de Andrade, José Antonio da Cruz, José Antonio Filho, Luiz Batista da Cruz, Maria Aparecida da Silva, Romildo Amélio da Silva.

moléstia em cada atestado. "Tais atestados mais se assemelham a *justificativas de negligência, de preguiça ou de vagabundagem* de seus personagens."[81] Em 1968, o chefe do Departamento de Pessoal da *Amazonas*, Camilo Pinheiro, afirmou em outra audiência trabalhista que "a reclamada não aceita atestado de médico particular, porque a reclamada tem um, por ela contratado."[82]

O próprio ambulatório médico das empresas poderia se transformar em espaço de conflitos e ameaças de agressões físicas aos profissionais do setor que se recusavam a atender certas solicitações dos trabalhadores. Em 1969, Antonio Campos foi demitido pela *Amazonas* por abandonar o trabalho, se dirigir ao departamento médico sem prévia autorização e lá desacatar e ofender um funcionário. De acordo com o enfermeiro que o atendeu, Antonio "queria obrigar-me a abonar por uns 10 dias para que ficasse em casa." Além disso, exigia ser trocado de serviço, solicitações que não poderiam ser concedidas. Antonio se revoltou por ele não querer "quebrar o galho" e passou a ofendê-lo. Frente à ameaça de o caso ser levado ao conhecimento de seus superiores hierárquicos, teria respondido que "poderia levar, porque ele não tem medo, ele queria quebrar o pau com o seu chefe, e não custaria nada quebrar o pau com o enfermeiro. E que era melhor que eu me calasse a boca e fosse latir dentro do consultório, porque nem eu nem ninguém iria obrigá-lo a trabalhar no cilindro."[83] As ofensas atribuídas pelo enfermeiro ao reclamante sugerem a recusa ao trabalho em uma seção insalubre e com metas de produtividade que exigiam grande esforço físico.

Além da recusa de emitir ou de endossar atestados fornecidos por outros profissionais, nos anos 1980, o boletim *O Sapateiro* denunciou casos de maus tratos aos trabalhadores por parte dos funcionários dos ambulatórios médicos de algumas empresas.

> *MÉDICO DO GUARALDO*
> Existe [sic] várias reclamações dos trabalhadores do Guaraldo que estão com algumas dúvidas:
> 1ª – Se Clínico Geral é a mesma coisa que Veterinário.
> 2ª – Se Veterinário é a mesma coisa que Clínico Geral.

---

81 AHMF. Caixa 4. Processo 40/1968, f. 34. Iniciado em 16/11/1967 no Cartório de 2º Ofício. (grifos meus)
82 AHMF. Caixa 8. Processo 154/1968, f. 9.
83 AHMF. Caixa 48. Processo 951/1969, f. 20, 27-29.

A dúvida surgiu pelo fato que há tempos estão sendo tratados no Ambulatório Médico de maneira grosseira e sem a devida atenção que deve dar aos trabalhadores. Segundo a reclamação tem se negado a aceitar atestados de outros médicos, encaminhamento para exames, etc..., os problemas são muitos e o pessoal está muito revoltado se já não bastasse os baixos salários, as péssimas condições de trabalho e agora estão querendo fazer trabalharmos sem ter condições de saúde.[84]

Em outra denúncia, foi publicada uma carta enviada por um funcionário da *Samello* ao Sindicato dos Sapateiros com o relato da orientação recebida pelos trabalhadores para que, mesmo doentes, recusassem atestados médicos. "Para os homens disse: quando estivermos doentes e os médicos derem atestados, é para os funcionários não aceitarem, *'devem' voltar ao trabalho e colaborar com a fábrica*." Em resumo, "é para o pessoal parar com isso de ir ao médico e para pensar primeiro no bom funcionamento da fábrica."[85]

Os diferentes registros analisados comprovam o estabelecimento de um conjunto de ações desenvolvidas com o objetivo de evitar que os trabalhadores se ausentassem da produção. Provavelmente, os médicos contratados pelas empresas eram orientados a serem mais rígidos para abonar faltas e fornecer atestados. As denúncias feitas por meio do boletim sindical dos sapateiros sugerem ainda que algumas fábricas possam ter orientado os profissionais do setor a não tratarem os trabalhadores com dignidade, objetivando fazer com que eles recorressem ao serviço ambulatorial oferecido pela empresa apenas em casos de necessidade extrema. Dessa forma, observa-se que o serviço médico, um dos componentes das políticas sociais oferecidas aos trabalhadores, não foi uma simples concessão em recompensa aos seus esforços e tampouco teve exclusivamente o objetivo de diminuir a rotatividade da força de trabalho. O serviço médico constituiu-se em mais um elemento de disciplinarização e, consequentemente, deflagrou conflitos sociais.

---

84 STIC. *O Sapateiro*. n. 43, novembro de 1987. (grifos no original). Este tipo de denúncia foi recorrente em vários números do boletim.

85 *Idem*, n. 39, setembro de 1987. (grifos meus)

A arte de "fazer cera": tempo de trabalho é para trabalhar?

O controle dos banheiros

Os banheiros e os vestiários eram locais de interação entre os trabalhadores, de brincadeiras, de discussões e até de brigas. Além disso, foram espaços importantes de disputas entre trabalho e capital, pois muitos trabalhadores permaneciam nos banheiros por mais tempo do que o necessário para fazer suas necessidades fisiológicas, com o objetivo de descansar do desgaste gerado pelo trabalho. Por meio desta ação se reapropriavam de parte do tempo que deveria ser dedicado à produção. Em contraposição, as indústrias implantaram sistemas disciplinares para coibir essa prática e controlar as idas e o tempo de permanência nestes locais.

Em indústrias com ritmo de trabalho mais intenso só era possível ir ao banheiro quando outro trabalhador assumia o posto de trabalho. Na *Amazonas*, o responsável por distribuir a massa de borracha entre os prenseiros cobria as saídas. "Pra ir no banheiro precisava daquela pessoa vir e ficar no lugar da gente, porque tinha que dar a produção. E se não desse produção, quando era no outro dia de manhã era chamado na mesa do chefe geral. Os outros ia embora e você ficava lá escutando ladainha!"[86] Nas indústrias calçadistas que utilizavam esteiras era preciso tentar adiantar o serviço ou esperar que o coringa – trabalhador polivalente e capacitado a exercer múltiplas tarefas na linha de montagem – cobrisse a saída do trabalhador. Como a esteira não podia parar, o coringa adquiria importância central para manter o fluxo produtivo e quando ele assumia "o nosso lugar, de forma geral, a gente queria tirar um pouco de proveito da situação. Então se normalmente você levava dois minutos pra ir no banheiro, o cara levava cinco, seis. Isso era quase que geral."[87]

A prática de gastar um pouco mais de tempo do que o estritamente necessário para se deslocar e utilizar o sanitário se tornava um hábito e os operários que não compartilhavam da estratégia poderiam ser alvos de deboche dos demais, pois estariam excessivamente preocupados em contribuir com o patrão. "— Oh,

---

[86] Depoimento de Francisco Nicolau ao autor em 12 de outubro de 2007.
[87] Depoimento de Francisco de Andrade ao autor.

você é puxa-saco hein? Foi no banheiro com um minuto?' (risadas) Ele era taxado de puxa-saco."[88] Por outro lado, Idacir Ferreira afirmou que o trabalhador só fazia hora no banheiro quando os chefes eram omissos. "Isso é fábrica que não tem liderança, fábrica que tem liderança, você tá ali olhando. Eu tolero um cara ir no banheiro por até oito minutos."[89] Para coibir este tipo de "cera", foram desenvolvidas estratégias como: obrigatoriedade do trabalhador portar um cartão específico para este fim; restrição do número de vezes que poderia ir ao banheiro em cada período de trabalho; e contratação de faxineiros para limpar os sanitários e, principalmente, fiscalizar os trabalhadores enquanto os utilizavam.

Os processos trabalhistas possibilitaram interpretar alguns conflitos sociais em torno deste tema. Em 1968, três sapateiras consideraram injustas as suspensões que receberam por terem ido juntas ao banheiro sem portar as senhas exigidas pela empresa. De acordo com o advogado da *Calçados Peixe*, a empresa aplicou as penalidades para punir as três funcionárias que ousaram questionar seu poder de comando ao desrespeitar o regulamento interno.

> A firma reclamada estabeleceu sistema próprio para uso do sanitário, a fim de evitar atrito entre os operários e aglomeração sempre prejudicial ao serviço. Todos os empregados conhecem o regulamento interno da firma, respeitando-o e até o momento nenhum caso surgiu. As reclamantes, desobedecendo as ordens internas e em atitude de desrespeito, foram aglomeradamente ao sanitário, ficando ali palestrando, não cumprindo o regulamento interno. Ou a firma tem o poder de comando, estabelecendo normas internas que não colidam com a Lei, ou perde completamente sua autoridade para administrar. Sabido é que *o empregado deve conhecer o regulamento interno, para que tudo não caia na baderna. As reclamantes fizeram ouvido mouco e quiseram sentir o pulso do empregador.* Razão porque da suspensão que foi calcada em lei.[90]

Em alguns casos, os chefes de seção determinavam que os faxineiros e fiscais dos banheiros realizassem relatórios a respeito de determinados trabalhadores que se ausentavam muitas vezes do trabalho para ir ao sanitário. Sebastião Ananias era um dos encarregados do vestiário da *Amazonas* e nesta condição exercia "controle sobre todos os empregados que se dirigem a tal dependência, fazendo

---

88 Depoimento de Francisco de Andrade ao autor.
89 Depoimento de Idacir Ferreira ao autor.
90 AHMF. Caixa 14. Processo 469/1986, f. 12. (grifos meus)

anotações, como fez em relação ao reclamante, quando isto lhe é determinado."[91]
O referido reclamante era o prenseiro Oswaldo Venerando, protagonista de um caso extremo de utilização excessiva do banheiro. No transcurso das anotações feitas pelo faxineiro, constatou-se que entre o segundo período de trabalho do dia 11 e o dia 15 de outubro, ele deveria ter trabalhado 35 horas e 30 minutos, mas permaneceu no vestiário por sete horas e 17 minutos.

Do mesmo modo que um dos porteiros desta fábrica ficou marcado nas lembranças dos trabalhadores por ser muito "durão", o fiscal do banheiro desfrutou da mesma fama. "Ele era rígido rapaz! [...] Você entrava no banheiro e começava a demorar um pouquinho: '- Opa, faz tantos minutos que você tá aqui já, vamos trabalhar, senão o chefe vem atrás de você aqui.' Falava desse jeito, batia na porta do banheiro."[92] Na seção de aparação dirigida por Zilda Malta, ela mesma se encarregava de ir atrás das subordinadas que "faziam cera".

> Às vezes tinha gente que ia pro banheiro só pra *se esconder um pouco do trabalho* e às vezes eu ia atrás, eu ia ver, quando era mulher eu ia. Agora quando era homem, que eu também tive vários subordinados homens, aí a gente podia pôr um homem ali, ou quando chegava a gente cobrava. Se tava doente você ia dar remédio ou mandar pro médico.[93]

Sob esse tipo de controle, os fiscais de banheiro e os chefes de seção tornaram-se alvos da revolta dos operários e por várias vezes foram agredidos verbalmente por operários repreendidos. Na *Sanbinos*, o tempo de permanência no sanitário passou a ser controlado em meados dos anos 1980, "[...] antes da contratação do faxineiro o tempo era liberado e não havia controle, mas depois que foi contratado o faxineiro este começou a 'regulamentar o banheiro.'" Não tardou para ocorrerem os primeiros desentendimentos entre os operários e este funcionário. José Sobrinho trabalhava na empresa há quatro anos e tinha o hábito de ir ao banheiro três ou quatro vezes por dia, demorando entre cinco e dez minutos. Porém, a empresa determinou que o tempo máximo de permanência no local não excedesse cinco minutos. Disso resultou as ofensas ao faxineiro e ao seu superior hierárquico: "Jonas Barbosa Ribeiro, que tomava conta do banheiro,

---

91 AHMF. Caixa 9. Processo 185/1968, f. 75. Iniciado no Cartório de 1º Ofício em 26/10/1966.
92 Depoimento de Adolfo de Oliveira ao autor.
93 Depoimento de Zilda Maria Malta ao autor em 13 de abril de 2009.

sempre que o depoente lá ia dizia 'o seu chefe não gosta que fique fazendo hora no banheiro'; foi por isso que o depoente o xingou de 'veado'."[94]

Em 1986, Maria Abadia Lopes foi suspensa após ter deixado seu posto de trabalho em duas ocasiões diferentes sem prévia autorização de seu chefe e por tê-lo ofendido. A trabalhadora admitiu ter desligado a máquina em que trabalhava após o chefe se recusar a ficar no seu lugar para ela ir ao sanitário e ter rasgado a advertência recebida. Na segunda ocorrência, ela aproveitou que a esteira estava desligada para conserto e foi ao banheiro. O chefe, Orisvaldo Meira, afirmou que ela desligou uma chave que ligava a esteira enquanto o mecanismo estava em manutenção, evitando que ele voltasse a funcionar. Ao chamá-la para uma conversa com o objetivo de fazê-la ver que não poderia agir daquela maneira, Maria teria lhe chamado de "pedaço de homem", entre outras ofensas.[95]

Um dos processos indica que os trabalhadores estabeleceram práticas alternativas e desrespeitaram o sistema de controle. Luís Pedro da Silva foi demitido por causa de uma discussão acalorada após ser surpreendido pelo proprietário da *Mahfon Pespontos* fumando no sanitário. Ele e "outro colega foram ao banheiro sem portar a ficha, que era obrigatória na reclamada, para esse fim; que a referida ficha ficava pendurada na esteira; que *nenhum empregado da reclamada leva a ficha para ir ao banheiro*."[96] O trabalhador admitiu ter proferido palavras de baixo calão ao patrão e ao gerente de produção. Este último esclareceu que Luis os mandou "tomar no cú e ir a puta que o pariu".[97] Este processo evidencia que o sistema de controle da empresa foi informalmente desobedecido pelos trabalhadores e que, em uma de suas andanças pela fábrica, o proprietário descobriu esta ação.

Os banheiros não foram apenas locais de conflitos decorrentes do controle do tempo, tornaram-se também espaços de manifestações da revolta para com os industriais e os superiores hierárquicos e de organização coletiva para reivindicações salariais.[98] Em 1974, o menor Moacyr Gonçalves foi demitido após

---

94 AHMF. Caixa 597. Processo 1215/1986, f. 18. Respectivamente, excertos dos depoimentos de Luis Antônio Crisol, representante da reclamada, e do reclamante José Gomes Sobrinho.
95 AHMF. Caixa 597. Processo 1201/1986, f. 40-41.
96 AHMF. Caixa 633. Processo 935/1987, f. 26. (grifos meus)
97 *Ibidem*, f. 27. Excerto do depoimento de Aparecido Donizete de Souza.
98 Ao analisar a emergência das greves dos metalúrgicos, nos anos 1970, Amnéris Maroni constatou que os banheiros foram locais privilegiados para a circulação de notícias e para a comunicação horizontal entre os trabalhadores. Cf. MARONI, Amnéris. *A estratégia da recusa*.

ser flagrado escrevendo, com giz, no banheiro as seguintes frases: "Braga é um viado" e "Eduardo também e ainda é ladrão". Os dois ofendidos eram seus superiores hierárquicos.[99] Em 1981, o também menor Manoel Pereira Neto moveu uma reclamação trabalhista contra a *Sândalo* sob a alegação de ter sido forçado a assinar um pedido de demissão, sem a presença de seu responsável legal, após ter sido encontrado no banheiro um bilhete datilografado em folha timbrada da empresa com o seguinte conteúdo:

> A greve é exencial [sic] para conseguirmos alguma coisa tais como: aumento de salário e maior consideração por parte dos diretores da incrível indústria de calçados Sândalo aonde não somos reconhecidos como seres humanos e sim como Escravos!! Por que não ficamos 20 dias parados já que eles não precisam de nós?[100]

Frente à tamanha ameaça à harmonia entre trabalho e capital, a empresa realizou um inquérito interno para descobrir o autor do bilhete. Após apuração preliminar, verificou-se que os funcionários do almoxarifado estavam descontentes com seus níveis salariais e "tramavam" um movimento reivindicatório. Cinco trabalhadores do setor foram levados à presença de José Carlos Brigagão, diretor de Recursos Humanos, que coletou seus depoimentos e os fez datilografar frases ditadas para averiguar se sabiam usar a máquina de escrever. Apenas um deles não sabia datilografar e os depoimentos indicaram que os trabalhadores tomaram ciência que os funcionários de outra unidade do grupo, a *Sanbinos*, estariam recebendo mais do que eles e por isso conversaram entre si com a intenção de reivindicarem coletivamente um reajuste salarial, sem que houvesse um líder.

> Manuel Pereira Neto, assim se expressou ao Diretor do DRH, a gente apenas fez uma reunião. Todo mundo fala um negócio e não resolve, então estamos entrando num acordo entre a gente. Conversamos entre os colegas sobre o que eles queriam. É sobre salário. [...]

Análise das greves de maio/78. São Paulo: Brasiliense, 1982, p. 56.
99 AHMF. Caixa 191. Processo 932/1974, f. 8. Processo arquivado por não comparecimento do reclamante à audiência. Portanto, não ocorreu tomada de depoimentos.
100 AHMF. Caixa 384. Processo 289/1981, f. 11. Bilhete anexado pela empresa.

> Adolfo Coutinho, também assim disse: não paramos de trabalhar, só pedimos aumento. Este salário que está saindo, o nosso está igual ao dos faxineiros. Nós só chamamos o Tiãozinho e explicamos a nossa situação. [...]
>
> Wilson Francisco Araujo, disse: não, eu acho que não teve nada de mais, só não estamos contentes com este aumento. É o seguinte, *eu tenho capacidade, merecemos um salário melhor*. Fizemos uma reunião para solicitar aumento, gastamos dez minutos no dia de ontem. [...]
>
> Mauro Fernando Stante, bem ó Zé Carlos, é o seguinte, nós achamos por *direito* que o nosso salário tava baixo. Esse negócio de paralisação de serviço ocorreu sim, isto na hora de raiva. Isto não teve alguém que chamou. Recebi o aumento e fui pra casa. Tive informação da Sanbinos que nós estamos ganhando menos e nós reunimos no dia seguinte. Nós pensamos em ir falar com o Diretor João. No banheiro disse ao Sr. João, brincando, nós estamos em greve, não vai lá não...[101]

O inquérito não conseguiu comprovar a autoria do bilhete e, segundo a empresa, "temendo ser despedido, com ou sem justa causa, o reclamante, bem como todos os funcionários envolvidos, entenderam por bem solicitar demissão, aceita pela empresa."[102] Em contraposição, Manoel Pereira Neto afirmou que eles foram amedrontados, receberam ameaças de serem levados à São Paulo e de serem demitidos sem receber quaisquer direitos, o que os fez assinar os pedidos de demissão.[103]

Esse caso ocorreu num contexto de crise do regime militar e de eclosão de greves operárias no final dos anos 1970, com destaque para as paralisações dos metalúrgicos de São Paulo e da região do ABC. Não encontrei indícios de que os cinco trabalhadores envolvidos na reivindicação salarial participassem do movimento da Pastoral Operária que deu origem à Oposição Sindical em Franca eleita para a direção do Sindicato dos Sapateiros em 1982.[104] Independentemente de ter

---

101 Proc. 289/1981, f. 16. Anexo: "Ocorrência verificada no dia 25-2-81. Depoimentos dos Implicados" (grifos meus)

102 *Ibidem*, f. 10.

103 *Ibidem*, f. 20.

104 A Pastoral Operária de Franca foi organizada a partir de 1979 e se reunia na Igreja de São Benedito. A historiografia sobre o tema é vasta. Cf., dentre outros, OLIVEIRA, Tito Flávio Bellini Nogueira de. *Inovação sindical e burocratismo: limites e avanços do sindicalismo cutista no Sindicato dos Sapateiros de Franca (STIC)*. Dissertação (Mestrado em História)- FHDSS, UNESP, Franca, 2002.

ou não algum militante neste pequeno grupo de trabalhadores, os depoimentos prestados ao diretor de Recursos Humanos da *Sândalo* e o conteúdo do bilhete encontrado no banheiro expressaram valores comuns ao coletivo, como: o *direito a um salário justo*; a valorização da *capacidade* para o trabalho unida à ideia de que a fábrica precisava deles; o sentimento de *merecimento*; e a *revolta* por não terem o esforço despendido reconhecido pela "incrível" empregadora.

Muitos desses valores – competência, dignidade, direitos, merecimento, entre outros – foram difundidos e compuseram o discurso e a prática de luta sindical adotada pela diretoria que assumiu o sindicato da categoria e comandou as maiores greves da cidade durante a segunda metade dos anos 1980. Como se observa, essas concepções não foram ensinamentos trazidos pelas vanguardas operárias esclarecidas que retiraram as vendas dos olhos da "massa amorfa".[105] Por fim, o rigor com que a empresa resolveu a questão foi um prelúdio de como os trabalhadores seriam tratados pelos capitalistas nos anos subsequentes.

"Uma luta constante" em torno do controle da produtividade

No segundo capítulo, analisei algumas disputas entre trabalhadores e capitalistas em torno do estabelecimento da forma de remuneração: salário por hora e salário por peça.[106] Ao adotar o segundo tipo de remuneração, os industriais visavam estimular financeiramente os trabalhadores a intensificarem o ritmo do trabalho e evitar a perda de tempo a ser dedicado à produção. Historicamente, este sistema foi compreendido como capaz de diminuir as porosidades do trabalho, pois associava o aumento da produção ao aumento dos salários percebidos pelos trabalhadores. Tal compreensão remonta, pelo menos, ao século XIX.

> [...] o senhor tem um meio muito simples que o dispensará de todos os esforços para obter com segurança, e sem a mínima vigilância, o máximo de trabalho de que cada operário é capaz: é pagar por peça. O desejo de aumentar seu salário levará todos os trabalhadores a fazer observações sobre seus movimentos, sobre a pressão ou tração exercida [...]. O operário,

---

105 A ideia de que a classe trabalhadora em Franca só passou a "atuar como classe" e ter "consciência de seus verdadeiros interesses" após a vitória da oposição sindical foi amplamente difundida em diversas pesquisas. Cf. um balanço crítico em REZENDE, Vinícius D. de. "'Virada Sindical': a construção de uma historiografia legitimadora a respeito do Sindicato dos Sapateiros de Franca-SP nos anos de 1980". *Anais do XXIII Simpósio Nacional de História - História: Guerra e Paz*. [CD-ROM]. ANPUH. Londrina: Editorial Mídia, 2005.

106 Cf. "*O controle do ritmo de trabalho: salário por peça X salário por tempo*". Capítulo II.

remunerado proporcionalmente ao serviço executado e não pelo tempo gasto, trabalha sem perder um instante, durante tantas horas quantas lhe permitam suas forças; ele prolonga sua jornada até o momento em que o repouso lhe é indispensável.[107]

Não obstante, em diferentes locais e conjunturas, ao invés de solucionar os problemas dos capitalistas, a remuneração por *incentivo* desencadeou novos conflitos. Frederick Taylor, entre outros, opunha-se ao trabalho por peça, pois sob esse sistema "a arte de *fazer cera* desenvolve-se completamente".[108] Isso ocorria porque o esforço extra dos trabalhadores para aumentar a produção gerava a redução do valor pago por unidade produzida, obrigando-os a trabalhar ainda mais para manter o nível salarial. Mesmo assim, nos anos 1980, Zdenek Pracuch ainda defendia as vantagens do pagamento por peça para organizar a produção na seção de pesponto. "Onde o pagamento é por peça, o controle é automático e auxiliado pelo interesse das próprias operárias."[109] Os casos a seguir demonstraram que nem sempre tal assertiva correspondeu à realidade do chão de fábrica.

Nos anos 1950, dois processos movidos por sapateiros ilustram as disputas em torno da produtividade. Antônio Ortiz era funcionário da *Calçados Mello* há quatro anos e, em 1953, foi suspenso por baixa produção na fabricação de tacão.[110] A empresa constatou o fato apenas depois de contratar duas trabalhadoras e as empregar na execução desta atividade, pois em pouco tempo elas apresentaram uma produção maior que a dele. Segundo o proprietário da empresa, Antônio disse não ter "interesse em produzir mais porque não recebia salários compensadores."[111] Antônio justificou que produzia menos que as colegas porque era empregado em outras atividades – alegação negada por seu chefe – e afirmou não desejar trabalhar por tarefa, mas continuar a trabalhar por hora. Além de ficar evidente a falta de conhecimento da empresa em relação à capacidade produtiva de seus funcionários, a recusa de Antônio em ser remunerado

---

107 BERGERY. *Economie industrialle ou science de l'industria*. s. l. 1829-1831, p. 46. Apud. PERROT, Michelle. *Os excluídos da história*. Paz e Terra, 1988, p. 65-66.
108 TAYLOR, F. W. *Princípios de administração científica*. São Paulo: Atlas, 1989, p. 43. (grifos no original).
109 PRACUCH, Zdenek. *Organização e gerência do pesponto*. Franca: Editora do Calçadista, 1981, p. 94.
110 Saltos produzidos pela sobreposição de pedaços de couro.
111 AHMF. Caixa 467. Processo 1763/1953, f. 9.

por tarefa sugere que ele pretendia continuar a trabalhar num ritmo mais folgado e que não demandasse muito esforço.

Em 1959, Roque Torquato Paiva foi demitido por ter discutido e ofendido o patrão depois deste repreendê-lo e suspendê-lo do serviço por baixa produtividade. Segundo a empresa, o trabalhador cometeu uma provocação "quando acintosamente paralisou sua máquina para, tranquilamente, comer algumas bananas, indiferente ao atraso no serviço e as consequências do mau exemplo que representa."[112] Roque confirmou esta versão dos fatos:

> o depoente disse a Hermantino Rocha Filho, o dono da empresa reclamada, que ele não agia com honestidade, uma vez que, *ganhando por peça, era irrelevante que tivesse perdido algum tempo* comendo bananas na hora do serviço, e que, além disso, outros empregados não se limitavam a comer bananas, mas comiam também sanduiches, sem que sofressem qualquer tipo de penalidade.[113]

Se no primeiro caso, o trabalhador não desejava ser remunerado por peça, possivelmente para continuar a trabalhar num ritmo mais folgado, no segundo, tem-se um pecista indiferente ao fato de *perder algum tempo* enquanto comia em meio à jornada de trabalho, prática comum entre os demais funcionários. Essa postura atesta que a associação entre produtividade e ganho não foi suficiente para fazer com que todos os trabalhadores desempenhassem suas funções sem perder sequer um instante. Ao contrário, ao controlarem o próprio ritmo de trabalho, eles estabeleciam uma cota informal de produção e, de certo modo, regulavam seus níveis salariais.

Na segunda metade da década de 1960, a *Amazonas* instituiu a remuneração por peça em vários setores produtivos, mas a medida gerou grandes transtornos. Conforme analisei no segundo capítulo, este sistema de remuneração surtiu o resultado esperado na matrizaria, a ponto de os trabalhadores mais produtivos terem um aumento salarial tão considerável que a empresa reduziu o valor pago por matriz. Isso fez com que alguns matrizeiros se recusassem a continuar trabalhando por peça.[114] Na seção de aparação e na de prensas também ocorreram experiências mal sucedidas de implantação deste sistema de remuneração.

---

[112] AHMF. Caixa 474. Processo 2513/1959, f. 9.
[113] *Ibidem*, f. 20. (grifos meus)
[114] AHMF. Caixa 14. Processo 463/1968.

Dois processos trabalhistas movidos por aparadeiras penalizadas e, em seguida, demitidas pela empresa, em 1968, evidenciaram que por detrás das punições decorrentes das brincadeiras durante o trabalho, existia uma disputa envolvendo o controle da produtividade. As quatro trabalhadoras[115] se recusaram persistentemente a assinar as fichas de controle de produção. Maria Costa relatou ter trabalhado "na base de produção, passando a fazê-lo por hora e depois novamente na base de produção" e "não quis assinar qualquer ficha de produção depois de ter trabalhado por hora."[116] Segundo o depoimento de uma testemunha demitida pelo mesmo motivo, elas "não assinavam porque entendiam que trabalhando por hora não era necessário."[117] Camilo Pinheiro, representante da empresa, esclareceu que

> a partir de 1966 a assinatura foi sempre exigida; nenhuma empregada que não assine as fichas de produção continua a trabalhar para ela; a empresa procura alcançar índices de produtividade, motivo pelo qual a controla, o mesmo dá-se com empregadas horistas; a empresa deseja conhecer a produtividade de seus empregados, exigindo-a, de acordo com o pré-estabelecido.[118]

Os advogados das reclamantes construíram uma argumentação extremamente frágil para justificar a recusa das trabalhadoras em assinar as fichas de controle: "se as empregadas estão trabalhando por hora, evidente é que a firma não lhes podia exigir produção, eis que as mesmas ganham o salário mínimo." Para fazerem jus a essa remuneração, "bastava simplesmente que fossem empregadas da firma, sem vinculação ao esquema de produção."[119] Frente a argumentos insustentáveis num sistema fabril que visa o lucro, a JCJ de Franca, sob a presidência de Valentin Carrion, julgou as duas reclamações improcedentes:

---

115 Maria Moreira, Maria Benedita Silva, Conceição Cardoso (AHMF. Caixa 3. Processo 24/1968) e Maria Costa (AHMF. Caixa 4. Processo 36/1968).

116 *Ibidem*, f. 39.

117 Proc. 24/1968, f. 82. Excerto do depoimento de Iolanda Benício do Carmo.

118 *Ibidem*, f. 81.

119 *Ibidem*, f. 85. Excerto da alegação final do advogado da Associação Profissional, Walter Anawate. O processo 36/1968 foi uma ação particular (advogada Anete do Nascimento), mas a argumentação foi a mesma.

> É perfeitamente legítimo e até elogiável, que as empresas controlem a produção em todos seus setores. Elas têm a obrigação, por outro lado, de pagarem seus impostos e cumprir os ônus previdenciários e trabalhistas, tudo devendo emanar da produção empresarial.
> Em nada altera o fato de as reclamantes serem horistas ou não; *os empregados são contratados para produzirem e não para testemunharem o andar dos relógios*.[120]

As informações contidas nos dois processos indicaram que mesmo quando as trabalhadoras foram remuneradas por peça, em alguns meses, foi necessário que seus salários fossem complementados para atingir o valor do salário mínimo integral, comprovando que o valor pago por peça era muito reduzido e, dificilmente, teria o efeito de estimular um aumento considerável da produção. Além disso, líderes da Associação Profissional da categoria, recém criada, entraram em contato com a empresa e reivindicaram o restabelecimento do pagamento por hora. Das incertezas da administração quanto à melhor maneira de remunerar seus funcionários, decorreu a recusa das aparadeiras em contribuir com o controle de suas produções diárias, uma vez que isto não lhes traria benefícios financeiros.

As dificuldades advindas da transição de um sistema de remuneração para outro também ocorreram na seção de prensas. Salário por hora substituído por salário por peça e retorno ao salário por hora se sucederam nas tentativas da *Amazonas* conseguir estabelecer a melhor forma de conseguir a máxima eficiência dos prenseiros. Não bastasse isso, a intensificação da produtividade com o objetivo de auferir maior remuneração poderia resultar em negligência e danificação de produtos. Em meio a esse contexto, Manoel Ferreira Prado foi suspenso, em 1967, por baixa produção. Mesmo após ser advertido pelo chefe, continuou naquela "toadinha" porque "não adiantaria se esforçar."[121] Pouco tempo depois foi demitido pelo mesmo motivo. O trabalhador alegou que cumpria a meta de produção diária estabelecida pela empresa, 154 prensadas de saltos e 51 de solas, até que a empresa começou a cobrar os estragos, obrigando-o a trabalhar em ritmo reduzido para evitá-los.[122]

---

120 Proc. 24/1968, f. 93. (grifos meus) Esta decisão foi mantida pelo TRT da 2ª Região. Acórdão 1136/70. "A negativa reiterada para a prática de um ato que lhes não traria prejuízo algum, tal seja a assinatura de fichas de controle de produção, implica em insubordinação." f. 122. Decisões praticamente idênticas às do Proc. 36/1968.

121 AHMF. Caixa 4. Processo 35/1968.

122 AHMF. Caixa 8. Processo 154/1968, f. 88.

José dos Reis Pereira trabalhava na mesma prensa que Manoel e afirmou que, na época dos fatos, estavam trabalhando por produção, mas "o reclamante disse ao depoente que não 'adiantava tirar a produção'; o reclamante às vezes, quando o depoente fazia o sinal para encher a prensa, respondia '*não vou nessa*'."[123] Ou seja, a remuneração por peça não estimulou o prenseiro em questão a trabalhar de forma mais intensa, nem ao menos a acompanhar o ritmo de trabalho do companheiro. É provável que, assim como ocorreu com as aparadeiras, a remuneração por produção fosse baixa e não estimulasse os prenseiros a intensificarem o ritmo de trabalho.

Em decorrência de tantos conflitos, a partir dos anos 1970, o salário por hora se consolidou como principal forma de remuneração nessa indústria, que recorreu então a outra estratégia para incentivar o aumento da produção: os prêmios financeiros. Em 1977, Vilson Eurípedes da Silva moveu uma reclamação solicitando o cancelamento de duas suspensões por baixa produção. O trabalhador mostrou-se indignado com as punições recebidas após três anos de serviço em que cumpriu a "produção normal fixada" sem receber qualquer penalidade:

> IV – há algum tempo atrás a reclamada instituiu um "prêmio por produção", para os funcionários que produzissem mais, ou seja, acima da produção normal fixada pela empresa;
> V – que, a maioria dos funcionários da Reclamada, no intuito de ter uma remuneração maior, se dedicam a um labor estafante e muitas vezes acima de suas próprias forças;
> VI – que, *para o reclamante não interessa o "prêmio por produção"* no valor de Cr$ 200,00 (duzentos cruzeiros), pois *o esforço despendido lhe é prejudicial*, continuando a produzir a produção normal, que sempre produziu;
> VII – que, a Reclamada tem forçado o reclamante a produzir além do normal e, diante de sua recusa, puni-o com duas suspensões...[124]

Adolfo de Oliveira foi um dos trabalhadores que se esforçava para receber este prêmio e, para isso, chegava a tirar as formas antes do tempo estabelecido para a vulcanização do material. "Eu queria atingir aquela meta lá, aquilo lá é um

---

123 Proc. 154/1968, f. 89-90. (grifos meus)

124 AHMF. Caixa 273. Processo 439/1977, f. 2-3. (grifos meus) As partes entraram em composição amigável e a empresa pagou pouco mais de 50% do valor pleiteado referente aos descontos dos dias não trabalhados.

incentivo pro prenseiro, pro funcionário."¹²⁵ De forma distinta, Vílson da Silva não tinha interesse na premiação que o obrigaria a um esforço físico que considerava prejudicial à sua saúde.

Para calcular o valor a ser pago por peça, estabelecer metas de produção, determinar a velocidade da esteira e a quantidade de trabalhadores necessários para executar cada tarefa, a cronometragem se difundiu como principal meio para medir a produtividade dos operários e, ao mesmo tempo, tornou-se uma nova fonte de conflitos sociais. O conhecimento técnico e prático de Zdenek Pracuch permitiu-lhe perceber que não era suficiente apertar o cronômetro, pois o mesmo operário apresentava desempenhos diferentes em cada hora do dia, e, por "nervosismo" ou "inibição", poderia trabalhar mais ou menos ao notar que estava sendo cronometrado. Para evitar esses riscos, Pracuch sugeriu diferentes artifícios.

> No entanto, pode-se cronometrar tranquilamente, sem que ninguém tome conhecimento. Já muitas vezes corrigi tomadas de tempo feitas pelo pessoal do planejamento e custos com cronômetro na mão, tomando tempo de determinada operação, olhando meu relógio de pulso sobre os braços cruzados, do outro lado do salão, sem que a pessoa cronometrada nem de leve suspeitasse estar sob observação. Um palpite para os futuros Sherlocks: óculos escuros também ajudam.¹²⁶

No livro dedicado a instruir os capitalistas a respeito da melhor forma de controlar o trabalho alheio, a explicação dada para a oscilação da velocidade do trabalho ao ser cronometrado foi de caráter psicológico – "nervosismo" ou "inibição". Ao indagá-lo a respeito deste tema, ele ofereceu uma explicação alternativa:

> Quando o cronometrista aparece, o pessoal que já tá meio *escaldado* já começa a *amarrar o serviço*. (Era justamente o que eu ia te perguntar, o senhor fala que o operário, às vezes por inibição, vergonha... mas eu fiquei me perguntando se não era justamente isso, um ato proposital.) *Proposital, sim. Ele sabe. Ele vai ganhar por peça; quanto maior o tempo de cronometragem, maior será o ganho dele; porque ele vai trabalhar num tempo mais curto. Então se eu cronometro essa pessoa aqui eu fico olhando pra lá, do*

---

125 Depoimento de Adolfo de Oliveira ao autor.
126 PRACUCH, Zdenek., *op. cit.*, p. 97.

outro lado da sala. Mas isso depende do cronometrista também, de *ter essa malícia e não se deixar pegar*. [...] (Isso é vergonha do trabalhador ou é uma estratégia pra diminuir a intensidade?) Claro! *Ele se defende, ele se defende!* [...] *Quando se trabalhava por peça aquilo era uma luta constante de cronometrista e pecista! Essa luta existiu.*[127]

Ao escrever para as pessoas do seu meio social, Pracuch evitou reconhecer publicamente as ações dos trabalhadores como uma forma de *luta* e de contestação à organização do sistema fabril, mas ao narrar suas experiências para um desconhecido essa preocupação se esvaeceu e ele reconheceu que os trabalhadores eram sujeitos ativos que aprendiam a reagir às formas de controle desenvolvidas para intensificar a extração de mais-valia. Por isso, era preciso estar constantemente em alerta a estas reações para conseguir alcançar os resultados esperados com a cronometragem. O depoimento de Léia Silva demonstra que os trabalhadores não apenas aprendiam a se defender, como tinham plena consciência da necessidade de dissimular a redução do ritmo de trabalho ao serem cronometrados para evitar que o cronometrista percebesse a ação.

> Quando saía um modelo novo, tinha um cronometrista que vinha nas máquinas pra ver quanto tempo você demorava pra fazer certo tipo de serviço. O patrão não sabia quantos pares ia dar pra ser feito por dia daquele sapato. Então ele tinha o cronometrista, e você ficava trabalhando e ele ficava atrás com o relógio, marcando. *Aí tinha pessoas como eu que andava mais devagar pra não ter que fazer o serviço correndo demais.* [...] [Trabalhava num ritmo] *menor do que o normal, pra depois eu ter a margem pra poder fazer. Depois é lógico que eu ia um pouquinho mais depressa, mas quando vinha o cronometrista a gente sempre dava uma reduzida. E sem deixar que ele percebesse, porque o cronometrista também era pessoa tarimbada*; ele sabia como era, então você tinha que saber como fazia também pra poder não fazer muito direto.[128]

O processo trabalhista mais emblemático envolvendo as disputas em torno da tomada de tempo dos trabalhadores foi movido por três cortadores da *Sanbinos*[129] que reivindicaram o restabelecimento do nível salarial rebaixado pela empresa. Em janeiro de 1982, foi colocado em fabricação um novo modelo de

---

[127] Depoimento de Zdenek Pracuch ao autor em 12 de janeiro de 2009.
[128] Depoimentos de Léia Silva ao autor. (grifos meus)
[129] Valdir Gonçalves de Melo, Antônio Domingos de Carvalho e Audair Aparecido da Silva.

sapato e para instituir o valor a ser pago aos cortadores tomou-se o tempo de Valdir de Melo. Ele cortou 87 pares ao longo do dia e foi estabelecido o valor de Cr$ 17,33 por par de sapatos. Contudo, em fevereiro, Valdir produziu 170 pares, o que resultou em um "super-salário". Realizaram-se novas tomadas de tempo e chegou-se à conclusão de que a média dos profissionais da seção era de 137 pares, estabelecendo-se o novo valor de Cr$ 14,06 por par.[130]

A JCJ, presidida por José Joaquim Badan, foi favorável aos trabalhadores. A empresa assumia o risco econômico pelos negócios que desenvolvia e uma vez estabelecido um valor salarial não podia reduzi-lo. O cálculo foi feito sob controle de um cronometrista, do chefe de seção e dos gerentes industrial e geral, o que indicaria a inexistência de conivência da direção. O aumento significativo da produtividade seria resultado do "aprimoramento natural" da capacidade produtiva dos trabalhadores em função da repetição do ato. Além disso, as provas coletadas demonstraram ser possível reduzir o tempo de serviço com estratégias como pegar mais de um rolo de vaqueta por vez, não recolocar as formas no suporte de navalhas e deixar as peças de couro em posição própria para marcá-las de uma vez. Não bastasse isso, o preço do par de sapatos contou em sua composição com o salário estabelecido inicialmente e a empresa não apresentou qualquer prova de que tivesse corrigido seu preço final após reduzir os salários dos cortadores. A administração deveria aprimorar o sistema de controle e considerar as diversas variáveis antes de arbitrar um valor.[131]

É inegável que a repetição da execução de uma tarefa possibilitava aprimorar sua execução e reduzir o tempo necessário para realizá-la, mas dificilmente seria suficiente para explicar o fato de Valdir quase ter dobrado sua produção diária. É provável que o trabalhador tenha trabalhado abaixo de sua plena eficiência e, principalmente, que não tenha empregado as estratégias citadas acima para os ganhos de produtividade, as quais eram amplamente conhecidas pelos cortadores e independiam do modelo de sapato. O processo traz outro elemento relevante: como Valdir foi o operário que conseguiu a maior produção e pelo fato de ter sido o escolhido para ser cronometrado, é presumível que ele fosse o mais produtivo da seção e que ao escolhê-lo a empresa pretendesse estabelecer um valor mais baixo para o conjunto dos trabalhadores, estratégia mal sucedida, pois

---

130 AHMF. Caixa 465 X. Processo 867/1983.
131 *Ibidem*. Sentença proferida em 1 de fev. de 1984.

sua ação sugere que ele não era um "operário padrão" disposto a colaborar com a empresa sem obter algo em troca.

O salário por peça era uma variação do salário por tempo, calculado a partir da correlação estabelecida entre o valor pago por hora e a quantidade produzida nesse limite temporal. A especificidade dessa forma de remuneração era estimular a intensificação do trabalho ao possibilitar aumento salarial. Contudo, alcançar esse fim foi bem mais complexo do que se supõe. Os casos analisados demonstram que os trabalhadores poderiam se recusar a intensificar o próprio ritmo de trabalho ou adulterar as tomadas de tempo para conseguirem uma meta de produção que lhes possibilitasse trabalhar numa cadência mais folgada ou ser mais bem remunerados. Essas disputas em torno da produtividade evidenciam que "nunca um sistema disciplinar chegou a se realizar plenamente. [...] feito para triunfar sobre uma resistência, ele suscita imediatamente uma outra. [Ou seja,] resistência e controle não cessam de se engendrar mutuamente."[132]

A luta incessante em torno da produtividade fez com que os capitalistas aprendessem que era impossível conseguir 100% da capacidade produtiva dos trabalhadores. De acordo com José Leme, a prática cotidiana na direção da *MSM* o levou a constatar que para estabelecer as metas de produção e efetuar os cálculos de custo das mercadorias era preciso considerar a perda de tempo para atividades como beber água, ir ao banheiro e fumar um cigarro. Além disso, o cansaço no decorrer da jornada de trabalho ocasionava oscilações inevitáveis na produtividade dos trabalhadores. Com isso, o setor de planejamento da produção concluiu que era impossível extirpar a perda de aproximadamente 15% do tempo de trabalho. "Então automaticamente, a produção é 85%. [...] A gente viu que cronometrando 100%, o ideal seria 85%. A produção chega ali próxima." Como os trabalhadores nunca foram autômatos agregados à engrenagem produtiva, "para você tirar uma produção 100% na qualidade dentro do cronograma de trabalho, nós chegamos a essa conclusão de que é impossível."[133]

---

132 PERROT, Michelle. *op. cit.*, p. 55, 79.
133 Depoimentos de José Leme de Araújo ao autor em 17 e 18 de fevereiro de 2009.

Os "atos de má fé do trabalhador": acidentes ou sabotagens?

A sabotagem foi outra forma de enfrentamento ao sistema fabril. Muitas vezes, expressou a insatisfação e o descontentamento dos operários, e um de seus efeitos foi diminuir a taxa de mais-valia incorporada pelos capitalistas. Os processos trabalhistas e os relatos orais possibilitaram desvendar diversos casos de danificação de matéria-prima e de maquinário, mas tiveram como principal característica a negativa por parte do autor (no primeiro tipo de fonte) ou a acusação (nas fontes orais) a outro trabalhador. Se alguns entrevistados admitiram simular indisposições físicas e reduzir o ritmo de trabalho, raramente ocorreu o mesmo em relação à sabotagem. O mais comum foi condenar os colegas que praticaram tais atos. Outra característica observada, especificamente nas fontes judiciais, foi a disputa jurídica para comprovar se os estragos foram ações propositais ou acidentes involuntários decorrentes das condições e do ritmo de trabalho.

Nas décadas de 1960 e 1970, foram movidas várias reclamações por prenseiros da *Amazonas* e da *MSM* acusados de danificar propositalmente as matrizes de solas e de saltos. Na maioria dos casos os prenseiros foram acusados de inserir objetos metálicos junto com a massa no momento da vulcanização e inutilizar a parte interna das formas, que não podia ter nenhum risco. Por sua vez, os prenseiros alegaram que os danos foram acidentais. Cumpre relembrar que as matrizes possuíam alto valor devido à quantidade de trabalho vivo agregado na sua composição, pois demandavam um longo tempo para serem confeccionadas.

Em 1967, Antonio de Carvalho foi suspenso por seis dias depois de estragar os pinos utilizados para encaixar as duas partes da forma. O trabalhador alegou que o dano ocorreu porque foi transferido das prensas de saltos para as de sola, serviços "muito diferentes, porque na seção de solas é fácil fazer confusão entre as várias formas; que só por isso, não tendo ainda habilidade para trabalhar naquela seção provocou um 'acavalamento' das formas".[134] A representante da *MSM*, Irene Francisconi, contestou sua alegação: ele tinha três anos e sete meses de casa, conhecia bem seu trabalho e a natureza dos estragos indicava que os danos foram propositais. As partes se conciliaram e a penalidade foi reduzida para três dias. É difícil saber se ocorreu um acidente ou um ato proposital, mas o

---

134 AHMF. Caixa 3. Processo 20/1968, f. 15. Iniciado no Cartório de 1º Ofício em 16 de outubro de 1967.

relato de Luis Natalino sobre uma ocorrência idêntica protagonizada por ele, na mesma época, quando trabalhava na *Amazonas*, indica que poderiam acontecer acidentes sem a intenção dos trabalhadores.

> As formas antigamente não tinham dobradiças, até depois eles acabou reconhecendo que era errado. Você tinha que prensar e ficar olhando, ela tinha uns pinos. Aí rapaz, eu tava olhando do lado de cá os dois pinos e não olhei de lá, tava torto, então o pino entrou no material duro fora do buraco e danificou. Mas era só o pino, aquilo lá não era caro. Aquilo lá o mecânico troca em poucos minutos. Não danificou a forma. Mas por causa disso aí o cara me deu suspensão e disse que eu fiz de propósito.[135]

Por descuido ou devido à intensidade do trabalho, os trabalhadores podiam não prestar a devida atenção na hora de fechar as formas e danificá-las. Nestes casos, não estaríamos diante de atos de sabotagem, e sim de acidentes involuntários. Na dúvida, e como resultavam em prejuízo e na necessidade de os matrizeiros interromperem a confecção de novas formas para recauchutar as danificadas, as penalidades eram aplicadas.

No final dos anos 1970, ocorreram casos semelhantes e a *Amazonas* não comprovou o dolo dos prenseiros. Por isso, enfatizou a negligência na execução do trabalho para justificar judicialmente as penalidades impostas aos funcionários. José Nunes da Silva, funcionário da empresa desde 1973, foi suspenso, em 1979, após ser transferido das prensas manuais para as prensas automáticas. Como a troca de formas tinha que ser feita em poucos segundos, ele não percebeu quando um pedaço de ferro caiu dentro da bandeja e danificou a matriz. A JCJ, sob a presidência do juiz Marbra Toledo Lapa, julgou a ação procedente, pois não ficou comprovada a ação culposa e tampouco dolosa. Inconformada com a decisão, a empresa impetrou recurso ordinário sob o argumento de que a "atitude do reclamante, não importa se foi intencional ou não intencional revela negligência, desleixo, falta de zelo, de interesse."[136] A despeito destes argumentos, a decisão inicial foi mantida em segunda instância.

Desfecho distinto ocorreu no caso de José Batista, demitido por justa causa após deixar uma pá de madeira dentro da prensa, acionada por outro trabalhador que não viu o objeto. O reclamante também justificou o ato em função do

---

[135] Depoimento de Luis Natalino Teixeira ao autor em 9 de outubro de 2007.
[136] AHMF. Caixa 506. Processo 41/1979, f. 26.

trabalho ser muito rápido nas prensas automáticas, argumento aceito pela JCJ, presidida pela juíza Fany Fajerstein. Contudo, a decisão inicial foi reformada pelos juízes do TRT da 2ª Região, que consideraram que o reclamante não era novato no serviço e cometera uma falta grave por negligência.[137]

As evidências contidas nesses processos não comprovaram que ocorreu efetivamente sabotagem por parte dos trabalhadores. Ao contrário, indicaram que as acusações por parte das duas indústrias fundamentaram-se em argumentos jurídicos utilizados para justificar as penalidades aplicadas.[138] Essa postura das indústrias era necessária para tentar demonstrar que não agiram com rigor excessivo, o que nem sempre foi confirmado nas decisões judiciais, pois não raro as penalidades foram canceladas.[139]

Por outro lado, os depoimentos de pessoas que trabalharam na *Amazonas* nos anos 1960 indicaram que nem todos os danos materiais resultaram exclusivamente de acidentes involuntários. Luis Natalino ficou indignado ao receber a suspensão por ter danificado os pinos da forma e considerou que a punição ocorreu porque o chefe achava que "todo mundo era igual". Tal assertiva decorreu dele conhecer outros prenseiros que danificaram matrizes propositalmente. "Isso o cara fez por maldade. Bom, ele tá sendo prejudicado igual todo mundo era. Mas não é porque o cara me prejudicou que eu vou... [...] eu acho que o cara que faz isso aí é uma selvageria."[140] Nesse mesmo sentido, Geraldo Nobre disse que "o ser humano não tem jeito! Eu presenciei quando eu trabalhava lá, e eu verifiquei que houve sabotagem, ato de má fé do trabalhador. Vamos dizer, pôr menos massa pra estragar o solado. Ou um parafuso numa máquina pra quebrar uma máquina."[141] Como os processos trabalhistas representavam uma disputa em torno da comprovação do ato faltoso, era esperado que os reclamantes negassem a

---

137 AHMF. Caixa 517. Processo 35/1980.

138 Samuel Souza fez esse tipo de constatação para o caso das indústrias calçadista nos anos 1970. Cf. SOUZA, Samuel F. de. *Na esteira do conflito: trabalhadores e trabalho na produção de calçados em Franca (1970-1980)*. Dissertação (Mestrado em História)- FHDSS, UNESP, Franca, 2003.

139 Casos semelhantes aos analisados foram verificados nos seguintes processos: Caixa 265. Processo 234/1977; Caixa 506. Processo 39/1979; Caixa 506. Processo 61/1979; Caixa 334. Processo 886/1979.

140 Depoimento de Luís Natalino ao autor.

141 Depoimento de Geraldo Ferreira Nobre ao autor ao autor em 10 de outubro de 2007.

ação proposital, mas ao confrontar essas fontes com os depoimentos verifiquei que nem tudo era acidente e que ocorreram casos de sabotagem.

Nas indústrias de calçados, o desperdício de couro na seção de corte representava um grave prejuízo. Conforme afirmei em diferentes passagens, um dos principais atributos dos cortadores era conseguir um bom rendimento da matéria-prima ao fazer encaixes que diminuíssem os retalhos e, quando isso não fosse possível, utilizá-los para cortar peças pequenas. Em meados dos anos 1980, esse tema foi objeto de uma matéria de *O Calçadista*. De acordo com as informações publicadas, o couro representava entre 50 e 60% dos custos de fabricação do calçado e os prejuízos advinham da falta de controle. O autor da matéria citou como exemplo uma fábrica com produção diária de 1.000 pares e demonstrou que a economia de um pequeno pedaço de couro de 50 cm² traria uma redução de 2% dos prejuízos diários, o que teria um efeito considerável no fim do mês. Porém, "na seção de corte encontramos retalhos bem maiores que este do exemplo. Ou se não encontramos é porque os cortadores os retalham para não deixar vestígios do abuso do material."[142]

A prática de retalhar pedaços de couros para não ter o trabalho de encaixar pequenas peças e para dar prejuízo à firma foi relatada por diferentes depoentes. "O cortador, às vezes pegava uma peça, ele passava a faca assim na peça, cortava aquela porção de retalho e jogava fora, isso era muito comum."[143] Esse tipo de ocorrência também foi registrada nos processos trabalhistas. Em 1983, a *Calçados Soberano* demitiu por justa causa um cortador que chamou o chefe de "puxa saco filho da puta, em alto brado" após ser repreendido por este tipo de ação:

> Vimos comunicar a V. Sa. que, devido ao seu mau comportamento dentro da empresa, jogando retalhos de vaqueta fora, depois quando solicitado colaboração para não estragar mais material da empresa, resolveu e o fez diversas injúrias contra sua hierarquia administrativa e patronal, ofendendo moralmente os diretores de produção com palavras de baixo calão, inverdades e desrespeitando a chefia, ofensas físicas...[144]

---

142 *O Calçadista*. "Desperdício de vaqueta atinge milhões de cruzeiros". Ano 3, n. 45, abril de 1984, p. 12.

143 Depoimento de Benedito Cardoso ao autor em 30 de maio de 2003. Nesse mesmo sentido cf. os depoimentos ao autor de Fábio Amâncio Rodrigues em 17 de maio de 2003 e de Benedita de Souza em 15 de julho de 2004.

144 Caixa 477. Processo 407/1984, f. 12-13, 7.

Para solucionar esse tipo de problema, *O Calçadista* divulgou a implantação do curso "Cálculo de consumo e controle de manipulação de material no corte de calçados". Pouco tempo após publicar a primeira matéria, o periódico divulgou a enorme repercussão que o texto alcançara. Os editores foram contatados por industriais de diversas partes do país preocupados com a saúde financeira de suas empresas. Por isso, além do curso, Zdenek Pracuch e Romeu Cintra ofereceram seus serviços de consultoria que incluíam a realização de cálculos de gasto, do coeficiente de perda e do aproveitamento da matéria-prima. A partir da implantação do sistema de controle, o almoxarifado entregaria a quantidade exata de couro aos cortadores e seria possível conferir o rendimento individual de cada profissional.[145]

Algumas empresas recorreram aos incentivos financeiros para estimular os cortadores a obterem o maior rendimento possível por metro quadrado de couro. "Existia um incentivo à economia, que a depender da economia que você fizesse, você ganhava um *plus* salarial nessa economia."[146] Para tanto, eram realizados cálculos do aproveitamento a ser auferido pelos trabalhadores e se eles cumprissem a meta ou obtivessem um aproveitamento superior ao estipulado, recebiam um prêmio.

A danificação de insumos e de sapatos em fabricação foi objeto de outras reclamações trabalhistas de sapateiros. Em 1973, Romilda Goulart foi suspensa após danificar alguns pares de calçados. A *Sândalo* anexou as fotos dos sapatos estragados – couro lixado próximo à sola – e argumentou que os produtos destinadas à exportação "não podem conter um único defeito, que se verificado e constatado pelos importadores, pode provocar a devolução de toda a mercadoria constante de um pedido e o seu cancelamento." A JCJ, presidida por Valentin Carrion – vencido o vogal dos empregadores –, decidiu que "o estrago de 3 ou 4 pares de calçados para quem manipula 350 pares por dia não prova por si, desídia."[147] Tal como nos casos dos prenseiros, decidiu-se que o estrago teria sido um acidente e não uma ação deliberada.

Em outros casos, as evidências documentais indicaram que o descontentamento com a função exercida poderia deflagrar ações de sabotagem, como afirmaram as testemunhas da reclamação movida por Antonio Chagas contra a

---

145 *O Calçadista*. "Desperdício em vaqueta (2)". Ano 3, n. 47, jun. de 1984, p. 9.
146 Depoimento de Jorge Luís Martins ao autor em 20 de fevereiro de 2009.
147 AHMF. Caixa 130. Processo 153/1973, f. 10, 28.

Calçados Keller, em 1985. O trabalhador, demitido por justa causa, afirmou ter estragado algumas solas de couro por trabalhar muito rápido. Seu chefe, Benedito Ismael da Silva, relatou que "foi perguntar ao reclamante porque ele estava fazendo o serviço errado e ele disse que fazia o serviço errado porque era serviço de criança e ele não queria fazer."[148] Essa versão foi confirmada por outro trabalhador que estava próximo aos dois e a ação foi julgada improcedente.

De acordo com vários depoentes, uma forma de sabotagem recorrente era danificar o maquinário com a intenção de paralisar as atividades por um período. Para isso, os autores desconectavam dispositivos elétricos, desregulavam ou quebravam peças, e ficavam sem trabalhar enquanto a máquina passava por manutenção. Os mecânicos foram personagens privilegiados para observar esse tipo de ação. Segundo Jerson Nascimento, mecânico do *Curtume Orlando*, o número reduzido de curtumes em Franca desestimulava esse tipo de ação, pois se o operário fosse descoberto e demitido, teria dificuldade para arrumar outro emprego. Mesmo assim, um ou outro trabalhador sabotava algum dispositivo elétrico das máquinas que operavam.

> Muitas vezes o cara estraga uma máquina pra ficar lá parado. Ou cria um problema pro mecânico que o mecânico não acha de jeito nenhum. Ele trabalha e ele conhece, ele vai lá num esqueminha lá e... Eu enfrentei isso muito em parte elétrica de máquinas. O cara ia lá e desligava um fiozinho lá atrás dum painel, que até você chegar lá você ficava meio dia testando, testando, testando e ele rindo de você. Vivenciei, pô se vivenciei.[149]

Nos momentos de confraternização entre os trabalhadores, essas ações poderiam ser reveladas e narradas com orgulho por parte do seu autor. "Depois você descobria, porque depois de muito tempo, numa festa, num churrasco, ele falava; '— Eh meu filho, aquele dia lá você passou apertado comigo.'"[150] Outros trabalhadores percebiam quando os companheiros estavam sem trabalhar propositalmente e condenaram essas ações ao narrá-las:

---

148 AHMF. Caixa 540. Processo 568/1985, f. 24. De acordo com a juíza Mieko Miura, "a justa causa restou cabalmente provada. Colhe-se dos depoimentos testemunhais que o reclamante, consciente e deliberadamente, executou de forma errada o serviço, causando estrago em cerca de 20 pares de solas de calçados." (f. 26)

149 Depoimento de Jerson do Nascimento ao autor.

150 *Ibidem*.

> O cara quando é bandido, é sem vergonha no serviço, ele faz isso mesmo. Ele ou desaperta peça, ou tira a máquina do esquadro, ou qualquer coisa, tem gente que é assim mesmo. Ah, o Manguara mesmo era pra ser um, era o rebaixador. [...] Ele desregulava a máquina sim, tenho certeza que sim. Pra ficar atoa. Pra descansar um pouco. O Barrela também, ele era o goleiro nosso. [...] Ele também era sem vergonha. (O senhor nunca fez uma dessa?) Não, não, não. Eu ficava era com medo de fazer essas coisa e dar zebra. (Mas dava pra perceber?) Ah, quando começava a andar pra lá e pra cá demais, e de conversa frouxa e a máquina tava desregulada, você podia saber que era vontade de ficar sem trabalhar! Era pra ficar à toa! Safadeza![151]

Dominguinhos não se privava das bebedeiras no meio de semana, o que às vezes o obrigava a se ausentar do serviço devido à indisposição física, mas temia ser apanhado praticando algum tipo de sabotagem no maquinário e por isso não recorria a essa ação.

Os relatos indicaram que esse tipo de sabotagem ocorreu nos três setores produtivos. Em trabalho anterior, constatei que na seção de pesponto as gestoras se depararam com casos de trabalhadoras que quebravam agulhas e desregulavam o ponto da máquina, o que demandava a intervenção do chefe ou do mecânico e, a depender do problema, resultava na paralisação do serviço ou na troca do funcionário de máquina.[152] Um exemplo dessa ação foi encontrado em um processo de 1984 movido por uma pespontadeira suspensa por indisciplina. Ela alegou ter faltado ao serviço porque a máquina estava quebrada, mas a empresa contra-argumentou alegando que

> por mais que o serviço de mecânica procurasse defeito naquela máquina, não o encontrava, constatando somente que a mesma houvera sido "desregulada", sendo certo que, após várias horas de "testes", a mesma foi novamente regulada, entretanto, quando isto ocorreu, já se esgotara o expediente daquele dia.[153]

---

151 Depoimento de Domingos Cornélio ao autor.
152 REZENDE, Vinícius D. de. *Anônimas da História: relações de trabalho e atuação política de sapateiras entre as décadas de 1950 e 1980 (Franca – SP)*. Dissertação (Mestrado em História)- FHDSS, UNESP, Franca, 2006, f. 120-121.
153 AHMF. Caixa 466. Processo 22/1984, f. 10. As partes conciliaram com o pagamento do dia e a manutenção da penalidade.

A danificação de maquinário com o objetivo de paralisar o trabalho tendia a ser uma estratégia mais eficaz em fábricas menores, que não empregavam mecânicos de manutenção e recorriam a prestadores de serviço, o que poderia resultar na paralisação da produção num dado setor por todo o expediente de trabalho. Nas maiores fábricas, dependendo da seção, existiam máquinas reservas para as quais o trabalhador poderia ser transferido até a resolução do problema. Além disso, os mecânicos sofriam constante pressão para concretizar a manutenção do maquinário o mais rápido possível e reduzir o tempo ocioso.[154]

Tal como ocorria com a redução proposital do ritmo de trabalho, a sabotagem era realizada de forma camuflada e dissimulada para evitar ser apanhado pelo chefe de seção. Nos anos 1980, a *MSM* importou injetoras de solado e José Leme descobriu que um defeito nas solas estava sendo causado por uma operária.

> Teve uma vez que nós estávamos trabalhando, injetando um solado, e começou a dar diferença na injeção. E dava diferença na injeção, e dava diferença... mas não é possível. O que será que tá acontecendo? Chegava lá, a gente via que falhava, a injeção falhava. Mas por que falha? Não é possível. Eu peguei o solado e observei bem o solado, o solado dava uma raja, uma mancha. Eu peguei aquele solado, o chefe do setor era o Dorival. Eu falei: "— Dorival, tá dando essa raja aqui, um negócio esquisito, parece que tem água! Parece que tem água na matriz!" Aí vamos ver o que tá acontecendo. "Observa então pra nós ver." *A menina que tava trabalhando na máquina borrifava água dentro da matriz e injetava em cima, e dava a mancha. Aí parava, ela ficava sossegada, ia conversar com a outra, porque até nós resolver o processo... Então veja, são sabotagens que a pessoa quer ser tão esperta pra ficar parada e não produzir!*[155]

Nesse caso, a artimanha utilizada pela trabalhadora foi descoberta por meio da observação sem que ela percebesse. Em outros casos, apenas o desenvolvimento tecnológico possibilitou coibir em curto espaço de tempo outros tipos de sabotagem. O mesmo depoente relatou que, eventualmente, alguns prenseiros tiravam solas e saltos "crus", antes da conclusão do ciclo de vulcanização, e argumentavam que a massa não estava boa. A primeira reação do chefe era devolver a massa para a seção de mistura reprocessá-la. A recorrência desses casos fez José Leme determinar que antes de retrabalhar a massa, ela deveria ser testada

---

154 Depoimento de Erotides de Souza ao autor.
155 Depoimento de José Leme ao autor.

em outra prensa. "Muitas vezes a gente apanha, porque até chegar nesse ponto, quantas e quantas vezes a gente voltou o processo pra trás por esperteza do cara lá na frente. E ele fica parado, esperando a outra massa vir." Após a aquisição de um reômetro – simulador do processo de vulcanização em pequena escala no laboratório – foi possível realizar os testes rapidamente e sem a necessidade de paralisar o trabalho de outro prenseiro. Essas ações operárias o fizeram concluir que "você tem que ter essa *luta constante*. Isso é na indústria de borracha, na de calçados, em qualquer outro setor."[156]

Alguns "sabotadores" eram descobertos por meio da delação de um colega de trabalho que tinha ciência da ação e comunicava o superior hierárquico. Joana da Silva foi chefa da seção de pesponto e relatou um caso em que notaram que faltavam peças após a conclusão da chanfração. A responsável pelo fato foi delatada por outra trabalhadora. "Quando foi um dia, ela comentou com outra e a outra pegou e falou: '— Começa a prestar atenção no lixo que vocês tira!'"[157] Idacir Ferreira rememorou o caso de sapatos que apareciam cortados na linha de montagem: "com faca, cortava o sapato, de vez em quando ele riscava um pé. E até descobrir isso... Sabe quem descobre? Graças às pessoas que gosta de você, senão você não descobre não, você tem que ter amigo cara!"[158] As delações poderiam ser motivadas por rivalidades entre os trabalhadores, pela discordância do delator em relação à ação praticada pelo colega ou mesmo pelo objetivo de "cair nas graças" do superior hierárquico e ser lembrado em possíveis oportunidades de promoção.

Frente às evidências coletadas, é possível concluir que ocorreram danos acidentais e ações de sabotagem. No segundo caso, mesmo que as ações fossem praticadas na maior parte das vezes individualmente, era imperativo contar com a cumplicidade ou, no mínimo, com o silêncio dos trabalhadores que tomavam conhecimento delas. A sabotagem tinha que ser muito bem dissimulada, caso contrário, os autores seriam descobertos e penalizados ou demitidos por justa causa.

---

156 Depoimento de José Leme ao autor.
157 Depoimento de Joana Odete da Silva ao autor em 1 de agosto de 2004.
158 Depoimento de Idacir Ferreira ao autor.

"Nem o rei me manda, quanto mais o dono da fábrica"

Ao analisar as disputas em torno da cronometragem, demonstrei como Zdenek Pracuch ofereceu explicações distintas para o fato. No seu livro, ele definiu a redução do ritmo de trabalho como fruto de "nervosismo" ou "inibição". Na entrevista, ele reconheceu no ato a expressão da luta dos trabalhadores para trabalharem num ritmo mais folgado. Não admitir publicamente que esse tipo de ação operária expressava formas de contestação à organização capitalista do sistema produtivo não foi exclusividade desse personagem.[159] Uma das manifestações dessa visão – presente entre pesquisadores, capitalistas e trabalhadores – foi interpretar as faltas injustificadas, a arte de "fazer cera" e as sabotagens como ações deflagradas com o único objetivo do autor ser demitido para receber direitos trabalhistas.[160]

De acordo com as argumentações construídas pelos advogados patronais e pelos representantes das empresas em vários processos trabalhistas, alguns trabalhadores forçavam a demissão para receberem verbas rescisórias e sacar o Fundo de Garantia por Tempo de Serviço (FGTS).[161] A alegação mais contundente nesse sentido foi formulada pelo advogado da *Calçados Decolores* para justificar a demissão de Apolonio Cardoso Pereira, acusado de cometer reiteradas faltas injustificadas, paralisar o serviço sem motivo e ofender verbalmente seu chefe enquanto era levado ao Departamento de Pessoal para ser penalizado.

> É público e notório que a alteração da legislação trabalhista com a introdução da Lei do FGTS tem motivado uma rotatividade de mão de obra surpreendente, fato esse já demonstrado em inúmeras estatísticas e ensinamentos doutrinários.

---

159 "Foi a sociologia industrial burguesa que se viu obrigada a 'descobri-la' [a luta implícita dos trabalhadores], quando foi levada a se interrogar sobre as razões do fracasso dos esforços das firmas no sentido de aumentar os rendimentos mediante a 'racionalização' da organização do trabalho; mas, evidentemente, ela não pôde reconhecê-la como *luta* e, menos ainda, ver que a mesma continha uma contestação radical à organização capitalista da empresa e das relações entre os homens que ela implica." CASTORIADIS, C., *op. cit.*, p. 63.

160 Nesse sentido, cf. LOPES, Juarez. R. B., *op. cit.*, p. 73-74. O autor afirma que era opinião generalizada entre a administração, os supervisores e os operários que depois de alguns anos de casa, o trabalhador diminuía a produtividade a fim de receber "seus direitos".

161 Instituído pela Lei nº 5.107, de 13 de setembro de 1966.

> No setor calçadista e notadamente em Franca, onde há inúmeras indústrias produtoras de calçados, empregando numerosa mão-de-obra, essa rotatividade se revela acentuada, tendo como principal objetivo o saque da importância depositada no FGTS.
> Em resumo: após 1 ou 2 anos de serviço o empregado "provoca" por todos os meios o empregador para ser despedido e sacar as importâncias do FGTS.[162]

Numa conjuntura de expansão industrial, decorrente em grande parte da ampliação das exportações de calçados, muitos trabalhadores poderiam realmente forçar a demissão com o objetivo de receber tais verbas. Com o mercado aquecido, as várias empresas calçadistas necessitavam de força de trabalho e os demitidos não teriam grandes dificuldades para conseguir outro emprego. Há indícios de que alguns trabalhadores solicitavam aos chefes que fossem demitidos, pois se pedissem demissão deixavam de receber algumas verbas,[163] e quando não tinham a solicitação atendida transgrediam as normas internas.

Nos anos 1970 e 1980, diferentes processos relacionaram-se a essas ocorrências. Em 1985, Eurípedes Antonio de Oliveira foi demitido por justa causa pela *Calçados Palermo* por "fazer cera": demorou mais de uma hora para realizar um serviço de pesponto que demandava cinco minutos. Com pouco mais de um ano de serviços prestados à empresa, o trabalhador teria solicitado ao chefe que fosse demitido para poder sacar o FGTS e comprar uma moto. O pedido não foi atendido e "correram comentários na linha de produção da Rda., de que o Rte. não estava satisfeito com a negativa e que afirmara: 'a partir de agora ficarei andando pela produção, para que me mandem embora...'"[164] Eurípedes faltou à segunda audiência e foi-lhe aplicada pena de confissão, sendo a ação julgada improcedente, o que impossibilitou comprovar a veracidade da alegação da empresa.

Essa estratégia arriscada e muitas vezes mal sucedida parece não ter sido tão incomum. João Alves da Silva reassumiu seu cargo de chefe, em 1982, após quase uma década afastado da *Calçados Peixe* para exercer a função de diretor do Sindicato dos Sapateiros. De acordo com seu relato, vários subordinados solicitavam

---

162 AHMF. Caixa 306. Processo 682/1978, f. 10-11. As partes entraram em conciliação amigável.

163 A demissão sem justa causa obrigava a empresa a pagar, por exemplo, a multa de 10% sobre os valores depositados no FGTS. (Redação dada pelo decreto Lei nº 1.432, de 1975)

164 AHMF. Caixa 553. Processo 945/1985, f. 9.

ou forçavam a demissão para sacar o FGTS. Por isso, ele carregava um exemplar da CLT no bolso com o objetivo de instruir os trabalhadores a não praticarem atos de indisciplina, pois seriam enquadrados no artigo 482, que definia as ações passíveis de demissão por justa causa. "Pra evitar de mandar embora eu chegava, chamava ele lá, explicava e mostrava pra ele: '— Você tá vendo isso aqui? Se eu te enquadrar aqui você vai perder seus direitos..."[165]

Por outro lado, nem sempre as empresas comprovaram que os trabalhadores desrespeitaram as normas internas com o propósito de serem demitidos para sacar o FGTS. Em 1977, a pespontadeira Nilda Rodrigues foi suspensa por se recusar a trocar de máquina e ficar sem trabalhar entre 6:30 e 8:30 da manhã. A *Calçados Pestalozzi* alegou que Nilda disse ao chefe que a interpelou que queria ser dispensada. Por sua vez, a trabalhadora afirmou que após comunicar sua gravidez passou a sofrer pressão para se demitir e que a recusa em trocar de máquina ocorreu porque a outra era mais baixa e lhe causaria desconforto. Em sete meses de serviço ela não sofrera nenhuma outra punição e como a empresa não provou o que alegou, a suspensão de seis dias foi cancelada por expressar rigor excessivo.[166]

Caso semelhante ocorreu com o cortador Maurício Arantes, demitido sob a acusação de desperdiçar couro propositalmente e fazer uma verdadeira "greve branca", ao diminuir sua produção excessivamente, com o intuito de causar prejuízo e ser demitido para sacar o FGTS. Maurício explicou que ocorriam variações no rendimento do couro (denominadas "quebras") por causa da má qualidade da matéria-prima, fato confirmado por todas as testemunhas, que acrescentaram a falta de um controle mais adequado da distribuição de vaquetas e a introdução de novos modelos com mais peças a serem cortadas. A partir dos testemunhos e da falta de provas sobre a intencionalidade do ato, a JCJ considerou a demissão injusta.[167] Deste modo, se algumas evidências indicam que ocorreram casos de indisciplina devido à intenção do autor de ser demitido para receber verbas rescisórias, outras evidências demonstram que tais acusações também poderiam ser argumentos arquitetados pelas empresas para justificar penalidades e demissões por justa causa.

Contudo, da mesma maneira que nem todo dano material causado ao patrimônio industrial foi mera retórica jurídica ou acidente involuntário, os atos

---
165 Depoimento de João Alves da Silva ao autor em 28 de março de 2005.
166 AHMF. Caixa 296. Processo 341/1978.
167 AHMF. Caixa 317. Processo 258/1979.

de insubordinação não foram deflagrados apenas para forçar a demissão. Em alguns casos, ficou comprovado que os trabalhadores diminuíram a produção em sinal de protesto, inconformismo e revolta após as empresas se recusarem a conceder-lhes aumentos salariais. Nesse sentido, em 1977, um sapateiro e um borracheiro não se intimidaram frente à JCJ e confirmaram tais ações.

José Eustáquio Pereira, funcionário da *Calçados Palermo*, solicitou majoração salarial e recebeu a resposta que o reajuste só ocorreria na época do dissídio coletivo. Pouco depois, o chefe observou que ele deixou passar sapatos pela esteira sem realizar sua tarefa e ao indagar-lhe sobre o feito, José respondeu "você já sabe o motivo". O chefe geral e o presidente da fábrica intervieram, mas José se manteve irredutível e afirmou que trabalharia "de acordo com o ordenado". Levado ao Departamento de Pessoal para ser demitido, disse que "para passar fogo num aí, não custa nada" e concluiu: "nem o rei me manda, quanto mais o dono da fábrica".[168] Na audiência, José confirmou que "passou a fazer o serviço que dava para ser feito, sem esforçar-se, fazendo um pouco de 'corpo mole'." Admitiu ainda ter dito ao patrão que agia assim "porque ganhava pouco; que o patrão ameaçou bater no depoente e este chamou o patrão para a briga, mas a reclamada não aceitou."[169]

No segundo caso, Francisco Alves Vilela era operador do cilindro mestre em uma das seções produtivas da *Amazonas* e dirigiu-se ao Departamento de Pessoal para solicitar o aumento de seu salário. Por não ter sido atendido, reduziu a produção em 40% e provocou a paralisação da seção por 94 minutos, o que resultou na sua demissão por justa causa. Assim como José Eustáquio, Francisco confirmou que após ter seu pedido recusado

> voltou ao trabalho mas deixou de trabalhar em excesso, como vinha fazendo; que passou a trabalhar normalmente, passando a gastar cerca de 10 minutos para executar um trabalho que antes era feito em 5 ou 7 minutos; *que o depoente acha que ganhando pouco deve trabalhar até o limite de seu ganho;* [...] que o depoente sabe que do seu trabalho depende o trabalho dos demais [...].[170]

---

168 AHMF. Caixa 283. Processo 719/1977, f. 9-10. Excertos das contra-razões apresentadas pela empresa.
169 *Ibidem*, f. 15.
170 AHMF. Caixa 283. Processo 726/1977, f. 13. (grifos meus)

O primeiro processo foi julgado improcedente e o segundo foi conciliado, após o trabalhador aceitar receber cerca de 20% do valor inicialmente pleiteado. Nesses dois casos, é possível observar o sentimento de trabalho justo mediante um pagamento considerado adequado ao esforço despendido. Os dois trabalhadores reagiram imediatamente à recusa de aumento salarial com a diminuição do ritmo de trabalho e afirmaram que trabalhariam de acordo com o que recebiam. Como ganhavam pouco, trabalhavam menos intensamente. Portanto, considerar apenas a intenção de ser demitido para receber direitos trabalhistas implica ignorar variadas expressões da revolta operária no cotidiano de trabalho.

A apropriação ilegal de bens materiais

Bem menos frequentes que as formas de conflito social analisadas até aqui foram os casos de apropriação ilegal, pelos trabalhadores, de bens materiais – instrumentos de trabalho, matéria-prima ou mercadorias – pertencentes às empresas. Ao praticarem pequenos furtos, os trabalhadores desencadeavam um efeito prático imediato de aumentar o valor incorporado na força de trabalho.[171] Esse tipo de ação apresentava o agravante do autor não apenas transgredir as normas disciplinares e a legislação trabalhista como também praticar um ato passível de punição na justiça civil e criminal.

Alguns episódios registrados em reclamações trabalhistas ilustraram a apropriação de bens da empresa empregados na confecção de objetos para uso pessoal durante o expediente de trabalho. Como visto anteriormente, a *Calçados Terra* justificou a demissão de Onadice da Silva por ele ter utilizado instrumentos de trabalho para confeccionar um punhal e não por causa da briga com outro funcionário fora da fábrica. Não obstante, uma das testemunhas da empresa afirmou que era um costume dos trabalhadores fabricarem facas com limas, por serem mais resistentes, e utilizá-las para cortar solas e tirar fios. Isso fez com que o juiz de Direito João Mendes decidisse que, apesar de reprovável, o ato não possuiu a gravidade necessária para justificar a demissão. A empresa interpôs recurso ordinário junto ao TRT da 2ª Região e argumentou que em uma fábrica

> de calçados, onde muitos são os empregados e impossível uma rigorosa fiscalização, não sendo os empregados de inteira confiança, muito podem carregar, sem que a gerência tenha conhecimento. Por tal motivo, a qua-

---

171 BERNARDO, João. *op. cit.*, p. 91.

lidade principal exigida pela recorrente é a honestidade. Praticado pois algum furto, por menor que seja, já tal empregado deixa de ser de sua confiança e pois inconveniente a sua permanência na fábrica.[172]

O recurso obteve êxito e a decisão inicial foi reformada sob o argumento de que não cabia à Justiça do Trabalho dosar a penalidade, apenas apreciar se foi justa ou não.

Em outros dois processos, distantes sete anos entre si, os trabalhadores foram demitidos após serem flagrados por seus superiores hierárquicos a confeccionar cintos de couro para uso pessoal durante o horário de trabalho.[173] O processo mais relevante a respeito dessa prática foi movido, em 1985, por Wilson Calimeiro Sobrinho. A direção da *Calçados Penha* notou o desaparecimento de alguns saltos de madeira e passou a observar secretamente os trabalhadores, o que resultou na descoberta de que Wilson fez improvisações em uma máquina para poder confeccionar um "gracioso" cinzeiro com o referido insumo. Em seu depoimento, o reclamante admitiu ter confeccionado o objeto. Os trabalhadores que serviram como testemunhas confirmaram que outros operários fizeram cinzeiros com saltos e dois deles declararam terem feito o mesmo.[174]

A partir dessas evidências, a JCJ, presidida pela juíza Mieko Miura, considerou que Wilson foi pego como bode expiatório e que o flagrante do cinzeiro em sua posse não autorizava concluir que ele era o responsável pelos desaparecimentos anteriores, pois dois trabalhadores também confessaram o ato e não sofreram punições. Essa decisão foi mantida pelos juízes do TRT da 15ª Região, que decidiram que a penalidade extrema não se aplicava à natureza da falta, que ademais, era uma "prática comum entre os demais colegas".[175]

Esse caso carrega importantes significados: ilustra a apropriação de bens da empresa por trabalhadores que confeccionaram objetos para si próprios e, para tanto, deixaram de trabalhar por algum tempo; e mostra que duas testemunhas assumiram em juízo a prática de infração que não haviam sido acusados, numa nítida demonstração de solidariedade para com o companheiro demitido. Essa postura comprovou que era um costume do grupo confeccionar os tais cinzei-

---

172 Proc. 942/1954, f. 19.
173 AHMF. Caixa 277. Processo 559/1977 e Caixa 480. Processo 507/1984.
174 AHMF. Caixa 556. Processo 1021/1985.
175 *Ibidem*. Acórdão 1552/1987, f. 49.

ros e isso embasou a decisão dos magistrados que interpretaram a demissão de apenas um deles como expressão do rigor excessivo da empresa. Mesmo que não fosse essa a intenção, a sentença acabou por legitimar uma forma de contestação informal dos trabalhadores em relação ao poder de comando da fábrica, pois eles se apropriaram de insumos, utilizaram maquinário e despenderam tempo em atividade distinta daquela que deveriam realizar.

Três outros processos relacionaram-se diretamente à caracterização de tentativa ou consumação de furto. Hermantino Rocha Filho afirmou que um de seus funcionários trabalhava por conta própria em seu domicílio, após a jornada de trabalho, e adquiria material da empresa para fabricar sapatos, com exceção de pregos. No dia 10 de outubro de 1958, o industrial viu quando o trabalhador se abaixou e embrulhou dois punhados de pregos em pedaços de jornais. Ao chamá-lo ao escritório no fim do expediente, o acusado negou o feito e foi revistado, não tendo sido encontrado nada em sua posse. Hermantino se dirigiu ao quintal da fábrica e localizou os pacotes escondidos. Em seguida, levou o acusado até o local na presença de testemunhas que o viram apanhar os embrulhos sem que ninguém apontasse onde estavam. As testemunhas da empresa confirmaram o fato e uma relatou que o trabalhador se recusou a assinar o pedido de demissão e disse "eu vou embora agora para tratar de meus direitos." A partir desses testemunhos, o juiz de Direito Ramiro Martins Silva julgou a ação improcedente, por considerar que a subtração ficou comprovada e que apesar de ser uma quantidade insignificante, no máximo 250 gramas de pregos, caracterizou improbidade.[176]

Muitos trabalhadores fabricavam sapatos em suas residências após a jornada de trabalho para complementar o orçamento. Aqueles que não tinham máquina de costura recorriam ao serviço de prestadores de serviços e as demais tarefas eram realizadas manualmente. Este caso indica que o próprio industrial vendia matéria-prima para seus funcionários e aponta a possibilidade de alguns insumos serem apropriados ilegalmente para a fabricação domiciliar. Por fim, chama a atenção o trabalhador tentar reverter a demissão e buscar seus direitos ao alegar que fora vítima de uma armação, estratégia que não obteve êxito diante das provas testemunhais apresentadas pela empresa.

Nos outros dois casos, os reclamantes foram apanhados ao tentarem subtrair pares de sapatos. Em março de 1985, um revisor foi autorizado pela *Calça-*

---

176 AHMF. Caixa 473. Processo 2183/1958.

dos Charm (empresa do grupo *Samello*) a levar para casa dois sacos com raspas de solas. Porém, ele não os levou imediatamente e pouco tempo depois outro funcionário encontrou dois pares de sapatos dentro de um dos sacos deixados num depósito. Na audiência, o trabalhador negou a acusação, mas os demais testemunhos o incriminaram e a demissão por justa causa foi confirmada pela juíza Mieko Miura. O reclamante, assistido pelo Sindicato dos Sapateiros, interpôs recurso ordinário sob a alegação de que "não chegou a praticar ato algum" que caracterizasse falta grave, mas os juízes do TRT da 2ª Região mantiveram a decisão e afirmaram que o código penal definia a tentativa de furto como crime.[177]

Pouco mais de um ano depois dessa ocorrência, um faxineiro da *Samello* foi demitido pelo mesmo motivo. Durante a realização de um churrasco nas dependências da empresa, um vigia o viu subtrair um par de sapatos destinado à exportação e ao revistá-lo na portaria da fábrica foi encontrado um par de *dockside* dentro de um saco que ele carregava. No depoimento à JCJ, o trabalhador afirmou que não sabia quem tinha colocado o sapato no meio dos seus pertences. Porém, assim como no caso acima, os demais testemunhos comprovaram a autoria do furto. De acordo com o segurança responsável pelo flagrante, ao ser descoberto, "o reclamante então disse: 'você me perdoa, eu errei, coloca o sapato de volta no lugar para mim';" e justificou que "tinha pego o sapato porque estava 'apertado, precisando de dinheiro'."[178] Novamente, Mieko Miura considerou que "o ato praticado pelo reclamante, doloso, é daqueles que fazem desaparecer a confiança e a boa fé em que se alicerça o contrato laboral e justificam a sua resolução sem ônus para o empregador."[179]

Com o objetivo de coibir os furtos, algumas empresas passaram a revistar os funcionários na saída do trabalho.[180] A *Amazonas*, por exemplo, realizou revistas aleatórias durante um curto período e um dos trabalhadores obrigado a mostrar seus pertences ao segurança teria se revoltado com a norma, considerada uma humilhação, e por isso virou sua marmita sobre o balcão da portaria, derraman-

---

177 AHMF. Caixa 530. Processo 232/1985.
178 AHMF. Caixa 580. Processo 633/1986, f. 39-40. Excertos do depoimento de Marcos Antonio Vitoriano.
179 *Ibidem*, f. 44.
180 Em alguns processos trabalhistas, as empresas anexaram cópias de seus regulamentos internos. Dentre as Normas da *Calçados Keller*, entregue aos funcionários nos anos 1980, a 19ª determinava que: "— Não é permitido sair da fábrica com embrulhos, sem passar pelo porteiro e mostrar." Caixa 572. Processo 289/1986, f. 15.

do o resto da comida, em sinal de protesto.[181] Tal como as disputas em torno do tempo de trabalho, os furtos podem ser considerados como mais uma das expressões dos conflitos entre trabalho e capital.

"Larga do meu pé senão eu te acerto"

A maior parte dos conflitos sociais no chão de fábrica envolveu trabalhadores e gestores, principalmente nas fábricas em que os proprietários se dedicavam exclusivamente à administração e cabia aos superiores hierárquicos fiscalizar a produtividade e a qualidade do serviço. Não por acaso, a maioria das ações de indisciplina foram descobertas e coibidas por esses sujeitos sociais responsáveis por controlar o tempo de trabalho alheio. No terceiro capítulo, demonstrei que alguns deles recorreram à violência física para impor sua legitimidade. Ao analisar os casos de indisciplina, foi possível constatar que eles também foram vítimas de agressões por parte de seus subordinados. Como afirmou Samuel Souza, "o uso da violência entre trabalhadores e superiores pode demarcar o esgotamento daquelas relações tensas no cotidiano".[182] Nesse sentido, os processos trabalhistas registraram variados casos de ofensas, ameaças e agressões físicas entre trabalhadores e gestores.

Alguns desses conflitos expressaram a recusa do poder de comando dos chefes por parte dos operários, que questionaram a competência profissional do superior para o exercício da função. A discussão entre o cortador de calçados Adalberto Alonso Sola e seu chefe, Francisco Carlos da Silva, exemplificou esse tipo de querela. Em 2 agosto de 1978, Adalberto exercia normalmente seu ofício quando foi interpelado por um revisor de cortes e recebeu a determinação de cortar novas peças para substituir algumas que haviam sido cortadas erroneamente. Adalberto não concordou com a decisão e solicitou a presença de seu chefe para decidir se as referidas peças tinham ou não condições de seguir na linha de produção.

De acordo com a *Calçados Sândalo*, o chefe ratificou que as peças deveriam ser substituídas, mas Adalberto se recusou a acatar a ordem e disse que "ia enguiçar". Francisco Carlos insistiu e o subordinado o teria mandado "tomar no jiló", o que motivou sua demissão por justa causa. Por sua vez, o reclamante relatou que

---

181 Depoimentos de Adolfo de Oliveira e de Erotides de Souza ao autor.
182 SOUZA, Samuel F. de. *op. cit.*, p. 104.

após o chefe asseverar que as peças não tinham condições de seguir na produção "o chamou [novamente] e disse que *no tempo do outro chefe*, não tinha problema; que o chefe irritou-se e confirmou que as peças estavam defeituosas; que o depoente então disse ao chefe que este '*não entendia nada*'".[183] Portanto, Adalberto se remeteu ao período anterior à chefia de Francisco e questionou a capacidade deste para o exercício do cargo.

Outros cortadores da seção serviram como testemunhas no processo e elucidaram os motivos por detrás das afirmações de Adalberto. Vicente Sebastião Pimenta explicou que "os fatos ocorreram no primeiro dia de chefia de Francisco Carlos, quase que no mesmo momento em que ele assumia o cargo" e "talvez o chefe nessa oportunidade não tivesse muita experiência". Antonio Aparecido Gois esclareceu que "dentro da seção todos os cortadores não haviam aprovado a nomeação de Chico, pois este *passou por cima* do sub chefe, rapaz mais experiente no serviço".[184] Antes de assumir a chefia da seção, Francisco apenas distribuía serviço e os trabalhadores consideravam que havia outra pessoa com mais condição do que ele para coordenar o setor. Assim, a reação de Adalberto refletiu um descontentamento geral dos companheiros de trabalho com uma promoção considerada injusta, visto não ter decorrido da capacidade técnica do novo chefe.[185]

Nesse caso, não ocorreu agressão física ao chefe cuja autoridade foi questionada pelos subordinados, mas outras ocorrências tiveram como desfecho o ataque aos superiores hierárquicos. Não raro, os conflitos extrapolavam os limites físicos da linha de produção e se estendiam para outros setores das fábricas. A aplicação de penalidades aos operários que transgrediam as normas disciplinares era um momento de tensão e, às vezes, resultou em agressões aos chefes do setor administrativo. Nas fábricas que adotavam o procedimento de encaminhar os funcionários ao Departamento de Pessoal para aplicar-lhes advertências, suspensões ou dispensá-los por justa causa, há registros que dão conta que os encarregados do setor foram alvos da revolta dos trabalhadores.[186]

---

183 AHMF. Caixa 302. Processo 556/1978, f. 9-10, 23. Excertos das contra-razões apresentadas pela empresa e do depoimento do reclamante. (grifos meus)

184 *Ibidem*, f. 24-26. (grifos meus)

185 "O fato dos trabalhadores julgarem determinada escolha injusta poderia, certamente, incorrer em conflitos entre trabalhadores na produção e chefes." Cf. SOUZA, Samuel. p. 101.

186 AHMF. Caixa 299. Processo 460/1978. A trabalhadora chamou o chefe do DP de palhaço. Caixa 326. Processo 582/1979. Enquanto o chefe do DP preparava a documentação de dispensa, o trabalhador o agrediu com um pontapé e com socos. Caixa 475. Processo 367/1984. O traba-

Não obstante, o maior número de conflitos ocorreu nas seções produtivas. Em meio às ríspidas discussões envolvendo o controle da produção e da qualidade, os operários poderiam se alterar a ponto de utilizarem seus instrumentos de trabalho para atacar chefes e gerentes. Em 1979, o sapateiro Arimondes Borges foi demitido porque deixou "passar o serviço na esteira sem executar a operação e ao ser admoestado passou a mão em uma chave de fenda e agrediu o gerente e posteriormente passou a agredir o chefe da seção."[187] No ano seguinte, o cortador Luiz Carlos da Silva foi interpelado por seu chefe após realizar um serviço errado, "diante da repreminda, o autor se alterou, agredindo de forma violenta o seu superior, atirando-lhe um instrumento de trabalho (ferro aparador de vaqueta), que não atingiu o seu alvo em virtude de esquiva da vítima."[188]

Os depoentes também relataram esse tipo de ocorrência. Na *Amazonas*, alguns chefes foram descritos como extremamente autoritários e grosseiros: abordavam os subordinados aos gritos e, reiteradamente, os ofendiam. Sob tais circunstâncias, um ou outro trabalhador reagiu de forma violenta e partiu para cima do chefe com pedaços de cano de ferro ou tesouras em punho.[189] No final dos anos 1980, uma dessas agressões teve consequências mais graves.

> Tinha um rapazinho que trabalhava lá, coitadinho, [...] ele tomava remédio controlado, ele era aparador e para aparar a placa precisa de uma faca afiada, mas afiada mesmo, você passa assim nos cabelinhos, nossa! Dá até medo de mexer com aquela faca. Aí esse rapaz chegava e todo dia o chefe pegava no pé desse rapaz, todo dia, falava alto e chamava de burro. "— Burro, você é um burro. Todo dia eu tenho que falar com você. Você é burro, não aprende." Ele tinha uma conversinha fininha, oh gente, oh chefe da voz fininha e nojenta. Isso o cara tinha acabado de entrar, entrou uma e meia e não era nem duas horas, a hora que ele chegou o rapaz só fez assim xepe! A barrigada do bicho despejou pra fora lá no meio da seção. Aí foi aquela correria de nego correndo e indo buscar a ambulância e segurando a barrigada dele e arrastando ele lá pra fora.[190]

---

lhador chamou o chefe do DP de "filho da puta" após receber uma carta de advertência.

187 AHMF. Caixa 330. Processo 768/1979, f. 5. Excerto do comunicado de dispensa por justa causa.

188 AHMF. Caixa 349. Processo 222/1980, f. 11. Em seu depoimento, o trabalhador admitiu a agressão.

189 Depoimentos de Erotides de Souza e de Luis Natalino ao autor. O segundo trabalhou na empresa até 1968.

190 Depoimento de Adolfo de Oliveira ao autor.

O chefe reassumiu suas funções após se restabelecer e é possível que a gravidade do ferimento tenha sido superdimensionada no depoimento, pois o narrador não presenciou a cena: "Os caras que trabalhavam lá que conta pra mim: '— Adolfo, a barrigada do bicho saiu pra fora mesmo rapaz.'"[191] É difícil saber se a lesão teve essa dimensão, mas é evidente que a facada no chefe da "voz fina e nojenta" adquiriu uma repercussão considerável e passou a compor as memórias desse grupo de trabalhadores, sendo narrada de um para outro ao longo dos anos. As agressões físicas aos superiores hierárquicos poderiam alcançar um significado mais amplo, pois "o contramestre surrado por um trabalhador, que tomou esta decisão isolado dos colegas, passará muito provavelmente a temer todos os restantes."[192]

Além do questionamento à capacidade técnica dos chefes e das agressões físicas, algumas atitudes operárias denotavam a intenção de desmoralizar e ridicularizar os superiores hierárquicos na frente dos companheiros. Para Samuel Souza, "a tentativa de fazer do chefe um motivo de piadas possivelmente seria uma forma de amainar o clima de vigilância no interior da fábrica e mesmo, demonstrar que tal poder não era tão implacável."[193]

A ação trabalhista movida, em 1980, pelo sapateiro Geílson Antonio Rodrigues com o intuito de reverter sua demissão por justa causa engloba esses variados aspectos. No dia 17 de junho, o trabalhador estava fora de seu local de trabalho e Ricardo Ferreira, subchefe da seção, solicitou que ele "retornasse para sua máquina". Com ironia, o subordinado respondeu: "ganhei uma máquina", provocando risos e "expondo a ridículo, perante todos os seus demais colegas de trabalho, o superior hierárquico", que então lhe solicitou o crachá.[194] Geílson se recusou a entregá-lo e disse: "larga do meu pé, senão eu te acerto",[195] o que resultou na sua suspensão por dois dias. Porém, a disputa entre os dois não havia se encerrado com esta ameaça. Um inquérito interno realizado pela *Sândalo* constatou que Geílson portava uma faca e cumpriu indiretamente a ameaça: ao

---

191 Depoimento de Adolfo de Oliveira ao autor..
192 BERNARDO, João. *op. cit.*, p. 430.
193 SOUZA, Samuel. *op. cit.*, p. 99.
194 Isso significava que iria se dirigir ao Departamento de Recursos Humanos para determinar a aplicação de uma suspensão ao subordinado.
195 AHMF. Caixa 519. Processo 576/1980, f. 9, 18. Excertos das contra-razões apresentadas pela empresa e da carta de suspensão.

sair das dependências da fábrica ele cortou os pneus da bicicleta de Ricardo, que quase se acidentou ao se dirigir para sua casa na hora do almoço. Na audiência, o trabalhador admitiu a ação e o processo foi julgado improcedente.[196]

Esse tipo de conflito social possui um significado mais restrito e outro mais amplo. Por um lado, ao agredir um chefe, o trabalhador tendia a personalizar (individualizar) uma relação de exploração que não se restringia à truculência de um determinado indivíduo. Os chefes tornavam-se os alvos da revolta porque eram responsabilizados pelo ambiente de trabalho desfavorável. Essa tendência foi apreendida especialmente nos relatos dos ex-trabalhadores da *Amazonas* que eximiram a empresa e seus diretores-proprietários da responsabilidade pelos conflitos cotidianos e culparam os chefes, principalmente os mais autoritários, pelo ambiente de trabalho hostil.[197] A empresa foi considerada um excelente lugar para se trabalhar, devido aos benefícios sociais que oferecia, e o foco dos descontentamentos com as condições de trabalho adversas, o ritmo de trabalho intenso, as metas de produção e as rígidas normas internas recaiu sobre os chefes.

Por outro lado, mesmo que a maioria das agressões aos gestores tenha sido deflagrada por um operário isolado e ainda que o autor limitasse sua revolta ao indivíduo responsável por garantir a produtividade, tais ações possuíam maior amplitude. O cortador que questionou a capacidade do chefe recém-empossado contou com a solidariedade de seus companheiros na audiência trabalhista e juntos demonstraram a necessidade dos chefes gozarem ou conquistarem a legitimidade junto ao coletivo. Do mesmo modo, os trabalhadores que reagiram violentamente ao autoritarismo e ao rígido controle exercido sobre eles, ainda que canalizassem suas revoltas a um indivíduo, colocavam em disputa o poder de comando da empresa e as normas estabelecidas para tentar garantir a plena eficiência de suas capacidades de trabalho. Nesse sentido, as agressões constituíram-se em mais uma das expressões das lutas de classes no chão de fábrica.

---

196 O advogado do Sindicato dos Sapateiros interpôs recurso ordinário sob a alegação de que o entrevero ocorrera fora da fábrica, mas a decisão inicial foi mantida.

197 Nesse mesmo sentido, Antonio Negro observou que muitas vezes os metalúrgicos da *Willis* inocentaram a empresa das queixas em nome da ação arbitrária da chefia, o que não impediu a divisão do mundo da fábrica entre o "nós" e o "eles". Cf. NEGRO, Antonio Luigi. *Ford Willys anos 60. Sistema auto de dominação e metalúrgicos do ABC*. Dissertação (Mestrado em História)- IFCH, Unicamp, Campinas, 1994, f. 132.

De braços cruzados

Ainda que contassem com a solidariedade ou, no mínimo, com a não delação dos companheiros de trabalho, as variadas formas de indisciplina e contestação do poder de comando das empresas analisadas até aqui tiveram como principal característica a organização predominantemente individual. Apesar disso, é equivocado interpretá-las como meras querelas entre indivíduos, pois na maior parte das vezes expressaram conflitos entre trabalhadores e capitalistas em torno da produtividade. Bem menos frequentes foram as paralisações de protesto e a redução do ritmo de trabalho organizada coletivamente. As ações trabalhistas possibilitaram analisar 13 ocorrências desses tipos e demonstraram que as empresas agiram com rigor e, na maior parte dos casos, demitiram sumariamente os envolvidos nos protestos.

O primeiro processo trabalhista localizado sobre o tema foi movido por Geraldo Sanaiote e Djalma Souza, assistidos pelo Sindicato dos Sapateiros. Eles trabalhavam na *Calçados São Pedro* e, em 11 de junho de 1957, juntos com outros cinco montadores manuais abandonaram o serviço por não terem recebido seus salários no dia anterior. A empresa solicitou a intervenção do promotor público e as partes acordaram que o pagamento seria realizado no dia 13. Os trabalhadores voltaram para a fábrica, mas ficaram de braços cruzados por três dias, até serem pagos, o que motivou a empresa a demitir três deles por justa causa. Os reclamantes afirmaram que raramente recebiam no dia 10 e isso lhes causava grandes dificuldades, motivando-os a combinarem uma "greve branca".[198]

Segundo o proprietário da empresa, o atraso decorria das dificuldades comerciais que enfrentava e apesar de os grevistas não terem feito algazarra ou tentado convencer os demais trabalhadores a aderirem à paralisação, demitiu os três que eram "maus operários" e tinham baixa produção. Porém, readmitiu um deles em atenção ao pedido da mãe do funcionário.[199] Tal como em outros casos de indisciplina, observa-se a utilização da demissão como um exemplo para o coletivo e a construção da imagem depreciativa dos reclamantes perante a justiça trabalhista com o fim de justificar as ações punitivas. Destaco também a decisão dos trabalhadores se organizarem entre si para protestar contra os atrasos sala-

---

198 Djalma Santos, por exemplo, afirmou que estava com sua conta no armazém para ser cortada. AHMF. Caixa 472. Processo 2306/1958, f. 3-4, 11-12.
199 *Ibidem*, f. 13.

riais e só apelarem ao sindicato da categoria quando eles necessitaram de assistência jurídica para mover a ação trabalhista, julgada improcedente.[200]

Quase uma década depois, em 1966, outra paralisação pelo mesmo motivo, mas com duração bem menor, motivou a demissão de um prenseiro. De acordo com a *Amazonas*, em 11 de novembro, Sebastião Guimarães aliciou outros trabalhadores e interpelou o chefe da seção, indagando se "o pagamento devido do mês saía ou não saía, sob pena de não trabalharem". Os trabalhadores paralisaram a seção por cerca de 40 minutos, o que demonstraria "não se tratar de tentativa de greve, mas de greve realmente realizada..."[201] Após ouvirem que os salários seriam pagos no fim do expediente, todos voltaram a trabalhar.

A disputa judicial teve como cerne definir se ocorreu uma greve ilegal ou um protesto pacífico e comprovar se Sebastião Guimarães liderou os demais trabalhadores ou apenas participou do movimento. Sebastião relatou que a empresa costumava lhes pagar no dia 10 e que os rapazes do escritório informaram que o pagamento ocorreria apenas no dia 14 ou 15. Todos precisavam receber e manifestaram o descontentamento na hora de picotar seus cartões. Sem que houvesse qualquer líder, cerca de 40 prenseiros decidiram procurar o chefe e como ele se dirigiu ao encarregado do Departamento de Pessoal, pois não era possível todos falarem ao mesmo tempo, foi demitido.[202]

De acordo com o juiz de Direito Laert de Oliveira, mesmo que não tenha ocorrido uma greve propriamente dita, a conduta dos trabalhadores não teve qualquer amparo legal e eles praticaram um ato de indisciplina passível de punição. No entanto, a empresa não provou que Sebastião foi "o cabeça" do protesto e sua demissão foi injusta, já que o ato de indisciplina foi praticado coletivamente e apenas um dos envolvidos foi punido.[203]

---

200 Segundo o juiz de Direito Ramiro Martins Dias, o Decreto-Lei 9.070 de 1946 possibilitava a greve somente depois de esgotados todos os meios legais para remediar a causa. Os trabalhadores tinham o direito de procurar a Justiça para solicitar a rescisão de seus contratos de trabalho e não o fizeram, preferindo adotar uma atitude acintosa frente o reclamado. Proc. 2306/1958 , f. 17.

201 AHMF. Caixa 22. Processo 911/1968, f. 10-11. Iniciado no Cartório de 2º Ofício em 28/11/1966.

202 *Ibidem*, f. 22, 24-26

203 *Ibidem*, f. 41.

Em pleno regime militar, a empresa interpôs recurso ordinário remetendo-se à Lei 4.330 de 1964, que restringiu significativamente o direito de greve.[204] Por meio de uma linguagem crua, o advogado Carvalho Rosa afirmou que "quando havia menos lei pendia-se o ladrão na cruz; hoje, com número elevado de leis, coloca-se a cruz no peito do ladrão." Por isso, "um grevista, aliciador, acaba de ser condecorado" com verbas rescisórias indevidas, demonstrando que "na Justiça do Trabalho a predominância é do sentimento e não da razão."[205] Tais argumentos não convenceram os juízes do TRT da 2ª Região e a decisão inicial foi mantida, sob o fundamento de não ter ocorrido um movimento grevista.

Nesses dois processos, distantes quase uma década entre si, é possível perceber a articulação entre os próprios trabalhadores para protestarem contra o atraso de seus pagamentos. No primeiro caso, a paralisação durou três dias e a demissão por justa causa foi confirmada pela Justiça. Entre os prenseiros, as conversas no portão de entrada da empresa, quando vários deles reclamavam que estavam "apertados" e com contas a pagar, resultaram na decisão de abordar os superiores hierárquicos e exigir o pagamento dos salários. Como ocorreu apenas um protesto de curta duração e não se comprovou a liderança do acusado, a demissão foi considerada injusta, o que acabou por legitimar a "ousadia" dos trabalhadores.

Em 1968, a recusa ao trabalho por parte de um cortador da *Samello* que, em conjunto com outros trabalhadores, reivindicou o aumento do valor pago pelo corte de alguns modelos de sapatos também foi interpretada pela empresa como perigosa ameaça ao seu poder de comando. Antonio Rodrigues Alonso permaneceu sentado, em sinal de protesto, sob sua mesa durante todo o expediente e foi demitido por justa causa. De acordo com o advogado Hélio Palermo, "sem tal providência, o Reclamante desencadearia uma verdadeira avalanche de greves e indisciplina, prejudicial à empresa."[206] Três outros cortadores depuseram como testemunhas do reclamante e explicaram que também foram demitidos após reivindicarem o reajuste da tabela de corte.

---

204 A respeito dessa lei, que considerava as greves movimentos anti-sociais e nocivos ao desenvolvimento da nação, consultar: MARTINS, Heloísa Helena Teixeira de Souza. *O Estado e a burocratização do sindicato no Brasil*. São Paulo: Hucitec, 1989, p. 119.
205 Proc. 911/1968, f. 46.
206 AHMF. Caixa 7. Processo 112/1968, f. 24.

A JCJ, presidida por Valentin Carrion, considerou exagerado falar em greve e decidiu ter havido rigor excessivo da empresa, determinando o pagamento das verbas rescisórias. Porém, os juízes do TRT da 2ª Região reformaram esta decisão, sob o argumento de que "o fato foi presenciado por todos os empregados da empresa em número aproximado de 800 e se não tivesse uma punição exemplar, estaria a disciplina da recorrente profundamente abalada."[207] Essa decisão legitimou a demissão como um instrumento pedagógico para demonstrar ao coletivo que ações daquele tipo não eram admitidas pela direção da *Samello*.

Em 1974, a mesma empresa demitiu as irmãs Neuza Rangel da Silva e Lúcia Cândida da Silva após elas se recusarem a trabalhar sem luvas, obrigando o chefe a desligar a esteira da seção de acabamento por cerca de dez minutos, paralisando 80 trabalhadores. A empresa afirmou que o serviço que elas realizavam poderia ser executado sem luvas, fornecidas por mera liberalidade para que não sujassem as mãos. O material estava em falta devido à quebra da máquina empregada no seu fabrico no *Curtume Progresso*. Com tal atitude, as duas funcionárias mostraram-se insubordinadas e quebraram um dos pressupostos do contrato de trabalho, pois "a disciplina é sem sombra de dúvida fator de progresso e precisa ser mantida, para que tudo possa caminhar dentro daquele respeito mútuo que deve existir entre empregador e empregado. A anarquia leva indubitavelmente ao caos."[208]

O discurso do advogado da empresa fundamentou-se na concepção do perigo social representado pelos atos de insubordinação no espaço fabril, adequando-se à conjuntura repressiva do período, caracterizada pelo combate à organização dos trabalhadores e às suas instituições. Além disso, esse processo demonstra que ao integrar todos os trabalhadores de uma seção e ditar-lhes externamente o ritmo de trabalho, a linha de montagem carregava uma ambiguidade, pois a recusa ao trabalho por parte de um ou mais trabalhadores acarretava a paralisação imediata dos demais. Por esse motivo, em 1978, a *Makerli* suspendeu um de seus funcionários sob a alegação de ele ter participado "de uma greve na seção, ficando completamente parado sem executar tarefas juntamente com mais outros funcionários, obrigando a firma inclusive a desligar a esteira por algum tempo."[209]

---

207 Proc. 112/1968. Acórdão 4227/69, f. 51.

208 AHMF. Caixa 177. Processo 601/1974, f. 9. A ação foi julgada improcedente.

209 Caixa 303. Processo 587/1978, f. 13. Anexo – suspensão de um dia, em 11-4-78. Antonio Joaquim Alves solicitou o cancelamento de outra suspensão, recebida por não acatar as or-

Nos anos seguintes, os processos relacionados às demissões por participação em greves ou movimentos de protesto se tornaram mais frequentes. Em 1980, a *Makerli* demitiu João Batista Mamede, acusado de liderar a paralisação da seção em que trabalhava por causa de um atraso no pagamento.[210] No mesmo ano, seis trabalhadores foram demitidos pela *Calçados Marquinhos* após interromperem o serviço em uma esteira devido à reivindicação de aumento salarial.[211]

Apesar de pouco numerosos, esses casos evidenciam que os protestos organizados coletivamente não foram uma novidade trazida pelos líderes sindicais dos anos 1980. Não obstante, após a vitória da oposição sindical sapateira, em 1982, os sindicalistas intervieram em tais ações de forma mais ativa, diferente dos anos anteriores em que o sindicato se limitou a conceder assistência jurídica para tentar reverter demissões por justa causa. Os cortadores se destacaram na realização de paralisações motivadas por divergências em torno dos valores pagos por tarefa.[212]

Em março de 1984, a *Sanbinos* demitiu 15 cortadores manuais sob a alegação de diminuição proposital da produção e incitação à greve. A empresa afirmou que nos meses de dezembro e janeiro esteve com suas atividades praticamente paralisadas e, para não prejudicar os tarefeiros, efetuou o pagamento de fevereiro de acordo com as médias salariais de cada um. Em 1º de março, os cortadores pararam o trabalho e solicitaram saber os valores do corte dos novos modelos. José Carlos Brigagão lhes explicou que estes estavam sendo calculados, mas a partir de então eles realizaram uma "operação tartaruga". No dia 8 de março, foi solicitada a presença de um fiscal do Ministério do Trabalho em função de diretores sindicais estarem panfletando na porta da fábrica e estimulando a greve. Além da redução da produção, os cortadores se recusaram a fazer horas extras e causaram a necessidade de deslocar trabalhadores da *Sândalo* para trabalhar no dia 10, um sábado, e evitar atrasos. Porém, estes foram impedidos de entrar na fábrica por um grupo de cortadores, liderados pelo sindicalista Jorge Luís Martins.

---

dens do chefe. A empresa afirmou que ele era um empregado desidioso e com histórico de penalidades, dentre as quais essa suspensão anterior.
210 AHMF. Caixa 347. Processo 130/1980. O processo resultou em conciliação.
211 AHMF. Caixa 368. Processo 845/1980. As partes conciliaram.
212 Em 1983, José Roberto Andrade Vilani foi suspenso pela *Samello* após insistir com seu chefe que o corte de um modelo de sapatos deveria ser mais bem remunerado, ameaçando paralisar seu trabalho caso não tivesse sua solicitação atendida. AHMF. Caixa 451. Processo 525/1983.

No dia 12, alguns cortadores foram chamados ao Departamento de Pessoal, mas se recusaram a comparecer separadamente, o que resultou na demissão de todos.

No mesmo dia, um fiscal do Ministério do Trabalho foi à empresa com o objetivo de solucionar a questão, mas Brigagão manteve-se irredutível na decisão de demitir os 15 cortadores. Como ele não aceitou a presença dos sindicalistas dentro da fábrica, foi realizada uma reunião nas dependências da entidade estatal, com Brigagão, o advogado da empresa, os trabalhadores, Fábio Cândido – presidente do Sindicato dos Sapateiros – e outros. Essa reunião também não surtiu o efeito desejado e as demissões foram mantidas, motivando os trabalhadores, assistidos pelo sindicato da categoria, a recorrerem à Justiça do Trabalho.

De acordo com o advogado da *Sanbinos*, Ismael Merlino, as demissões foram uma resposta legítima da empresa a um movimento entabulado "com o fim de anarquizar o ambiente de trabalho, insuflado por uma política idealista praticada pela Diretoria do Sindicato dos Trabalhadores..." Sua gravidade foi ainda maior por envolver os cortadores "a principal mola propulsora da indústria de calçados, significando, em resumo, que a sua paralisação força a queda total da produção; em havendo 600 funcionários, sendo 15 cortadores, os outros 585 ficarão sem trabalho."[213] Essa afirmação corrobora a importância desses trabalhadores para o processo produtivo e o impacto que suas ações de contestação tinham sobre toda a produção. Porém, a demissão de 15 deles de uma única vez indica que, sob determinadas circunstâncias, mesmo os trabalhadores que ocupavam uma posição estratégica poderiam ser substituídos sem maiores receios, pois provavelmente existia força de trabalho capacitada e desempregada.

Os depoimentos coletadas na audiência levantaram vários pontos importantes. Os trabalhadores admitiram a recusa em fazer horas extras sob a justificativa de que o trabalho deveria ser realizado durante a jornada normal e confirmaram a tentativa de convencer os colegas da *Sândalo* a não trabalharem, visto que iriam prejudicá-los e impedir a contratação de novos cortadores.[214] O chefe da seção destacou que eles estabeleceram a condição de dialogarem em conjunto com a direção da empresa e se recusaram a ser ouvidos sozinhos ou em pequenos grupos. As três testemunhas dos reclamantes explicaram que o prazo normal para

---

213 AHMF. Caixa 471. Processo 228/1984, f. 44.

214 *Ibidem*, f. 263-265. Baseado nos depoimentos dos reclamantes José Divino Neves, Antonio Donizete Pires e Arlindo Soares da Silva.

divulgar os valores do corte de novos modelos era de até 15 dias, mas dessa vez foram comunicados que os novos preços entrariam em vigor apenas em abril.[215]

Para a JCJ, presidida por José Joaquim Badan, as duas partes falharam: a empresa por não divulgar os novos valores no prazo habitual e os trabalhadores por deflagrarem uma greve ilegal. Deste modo, a ação foi julgada procedente porque o representante da empresa, Antonio Carlos de Oliveira Junior, afirmou em depoimento que apenas sete cortadores seriam demitidos no dia 12 e sem justa causa. A demissão dos 15 ocorreu porque todos foram ao Departamento de Pessoal quando apenas sete foram chamados. Por isso, o magistrado considerou que o real motivo das demissões foi a solidariedade e "não se dispensa um empregado por companheirismo quando não se dispensou, por ato muito mais grave, que seja, greve ilegal."[216] A *Sanbinos* recorreu e utilizou a decisão desse mesmo juiz no processo 867/1983 – analisado acima – para legitimar a demora em estabelecer os novos valores. O recurso não chegou a ser encaminhado ao TRT porque as partes entraram em composição amigável e a empresa pagou parte dos valores devidos aos demitidos.

Nos anos seguintes, ocorreram outros casos de disputas salariais envolvendo cortadores. Em 1985, dois funcionários da *Calçado Trigger* foram demitidos e um suspenso sob a acusação de fazerem "operação tartaruga" e greve. Os trabalhadores alegaram que foi introduzido um modelo composto por mais peças e que o aumento do valor da tarefa foi proporcionalmente inferior à queda da produção, decorrente da maior complexidade do trabalho, o que lhes causou prejuízo salarial e os fez paralisar o serviço.[217] Em 1986, sete cortadores da *Calçados Penha* fizeram greve e solicitaram reajuste salarial. Três foram demitidos, sendo dois recontratados poucos dias depois, o que levou a JCJ, presidida por Mieko Miura, a julgar injusta a demissão de Hélio Rodrigues Cintra, por ter sido discriminatória, e determinar o pagamento das verbas rescisórias.[218]

---

215 Proc. 228/1984, f. 272-273. Depoimentos do chefe José Eliseu de Andrade e dos cortadores Aylton Pinto Quintanilha e Valdir Alves.

216 *Ibidem*, f. 280.

217 Álvaro Jacinto de Andrade e Vicente Luiz dos Santos foram demitidos, Antônio José Martins (Pardal) foi suspenso porque era membro da diretoria do sindicato e gozava de estabilidade provisória. As partes se conciliaram, os dois primeiros receberam metade do valor pleiteado como verbas rescisórias e o terceiro teve a penalidade anulada. AHMF. Caixa 543. Processo 645/1985.

218 AHMF. Caixa 588. Processo 886/1986. O TRT da 15ª Região manteve a decisão inicial.

Nesse mesmo ano, a *Pestalozzi* solicitou a apuração de falta grave contra Marcos Antonio de Freitas, eleito suplente da diretoria do Sindicato dos Sapateiros em 1985, acusando-o de incitar os colegas a reivindicarem a diminuição da velocidade da esteira e a fazerem greve por aumento salarial. O trabalhador alegou ter sido pressionado várias vezes a renunciar ao cargo e esclareceu que no Acordo Coletivo firmado em fevereiro de 1986 a jornada de trabalho foi reduzida de 48 para 47 horas semanais. A empresa tentou recuperar essa redução ao diminuir de 59 para 57 segundos o tempo de giro da esteira, o que motivou sua intervenção para restabelecer a velocidade habitual.

Além disso, existia uma insatisfação geral dos trabalhadores com os níveis salariais da empresa, abaixo dos valores pagos no mercado, e Marcos Freitas foi procurado pelos colegas, tendo os aconselhado a recorrerem ao sindicato. No entanto, os trabalhadores paralisaram a produção por conta própria, sem consultar a entidade. A empresa reconheceu a defasagem salarial e concedeu aumentos para diferentes setores, com exceção dos montadores, sob a justificativa de que estes recebiam salários equivalentes aos pagos por outras fábricas.[219] Isso fez com que os montadores permanecessem parados e dois deles acabaram demitidos.[220] As provas testemunhais demonstram que todos os funcionários tomaram parte do movimento e as demissões de Paulo César Alves e de Newton José de Freitas foram consideradas injustas, assim como o inquérito movido pela empresa, julgado improcedente, com a determinação da reintegração de Marcos de Freitas.

Essa greve demonstra como as empresas poderiam assimilar e reverter os aumentos salariais e a redução da jornada de trabalho por meio da intensificação do ritmo de trabalho. Ao aumentar a velocidade da esteira o objetivo era compensar os 12 minutos reduzidos da jornada diária. A estratégia foi percebida pelos trabalhadores e provocou uma reação coletiva, com a exigência do restabelecimento da velocidade anterior. Outro aspecto relevante foi a ação dos grevistas levarem holerites de trabalhadores de outras fábricas para comprovar que recebiam salários inferiores. A tática foi exitosa e os salários foram reajustados, inclusive o dos montadores, após a demissão de dois deles.[221] Por fim, destaco o

---

219 AHMF. Caixa 590. Processo 961/1986, f. 27-28, 55.

220 *Ibidem*. Processo 984/1986 e 988/1986, apensados ao Processo 961/1986.

221 A testemunha Pedro Antonio Lopes explicou que depois da demissão de Álvaro de Andrade e de Vicente dos Santos, os montadores voltaram a trabalhar e tiveram seus salários aumentados. *Ibidem*, f. 91.

seguinte excerto do depoimento de Marcos Freitas: "como montador que era e dirigente sindical o depoente achou que deveria seguir os outros e por isso também não começou a trabalhar."[222] A alegação de não ter liderado a paralisação poderia ser uma estratégia para evitar sua demissão, mas ele trabalhava numa seção à parte dos montadores da esteira e os testemunhos comprovaram que estes tomaram a iniciativa de parar o trabalho. Nesse caso, o sindicalista não liderou, e sim seguiu seus companheiros em sinal de solidariedade.

Em 1987, outros trabalhadores recorreram à justiça trabalhista após serem demitidos por participação em movimentos reivindicatórios. No mês de fevereiro, logo após o dissídio coletivo entre o Sindicato dos Sapateiros e o Sindicato das Indústrias, os fiscais do Ministério do Trabalho compareceram às instalações da *Calçados Keller* e constataram que mais de 500 trabalhadores estavam parados por considerarem insatisfatório o índice de reajuste salarial estabelecido pelos sindicatos classistas. Destes, cerca de 20 foram demitidos, o que fez a JCJ considerar que eles foram tomados como "bodes expiatórios".[223]

Em março, a *Calçados Guaraldo* demitiu dois moldadores de *mocassim* que realizaram "operação tartaruga" após terem a solicitação de aumento salarial negada. O gerente geral da empresa, Hugo Ravagnani Neto,[224] afirmou que oito moldadores participaram da "greve branca", quatro voltaram ao trabalho após serem repreendidos e receberam acréscimos salariais, dois rescindiram o contrato de trabalho amigavelmente e dois foram demitidos.[225] Este depoimento fez com que a JCJ decidisse que as demissões foram injustas, pois além de demitir apenas dois dos oito funcionários envolvidos no movimento, ao conceder o acréscimo salarial para quatro deles, a empresa admitiu a defasagem salarial.

Os casos analisados indicam que, a partir de meados dos anos 1980, ocorreu maior predisposição para a realização de paralisações e reduções do ritmo de trabalho organizadas coletivamente, a ponto de expressões como "operação tartaruga" tornarem-se corriqueiras na linguagem jurídica. Ainda que tais ações

---

222 Proc. 961/1986, f. 55.

223 AHMF. Caixa 610. Processo 215/1987. A ação foi movida pelo cortador Ademir Santos Telles Coelho, um dos demitidos por ser considerado o líder do movimento. A demissão foi considerada injusta pela JCJ, presidida pelo juiz-substituto Elson Vilela Nogueira. O TRT manteve a decisão.

224 Homenageado operário do ano, em 1978, pelo jornal *Comércio da Franca* e acusado de agredir um subordinado quando era gerente da *Decolores Calçados*. Cf. Capítulo III.

225 AHMF. Caixa 613. Processos 631 e 632/1987 (apensados), f. 27.

não fossem uma novidade do período, a postura dos sindicalistas, ao apoiá-las, participar de sua organização e divulgá-las no boletim da categoria, contribuiu para a ampliação das manifestações coletivas forjadas no chão de fábrica. A reação comum das empresas foi expurgar de seus quadros de funcionários os trabalhadores considerados líderes das afrontas à disciplina fabril. Combinado à demissão, algumas fábricas concederam aumentos salariais, demonstrando àqueles que permaneceram que a indisciplina era punida e a colaboração premiada. Entretanto, essa estratégia acabou por deslegitimar judicialmente as demissões, pois os magistrados consideraram injusto tomar alguns trabalhadores como "bodes expiatórios" de movimentos que englobaram um número maior de funcionários. Em meio a essas disputas, a Justiça do Trabalho teve um papel fundamental, legitimando punições impostas pelas empresas, ou limitando seu poder de comando quando as penalidades ou demissões foram consideradas injustas, por serem discriminatórias ou por expressarem rigor excessivo.

Luta de classes tem todo dia

Ao longo do texto, analisei as variadas expressões de conflitos entre trabalhadores e capitalistas engendradas no cotidiano fabril. Na maior parte das vezes, a exposição priorizou uma ordenação mais temática que cronológica, em função das fontes demonstrarem que a indisciplina perpassou todo o período estudado. Não obstante, no último item foi possível verificar um aumento das ações organizadas coletivamente para reivindicar, sobretudo, aumentos salariais. A partir desta constatação formulei as seguintes questões: os conflitos sociais dentro das unidades fabris teriam aumentado após a vitória da oposição sindical sapateira em 1982? Qual a repercussão da defesa aberta da oposição de interesses entre trabalho e capital no cotidiano de trabalho?

Segundo José Carlos Brigagão, diretor de Recursos Humanos do grupo *Sândalo* e presidente do Sindicato das Indústrias de Calçados entre 1983 e 1986, período de maior efervescência do movimento sindical em Franca, a prática política adotada pelos sindicalistas ligados à Central Única dos Trabalhadores (CUT) e ao Partido dos Trabalhadores (PT)

> trouxe intranquilidade, baseada numa farsa... que é falsa pregação, e isso tá claro aqui hoje, que era pregar que o seu patrão era bandido, seu patrão explora você, como foi falado dezenas de vezes. Pregando uma coisa que não é real! [...]

(Isso teve repercussão no chão de fábrica?) Teve. Teve repercussão porque *afetou o relacionamento capital e trabalho*. Ele botou na cabeça do funcionário que aquele patrão que tá ali comandando ele é bandido, tá explorando ele. Enquanto isso não é verdade. Ele *criou uma animosidade, uma cultura e uma animosidade em relação ao patrão*. (Na prática isso se traduzia de que maneira?) Prejuízo! *Prejuízo de produção, qualidade, relacionamento, convivência*. A convivência passou a não ser a mesma.[226]

Como se verifica, os industriais interpretam a afirmação de que exploravam a força de trabalho como um ataque de ordem moral. Para eles, explorar significa não cumprir a legislação trabalhista, expor os trabalhadores a condições de trabalho degradantes, não pagar salários etc. Ao não compreenderem o sistema capitalista como uma formação social assentada na extração de mais-valia, eles sentem-se ofendidos ao serem definidos como exploradores do tempo de trabalho alheio. Além dessa questão, destaco a afirmação de que o "novo sindicalismo" afetou a relação entre trabalho e capital ao "criar" uma animosidade entre as classes sociais.

Com o objetivo de aprofundar a compreensão a respeito dessa temática, tomei os 1.198 processos trabalhistas movidos por trabalhadores para solicitar o cancelamento de penalidades disciplinares (advertências e suspensões) e avaliei a incidência dessas ocorrências entre 1950 e 1988. Do total, apenas seis reclamações foram impetradas antes de 1968, ano de instalação da JCJ de Franca. Por isso, o gráfico abaixo engloba o período entre 1968 e 1988, que concentrou a maior parte dos processos em geral e sobre esse tema específico. Para facilitar a compreensão selecionei três séries de dados: a quantidade anual de processos, o número de solicitações de cancelamentos de penalidades e a porcentagem destas em relação ao total.

---

226 Entrevista de José Carlos Brigagão do Couto ao autor em 2 de março de 2010. (grifos meus)

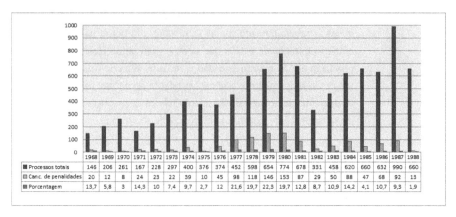

Gráfico 1. Processos Trabalhistas (1968-1988)

Conforme se observa, não houve um crescimento retilíneo das reclamações trabalhistas gerais e específicas, aconteceram oscilações descendentes em alguns anos. Ao estabelecer a relação entre o número total de ações e as solicitações de cancelamento de penalidades, verifica-se que estas corresponderam, em média, a 8,7% do total entre 1968 e 1976, 20,8% entre 1977 e 1980 e 9,4% entre 1981 e 1988. Portanto, a maior incidência de penalidades disciplinares sucedeu nos anos de 1977 a 1980, quando representaram mais que o dobro das médias anterior e posterior. Este drástico aumento coincidiu com o período de eclosão das greves operárias na região do ABC paulista – marco da insatisfação operária com o regime militar e que deu início ao movimento conhecido como "novo sindicalismo" –, mas não com o ápice do movimento sindical em Franca. A oposição sindical sapateira foi eleita em 1982 e as maiores greves da categoria ocorreram entre 1985 e 1988. No caso dos curtumeiros, a oposição sindical assumiu o sindicato no início de 1987 e liderou as greves da categoria a partir de 1988. Portanto, o período de maior efervescência do movimento sindical em Franca aconteceu na segunda metade dos anos 1980 e não foi seguido pelo aumento das solicitações de cancelamento de penalidades.

Um dos principais significados desses dados é indicar que a insatisfação operária aumentou no final da década de 1970, refletindo-se no maior número de penalidades disciplinares. Isso possibilita compreender a vitória da oposição sindical sapateira como parte de um processo mais amplo de contestação à organização da produção capitalista e não como resultado exclusivo da atuação de "militantes esclarecidos". Diferentes fatores podem explicar o crescimento destas reclamações: o início das exportações no começo daquela década contribuiu decisivamente para a ampliação do parque fabril e da força de trabalho; as maiores fábricas implantaram regulamentos internos com o objetivo de disciplinar seus funcionários e os gestores atuaram com rigor para penalizar os infratores; o período foi caracterizado pelo arrocho salarial e por restrições à militância sindical; os sindicatos locais caracterizaram-se por uma atuação em defesa da minimização de conflitos com os patrões. Sob tais circunstâncias, a insubordinação no local de trabalho parece ter se constituído na principal forma de expressar a insatisfação dos trabalhadores antes da efervescência do movimento sindical.

Nos anos 1980, ocorreu o ápice da expansão da produção de calçados e do número de trabalhadores empregados no setor. Este crescimento industrial se deu em uma conjuntura de reabertura política, fortalecimento dos sindicatos e eclosão de greves, responsáveis por conquistas salariais e redução da jornada de trabalho. José Carlos Brigagão, entre outros, afirmou que as relações entre trabalho e capital se alteraram e tornaram-se menos harmônicas. No entanto, as solicitações de cancelamento de penalidades disciplinares não confirmaram essa tendência, o que sugere que a maior predisposição para a atuação coletiva – demonstrada nos processos relacionados às demissões decorrentes das "operações tartaruga" e das paralisações do trabalho – pode ter contribuído para diminuir a ocorrência dos casos de insubordinação organizada de forma predominantemente individual. Além disso, frente às ações coletivas, as empresas recorreram principalmente à demissão e não à aplicação de advertências e suspensões, pois, nesses casos, não se objetivava moldar os insubordinados, mas excluí-los do quadro de funcionários.

Como afirmei no início deste capítulo, não compartilho da posição que concebe as lutas operárias organizadas coletivamente como uma evolução natural e necessária das lutas predominantemente individuais. É inegável que os movimentos coletivos analisados adquiriram maior amplitude por questionarem de forma explícita o discurso de harmonia entre trabalho e capital e por expressarem mais claramente os laços de solidariedade construídos a partir da vivência de experiências em comum no cotidiano fabril e extra-fábrica. Não obstante, as duas formas de organização coexistiram e tiveram o efeito imediato de diminuir a produção, interferir na produtividade e, consequentemente, alterar a taxa de extração de mais-valia. Por isso, ao imporem limites a este aspecto central da organização da produção capitalista as interpretei como expressões da *resistência* operária. As lutas informais "questionavam o fundamento da organização capitalista da empresa e da sociedade: a de que o homem existe para a produção."

Assim, "elas traduzem uma atividade tão radical como qualquer outra que se apresente como tal".[227]

Diferentemente dos pesquisadores interessados em analisar exclusivamente as greves e as grandes manifestações de rua, os próprios capitalistas estiveram atentos às diversas formas desenvolvidas pelos trabalhadores para trabalharem menos do que eram capazes, pois estas ações impactavam o planejamento industrial. Como afirmou José Carlos Brigagão,

> apesar de toda a tecnologia, quando você faz a produção prevista, por exemplo, 500 pares por dia, nunca sai 500 pares, sempre sai 450, 480 e tal. E isso tem a média de um ano. Eu levantei a média de um ano completo e fui vendo as produções previstas e a produção real. E tinha lá X pares, saiu X - Y, o prejuízo foi tanto. Porque na projeção de uma meta de produção a despesa fica e a receita não acontece; é onde leva a empresa à bancarrota. [...] Isso pra não falar do material que é desperdiçado. [...] E isso ano após ano o capital de giro vai embora, é um câncer e você tem que dar um paradeiro nisso.[228]

As penalidades, as demissões, as premiações e o aparato assistencial construído pelas maiores empresas foram respostas dos capitalistas à resistência operária com o objetivo de forjar uma força de trabalho que se dedicasse exclusivamente à produção durante o tempo em que era remunerada para exercer suas atividades produtivas. Conforme demonstrei, muitas dessas medidas surtiram o efeito almejado, mas também geraram novas formas de reação, compondo um processo de conflitos sociais constantes e demonstrando que, na maior parte das vezes, a luta de classes desenvolveu-se no próprio cotidiano de trabalho e teve como fundamento a impossibilidade de se estabelecer com precisão a taxa de mais-valia possível de ser extraída dos trabalhadores. "Por isso os resultados do processo de exploração são irregulares, em grande parte imprevisíveis, fluidos."[229]

Nesse sentido, retomo uma das temáticas centrais que guiaram a elaboração do primeiro capítulo: existiu uma dicotomia entre as motivações disciplinares e as técnicas para se aperfeiçoar os processos produtivos e de trabalho? Após analisar as várias expressões de resistência operária é possível reafirmar que os

---

227 CASTORIADIS, Cornelius. *op. cit.*, p. 65.
228 Depoimento de José Carlos Brigagão ao autor. (grifos meus)
229 BERNARDO, João. *op. cit.*, p. 87.

dois fatores se complementaram, pois o aperfeiçoamento técnico contribuiu para disciplinar a força de trabalho, ao impor, por exemplo, um ritmo de trabalho ditado externamente e intensificar sua produtividade. Assim, não é possível compreender a concorrência entre os capitalistas sem considerar as lutas entre trabalhadores e capitalistas em torno da extração de mais-valia. Para reduzir custos, agregar maior valor ao produto e, consequentemente, serem mais competitivos, os capitalistas precisavam controlar constantemente a eficiência, a qualidade dos serviços realizados e a produtividade dos trabalhadores, que nem sempre contribuíram servilmente para o progresso industrial.

VI. A serviço da paz social?

As reclamações trabalhistas foram fontes privilegiadas para analisar variadas características das transformações dos processos produtivos, das relações de trabalho, da qualificação dos trabalhadores, das condições de trabalho e dos conflitos sociais no cotidiano fabril. Ao utilizar a documentação judicial, ainda que não fosse o objetivo central dos capítulos anteriores, foi possível antever que a Justiça do Trabalho se constituiu em importante instância para a resolução de inúmeras disputas entre trabalhadores e capitalistas. Constatei que as decisões judiciais não estavam definidas de antemão e dependeram, em grande medida, da argumentação e das provas apresentadas pelas partes envolvidas, bem como das diferentes interpretações sobre as leis por parte dos juízes, fazendo com que vários casos praticamente idênticos tivessem sentenças díspares. Assim, se algumas decisões frustraram as expectativas dos trabalhadores que recorreram à mediação estatal para solucionar conflitos de âmbito privado, outras impuseram limites aos mandos e desmandos patronais e foram inegavelmente favoráveis aos reclamantes.

A opção pelos dissídios individuais decorreu do objetivo de analisar a fundo as relações de trabalho e os conflitos sociais no chão de fábrica. Tais fontes demonstraram que o fato dessas ações serem movidas por um indivíduo ou por um pequeno grupo de trabalhadores não significou que fossem simples querelas individuais. Ao contrário, na maior parte das vezes as reclamações individuais refletiram questões coletivas, fosse pela recorrência do tema em centenas de processos ou por possuírem significados mais amplos no interior de uma empresa. Nesse sentido, relembro as ações movidas por jovens operários sob contratos de aprendizagem – capítulo II –, que alegaram não terem sido submetidos à aprendizagem metódica do ofício como determinava a lei para autorizar o pagamento de salários inferiores ao salário mínimo integral. Como demonstrei, um dos advogados patronais temia que uma decisão favorável a dois desses trabalhadores estimulasse milhares de jovens a recorrerem à mediação judicial para exigir os seus direitos. Do mesmo modo, uma decisão favorável a um trabalhador que questionava judicialmente uma penalidade – capítulo V – poderia ter um impacto mais amplo sobre as relações de trabalho, ao deslegitimar um superior hierárquico e, consequentemente, colocar em questão a aplicação das normas disciplinares que regiam os contratos de trabalho. Frente a essas ameaças, os advogados das empresas esforçavam-se no sentido de construir argumentações que comprovassem que os trabalhadores mereceram a punição recebida.

Em meio a essas disputas, verifiquei que advogados e juízes reiteradamente mencionaram o papel da Justiça do Trabalho para manter a harmonia e o consenso entre empregados e empregadores em prol do bem estar geral. A principal missão da instituição seria evitar que os interesses de classe e/ou individuais prevalecessem sobre os interesses públicos. Ou seja, a produção industrial deveria servir ao desenvolvimento nacional e caberia à justiça trabalhista assegurar que tal preceito fosse alcançado. Nesse sentido, destaco a determinação do juiz Marbra Toledo Lapa, em 1979, na última sessão por ele presidida na JCJ de Franca, para que "ficasse consignado em ata os mais profundos agradecimentos a todos os Francanos que não mediram esforços para dar continuidade à paz social que sempre reinou nesta cidade."[1]

---

1   AHMF. Caixa 506. Processo 41/1979, f. 15.

Não obstante, conforme demonstrei com maior profundidade no capítulo anterior, as relações de trabalho no complexo coureiro-calçadista estiveram muito distantes da propalada ideia de paz social e, não raro, o cotidiano fabril foi marcado pela eclosão de conflitos de classe. Ao confrontar o discurso em defesa da harmonia social, difundido pelos personagens envoltos no meio jurídico, e a oposição de interesses vislumbrada nas reclamações trabalhistas, tornou-se possível formular a seguinte questão: a Justiça do Trabalho, erigida a partir do princípio da minimização de conflitos de classes, atuava prioritariamente em defesa dos interesses patronais?[2]

Para responder a esta questão e aprofundar algumas considerações tecidas nos capítulos precedentes, analisarei alguns dos principais temas que motivaram os trabalhadores a apelar à mediação judicial para assegurar o recebimento de direitos trabalhistas e questionar o autoritarismo de patrões e gestores. Ao mesmo tempo, interpretarei o papel da instituição na resolução dessas disputas. Para tanto, abordarei as ações trabalhistas envolvendo a comprovação do vínculo empregatício, a regulamentação das relações de trabalho informais – muitas vezes caracterizadas pela proximidade entre empregadores e empregados –, o direito à licença maternidade, a reivindicação do pagamento do adicional de insalubridade, o questionamento ao poder de comando das empresas e as disputas em torno da organização dos trabalhadores em sindicatos.

A seleção das fontes ocorreu a partir da pesquisa de todos os processos trabalhistas sob a guarda do Arquivo Histórico Municipal de Franca (AHMF): foram localizados e catalogados 10.172 dissídios relacionados ao setor coureiro-calçadista e impetrados entre 1944 e 1988. A Junta de Conciliação e Julgamento (JCJ) de Franca foi instalada em 1968, mas foram movidas diversas reclamações trabalhistas via Justiça Civil, nos Cartórios de 1º e de 2º Ofício, desde a década de 1940. Apesar do grande número de processos sob a guarda do AHMF, nem todas as reclamações foram localizadas ou preservadas, principalmente as anteriores à instalação da JCJ.

Dentre os 10.172 processos catalogados, 107 reclamações foram movidas no Cartório de 2º Ofício entre 1944 e 1962, 56 reclamações foram impetradas no

---

2 Essa questão foi formulada a partir da análise empírica e inspirada nas considerações de E. P. Thompson a respeito do domínio da lei, compreendida como profundamente imbricada na base das relações de produção, o que a transformou em um espaço de conflito e não de consenso. Cf. THOMPSON, E. P. *Senhores e caçadores: a origem da lei negra*. Rio de Janeiro: Paz e Terra, 1987, p. 352.

Cartório de 1º Ofício entre 1964 e 1967, e 10.009 processos foram movidos ou concluídos via JCJ de Franca.³ No decorrer da pesquisa, localizei os Livros de Audiências Trabalhistas do Cartório de 1º Ofício e verifiquei que foram impetradas várias reclamações, entre 1941 e 1967, não arquivadas no AHMF. Portanto, os processos preservados e catalogados não representam a totalidade das ações ajuizadas. A maioria absoluta dos processos preservados foi movida por trabalhadores: 10.123 reclamações contra apenas 49 ações impetradas pelas indústrias. Tomando tão somente as ações movidas pelos trabalhadores, verifica-se que a quantidade de processos segundo o tipo de empresa refletiu as características do parque fabril em estudo, predominando as ações contra indústrias de calçados e um número considerável de processos envolvendo prestadores de serviços:

Tipo de indústria	Quantidade de processos
Indústrias de calçados	8.351
Bancas	755
Artigos para calçados	485
Indústrias de artefatos de borracha	357
Curtumes	115
Outras	60

Tabela 4 – Quantidade de processos trabalhistas de acordo com o tipo de indústria

Do total de processos movidos por trabalhadores, 5.321 (52,5%) foram resolvidos por conciliação entre as partes, 1.932 (19%) foram arquivados por não comparecimento dos reclamantes, 933 (9%) foram julgados procedentes, 816 (8%) procedentes em parte, 630 (6%) improcedentes e ocorreram 335 (3%) desistências dos reclamantes.⁴ O expressivo número de acordos indica que a Justiça do Trabalho cumpriu o seu principal objetivo: promover a conciliação entre as partes em litígio.⁵ Também chama a atenção a quantidade de arquivamentos e

---

3   Alguns processos movidos na Justiça Civil foram concluídos após a instalação da JCJ e foram arquivados como pertencentes a esta.

4   Outros resultados encontrados em menor número foram: carecedor de ação, conciliação rejeitada, excluído da pauta, extinto, homologado, incompetência, incompleto, indeferido por falta de amparo legal, prejudicado, rejeitado e *sine die* (concluído sem data marcada para audiência).

5   A respeito deste tema, cf. SILVA, Fernando T. da. "Justiça do Trabalho brasileira e Magistratura *Del Lavoro* italiana: apontamentos comparativos". In: CAIXEITA, M.C.D. (*et. all.*). (orgs.) *IV Encontro Nacional da Memória da Justiça do Trabalho*. São Paulo: LTR, 2010, p. 66; e CORRÊA, Larissa R. *A tessitura dos Direitos: patrões e empregados na Justiça do Trabalho, 1953-1964*. São Paulo: LTR, 2011. Segundo esta autora, "a conciliação era o objetivo a ser

desistências. Muitos processos podem ter tido esse fim em função de acordos informais entre as partes. Entre as reclamações não conciliadas, observa-se que 1.750 casos foram julgados procedentes ou procedentes em parte e 630 processos foram improcedentes, o que refuta a concepção da justiça trabalhista como invariavelmente favorável ao patronato.[6]

Em relação ao objeto das reclamações (motivo) anotado nas capas dos processos, verifiquei os seguintes dados:

Objeto da reclamação trabalhista	Quantidade de processos
Diferenças Salariais (salário, av. prévio, férias e 13º prop., FGTS etc.)	5.962
Cancelamento de suspensão e Revogação de penalidades	1.198
Diferença FGTS, Liberação FGTS	529
Anotação CTPS (trabalho sem registro em carteira) e Retificação de CTPS	448
Desconto indevido, pagamento de dias de afastamento médico	412
Contribuições sindicais de associados	319
Reintegração, Estabilidade Provisória e Auxílio Maternidade	226
Diferenças de pagamento de férias, férias em dobro	161
Outros	868

Tabela 5 – Quantidade de processos trabalhistas de acordo com o objeto das ações

Constata-se que mais da metade das ações, 5.962, decorreram da reivindicação do pagamento de diferenças salariais após a rescisão contratual: saldo salarial, aviso prévio, 13º salário e férias proporcionais, pagamento de horas extras, depósito do Fundo de Garantia por Tempo de Serviço (FGTS), entre outros direitos. Destas reclamações, 3.493 foram conciliadas (58%), 889 (15%) arquivadas, 581 (9,7%) julgadas procedentes em parte, 496 (8,3%) procedentes e 341 (5,7%) improcedentes.[7]

---

alcançado pelos magistrados e industriais." p. 62.

6   A título de comparação, verifiquei os seguintes resultados nas 49 ações impetradas por empresas: 20 improcedentes, 10 procedentes, 3 procedentes em parte, 5 desistências, 4 extintos, 2 conciliados, 2 incompetência, 1 arquivado, 1 prejudicado e 1 *sine die*.
7   Os demais processos tiveram os resultados citados na nota 4.

O grande número de disputas em torno de diferenças salariais e os resultados das ações permitem observar que muitos empregadores optaram por não pagar saldos salariais, direitos e verbas rescisórias e esperar os ex-funcionários os acionarem judicialmente, o que muitas vezes lhes possibilitou obter vantagens financeiras por meio das conciliações estimuladas pelos magistrados.

A maior parte dos acordos financeiros foi firmada por valores inferiores aos reivindicados no ajuizamento das reclamações, o que caracterizaria aquilo que John French definiu como "justiça com desconto".[8] Não obstante, diferentes processos indicaram que, muitas vezes, os advogados dos trabalhadores reivindicaram valores que os reclamantes não tinham direito como uma estratégia para estabelecer maior margem de negociação e conseguir acordos mais favoráveis aos reclamantes.[9] Muitos processos foram julgados procedentes em parte justamente porque os juízes indeferiram reivindicações indevidas. Dessa maneira, apesar da tendência para a conciliação, a Justiça do Trabalho foi uma instância de disputas e conflitos, em que trabalhadores e patrões interpretaram a lei a seu favor e formularam táticas variadas com o objetivo de obter os melhores resultados possíveis.

Apesar de a maioria dos processos se relacionar a questões salariais, a tabela acima demonstra que diversos temas motivaram os trabalhadores a recorrerem à mediação judicial para dirimir disputas. Destaco as 1.198 ações de solicitação do cancelamento de penalidades disciplinares (advertências e suspensões), muitas delas analisadas no quinto capítulo, que possibilitaram compreender em detalhes os conflitos sociais no espaço produtivo. Tais solicitações eram acompanhadas da reivindicação de ressarcimento do desconto salarial relativo aos dias não trabalhados, mas não se restringiram a esse aspecto financeiro. Os trabalhadores recorreram à mediação judicial para questionar arbitrariedades, o rigor excessivo de chefes e gerentes e o poder de comando das empresas, e, assim como ocorreu com as reivindicações de diferenças salariais, o resultado dessas disputas não estava definido de antemão.[10]

---

8 "Ineficiência administrativa, tribunais superlotados e uma tendência para a 'conciliação' frequentemente produziram o que pode ser denominado de 'justiça com desconto'." FRENCH, John D. *Afogados em leis: a CLT e a cultura política dos trabalhadores brasileiros*. São Paulo: Perseu Abramo, 2001, p. 19.

9 Nesse mesmo sentido, cf. CORRÊA, L. R. *op. cit.*, p. 179-180.

10 486 arquivados, 449 conciliados, 108 improcedentes, 70 procedentes, 39 procedentes em parte, 39 desistências, 7 outros resultados.

Os dados da tabela 5 indicam ainda uma quantidade significativa de ações impetradas por trabalhadores sem registro em carteira, tema que será analisado detalhadamente a seguir. Destaco também os 412 processos a respeito de descontos indevidos dos dias não trabalhados. A maioria dessas ações resultou da recusa das empresas em aceitar atestados médicos apresentados pelos trabalhadores, questão abordada no capítulo anterior. Entre os processos com maior número de ocorrências, as ações movidas pelos sindicatos dos trabalhadores para reivindicar o desconto em folha e o repasse das contribuições sindicais de seus associados refletiram algumas características das relações entre os industriais e as entidades representativas dos operários, muitas vezes marcadas pela tentativa patronal de boicotá-las. Por fim, destaco as reivindicações do direito à estabilidade provisória, em especial as ações movidas por trabalhadoras obrigadas a recorrer ao poder público para não perder o emprego por causa da gravidez. A partir desses temas, intento estabelecer uma relação entre o cotidiano fabril e a luta dos trabalhadores em uma esfera pública.

Trabalhadores a domicílio amparados pela CLT

Ao interpretar, no primeiro capítulo, a formação do complexo coureiro-calçadista de Franca, destaquei como uma de suas principais características a heterogeneidade do parque fabril, composto por um grande número de pequenas empresas que conviveram ao lado das indústrias de grande porte durante todo o período estudado. Cabe retomar alguns dados apresentados no primeiro Censo Empresarial de Franca, publicado em 1984. Foram recenseadas 400 unidades produtivas, excluindo-se os curtumes: 279 indústrias de calçados, 29 indústrias de componentes para calçados e 92 prestadoras de serviços. Em relação à quantidade de funcionários, 120 empresas empregavam até dez pessoas, 98 empregavam de 11 a 20 pessoas, 81 empregavam de 21 a 50 pessoas, 69 empregavam de 51 a 200 pessoas e 32 empregavam acima de 200 pessoas.[11] Além do fato de mais da metade das empresas recenseadas serem de pequeno porte, constata-se um número significativo de prestadoras de serviços, outra característica marcante do parque fabril francano.

Não foi possível precisar com exatidão quando se iniciou a prática de terceirizar determinadas tarefas da produção de calçados, principalmente as etapas

---

11 SICF. *Censo Empresarial de Franca*. (mimeo) Franca, 1984, p. 34, 36 e 61.

de costura (manual e em máquina), tampouco estabelecer um limite cronológico de quando caiu em desuso, mas existem diversas evidências sobre a realização de tarefas como o pesponto dentro e fora das unidades produtivas desde os primórdios da fabricação de calçados em Franca. Por outro lado, entre os anos 1960 e 1980, as maiores indústrias tenderam a concentrar todas as atividades dentro de seus espaços físicos, para exercer maior controle sobre a produtividade e a qualidade do serviço. Não obstante, a diversidade do porte das indústrias contribuiu para que o trabalho a domicílio e em empresas prestadoras de serviços (bancas) não fosse abolido.

Sob tais circunstâncias, grande parte da força de trabalho não possuía vínculo empregatício formal e muitos trabalhadores e trabalhadoras recorreram à mediação judicial para reivindicar direitos burlados ou desrespeitados pelos empregadores. Tais processos trabalhistas tiveram como disputa central determinar se os trabalhadores que prestavam serviços em suas residências, na maior parte dos casos remunerados por peça, estavam amparados pela legislação trabalhista ou situavam-se na condição de autônomos. A Consolidação das Leis do Trabalho (CLT) determinava: "considera-se empregado toda pessoa física que prestar serviços de natureza não eventual a empregador, sob a dependência deste e mediante salário", e esclarecia que "não se distingue entre o trabalho realizado no estabelecimento do empregador e o executado no domicílio do empregado, desde que esteja caracterizada a relação de emprego."[12]

Os dissídios individuais analisados comprovaram que a CLT foi interpretada de diferentes maneiras no que tange à caracterização da relação empregatícia dos trabalhadores que prestavam serviço em domicílio, pois a posição dos juízes de direito e magistrados do trabalho que os julgaram não foi unânime. Tomarei 11 processos para interpretar as disputas relacionadas à comprovação do vínculo empregatício. O primeiro processo localizado sobre o tema foi movido, em 1946, por Arlindo dos Reis e João Batista Martins, assistidos pelo Sindicato dos Sapateiros, contra a empresa *João Palermo & Filhos*. Os dois trabalhadores começaram a prestar serviços de pesponto em seus domicílios para essa empresa em 1944 e ao reivindicarem o pagamento das férias, foram informados que não

---

12 Respectivamente, Art. 3º e 6º da CLT aprovada pelo DECRETO-LEI N.º 5.452, de 1º de maio de 1943. Disponível em: <http://www.planalto.gov.br/ccivil_03/Decreto-Lei/Del5452.htm>.

tinham direito ao benefício. Inconformados com a resposta, eles reivindicaram judicialmente o pagamento em dobro das férias referentes a 1944 e 1945.[13]

De acordo com o advogado da empresa, Alfredo Palermo, a fábrica tinha mais de 100 funcionários e não pretendia prejudicar os dois reclamantes. As férias não foram pagas porque eles não tinham este direito, visto que não estavam submetidos às relações normais de trabalho: nem sempre trabalhavam para um só empregador, tomavam a quantidade de serviço que lhes aprazia, não tinham horários e dias marcados para entregá-lo e podiam ficar sem trabalhar vários dias sem serem demitidos. Por isso, "est[ava] assentado entre os industriais de calçado o conceito de que a lei não os obriga a remunerar os tarefeiros que trabalham em casa."[14]

Em contraposição, os depoimentos das testemunhas dos trabalhadores, que também eram pespontadores domiciliares, evidenciaram que o não pagamento de férias aos tarefeiros não era consensual entre os industriais. Agnelo Ribeiro prestava serviços para a firma *Avelar & Cia* e recebia as férias normalmente, Joto Marconi sabia que as firmas *Honório & Cia* e a *Calçados Peixe* pagavam férias às pespontadeiras domiciliares e Giocondo Stefano entendia que eles tinham direito ao benefício, porque outras firmas pagavam férias aos trabalhadores na mesma situação, mas ele próprio, funcionário da *Spessoto & Cia*, nunca as recebera. Por fim, as três testemunhas afirmaram que os reclamantes prestavam serviços exclusivamente para a *Calçados Palermo*.[15]

Esse processo indica que, apesar de os trabalhadores a domicílio não trabalharem no mesmo espaço físico e tampouco prestarem serviço para a mesma empresa, as informações sobre direitos trabalhistas circulavam entre eles, demonstrando que o ambiente extra-fábrica era um espaço importante para trocar experiências sobre as relações contratuais de trabalho. O compartilhamento de informações possibilitou que os tarefeiros domiciliares tomassem ciência de que alguns deles percebiam férias e, possivelmente, motivou Arlindo e João Batista a buscarem, com o auxílio do sindicato, este direito negado por alguns industriais. Além dos laços de vizinhança, é possível perceber, por meio dos nomes de duas testemunhas, que a origem étnica – no caso, a descendência italiana – também poderia contribuir para a formação de laços de solidariedade, expressos na disposição em testemunhar a

---

13 AHMF. Caixa 341. Processo 1336/1946, f. 2.
14 *Ibidem*, f. 7.
15 *Ibidem*, f. 9-11.

favor de companheiros de profissão. Nesse sentido, constata-se que a dispersão de parte da força de trabalho por meio da prestação de serviços a domicílio não evitou a articulação de interesses entre estes trabalhadores.

Entretanto, a despeito das informações testemunhais sobre a exclusividade da prestação de serviços dos dois reclamantes para a *Calçados Palermo* e da descrição do controle da produção exercido pela empresa por meio da anotação da quantidade de pares costurados diariamente em cadernetas, o juiz de Direito Atugasmin Médici Filho julgou a reclamação improcedente. De acordo com a sentença, para que existisse a relação de emprego eram necessárias "dependência econômica" e "subordinação hierárquica" entre patrão e empregado. Como esses dois quesitos não ficaram caracterizados, o juiz considerou ser inadmissível encarar como empregado a pessoa física que prestava ou que *poderia* prestar serviço simultaneamente a diversas pessoas físicas e jurídicas.[16] Portanto, a decisão se baseou na *possibilidade* de os trabalhadores domiciliares prestarem serviço a mais de uma pessoa ou empresa, fato não comprovado nos autos.

Inconformados com essa decisão, os trabalhadores impetraram recurso ordinário junto ao Conselho Regional do Trabalho, em São Paulo. Nas razões do recurso, o advogado dos trabalhadores enfatizou a existência das Carteiras Profissionais dos dois reclamantes, não utilizadas na inicial do processo, para comprovar a relação de emprego. Além disso, com o objetivo de mais bem embasar o recurso, o Sindicato dos Sapateiros indagou à Federação dos Trabalhadores nas Indústrias do Vestuário no Estado de São Paulo se o operário que prestava serviços em domicílio a uma só empresa estava amparado pela CLT.

A Federação esclareceu que a "lei antiga" exigia horário, subordinação hierárquica e dependência econômica para caracterizar o vínculo empregatício, mas a experiência demonstrou e o legislador aceitou que nem sempre existiam simultaneamente estes três elementos. A flexibilização da definição da situação dos prestadores de serviço dera origem a uma farta jurisprudência que sustentava a tese de que "o trabalhador a domicílio, que trabalha para um só empregador, continuamente, sob fiscalização do empregador e sob dependência econômica deste, é empregado e está protegido pela Legislação do Trabalho."[17] Com isso, observa-se que a determinação de um horário de trabalho tornava-se secundária para a caracterização do vínculo empregatício.

---

16 Proc. 1336/1946, f. 14.
17 *Ibidem*, f. 22.

Contudo, não foi a jurisprudência sobre o tema que determinou a reforma da decisão inicial pelos juízes do CRT, mas a anexação das carteiras profissionais dos reclamantes, consideradas provas suficientes da exclusividade da prestação de serviços.[18] A empresa interpôs recurso junto ao Conselho Nacional do Trabalho e alegou que as carteiras profissionais demonstravam apenas que os dois trabalhadores recolhiam a contribuição sindical e estavam inscritos como autônomos no Instituto de Aposentadorias e Pensões dos Industriários (IAPI). O recurso não obteve êxito e a decisão anterior foi mantida, sob a argumentação de que a lei não distinguia o trabalho prestado no estabelecimento do empregador daquele efetuado no domicílio do empregado.[19]

As disputas relacionadas à comprovação da prestação de serviços para um único empregador conduziram outros processos nos anos posteriores. Ezilda de Mello moveu uma reclamação contra a *Calçados Losafe* porque trabalhara para esta fábrica, entre 1962 e 1967, em sua residência sem receber salários equivalentes ao salário mínimo integral, férias e 13º salário. Além disso, ela foi dispensada sem o pagamento dos demais direitos trabalhistas.[20] Em contestação, o proprietário da fábrica afirmou que a reclamante lhe prestava serviços desde 1964, mas por empreita e com total autonomia, tanto que pegava serviços de outras pessoas.

A trabalhadora esclareceu que sabia costurar apenas sapatos femininos, explicou que seu irmão e seu marido costuravam sapatos masculinos para outras pessoas e afirmou que sua dispensa ocorreu logo após ela reivindicar o pagamento do descanso semanal e dos feriados. É interessante notar que duas de suas testemunhas eram proprietários de fabriquetas de calçados e confirmaram a versão de que apenas o irmão e o marido de Ezilda costuravam sapatos masculinos.[21] Esta alegação sobre a inaptidão da reclamante para costurar sapatos masculinos fez com que o juiz de Direito Laert de Oliveira Andrade julgasse a ação procedente. Para ele, os testemunhos revelaram a existência do vínculo empregatício entre as partes, enquanto a alegação de prestação de serviços para terceiros não foi provada. Ezilda prestava serviço de natureza não eventual, com continuidade e permanência. Assim, "embora empregada em domicílio, goza de todos os direi-

---

18 Proc. 1336/1946. Acórdão 635/46, f. 33.
19 *Ibidem*. Acórdão 608/48, f. 47-50.
20 AHMF. Caixa 6. Processo 74/1968. Iniciado no Cartório de 2º Ofício em 12 de abril de 1967, f. 2.
21 *Ibidem*, f. 8-12.

tos da legislação trabalhista vigente."²² O empregador, Domingos Patrício, ainda teve o pedido de recurso ordinário julgado deserto pelo juiz Valentin Carrion e, ao final do tramite processual, teve que ceder a propriedade de um terreno à trabalhadora, para quitar os débitos trabalhistas que fora condenado a pagar.²³

Este tipo de disputa ocorreu até mesmo quando as empresas cederam máquinas de pesponto para as trabalhadoras domiciliares. Em um dos processos trabalhistas, a reclamada alegou que não existia vínculo empregatício, e sim prestação de trabalho autônomo, a ponto de a máquina cedida "gratuitamente" ser utilizada para pespontar para outras pessoas.²⁴ Em outros casos, os advogados patronais afirmaram que a contratação dos serviços de pesponto fazia parte do "uso e costume" local e deveria ser interpretada sob diversos aspectos, levando-se em consideração a constituição de empresas especializadas na prestação desse tipo de serviço.

> O pesponto é uma parte do sistema industrial que hoje constitui fonte de renda bastante para proporcionar condições de se instalarem empresas para esta única finalidade.
> Com ressalva das grandes indústrias de calçados de Franca, chegou-se à conclusão nos meios empresariais, que o custo do sapato será muito mais barato se darem às empresas especializadas a parte do pesponto.²⁵

Segundo Paulo da Costa, advogado da *Calçados Diplomata*, a reclamante Martha Pereira Araújo prestava serviços em caráter comercial, tinha vários empregados e costurava para diversas empresas. "Atualmente pessoas que exercem atividades análogas à da reclamante, têm articulado com toda astúcia a legislação trabalhista, procurando obter ilicitamente vantagens que a lei confere a outros que verdadeiramente necessitam."²⁶ Como esse dissídio foi conciliado, não foi possível verificar se a reclamante era empregada ou se tinha uma empresa prestadora de serviços. Na primeira hipótese, seria mais uma expressão dos variados argumentos formulados pelos advogados patronais para deslegitimar as reclama-

---

22 Proc. 74/1968, f. 15-17.
23 *Ibidem*, f. 27, 33-34.
24 AHMF. Caixa 42. Processo 737/1969. Processo conciliado: Bercholina Rodrigues Carrasco solicitou NCR$1.616,58 e conciliou por NCR$ 400,00 mais uma máquina plana tipo Singer.
25 AHMF. Caixa 42. Processo 734/1969, f. 21.
26 *Ibidem*, f. 23.

ções trabalhistas; na segunda hipótese, estaríamos frente a uma fraude judicial arquitetada com o fim de perceber direitos exclusivos dos trabalhadores.

Se neste caso não ficou comprovada a existência do intermediário, que tomava serviços diretamente das empresas e os repassavam aos trabalhadores por valores inferiores aos que recebiam das fábricas, dois outros processos movidos por costureiras de calçados contra o dono de uma banca de pesponto possibilitaram interpretar o papel dos subcontratadores de trabalho alheio. Conforme explicou um desses personagens, "o lucro do depoente consiste na diferença entre o preço que a *N. Martiniano* paga e o preço que o depoente paga às costureiras; o depoente não tem nenhum empregado registrado."[27] O depoente em questão era Sebastião Expedito da Silva, que respondeu a duas reclamações trabalhistas de costureiras para as quais repassava trabalho. Luzia Vieira costurou sapatos para ele entre novembro de 1982 e o início de 1985. Durante este período não teve registro em Carteira de Trabalho, não recebeu férias, 13º salário e tampouco foram recolhidos os valores correspondentes ao FGTS.[28] Expedito admitiu que Luzia começou a ajudá-lo em 1982 e frente ao reconhecimento da prestação de serviços, a JCJ, sob a presidência de Mieko Miura, julgou a ação procedente em parte, desconsiderando o aviso prévio, o 13º salário e as férias proporcionais de 1985, pois teria ocorrido abandono de emprego.[29]

Maria de Fátima Lima também impetrou uma reclamação contra Expedito da Silva sob as mesmas alegações.[30] Contudo, as ações tramitaram com uma semana de diferença entre si e Expedito foi claramente orientado a mudar seu depoimento. Afirmou ter montado a banca em agosto de 1983 e ter começado a distribuir serviço sistematicamente somente a partir de maio de 1984. Ele pegava peças a serem costuradas exclusivamente da *N. Martiniano*, indústria de grande porte e que fabricou cabedais, nos anos 1980, para a *Nike*.

A alteração no depoimento de Expedito sobre a data de fundação da banca foi determinante para o resultado do processo. Dentre as testemunhas de Maria Helena, duas eram suas vizinhas e amigas íntimas, por isso Mieko Miura não autorizou os depoimentos. Consequentemente, apesar de a JCJ julgar a ação procedente em parte, tal como no caso anterior, a relação empregatícia foi reconhecida apenas en-

---

27 AHMF. Caixa 532. Processo 334/1985, f. 14.
28 AHMF. Caixa 532. Processo 332/1985, f. 2.
29 *Ibidem*, f. 19.
30 Proc. 334/1985.

tre maio de 1984 e março de 1985, visto que a reclamante não provou a data inicialmente alegada. A despeito da divergência de datas, a sentença formulada pela juíza ofereceu outros elementos de grande valor para se interpretar a mediação judicial nas disputas em torno da comprovação do vínculo empregatício:

> O fato de a reclamante executar afazeres domésticos, tratando-se de trabalhadora a domicílio, não significa intermitência que descaracterize o contrato laboral, como quer o reclamado. A subordinação hierárquica é notoriamente tênue no caso de trabalho a domicílio. Entretanto, o fato de a reclamante executar os serviços de acordo com as especificações do reclamado e a possibilidade de ter que corrigir os erros, bem como ficar sem serviço caso o reclamado não os forneça, são elementos que denotam subordinação.[31]

Como se observa, as sentenças favoráveis aos trabalhadores levavam em consideração as especificidades das relações de trabalho no setor. A comprovação da subordinação hierárquica, por exemplo, demandava uma flexibilidade na interpretação jurídica do termo. Do mesmo modo, o fator gênero possuía grande relevância para se compreender as características do trabalho em domicílio, pois as trabalhadoras tinham que exercer os afazeres domésticos paralelamente à execução da costura de calçados e isso, segundo a interpretação da juíza Mieko Miura, não descaracterizava a existência de vínculo empregatício entre as partes.

Os casos acima tiveram como elemento comum o argumento patronal de que os reclamantes eram prestadores de serviços autônomos, alegação refutada pela Justiça Trabalhista. Como afirmou a magistrada Ana Ramos de Proença, em 1979, o trabalho autônomo só existia quando o indivíduo trabalhava como patrão de si mesmo. O fato de a empresa entregar e buscar o serviço diariamente provava que o trabalhador tinha a obrigação continuada de apresentar resultado do trabalho e a anotação da quantidade produzida comprovava a fiscalização. "Ora, serviços continuados, fiscalizados e remunerados de acordo com as unidades produzidas, caracterizam relação de emprego."[32]

Em dois outros processos, as empresas se defenderam sob a alegação de serem partes ilegítimas e não conhecerem os reclamantes. Em 1966, Antônia

---

31 Proc. 334/1985, f. 18.
32 AHMF. Caixa 511. Processo 578/1979, f. 36. A ação foi julgada procedente em parte e o TRT negou provimento ao recurso impetrado pela empresa.

Cárceres moveu uma ação contra a *Calçados Granero* sob a alegação de ter sido contratada em 1956 como dobradeira de peças em sua residência e não ter sido registrada e nem percebido direitos como férias e 13º salário durante todo o período.[33] Por sua vez, a empresa alegou ter contratado os serviços do marido de Antônia, cortador da *Calçados Agabê* durante o dia e dobrador de peças durante a noite. Esta versão foi desmentida pelas três vizinhas da reclamante que depuseram como suas testemunhas. O juiz de direito Olavo Zampol julgou a ação procedente e os juízes do TRT da 2ª Região, após longo trâmite judicial, mantiveram a sentença e decidiram que ficara comprovada a existência do contrato de trabalho a domicílio. "Aliás, tipo de contratação é esse largamente difundido no setor industrial a que pertencem as atividades econômicas exercidas pelo reclamado."[34] Todavia, a reclamante não recebeu as verbas a que tinha direito porque, após a determinação de penhora de bens do reclamado, o oficial de justiça constatou que a empresa não possuía bens e o processo foi arquivado.

Assim como no caso acima, Orminda Teodoro era dobradeira de peças em seu domicílio e não recebeu as verbas rescisórias e os direitos trabalhistas durante o período que prestou serviços, 1966 a 1968, para a *Calçados Cassilei*.[35] O proprietário da empresa afirmou desconhecer a reclamante e alegou ter contratado os serviços eventuais do filho de Orminda. Duas vizinhas da reclamante serviram como testemunhas e disseram que o filho da amiga apenas buscava e entregava peças. O jovem trabalhava durante o dia em um estabelecimento comercial e estudava durante a noite. Por isso, a JCJ, sob a presidência de Valentim Carrion, julgou a ação procedente em parte.

Nos dois episódios, os testemunhos das vizinhas das reclamantes foram cruciais para a procedência de suas reivindicações. Apesar de admitirem a amizade com as trabalhadoras, tais depoimentos foram tomados sob o compromisso legal e os juízes os consideraram provas suficientes para refutar as alegações patronais de que outras pessoas eram as responsáveis pela prestação de serviços. As vizinhas conheciam a rotina de trabalho das reclamantes, que combinava o trabalho doméstico com a prestação de serviços, e, na maior parte das vezes, também faziam os mesmos trabalhos, demonstrando a interconexão entre as esferas doméstica e

---

33   AHMF. Caixa 30. Processo 375/1969, f. 2. Iniciado no Cartório de 1º Ofício em 4 de julho de 1966.
34   *Ibidem*. Acórdão 767/1969, f. 58.
35   AHMF. Caixa 15. Processo 522/1968, f. 2.

fabril, pois ao recorrerem a este tipo de prestação de serviços, os industriais alargavam os limites territoriais de suas unidades produtivas. Os casos evidenciaram ainda a informalidade desse tipo de relação de trabalho, visto que os familiares buscavam e entregavam o material a ser trabalhado, auxiliavam na execução das tarefas e poderiam até perceber o pagamento em nome das trabalhadoras.

Os dois últimos processos analisados sobre o tema foram selecionados por possuírem outras peculiaridades. Em 1975, um casal de irmãos menores de idade moveu uma reclamação contra Rosalina Maria Teodoro após serem dispensados sem justa causa e sem o pagamento das indenizações rescisórias depois de trabalharem por um mês na tarefa de fachetar saltos de sapatos[36] na residência da reclamada. Rosalina alegou que deveriam ser chamadas para integrar a lide as empresas que se beneficiaram da prestação de serviço – a indústria de componentes para calçados *Phama's* e a *Calçados Vogue* – e relatou que os dois irmãos não sabiam realizar a tarefa para a qual foram contratados, o que acarretou a devolução de 2.500 saltos fachetados e a fez perder a oportunidade de continuar a prestar serviços para a empresa contratante. O ponto mais relevante deste caso diz respeito à sua conclusão: as partes entraram em conciliação, mas a reclamada não teve condições de cumprir o acordo e o oficial de justiça designado para penhorar seus bens constatou que ela vivia em estado de pobreza e não possuía quaisquer bens passíveis de penhora.[37]

Como enquadrar Rosalina Teodoro? Trabalhadora ou empregadora? As evidências indicam que ela foi uma trabalhadora que vivenciou uma oportunidade frustrada de montar uma banca de prestação de serviços. No afã de obter maiores ganhos do que conseguiria exclusivamente com o próprio trabalho, ela recorreu à contratação de menores trabalhadores sem experiência prévia e isso lhe causou a perda do serviço. Por sua vez, o casal de irmãos não teve dúvidas em acioná-la judicialmente após não perceberem os salários relativos ao mês de serviços prestados. Não é possível ignorar que em meio a este tipo de relação entre trabalhadores, as empresas, muitas vezes de médio e grande porte, constituíam-se nas principais beneficiarias do trabalho sob condições precarizadas. Contudo, conforme se constata por meio de alguns processos analisados, nem sempre as

---

36 Trabalho manual de adornar saltos de material sintético para que se assemelhassem visualmente à madeira.

37 AHMF. Caixa 219. Processo 635/1975.

indústrias responderam judicialmente por se beneficiarem do trabalho informal de menores e de mulheres contratadas por intermediários.

O último processo analisado foi movido em 1988, numa conjuntura de crise econômica do setor deflagrada após o fracasso do Plano Cruzado de 1986. Darci Carreira prestara serviços para Maria Ramos Oliveira, pespontadeira a domicílio, entre novembro de 1987 e fevereiro de 1988 sem ter sua Carteira de Trabalho assinada. O advogado da reclamada refutou a existência de contrato de trabalho e esclareceu que, em períodos de crise, muitas pespontadeiras desempregadas procuravam "tarefas para executar, como bico, junto às inúmeras pespontadeiras que executam trabalhos em suas próprias casas."[38] Maria Oliveira aceitou a ajuda esporádica oferecida por Darci por compaixão e a reclamante auxiliava simultaneamente outras pespontadeiras para prover seu próprio sustento.

Em seu depoimento, a reclamante admitiu que prestou serviços para outra pespontadeira, mas esclareceu que foi apenas durante uma semana, já que ganharia mais com o trabalho prestado a Maria Oliveira. Darci se recusou a receber o pagamento por tal auxílio por considerá-lo pouco e se mostrou indignada com o fato de a reclamada ter trocado de carro recentemente e afirmar não ter condições de pagar-lhe mais.[39] Maria Oliveira relatou ter tido uma banca de pesponto durante um ano, período em que empregou quatro ajudantes, mas devido à crise do setor não conseguiu serviço em quantidade suficiente para repassar diariamente para Darci.

A JCJ, sob a presidência do juiz José Pitas, julgou a ação improcedente por unanimidade de votos. De acordo com a sentença, a CLT definia que o alcance de uma regra jurídica relacionava-se às exigências do bem comunitário e dos fins sociais a que se destina a lei. Por isso, nenhum interesse de classe ou particular poderia prevalecer sobre o interesse público. Nesse sentido, as relações empregatícias não deveriam ser enquadradas numa camisa de força. Para Pitas, as pessoas recorriam a diferentes formas de contratação e prestação de serviços apenas para sobreviver e não poderiam ser condenadas por isso.

> Constata-se nas relações sociais, mormente em épocas de crise, a existência de relações de trabalho indefinidas, relações de subemprego, infinidades de atividades trabalhistas instáveis, paralelas a mutirão [...]. Esta

---

38 AHMF. Caixa 687-X. Processo 984/1988, f. 19.
39 *Ibidem*, f. 19-20.

> bacia, enervada por estes vasos capilares laboralistas, é inevitável na atividade econômica de uma comunidade e necessária para a sobrevivência de uma parcela grande de operários em domicílio, [...], fato que se observa de modo insistente e concreto na jurisdição de Franca, a exigir do legislador uma disciplina específica.[40]

De acordo com a interpretação de Pitas, as provas dos autos não caracterizaram a existência da relação de emprego "pela ausência de continuidade e exclusividade na relação." Por fim, de maneira distinta da maioria das decisões analisadas anteriormente, o juiz concluiu que "o trabalho em domicílio é uma relação *integralmente fora de controle do dador de serviços*."[41] Esta decisão foi mantida pelos juízes do TRT da 15ª Região, que decidiram que "embora seja um caso complexo, porque se trata do ofício de pespontadeira, executado na própria residência, a prova testemunhal foi por demais frágil e carente de informações."[42]

O conjunto de processos analisados demonstrou que a maioria dos juízes avaliou as singularidades das relações trabalhistas desse setor industrial, marcado por uma ampla variedade de formas de contratação de trabalho, para fundamentar suas decisões. Houve uma tendência da Justiça do Trabalho de legitimar as reclamações movidas pelos trabalhadores sobre o tema, mas também existiram posições e interpretações distintas. No aspecto mais geral das relações de trabalho, percebe-se que divergências de âmbito privado entre trabalhadores foram levadas ao arbitramento judicial e que o poder público foi acionado para regulamentar os vínculos empregatícios negados por diversas empresas. Desse modo, a Justiça do Trabalho foi um espaço privilegiado para a resolução das disputas entre trabalhadores e entre trabalhadores e empregadores no que se refere a caracterização dos vínculos empregatícios entre as partes.

Gratidão *versus* Luta por direitos

Outra relação social que perpassou todo o período abordado foi a qualificação da força de trabalho de maneira informal. Conforme analisei no segundo capítulo, os jovens eram inseridos em fábricas, bancas ou residências de prestadores de serviços e aprendiam a trabalhar na prática. Normalmente, em pouco

---

40 Proc. 984/1988, f. 27-28.
41 *Ibidem*, f. 28. (grifos meus)
42 *Ibidem*. Acórdão 6625/89, f. 39.

tempo os aprendizes mostravam-se aptos a exercerem satisfatoriamente certas tarefas e tornavam-se ajudantes que contribuíam para o incremento da produção. Entretanto, a transição da condição de aprendiz para a de ajudante nem sempre resultava em remuneração formal pelo trabalho prestado e, muito menos, no reconhecimento do vínculo empregatício.

Durante as primeiras décadas do século XX, predominou a fabricação de calçados sob o sistema de manufaturas – reunião de trabalhadores manuais em um único espaço produtivo com incipiente divisão do trabalho – e perduraram algumas oficinas artesanais. Sob tais circunstâncias, o aprendizado da profissão ocorria por meio da transmissão de saberes laborais dos mestres aos aprendizes, que ocupavam um banquinho ao lado do oficial sapateiro e executavam tarefas por imitação, partindo das mais simples para as mais complexas. O tempo de aprendizagem era variável e poderia se estender por até quatro anos, já que estava condicionado à avaliação subjetiva da competência do aprendiz por parte do oficial. Como os oficiais eram remunerados por peça, eles tinham interesse em tomar jovens como aprendizes, pois produziriam mais com o auxílio destes.

A intensificação da divisão do trabalho, a mecanização e a ampliação das indústrias calçadistas paulatinamente tornaram o antigo oficial sapateiro obsoleto. Todavia, a montagem manual de calçados persistiu em fábricas de pequeno porte até os anos 1980 e, nestes casos, os menores trabalhadores continuaram a aprender a tarefa trabalhando sentados ao lado dos montadores manuais. Além disso, durante todo o período abordado, as tarefas de corte e de pesponto tiveram como espaço privilegiado de aprendizagem as residências de trabalhadores, as bancas e as fabriquetas. Na maior parte das vezes, os jovens cortadores, pespontadores e montadores manuais também não eram remunerados pelo trabalho realizado junto aos instrutores.

Duas reclamações trabalhistas possibilitaram interpretar a transição do sentimento de gratidão pelo aprendizado recebido – conferir capítulo II – para a reivindicação judicial da garantia dos direitos subtraídos por meio do aprendizado informal da profissão. No primeiro processo, iniciado em 1965, Norival Soares da Silva, pespontador, propôs uma reclamação trabalhista contra a *Fábrica de Botas Bonil*. Fora admitido pela empresa em 1959, aos 13 anos de idade, e demitido sem justa causa em 1965. Durante esse período não foi registrado, alegou não ter sido submetido à aprendizagem metódica do ofício e não ter recebido o salário mínimo integral e outros direitos. A empresa declarou ser parte ilegítima no feito, pois não existia relação de emprego entre ela e o trabalhador, que na verdade seria empregado de um de seus funcionários, Ênio Botelho Granero.[43]

Em seu depoimento, Norival afirmou ter sido demitido após solicitar o registro em carteira. O proprietário da empresa, José Garcia Parra, afirmou que o reclamante trabalhava dentro de sua firma, mas que desconhecia até mesmo quanto ele ganhava, pois era empregado de Ênio, que recebia por peça produzida e pagava o próprio ajudante. Contudo, José Parra entrou em contradição ao admitir que concedia vales à Norival, controlava a produção e determinava a necessidade de horas extras. Ao ser indagado, também reconheceu que fora informado por um fiscal do Ministério do Trabalho que teria que registrar todos os seus funcionários, mas tentou se justificar ao alegar ter solicitado a Ênio a regularização da situação de seu ajudante. Ênio Granero testemunhou a favor da reclamada e confirmou a versão de seu patrão: o jovem era seu aprendiz, o ajudava nas tarefas mais simples, mas não sabia fazer os serviços mais complicados.

O juiz de direito, Sérgio Segurado Braz, decidiu que ficara caracterizada a relação empregatícia e julgou a ação procedente: "O expediente usado pela recda. visou indisfarçavelmente adulterar uma relação laboral existente entre as partes postulantes. [...] Quem pagava era a recda., quem ditava as horas-extras era a recda., quem percebia a produção era a recda., quem dava vales era a recda. [...]"[44] Inconformada com a referida decisão, a empresa impetrou recurso ordinário junto ao TRT da 2ª Região e seu advogado argumentou que o juiz ignorara os testemunhos unânimes em afirmar o vínculo entre Norival e Ênio:

> o caso comporta um detalhe. Franca, cidade industrial – calçados – oferece ensejo a ocorrências de casos como o dos autos. Empregados admitem seus auxiliares e assim, podem facilmente ganhar mais. Percebem dois ou três salários. Remuneram os auxiliares, que prestam serviço de verdadeiros aprendizes. O caso em exame é bem uma demonstração. Ênio ganhava duas ou três vezes o mínimo e pagava o recte., num acerto que a recda. nada tinha que ver, nem mesmo tomava conhecimento. Ora, são garotos que, ao invéz [sic] de perambularem pelas ruas, caminhando para o vício, aprendem uma profissão.[45]

---

43 AHMF. Caixa 487. Processo 5635/65. Iniciado no Cartório de 1º Ofício em 25 de junho de 1965.
44 *Ibidem*, f. 23.
45 *Ibidem*, f. 27.

Ainda que o advogado da empresa tivesse razão ao afirmar que os tarefeiros se beneficiavam ao recorrerem ao auxílio de outros trabalhadores na condição de ajudantes, a Justiça do Trabalho não se prendeu a esse aspecto. O procurador do Ministério do Trabalho posicionou-se contrário à reforma da sentença e concluiu que "não se compreende como uma empresa possa ter a seu serviço empregados que, por sua vez, tenham sobre seus ombros, responsabilidades referentes a 'auxiliares', como citado na contestação."[46] Seguindo este parecer, os juízes do TRT indeferiram o recurso por unanimidade de votos.

Este processo demonstra de maneira inequívoca a supressão de direitos trabalhistas de parte da força de trabalho – no caso, os menores de 18 anos de idade – sob a alegação de aprendizagem ou auxílio ao instrutor. Apesar de os instrutores terem interesse em tomar aprendizes sob suas responsabilidades, não se pode desconsiderar o interesse patronal nessa prática de aprendizado, pois os industriais eram quem mais se beneficiavam com essas relações de trabalho, já que ao remunerarem um trabalhador e seu ajudante por peça, pagavam um salário um pouco maior do que pagariam a um único trabalhador, mas inferior ao que pagariam a dois trabalhadores formalmente contratados. Portanto, esta relação de trabalho possibilitava aumentar a produção por meio da precarização das condições de trabalho, no caso com a supressão de direitos trabalhistas e o rebaixamento salarial.

A ação movida por Norival da Silva permite ainda interpretar a iniciativa de um trabalhador que buscou a mediação estatal para garantir seus direitos negados durante seis anos e o papel da Justiça do Trabalho nesse tipo de disputa. Num período em que a instituição estava se estruturando no município, o juiz de direito decidiu a favor do trabalhador, reconheceu a estratégia patronal de "adulteração da relação laboral existente entre as partes" e regulamentou institucionalmente uma relação de trabalho até então informal.[47]

---

46 Proc. 5635/65, f. 31.
47 Outro processo nesses mesmos termos foi iniciado em 9 de abril de 1969, mas o trabalhador apontado como "empregador" afirmou não ter fábrica de calçados e não ser empregador do reclamante. Teria chamado o reclamante para ensinar-lhe o serviço sem o conhecimento do proprietário da empresa. A JCJ, sob a presidência de Valentim Carrion, julgou, por unanimidade de votos, a ação procedente em parte. Segundo o relatório, seria totalmente inaceitável a pretensão da defesa, no sentido de querer atribuir uma sub-relação empregatícia entre um de seus empregados e um menor (f. 18). A empresa recorreu ao TRT, que manteve a decisão da 1ª instância. AHMF. Caixa 28. Processo 286/1969.

O último aspecto a se destacar deste caso diz respeito ao argumento do trabalho como elemento civilizador – prevenção à delinquência infantil – e dignificador do homem, visão corrente entre empresários, políticos e trabalhadores. Esta concepção servia para justificar socialmente o emprego de menores[48] e, além dos industriais – maiores beneficiados com essa prática –, muitos trabalhadores compartilhavam dessa ideologia e empregavam os próprios filhos desde tenra idade. Contudo, os trabalhadores não eram movidos exclusivamente por questões ideológicas, mas também por necessidades materiais: eram obrigados a empregar o maior número possível de membros da família para assegurar a subsistência do núcleo familiar a partir da soma de todos os salários.

O segundo processo selecionado sobre o tema é uma excelente fonte para se interpretar o tema da gratidão *versus* luta por direitos. Maria das Graças Flores, de 17 anos de idade, impetrou uma reclamação trabalhista contra Juvercina Regiani, sob a alegação de ter sido admitida como pespontadeira de calçados em novembro de 1967 e demitida em julho de 1969 sem justa causa e sem receber as verbas rescisórias. Durante esse período, a reclamante percebeu uma quantia muito inferior ao salário mínimo integral e nunca percebeu a remuneração correspondente às horas extraordinárias que realizava.[49]

O caso chama a atenção pela contestação apresentada pela reclamada, que alegou não ter condições de ser empregadora, pois recebia da *Calçados Cáceres* uma cota de cabedais para pespontar que lhe proporcionava apenas um ganho correspondente a um salário mínimo. No intuito de colaborar com Maria das Graças, dispôs-se a ensiná-la o ofício e a dividir com ela o serviço. "O *sistema era de ensino e intimidade*, tanto que a Reclamante almoçava e lanchava na casa da Contestante."[50] Maria das Graças trabalhava sob aprendizado poucas horas por dia e não se justificava a pretensão à diferença salarial. Também não teria ocorrido despedida e muito menos a realização de horas extras, pois era de conhecimento público a crise pela qual passavam todas as fábricas do setor, com consequente redução da produção. Ao final da contestação, foi anexado um bilhete redigido de próprio punho pela reclamante com os seguintes dizeres:

---

48 Esse é um argumento longevo, que remonta, pelo menos, ao debate sobre lei de menores e férias, nos anos 1920, quando os industriais brandiam o aspecto saneador do trabalho contra o vício do tempo livre.

49 AHMF. Caixa 39. Processo 608/1969, f. 2.

50 *Ibidem*, f. 10. (grifos meus)

> Dona Juvercina peço o favor da senhora me pagar estes 5 dias que eu trabalhei passando do dia 9. E no mais eu fico muito agradecida, do senhor Osvaldo ter falado para o meu pai procurar serviço pra mim, Não precisa dele procurar eu mesma procuro e no mais meu muito Obrigada,
> Maria das Graças
> Eu já estou trabalhando[51]

O bilhete oferece alguns elementos que merecem maior atenção: possivelmente, o "senhor Osvaldo" era cônjuge de Juvercina e teria se disponibilizado a procurar um novo serviço para Maria das Graças, o que comprovaria a intimidade da relação entre as partes. Também fica patente o sentimento de gratidão da reclamante para com a antiga instrutora. Os motivos que levaram a trabalhadora a recorrer à Justiça do Trabalho não são apreendidos, mas é possível que a referida crise do setor tenha impossibilitado Juvercina de pagar os cinco dias solicitados e isso pode ter motivado o recurso à Justiça. Outra hipótese que se pode aventar é que o contato com outros trabalhadores no novo emprego tenha estimulado a jovem a solicitar direitos trabalhistas até então negligenciados pela antiga instrutora.

As partes se conciliaram após a primeira audiência por um valor bastante inferior ao pleiteado. Maria das Graças solicitara NCr$ 1.603,80, mas aceitou receber NCr$ 300,00 divididos em seis parcelas. Do valor inicialmente solicitado, NCr$ 1.036,80 referiam-se à reivindicação de horas extras, o que, segundo a reclamada, não faria sentido em um período de crise do setor. Coincidentemente, o valor correspondente a esta solicitação representou a maior parte da diferença entre a quantia inicialmente solicitada e a importância acordada, o que pode indicar que o advogado da reclamante reivindicou valores que ela não tinha direito como uma estratégia para poder estabelecer maior margem de negociação.

Dois outros processos, impetrados em 1972, retrataram a indignação dos empresários com o fato de responderem judicialmente às reclamações movidas por jovens que tiveram a oportunidade de aprender tarefas da profissão de sapateiro no interior de suas unidades produtivas. A menor Edvanir Rodrigues Soares, auxiliar de pesponto, impetrou uma reclamação contra a *Calçados Bergamo* sob a alegação de ter sido admitida em março de 1971 e registrada apenas em agosto daquele ano. Permaneceu na empresa até março de 1972 e não recebeu

---

51 Proc. 608/1969, Anexo, f. 11.

seus direitos após cumprir os 30 dias de aviso prévio. Por isso, solicitou a retificação de sua carteira de trabalho e o pagamento de Cr$ 943,60, dos quais Cr$ 540,00 correspondiam aos cinco meses de trabalho sem registro.[52]

A empresa contestou as alegações da trabalhadora e afirmou que ela trabalhou apenas dois meses como aprendiz e não cinco, após a insistência de seu pai para que lhe fosse dada uma oportunidade de aprendizado. De acordo com o advogado patronal, "os contratos de aprendizagem são regulados e regidos por leis específicas, quando haja autorização, planejamento e fiscalização do SENAI." Todavia, a "nenhum texto legal se pode dar rigor excessivo e absoluto, a ponto de não se admitir qualquer interpretação elástica à lei." Nesse sentido, a reclamação impetrada por Edvanir Soares demonstrava que, infelizmente,

> nos contratos de trabalho nunca pode o empregador agir com bondade, mas, sim, e estritamente dentro da lei. Ou esta permite ou não permite e pronto.
> Se abre qualquer precedente a ingratidão fatalmente virá, na forma de uma reclamação trabalhista daquele que anteriormente implorou por condições de aprender um ofício.
> Postas as considerações, achamos, salvo melhor juízo, que o tempo de aprendizagem (dois meses), não deve e não pode ser tido como contrato de trabalho, pois faltou aí a bilateralidade e a onerosidade...[53]

Como se constata, a empresa admitiu que a reclamante trabalhou sem registro em carteira, mas contestou a extensão desse período. Além disso, argumentou que apesar da suposta aprendizagem não ter sido regida pelas leis trabalhistas que a regulamentava, Edvanir não teria direito aos valores referentes a estes dois meses, pois na condição de aprendiz não esteve submetida às condições normais que regem os contratos de trabalho. Destaco ainda a argumentação a respeito da ingratidão de uma trabalhadora que só teve a oportunidade de trabalhar na empresa após a insistência de seu pai. Por fim, a empresa argumentou que a reclamante deveria se dar por satisfeita por não ter sido demitida por justa causa, já que estragou propositalmente mercadoria. Essa última alegação não foi comprovada e, ao final, as partes se conciliaram por Cr$ 400,00. Mais uma vez,

---

52 AHMF. Caixa 103. Processo 115/1972, f. 2.
53 *Ibidem*, f. 10.

observa-se que a diferença entre os valores solicitados e o acordado correspondeu a direitos que a parte reclamada alegou não serem devidos.

O último processo envolvendo disputas relacionadas à aprendizagem foi movido pelo menor Onésimo José Albano de Souza contra *Calçados M.A.S.* De acordo com a inicial da reclamação, o jovem operário começou a trabalhar para o reclamado em outubro de 1970, mas não recebeu salários até março de 1971. A partir de então, passou a receber salários inferiores aos que tinha direito e que foram aumentados mês a mês, até atingir o correspondente ao salário mínimo integral. Não bastasse a falta de registro em carteira e a remuneração inferior ao estabelecido por lei, sua jornada de trabalho se estendia das 6:00 às 20:00 horas, sendo interrompida por apenas 15 minutos de descanso para o almoço e 15 minutos para o jantar, o que resultava em cinco horas e 30 minutos de horas extras diariamente. A prestação de serviços à empresa cessou em março de 1972 e ele não recebeu qualquer direito trabalhista. No total, o reclamante pleiteou Cr$ 3.989,70.[54]

A empresa contestou todas as alegações iniciais. Em primeiro lugar, Onésimo fora admitido em fevereiro de 1971, quando ele e sua família mudaram-se da cidade de São José da Bela Vista para Franca. O advogado argumentou que a empresa não tinha interesse nos seus serviços, e que só o acolheu porque ele "insistiu tanto dizendo que queria apenas aprender. Condoídos com a vontade do menor em aprender, o mesmo foi admitido pela Reclamada como aprendiz..." Durante os dois primeiros meses, o jovem recebeu uma pequena quantia a título de gratificação e a partir do terceiro mês percebeu o salário de menor. Sua demissão ocorreu por justa causa, pois "maldosamente começou a cortar os calçados, estragando-os", mas a despeito dessa alegação, o ex-patrão, em um ato de caridade, teria lhe conseguido emprego em outra empresa. A proximidade entre o industrial e a família do reclamante também foi destacada como elemento comprobatório da sua boa vontade para com o funcionário. Deste modo, a defesa enfatizou que Onésimo confeccionou seis pares de sapatos, quatro para ele e dois para sua mãe, sem que lhe fossem descontados os respectivos valores, e, por fim, "a reclamada quer ainda trazer para o conhecimento de V. Excia., que o reclamante e sua família moraram durante 5 meses em casa da Reclamada sem pagarem aluguéis."[55]

---

54 AHMF. Caixa 107. Processo 218/1972, f. 2-3, 5.
55 *Ibidem*, f. 13-16.

Após a primeira audiência, ocorreu a composição amigável e o reclamante aceitou receber Cr$ 460,00, valor equivalente a pouco mais de 10% do total inicialmente solicitado, o que representaria um acordo extremamente desvantajoso para o trabalhador, caso ele não tenha solicitado direitos indevidos. Apesar de o processo não oferecer maiores detalhes e de não terem sido coletados depoimentos, a alegação patronal de que o jovem e sua família se mudaram para Franca alguns meses depois da data apontada como início da prestação de serviços constitui prova importante da tentativa do advogado de Onésimo de obter vantagens em uma possível negociação.

Tomando essas duas últimas ações trabalhistas, destaco o argumento patronal de que os menores foram admitidos em sinal da benevolência dos empresários para com jovens que queriam aprender um ofício. Disto decorreu o sentimento de traição por pessoas ingratas que não souberam reconhecer a ajuda e a oportunidade recebidas. Ao invés de gratidão, os ex-funcionários os retribuíram com reclamações trabalhistas. Como ocorreram acordos entre as partes antes da apresentação das provas, não foi possível verificar a veracidade das acusações de demissão por justa causa, mas do mesmo modo que é provável que os reclamantes tenham solicitado direitos indevidos, é possível que tais acusações tenham sido formuladas depois da rescisão contratual e com o objetivo de deslegitimar os ex-funcionários perante a JCJ. De outra maneira, como entender a afirmação de que o ex-patrão de um funcionário demitido sob a acusação de danificar calçados propositalmente tenha lhe conseguido emprego em outra empresa?

Por meio desse conjunto de processos, foi possível observar como relações de trabalho caracterizadas por laços de amizade e intimidade originaram disputas, após a cessação da relação empregatícia, resolvidas via recurso a um órgão público, convocado a intervir numa relação privada. Casos como o de Maria das Graças compuseram uma conjuntura de transição de relações de trabalho marcadas pela proximidade entre trabalhadores e instrutores, quando predominava o sentimento de gratidão, para um período de reivindicação de direitos trabalhistas suprimidos. Os saberes laborais transmitidos à menor aprendiz tiveram como contrapartida a acusação de desrespeito às normas legais. Da mesma maneira, as reclamações de Edvanir Soares e de Onésimo de Souza, cuja família morara na casa de seu ex-patrão após se instalar em Franca, ilustraram que o recurso à Justiça do Trabalho foi interpretado pelos industriais como demonstração de ingratidão, já que se disponibilizaram a empregar jovens sem qualquer experiência prévia de trabalho no setor e foram processados após demiti-los. Do ponto de vista dos trabalhadores, com exceção do primeiro caso, os demais demonstraram que a demissão demarcou o fim das relações de proximidade entre as classes e fez com que decidissem reivindicar judicialmente direitos que não haviam recebido.

Um "camarada velho do curtume"

O rompimento das relações harmoniosas entre trabalho e capital por meio das disputas trabalhistas não se restringiu às relações de aprendizagem no setor calçadista. Duas ações movidas por curtumeiros colocaram por terra o sentimento de gratidão dos trabalhadores para com os industriais após o fim da prestação de serviços. Em 1969, José Paulino da Silva, ajudante geral da *Curtidora Santa Rita*, moveu um processo contra a empresa sob a fundamentação de ter trabalhado sem registro durante seis anos, nunca ter recebido férias, 13º salário e tampouco o salário mínimo integral.[56] A princípio parecia mais uma das várias disputas em torno da comprovação de vínculo empregatício, mas os desdobramentos da reclamatória demonstraram que se tratava de uma relação de trabalho mais complexa. A empresa alegou que o reclamante era na realidade um empregado doméstico dos proprietários do curtume, responsável pelo cultivo de uma horta sem fins lucrativos, e que havia reconhecido esta condição ao firmar sua digital em um documento.[57]

Em seu depoimento, José Paulino relatou ter começado a trabalhar para os dois irmãos em 1964, retirando areia para fazer o curtume. Depois disto, continuou a prestar serviços: ajudava a carregar e descarregar caminhões de couro e trabalhava na horta dentro do curtume. Sua jornada de trabalho se estendia das 7 às 17 horas e não tinha controle de ponto, nem era registrado. Além dessas tarefas, de vez em quando, trabalhava na casa de Fabien para rachar lenha e fazer uma "limpezinha". Sua demissão ocorreu após o patrão vender o curtume. Por fim, respondeu que era "analfabeto, não sabendo ler nem escrever; *que colocou a impressão digital em um documento que confirmava que era camarada velho do curtume.*"[58]

---

56 AHMF. Caixa 42. Processo 716/1969, f. 2.
57 *Ibidem*, f. 9-12. No documento anexado ao processo, José Paulino declarava ser empregado doméstico de Fabien Luiz Schirato e de Pedro Paulo Schirato Neto e não possuir qualquer vínculo empregatício. Os industriais declararam assumir toda a responsabilidade e encargos referentes ao empregado caso ele viesse a mover uma ação trabalhista, fruto de errônea interpretação a respeito da relação de emprego entre as partes.
58 *Ibidem*, f. 38. (grifos meus)

Por sua vez, Fabien Schirato afirmou que o reclamante não trabalhava no curtume, e sim na horta, transportando os resíduos de carniça, que já estavam fora da fábrica, para estercar o solo. Poucas vezes, em cinco ou seis oportunidades, José Paulino ajudara nos serviços do curtume, a fim de não estragar matéria-prima, e duas ou três vezes mandou chamá-lo para auxiliar a descarregar caminhão-frigorífico que chegara fora do expediente normal. O reclamado esclareceu que após vender o curtume não tinha mais serviço para o reclamante e que lhe comunicou que deveria esperar cerca de duas semanas até que comprasse duas casas comerciais, quando então voltaria a lhe empregar. Por fim, afirmou que o fez colocar a digital no documento anexado ao processo para comprovar que ele era empregado doméstico e fazia serviço volante.[59]

Nas razões finais, o advogado de José Paulino alegou que ele era uma pessoa "simples", desconhecedor do princípio do direito do trabalho e questionou: se nunca fora empregado, porque o cuidado, quanto à responsabilidade trabalhista chamando-o a assinar o documento? Por fim, concluiu com a seguinte citação: "A Justiça do Trabalho compensa com uma superioridade Jurídica, uma inferioridade econômica, visando proteger o economicamente mais fraco." (Gallart Folch).[60]

Antes do julgamento da reclamação, José Paulino aceitou receber NCr$ 200,00 à vista e mais 13 prestações de NCr$ 100,00. A quantia era significativamente inferior aos NCr$ 3.306,00 pleiteados. Contudo, como ele recebia NCr$ 60,00 mensais, o acordo representou o equivalente a dois anos de salários. O desenrolar do caso traz fortes indícios da veracidade das alegações do trabalhador. Afinal, por que seus ex-patrões tomaram a precaução de fazer-lhe colocar a digital em um documento que ele desconhecia o conteúdo senão para tentar burlar a legislação e construir provas que viessem a servir de defesa em uma possível ação trabalhista?

Esse caso carrega um importante valor simbólico ao registrar a decisão de um trabalhador analfabeto – que se encontrava numa tênue fronteira entre o emprego doméstico e o emprego fabril, que exercia tarefas braçais no curtume e nas residências dos patrões e que possivelmente possuía certo grau de intimidade com os mesmos, nas suas palavras era um "camarada velho do curtume" – levar seus patrões à Justiça do Trabalho depois de ficar sem emprego. Outro significado dessa disputa foi demonstrar como as leis trabalhistas compuseram

---

59 Proc. 716/1969, f. 39.
60 *Ibidem*, f. 41.

as experiências dos trabalhadores e dos patrões, a ponto de justificar a precaução prévia dos dois empregadores em redigir o referido documento quando venderam o curtume. As questões relacionadas à legislação trabalhista compunham o cotidiano dos sujeitos sociais, fazendo com que os capitalistas temessem responder em juízo por direitos sonegados. Do ponto de vista do trabalhador, tal como ocorreu em alguns casos analisados acima, a decisão de processar os antigos empregadores foi deflagrada após estes deixarem de cumprir com sua principal função: assegurar emprego aos seus funcionários.

O segundo processo oferece maiores detalhes a respeito das relações de trabalho do setor. Em 1970, Pedro Calândria Utera moveu uma reclamação contra o *Curtume Pucci*, após a unidade encerrar suas atividades. O curtumeiro reivindicou o pagamento das verbas rescisórias, do adicional de insalubridade e da indenização por tempo de serviço. Ele fora admitido em fevereiro de 1949 e durante o longo período de prestação de serviços à empresa fizera dois acordos,[61] em 1955 e em 1968, quando já era empregado estável, sem que houvesse o rompimento do vínculo empregatício. Além do salário mensal de Cr$ 280,00, ele percebia certa importância referente à habitação, "de vez que *há muitos anos reside em casa pertencente à ora Reclamada, cujo valor de locação*, estima, a própria reclamada, em CR$ 100,00 mensais."[62]

Em sua defesa, a empresa alegou que nas duas oportunidades em que fizeram acordo lhe pagou todos os seus direitos, inclusive a indenização por tempo de serviço, conforme comprovavam os documentos anexados aos autos. Além disso, Pedro Utera nunca recebera qualquer importância referente à habitação, pois não morava em casa da empresa, e sim de Nilço Rosa Faria, um dos proprietários do curtume. Por fim, sempre teria recebido 10% de adicional de insalubridade.

Os depoimentos e os documentos anexados tiveram o objetivo de esclarecer as funções exercidas pelo trabalhador, para averiguar se eram ou não atividades insalubres, e se ele recebera o pagamento pleiteado referente às indenizações quando dos acordos efetuados nos anos precedentes. O advogado do trabalhador argumentou ainda que a opção pelo FGTS foi feita de forma irregular, sem

---

61 Este termo é utilizado para designar a rescisão de contrato de trabalho em que não ocorre o rompimento do vínculo empregatício e tampouco a cessação da prestação de serviços. Na maior parte das vezes, o acordo visava permitir ao operário receber a quantia a que tinha direito, fosse indenização por tempo de serviço ou as parcelas do FGTS.
62 AHMF. Caixa 60. Processo 483/1970, f. 2-3. (grifos no original)

o intermédio da Justiça do Trabalho. A partir das provas apresentadas, o juiz decidiu que o processo era procedente em parte: o reclamante não tinha direito ao pagamento das indenizações, já efetuado, mas deveria receber o adicional de insalubridade não pago durante os dois últimos anos e, o que é mais interessante, no pagamento do aviso prévio "deverá ser incluída parcela referente a habitação, no valor oferecido com a inicial;" pois "é óbvio que o oferecimento de casa para moradia se inclui no salário, mesmo que este imóvel, oferecido sem o pagamento de qualquer aluguel esteja em nome de qualquer um dos diretores da empresa."[63]

Portanto, este processo ilustra a regulamentação jurídica de uma relação de trabalho com características semelhantes ao que comumente se define como paternalismo. O fato de ter morado em casa oferecida por um dos proprietários do curtume desde que iniciou a prestação de serviços à fábrica é um forte indicativo de uma relação de trabalho provavelmente guiada por valores de confiança e gratidão, mas a decisão de mover o processo, ainda residindo na casa do ex-patrão, exemplificou os limites da harmonia social advinda desse tipo de relação social. A partir do momento em que o curtume encerrou suas atividades, Pedro Utera moveu uma ação para garantir o recebimento de seus direitos e chegou a solicitar o pagamento de direitos já pagos.

Em relação a esse pedido não é possível saber se foi iniciativa do reclamante ou do seu advogado, que poderia objetivar dar um valor maior à causa. Para além desse aspecto específico, o caso adquire maior relevância por registrar a decisão de um trabalhador processar a empresa em que trabalhara por mais de 21 anos. Ao invés de sentir-se grato pela cessão da moradia onde viveu ao longo de todo esse tempo, Pedro Utera buscou publicamente garantir o recebimento de seus direitos, entre os quais, o reconhecimento de que a concessão da moradia não era uma benevolência do patrão, mas um componente de seu salário, o que foi reconhecido pela Justiça do Trabalho.

A proteção à maternidade

Ao analisar a divisão sexual do trabalho, reforçada pelo emprego fabril, destaquei a recusa da *Amazonas* em contratar trabalhadoras casadas ou manter em seu quadro de funcionários aquelas que adquirissem matrimônio. Os depoimentos analisados no quarto capítulo comprovaram que algumas ex-trabalhadoras desse

---

63 Proc. 483/1970, f. 220. (grifos meus)

grupo industrial cogitaram a possibilidade dessa postura ser fundamentada em algum dispositivo legal, o que não ocorria. Ao contrário, o artigo 391 da CLT vedava a demissão de trabalhadoras por motivos de casamento ou gravidez. Contudo, ainda que esta e outras fábricas demitissem funcionárias por estes motivos, a justificativa oficial não era essa. Na maior parte das vezes, as empresas afirmavam que os serviços das funcionárias não mais convinham aos seus interesses. Em outros casos, justificavam a demissão com argumentos como baixa produção e indisciplina.[64] Algumas empresas se defendiam com a alegação de que as trabalhadoras haviam pedido demissão por vergonha por terem engravidado apesar de serem solteiras.[65] Tais ocorrências originaram diversos processos trabalhistas movidos por trabalhadoras grávidas que buscaram na justiça a garantia do direito à estabilidade provisória desrespeitado em reiteradas oportunidades.

O primeiro processo que selecionei sobre esse tema foi movido, em 1967, por Maria Aparecida Queiros contra a *Samello*. Ela era funcionária da empresa há alguns anos e foi demitida quando se encontrava no terceiro ou quarto mês de gravidez. Assistida pelo promotor público, a reclamante solicitou o pagamento do auxílio maternidade de acordo com o estabelecido nos artigos 392 e 393 do Decreto-Lei 229 de 1967.[66] Os referidos artigos proibiam o trabalho de mulheres grávidas durante o período compreendido entre quatro semanas antes e oito semanas após o parto e determinavam o direito ao recebimento do salário integral durante o tempo de afastamento. O pagamento ficava a cargo dos empregadores.[67] De acordo com Alfredo Palermo, advogado da empresa, Maria Aparecida recebeu o aviso prévio porque não vinha produzindo normalmente e não porque estava grávida. Além disso, sua dispensa ocorreu seis meses antes do parto, ou seja, fora do período estabelecido pela lei para o pagamento do auxílio maternidade.[68]

---

64 AHMF. Caixa 141. Processo 353/1973. Uma dobradeira e uma pespontadeira demitidas sob a alegação de faltas constantes. A empresa afirmou que não sabia que elas estavam grávidas. As trabalhadoras aceitaram o pagamento de 80% do valor solicitado.

65 AHMF. Caixa 90. Processo 433/1971, f. 13. As partes se conciliaram e não há maiores detalhes.

66 AHMF. Caixa 13. Processo 371/1968, f. 2. Iniciado em 02 de ago. de 1967 no Cartório de 2º Ofício.

67 Decreto-lei nº 229, de 28 de fevereiro de 1967. Altera dispositivos da CLT, aprovada pelo Decreto-lei nº 5.452, de 1º de maio de 1943, e dá outras providências. Disponível em: <http://www.planalto.gov.br/ccivil_03/Decreto-Lei/Del0229.htm>.

68 Proc. 371/1968, f. 5.

Em seu depoimento, Maria das Graças afirmou que a direção da *Samello* sabia de sua gravidez, pois ela fora atendida pelo médico da empresa, que constatou seu estado gravídico. Wilson S. de Mello – seu primo de terceiro grau – teria lhe dito inclusive que a fábrica não tinha berçário e que este não estaria pronto na época em que ela desse a luz. Não bastasse isso, dois dias antes de ser demitida ela comunicou a Miguel Mello que estava grávida e que não poderia trabalhar de pé. Ele ficou de mudá-la de seção,[69] mas logo depois acabou demitida.[70]

O cerne do debate entre as partes e da decisão judicial girou em torno da interpretação a respeito do período de estabilidade provisória das gestantes e do direito ao auxílio maternidade. O promotor Dr. Cristiano José de Andrade argumentou que era dominante na doutrina e na jurisprudência que a dispensa em qualquer fase da gravidez assegurava o direito ao benefício, que "se assemelha mais a um tipo de seguro; pois se a mulher casada for dispensada em qualquer fase da gravidez, mesmo antes do período de 4 semanas antes e 8 semanas depois do parto, ela não terá mais oportunidade de encontrar outro emprego até a época do parto..."[71] Consequentemente, as gestantes teriam direito ao salário maternidade em qualquer fase da gravidez a partir da concepção. Entretanto, o juiz de Direito Luciano Ferreira Leite julgou a ação improcedente, pois compreendeu que o benefício só era devido dentro do período de 12 semanas determinado pela lei.[72]

O promotor público interpôs um recurso de embargo e destacou que os dispositivos da CLT que tratavam do tema "foram importados do Le Code International Du Travail. De conseguinte, o auxílio maternidade tem um caráter flagrantemente protecionista e assistencial, [...], como acontecem nos países europeus."[73] Por meio de uma nítida demonstração de interpretações distintas da lei, a decisão inicial foi reformada pelo juiz de Direito Laert de Oliveira Andrade. Para ele, os referidos artigos 392 e 393 tinham por escopo proteger a maternidade, concedendo à gestante uma estabilidade especial desde o início da gravidez. Acrescentou que "os indícios e circunstâncias são de molde a concluir que, se a empregadora não agiu de má fé, procedeu como se a dispensa tivesse ocorrido

---

69 De acordo com o § 4º do art. 392 do Decreto-lei nº 229, "Em casos excepcionais, mediante atestado médico, na forma do § 1º é permitido à mulher grávida mudar de função."

70 Proc. 371/1968, f. 12.

71 *Ibidem*, f. 5 verso e 6.

72 *Ibidem*, f. 7.

73 *Ibidem*, f. 17.

em razão da gravidez da reclamante", pois a alegação de queda da produtividade não foi comprovada. Ao final de sua sentença, enfatizou que ao pagar o salário maternidade, a *Samello* "estaria, ao mesmo tempo, 'obedecendo à lei e purgando seu dever de solidariedade social e humana para com a gestante, em cuja fronte floresce o suor glorificador daquelas que trabalham e que são mães' (Mozart Victor Russomano. Estudos de Direito do Trabalho, p. 153).ʺ[74]

A *Samello* interpôs um recurso de revista e Alfredo Palermo asseverou que "a decisão é daquelas que merecem um reexame pelas altas e importantes consequentes [sic] que vai acarretar; a subsistir a respeitável sentença, nenhuma empresa vai admitir mais mulher casada ou mulher amaridada..."[75] A solicitação não teve êxito, pois o TST não conheceu do recurso. O inconformismo da empresa se referia ao fato de o pagamento do salário maternidade ser de sua responsabilidade e a argumentação do advogado patronal fazia referência ao temor frente à ampliação da jurisprudência favorável à concessão do benefício às gestantes independentemente do tempo de gravidez.

No segundo capítulo, analisei a preocupação deste advogado para com a possibilidade de uma decisão favorável a dois menores que alegaram não terem sido submetidos à aprendizagem metódica do ofício de sapateiro estimular outros jovens a moverem processos embasados neste argumento. Na ação de Maria das Graças, o argumento de Palermo fez referência às consequências que uma decisão favorável à trabalhadora teria do ponto de vista dos industriais, que seriam desestimulados a contratarem mulheres casadas, teoricamente mais propensas a engravidarem. Como bem demonstra a postura da *Amazonas*, essa prática já era adotada por algumas indústrias, não sendo um simples argumento retórico de Alfredo Palermo.

Dessa maneira, além da recusa em ter de arcar com salários de funcionárias afastadas do trabalho, é provável que os esforços da *Samello* em deslegitimar o direito de sua ex-funcionária ao salário maternidade evidenciam o receio de uma decisão favorável, tal como aconteceu, estimular outras trabalhadoras a recorrerem à mediação judicial em casos de demissões decorrentes da gravidez. Nesse sentido, levar a disputa até a última instância objetivava não apenas deixar de pagar os salários de uma funcionária afastada do serviço, mas também evitar

---

74 Proc. 371/1968, f. 28-32.
75 *Ibidem*, f. 39.

possíveis efeitos que a circulação de informações sobre a decisão jurídica teria entre o conjunto de trabalhadores.

Alguns anos depois, em 1972, uma costureira de mocassim da *Sparks Calçados* impetrou uma ação por ter se afastado do serviço para dar à luz e não ter recebido os salários. A empresa se defendeu da acusação sob o argumento de ignorar que Cleuza Borges se casara e tampouco saber que estava grávida. As provas testemunhais apresentadas pela trabalhadora comprovaram que ela comunicara o Departamento de Pessoal da fábrica sobre a gravidez e sua ação foi julgada procedente. Porém, o aspecto mais relevante deste processo refere-se às considerações do juiz Valentin Carrion a respeito das determinações da lei que regulamentava o direito a esse benefício:

> O que aparece, sem sombra de dúvidas, é a infelicidade adotada pela lei para a proteção à maternidade; descarregando todo o peso da proteção sobre os ombros do empresário que emprega a mulher (em vez de reparti-lo sobre todo o empresariado nacional, como fez o salário-família), atingiu na prática exatamente o contrário: o despedimento sistemático da mulher casada, para evitar os ônus específicos.[76]

A referida decisão chama a atenção por dois aspectos: primeiro, o juiz discordava da determinação que obrigava o empregador individual a pagar os salários correspondentes à licença maternidade; segundo, ele tinha ciência da demissão sistemática de funcionárias casadas. Este último aspecto era passível de ser corrigido por meio da justiça, tal como aconteceu neste e em outros processos em que as empresas foram condenadas a pagar os 84 dias de salário maternidade. O primeiro aspecto foi "solucionado" por meio da Lei 6.136 de 1974, que transferiu para o Instituto Nacional de Previdência Social (INPS) o pagamento do benefício e, dessa maneira, repartiu os custos entre o conjunto de empresários, através das contribuições previdenciárias pagas mensalmente.[77] Há que se ressaltar que tais contribuições empresariais nada mais eram do que a transferência para o Estado de parte da mais-valia extraída da classe trabalhadora. Por sua vez, a Previdência Social concedia aos trabalhadores certos benefícios, como o salário maternidade.

---

76 AHMF. Caixa 117. Processo 453/1972, f. 20.

77 Lei nº 6.136, de 7 de novembro de 1974. Inclui o salário-maternidade entre as prestações da Previdência Social. Disponível em: <http://www.planalto.gov.br/ccivil_03/Leis/1970-1979/L6136.htm>.

A despeito dessa alteração, a demissão de trabalhadoras grávidas não deixou de ser uma prática rotineira, pois as empresas não se opunham apenas ao pagamento do salário maternidade, mas à obrigatoriedade de manter o vínculo empregatício com funcionárias que se ausentariam do trabalho com maior frequência para consultas médicas e, depois do parto, por causa dos cuidados para com a prole. Nesse sentido, Geni Odete da Silva foi demitida, em janeiro de 1976, depois de se ausentar um dia do trabalho para ir ao médico. Ao ser comunicada da demissão, ela alegou que estava grávida e que não podia ser demitida, mas a empresa utilizou uma carta de pedido de dispensa que Geni foi obrigada a assinar, não datada, como uma pré-condição para ser contratada.[78] Após a tomada do depoimento da reclamante, as partes entraram em composição amigável, a trabalhadora foi readmitida e a empresa afirmou que consideraria sem efeito o suposto pedido de demissão.

O fato de a empresa abrir mão de depor e de apresentar outras provas que viessem a confirmar que Geni da Silva pedira demissão constitui forte indício de que a versão da autora do processo era verídica. Destarte, a ocorrência demonstra que algumas empresas, no caso a *H. Rocha Calçados*, poderiam até mesmo coagir as trabalhadoras a assinarem documentos em branco, ou sem datas, com o objetivo de se desobrigarem de mantê-las como funcionárias caso engravidassem. Frente ao depoimento da trabalhadora na JCJ de Franca, a empresa preferiu readmiti-la a seguir com a disputa que poderia vir a comprovar a irregularidade de sua ação. Dessa maneira, a decisão de expor publicamente a coação assegurou à trabalhadora o direito de manter seu vínculo empregatício durante a gestação, tal como determinava a legislação trabalhista.

Sorte distinta teve Maria Inês Lemos Maciel, que moveu uma ação contra a indústria de calçados *Frei Toscano*, por ter sido demitida durante a gravidez. Segundo a alegação inicial da pespontadeira, ela foi transferida de função após comunicar que estava grávida e isso lhe acarretou prejuízos salariais. Pouco tempo depois, ante as pressões de seu chefe para que aumentasse sua produtividade, ela sentiu-se mal e em seguida foi ameaçada de agressão física por parte de um dos sócios da empresa, que a teria obrigado a assinar vários papéis em branco, dando baixa em sua carteira de trabalho.[79] A empresa contestou tais alegações e afirmou que ela pediu demissão. As três únicas testemunhas que depuseram, dois chefes

---

78 AHMF. Caixa 229. Processo 42/1976, f. 18-20. Baseado no depoimento da reclamante.
79 AHMF. Caixa 237. Processo 209/1976, f. 2. Versão reforçada em seu depoimento, f. 21.

de seção e um funcionário do escritório, confirmaram esta versão, o que fez a JCJ presidida pelo juiz José Cláudio Netto Motta, vencido o vogal dos empregados, julgar a ação improcedente, sob o argumento de não haver indícios ou presunção de coação. Essa decisão foi mantida pelos magistrados do TRT da 2ª Região.[80]

Maria Inês não levou nenhuma testemunha na audiência e, consequentemente, não conseguiu comprovar suas alegações. Porém, os depoimentos das testemunhas da empresa apontaram três aspectos bastante relevantes: primeiro, os chefes de seção assinaram o pedido de demissão como testemunhas, mas admitiram que não estavam presentes quando a trabalhadora o assinou; segundo, um dos chefes da reclamante afirmou que ela não o comunicou que estava grávida, mas Walter Piola Júnior – funcionário do escritório – confirmou a existência do atestado de gravidez; terceiro, eles afirmaram que ela pediu demissão sob a alegação de que não queria trabalhar em um ambiente fechado, devido à gestação, e porque tinha arrumado outro emprego. Contudo, ao ser inquirido, Piola confessou que esta última justificativa foi colocada no pedido de demissão "apenas para aspecto formal".[81] Tal justificativa é bastante estranha e pode indicar que tenha ocorrido pressão sobre Maria Inês no sentido de forçá-la a assinar o pedido de demissão, mas a inexistência de outras provas nesse sentido impede que se afirme com certeza que isso tenha ocorrido. De toda forma, por que a trabalhadora teria pedido demissão se não possuía outra perspectiva de emprego? Por que ela abriria mão da estabilidade e da licença maternidade, sabendo que seria praticamente impossível conseguir outra posição antes do parto?

Esse tipo de disputa centrada na comprovação de a trabalhadora ter pedido demissão sob coação ou por espontânea vontade também ocorreu na *Amazonas*. Darci de Paula Santos era solteira e alegou ter sido demitida em janeiro de 1974 por causa da gravidez, o que a motivou a mover dois processos – apensados um ao outro – solicitando o recebimento do auxílio maternidade e o recebimento dos salários correspondentes ao tempo entre sua demissão e o parto. A empresa asseverou que ela pediu demissão porque iria se casar e afirmou que independentemente disto a lei não proibia o desligamento de mulheres casadas e/ou grávidas, desde que não fosse esse o motivo. Em seu depoimento, Darci admitiu ter pedido demissão, mas explicou que assim procedeu por ter sido aconselhada pelo médico da empresa, Dr. Michel, e porque "explicou à chefe que estava grá-

---

80   Proc. 209/1976, f. 35, 37-38, 43.
81   *Ibidem*, f. 37-38.

vida, apesar de solteira, e ela lhe disse que deveria pedir demissão".[82] Diante da confissão da trabalhadora, a JCJ presidida por Valentin Carrion, vencido o vogal dos empregados, julgou as ações improcedentes. Os juízes do TRT da 2ª Região deram provimento parcial ao recurso da reclamante e determinaram apenas o pagamento do 13º salário proporcional ao tempo de serviço.

Apesar de o ponto central do caso acima ter sido o pedido de demissão por parte da autora, chama à atenção a interpretação da empresa a respeito da legislação sobre o tema, que ficou mais explícita no processo movido, em 1978, por Silvia Helena Cardoso Vieira. Admitida em setembro de 1975, a trabalhadora relatou que em maio de 1977 sentiu-se mal, procurou o serviço médico da empresa e foi constatado que estava grávida. Ela entregou o resultado do teste de gravidez ao departamento médico e voltou a trabalhar normalmente. Contudo, aproximadamente três meses depois seu contratado de trabalho foi rescindido.

De acordo com as alegações iniciais elaboradas por Geraldo Ferreira Nobre, que acumulava o cargo de presidente e a função advogado do Sindicato dos Borracheiros, a *Amazonas* "não mant[inha] em seu quadro de funcionários, mulheres grávidas ou casadas, infringindo assim, disposições de nossa Carta Magna, proibindo discriminação quanto ao sexo, estado civil, etc.", resguardando "a gestante não só da provação de seu ganho, como do risco do desemprego."[83] Assim, o advogado solicitou a reintegração de Silvia e o pagamento dos salários devidos desde sua dispensa. Além das determinações da legislação trabalhista, o pedido fundamentava-se na cláusula V da Convenção Coletiva assinada entre o Sindicato dos Borracheiros de Franca e o Sindicato da Indústria de Artefatos de Borracha no Estado de São Paulo, que assegurava a estabilidade às gestantes desde a concepção até 60 dias após o término da licença remunerada.[84]

Camilo L. R. Pinheiro, advogado da *Amazonas*, afirmou que a demissão ocorreu dentro do plano de reestruturação e racionalização do trabalho. Silvia Helena foi demitida junto com mais 71 trabalhadores, o que demonstrava que a despedida não fora discriminatória, mesmo porque a empresa não teria conhecimento de seu estado de gravidez. Acrescentou ainda que "de acordo com a melhor doutrina, tem se acentuado sempre que o Art. 391 não proíbe que a mulher grávida seja despedida." Pois do contrário, "bastaria à mulher celebrar o

---

82 AHMF. Caixa 188. Processo 844/1974, f. 37.
83 AHMF. Caixa 285. Processo 1/1978, f. 3.
84 *Ibidem*, Anexo, f. 8.

matrimônio e ganharia a estabilidade no emprego, independentemente do tempo de serviço." Como não proibiu "a despedida da empregada que se casa ou que engravida, a lei facultou a sua despedida." Uma vez que "não disse, de maneira clara, como convinha, se fosse essa sua intenção efetiva, que a mulher casada ou grávida não pode ser dispensada, em hipótese alguma."[85]

Baseado em tais argumentos, o advogado da empresa defendeu a tese de que o referido artigo da CLT era ambíguo e só proibia a demissão de mulheres casadas ou de gestantes quando esse fosse o motivo explícito do desligamento das funcionárias. Aceitar esta interpretação significaria, na prática, autorizar quaisquer demissões de mulheres, visto que bastaria às empresas utilizar outra justificativa para legitimá-las, tal como fez a *Amazonas*, que argumentou que Silvia Helena foi uma dentre tantos outros funcionários demitidos em meio ao processo de reestruturação da produção.

Na segunda audiência, antes da tomada dos depoimentos, Silvia Helena aceitou a proposta de composição amigável, segundo a qual, a empresa pagaria a importância de Cr$ 3.300,00 e ela renunciaria ao direito da estabilidade provisória. Se levarmos em consideração que seu salário mensal era de Cr$ 1.464,00 quando ela foi demitida, constata-se que o acordo financeiro foi extremamente desfavorável à trabalhadora, pois ela foi demitida em agosto de 1977 e deu à luz em janeiro de 1978, o que lhe daria direito a cerca de mais quatro meses de estabilidade – oito semanas pela legislação trabalhista e mais 60 dias de acordo com a convenção coletiva da categoria –, totalizando aproximadamente nove meses de salários, caso o processo fosse julgado procedente. Apesar do acordo financeiro desfavorável, publicizar a recusa da *Amazonas* em contratar e manter funcionárias casadas na empresa pode ter influenciado o abandono dessa postura nos anos posteriores, pois uma prática privada foi denunciada por meio de uma ação individual.

Os últimos processos a serem analisados a respeito da proteção judicial às gestantes foram movidos, entre fins de 1976 e início de 1977, por cinco trabalhadoras, por intermédio do Sindicato dos Sapateiros, que prestavam serviços a domicílio à *N. Martiniano* e não possuíam registro em carteira.[86] Além da sone-

---

85 Proc. 1/1978, f. 23-25.

86 Dionizia Rita De Souza Santos, Regina Célia dos Santos Silva, Maria Helena Calmona, Aparecida dos Anjos Silva Lopes e Maria das Graças Batista Teodora alegaram terem começado a prestar serviços para a *N. Martiniano* em datas diferentes, entre meados de 1974 e o início de 1976, e terem sido demitidas em outubro e novembro de 1976 e janeiro de 1977. AHMF. Caixa 253. Processo 668/1976; Caixa 254. Processo 683/1976; Caixa 256. Processo 85/1977;

gação de direitos como férias, 13º salário e salário família, a falta de registro impossibilitava que as trabalhadoras recebessem o auxílio maternidade que deveria ser pago pelo INPS. Essa combinação de fatores possibilita verificar a junção entre as consequências do trabalho sem registro e a despedida de trabalhadoras durante a gravidez. Em um dos processos a defesa da empresa ofereceu informações relevantes a respeito das relações de trabalho que estabelecera com essas e outras trabalhadoras domiciliares.

> Que, premida por circunstâncias fatídicas e momentâneas, viu-se a Recda. na contingência de oferecer serviço, à domicílio, para diversas senhoras e senhoritas, sendo certo que o serviço era distribuído periodicamente, pelas vilas da cidade em peruas Kombi da firma Recda.
> Assim, era a prestação eventual e sem qualquer obrigatoriedade, pegando o serviço quem se dispusesse a tal; inexistia qualquer fiscalização, bem como obrigatoriedade de produção mínima (diária, semanal ou mensal); inexistia também o devido registro, em razão da própria negativa das mulheres em assim proceder, ou porque já contavam com o INPS dos respectivos maridos, ou porque não tinham a documentação necessária e indispensável para levar adiante os registros. [...] Ressalta-se, outrossim, que trabalham a maior parte do tempo cuidando da própria casa e de seus familiares, cumprindo notar que, no caso específico dos autos e segundo noticia a inicial, tem a Recte. seis (6) filhos menores.[87]

Como se verifica, os argumentos formulados pelo advogado da empresa tiveram o objetivo de descaracterizar o vínculo empregatício e afirmar que a prestação de serviços era de caráter eventual. Não obstante, considero contraditória a afirmação de que a ausência de registro devia-se também à recusa das trabalhadoras, pois se não houvesse constância na prestação de serviços, a empresa não cogitaria registrá-las.

Por conseguinte, fica evidenciado mais um exemplo de utilização de força de trabalho sob condições precarizadas. Conforme demonstrei anteriormente, tais trabalhadoras combinavam o trabalho fabril com o trabalho doméstico e, muitas vezes, a prestação de serviço era concebida, por elas mesmas, como um bico, uma atividade para complementar o orçamento familiar e "auxiliar" os maridos no sustento da família. Não obstante, as empresas se aproveitavam dessa

---

Caixa 262. Processo 106/1977; Caixa 267. Processo 263/1977.
87 Proc. 106/1977, f. 19. Excerto da Contestação formulada pelo advogado Daniel Arruda.

situação e potencializavam seus lucros com a supressão de direitos trabalhistas e demais encargos sociais.

As cinco ações foram conciliadas e as trabalhadoras aceitaram acordos que variaram entre 56% e 75% do valor total pleiteado. Esses valores referiam-se aos direitos trabalhistas que a empresa não lhes pagou ao longo do período que prestaram serviços e em nenhum deles houve qualquer menção à regularização da falta de registro em carteira. Logo, essas trabalhadoras não tiveram direito ao recebimento dos valores correspondentes aos salários maternidade, o que implicou na persistência da irregularidade contratual mesmo após elas impetrarem as reclamações judiciais. De tal forma, elas receberam parte dos direitos suprimidos, mas não a totalidade.

Esses processos carregam outro significado relevante: o fato de cinco trabalhadoras domiciliares recorrerem ao sindicato da categoria para reivindicar judicialmente o reconhecimento e o pagamento de seus direitos trabalhistas. É provável que elas se conhecessem e que a decisão de uma tenha influenciado as outras a moverem as reclamações, reforçando a importância da circulação informal de informações a respeito das leis trabalhistas entre um conjunto de trabalhadoras dispersas pelos bairros da cidade de Franca e que não compartilhavam experiências de trabalho sob o mesmo espaço produtivo. Ao processarem a *N. Martiniano* e reivindicarem o pagamento de direitos como férias e 13º salário, mais a estabilidade provisória devido à gravidez, as cinco trabalhadoras questionaram certos aspectos do processo de exploração da força de trabalho recorrentes na produção de calçados e podem ter contribuído para que mais mulheres sob tais relações de emprego tomassem ciência de que poderiam recorrer à mediação judicial a fim de regularizar suas situações contratuais junto às empresas empregadoras.

O sindicato da categoria foi importante ao conceder a assistência jurídica a elas, mas não há indícios de que tenha sido o responsável por estimulá-las a moverem as ações. Costurar sapatos manualmente em pequenos grupos nas calçadas em frente às residências, auxiliar as vizinhas que pespontavam calçados em algum cômodo da casa – transformado de forma improvisada em oficina – ou simplesmente estar presente durante tais atividades produtivas eram momentos privilegiados para compartilhar informações, relatar que alguma conhecida conseguira receber determinados valores após processar a empresa e aconselhar as amigas a "colocarem o patrão no pau". Por meio dessas experiências, o mundo do trabalho se ampliava para além das fronteiras físicas das unidades fabris e a Justiça do Trabalho era vislumbrada como uma instância legítima da luta por direitos entre uma parcela relevante da classe trabalhadora do município.

O direito ao adicional de insalubridade

Ao analisar as condições de trabalho no capítulo IV, destaquei que os curtumes e as fábricas de artefatos de borracha possuíam as seções produtivas com piores ambientes em termos de exposição dos trabalhadores a condições inadequadas de trabalho. Não por acaso, diferentes relatos definiram o trabalho nesses dois tipos de indústrias como predominantemente braçal, pesado e sujo. Essas características potencializavam as chances dos operários sofrerem acidentes do trabalho, alguns de grande gravidade. Apesar de o discurso patronal tender a responsabilizar os trabalhadores por tais ocorrências, demonstrei que os acidentes no interior das unidades fabris devem ser compreendidos como consequência das condições e das relações de trabalho. A cadência e o ritmo intensos, decorrentes das cobranças por produtividade, somados aos ambientes produtivos muitas vezes mal adaptados e improvisados potencializavam significativamente os riscos de contusões, fraturas e mutilações, como as amputações de membros.

Diferentes artigos da CLT estipulavam as porcentagens que deveriam ser acrescidas aos salários na forma de adicional de insalubridade, pago aos operários submetidos a condições adversas e inadequadas de trabalho, e estabeleciam a obrigatoriedade de se fornecer equipamentos de proteção individual e de se eliminar os elementos que tornavam o trabalho insalubre.[88] Contudo, entre a determinação e o cumprimento da lei existiu uma grande distância, obrigando os trabalhadores a recorrerem à mediação judicial para, ao menos, receberem o referido adicional.

Os curtumeiros e a morosidade do poder público

Entre os curtumeiros, o primeiro processo localizado sobre o pedido de pagamento do adicional de insalubridade foi movido pelo sindicato da categoria, em maio de 1956, contra o *Curtume Progresso*. O sindicato alegou que de acor-

---

88 Cf., por exemplo, as Seções XII – das caldeiras, fornos e recipientes sob pressão – e XIII – das atividades insalubres ou perigosas da CLT. Os artigos dessas seções sofreram diferentes acréscimos e alterações ao longo dos anos. Disponível em: <http://www.planalto.gov.br/ccivil_03/Decreto-Lei/Del5452.htm>.

do com os dispositivos legais,[89] o trabalho executado nas seções de solaria, cromaria e caleiro dos curtumes era considerado de grau 1, *insalubridade máxima*. Por isso, os salários dos trabalhadores destas seções deveriam ser acrescidos em 40%.[90] Antes de mover a ação, a diretoria do sindicato oficiou todos os proprietários de curtumes da cidade a pagarem o referido acréscimo e apenas o *Curtume Progresso* se furtou a cumprir a solicitação, o que levou a entidade a reivindicar o pagamento retroativo, referente aos dois últimos anos, a todos os 19 operários das três seções.[91]

Na primeira audiência, o *Curtume Progresso* alegou que aguardava para breves dias a resposta a uma consulta feita junto ao Ministério do Trabalho a respeito do assunto da reclamação e requereu o adiamento da audiência. Em nova audiência, a resposta ainda não havia sido obtida e a empresa afirmou que não se opunha ao pagamento do adicional de insalubridade, mas que desejava a realização de uma verificação pericial em suas instalações, a fim de se examinar o grau de insalubridade de cada seção e as medidas de proteção existentes para estabelecer quais os operários faziam jus ao adicional nos graus mínimo (acréscimo salarial de 10%), médio (20%) e máximo (40%).[92] Por isso, a empresa requisitou a vistoria por um técnico apto a esclarecer suas dúvidas.

O juiz de Direito João Mendes julgou procedente a ação e condenou a empresa a pagar aos reclamantes, a partir dos dois últimos anos, o adicional correspondente à insalubridade. Contudo, condicionou sua decisão à verificação do grau de insalubridade e determinou que fosse oficiada a Divisão de Higiene e Segurança do Ministério do Trabalho para o envio de um técnico apto a realizar a vistoria das condições de trabalho. Sua decisão baseava-se na disposição do curtume em pagar o adicional desde que fosse estabelecido o grau de insalubridade de cada seção e no parágrafo 1 do art. 187 da CLT que, em sua redação original, estabelecia:

> A insalubridade, segundo o caso, poderá ser eliminada: - pelo tempo limitado da exposição ao tóxico (gases, poeiras, vapores, fumaças nocivas e análogos); pela utilização de processos, métodos ou disposições especiais

---

89 Artigo 187 da CLT, e portaria do Ministério do Trabalho n° 51 de 13 de abril de 1939, revigorada pelo decreto lei n° 2.308 de 13 de junho de 1940. Apud AHMF. Caixa 24. Processo 111/1969. Iniciado no Cartório de 1° Ofício em 19 de maio de 1956.
90 Decreto n° 2.162 de 1° de maio de 1940. Apud *Ibidem*.
91 Proc. 111/1969, f. 3-4.
92 *Ibidem*, f. 9.

que neutralizem ou removam as condições de insalubridade, ou ainda pela adoção de medidas, gerais ou individuais, capazes de defender e proteger a saúde do trabalhador.[93]

Um longo trâmite judicial teve início a partir dessa decisão. O sindicato interpôs recurso junto ao TRT por não se conformar com o condicionamento imposto pela sentença e por considerar a solicitação do curtume uma medida meramente protelatória. Os ofícios anexados pela entidade demonstram que ela estabelecera o seguinte acordo com os demais curtumes do município: 40% de adicional para os trabalhadores do caleiro, da solaria e do descarne (no caso dos curtumes que faziam o descarne manual, pois naqueles que faziam a tarefa com máquina o adicional era de 30%); 30% para os operários das tarefas de dividir e da cromaria; e 20% para aqueles que executavam as tarefas de rebaixar, estirar e pintar o couro com revólver.[94] O *Curtume Progresso* também interpôs recurso ordinário e solicitou a reforma da sentença no sentido de aguardar o laudo pericial.

Os juízes do TRT da 2ª Região negaram provimento aos dois recursos e mantiveram a decisão inicial.[95] Novo recurso foi interposto pela empresa, dessa vez junto ao TST, sustentando a solicitação da perícia sob a alegação de que era um dos curtumes mais modernos do país e que todos seus operários estariam suficientemente protegidos:

> Ninguém verificou se a indústria de couros do recorrente é insalubre. Está incluída entre as que pode sê-lo. Mas não está provado que o é. *Nenhum fiscal do Ministério do Trabalho* jamais notificou o reclamado a melhorar as suas (excelentes) instalações industriais. Nenhum empregado pretendeu antes reclamar nada, apesar de ser antiga a proteção específica. Se agora reclamam os empregados, é porque nos demais curtumes não existem as condições de trabalho que caracterizam o CURTUME PROGRESSO. São estabelecimentos rudimentares, primitivos, que não podem servir de cotejo nem de paradigma ao recorrente.[96]

---

93 Disponível em: <http://www.planalto.gov.br/ccivil_03/Decreto-Lei/Del5452.htm>.
94 Proc. 111/1969, f. 22-26.
95 *Ibidem*. Acórdão 1117/56, f. 34.
96 *Ibidem*, f. 38-39. (grifos no original)

O recurso obteve provimento e o TST determinou a reabertura de nova instrução e a realização da perícia requerida.[97] O processo foi reaberto e, em outubro de 1957, o Diretor do Serviço de Higiene e Segurança do Trabalho enviou o laudo do médico perito com suas conclusões:

> 1) Máquina de Dividir: insalubridade média apenas para os dois operários que colocam o couro na máquina para o corte (alimentadores);
>
> 2) Haspas de purga e piquelagem: insalubridade média para todos os operários que manipulam o couro sem proteção manual;
>
> 3) Curtimento com cromo: insalubridade máxima para os que manipulam a solução de sulfato de cromo durante a operação;
>
> 4) Acabamento: insalubridade máxima para os dois operários encarregados do lustre do couro (trabalho com emulsão de nitro celulose operação de revólver);[98]

Apesar do laudo, o processo estava longe ser resolvido. O Sindicato afirmou que não tinha nada a contestar sobre as seções visitadas, mas advertiu que a seção de solaria não foi apresentada ao médico perito, onde o serviço seria de insalubridade máxima. Assim, solicitou o reenvio de um perito para vistoriar a referida seção e reivindicou que dessa vez o perito fosse acompanhado pelo advogado ou pelo presidente do sindicato, para evitar novas omissões. Entre 1959 e 1963, novos ofícios foram enviados ao Ministério do Trabalho, mas não obtiveram resposta e, em 1971, os autos foram concluídos sem que as partes tivessem voltado a se manifestar.

O laudo feito pelo perito, ainda que incompleto, demonstrou que, apesar da empresa alegar ser um dos curtumes mais modernos do país, o trabalho em algumas de suas seções era tão insalubre quanto nas demais fábricas de couro. Além disso, a seção de pintura, que pelo acordo entre o sindicato e os outros curtumes, era remunerada com o acréscimo de 20%, foi enquadrada como de insalubridade em grau máximo, o que evidencia que o acordo tinha sido prejudicial aos seus trabalhadores. A resolução desse processo atesta de maneira inequívoca que a empresa protelou a regularização do pagamento do adicional de insalubridade

---

97 Proc. 111/1969. Acórdão 214/57, f. 50.
98 *Ibidem*, f. 60.

e, graças à morosidade do poder público, sua estratégia de se omitir e deixar de cumprir as determinações legais obteve êxito.

A tática utilizada pelo *Curtume Progresso* foi repetida em outro caso. Em 1962, durante a tramitação desse primeiro processo, Benedito Gabriel de Souza moveu uma ação, por intermédio de advogado particular, contra a firma *Spessoto S.A. - Calçados e Curtume*. O trabalhador era funcionário do *Curtume Santa Cruz* e além de ter trabalhado sem registro durante três meses, percebendo salário inferior ao mínimo integral, não recebeu o adicional de insalubridade, o que o fez mover a ação para solicitar, além das diferenças salariais, o acréscimo de 40% sobre seu salário.[99]

O questionamento a respeito do enquadramento de todas as atividades do curtume no grau máximo de insalubridade guiou a defesa da empresa, que contestou a reivindicação do trabalhador e alegou que, inicialmente, ele executou tarefas variadas e quando começou a trabalhar em local "*possivelmente*" insalubre, passou a perceber o respectivo adicional, pago "pela reclamada, *espontaneamente*, mesmo porque *ainda não se firmou um ponto de vista sobre a insalubridade nos curtumes*, principalmente o grau dessa insalubridade, sendo mesmo questão controvertida." Assim sendo, "para se saber da insalubridade, *mister se faz ouvir a autoridade competente sobre o assunto, o próprio Ministério do Trabalho*."[100]

Diante de tal alegação, o juiz de Direito Renato de Salles Abreu solicitou, junto ao Ministério do Trabalho, o envio de um perito apto a elaborar um laudo técnico que determinasse o grau de insalubridade em cada atividade do curtume. Até setembro de 1964, os ofícios enviados não foram respondidos. Mas dessa vez, um juiz de Direito substituto, José Luiz Dias Filho, decidiu pela improcedência do pedido de perícia feito pela empresa, alegando que, se fosse mantido, a solução do processo seria postergada indefinidamente. Como já era feito o pagamento da taxa de insalubridade para os demais funcionários, a perícia se fazia desnecessária. Diante de tal determinação, foi homologado um acordo entre as partes.[101]

---

99 AHMF. Caixa 24. Processo 110/1969, f. 3. Iniciado no Cartório de 1º Ofício em 25 de junho de 1962.

100 *Ibidem*, f. 10 verso. (grifos meus)

101 *Ibidem*, f. 40. O trabalhador aceitou receber Cr$ 25.000,00. É importante destacar que havia pedido um total de Cr$ 63.091,40, dos quais 9.240,00 referentes às diferenças dos salários pagos abaixo do mínimo legal durante o tempo de trabalho sem registro; 12.241,20 de ordenado atrasado; e 41.610,20 de insalubridade. O salário atrasado foi pago na primeira audiência; mesmo assim, o acordo foi firmado por menos da metade do valor solicitado.

Não foram encontrados outros processos sobre o tema referentes às décadas de 1960 e 1970 e apenas no final dos anos 1980, ocorreu a regularização e o estabelecimento do grau de insalubridade em cada seção dos curtumes francanos. Localizei três processos de trabalhadores que reivindicaram, com assistência jurídica do Sindicato dos Curtumeiros, o pagamento do adicional de insalubridade.[102] Esses processos possuem em anexo laudos de perícias realizadas, em 1986, nos principais curtumes de Franca, os quais permitem observar as diversas características produtivas de cada uma dessas fábricas.

No geral, foi apontada a existência de setores com calor excessivo e outros que possibilitavam o contato com produtos químicos; já havia sido generalizada a utilização de equipamentos de proteção individual (luvas, botas, avental e, com menos frequência, máscaras) e existiam aero dispersores, mas não em quantidade significativa. Foram consideradas insalubres em grau máximo as atividades no *caleiro, curtimento, tingimento, almoxarifado, preparação de tintas e pigmentos* e *pintura*; em grau médio: *descarne, corte manual do couro* (refilar), *divisão, enxugadeira* e *secagem*; não foi considerado insalubre o trabalho nas *rebaixadeiras, estiradeiras*, secagem com varais e estufa, *molissa, lixadeiras*, expedição e caldeiras. Para concluir a análise sobre a luta dos curtumeiros para regularizar o pagamento do adicional de insalubridade, me deterei no último dos três processos, por estar diretamente relacionado a um dos casos analisado acima.

Marcos Albino da Silva, trabalhador do *Curtume Progresso* desde 1983, moveu uma reclamação contra a empresa, em julho de 1988, pleiteando o pagamento retroativo da diferença corresponde a 30% do adicional de insalubridade que deveria ter recebido. Durante o período de prestação de serviços a essa empresa, ele trabalhou na seção de pesagem de drogas e no tingimento e, até dezembro de 1987, recebia o adicional em grau mínimo (10%). Primeiramente, a empresa deslegitimou a ação por pena de prescrição bienal, artigo 11 da CLT. Além disso, afirmou que não negava os fatos, mas que no tocante ao percentual de insalubridade, sempre cumpriu o acordo estipulado entre o Sindicato dos Curtumeiros e a Associação Patronal. Dessa maneira, a resolução do caso iniciado em 1956 foi encontrada na contestação transcrita abaixo.

---

102 AHMF. Caixa 627 X. Processo 747/87; Caixa 686. Processo 959/88; Caixa 691 X. Processo 1096/88.

> Aproximadamente no ano de 1964 e 1965, a questão da insalubridade nos curtumes de Franca era muito controversa e não havia um parâmetro fixado no tocante aos percentuais a serem pagos nas várias atividades da produção coureira.
> Alguns estabelecimentos pagavam 10%, outros 20% e alguns 30% para certos funcionários que entendiam ter direito a tal adicional de insalubridade, sendo que tal medida estava gerando discussões entre patrões e empregados.
> Reuniram-se, então, os Presidentes da *Associação Profissional da Indústria de Curtimento de Couros e Peles de Franca* e do *Sindicato dos Trabalhadores nas Indústrias de Artefatos de Couro de Franca*, para que conjuntamente chegassem a um denominador comum para o impasse que vinha ocorrendo.
> Ficou resolvido entre as duas entidades que dali em diante *seria pago um adicional de Insalubridade fixado em 10% (DEZ POR CENTO)* para TODOS os empregados da produção coureira, sem distinção da função exercida pelo mesmo.
> Todos os curtumes da cidade passaram então a pagar o percentual de 10% para todos seus funcionários os quais concordaram com a medida e solução apresentada, sendo que tal acordo vigorou até *dezembro de 1987*.
> *No mês de JANEIRO de 1988*, a reclamada recebeu uma carta do Sindicato dos Trabalhadores, conforme anexo, a qual encaminhava um LAUDO TÉCNICO dando parâmetros concretos dos percentuais da Insalubridade nos vários setores da produção curtumeira, sendo [...] cancelado o acordo anteriormente fixado [...]
> Portanto Excelência, a reclamada nunca deixou de cumprir o fixado pelas partes, sendo certo que se vinha pagando um adicional de 10% ao reclamante era em cumprimento ao acordo celebrado entre as partes desde os idos de 1964, ou seja, mais de 20 anos atrás.[103]

Portanto, ao longo de três décadas, o pagamento do adicional de insalubridade não foi regulamentado juridicamente e foi firmado um acordo entre as entidades classistas que lesou a maior parte dos curtumeiros de Franca, ao estabelecer um adicional uniforme de 10% para todos os trabalhadores, independentemente do real grau de insalubridade a que estiveram submetidos durante todos esses anos. Não foram localizados os processos trabalhistas que resultaram na realização das perícias efetuadas no ano de 1986, mas apenas no final de 1987 houve a comunicação oficial por parte do Sindicato dos Curtumeiros às empre-

---

103 Proc. 1096/88, f. 16-17. (grifos no original)

sas e a solicitação para que estas atualizassem o pagamento da insalubridade segundo as determinações do laudo técnico.

A ilegalidade do referido acordo foi determinada pela JCJ de Franca que julgou a ação procedente em parte e determinou o pagamento da diferença de 30% entre julho de 1986 e dezembro de 1987, descontando o tempo superior a dois anos do início da ação, que teria prescrito. De acordo com o relatório que fundamentou a sentença, o ponto controvertido relevante centrava-se, exclusivamente, na validade ou não do acordo verbal coletivo oposto pela empresa. O juiz José S. da Silva Pitas afirmou que era razoável crer que tal acordo tivesse ocorrido. Entretanto, ao ser impugnado pelo trabalhador, tal ajuste não poderia manter sua eficácia. Além disso, a CLT determinava que as convenções ou acordos fossem celebrados por escrito e registrados no Ministério do Trabalho, não sendo permitida duração superior a dois anos. Pitas acrescentou que as partes não poderiam ter estipulado condições menos benéficas do que as determinadas pela lei e concluiu que o acordo feito encontrava eficácia meramente no universo moral das partes, não constituindo um ato jurídico e sim um ajuste de cavalheiros.[104]

O *Curtume Progresso* interpôs recurso ordinário junto ao TRT da 15ª Região, fundamentando-se no fato de que no decorrer de mais de 20 anos nenhum trabalhador fizera qualquer tipo de reclamação relacionada ao adicional de insalubridade. De acordo com a empresa, "o acordo firmado tem *força de lei* posto que em seu período de vigência não houve qualquer interpelação por parte do Sindicato dos empregados e nem mesmo por qualquer empregado da indústria coureira, integrando os USOS E COSTUMES da região francana."[105] Por sua vez, o advogado do Sindicato dos Curtumeiros afirmou que o direito brasileiro apoiava-se em normas escritas e *não em normas consuetudinárias*. Esta posição foi confirmada pelos juízes do TRT, que negaram provimento ao recurso sob alegação de que não havia respaldo jurídico ao acordo firmado nos anos 1960, feito de forma contrária a lei.[106]

Nesse caso, a legislação trabalhista foi descumprida com o consentimento explícito da entidade de classe dos trabalhadores da categoria. Cabe destacar que a regularização do pagamento do adicional de insalubridade ocorreu somente após a vitória da oposição sindical curtumeira, em 1987. A nova diretoria incluiu

---

104 Proc. 1096/88, f. 38-39.
105 *Ibidem*, f. 44. (grifos no original)
106 *Ibidem*. Acórdão 11728/89, f. 55-56. A quantia foi paga apenas em abril de 1990.

a reivindicação do pagamento do adicional de 40% de insalubridade para toda a categoria entre as suas bandeiras de luta nos dissídios coletivos e divulgou amplamente a questão no boletim *O couro grosso*. Em março de 1988, por exemplo, foi publicado o seguinte texto:

> *INSALUBRIDADE*
> Tem alguns companheiros que ainda não estão entendendo direito a questão da Insalubridade nos Curtumes.
> Atenção para a história: quando nós sentamos com os patrões para negociar, a gente levava a reivindicação de 40% para todos. Os patrões simplesmente ignoraram e disseram que iriam seguir a lei.
> Nós, então, jogamos a lei na mão deles e tem alguns engraçadinhos que hoje não quer [sic] pagar o que manda a lei e ainda estão querendo queimar o sindicato.
> Esclarecendo: existe [sic] algumas seções que a lei (Laudo-médico) do Ministério do Trabalho não fala nada.
> O Sindicato está entrando com um pedido para que seja realizada nova perícia, porque nós entendemos que todos os serviços de Curtumes são insalubres. [...]
> As seções que não foram relacionadas estamos pedindo nova perícia. Devagar nós chegaremos lá!!![107]

Como o acordo firmado verbalmente em meados de 1960 estabeleceu o pagamento do adicional de 10% para todos os curtumeiros e a regularização da situação fez com que algumas atividades deixassem de ser consideradas insalubres, certamente houve revolta entre os trabalhadores que deixaram de receber o acréscimo salarial. Frente a essa situação, é provável que os industriais tenham responsabilizado a nova diretoria do Sindicato dos Curtumeiros pelo corte do adicional anteriormente pago. A conclusão dessa disputa confirma a importância que a alteração na direção da entidade teve para pôr fim a um "acordo de cavalheiros" lesivo à maior parte da categoria e que vigorou durante longo tempo.

Os borracheiros e a frustração frente a um laudo pericial

Se entre os curtumeiros algumas atividades não foram consideradas insalubres, pior sorte teve a categoria dos borracheiros após a conclusão de dois processos trabalhistas sobre o tema. Em junho de 1973, José Luiz Gonçalves, assistido

---

107 STIAC. *O couro grosso*. n. 6, março de 1988.

pelo Sindicato dos Borracheiros, reivindicou a concessão do adicional de insalubridade – conforme a Portaria Ministerial 491, sucedida pelo Decreto-Lei 389 de 1968 e pela Lei 5.584 de 1970 – e indicou como perito o médico Dr. Antonio Alcantara para averiguar o grau de insalubridade das seções em que trabalhou. De acordo com o advogado Romeu Roberto Ciampaglia, o reclamante exercia suas atividades em

> ambiente excessivamente insalubre, pois, em contato permanente junto às prensas de saltos e solas, cuja caloria atinge 200 graus, e quando, se abrem levantam nuvens de fumaça exalando o pior dos odores da face da terra, insuportável mesmo por um minuto apenas; [...]
> o Recte., bem como todos os empregados que ali trabalham, acabam intoxicados pela excessiva fumaça de borracha queimada, adicionada com produtos químicos altamente nocivos à saúde.[108]

A *Amazonas* argumentou que a reclamação não era válida porque, caso fosse comprovada a insalubridade, o reclamante só teria direito a receber o adicional após o ajuizamento da ação, o que ocorreu após sua demissão.[109] Além disso, o ambiente de trabalho não seria insalubre e a perícia só poderia ser feita por profissional cadastrado no Ministério do Trabalho. Tal contestação foi indeferida por Valentin Carrion sob a justificativa de que a matéria ainda era objeto de diferentes interpretações e foi determinada a realização de perícia nas instalações da empresa.

Após a segunda audiência, o Sindicato dos Borracheiros solicitou a integração de toda a categoria à lide. A empresa se opôs ao pedido e alegou que o sindicato era parte ilegítima da ação, visto não tratar-se de dissídio coletivo. Valentim Carrion legitimou a solicitação, mas decidiu que devido à oposição da reclamada, o sindicato deveria mover um novo processo, que seria juntado posteriormente ao processo original.[110] A empresa protestou contra o despacho, mas só lhe restou apresentar uma série de questões, assim como fizera o sindicato da categoria, a serem respondidas pelo perito designado pela JCJ.

---

108 AHMF. Caixa 138. Processo 319/1973, f. 2-3.

109 Em seu depoimento, José Luiz afirmou ter sido demitido por brincar na seção de trabalho, "SOLEVITE", onde se fabricavam placas de borracha. Além dessa seção, trabalhou eventualmente na seção de prensas. *Ibidem*, f. 36.

110 Essa decisão deu origem ao Processo 542/1973, iniciado em setembro de 1973 e apensado ao Proc. 319/1973.

A perícia foi realizada pelo engenheiro civil Celso Villa Nova, de São Paulo, assistido por Geraldo Nobre (presidente do Sindicato dos Borracheiros) e pelo Dr. Newton Novato (assistente indicado pela reclamada), e resultou na elaboração de dois laudos. O primeiro laudo, encaminhado em 30 de janeiro de 1974, teve como objeto central avaliar as condições de trabalho de José Luiz. O perito verificou que o reclamante havia trabalhado no pavilhão nº 7, em fase de transferência para as novas instalações da empresa, e avaliou que o novo local de trabalho não possuía agentes químicos, biológicos ou físicos nocivos à saúde. Seria exagero afirmar que o ambiente era favorável ao seu bem estar físico, mas não era agressivo e nem se enquadrava na insalubridade, em consequência dos métodos de proteção existentes, em especial, o sistema de renovação do ar e ventilação.[111]

Em relação ao processo impetrado pelo Sindicato dos Borracheiros, foi anexada aos autos uma carta enviada pela Federação dos Trabalhadores na Indústria de Artefatos de Borracha no Estado de São Paulo, em 1º de agosto de 1972, em resposta à consulta feita por Geraldo Nobre sobre o tema. A Federação explicou que a insalubridade não era decorrente do tipo de função exercido pelo empregado, mas do ambiente de trabalho: utilização de certos produtos químicos, excesso d'água, de calor, de umidade e de barulho. Normalmente, eram consideradas insalubres as seções de vulcanização, prensas, trafilas, calandras, pigmentos e moinho, mas era conveniente que o sindicato local requeresse vistoria junto à Delegacia do Trabalho ou junto ao INPS. Em São Paulo, várias firmas pagavam o adicional, mas o direito foi conquistado após longos anos de trâmite judicial.[112]

O sindicato também anexou uma cópia de um ofício enviado à Divisão de Higiene e Segurança do Trabalho, em 28 de maio de 1973, explicando que a *Amazonas* possuía cerca de 2.200 operários e a *MSM* cerca de 330, e que já fizera várias solicitações às duas empresas para que diminuíssem a insalubridade e aumentassem a segurança. Era "grande o número de reclamações, quanto às condições de trabalho" e "maior ainda o número de pessoas que ficam doentes, fisicamente debilitadas, em apenas dois ou três anos de serviço". A rotatividade da força de trabalho também era alta, pois muitos funcionários se demitiam num curto espaço de tempo.[113] Na seção de prensas, por exemplo, a temperatura atingiria cerca de 40ºC no verão, havia enorme quantidade de vapor e um forte cheiro

---

111 Proc. 542/1973, apensado ao Proc. 319/1973, f. 90, 92.
112 *Ibidem*, f. 117.
113 *Ibidem*, f. 118.

de misturas químicas, que provocavam tonturas e desmaios nos trabalhadores. Os ventiladores apenas jogavam o ar quente para dentro do recinto de trabalho e os operários não possuíam máscaras ou outros equipamentos de proteção. Os cilindreiros estavam expostos a ação de diversas drogas que se elevavam na forma de pó e também não usavam máscaras. A situação era semelhante nas outras seções e a firma não fornecia leite aos funcionários.[114] Dessa maneira, o sindicato solicitou ao órgão a tomada das providências que se fizessem necessárias para solucionar os problemas vivenciados pela categoria.

Esses documentos demonstram que o Sindicato dos Borracheiros vinha se movimentando para reivindicar a melhoria das condições de trabalho no setor e o processo movido por José Luiz Gonçalves foi utilizado como uma oportunidade para reivindicar a regulamentação judicial do pagamento do adicional de insalubridade a todos os funcionários da empresa. Após a designação do perito pela JCJ, o sindicato relacionou as seções e suas subdivisões que acreditava serem insalubres: solado, placas, prensas manuais, salto, GK, pintura, regenerado, produtos químicos e colas.

No segundo laudo, Celso Villa Nova descreveu detalhadamente as instalações da *Amazonas* e avaliou cada uma das seções produtivas em que trabalhavam os associados da entidade sindical. A perícia foi realizada justamente na fase de transferência de todas as seções produtivas do antigo galpão em que a empresa funcionou desde o final dos anos 1940 para os novos prédios projetados para comportar maquinários de maior porte e possibilitar a significativa ampliação de sua produção. Tais construções eram dotadas de lanternins nas comieiras, aberturas ventilantes nos respaldos das paredes, fenestramento lateral para provocar a troca de ar naturalmente, principalmente nos pontos ocupados pelas prensas de moldagem, e ventiladores e exaustores para reforçar a circulação do ar. Segundo o perito, esses sistemas de circulação e renovação do ar dos "modernos pavilhões" fizeram com que apenas o misturador central (GK-160) e as divisões de pesagem e preparação com misturadores AML-25 estivessem enquadradas na portaria ministerial 491.

> Nas demais seções não se caracteriza insalubridade, em virtude do conforto térmico medido, da ausência de ruídos acima de 85 db e da impossibi-

---

114 A partir de agosto de 1973, em diversos números de *O Amazonas*, a empresa estimulou o consumo de leite pelos funcionários, oferecido a preços acessíveis pelo bar do clube. Isso parece ter sido uma resposta direta às acusações formuladas pelo sindicato da categoria.

lidade de concentração de poeira e gases, devido as paredes abertas com numerosas portas e aos possantes exaustores montados na cobertura, que se refletem nas moderadas temperaturas (efetiva abaixo de 28ºC) e umidade relativa levantadas nos locais de trabalho.[115]

No prédio construído em três pavimentos, destinado a abrigar o GK-160, "apesar da existência da muflas exaustoras e da ventilação proveniente das aberturas perimetrais, o ambiente é dominado pelas poeiras tóxicas ou silicosas além da volatização dos solventes", o que tornava "obrigatório o uso de máscaras com filtro de ar".[116]

Curiosamente, ao contrário de todos os depoimentos coletados por mim e das alegações do sindicato da categoria expostas acima, o perito considerou que nas seções de prensas de placas, de solados e de saltos, os "possantes injetores de ar" rebaixavam eficientemente a temperatura a 25ºC na posição ocupada pelos prenseiros. Além disso, os gases desprendidos durante o cozimento da massa seriam "imediatamente captados pelos exaustores ali instalados, que os expelem para cima da cobertura."[117] Tais considerações vão de encontro aos relatos dos trabalhadores que laboraram tanto no antigo galpão quanto nos novos prédios no que se refere à sensação térmica e aos odores resultantes da vulcanização da borracha.

É inegável que ocorreu uma transformação significativa da estrutura produtiva da empresa, influenciada pela preocupação com a melhoria das condições de trabalho. Certamente isso não resultou da benevolência da *Amazonas*, mas da constatação de que trabalhadores sob condições adversas de trabalho apresentavam menor produtividade. Ao mesmo tempo, havia a possibilidade de os trabalhadores reivindicarem a intermediação pública para assegurar melhores condições para o exercício de suas atividades, o que veio a se concretizar. Todavia, o espaço produtivo descrito no laudo contrastou significativamente com as experiências daqueles personagens que passaram vários anos de suas vidas produzindo artefatos de borracha e que foram unânimes em afirmar que os sistemas de ventilação não eram suficientes para diminuir o calor. Deste modo, é possível indagar: será que os exaustores eram tão potentes a ponto de expelir todos os

---

115 Proc. 542/1973, apensado ao Proc. 319/1973, f. 229.
116 *Ibidem*, f. 273.
117 Proc. 319/1973, f. 99.

gases antes deles serem aspirados pelos operadores que laboravam com os corpos juntos às máquinas?

O Sindicato dos Borracheiros se manifestou desfavoravelmente em relação às considerações do perito a respeito da seção de prensas, "uma vez que o aparelho utilizado (termômetro) fora antecipadamente molhado com água, não captando, evidentemente a intensa caloria oriunda das referidas máquinas". O advogado Romeu Ciampaglia afirmou ainda que, além da falha na aferição da temperatura, o perito se equivocou na avaliação da ausência de poluentes dispersos no ar, visto que os prenseiros se submetiam "a altos graus de calor trabalhando como trabalham [...] colados às máquinas de tórax e abdômen, respirando ao mesmo tempo gases oriundos do cozimento das placas de borracha virgem, cozimento este realizado a VAPOR."[118]

Celso Villa Nova ofereceu respostas suplementares a estas contestações e justificou que o método de molhar o termômetro era necessário para aferir a temperatura efetiva, reafirmou a eficiência dos sistemas de ventilação para eliminar os gases, mas se calou quanto ao fato de não ter aproximado o termômetro das prensas, conforme afirmou o advogado do sindicato.[119] Nesse sentido, uma passagem do referido laudo reforça o questionamento aos métodos utilizados pelo perito, que assegurou que, no dia 22 de janeiro de 1974, a temperatura das seções de prensas não ultrapassou 28ºC efetivos, mas admitiu que era "natural que as temperaturas sejam mais elevadas nos pontos próximos às fontes caloríficas; o mesmo quanto à variação sazonal."[120] Tal assertiva indica que o perito não auferiu a temperatura junto às prensas, espaço efetivamente ocupado pelos prenseiros.

Devido às discordâncias em relação às conclusões do perito, o sindicato solicitou que Valentin Carrion realizasse uma diligência à empresa para averiguar suas alegações. A averiguação ocorreu no dia 11 de junho de 1974 e uma semana depois foi realizada a audiência de julgamento. A reclamação de José Luiz foi julgada improcedente, por unanimidade, pois o laudo não encontrou qualquer condição de trabalho insalubre na seção em que ele trabalhou. Em relação à reclamação correspondente aos demais funcionários da empresa, o trabalho do perito teria demonstrado

---

118 Proc. 542/1973, f. 334-335.
119 *Ibidem*, f. 351-352.
120 *Ibidem*, f. 302.

> o contínuo esforço da reclamada de introduzir permanentemente soluções técnicas que eliminem os fatores insalubres em inúmeras operações, que prejudicam a saúde e o bem estar dos empregados e a própria produção. A par dessa filosofia da empresa, cujo aplauso não pode ser omitido e cujo exemplo deve ser seguido, o laudo pericial encontra algumas operações indubitavelmente agressivas aos trabalhadores.[121]

Valentin Carrion fundamentou sua decisão nas conclusões do perito, acrescentadas de considerações formuladas por ele a partir de suas observações pessoais. Assim, a JCJ decidiu que foi provada a existência de insalubridade em grau médio em algumas seções e determinou o pagamento de 20% de adicional sobre o salário mínimo até que a os fatores de risco à saúde dos funcionários fossem eliminados, incluindo o excesso de ruídos acima de 85 db, verificados pelo perito, mas não levados em consideração na elaboração do laudo. As verbas deveriam ser pagas retroativamente, respeitando-se a prescrição bienal. A empresa solicitou o embargo dessa decisão, apontando ambiguidades, contradições e omissões em sua elaboração. Só depois da apreciação dos embargos, pela JCJ de Franca, foram estabelecidas as seções e ocupações insalubres em grau médio.[122]

No entanto, a conclusão da disputa estava distante, pois as partes impetraram recursos ordinários junto ao TRT da 2ª Região. A empresa argumentou que o adicional deveria ser pago a partir da apresentação do laudo pericial e que não deveria ser considerada a insalubridade sonora, pois em nenhum momento os reclamantes reivindicaram isto. No caso dos reclamantes, argumentou-se que José Luiz Gonçalves exercera suas atividades em seção insalubre e o Sindicato dos Borracheiros reivindicou a determinação da insalubridade em grau máximo para os demais trabalhadores devido à dispersão de gases tóxicos em todas as seções.

---

121 Proc. 542/1973, f. 371-372.

122 Todas as atividades do misturador GK-160; pesadores de pós e misturadores de matéria-prima nos bamburys AML-25 da seção de saltos e viras, de solados, de placas e para os cilindreiros da seção de prensas manuais; e a seção de pintura. As atividades insalubres devido ao ruído igual ou superior a 85 db eram desenvolvidas na mesa de comando e entre a esteira transportadora e o respirador do GK-160; na plataforma elevada das prensas na seção de solado; junto aos exaustores e junto aos cilindros de modelagem da seção de prensas manuais; na plataforma elevada de cargas, na descarga do misturador e o trabalho do aparador próximo ao bico de ar comprimido na seção de placas lisas; na plataforma do misturador, junto à esteira metálica do resfriador e na balança eletrônica para a seleção automática na seção de saltos; atividades junto ao balancim na seção de pintura, junto aos exaustores e aos cilindros de modelagem e o trabalho do aparador próximo ao bico de ar comprimido. Processos 319 e 542/1973, f. 384-385.

> Nessas condições, tendo em vista as enfermidades decorrentes do ambiente de trabalho enfrentado pelos recorrentes, seria irrisório, ou quase nada o reajuste salarial de apenas 20%, no amparo da insalubridade no seu grau médio, destarte que tais trabalhadores não poderiam fazer frente às exigências alimentares e aos frequentes cuidados médicos, porquanto respiram veneno, buscando no afã diário o sustento pessoal e de seus familiares, pagando um alto tributo, ou seja, a diminuição paulatina da sua capacidade orgânica e mental.[123]

Ambos os recursos foram negados pelos juízes do TRT, em fevereiro de 1975, e a decisão inicial foi mantida.[124] Com o intento de protelar ao máximo o pagamento dos direitos suprimidos, correspondentes aos dois últimos anos, a *Amazonas* utilizou diversos subterfúgios: impetrou recurso de revista, contestou os cálculos apresentados pelo Sindicato dos Borracheiros para a liquidação da demanda, questionou as procurações firmadas pelos trabalhadores para que a entidade sindical pudesse levantar as quantias depositadas em juízo etc. Por isso, apenas em 1979 firmou-se um acordo entre a empresa e o sindicato para que os funcionários recebessem os adicionais de insalubridade retroativos.

Não bastasse o laudo desfavorável às pretensões da categoria e em oposição aos relatos de ex-funcionários da empresa, os trabalhadores foram obrigados a esperar que todos os rodeios da *Amazonas* se esgotassem. Além disso, verifica-se que, apesar da modernização da estrutura produtiva, continuaram a existir ambientes de trabalho que expunham os trabalhadores a agentes físicos e químicos nocivos à saúde. Se levarmos em consideração que a *Amazonas* era a maior e mais moderna indústria do setor, é possível deduzir que as condições de trabalho nas outras indústrias de artefatos de borracha também eram insalubres, se não fossem ainda piores. Por fim, é importante ressaltar que o adicional de insalubridade, ainda que pago em grau máximo, representaria apenas um paliativo. A própria ideia de compensação financeira pelos riscos a que os trabalhadores foram expostos dia após dia de trabalho intenso, sob rígida fiscalização e condições de trabalho prejudiciais à integridade física era algo que deveria ser colocado em discussão.

---

123 Processos 319 e 542/1973, f. 341.
124 *Ibidem*. Acórdão 1287/75, f. 459.

O poder de comando em disputa

Ao analisar as ocorrências de indisciplina no chão de fábrica, apontei que as empresas tinham como uma de suas principais preocupações, ao formular as contestações às reclamações movidas pelos trabalhadores para solicitar o cancelamento de penalidades ou reverter demissões por justa causa, obter da Justiça do Trabalho a legitimação de seu poder de comando e, consequentemente, a conservação das normas disciplinares e da autoridade dos superiores hierárquicos. Não obstante, o simples fato de um trabalhador impetrar uma ação judicial para questionar uma advertência, suspensão ou demissão demonstrava que o poder de comando não era sagrado e que seria debatido publicamente nas instâncias da justiça trabalhista.

Os discursos construídos pelos advogados das empresas para reivindicar a manutenção das penalidades aplicadas aos funcionários enfatizaram diferentes elementos: a necessidade da submissão dos operários para assegurar a ordem necessária ao funcionamento das indústrias, o risco da subversão em caso de decisões favoráveis aos trabalhadores, a defesa da harmonia social entre trabalho e capital, o caráter pedagógico das penalidades, entre outros. Nos anos 1960, o advogado da *Amazonas*, José Carvalho Rosa, destacou-se pela redação de contestações ásperas que visavam construir a imagem dos reclamantes como maus operários, que deveriam ser punidos ou apartados do quadro de funcionários. Em consonância com a ideologia da ditadura civil-militar, Carvalho Rosa afirmava que "o Poder Judiciário, salvo nos países de regime político anarquizado, precisa dar forças aos chefes da empresa, *sob pena de tudo sossobrar [sic]*".[125]

Nos anos 1980, o advogado da *Calçados Paco* optou por um tom mais ameno para justificar a suspensão aplicada a um trabalhador que se tornou indolente após a aquisição da estabilidade provisória devido ao serviço militar. A Justiça do Trabalho deveria manter a penalidade "por medida humana, moderada e como poder de comando, que a lei faculta ao empregador".[126] Nesse sentido, o advogado da *Calçados Netto* enfatizou que a doutrina trabalhista estabelecia que "o poder disciplinar é correlativo ao poder de direção do empregador", do contrário, "a vida interna de uma empresa ficaria seriamente ameaçada se seu administrador não tivesse o poder de estabelecer normas para a preservação da ordem e da

---

125 AHMF. Caixa 27. Processo 211/1969, f. 9-10. (grifos no original)
126 AHMF. Caixa 462. Processo 790/1983, f. 9-10.

disciplina no ambiente de trabalho."[127] O artigo 482 da CLT estabelecia as ações passíveis de demissão por justa causa, mas resta saber se a Justiça do Trabalho acatou plenamente os clamores patronais.

Conforme afirmei no início do capítulo, ao tomar os resultados das 1.198 solicitações de cancelamento de penalidades verifica-se que as decisões judiciais não foram invariavelmente favoráveis ao patronato, como algumas generalizações tendem a supor: 486 (40,6%) processos foram arquivados, 449 (37,5%) conciliados, 108 (9%) julgados improcedentes, 70 (5,8%) procedentes, 39 (3,25%) procedentes em parte, ocorreram 39 (3,25%) desistências e sete (0,6%) outros resultados. Com o objetivo de aprofundar a interpretação a respeito do papel da justiça trabalhista na resolução de tais conflitos, que se estenderam do interior das unidades fabris para os tribunais, selecionei algumas decisões mais emblemáticas.

No capítulo anterior, demonstrei que, em 1968, em meio às divergências relacionadas às alterações do sistema de remuneração da *Amazonas*, algumas aparadeiras horistas se recusaram a assinar as fichas de controle da produção e foram penalizadas, como persistiram com a recusa, acabaram demitidas. A JCJ julgou a ação improcedente e Valentin Carrion asseverou que a empresa tinha o direito de controlar a produtividade de seus empregados, *"contratados para produzirem e não para testemunharem o andar dos relógios."*[128] A decisão foi mantida pelos juízes do TRT da 2ª Região, que determinaram que "a negativa reiterada para a prática de um ato que lhes não traria prejuízo algum, tal seja a assinatura de fichas de controle de produção, implica em insubordinação."[129] Tais sentenças são inequívocas em demonstrar que a Justiça do Trabalho legitimou o poder de comando da empresa frente a um ato de indisciplina de um grupo de operárias.

Outro tema extremamente relevante foi o combate ao absenteísmo. Entre outras disputas, a solicitação de cancelamento da suspensão aplicada pela *MSM* a Benedito Borges, em 1967, devido a ele ter se ausentado do trabalho no período vespertino para prestigiar o militar Costa e Silva – vide capítulo V – evidenciou que a penalidade foi utilizada para demonstrar aos demais funcionários que as normas disciplinares deveriam ser cumpridas. Segundo o advogado da empresa, esse era um *"direito indisputável da reclamada de fazer valer os seus regulamentos*

---

127 AHMF. Caixa 591. Processo 1013/1986, f. 23.
128 AHMF. Caixa 3. Processo 24/1968, f. 93. (grifos meus).
129 *Ibidem*. Acórdão 1136/1970, f. 122.

na sua indústria".¹³⁰ Tal assertiva foi legitimada pelo juiz de Direito, Carlos Antonio Antonini, que considerou a justificativa para a falta pueril e concluiu que

> a subordinação hierárquica é o toque peculiar do contrato de trabalho. Por ela, cabe à direção da empresa estabelecer a disciplina interna, cabendo ao empregado, de sua parte atender às determinações do superior, no propósito da boa ordem das atividades da firma. Por esta razão, cumpre ao trabalhador ser assíduo ao seu serviço, sob pena de violar-se o princípio acima enunciado. Assim também compete ao empregador aplicar punições ao empregado que viola o dever da assiduidade. No caso, provado que o reclamante efetivamente faltou aos serviços, lícito era à reclamada impor-lhe a suspensão noticiada na inicial.¹³¹

Os borracheiros também recorreram à mediação judicial com o objetivo de dirimir as disputas com a *Amazonas* decorrentes da recusa da empresa em aceitar os atestados médicos fornecidos pelo profissional contratado pela Associação Profissional da categoria, criada em 1967, para prestar assistência médica aos associados. A *Amazonas* se recusou sistematicamente a abonar as faltas de trabalhadores que apresentaram atestados fornecidos pelo Dr. Cirilo Barcelos e chegou a suspender vários deles sob a justificativa de cometerem faltas injustificadas. Como se observa em uma das sentenças formuladas por Valentin Carrion, a JCJ de Franca legitimou a decisão da empresa, por considerar que estava embasada em dispositivos legais.

> A prova da doença deve ser feita mediante atestado médico, mas observada a ordem preferencial: a) médico da instituição de previdência social; b) médico indicado pelo próprio empregador; c) médico do sindicato a que pertença o empregado ou empregador; d) médico a serviço da instituição federal, estadual ou municipal. Lei 6.905/44, repetida pela lei 2.761/56. Mozart Victor Russomano observa que a *ordem preferencial* é taxativa, cria uma escala hierárquica a ser obedecida. [...] Assim, os atestados médicos exibidos e constantes de fls. 4 e 5, firmados por médico particular, podiam ser recusados, como o foram, pela reclamada, não se podendo afirmar [que] tenham sido ilegais os descontos efetuados.¹³²

---

130 AHMF. Caixa 19. Processo 768/1968, f. 12-13. Iniciado no Cartório de 1º Ofício em 28 de agosto de 1967.

131 *Ibidem*, f. 14.

132 AHMF. Caixa 4. Processo 45/1968, f. 33. Iniciado no Cartório de 2º ofício em 21 de setembro de 1967. (grifos no original)

Diversas outras disputas relacionadas ao questionamento do poder de comando obtiveram resultados favoráveis às empresas, especialmente os casos de agressões verbais e físicas aos superiores hierárquicos, de brigas com companheiros de trabalho, de faltas injustificadas, de paralisações ou redução deliberada da produção, entre outros. Para os fins deste item, resta analisar a sentença proferida pelo juiz José S. da Silva Pitas, em 1987, na ação movida por Sebastião Pedro Batista Filho, funcionário do *Curtume Agabê*, para solicitar o cancelamento de uma suspensão. Em seu depoimento, o reclamante confirmou que discutiu com o responsável pelo acionamento do sinal que indicava o fim do expediente, devido a um atraso de dois minutos. Sebastião teria solicitado a Jácomo que "abrisse o relógio no tempo certo, uma vez que, se algum empregado chega atrasado dois minutos, sua entrada não é permitida no recinto". A solicitação não foi bem recebida e ambos trocaram ofensas, tendo o reclamante chamado Jácomo de "puxa saco" e "sem vergonha".[133] Diante da confissão, a JCJ julgou o pedido improcedente e José Pitas teceu as seguintes considerações:

> A relação de emprego constitui vínculo de confiança e de cooperação em que se exige do operário disciplina e boa vontade, em função da maior produção para o bem dele próprio. Deve-se abandonar definitivamente esta mentalidade subdesenvolvida de conflito de classe, de antagonismo entre empregado e patrão, porque só na conjunção da harmonia entre as duas forças é que os benefícios do progresso favorecerão o crescimento de todos. O trabalhador deve manifestar boa vontade de produzir e cooperar com o empreendimento, porque prepara a melhoria de sua situação pessoal e propicia à empresa maior solidez e, por conseguinte, segurança aos dependentes de salários, maior expansão, mais emprego.
> *Não é compatível com o contrato de trabalho esta mentalidade calculista de prejuízo por causa de dois minutos de maior dedicação à produção.*
> A conduta do autor caracterizou-se pela intolerância. O fato de se exigir disciplina na entrada é questão de ordem e não exige reciprocidade fatalística, *porque o interesse de empregado e patrão não é conflitante, mas comum*.[134]

José Pitas não se limitou a legitimar o poder de comando da empresa, foi além e defendeu a harmonia entre trabalho e capital como preceito fundamental para o bem estar de todos. Para este magistrado, os conflitos de classe seriam

---

133 AHMF. Caixa 660. Processo 1725/1987, f. 16-17. Excertos do depoimento do reclamante.
134 *Ibidem*.

expressões de uma "mentalidade subdesenvolvida" e caberia aos trabalhadores cooperarem com seus empregadores visando o engrandecimento dos empreendimentos industriais. A partir dessa sentença, é possível concluir que este juiz tinha como preceito fundamental atuar em defesa da paz social e contribuir para a efetivação do objetivo crucial da Justiça do Trabalho: dirimir conflitos a fim de promover a união de interesses entre trabalhadores e empresários em nome dos "interesses gerais da nação".

As sentenças analisadas até aqui foram contrárias aos trabalhadores, mas outras decisões judiciais favoreceram os reclamantes e impuseram limites ao poder de comando das empresas. Nesse sentido, o julgamento da ação movida por Geraldo Ferreira Nobre, em 1968,[135] oferece um contraponto à decisão analisada acima a respeito das aparadeiras. O trabalhador foi suspenso sob a justificativa de baixa produtividade na confecção de matrizes. Assim como a recusa das aparadeiras em assinar os controles de produção, a baixa produtividade imputada a Geraldo Nobre relacionava-se às incertezas advindas das alterações do sistema de remuneração (salário por hora ou salário por produção), mas neste caso, a JCJ, presidida por Valentin Carrion, julgou a ação procedente. Teria ficado provado que o ambiente de trabalho não era satisfatório, pois a promessa de pagamento não estava sendo cumprida e isso seria desastroso em termos de relação humana.

> Dúvida alguma pode restar que a empresa tem direito a uma produção normal. Acontece, porém, que (mesmo que ficasse provado sem qualquer dúvida, a demora anormal na execução do trabalho) a suspensão do empregado por sete dias (5 de suspensão e mais dois descansos remunerados perdidos), representando a quarta parte do ganho mensal, é exagerada, tratando-se como se trata da primeira vez que a morosidade na execução do trabalho se apresenta.[136]

Esta decisão oferece um novo elemento para análise, o princípio do rigor excessivo. Além de a acusação de baixa produtividade não ter sido plenamente comprovada pela reclamada, o trabalhador nunca fora punido anteriormente por esse motivo e Valentin Carrion considerou a aplicação de cinco dias de suspensão como uma medida muito severa. Visto que a Justiça do Trabalho não tinha o

---

135 Cf. o item "O controle do ritmo de trabalho: salário por peça X salário por tempo" no capítulo II.
136 AHMF. Caixa 14. Processo 463/1968, f. 40-41.

poder de dosar ou reduzir as penalidades disciplinares, mas apenas de legitimá-las ou cancelá-las, o magistrado optou pela segunda alternativa.

Em 1967 e em 1968, foram movidos dois processos, julgados procedentes, por funcionários da *Amazonas* suspensos sob a acusação de faltas injustificadas. Sebastião Cândido de Paula afirmou que comunicou previamente ao seu chefe que precisaria se ausentar do trabalho para obter uma certidão de nascimento na cidade de Cristais Paulista, necessária para se casar. A empresa alegou que a falta não foi justificada e que trouxe prejuízo à produção. A decisão judicial foi proferida após a instalação da JCJ e Carrion considerou ter havido rigor excessivo, ainda mais porque ficou demonstrado que o reclamante era assíduo ao trabalho e faltara apenas outras duas vezes. Além disso, era "inaceitável que uma empresa exemplar do ponto de vista da produção, como é a ré, não t[ivesse] um sistema de controle de ausências e a correspondente maleabilidade em sua mão de obra para cobri[-las]s".[137] Como se observa, a sentença legitimou o direito do trabalhador se ausentar em um determinado dia em que necessitou resolver assuntos particulares, mas a ausência de um histórico de penalidades anteriores foi determinante para embasar tal decisão.

No segundo caso, Cândido Vitor Vieira foi suspenso por cinco dias por faltar ao serviço. Ele havia sido advertido pelo mesmo motivo em abril de 1966, e foi suspenso após faltar nos dias 16 e 17 de fevereiro de 1968. O trabalhador esclareceu que foi impedido de trabalhar no primeiro período do dia 16 por ter chegado três minutos atrasado e no segundo dia foi obrigado a se ausentar por motivos familiares. As testemunhas do reclamante confirmaram sua versão e disseram que o viram comunicar previamente ao chefe a necessidade de se ausentar do dia 17. Diante das provas apresentadas pelas partes, Carrion concluiu que um "trabalhador que em mais de 3 anos de empresa faltou apenas em 2 oportunidades (duas meias jornadas) *não pode ser considerado campeão de absenteísmo mas de assiduidade.*"[138] Novamente, vencido o vogal dos empregadores, a Junta julgou a ação procedente e a sentença foi encerrada com as seguintes considerações:

> Dúvida alguma pode haver de que *o absenteísmo é uma doença grave para a indústria e o progresso da Nação, que deve ser combatido.* É claro que esta luta justa deve ter o limite das necessidades humanas normais. Mesmos os

---

[137] AHMF. Caixa 4. Processo 41/1968, f. 26-27. Iniciado no Cartório de 2º Ofício em 15 de setembro de 1967.

[138] AHMF. Caixa 10. Processo 225/1968, f. 32.

> dirigente industriais e os líderes das demais atividades, cônscios de suas responsabilidades não poderão negar que em certas oportunidades são obrigados a deixarem seus afazeres profissionais para atenderem uma necessidade premente de sua vida particular em geral ou familiar em particular.[139]

O absenteísmo foi uma das principais expressões das resistências desenvolvidas pelos operários no cotidiano fabril e Valentin Carrion o considerava uma grave doença para o "progresso da nação", cabendo à Justiça do Trabalho sustentar as medidas das empresas para combatê-lo. Não obstante, como a doutrina não permitia ao magistrado dosar a penalidade e o reclamante era "campeão de assiduidade", o juiz considerou ter havido rigor excessivo na aplicação de cinco dias de suspensão. Assim, mais uma vez, o histórico disciplinar do trabalhador foi fundamental para a decisão, mantida pelos juízes do TRT da 2ª Região, que negaram provimento ao recurso ordinário impetrado pela empresa, por julgarem que a punição foi descabida.

Decisões semelhantes ocorreram em outros casos de natureza completamente diversa. Em 1973, o sapateiro João Urias de Souza, menor de idade e funcionário da *Calçados Martiniano*, foi demitido por justa causa sob a alegação de se insurgir contra seu chefe, após ser repreendido por arrotar na seção de trabalho. Aparentemente, estaríamos diante de mais um caso de brincadeiras de um menor no chão de fábrica, mas o processo adquiriu um significado bem maior devido às argumentações jurídicas que carrega. Em primeiro lugar, destaco a epígrafe da contestação formulada por José Ricardo Pucci, advogado do Sindicato das Indústrias de Calçados de Franca:

> O que me deixa impressionado, é o fato de as fábricas representarem a própria vida dos operários e estes, o sentido real de sua manutenção. O que não posso admitir, é o operário se indispor contra o bom funcionamento da empresa, aviltando seus chefes, cooperando para o caos que fatalmente resultará dessa situação. A C.L.T., sabiamente, com o sentido de coibir abusos, deu à empresa o direito da dispensa por justa causa, como também estendeu ao empregado esse remédio, quando sentir-se cerceado. No caso presente, outra não poderia ser a atitude da firma.[140]

---

139 Proc. 225/1968, f. 32.
140 AHMF. Caixa 156. Processo 677/1973, f. 9.

O excerto traz nas suas entrelinhas a defesa da harmonia social que deveria prevalecer entre trabalho e capital e expõe a indignação do advogado ante a indisciplina operária. Felizmente, para os capitalistas, a CLT lhes garantia o direito de disciplinar a força de trabalho e, quando não conseguissem moldá-la, de expurgar os elementos indesejados. A despeito das alegações da empresa a respeito da indisciplina de João Urias, Valentin Carrion considerou que "inexistiu gravidade suficiente para rescisão contratual por culpa do empregado." O jovem tinha dois anos de casa e apenas uma punição recebida há mais de um ano. Por isso, deveria ter sido aplicada "pena venial e não capital".[141] Assim, vencido o vogal dos empregadores, a ação foi julgada procedente.

A empresa recorreu da decisão e enfatizou que se tratava de operário insubordinando: "Pode o empregado insubordinar-se contra seu chefe da forma que melhor aprouver? A organização e o funcionamento da empresa recorrente, que conta com mais de duzentos funcionários, poderá ficar na dependência de arrotos provocados por parte dos mesmos?" Feitas tais indagações José Ricardo Pucci concluiu que a reforma da decisão demonstraria que "a empresa deve continuar nas mãos de seus proprietários, que sabem tratar à altura os responsáveis pelo sucesso da firma – os BONS funcionários, e da[ria] mostra que ainda podemos constatar a existência de JUSTIÇA!"[142] Estes clamores não sensibilizaram os juízes do TRT, que consideraram a pena muito severa, sobretudo por se tratar "de um menor, que ainda não avalia com maturidade seus atos." Não poderia ocorrer brincadeiras "dentro do recinto da empregadora, posto que o local não é apropriado para tanto, mas sim para a consecução dos fins a que se destina a empresa." Contudo, punir um menor com "a pena máxima" era "saltar do direito de punir para o abuso desse mesmo direito."[143]

Esse tipo de decisão representou uma nítida imposição de limites aos mandos e desmandos patronais. Em nenhum momento, os juízes questionaram o direito das empresas penalizarem os empregados indisciplinados, que deixavam de cumprir com sua principal obrigação: produzir. Mas, em reiteradas oportunidades, a justiça trabalhista limitou o poder de comando das empresas com o intuito de impedir os excessos. Para Samuel Souza, a instituição seria "um agente

---

141 Proc. 677/1973, f. 18.

142 *Ibidem*, f. 22. [caixa alta no original]

143 *Ibidem*. Acórdão 5128/74, f. 36-37.

de contenção ao rigor excessivo na gestão empresarial da força de trabalho."[144] Dessa forma, a aplicação de penalidades graduais era definida como a estratégia correta para enquadrar os trabalhadores às normas disciplinares. Apenas depois de esgotadas as tentativas preliminares de discipliná-los, a demissão seria justificada, ou então, em casos de falta grave, desídia, indisciplina, insubordinação etc. enquadradas no artigo 482 da CLT, também passível de diferentes interpretações.

Consequentemente, a construção de históricos disciplinares dos trabalhadores adquiriu significativa importância, especialmente nas empresas de maior porte, que contavam com departamentos de pessoal ou de recursos humanos bem estruturados. Não por acaso, várias solicitações de cancelamento de penalidades foram conciliadas mediante o pagamento dos dias não trabalhados e a manutenção do efeito punitivo, que continuaria a compor as fichas funcionais dos trabalhadores, objetivando dar sustentação jurídica a possíveis demissões por justa causa.[145]

Empresas como a *Sândalo*, entre outras, adotaram a prática de realizar inquéritos internos no formato das audiências trabalhistas, com a tomada de depoimentos e coleta de outras provas. Esses procedimentos foram adotados, por exemplo, nos anos 1980, nos casos de Geílson Antonio Rodrigues – responsável por cortar os pneus das bicicletas de seu chefe – e do menor Manoel Pereira Neto, um dos acusados de fomentar uma greve no almoxarifado da empresa. Esse último caso foi ainda mais emblemático, pois a empresa coagiu os trabalhadores a datilografarem frases ditadas por José Brigagão na tentativa de descobrir o autor de um bilhete estimulando a paralisação. Ou seja, os trabalhadores foram forçados a produzirem provas contra eles mesmos (capítulo V).

Retomando as decisões judiciais de imposição de limites ao autoritarismo de gestores e patrões, selecionei mais dois processos. Em 1978, a *Calçados Francano* demitiu dois cortadores que teriam entrado em luta corporal durante a jornada de trabalho. Os depoimentos coletados pela própria empresa deram conta que Hilton José Borosque e Luiz Paulo Donzelli discutiram enquanto se preparavam

---

144 SOUZA, Samuel F. de. *Na esteira do conflito: trabalhadores e trabalho na produção de calçados em Franca (1970-1980)*, f. 102. Nesse mesmo sentido, VARUSSA, Rinaldo J. *Trabalho e legislação: experiências de trabalhadores na Justiça do Trabalho (Jundiaí-SP, décadas de 40 a 60)*. Tese (Doutorado em História)- PUC, São Paulo, 2002, f. 67-69.

145 Cf. dentre outros, Processos 211/1969, 963/1979, 316/1981, 525/1983, 546/1983, 646/1983, 658/1983, 817/1983, 22/1984, 166/1984, 483/1984, 596/1984, 597/1984, 646/1984, 836/1984 e 1192/1986.

para solicitar o reajuste da tabela de cortes e chegaram a se agredirem fisicamente. A empresa alegou que a briga foi desencadeada após Luiz ferir a honra de Hilton, dizendo que ele não era homem para pedir aumento.[146] Os trabalhadores negaram que tivessem brigado e a juíza Marilda Izique Chebabi teceu uma longa sentença em que afirmou ser necessário "entender o homem em seus múltiplos contornos" e reconhecer o clima de tensão predominante na seção dos reclamantes. Sob tais circunstâncias, "quando [Luiz] disse que ninguém era homem, quis dizer que ninguém tinha coragem. Pelo menos, é assim que se costuma empregar o termo." Ao final, a juíza concluiu que

> o descontentamento, a operação-tartaruga, a desídia são atitudes negativas enquanto que a dos reclamantes, sem desordem, é jurídica e democrática. O máximo que poderia acontecer seria receberem do patrão a negativa do aumento. A comissão criada pela seção da qual faziam parte os reclamantes, iria democraticamente ponderar ao patrão, que o aumento do preço das tarefas seria interessante. A reclamada, ao permitir, e inclusive, marcar a entrevista, demonstrou interesse e demonstrou o ambiente de liberdade que dá aos seus empregados, permitindo perfeito entrosamento entre o capital e o trabalho.
> Entretanto, faltou-lhe tato ao não compreender o clima de tensão, de medo, reinante na seção, local de trabalho dos reclamantes.[147]

Os dois trabalhadores demitidos eram os líderes da comissão que se reuniria com a direção da empresa e é possível que a empresa tenha se aproveitado da discussão entre eles para demiti-los sob a alegação de justa causa, demissão revertida pela JCJ presidida por Marilda Chebabi. As considerações tecidas pela juíza reforçam a constatação de que os magistrados do trabalho não legitimavam toda e qualquer estratégia e forma de luta operária. Ao contrário, os juízes exaltavam a paz social e, consequentemente, as ações que buscavam o diálogo de forma "democrática", com o objetivo de alcançar a harmonia de interesses entre as partes. Por isso, a atitude da empresa, ao demitir os dois cortadores, foi deslegitimada.

O segundo processo foi impetrado, em 1979, por José Nunes da Silva, demitido por justa causa pelo chefe do Departamento de Pessoal da *Amazonas* sob a acusação de ter danificado uma matriz após ser transferido das prensas manuais para as automáticas. O reclamante alegou que não viu quando um pequeno pe-

---

146 AHMF. Caixa 302. Processos 560 e 561/1978, f. 37.
147 *Ibidem*, f. 41.

daço de ferro se desprendeu da máquina e foi prensado. Esta versão foi confirmada pelas testemunhas e Marbra Toledo Lapa – na audiência em que registrou seus agradecimentos aos francanos pela continuidade da paz social na cidade – conclui não ter havido conduta culposa e muito menos dolosa do reclamante. "O que resta neste processo é a atitude intempestiva e irrefletida do Chefe do Pessoal, que quiçá, queria aparecer à diretoria da reclamada, sem reunir condições para tanto."[148] A ação foi julgada procedente e o TRT manteve essa decisão. A sentença pode ter circulado entre os trabalhadores e contribuído para desmoralizar o chefe acusado de querer se exibir para a diretoria da empresa, agindo com rigor excessivo em detrimento de um funcionário com vários anos de serviços prestados ao grupo industrial.

Até aqui, foram analisadas ações desfavoráveis e favoráveis aos trabalhadores, mas que tiveram como característica comum a concordância entre os juízes de primeira e segunda instância, nos casos em que as decisões iniciais foram objetos de recursos. Outros processos demonstraram as diferentes interpretações existentes na justiça trabalhista entre as instâncias. O processo movido por Onadice da Silva contra a *Calçados Terra*, em 1954,[149] por exemplo, foi julgado procedente pelo juiz de Direito João Mendes que considerou que, apesar de reprovável, o ato não possuiu a gravidade necessária para justificar a demissão. Porém, os juízes do TRT reformaram a decisão por entenderem que não cabia à Justiça do Trabalho dosar a penalidade, apenas apreciar se foi justa.

Na maioria dos casos favoráveis aos trabalhadores, os juízes consideraram que ficou caracterizado o rigor excessivo. Ou seja, os trabalhadores mereciam uma punição, mas a que receberam foi injusta. No caso de Onadice da Silva, a decisão em primeira instância foi baseada justamente nessa interpretação, mas os juízes do TRT entenderam que não lhes cabia avaliar se a pena foi excessiva, apenas se o ato praticado pelo reclamante era passível de punição, e por isso reformaram a decisão inicial. Dessa maneira, o princípio jurídico de não dosar as penas deu origem a interpretações absolutamente antagônicas.

Nesse mesmo sentido, a juíza Marilda Chebabi considerou que a discussão entabulada entre o cortador Adalberto Alonso Sola e o chefe recém empossado na seção – cf. capítulo V – não possuiu a gravidade necessária para justificar

---

148 Processo 41/1979, f. 18.
149 AHMF. Caixa 467. Processo 942/1954. O trabalhador foi demitido por justa causa por ter confeccionado um punhal com objetos de propriedade da empresa. Cf. capítulo V.

sua demissão. "Uma punição se impunha. Mas a que lhe foi aplicada foi muito drástica ante a falta cometida."[150] De forma completamente distinta, os juízes do TRT consideraram que o trabalhador violou "a obrigação contratual de fazer, de ser diligente e operoso, deixando de executar ordem justa de serviço", caracterizando "uma atitude indisciplinar indiscutível, por parte do recorrido". O superior hierárquico deveria ser plenamente respeitado, "sob pena de implantação de ambiente insustentável na seção, pois um chefe desmoralizado não mais teria força para dirigir os serviços de seus subordinados, e, em ambiência desordenada, impossível será um trabalho produtivo."[151] Enquanto a decisão do juiz Marbra Toledo Lapa pode ter contribuído para deslegitimar a autoridade de um dos chefes da *Amazonas*, essa decisão dos juízes do TRT enalteceu o poder de comando das empresas por meio da defesa da autoridade de um sujeito social que tinha a função de dirigir o trabalho alheio e não poderia ter sua autoridade questionada.

Portanto, os processos e decisões judiciais analisadas comprovam que a Justiça do Trabalho tornou-se um espaço de *continuidade* dos conflitos gestados no chão de fábrica, pois as penas impostas aos trabalhadores foram objeto de julgamento público e, como demonstrei, os resultados dessas demandas não estavam definidos de antemão. É inegável que a legislação trabalhista reconhecia e legitimava os regulamentos internos que tinham o fim de adequar os trabalhadores às normas de conduta e potencializar a extração de mais-valia, mas várias decisões judiciais limitaram os excessos cometidos pelas empresas. Assim, a afirmação de que "ao canalizar o conflito para o âmbito do Estado, as organizações sindicais reforçavam o poder disciplinar do empregador e, longe de o questionarem, legitimavam-no"[152] carece de sustentação empírica e deve ser repensada. Esse tipo de consideração reflete a concepção da justiça trabalhista como uma instância do poder público invariavelmente favorável ao patronato e que por isso sempre consideraria as penalidades disciplinares justas, o que não ocorreu. É evidente que as disputas judiciais se davam dentro de uma instituição construída para regulamentar as relações de trabalho e assegurar a longevidade do sistema de produção capitalista. Seria ingenuidade conjecturar que um trabalhador ou entidade sindical recorriam à Justiça do Trabalho com o objetivo de derrubar o

---

[150] AHMF. Processo 556/1978, f. 31.

[151] *Ibidem*. Acórdão 1996/79, f. 56-57.

[152] MARONI, Amnéris. *A estratégia da recusa. Análise das greves de maio/78*. São Paulo: Brasiliense, 1982, p.119.

capitalismo, mas por meio de tais ações, muitas vezes foi possível impor limites ao poder de comando das empresas.

Perseguidos pelo capital:

as disputas em torno da fundação do Sindicato dos Borracheiros

Em 1967, foi fundada a Associação Profissional dos Trabalhadores na Indústria de Artefatos de Borracha de Franca, convertida em sindicato no ano ulterior. Com o objetivo de coibir a organização autônoma de seus funcionários, a *Amazonas* promoveu uma série de demissões, algumas sob alegação de justa causa, dos trabalhadores mais atuantes na formação da entidade, obrigando-os a recorrerem à Justiça do Trabalho para solicitar o cancelamento das demissões.

Durval de Lima, funcionário da empresa há mais de quatro anos, foi o primeiro demitido a impetrar uma ação para reivindicar sua reintegração, ou na impossibilidade de acordo, o pagamento das indenizações devidas. O trabalhador alegou que não poderia ser dispensado, uma vez que gozava de estabilidade provisória por ser membro do conselho fiscal da referida Associação, e que sua despedida não teria outro motivo senão impedir o exercício do cargo.[153]

A empresa afirmou que a demissão ocorreu por justa causa, caracterizada por faltas constantes não justificadas e por baixa produtividade. Em audiência, o representante da empresa esclareceu que Durval trabalhava na seção de saltos de borracha, devendo dar 126 prensadas em um dia de trabalho, mas sua produção nos últimos meses era de 90 prensadas por dia. Além disso, recebera várias punições anteriores devido às faltas sem a apresentação de atestados médicos fornecidos pelo profissional da empresa. Somou-se a tudo isso a atitude de rasgar o último comunicado de suspensão em ato de indisciplina. Por fim, o trabalhador não teria direito à estabilidade provisória, por tratar-se de Associação Profissional, e não de sindicato.[154]

---

153 AHMF. Caixa 2. Processo 15/1968, iniciado no Cartório de 1º Ofício no dia 22 de setembro de 1967.

154 *Ibidem*. O comunicado rasgado é de *08 de fevereiro de 1967* e a demissão ocorreu em *12 de setembro do mesmo ano*, portanto, mais de sete meses após o suposto ato de indisciplina, o que poderia ter servido para se desconstruir a argumentação da empresa, mas que aparentemente passou despercebido aos envolvidos no processo.

As testemunhas do trabalhador, dentre elas Luis Natalino Teixeira – também demitido por ser membro da Associação –, esclareceram que Durval tentou justificar suas faltas, mas que a empresa não aceitou os atestados médicos apresentados. Em relação à produtividade, os prenseiros deveriam dar 126 prensadas por dia, mas nenhum deles conseguia atingir essa meta. A perseguição ao reclamante teria começado após ele se tornar membro da Associação: passou a ser fiscalizado com mais insistência, foi repreendido por motivos fúteis e deslocado para prensas mais antigas.[155] Pela empresa, depuseram dois chefes de seção, que afirmaram que a produtividade do reclamante decaiu nos últimos meses, enquanto os demais trabalhadores atingiam as metas. Durval teria rasgado a suspensão e dito que faltou porque "esteve pulando no carnaval".[156] Nas razões finais apresentadas pela reclamada, Carvalho Rosa asseverou que "deixar de considerar seu mau procedimento, seria 'premiar' sua indisciplina e incontinência." Se a punição não fosse confirmada, seria "melhor trancar a indústria do paiz [sic], e *deixar que a anarquia tome conta das fábricas*".[157]

A reclamação foi julgada improcedente pela JCJ, presidida por Valentin Carrion, vencido o voto do vogal dos empregados. De acordo com o relatório, ficaram provadas ao menos quatro suspensões, sendo a última por faltas no período de carnaval. A explicação de Durval para a suspensão rasgada teria sido inaceitável – alegou que o documento se rasgou sozinho –, atitude que não correspondia ao que se esperava de alguém que se diz "perseguido pela empresa". A estabilidade provisória, ainda que fosse Associação Profissional, poderia ser garantida em situações de evidente perseguição, o que não teria ocorrido, ainda mais porque o reclamante "não ocupa um posto de liderança, pois é *simples suplente* do conselho fiscal".[158]

O trabalhador impetrou recurso ordinário junto ao TRT, fundamentado, entre outros argumentos, na alegação de que o posto de suplente não desqualificava sua participação na direção da Associação. Para efeito do artigo 543 da CLT, ele deveria ser considerado dirigente sindical e gozar de estabilidade provisória, não podendo ser demitido a não ser por meio de inquérito judicial.[159] Entretanto,

---

155 Proc. 15/1968, f. 78-82.
156 *Ibidem*, f. 89-90.
157 *Ibidem*, f. 98. (grifos meus)
158 *Ibidem*, f. 102.
159 *Ibidem*, f. 108.

os juízes do TRT acordaram, por maioria de votos, em negar provimento ao recurso, decidindo que ele não tinha direito à estabilidade, pois não integrava a diretoria da Associação, "que nem era Sindicato regularmente organizado." Como Durval não tinha função ou cargo efetivo, não seria empregado estável. Por fim, consideraram que ficou comprovada a demissão por justa causa, devido às faltas e ao ato de indisciplina caracterizado por rasgar a suspensão.[160]

Portanto, a construção de um histórico de penalidades crescentes e a acusação de ter rasgado o comunicado de suspensão foram fundamentais para a improcedência da ação. Outro elemento a se destacar foi a afirmação de que Durval não gozava de estabilidade provisória por ser um "simples suplente" do Conselho Fiscal e não um líder sindical, decisão que não estava assentada na lei, que garantia estabilidade provisória a todos os representantes eleitos de entidades de classe.

O segundo trabalhador a impetrar uma ação para reivindicar a reintegração ao quadro de funcionários da *Amazonas* foi Genezio Barbosa Figueiredo, tesoureiro da Associação, demitido sem justa causa. A empresa se dispôs a pagar-lhe todos seus direitos trabalhistas, mas ele recusou o recebimento, pois era membro da Associação de Classe, e sua demissão resultaria em "desemprego, pois a reclamada e demais empresas do ramo de Borracha, têm entre si, um *pacto de exterminar com a Associação*, que está em vias de se transformar em Sindicato". Para tanto, demitiam todos os diretores, "até que os componentes da Diretoria renunciem ao posto ou mudem de profissão..."[161] Assim como no processo anterior, foram anexadas cópias do Certificado de Registro da Associação Profissional e da Ata da Assembléia Geral realizada em 9 de abril de 1967, para a sua fundação.

A empresa alegou que a dispensa ocorreu pelo fato de o serviço do trabalhador não mais convir aos seus interesses, uma vez que "em conversações, manifestara o desejo de desmoralizar a reclamada, pondo-a em choque com seus empregados".[162] Assim como no caso anterior, o advogado da empresa argumentou que o reclamante não tinha direito à estabilidade provisória, visto tratar-se de Associação que não recebera carta de sindicalização.

Na segunda audiência, em 19 de abril de 1968, Genezio relatou que além dele foram demitidos Sebastião Teixeira do Amaral – presidente da Associação e fun-

---

160 Proc. 15/1968. Acórdão 4681/1969, f. 120-121.
161 AHMF. Caixa 8. Processo 149/1968, f. 2. (grifos meus).
162 *Ibidem*, f. 13.

cionário da firma *Irmãos Viário*[163] – Durval Lima e um cilindreiro que fazia parte da diretoria e era empregado da *Amazonas*. Esclareceu ainda que a Associação aguardava apenas a carta do Ministério do Trabalho para ser oficialmente reconhecida como sindicato. Por sua vez, Carlos Leite Vieira, chefe do Departamento de Pessoal da empresa, explicou que em algumas oportunidades, a pedido da Associação, realizou o desconto em folha das contribuições dos associados, e que isso cessou devido à determinação da diretoria da empresa. Ele sabia indiretamente que a Associação prestava assistência jurídica e que tinha cerca de 120 ou 140 associados, mas que não fora convidado a fazer parte da mesma. Genezio foi demitido porque a empresa soube que durante uma reunião dos associados ele

> disse que na reclamada somente havia "puxas", a começar pelos faxineiros, assim como não havia senão homens sem vergonha; a reclamada que tem gabinete dentário, assistência médica, estádio para esporte, praça infantil, clubes, com todos os divertimentos, carteira de empréstimo para construir residências, sem juros, sentiu-se ofendida; [...][164]

Como se observa, o amplo aparato assistencial construído pela empresa – vide capítulo IV – foi utilizado para justificar a demissão de um funcionário sob a alegação do mesmo ter ferido a honra da "família *Amazonas*". O posicionamento da empresa indica seu objetivo de boicotar a formação de uma entidade autônoma dos trabalhadores, que oferecia assistência jurídica e médica, e poderia vir a se constituir em uma concorrente na prestação de serviços à categoria, minando a adesão dos funcionários à política social da *Amazonas*.

De maneira distinta do primeiro processo, a JCJ, vencido o vogal dos empregadores, julgou a ação procedente e determinou a reintegração de Genezio. Segundo o relatório de Carrion, ficou comprovada a existência legal da Associação, única entidade representativa da categoria e em vias de transformar-se em sindicato. Além disso, corria na junta outra ação que noticiava a demissão de seu presidente e havia sido julgada (improcedente) recentemente a ação de um membro do conselho fiscal. No caso atual, os fatos estariam completamente modificados e tratava-se de diretores efetivos: tesoureiro e presidente.

Valentin Carrion acrescentou que não seria ilógico que Genezio tivesse proferido os insultos a ele imputados, dirigindo-se diretamente às testemunhas da

---

163 Essa demissão deu origem aos Processos 159/1968 e 81/1971.
164 Proc. 149/1968, f. 19.

empresa, que não eram membros da Associação e deveriam ter alguma aproximação com os empregadores. Não se poderia aplaudir sua linguagem deseducada, mas também não era possível exigir de um operário, mesmo líder sindical, uma correção parlamentar de suas palavras. Assim, ainda que suas expressões fossem condenáveis, não serviam para justificar sua demissão, "cerceando-se a liberdade de expressão e o direito de crítica aos empresários, existente mesmo quando essas críticas são injustas."[165] Há que se destacar que tais considerações foram formuladas em plena ditadura civil-militar.

A sentença formulada por Carrion evidencia sua nítida mudança de posição e demonstra que as decisões judiciais estavam sujeitas a interpretações subjetivas e, não raro, contraditórias. O próprio juiz reconheceu isso e tentou se justificar sob o argumento de que a situação estaria modificada. Não obstante, a lei garantia o direito à estabilidade provisória ao representante sindical, independentemente de ocupar cargo efetivo ou ser suplente.[166] Ocorre que a alegação de justa causa para a demissão de Durval foi mais bem documentada (o que não anula o erro judicial de não ter havido inquérito para apurar falta grave). No caso de Genezio, a alegação de justa causa provou-se insustentável, uma vez que assentada exclusivamente na alegação de palavras que feriram a honra da empresa. Portanto, a argumentação dos advogados e as provas documentais e testemunhais foram fundamentais para os resultados das ações.

A *Amazonas* recorreu da decisão e fundamentou o recurso em várias questões técnicas que questionavam a existência legal da Associação. Também reiterou que a "formidável ofensa assacada em público" contra a empresa "merece a mais enérgica repulsa, que o julgador não quiz [sic] dar, mas que a recorrente não aceita."[167] O advogado do trabalhador argumentou que o recurso pretendia apenas protelar a decisão, pois o real objetivo da empresa era dissolver a Associação e deixar seus associados à mercê dos clubes de recreação oferecidos pelas empregadoras, onde não lhes era garantida a indispensável assistência jurídica e onde seus direitos eram acertados em termos unilaterais. "A deliberação das

---

165 Proc. 149/1968, f. 47-48.

166 Conforme Carrion citou na sentença, o art. 25 da lei 5.107 de 13 de setembro de 1966, que estabeleceu o FGTS, vedou a dispensa do empregado sindicalizado, "a partir do momento do registro de sua candidatura a cargo de direção ou representação sindical, até o final de seu mandato, caso seja eleito, inclusive como suplente, salvo se cometer falta grave devidamente apurada nos termos da C.L.T." *Ibidem*, f. 47.

167 *Ibidem*, f. 56.

Empregadoras em exterminar com a Representação dos trabalhadores é chocante, numa época em que o entendimento e a colaboração recíproca deveriam ser a tônica das relações entre Empregadores e Empregados."[168] Por isso, caberia ao poder judiciário manter o equilíbrio social.

Os juízes do TRT decidiram, por maioria de votos, dar provimento parcial ao recurso e converteram a reintegração em *indenização em dobro*. Apesar de a lei proibir a despedida do empregado que ocupava cargo de direção sindical ou de representação profissional,[169] os magistrados concluíram que ficara patente a incompatibilidade existente entre as partes. "De tal forma a presença do reclamante é perturbadora, que prefere a reclamada lhe pagar a indenização de despedida, com todos os direitos trabalhistas."[170] A indenização simples era insuficiente para reparar os danos, mas ao mesmo tempo a reintegração seria inconveniente, o que impunha a necessidade de indenização por tempo de serviço em dobro. Por meio de tal decisão, o TRT legitimou a rescisão do contrato de trabalho, principal objetivo da empresa, que desde o início se dispôs a pagar para deixar de ter em seus quadros um dirigente sindical.

Outros dois processos permitem analisar com mais detalhes as disputas e conflitos em torno da formação do Sindicato dos Borracheiros. Em agosto de 1968, o sindicato[171] moveu uma ação contra a *Amazonas*, para solicitar o desconto na folha de pagamento das mensalidades dos associados. Os descontos ocorreram nos meses de junho e julho de 1967,[172] mas desde então a empresa deixou

---

168 Proc. 149/1968, f. 64.

169 O parágrafo 6º do artigo 543 da C.L.T. dispunha que "a empresa, que, por qualquer modo, procurar impedir que o empregado se associe a sindicato, organize associação profissional ou sindical ou exerça os direitos inerentes à condição de sindicalizado, fica sujeita à penalidade prevista na letra "a" do artigo 553, sem prejuízo da reparação a que tiver direito o empregado". A penalidade estabelecia uma multa de 1/5 a 10 salários mínimos regionais, dobrada na reincidência. *Ibidem*. Acórdão 7864/1969, f. 74.

170 *Ibidem*, f. 75-76.

171 AHMF. Caixa 17. Processo 601/1968. Dentre os anexos, encontra-se um comunicado do Ministério do Trabalho, de 17 de julho, e página do Diário Oficial, de 21 de agosto de 1968, reconhecendo o Sindicato dos Trabalhadores na Indústria de Artefatos de Borracha de Franca. Chama a atenção, no comunicado, a correção sugerida pelo ministério para que fosse substituído no estatuto da entidade o termo "solidariedade de classe" por "solidariedade social", f. 8.

172 O sindicato anexou um ofício, de 11 de julho de 1967, no qual a empresa, em resposta à solicitação da Associação, afirmava que seus diretores pretendiam colaborar com a respeitada entidade, em todos os sentidos, autorizando o Departamento de Pessoal a receber as mensalidades devidas, f. 11.

de efetuá-los e de repassá-los à entidade, totalizando NCr$ 3.318,00. A disputa foi conciliada e o sindicato aceitou receber NCr$ 2.007,00. Além disso, o sindicato se comprometeu a entregar os recibos até o dia 25 de cada mês e a empresa a efetuar o pagamento até o dia 15 do mês seguinte. Uma vez que o sindicato foi reconhecido pelo Ministério do Trabalho, a empresa não teria alternativa a não ser fazer o mesmo e se comprometer a efetuar os descontos e repasses solicitados. Todavia, os conflitos entre a entidade e a *Amazonas* não se encerraram.

Em setembro de 1968, Geraldo Ferreira Nobre, Samuel Nobre Sobrinho, Joel Baungarte e Benedito Pereira Queiroz impetraram uma reclamação por terem sido demitidos após a oficialização de suas candidaturas às eleições do Sindicato dos Borracheiros. Os quatro reclamantes eram matrizeiros e, no dia 9 de setembro, tentaram comunicar a empresa da inscrição para disputarem as eleições, mas esta se recusou a receber o ofício do mensageiro do sindicato, sendo necessário que este fosse entregue por representante do Ministério do Trabalho. Após a comunicação, os trabalhadores foram notificados, através do Cartório de Registros da Comarca, que estavam dispensados e que a empresa se propunha a pagar-lhes os direitos trabalhistas devidos. Eles se recusaram a receber os pagamentos propostos, pois desligados da empresa não poderiam concorrer às eleições, e moveram a ação para solicitar a reintegração.[173]

A empresa sustentou sua defesa sob a justificativa de que os trabalhadores foram demitidos no dia 6 de setembro, antes dela ser comunicada por escrito sobre suas candidaturas. Portanto, não teria infringido nenhuma norma legal. A inscrição dos reclamantes às referidas eleições teria sido um meio simplista para impedir a rescisão do contrato de trabalho. Por fim, justificou que os quatro eram "maus obreiros, quando os candidatos a cargos sindicais não podem ser maus empregados, porque deve ser do interesse do sindicato, a candidatura de empregados que constituam um exemplo e um modelo para seus colegas."[174] Por serem insubordinados e indisciplinados poderiam ter sido demitidos por justa causa, não fosse a empresa tolerante ao se dispor a pagar-lhes seus direitos. Com o objetivo de justificar tais alegações, foi anexada uma comunicação interna da empresa assinada pelo chefe da matrizaria, Armando Castilhone Jr., em que ele afirmava que "para por em ordem a sessão de ajustagem alem [sic] do Geraldo é preciso mandar embora o Samoel, Benedito, Belso e o Joel eles é que encheram a

---

173 AHMF. Caixa 17. Processo 678/1968, iniciado em 16 de setembro de 1968.
174 *Ibidem*, f. 21.

cabeça dos outros mecanicos [sic] para não trabalhar sexta feira depois do almoço e eles não me respeitam e são criadores de caso dentro da oficina."[175]

O advogado dos trabalhadores alegou que a empresa pretendia deixar o Sindicato sem representação diretiva, já que os reclamados eram os únicos candidatos às eleições e ocupavam posição de destaque junto aos eleitores. A *Amazonas* tinha ciência da posição de líderes sindicais dos mesmos e por isso as demissões, ainda que atendessem a todos os direitos trabalhistas, feria de maneira injustificável o respeito que deveria presidir as relações entre a empresa e os líderes da categoria. "Situação que não pode ser resolvida com algumas moedas."[176]

Em depoimento, Geraldo esclareceu que efetuou sua candidatura no dia 9, mesmo dia em que recebeu a comunicação de dispensa. Desde que começou a organizar a chapa, foi alertado pelos colegas de trabalho que seria demitido. A ausência ao trabalho na tarde de sexta-feira, dia 6 de setembro, ocorreu porque era véspera de feriado e a Convenção Coletiva estabelecia que quando houvesse feriados aos sábados o expediente da sexta-feira terminaria às 11:00 horas. A convenção foi firmada em 1967, mas nem todos os trabalhadores tinham conhecimento sobre a mesma.

Em vários outros processos de borracheiros, assistidos pelo sindicato da categoria, o advogado reivindicou, além do objeto central de cada reclamação, o recebimento das diferenças salariais correspondentes ao reajuste salarial de 27% estabelecido pela Convenção Coletiva celebrada entre a Confederação Nacional dos Trabalhadores na Indústria e o Sindicato da Indústria de Artefatos de Borracha do Estado de São Paulo para os anos de 1967 e 1968, mas não concedido pela *Amazonas*, que alegou não ter sido englobada no referido acordo. Isso oferece maiores subsídios para se compreender o boicote dessa empresa à entidade da categoria.

Camilo Pinheiro, representante da *Amazonas* na audiência, afirmou que a empresa demitiu os trabalhadores "porque quis", no exercício de uma faculdade que a lei lhe confere e para não dar a ideia de perseguição resolveu indenizá-los. Mesmo tendo necessidade imperiosa do serviço dos mesmos, na sexta à tarde decidiu dispensá-los, pois haveria muitos técnicos no Brasil e mesmo em Franca aptos a substituí-los. Geraldo Nobre não costumava colaborar com a chefia[177] e

---

175 Proc. 678/1968, f. 35. A comunicação era do dia 06 de setembro de 1968.
176 *Ibidem*, f. 101.
177 Geraldo Nobre moveu uma ação antes dessa por ter sido suspenso sob alegação de baixa

junto com os outros reclamantes "têm sido líderes dentre seus companheiros, sendo sempre eles os que se levantam apresentando o que eles chamam de argumentos, tumultuando; os reclamantes procuram sempre afastar os seus companheiros de um entendimento com a reclamada."[178]

Os demais depoimentos comprovaram que os trabalhadores demitidos exerciam liderança junto aos seus companheiros e os representavam em assuntos relacionados a aumentos salariais, alterações do horário de trabalho e escalas de turnos. A afirmação de um dos chefes de que os matrizeiros eram muito unidos e que Geraldo não costumava acatar ordens sem questioná-la oferece maiores evidências sobre os reais motivos das demissões, bem como, sobre o receio de ter que negociar com futuros líderes sindicais que se opunham às arbitrariedades da chefia e dos diretores no cotidiano de trabalho. O advogado da empresa alegou inclusive que Geraldo seria "o chefe, o *leader* [sic] *da indisciplina*, e todos da seção de seu trabalho o seguiam e o temiam."[179]

Presidida por Valentin Carrion e mais uma vez vencido o vogal dos empregadores, a JCJ julgou a ação procedente e determinou a reintegração dos trabalhadores. Segundo o relatório, deveria ser desconsiderado o "jogo de datas" estabelecido no processo, visto que eles eram os únicos candidatos à diretoria do Sindicato e reconhecidamente líderes junto aos colegas de trabalho. Os depoimentos indicaram que a candidatura era conhecida por muitos, e presumidamente pela empresa. Em seu depoimento, a reclamada reconheceu que demitiu os reclamantes "porque quis" e seu interesse no imediato pagamento das indenizações mostraria a importância incomum do fato. A negativa dos trabalhadores em receber as indenizações descartaria a hipótese levantada pela empresa de que se candidataram para se proteger da demissão. Por fim, não seria a primeira vez que fatos semelhantes obrigavam a *correção judicial* dos atos praticados na *Amazonas*.

Tal como procedeu no caso de Genezio, a empresa interpôs recurso ordinário junto ao TRT da 2ª Região. A questão residiria em saber se no dia da demissão os reclamantes já estavam registrados como candidatos. No dia 22 de outubro de 1968, durante a tramitação do recurso, ocorreu a eleição sindical e, no dia 23, em reunião da diretoria, Geraldo foi eleito presidente, Samuel assumiu como secre-

---

produtividade. Ele se recusara a trabalhar por produção após o rebaixamento do valor das matrizes. Cf. capítulo II.

178 Proc. 678/1968, f. 133.

179 *Ibidem*, f. 182. (grifos meus)

tário e Joel como tesoureiro. Pouco depois, Benedito Queiroz, suplente da diretoria, desistiu da reclamação e solicitou autorização judicial, em 13 de novembro, para levantar o valor correspondente a sua indenização depositada em juízo. Em 21 de novembro, Samuel e Joel também desistiram da reclamação e solicitaram autorização para o levantamento das indenizações.[180] Portanto, apenas Geraldo Nobre prosseguiu com a disputa judicial.

O procurador do TRT foi favorável à manutenção da sentença e considerou a questão das datas secundária. Aceitar que por divergências de um ou dois dias pudesse a empresa demitir um pretendente a cargo sindical, seria "admitir a ineficácia da lei, propiciando a fraude em toda a sua extensão."[181] No dia 27 de julho de 1970, o recurso foi julgado improcedente, sob a consideração de que a empresa procurou apenas explorar a pequena discrepância de datas em proveito próprio.

Para protelar ainda mais a decisão final, a *Amazonas* interpôs recurso de revista junto ao TST, que, a 09 de março de 1971, decidiu manter as decisões das instâncias anteriores. Em 08 de setembro de 1971, Geraldo solicitou a execução do julgado que reconhecia sua reintegração no cargo com as vantagens conferidas aos demais operários. A quantia em atraso foi paga depois de quase três anos do início do processo e o longo período de trâmite processual comprova que a empresa foi bem sucedida em sua estratégia de postergar ao máximo a reintegração de Geraldo Nobre. Além disso, conseguiu fazer com que os outros três reclamantes desistissem do direito à estabilidade provisória e aceitassem as indenizações inicialmente propostas.

Os casos analisados indicam que apesar da morosidade e das contradições nas decisões judiciais, a Justiça do Trabalho foi fundamental para garantir direitos e para regulamentar as relações de trabalho frequentemente caracterizadas pela arbitrariedade patronal. Todavia, não se pode ignorar que numa conjuntura repressiva ao movimento sindical por parte do governo militar, dos seis sindicalistas que moveram ações após serem demitidos pela *Amazonas*, apenas um obteve o direito de ser reintegrado. Portanto, a empresa alcançou seu objetivo primordial: pagar para não se relacionar cotidianamente com lideranças operárias no chão de fábrica. Cabe elucidar que Geraldo Nobre foi oficialmente reintegrado ao quadro de funcionários, mas não reassumiu seu posto de trabalho, pois

---

180 Proc. 678/1968, documentos anexados ao processo, f. 205, 208-219, 226.
181 *Ibidem*, f. 228. Parecer de 10/02/1969.

permaneceu afastado da empresa e desde 1968 tem ocupado o cargo de presidente do Sindicato dos Borracheiros, constituindo provavelmente um dos casos mais longevos de exercício da presidência de uma entidade sindical no país.[182]

"Chamou a gente de desgraça":

conflitos de classe na formação do "novo sindicalismo"

O boicote à fundação do Sindicato dos Borracheiros capitaneado pela *Amazonas* esteve em plena consonância com a ideologia e as práticas repressivas da ditadura civil-militar e, apesar do recurso dos trabalhadores à Justiça do Trabalho, a empresa foi bem sucedida na prática de apartar do seu cotidiano fabril lideranças que eram referências para os demais trabalhadores em termos de consultas a respeito de direitos trabalhistas, estabelecimento de acordos, organização para reivindicações salariais... Esse boicote certamente contribuiu para a constituição de uma entidade sindical altamente burocratizada – sem a alternância da sua presidência ao longo de incríveis 48 anos – e distanciada do chão de fábrica.

A recusa patronal a conviver cotidianamente com sindicalistas no espaço produtivo teria se restringido à *Amazonas* e aos anos de chumbo da ditadura? Qual teria sido a postura patronal nos anos 1980, numa conjuntura de reabertura política e de intensa mobilização operária? Conforme apontei no capítulo anterior, José Carlos Brigagão – industrial e presidente do Sindicato das Indústrias de Calçados entre 1983 e 1986 – afirmou que o sindicalismo cutista em Franca[183] afetou as relações entre trabalho e capital, pois difundiu "*uma cultura e uma animosidade em relação ao patrão*", fazendo com que a convivência entre trabalhadores e capitalistas se alterasse.[184] Sob tais circunstâncias, não surpreenderia que os industriais repetissem a estratégia de expurgar de seu quadro de funcionários

---

182 Geraldo Ferreira Nobre continuava a ser o presidente do Sindicato dos Borracheiros de Franca em janeiro de 2017, quando este livro foi concluído.

183 As oposições sindicais ligadas à Teologia da Libertação, ao "novo sindicalismo" e à fundação do Partido dos Trabalhadores no município venceram as eleições no Sindicato dos Sapateiros em 1982 e no Sindicato dos Curtumeiros em 1987. A partir de então, esses sindicalistas notabilizaram-se por atuações políticas mais combativas, instigadoras dos conflitos abertos entre trabalho e capital, por exemplo, por meio da organização de movimentos grevistas.

184 Depoimento de José Carlos Brigagão do Couto ao autor em 2 de março de 2010. (grifos meus)

os "sindicalistas radicais" ou, quando não fosse possível demiti-los por justa causa, pagar seus salários para não tê-los dentro de suas fábricas.

A análise dos processos trabalhistas envolvendo cinco sindicalistas na década de 1980 possibilitará aprofundar a compreensão sobre o tema e interpretar como em diferentes conjunturas políticas o patronato do setor coureiro-calçadista relacionou-se com as lideranças sindicais que não conduziam suas ações exclusivamente a partir dos princípios de paz social e harmonia entre trabalho e capital. Ao mesmo tempo, será possível verificar como os magistrados do trabalho se posicionaram frente aos conflitos de classes relacionados à organização sindical dos trabalhadores no período de reabertura política.

O primeiro caso a ser analisado envolveu o sapateiro Hamilton Donizete Chiarelo que, em janeiro de 1986, impetrou uma reclamação contra a *Calçados Washington* para solicitar o cancelamento de uma advertência. De acordo com as alegações do trabalhador, ele passou a ser perseguido pela empresa após ser eleito diretor sindical em 1985 (o grupo ligado à chapa de oposição eleita em 1982 reelegeu-se em 1985 e 1988), sendo injustamente advertido em dezembro daquele ano. Por sua vez, a empresa argumentou que Hamilton não foi advertido por ser sindicalista, mas por extrapolar seus direitos, ao abandonar frequentemente suas funções para prestar esclarecimentos aos colegas de trabalho sobre reivindicações da categoria e para realizar cálculos salariais durante o expediente de trabalho. Se a empresa não agisse, outros funcionários poderiam sentir-se no direito de fazer o mesmo.[185]

Assim como em vários outros processos analisados anteriormente, temos a justificativa da aplicação de uma penalidade disciplinar a um determinado trabalhador como um exemplo pedagógico para o conjunto dos funcionários. Além desse aspecto, os argumentos do advogado da empresa, Márcio Ribeiro Ramos, trouxeram importantes elementos para a interpretação da temática em foco. De acordo com sua contestação, para o sindicalizado e seu sindicato, o dirigente seria intocável, protegido pelo manto da estabilidade. A empresa não seria contrária ao sindicato, porém "o sindicalismo no Brasil nos 20 anos de *semi-ditadura* militar foi esmagado, sufocado e, só agora começa a ressurgir, mas de uma maneira um pouco distorcida", pois a greve tornara-se uma prática de violência contra os patrões.[186] Para além da contradição interna contida no argumento de que

---

185 AHMF. Caixa 565. Processo 98/1986, p. 2, 10-11.
186 *Ibidem*, f. 9-10. (grifos meus)

uma "semi-ditadura" esmagou e sufocou o sindicalismo, nota-se que a postura combativa dos sindicalistas dos anos 1980 foi interpretada como carregada de excessos e radicalismos.

Nas audiências que se seguiram, o cerne da disputa girou em torno de confirmar se no dia em que Hamilton recebeu a advertência ele teria deixado de trabalhar pouco antes do final do expediente (cinco minutos) para prestar esclarecimentos a um colega de trabalho ou se o teria feito logo após o fim da jornada de trabalho. A partir dos depoimentos coletados, a JCJ, presidida por Mieko Miura, decidiu por unanimidade que o fato mencionado na carta de advertência não restou cabalmente provado, o que tornara a penalidade injusta, devendo ser cancelada.[187] Dessa maneira, a partir dos depoimentos coletados decidiu-se que houve rigor excessivo na aplicação da penalidade disciplinar e a Justiça do Trabalho impôs limites ao poder de comando da empresa.

Porém, as disputas entre Hamilton Chiarelo e a *Calçados Washington* não haviam chegado ao fim. Pouco mais de dois anos após a primeira reclamação, o sindicalista impetrou nova ação trabalhista contra a empresa, pois mesmo gozando do direito à estabilidade provisória, foi demitido em 01 de fevereiro de 1988, sob a alegação de justa causa, mas sem a prévia realização do inquérito judicial para a apuração de falta grave. Na primeira audiência, em maio, as partes se conciliaram e a empresa concordou em pagar os salários e os demais direitos trabalhistas a Hamilton até outubro de 1988, sem que ele voltasse a trabalhar. Em novembro do mesmo ano, o acordo foi prorrogado até março de 1989 e, naquele mês, as partes acordaram pela terceira vez que o sindicalista permaneceria afastado de suas funções até junho daquele ano, quando então retornaria ao trabalho.[188] Desse modo, a *Calçados Washington* preferiu arcar com os salários e encargos trabalhistas de um funcionário que se tornou sindicalista sem que ele exercesse suas atividades produtivas, demonstrando sua recusa a ter em seu espaço produtivo alguém que era procurado pelos demais trabalhadores para prestar esclarecimentos a respeito de questões salariais e trabalhistas.

O segundo caso envolveu o sapateiro Osmar Jerônimo Dias, também eleito dirigente sindical em agosto de 1985, e a *Calçados Palermo*. O sindicalista moveu uma reclamação trabalhista para reivindicar a anulação de uma suspensão recebida em 5 de março de 1986. Ele argumentou que no dia da ocorrência a esteira

---

187 Proc. 98/1986, f. 24-25.
188 AHMF. Caixa 677. Processo 662/1988.

em que trabalhava encontrava-se parada por motivos técnicos e que ele aproveitou para folhear uma carteira de trabalho que lhe fora entregue por um colega que lhe pediu informações; o gerente tentou tomar-lhe o documento e após as discussões que se seguiram Osmar recebeu uma suspensão de dois dias.[189]

A empresa alegou que a suspensão foi aplicada porque Osmar Dias estava preenchendo uma ficha de filiação durante o serviço e se recusou a parar e entregá-la ao superior. Após adquirir a estabilidade provisória, o trabalhador teria começado a cometer reiteradas faltas disciplinares para contestar o poder de comando da empresa, as quais seriam comprovadas por meio de outras penalidades que lhe foram aplicadas e pelo seu histórico funcional. Os documentos anexados demonstraram que, entre setembro de 1985 e março de 1986, Osmar chutou o banco de um colega; trabalhou sem sapatos e com trajes inadequados (camiseta cavada); foi advertido por gritar e gesticular no local de trabalho; por deixar passar serviço errado; por chegar atrasado; foi suspenso por um dia por se recusar a acatar ordens; e suspenso por dois dias por fazer campanha de captação de associados durante a jornada de trabalho.[190]

Em meio à tramitação do processo, a empresa ajuizou, em 10 de abril de 1986, um inquérito para a apuração de falta grave praticada pelo sindicalista. Além do histórico funcional marcado pelos atos de indisciplina, em 14 de março, Osmar Dias teria se recusado a trabalhar nos 15 minutos finais do expediente e agredido moralmente o gerente geral, chamando-o de "capacho", "puxa saco" e "hominho de bolso", além de dizer que não iria trabalhar porque era "muito macho".[191] Cabe destacar que essa ocorrência se deu antes de o sindicalista mover a reclamação trabalhista e que a empresa demorou quase um mês para ajuizar o referido inquérito. Logo, não parece equivocado supor que o pedido de apuração de falta grave foi uma resposta da *Calçados Washington* à solicitação judicial de anulação da suspensão aplicada em 05 de março.

A defesa de Osmar Dias afirmou que ele era vítima de perseguição por ser dirigente sindical, recebendo um tratamento discriminatório e uma vigilância doentia, além de punições por "coisas menores". Em audiência, Osmar negou ter proferido ofensas aos superiores hierárquicos no dia da última ocorrência e explicou que se recusou a fazer o serviço de faxina por nunca tê-lo feito antes e

---

189 AHMF. Caixa 572. Processo 319/1986, f. 3-4. O processo foi iniciado em 24 de março de 1986.
190 *Ibidem*, f. 25-26, 29-30.
191 Processo 378/1986 (apensado ao Proc. 319/1986), f. 73-75.

por entender que não era sua atribuição. Suas testemunhas, trabalhadores da empresa, confirmaram que ele passou a ser tratado de modo diferente após tornar-se dirigente sindical e que no dia da suspensão objeto do primeiro processo a esteira estava parada. Por sua vez, o representante da empresa explicou que desde a eleição sindical, Osmar fizera um acordo para não limpar seu local de trabalho nos 15 minutos finais das sextas-feiras, por considerar que essa tarefa não ficaria bem a um dirigente sindical. Uma das testemunhas da empresa, o chefe geral da fábrica,[192] explicou que o subordinado disse que se sentiria humilhado limpando a seção e que, desde outubro de 1985, passou a fazer serviço de montagem de sapatos colocados numa carreta à parte e não na esteira, que era desligada no período destinado à limpeza do local de trabalho; em 14 de março de 1986, recusou-se a fazer tanto o referido serviço de montagem quanto a limpeza do local de trabalho e insistiu em montar os calçados que estavam na esteira desligada.[193]

Antes da conclusão dos dois processos, a empresa ajuizou um novo pedido de inquérito para a apuração de falta grave. Dessa vez, o motivo foi a participação ativa de Osmar Dias na greve de abril de 1986, declarada ilegal pelo TRT. O sindicalista teria cometido vários excessos e delitos no movimento paredista deflagrado pelo Sindicato dos Sapateiros contra o Plano Cruzado. Em 18 de abril, liderou piquete na porta da fábrica e ofendeu àqueles que não aderiram à paralisação; teria dito que os superiores hierárquicos e os diretores "eram uns sem vergonhas que só querem roubar os empregados"; entre outras ofensas proferidas a diversas pessoas, teria dito a uma funcionária da seção de vendas que não aderiu à paralisação: "vaca leiteira, você está correndo para sair com o patrão".[194] Em sua defesa, o advogado do sindicalista, Eurípedes Rezende de Oliveira, alegou que seria ilegal apurar a falta grave de um funcionário afastado do serviço sem vencimentos desde março de 1986. Além disso, argumentou que Osmar teria ido à porta da fábrica exclusivamente para solucionar os distúrbios que lá ocorriam.

Após nova coleta de depoimentos, os quais confirmaram as ofensas proferidas por Osmar Dias durante a greve, a JCJ presidida por Mieko Miura decidiu que a suspensão de 5 de março de 1986 deveria ser cancelada, pois a empresa não produziu prova cabal de suas alegações. Por outro lado, a primeira apuração

---

192 João Genário da Silva fora suplente de diretor sindical em duas gestões imediatamente anteriores à vitória da oposição sindical sapateira e compôs a chapa que perdeu as eleições.
193 Proc. 319/1986, f. 98, 119-128.
194 Processo 533/1986 (Apensado ao Proc. 319/1986), f. 133, 135.

de falta grave demonstrou a recusa injustificada em fazer o serviço, bem como as ofensas ao gerente, o que autorizava a rescisão do contrato de trabalho por justa causa. Segundo a juíza, a recusa de fazer a limpeza seria um "indício de que foi ele que mudou de comportamento, arrogando-se até privilégios, dando interpretação equivocada ao verdadeiro papel e missão do dirigente sindical."[195] Do mesmo modo, teria ficado comprovada a falta grave durante o movimento paredista. Assim, por unanimidade, decidiu-se que procediam tanto o pedido do trabalhador de cancelamento da suspensão quanto os pedidos da empresa de rescisão do contrato de trabalho por justa causa. Essa sentença foi mantida pelos magistrados do TRT da 15ª Região, que em julho de 1987 confirmaram a rescisão contratual por justa causa.

Enquanto no caso de Hamilton Chiarelo a ausência de fatos que justificassem a rescisão contratual por justa causa levou a *Calçados Washington* a optar por remunerá-lo sem que ele exercesse suas funções profissionais, com o intuito de apartá-lo do chão de fábrica; no caso de Osmar Dias, suas ações levaram a Justiça do Trabalho a autorizar a rescisão contratual por justa causa, permitindo que a *Calçados Palermo* se visse "livre" de um sindicalista no interior de sua unidade produtiva. Dessa forma, mesmo que a empresa tenha passado a fiscalizá-lo com maior rigor após ele ser eleito dirigente sindical – o que pode ter sido agravado pelo fato de o chefe geral da fábrica ser um ex-sindicalista derrotado pela oposição sindical sapateira –, sua recusa em continuar a fazer o serviço de limpeza no final do expediente de trabalho foi interpretada pelos magistrados da 1ª e da 2ª instâncias como demonstração da mudança de seu comportamento, agravada por sua postura de enfrentamento aberto aos superiores hierárquicos e pelas ofensas proferidas a estes.

O terceiro caso – analisado no quinto capítulo, no item dedicado a interpretar as paralisações coletivas organizadas pelos trabalhadores – envolveu Marcos Antonio de Freitas, que trabalhava na *Calçados Pestalozzi* desde 1979 e, em 1985, foi eleito dirigente sindical. Em agosto de 1986, a empresa ajuizou um pedido de apuração de falta grave sob a alegação de ele ter incitado uma greve de trabalhadores deflagrada sem a participação efetiva do sindicato em julho daquele ano. Por sua vez, o trabalhador alegou que no decorrer de oito anos de serviços prestados à empresa não fora punido uma única vez, e que após ser eleito suplente da

---

195 Proc. 319/1986, f. 196, 198.

diretoria, seus superiores hierárquicos passaram a adverti-lo verbalmente com frequência e tentaram convencê-lo a renunciar ao cargo.[196]

Os depoimentos prestados em audiência demonstraram que os trabalhadores da *Calçados Pestalozzi* estavam insatisfeitos com seus salários, inferiores aos dos trabalhadores de outras fábricas, e com o fato de a empresa ter aumentado a velocidade da esteira após o Acordo Coletivo que estabeleceu a redução da jornada semanal de trabalho de 48 para 47 horas. Os trabalhadores paralisaram a produção e Marcos Freitas, que trabalhava numa seção à parte dos demais, os seguiu. Apenas dois montadores foram demitidos e o sindicalista foi suspenso; após levarem holerites de trabalhadores de outras empresas, a *Pestalozzi* concordou em conceder-lhes reajustes salariais. Diante desses fatos, em 04 de novembro de 1986, a JCJ sob a presidência da juíza Mieko Miura concluiu que a empresa agiu de forma discriminatória, definiu como injustas as demissões dos dois trabalhadores e vetou a rescisão contratual de Marcos Freitas por justa causa, determinando sua imediata reintegração e o pagamento de seus salários desde 22 de julho de 1986. De acordo com a decisão, era compreensível que na condição de dirigente sindical "não pudesse ficar omisso, ainda mais que [...] justa era a reivindicação dos trabalhadores."[197]

A *Calçados Pestalozzi* tentou interpor recurso junto ao TRT, mas o mesmo não teve prosseguimento porque a empresa deixou de depositar em juízo os valores que fora condenada a pagar. Marcos Freitas foi reintegrado em 14 de janeiro de 1987, mas uma semana depois o Sindicato dos Sapateiros comunicou à JCJ que apesar de reintegrado, a empresa não permitiu que ele reassumisse suas funções e que havia proposto sua rescisão contratual. Em 29 de janeiro, o transferiu para uma filial, sob a alegação de redução da produção. Em 25 de fevereiro, a JCJ determinou sua reintegração ao local de trabalho originário, sendo finalmente reintegrado em 19 de março. O pagamento final das diferenças salariais a que o trabalhador tinha direito só ocorreu em agosto de 1988.[198] Portanto, verifica-se que mesmo com a determinação judicial de reintegração imediata, a empresa criou contratempos para cumprir a decisão, com o fim de mantê-lo afastado de suas funções e, por conseguinte, dos companheiros de trabalho.

---

196 AHMF. Caixa 590. Processo 961/1986.
197 *Ibidem*, f. 109.
198 *Ibidem*.

O quarto caso envolvendo um membro da diretoria do Sindicato dos Sapateiros eleita em 1985 foi o de Léia Maria Rezende. Funcionária da *Calçados Paragon* desde maio de 1984, a sindicalista foi demitida em 25 de novembro de 1987 sem a prévia realização de inquérito judicial.[199] Em trabalho anterior, afirmei que foram comuns os relatos de casos de patrões que tentaram forçar suas funcionárias a retirarem suas candidaturas à direção sindical, bem como, de perseguições durante o tempo em que foram diretoras de base do Sindicato dos Sapateiros. Na década de 1980, "alguns industriais chegaram a agredir verbalmente as trabalhadoras que fizeram parte das chapas que disputaram as eleições sindicais."[200] Esse foi o caso de Léia, que relatou que após a notícia de que se candidatara à direção do Sindicato ser divulgada na fábrica, passou a sofrer perseguições por parte dos gerentes e do proprietário da empresa.

> Aí já começou o gerente pegar no pé. Meu patrão, o Humberto Coelho, o dono do *Paragon*, aquele era enjoado! Aí ele chegou a me xingar, a falar... *chamou a gente de desgraça*, que onde se via entrar na diretoria. [...] O chefe chegou a falar que o patrão tinha pedido pra me demitir, que não era pra mim entrar e tal, que era pra sair fora da diretoria, que ia ser melhor pra mim. Mas eu falei que não ia sair e pronto, e foi até ganhar e continuar.[201]

Uma vez eleita, seus superiores hierárquicos tentaram cooptá-la e deslegitimá-la junto aos demais trabalhadores e, ao não obterem êxito, lhe aplicaram diversas penalidades disciplinares e, por fim, demitiram-na sob alegação de justa causa.

> Chegaram a me oferecer cargo de chefia dentro da fábrica, chefia do pesponto, de esteira. É lógico que eu sabia que aquilo era só uma maneira de me afastar, porque imagina né! *Falava em chefe a pessoa já se afastava.* Então qual que era a intenção deles? *Eu entrava de chefe e o pessoal se afastava de mim*; falava: "— Olha ela aceitou, ela está sendo comprada!" Então me ofereceram cargo de chefia. Eu levei muita suspensão, eu levava advertência ou levava suspensão. Aí eu levava na Justiça e ganhava aqueles

---

199 AHMF. Caixa 662. Processo 34/1988.
200 REZENDE, Vinícius D. de. *Anônimas da História: relações de trabalho e atuação política de sapateiras entre as décadas de 1950 e 1980 (Franca-SP)*. Dissertação (Mestrado em História)-FHDSS, UNESP, Franca, 2006, f. 206.
201 Depoimento de Léia Maria de Rezende Silva ao autor em 06 de março de 2005. (grifos meus)

dias de suspensão. Até que uma vez eu levei quinze dias de suspensão do serviço e depois eles me deram justa causa.[202]

O processo movido pela sindicalista para reverter a demissão por justa causa ofereceu maiores subsídios para se interpretar a perseguição patronal aos líderes sindicais do período. A *Calçados Paragon* alegou que a demissão por justa causa teria ocorrido porque após ser eleita, Léia se achou no "direito e dever de perturbar sob todas as formas o bom andamento dos trabalhos", reivindicando qualquer coisa, violando os "usos e costumes da empresa" e suas normas disciplinares contidas no *Manual de Integração do Grupo Paragon*. Ela agia como se a empresa "não tivesse, legalmente, qualquer poder disciplinar e de comando": promovia reuniões, formava "grupelhos", atrapalhava o serviço, entregava panfletos e conclamava os colegas a aderirem às "greves indevidas e irracionais". Devido a esse somatório de ações, tornara-se *"persona non grata"* na fábrica.[203]

Os documentos anexados ao processo demonstraram que Léia Rezende havia recebido algumas penalidades disciplinares sob a justificativa de insubordinação em dezembro de 1985 e janeiro de 1986. Em fevereiro de 1986, a empresa acordou com o Sindicato afastá-la do trabalho sem remuneração para o exercício da função de diretora após ela se desentender com o gerente; em abril do mesmo ano, ela reassumiu suas funções e, em junho de 1987, recebeu uma suspensão de 10 dias, que foi cancelada por meio de acordo entre as partes após o ajuizamento de uma reclamação trabalhista pela sindicalista. Finalmente, foi demitida no final do mês de novembro.

Na audiência realizada em março de 1988, o representante da empresa afirmou que tecnicamente Léia era uma boa funcionária e a única representante sindical na empresa; suas atividades sindicais perturbavam a ordem e eles não podiam tolerar, por exemplo, a distribuição de panfletos difamatórios da imagem do patrão. O próprio industrial, Humberto Coelho, a demitiu, sem que no dia houvesse ocorrido algum fato novo. Uma das testemunhas da empresa relatou que os panfletos sindicais "pichavam" patrões e governo, mas que não ofendiam a dignidade; respondeu ainda que após a demissão de Léia, os trabalhadores estariam mais disciplinados.[204]

---

202 Depoimento de Léia Silva ao autor. (grifos meus)
203 Proc. 34/1988, f. 25, 34-36.
204 *Ibidem*, f. 79-80.

A JCJ, sob a presidência do juiz José Pitas, decidiu por unanimidade que era procedente o pedido de reintegração da trabalhadora. De acordo com a decisão, as provas produzidas seriam insuficientes para tipificar falta grave; Léia Rezende teria cometido apenas faltas leves censuráveis, mas com exclusão de pena capital. Contudo, José Pitas facultou à empresa a opção de manter a sindicalista em licença remunerada, uma vez que "o representante sindical não se confunde com o delegado de empresa".[205]

A esse respeito, cabe mencionar que o artigo 523 da CLT previa a figura do delegado sindical, que seria designado pela diretoria do sindicato, dentre seus associados, para presidir delegacias ou seções sindicais a serem instaladas nas empresas.[206] Porém, não havia consenso jurídico a respeito de tais representantes possuírem estabilidade provisória, visto que não eram dirigentes sindicais eleitos. Ao mesmo tempo, os diretores sindicais eleitos possuíam estabilidade provisória, mas não havia um dispositivo legal que lhes assegurasse o exercício das atividades representativas dentro das empresas. Assim, sindicalistas como Léia Rezende gozavam de estabilidade provisória durante o período correspondente ao mandato para o qual foram eleitos, mas isso não lhes assegurava o direito de exercerem a função de diretores de base no chão de fábrica. Dessa conjunção de fatores, verifica-se que, ainda que as empresas fossem obrigadas a manter no seu quadro de funcionários os dirigentes sindicais que não cometessem falta grave passível de demissão por justa causa, era-lhes facultada a possibilidade de concederem a estes licenças remuneradas. Visto que não encontrei indícios de terem sido instituídos delegados sindicais no setor coureiro-calçadista de Franca, é possível concluir que as empresas não estavam sujeitadas a conviver com diretores sindicais de base dentro de suas unidades produtivas.

A *Calçados Paragon* recorreu da decisão inicial e insistiu que a demissão de Léia Silva teria resultado de um somatório de fatos, pois ela tudo fez para tornar o ambiente de trabalho insuportável. Tais argumentos não convenceram os juízes do TRT da 15ª Região, que por unanimidade de votos mantiveram a decisão da JCJ de Franca. Os juízes entenderam que distribuir panfletos e, eventualmente, promover reuniões reivindicatórias não poderia ser considerado justa causa para a rescisão contratual de alguém que tinha estabilidade provisória. De acordo com

---

205 Proc. 34/1988, f. 85.

206 Cf. artigos 523 e 517 da CLT. Disponível em: <https://www.planalto.gov.br/ccivil_03/decreto-lei/del5452.htm>.

o juiz Oswaldo Preuss, que presidiu a seção de julgamento em 28 de junho de 1989: "Evidentemente que a empresa se sente afrontada com a presença de pessoas reivindicantes no seu estabelecimento. Porém, se não houver reivindicação, haverá alguma conquista dos trabalhadores?"[207] Estes argumentos sugerem uma postura progressista por parte do aludido magistrado.

Mesmo com a negativa do recurso por parte do TRT, a situação de Léia Rezende ainda não estava definida. Em 24 de agosto de 1989, a JCJ emitiu um mandato de reintegração da trabalhadora; após algumas diligências sem êxito, a Oficial de Justiça notificou que procedera com a reintegração da trabalhadora em 20 de setembro; porém, no mesmo dia o Sindicato dos Sapateiros comunicou que logo após a Oficial de Justiça se retirar, a empresa transferiu Léia para outra unidade produtiva, onde se fabricavam apenas saltos e solas e inexistia uma seção de pesponto, tendo sido colocada uma única máquina de pesponto para ela. Novo mandato judicial foi expedido naquele dia determinando a reintegração da trabalhadora ao local em que originalmente exercia suas funções de pespontadeira, mas a Oficial de Justiça notificou que Humberto Coelho se recusou a assiná-lo. Em 25 de setembro, a JCJ foi novamente comunicada pela Oficial de Justiça que o proprietário da fábrica persistia com sua recusa, revelando "ignorância a noções elementares de educação cívica e desrespeito às instituições."[208] As últimas informações contidas nos autos dão conta que, em 26 de janeiro de 1990, a empresa pagou todas as verbas rescisórias que a sindicalista tinha direito. Portanto, ela não foi efetivamente reintegrada, em flagrante desrespeito às determinações judiciais.

O último caso a ser analisado envolveu um curtumeiro. Em 24 de agosto de 1988, o curtume *Couroquímica* ajuizou um inquérito para apuração de falta grave contra Sérgio Ramon Pereira. De acordo com as alegações da empresa, em 15 de dezembro de 1986, ela foi comunicada que seu funcionário era candidato às eleições sindicais e, como sua chapa sagrou-se vitoriosa, ele adquiriu estabilidade provisória. Por meio de um acordo judicial, feito em fevereiro de 1987, a empresa concedeu-lhe licença remunerada para que ele pudesse mais bem exercer suas funções de dirigente sindical. Não obstante, o advogado da empresa ressaltou que essa licença não retirava a obrigação de disciplinamento jurídico trabalhista, o qual estaria sendo desrespeitado por Sérgio Pereira. O Sindicato dos Curtumeiros deflagrou uma greve entre os dias 27 de julho e 01 de agosto de 1988, durante

---

207 Proc. 34/1988. Acórdão 5939/89, f. 106.
208 *Ibidem*, f. 125.

a qual o referido sindicalista teve participação ativa e cometeu vários excessos e delitos: liderou piquetes na porta do curtume; ofendeu trabalhadores que não aderiram ao movimento, chamando-os de "puxa-saco do patrão"; e xingou seus superiores hierárquicos de "safados" e "mentirosos" e o patrão de "rato branco".[209] O advogado Sétimo Salerno utilizou ainda o processo do sindicalista Osmar Jerônimo Dias como jurisprudência para fundamentar o pedido de autorização para demissão de diretor sindical.

Em sua defesa, Sérgio Pereira alegou ter sido perseguido pela empresa desde que se candidatou às eleições sindicais. Para sustentar seus argumentos, foi anexado o processo que ele ajuizou contra a *Couroquímica* em 27 de janeiro de 1987: Sérgio teve seu nome incluído na Chapa 2 (de oposição) em 11 de dezembro de 1986; a empresa foi devidamente comunicada quatro dias depois; em 12 de janeiro de 1987, ele foi informado que não deveria mais comparecer ao trabalho, sem qualquer explicação ou justificativa; as eleições sindicais ocorreram nos dias 27 e 28 de janeiro e a Chapa 2 sagrou-se vencedora, sendo empossada a nova diretoria; a primeira audiência trabalhista ocorreu no dia 11 de fevereiro e a empresa limitou-se a conceder-lhe o afastamento remunerado, sem apresentar qualquer esclarecimento por tê-lo impedido de continuar a trabalhar.[210] Além de afirmar ter sido perseguido antes mesmo de ser eleito dirigente sindical, Sérgio negou ter proferido ofensas durante a greve e seu advogado sustentou o frágil argumento de que ele estava afastado da empresa, "portanto, sem qualquer subordinação hierárquica"[211] e concluiu que o inquérito de apuração de falta grave era mais uma demonstração de perseguição a uma liderança sindical.

As cinco testemunhas da empresa eram funcionários que não aderiram ao movimento paredista e todas confirmaram as ofensas proferidas pelo colega. A única testemunha de Sérgio Pereira foi Reginaldo Caparelli, comerciário que ajudou os sindicalistas durante a greve; ele afirmou que era amigo do presidente do Sindicato dos Curtumeiros e que atendeu seu pedido de colaborar com o movimento; primeiro, negou a utilização de megafone – que não teria funcionado – e depois afirmou que apenas ele fez uso do mesmo; disse que junto com Sérgio tentaram corpo a corpo e de forma ordeira convencer os trabalhadores a pararem; e relatou que o representante da empresa na audiência trabalhista lhes disse em um

---

209 AHMF. Caixa 694x. Processo 1220/1988, f. 2-4.
210 Processo 68/1987. Apensado ao Processo 1220/1988, f. 42-54.
211 Proc. 1220/1988, f. 35-38.

dos dias da paralisação: "vocês deveriam deixar de ser filhos da puta e agradecer a Deus pelo pessoal que tem emprego e está trabalhando".[212]

A partir dos depoimentos dessas testemunhas, o juiz José Pitas fundamentou a decisão da JCJ com os seguintes argumentos: as provas orais conferiram autoridade aos argumentos da empresa, comprovaram o uso de amplificadores do volume da voz e o abuso de direito de Sérgio Pereira na organização da greve, ao ferir "a honra e a boa fama" do empregador e dos superiores hierárquicos; a testemunha do trabalhador seria destituída de autoridade e tendenciosa; a greve deveria ser um "movimento fundamentado em interesse exclusivo da categoria" e "se um estranho se infiltra no movimento, cria um falso movimento grevista".[213] Cumpre realçar que o Artigo 3º da Lei nº 4.330 de 1º de julho de 1964, que regulamentava o direito de greve e foi oficialmente revogada apenas em junho de 1989, definia que "só poderão participar da greve pessoas físicas que prestem serviços de natureza não eventual a empregador, sob a dependência deste e mediante salário."[214] Portanto, a condenação à participação de Reginaldo Caparelli na greve possuía embasamento legal. Para Pitas, a atitude de Sérgio Pereira foi ilícita e irresponsável e o Ministério Público deveria ser notificado para tomar providências contra Caparelli, por falso testemunho e pela ilicitude ao participar do movimento grevista dos curtumeiros. De acordo com o magistrado,

> o Ordenamento Jurídico dispõe o exercício de direitos com o objetivo de se construir uma sociedade livre e justa para se atingir o desenvolvimento nacional, e conseqüente erradicação das disparidades sociais em prol do bem comum, com elevado espírito de tolerância e solidariedade entre todos, vetores estes indispensáveis para a sobrevivência e coexistência criativa e harmonia entre todos (Cf. Carta Magna, art. 3º).
> Razão por que se deve rechaçar o medieval e alienado espírito instigador de ódio entre as classes, veneno lento e destrutivo daquele ideal almejado pela Nação por impulso da consciência coletiva de seus filhos históricos e presentes. Postura antipatriótica porque não concilia as categorias sociais de produção, faces indissolúveis de uma mesma moeda, mormente neste momento histórico nacional, em que mais do que nunca empregados e patrões devem unir esforços para o progresso [...]

---

212 Proc. 1220/1988, f. 68.
213 *Ibidem*, f. 71.
214 Disponível em: <www.planalto.gov.br/ccivil_03/leis/1950-1969/L4330.htm>.

> Trabalho, persistência, seriedade, respeito, isto fará o líder sindical e moverá a história.
> Não merece apoio da sociedade nem reconhecimento do Judiciário a postura do Requerido, pelo abuso de direito, aliciamento ilícito de comodatários de greves, e pela instilação de ódio contra os dirigentes de sua empresa [...][215]

Como se observa, o juiz José Pitas exaltou o papel da Justiça para assegurar a paz social em prol dos "interesses gerais da nação" e explicitou sua ríspida objeção aos "instigadores" da luta de classes. Seguindo os referidos fundamentos, a JCJ foi unânime em julgar procedente a demissão de Sérgio Pereira por justa causa.

O sindicalista recorreu da decisão e seu advogado, Eurípedes Rezende de Oliveira, questionou os testemunhos que embasaram a decisão e argumentou que a concepção da greve como de interesse exclusivo da categoria era uma "mera invenção" do julgador, que sentenciou com "excesso e exagero e em patente advocacia aos interesses da empresa". O juiz teria uma visão "utópica ao exigir que deve haver harmonia entre capital e trabalho" num país com "um capitalismo tão selvagem". Sérgio Pereira teria sido perseguido desde que se candidatou e a JCJ acabou por confirmar a vitória do "poderoso", por meio de uma "sentença constrangedora, excessiva e totalmente distanciada da verdade e das provas dos autos".[216]

Os argumentos de Eurípedes de Oliveira não foram suficientes para conseguir a reforma da decisão. Em 09 de maio de 1988, o procurador do TRT da 15ª Região emitiu um parecer contrário ao provimento do recurso, por entender que ficaram comprovados os atos que caracterizaram falta grave. De acordo com Luis Carlos da Silva, "o poder de mando do empresário não deve sujeitar-se à desmoralização, direito impostergável que é."[217] O julgamento do recurso ocorreu apenas em 06 de dezembro de 1989 e por maioria de votos – dois favoráveis e três contrários à reforma da decisão inicial – os juízes seguiram o parecer da procuradoria e negaram provimento ao recurso. Segundo o juiz Oswaldo Preuss, que presidiu a seção de julgamento, Sérgio Pereira

> exorbitou em sua posição de dirigente sindical, entendendo que além de dirigir piquete, de procurar impedir a entrada de companheiros (o que

---

215 Proc. 1220/1988, f. 71-72.
216 *Ibidem*, f. 76-77.
217 *Ibidem*, f. 82.

> até seria normal), poderia também assacar ofensas aos responsáveis da empresa, usando expressões inadequadas e que foram reproduzidas pelas testemunhas.
> A simples participação em movimento grevista deixou, de longa data, de configurar falta grave que pudesse ensejar despedimento. Contudo, no caso em exame, [...] [tratava-se] de autoria de ofensas a superiores hierárquicos, matéria amplamente comprovada nos autos.
> Necessário convir que a prova testemunhal produzida pelo recorrente, ao invés de o beneficiar, apenas trouxe à luz fatos até não descritos pelas partes quais sejam, a participação de elementos estranhos à categoria, num evidente atestado de que se tratava de "grevismo" ou "greve pela greve", sem que objetivasse, especificamente, a melhoria das condições de trabalho da categoria.[218]

Como se observa, as provas produzidas pelas partes foram fundamentais para a decisão da disputa. Enquanto a empresa apresentou cinco testemunhas que foram unânimes em confirmar as ofensas proferidas por Sérgio Pereira aos seus superiores hierárquicos, este levou apenas uma testemunha, um militante político que não era curtumeiro e que participara ao seu lado dos piquetes, o que foi repreendido pelos magistrados de 1ª e de 2ª instâncias. O resultado foi a autorização judicial para que a *Couroquímica*, que se opôs à sua presença no espaço produtivo antes mesmo dele se eleger, pudesse demiti-lo por justa causa.

Os processos analisados possibilitam observar que as fundamentações elaboradas pelos magistrados do trabalho sugerem posições mais progressistas por parte de alguns e mais conservadoras por parte de outros. Enquanto uns enalteceram o direito de reivindicação e consideraram legítimas a participação em greves e até mesmo a realização de piquetes por parte dos sindicalistas, outros demonstraram verdadeira ojeriza aos militantes que "instilavam o ódio" entre trabalho e capital. Não obstante, as provas produzidas mostraram-se determinantes para os resultados das disputas entre trabalho e capital.

Concluída a análise dos cinco casos relacionados aos sindicalistas da década de 1980, verifica-se que apenas um foi efetivamente reintegrado ao seu local de trabalho; um permaneceu afastado com remuneração paga pela empresa por meio de acordo judicial; uma teve o direito de ser reintegrada desrespeitado e acabou por receber as verbas rescisórias; e dois foram demitidos por

---

218 Proc. 1220/1988. Acórdão 041/90, f. 88-89.

justa causa após a apuração de falta grave. Esses processos evidenciaram que o poder de comando das empresas tinha seu devido respaldo por parte do poder judiciário, mas que não raro a Justiça do Trabalho o limitou, ao anular ações que julgou expressar rigor excessivo. Por outro lado, a ausência de dispositivos legais que assegurassem aos dirigentes sindicais o direito de exercerem seus cargos representativos no local de trabalho como diretores de base foi determinante para que alguns capitalistas pudessem expurgá-los do cotidiano fabril, uma vez que ainda que fossem proibidos de demitir aqueles que não cometeram faltas graves, tinham a opção de conceder-lhes afastamentos remunerados e isso pode ter contribuído para se enfraquecer a efetiva representação sindical nos locais de trabalho.

O "novo sindicalismo" aprofundou a ruptura com o discurso de harmonia social entre as classes no setor coureiro-calçadista de Franca, pois seus líderes adotaram uma postura combativa e mobilizaram publicamente uma linguagem despudorada para se referir aos burgueses e aos gestores, em especial nos boletins sindicais e durante os movimentos paredistas que deflagraram. Foi justamente essa linguagem um dos elementos centrais para que a Justiça do Trabalho autorizasse a demissão por justa causa de dois deles. Ao mesmo tempo, a atuação aguerrida contribuiu para que se difundisse entre o empresariado, os gestores e os trabalhadores politicamente mais conservadores, a imagem desses sindicalistas como "baderneiros", "intransigentes" e "radicais". Uma vez que muitos desses sindicalistas também estiveram à frente da fundação do Partido dos Trabalhadores na cidade, é factível concluir que a exaltação à luta de classes, a organização de movimentos grevistas, a atuação nos piquetes, os danos causados às fábricas durante as greves, a estratégia de expor publicamente os nomes de gestores autoritários, entre outras ações, foram tomadas como justificativas, por parte dos setores politicamente mais conservadores, para sustentar um antipetismo que perdurou e se transformou nas décadas seguintes.

Diante do exposto, verifica-se que em duas conjunturas distintas – 1968, que marcou o aprofundamento da repressão ditatorial, e o período de redemocratização na década de 1980 – a postura dos capitalistas envolvidos nos processos analisados foi semelhante: utilizaram seu poder de comando para penalizar e demitir candidatos a cargos sindicais e sindicalistas. Quando não conseguiram o respaldo judicial para o expurgo, preferiram conceder afastamentos remunerados ou pagar as verbas rescisórias devidas, pois não queriam ter no chão de fábrica sujeitos questionadores, reivindicantes e combativos, que poderiam vir a estimular os companheiros de trabalho a recorrer aos sindicatos para reivindicar a ampliação e/ou a conquista de direitos.

***

A análise tecida ao longo do texto, em especial nesse último capítulo, demonstrou que a Justiça do Trabalho teve como principal objetivo assegurar a paz social por meio da harmonia entre trabalho e capital. O princípio de colocar os interesses públicos acima dos interesses classistas foi explicitamente exposto por diferentes magistrados que, além de estimularem a conciliação entre as partes – resultado de mais da metade das reclamações movidas –, tenderam a repreender as ações dos trabalhadores consideradas intempestivas e a exaltar os atos que consideravam bons exemplos de relações democráticas, visando o "interesse comum" da sociedade.

Não obstante, o princípio da paz social que regeu o funcionamento da justiça trabalhista não a transformou em mera caixa de ressonância dos interesses patronais. A análise empírica demonstrou que além de se constituir em importante espaço para a publicização das questões trabalhistas e para a luta por direitos, diferentes decisões judiciais impuseram limites ao rigor excessivo dos capitalistas e, em alguns casos, podem ter contribuído para desmoralizar gestores autoritários no chão de fábrica. Do mesmo modo, a Justiça do Trabalho foi fundamental para regulamentar as relações empregatícias caracterizadas pela precarização do trabalho por meio do desrespeito às leis. Em outros casos, a morosidade do poder público, as divergências entre juízes de primeira e de segunda instâncias e a tendência à conciliação frustraram, quando não lesaram, as demandas dos trabalhadores.

Diante da complexidade em torno da interpretação das leis, do funcionamento das entidades estatais e de sua apropriação pelos sujeitos sociais, tornou-se possível problematizar concepções formuladas *a priori* com o fim de afirmar que a Justiça do Trabalho era um mero instrumento patronal. Conforme afirmei, não faz sentido interpretá-la enquanto espaço de luta pela emancipação da classe trabalhadora. Não obstante, ainda que fosse um componente estruturante do funcionamento do sistema capitalista, a justiça trabalhista constituiu-se num espaço possível para os trabalhadores reivindicarem direitos, denunciarem arbitrariedades, questionarem o poder de comando dos capitalistas e buscarem a garantia da liberdade de se organizarem coletivamente em sindicatos. Por conseguinte, as leis referentes à regulamentação das relações de trabalho compuseram o universo mental e as experiências cotidianas dos trabalhadores, que discutiam nos locais de trabalho e fora deles questões sobre o justo e o injusto nas relações contratuais de trabalho e compartilhavam seus conhecimentos a respeito dos direitos que possuíam enquanto assalariados.

Considerações Finais

O setor coureiro-calçadista de Franca consolidou-se como o principal produtor nacional de calçados masculinos de couro, entre os anos 1950 e 1980, e teve como uma de suas características produtivas mais marcantes a heterogeneidade das indústrias. Ao longo de todo o período, indústrias de grande porte e fabriquetas conviveram lado a lado, produzindo para fatias distintas do mercado consumidor. Além disso, os principais segmentos produtivos que compuseram esse complexo industrial apresentaram diferenças relevantes entre si. Contudo, algumas tendências foram comuns à produção de couros, calçados e artefatos de borracha, com destaque, para as variadas estratégias desenvolvidas pelos capitalistas para potencializar a produtividade da força de trabalho e aumentar a extração de mais-valia.

A produção de calçados foi a que mais se aproximou do processo clássico de incorporação dos gestos, das destrezas e das habilidades dos trabalhadores a artefatos metais mecânicos que passaram a ditar o ritmo de trabalho aos seus operadores, retirando o controle deste das mãos dos operários. Por outro lado, a potencialização da capacidade produtiva dos curtumeiros esteve, em grande medida, condicionada ao desenvolvimento de produtos químicos que possibilitaram reduzir o tempo gasto em certas etapas do curtimento. Nesse sentido, em algumas etapas da fabricação de couros, o controle do tempo de trabalho não era um atributo dos curtumeiros, pois estava condicionado aos processos físico-químicos. Por sua vez, a produção de artefatos de borracha para calçados foi o segmento produtivo que mais incorporou tecnologia no fabrico de seus diversos produtos e, nos anos 1980, algumas etapas foram quase totalmente automatizadas.

Além dessas diferenças entre os três tipos de indústrias, mesmo nas maiores unidades fabris continuou a ser necessário o emprego de trabalhadores aptos à realização de tarefas manuais que exigiam destreza, habilidade e maior conhecimento sobre a totalidade do processo produtivo. A empiria foi uma característica que perpassou todo o período, a despeito dos esforços dos gestores e dos industriais para transferir para os setores de planejamento o controle de todas as variáveis dos processos produtivos. Um dos principais exemplos do predomínio da empiria foi a maioria absoluta da força de trabalho ter sido treinada por meio do exercício direto das funções a que foi destinada. E muitas inovações técnicas foram desenvolvidas de forma improvisada a partir das necessidades surgidas cotidianamente na produção.

Tais constatações me fizeram repensar a utilização indistinta dos termos *taylorismo* e *fordismo*, muitas vezes empregados sem os devidos cuidados e para explicar processos extremamente distintos. A cronometragem das tarefas e a introdução da linha de montagem são insuficientes para se enquadrar o objeto de estudo em tais categorias explicativas. Por isso, optei pelo termo *racionalização*, que possibilita definir com maior rigor conceitual um processo histórico mais amplo de aplicação de princípios científicos à produção, que teve em Frederick Taylor um de seus principais expoentes, mas que não se reduziu às suas realizações. Ao proceder dessa maneira, foi possível, por exemplo, interpretar a preocupação com a qualificação de chefes e gerentes e com a difusão dos programas de relações humanas no trabalho, que visavam minimizar os conflitos entre trabalho e capital.

Outra questão relevante desse livro foi trabalhar com uma definição mais ampla de qualificação e não restringi-la à aquisição das capacitações manuais necessárias ao exercício das atividades produtivas. A adequação dos migrantes rurais ao meio urbano e, especialmente, a assimilação de uma nova concepção de tempo, centrada no controle mecânico deste e no aprendizado de que cada segundo era fundamental para a produção industrial, foram qualificações fundamentais para a formação da força de trabalho.

Ao analisar as transformações dos processos de produção e de trabalho, considerei imprescindível compreender a formação do pessoal dedicado exclusivamente à gestão da força de trabalho, em outras palavras, ao controle do tempo de trabalho alheio. Para tanto, utilizei o conceito de gestores, que afirma a existência de duas classes capitalistas. No complexo coureiro-calçadista, a maior parte dos membros dessa classe social manteve-se submissa aos industriais, mas, ao mesmo tempo, exerceu o controle no chão de fábrica, a ponto de vários entrevistados se definirem como os "donos da produção". A depender do porte das indústrias, o cargo de chefia não implicou na liberação do exercício das atividades produtivas e isso demarcou de maneira mais evidente algumas ambiguidades na formação dos gestores, além de existir ainda uma nítida hierarquia entre os gestores de alto e de baixo escalão.

Para além das questões técnicas, interpretei as experiências comuns aos borracheiros, curtumeiros e sapateiros. Como a maior parte da força de trabalho do setor proveio do campo, parti das características do trabalho rural e pude constatar que, ao contrário do que muitas vezes se supõe, os trabalhadores vivenciaram relações de emprego bastante distintas no meio rural e desenvolveram estratégias para trabalhar menos do que eram capazes ou para diminuir o tempo necessário para a realização das tarefas. Muitas dessas ações foram retomadas e reelaboradas após se tornarem operários fabris.

A migração foi efetivada por meio da articulação de redes sociais e de variadas estratégias para minimizar seus impactos sobre o núcleo familiar. Parentes, amigos e vizinhos foram fundamentais para o sucesso da empreitada e para se conseguir o primeiro emprego industrial. Mesmo assim, nem sempre foi fácil se adaptar ao novo modo de vida e muitos desejaram voltar para o campo; alguns retornaram, outros permaneceram na cidade, mas recusaram se tornar operários fabris, ganhando a vida por meio do trabalho como diaristas nas propriedades agrícolas próximas à zona urbana de Franca.

Dentro das maiores indústrias, os trabalhadores tiveram que se adaptar a condições de trabalho muitas vezes adversas, principalmente nos curtumes e nas fábricas de borracha, e a um ritmo de trabalho intenso e ditado externamente. Sob tais circunstâncias, determinados valores, como a exaltação da capacidade de suportar o trabalho pesado, foram articulados por esses sujeitos e contribuíram para a construção de suas identidades sociais.

Um dos resultados diretos da utilização intensiva da força de trabalho foi a reincidência dos acidentes do trabalho que, ao contrário do que os capitalistas afirmavam, não eram meras fatalidades e tampouco resultados exclusivos dos descuidos dos trabalhadores. Os acidentes decorreram da conjunção do desgaste físico, do ritmo intenso, das condições de trabalho adversas e da falta de dispositivos de segurança eficientes para evitá-los.

Para minimizar os possíveis focos de insatisfação operária, a imprensa local difundiu amplamente o ideal de harmonia entre trabalho e capital, relatou a realização de festas de confraternizações entre patrões e trabalhadores e divulgou com entusiasmo iniciativas empresariais para melhorar o bem estar dos funcionários. As práticas empresariais de oferecer benefícios variaram de acordo com o tamanho da indústria. Nas fábricas de menor porte, predominaram as relações pessoalizadas e as concessões aos trabalhadores tenderam a ser vislumbradas como frutos da benevolência do patrão. Nas maiores fábricas, ocorreu a formação de um aparato assistencial administrado por setores específicos e composto por uma série de serviços oferecidos com o objetivo de fixar a força de trabalho e conseguir a lealdade dos trabalhadores ao grupo industrial. Muitas dessas práticas foram respostas às ações dos trabalhadores de contestação à disciplina fabril.

Nesse sentido, demonstrei que as trabalhadoras e os trabalhadores não se constituíram em simples variáveis responsáveis pelo desenvolvimento industrial do setor produtivo. Ao contrário, eles desenvolveram múltiplas estratégias para produzirem menos do que eram capazes e, dessa maneira, se reapropriaram de parte do tempo vendido aos capitalistas. Outro significado da indisciplina no chão de fábrica foi tornar o ambiente de trabalho suportável e, não raro, aquelas ações que não interfeririam significativamente na produtividade eram aceitas ou toleradas pelos gestores. Em conjunto, as brincadeiras, o absenteísmo, a "cera", a sabotagem, os furtos, as brigas com os superiores hierárquicos e as paralisações coletivas orquestradas no cotidiano de trabalho foram interpretadas em suas especificidades e, de maneira mais ampla, como expressões da resistência operária, pois tiveram como principal resultado diminuir a extração de mais-valia.

Por fim, argumentei que o recurso à Justiça do Trabalho foi uma expressão legítima da luta dos trabalhadores por melhores condições de trabalho e de vida. A maior parte das ações relacionadas à regulamentação das relações empregatícias foi favorável aos trabalhadores. No caso da reivindicação do adicional de insalubridade, a morosidade do poder público aliada a uma decisão equivocada dos diretores do Sindicato dos Curtumeiros, nos anos 1960, lesou a categoria até 1987, por meio de um acordo sob bases inferiores ao estipulado por lei. Entre os borracheiros, o recurso à justiça trabalhista para regulamentar o adicional de insalubridade ocorreu poucos anos após a fundação do sindicato da categoria, mas os métodos adotados pelo perito para avaliar o grau de insalubridade acabaram por frustrar a maior parte da categoria, visto que o laudo técnico chegou a conclusões que colidiam com as experiências vivenciadas no interior daquelas fábricas. Enquanto todos os borracheiros afirmaram que o calor na seção de prensas era bastante incômodo, o engenheiro concluiu que era suportável.

As leis trabalhistas eram passíveis de diferentes interpretações, dependendo dos juízes que julgavam os casos, da argumentação jurídica formulada e das provas produzidas pelas partes, que se mostraram determinantes para fundamentar as decisões. Destarte, a ideia de uma instituição invariavelmente favorável aos interesses patronais não se sustentou frente à análise empírica. A Justiça do Trabalho, em especial a Junta de Conciliação e Julgamento de Franca, regida pelo ideal de paz social, se constituiu em importante espaço para a resolução de conflitos gestados no interior das unidades produtivas. Essas conclusões ganharam mais força ao analisar as ações movidas pelos trabalhadores com o intuito de cancelar penalidades e de reverter demissões por justa causa, o que significou questionar e colocar em disputa o poder de comando inerente à administração industrial. Se muitas vezes, a Justiça do Trabalho legitimou as penalidades impostas aos trabalhadores, em vários casos impôs limites às arbitrariedades, ao rigor excessivo, aos mandos e desmandos patronais.

Os trabalhadores foram sujeitos ativos do processo de desenvolvimento industrial, pois possuíam hábitos, padrões de comportamento e valores que não foram destruídos pelo sistema capitalista em nome de uma postura de resignação e dedicação absoluta às metas de produção. Tal constatação tornou-se possível ao tomar o chão de fábrica como um importante espaço político para se analisar a eclosão de conflitos de interesses e para se interpretar a materialização do antagonismo social que fundamenta o sistema capitalista. Essa perspectiva analítica resultou da ampliação da definição de luta de classes, compreendida como intrínseca às relações de produção.

Fontes

Biografias

ARCHANJO, Francisco Miguel. "*O mundo compreenderá*". *A história de Jan A. Bata – o rei do sapato*. Rio de Janeiro: Ed. Aurora, 1952.

BATA, Thomas J.; SINCLAIR, Sonja. *Bata: shoemaker to the world*. Toronto/CA: Stoddart, 1990.

CEKOTA, Anthony. *Entrepreneur extraordinary. The biography of Tomas Bata*. Rome/Italy Ontario/CA: EIS/T.H. Best Printing Co., 1968.

FORD, Henry. "Minha vida e minha obra". In: *Os princípios da prosperidade*. Trad. Monteiro Lobato. Rio de Janeiro: Ed. Brand, 1954.

Boletins, jornais e periódicos

Comércio da Franca. 1934-1990.

O Amazonas. 1971, 1973-1974, 1986-1991.

O calçadista. 1980-1985.

STIAC. *O couro grosso.* 1987-1992.

STIC. *O Sapateiro.* 1984-1990.

Decretos e leis

Decreto-Lei n. 31.546, de 6 de outubro de 1952. Disponível em: <http://www.planalto.gov.br/ccivil_03/decreto/1950-1969/D31546impressao.htm>.

Decreto-Lei n. 5.452, de 1º de maio de 1943. Aprovou a CLT. Disponível em: <https://www.planalto.gov.br/ccivil_03/decreto-lei/del5452.htm>.

Decreto-Lei n. 229, de 28 de fevereiro de 1967. Altera dispositivos da Consolidação das Leis do Trabalho, aprovada pelo Decreto-lei nº 5.452, de 1º de maio de 1943, e dá outras providências. Disponível em: <http://www.planalto.gov.br/ccivil_03/Decreto-Lei/Del0229.htm>.

Lei n. 605, de 5 de janeiro de 1949. Disponível em: <http://www.planalto.gov.br/ccivil_03/Leis/L0605.htm>.

Lei n. 7.036, de 1944. Disponível em: <http://www6.senado.gov.br/legislacao/ListaPublicacoes.action?id=6873&>.

Lei n. 4.330, de 1º de julho de 1964. Disponível em: <www.planalto.gov.br/ccivil_03/leis/1950-1969/L4330.htm>.

Lei n. 5.274, de 24 de abril de 1967. Disponível em: <http://www.planalto.gov.br/ccivil_03/LEIS/L5274.htm>.

Lei n. 6.086, de 15 de julho de 1974. Disponível em: <https://www.planalto.gov.br/ccivil_03/Leis/1970-1979/L6086.htm>.

Portaria Ministerial n. 43, de 27 de abril de 1953. Apud. RUSSOMANO, Mozart V. *Comentários à Consolidação das Leis do Trabalho.* 5ª ed., vol. V, Anexos, p. 1629-1655.

Diversos

SENAI. *Mão-de-obra industrial em Franca*. Coordenadoria do Ensino e Treinamento, Divisão de Pesquisas, Estudos e Avaliação. 1978.

SENAI. *Registro de Treinamento Industrial*. 1977-1988. Microfilmes.

SICF. *Censo Empresarial de Franca*. (mimeo) Franca, 1984.

· *Filme*:

"*Calçados Jaguar*" - filme 16 mm, 1922. In: Cd-rom *Memorial Samello – História, Produção e Personagens. Franca, SP 1898/1960*. Franca, 200?

· *Fontes judiciais*:

AHMF. Reclamações Trabalhistas dos Cartórios de 1º e 2º Ofício – 1946 a 1967.

AHMF. Processos Trabalhistas da Junta de Conciliação e Julgamento – 1968-1988.

AHMF. Processos Cíveis. (Acidentes do Trabalho) – 1950-1980.

Manuais técnicos e outros

BASTOS, Sandra G. D. (et. all.) *Tecnologia patenteada no setor de máquinas para fabricação de calçados. 1920-1986*. Rio de Janeiro: ASB, 1988. (Programa de Acompanhamento da Evolução Técnica da Indústria).

BELAVSKY, Eugenio. *O curtume no Brasil*. Porto Alegre: Globo, 1965.

Centro Tecnológico do Couro, Calçados e Afins. *Máquinas brasileiras para curtumes e calçados*. Novo Hamburgo/RS, 1980.

HOINACKI, Eugênio; GUTHEIL, Nelson Carlos. *Peles e couros: origens, defeitos, industrialização*. Porto Alegre/Novo Hamburgo: CIENTEC/CTCCA, 1978.

International Labour Office. *Studies on industrial relations*. Geneva, 1930.

PRACUCH, Zdenek. *Cálculo de custo de calçados*. Franca: Ed. do Calçadista, 1980.

_____. *Organização e gerência do pesponto*. Franca: Editora do Calçadista, 1981.

_____. *Quem sabe explica! Crônicas sobre a atual tecnologia de produção de calçados*. Franca: Ribeirão gráfica e editora, 2004.

SAMPAIO, Flávio Penteado. *Experiência obtida no Brasil com a aplicação do método de supervisão TWI*. Cadernos de economia Industrial. II série. Nº 14. D.P.I. São Paulo, 1953.

SCHACHTER, Ruth J. *The art science & of footwear manufacturing*. Philadelphia: Footwear Industries of America, 1983.

TAYLOR, Frederick Winslow. *Princípios de administração científica*. São Paulo: Atlas, 1989.

Relatos orais

Adolfo Serafim de Oliveira. Entrevista em 19/02/2009. 3 cassetes sonoros.

Arquimedes Pereira Matos. Entrevista em 05/01/2009. 2 cassetes sonoros.

Cristiano Roberto Pimenta. Entrevista em 24/03/2005. 4 cassetes sonoros.

Domingos Cornélio da Silva. Entrevista em 23/12/2008. 3 cassetes sonoros.

Élcio Jacometti. Entrevista em 30/12/2008. 2 cassetes sonoros.

Erotides de Souza. Entrevistas em 08/10/2008 e 25/02/2009. 7 cassetes sonoros.

Eustáquio Luis da Silva. Entrevista em 26/12/2008. 4 cassetes sonoros.

Fábio Cândido da Silva. Entrevista em 20/02/2009. 4 cassetes sonoros.

Francisco Antonio de Andrade (Chico). Entrevistas em 18 e 19/12/2008. 6 cassetes sonoros.

Francisco Nicolau. Entrevista em 12/10/2007. 2 cassetes sonoros.

Geraldo Ferreira Nobre. Entrevista em 10/10/2007. 3 cassetes sonoros.

Hélio Aparecido Batista Rodrigues. Entrevista em 21/02/2009. 3 cassetes sonoros.

Idacir Ferreira. Entrevistas em 09 e 10/02/2009. 5 cassetes sonoros.

Isilda Dias Figueiredo. Entrevista em 09/04/2009. 2 cassetes sonoros.

Janice das Graças Santos. Entrevista em 09/04/2009. 2 cassetes sonoros.

Jerson José do Nascimento. Entrevista em 20/12/2008. 4 cassetes sonoros.

João Alves da Silva. Entrevista em 28/03/2005. 3 cassetes sonoros.

João Orlando. Entrevista em 13/01/2009. 3 cassetes sonoros.

Jorge Luís Martins. Entrevista em 20/02/2009. 3 cassetes sonoros.

José Carlos Brigagão do Couto. Entrevista em 02/03/2010. 149 min.

José Leme de Araújo. Entrevistas em 17 e 18/02/2009. 4 cassetes sonoros.

José Tognatti Filho. Entrevista em 21/02/2009. 2 cassetes sonoros.

José Tozatti. Entrevista em 11/12/2008. 2 cassetes sonoros.

José Vitor de Souza. Entrevista em 18/12/2008. 3 cassetes sonoros.

Luis Natalino Teixeira. Entrevista em 09/10/2007. 4 cassetes sonoros.

Luiz Ezequiel da Silva. Entrevista em 22/12/2008. 2 cassetes sonoros.

Luiz Gonzaga Gaspar. Entrevista em 02/03/2010. 109 min.

Neusa Aparecida Batista. Entrevista em 10/04/2009. 2 cassetes sonoros.

Oreste Francisco Bueno. Entrevista em 28/03/2005. 3 cassetes sonoros.

Osmar Finotti. Entrevista em 28/02/2009. 2 cassetes sonoros.

Romeu Caetano Cintra. Entrevista em 03/05/2010. 121 min.

Saulo Pucci. Entrevista em 04/09/2009. 112 min.

Ulisses Quirino de Souza. Entrevista em 19/12/2008. 3 cassetes sonoros.

Wagner Sábio de Mello. Entrevista em 27/02/2009. 2 cassetes sonoros.

Zdenek Pracuch. Entrevista em 12/01/2009. 2 cassetes sonoros.

Zilda Maria Malta. Entrevista em 13/04/2009. 2 cassetes sonoros.

Pesquisa Lutas silenciosas

Augusto Aparecido de Freitas. Entrevista em 22/04/2003. 1 cassete sonoro.

Benedito Cardoso. Entrevistas em 30/05 e 03/09/2003. 3 cassetes sonoros.

Dario Maranha. Entrevistas em 19 e 26/04/2003. 3 cassetes sonoros.

Fábio Amâncio Rodrigues. Entrevista em 17/05/2003. 2 cassetes sonoros.

Joaquim Sola Ávila. Entrevista em 21/04/2003. 1 cassete sonoro.

José Domiciano do Nascimento. Entrevistas 17/08/2002 e 27/09/2003. 3 cassetes sonoros.

Nelson Ludovino Vieira. Entrevistad em 22 e 29/03/2003. 3 cassetes sonoros.

Pesquisa Anônimas da História

Alzira Sanches Rodrigues. Entrevista em 31/07/2004. 3 cassetes sonoros.

Benedita de Souza. Entrevista em15/07/2004. 2 cassetes sonoros.

Cecília Santos Silvestre. Entrevista em 17/04/2005. 3 cassetes sonoros.

Edna Aparecida Lima de Andrade. Entrevista em 16/07/2004. 3 cassetes sonoros.

Everalda Aparecida de Souza Flores. Entrevista em 04/02/2005. 4 cassetes sonoros.

Joana Odete da Silva. Entrevista em 01/08/2004. 3 cassetes sonoros.

José Fernandes Coelho. Entrevista em 04/08/2004. 1 cassete sonoro.

Léia Maria de Rezende Silva. Entrevista em 06/03/2005. 3 cassetes sonoros.

Lucy Lene Joazeiro. Entrevista em 12/02/2005. 3 cassetes sonoros.

Maria das Graças de Moraes. Entrevista em 10/03/2005. 3 cassetes sonoros.

Maria Ferreira Munis Coelho. Entrevista em 04/08/2004. 1 cassete sonoro.

Marilene Paes Leme. Entrevista em 28/08/2004. 2 cassetes sonoros.

Vilma Lemos de Alvarenga. Entrevista em 02/08/2004. 2 cassetes sonoros.

Fundo Teresa Malatian

Antonio Moreira. 2 entrevistas. 3 cassetes sonoros.

Benedito Teixeira. 2 entrevistas. 2 cassetes sonoros.

Clara Munis Aguiar. 2 entrevistas. 2 cassetes sonoros.

Claudete Natalina Barbosa. 2 entrevistas. 2 cassetes sonoros.

Emilio E. Machado. 1 entrevista. 1 cassete sonoro.

Geraldo Lemos. 2 cassetes sonoros.

Gesse Bento.1 entrevista. 1 cassete sonoro.

Isabel Cristina Gomes. 2 entrevistas. 2 cassetes sonoros.

João Cândido. 1 cassete sonoro.

José de Andrade Filho. 1 entrevista. 1 cassete sonoro.

José Lopes. 2 entrevistas. 2 cassetes sonoros.

José Roberto Anselmo. 1 entrevista. 1 cassete sonoro.

Marli de Fátima Aguiar. 1 entrevista. 1 cassete sonoro.

Mauro Aparecido Dias (Maurinho). 1 entrevista. 2 cassetes sonoros.

Nair Núcio. 2 entrevistas. 4 cassetes sonoros.

Nelson Fanan. 2 entrevistas. 4 cassetes sonoros.

Nilton Lemos. 1 entrevista. 1 cassete sonoro.

Orlando Tasso. 1 entrevista. 1 cassete sonoro.

Reginaldo Caparelli. 1 entrevista. 2 cassetes sonoros.

Rita de Cássia de Oliveira Ribeiro. 1 entrevista. 1 cassete sonoro.

Sebastião de Deus Silva. 1 entrevista. 1 cassete sonoro.

Selma Macário. 1 entrevista. 1 cassete sonoro.

Sérgio Ramon Pereira. 1 entrevista. 1 cassete sonoro.

Sidney Dias de Rezende. 1 entrevista. 1 cassete sonoro.

Valdir Luis Barbosa. 1 entrevista. 1 cassete sonoro.

Valter Croisfelt. 2 entrevistas. 2 cassetes sonoros.

Walter Jesus da Silva Braga. 1 entrevista. 1 cassete sonoro.

Zilda Mendes de Jesus. 1 entrevista. 1 cassete sonoro.

Referências bibliográficas

ALCANTARA, A. C. de; PEDRO, V. B. de C. *Um velho sindicato... Uma nova atuação*. TCC (Serviço Social)- FHDSS, UNESP, Franca, 1988.

ALVES, Elisabete Aparecida. *A organização operária em Franca e o Serviço Social*. TCC (Serviço Social)- Instituto de História e Serviço Social, UNESP, Franca, 1983.

ANDRADE, César Ricardo de. "O conceito de populismo nas ciências sociais latino-americanas". *Estudos de História*, Franca, v. 7, n. 2, 2000, p. 69-84.

ANDREWS, George Reid. *Negros e brancos em São Paulo (1888-1988)*. Bauru: EDUSC, 1998.

BARBOSA, Agnaldo de S. *Política e modernização em Franca, 1945-1964*. Franca: Unesp, 1998.

_____. *Empresariado fabril e desenvolvimento econômico: empreendedores, ideologia e capital na indústria do calçado (Franca, 1920-1990). São Paulo: Hucitec/FAPESP, 2006.

BATALHA, Cláudio H. M. "A história da classe operária no Brasil: Trajetórias e tendências". In: FREITAS, Marcos César (org.) *Historiografia brasileira em perspectiva*. 3ª ed. São Paulo: Contexto, 2000, p. 145-158.

BERNARDO, João. *Capital, sindicato, gestores*. São Paulo: Vértice, 1987.

_____. "A produção de si mesmo". *Educação em Revista* [Faculdade de Educação da UFMG], Belo Horizonte, n.9, jul. 1989, p. 3-17.

_____. *Economia dos conflitos sociais*. 2ª ed. São Paulo: Expressão Popular, 2009.

BEYNON, Huw. *Trabalhando para Ford. Trabalhadores e sindicalistas na indústria automobilística*. Rio de Janeiro: Paz e Terra, 1995.

BORGES, Teresinha de J. *A indústria do couro em Franca*. Monografia de Conclusão de Curso (Geografia)- FFCL, Franca, 1966.

BRANDES, Stuart D. *American welfare capitalism, 1880-1940*. Chicago: The Univ. of Chicago Press, 1976.

BRAVERMAN, Harry. *Trabalho e capital monopolista: a degradação do trabalho no século XX*. 3ª ed. Rio de Janeiro: Zahar, 1981.

BREEN, William J. "Social science and state policy in World War II: human relations, pedagogy and industrial training, 1940-1945". *The business history Review*. v. 76, n. 2, 2002, p. 233-266.

BRODY, David. "The rise and decline of welfare capitalism". In: *Workers in industrial America: essays on the twentieth century struggle*. New York: Oxford Univ. Press, 1980, p. 48-81.

BUENO, Lígia da C. *A indústria de borracha em Franca*. TCC (História)- FHDSS, UNESP, Franca, 1997.

BURNHAM, James. *The managerial revolution: what is happening in the world*. New York: The Jon Day, 1941.

CÂNDIDO, Antônio. *Os parceiros do Rio Bonito*. São Paulo: J. Olympio, 1964.

CARDOSO, Fernando Henrique. "Proletariado no Brasil: situação e comportamento social". *Revista Brasiliense*, n. 41, 1962, p. 98-122.

CARNEIRO, Lígia G. *Trabalhando o couro: do serigote ao calçado "made in Bra-*

zil". Porto Alegre: L&PM/CIERGS, 1986.

CASTORIADIS, Cornelius. *A experiência do movimento operário*. São Paulo: Brasiliense, 1985.

CHALHOUB, Sidney. *Trabalho, lar e botequim: o cotidiano dos trabalhadores no Rio de Janeiro da Belle Époque*. 2ª ed. Campinas: Ed. da Unicamp, 2001.

CONH, Amélia (et. al.). *Acidentes do trabalho. Uma forma de violência*. São Paulo: Brasiliense, 1985.

CORRÊA, Larissa R. *A tessitura dos Direitos: patrões e empregados na Justiça do Trabalho, 1953-1964*. São Paulo: LTr, 2011.

COSTA, Achyles B. da; PASSOS, Maria C. (org.). *A indústria calçadista no Rio Grande do Sul*. São Leopoldo-RS: Ed. UNISINOS, 2004.

COSTA, Alfredo H. "Contribuição ao estudo da Indústria do Calçado de Franca: suas bases artesanais e o impacto tecnológico". In: *Anais do III Simpósio de Professores Universitários de História*, São Paulo: Ed. da FFCL da USP, 1967, p. 577-593.

COSTA, Danilo Roberto da. *A sobrevivência de traços da cultura caipira no nordeste paulista: lembranças do districto de Crystaes*. Dissertação (Mestrado em História)- FHDSS, UNESP, Franca, 2009.

COSTA, Marcia R. da. *As vítimas do capital: os acidentados do trabalho*. Rio de Janeiro: Achiamé, 1981.

CRUZ, Hélio Nogueira da. *Alternativas e difusão tecnológicas: o caso do setor calçadista no Brasil*. 1977. Tese (Doutorado)- Faculdade de Economia e Administração, USP, São Paulo, 1977.

DE DECCA, Edgard S. "A Ciência da Produção: fábrica despolitizada". *Revista Brasileira de História*, Rio de Janeiro: Marco Zero, n. 6, 1984, p. 47-79.

DIETZ, John Walter; BEVENS, Betty W. *Learn by doing: the story of Training Within Industry, 1940-1970*. Summit, New Jersey: Published for Walter Dietz, 1970.

DOMINICI, Gilmar. *Sapateiros em luta*. TCC (Serviço Social)- FHDSS, UNESP, Franca, 1988.

DWYER, Tom. *Vida e morte no trabalho: acidentes do trabalho e a produção social do erro*. Campinas/Rio de Janeiro: Ed. da Unicamp/Multiação Editorial, 2006.

FERRAZ, Eduardo L. L. "Acidentados e remediados: a lei de acidentes no trabalho na Piracicaba da Primeira República (1919-1930)". *Mundos do Trabalho*. v. 2, n. 3, 2010, p. 206-235. Disponível em: <http://www.periodicos.ufsc.br/index.php/mundosdotrabalho/article/view/12266/13424>.

FERREIRA, Mauro. *O espaço edificado e a indústria de calçados em Franca*. Dissertação (Mestrado em Arquitetura)- USP, São Carlos: 1989.

FERREIRA, Valdir G. *Homens do crédito: o fabriqueiro da Igreja e a acumulação em Franca (1880-1929)*. Dissertação (Mestrado em História)- FHDSS, Unesp, Franca, 2005.

FONTES, Paulo. *Trabalhadores e cidadãos: Nitro Química: a fábrica e as lutas operárias nos anos 50*. São Paulo: Annablume, 1997.

_____. *Um Nordeste em São Paulo: trabalhadores migrantes em São Miguel Paulista (1945-66)*. Rio de Janeiro: FGV, 2008.

FORTES, Alexandre. *Nós do quarto distrito: a classe trabalhadora porto-alegrense e a Era Vargas*. Caxias do Sul/Rio de Janeiro: Educs/Garamond, 2004.

FRENCH, John D. *Afogados em leis: a CLT e a cultura política dos trabalhadores brasileiros*. São Paulo: Perseu Abramo, 2001.

GABOR, Andrea. *Filósofos do capitalismo: a genialidade dos homens que construíram o mundo dos negócios*. Rio de Janeiro: Campus, 2001.

GARCIA, Ronaldo Aurélio Gimenes. *Migrantes mineiros em Franca: memória e trabalho na cidade industrial (1960-1980)*. Franca: UNESP/FHDSS/Amazonas Prod. Calçados S/A., 1997.

GIGANTE, Moacir. *A Fábrica é escola. Práticas sociais e educativas de empresários e trabalhadores*. Tese (Doutorado em Educação)- UFSCAR, São Carlos, 2003.

GUIMARÃES, M. I. B. do N. *Sindicalismo e atitudes operárias. Franca- 1982-2000*. Dissertação (Mestrado em Serviço Social)- FHDSS, UNESP, Franca, 2001.

HALL, Michael M.; PINHEIRO, Paulo Sérgio. "Alargando a história da classe operária: organização, lutas e controle". *Remate de males*, Campinas, n. 5, 1985, p. 96-120.

HENNINGTON, Élida A. *Saúde e trabalho: considerações sobre as mudanças na legislação acidentária brasileira e sua influência sobre a classe trabalhadora*. Dissertação (Mestrado em Saúde Coletiva)- FCM, UNICAMP, Campinas, 1996.

HOBSBAWM, Eric J.; SCOTT, Joan W. "Sapateiros politizados". In: HOBSBAWM, Eric J. *Mundos do trabalho*. 3ª ed. Rio de Janeiro: Paz e Terra, 2000, p. 149-191.

KOESTLER, Arthur. *O zero e o infinito*. Rio de Janeiro: Globo, 1964.

LANDES, David S. "What do bosses really do?" *The Journal of Economic History*, v. 46, n. 3, Sep. 1986, p. 585-623.

LE BOT, Florent. "La 'famille' Du cuir contre Batta: malthusianisme, corporatisme, xénophobie et antisémitisme dans le monde de la chaussure en France, 1930-1950". *Revue d'Histoire Moderne et Contemporaine*, Paris: Belin, 52, n. 4, 2005, p. 131-151.

LEITE, Rosalina de S. C. *A operária metalúrgica: estudo sobre as condições de trabalho de operárias metalúrgicas na cidade de São Paulo*. 2ª ed. São Paulo: Cortez, 1984.

LEME, Gladys B. de T. da S. *Indústria calçadista em Franca: trabalho informal infanto-juvenil*. Franca: FHDSS-UNESP/Prefeitura Municipal, 1994.

LOPES, José S. L. *A tecelagem dos conflitos de classe na "cidade das chaminés"*. São Paulo/ Brasília: Marco Zero/Ed. UnB, 1988.

LOPES, Juarez Rubens Brandão. *Sociedade industrial no Brasil*. São Paulo: DIFEL, 1964.

LUDTKE, Alf. "Organizational Order or Eigensinn? Workers' Privacy and Workers' Politics in Imperial Germany". In: WILENTZ, Sean (ed.). *Rites of power: symbolism, ritual and politics since the middle ages*. Philadelphia: Univ. Pennsylvania Press, 1985, p. 303-333.

MAKHAJSKI, Jan W. "O socialismo de estado"; "A ciência socialista, nova religião dos intelectuais". In: TRAGTEMBERG, Mauricio. (org.) *Marxismo heterodoxo*. São Paulo: Brasiliense, 1981, p. 84-170.

MALATIAN, Teresa M. "Memória e identidade entre sapateiros e curtumeiros". *Revista Brasileira de História*, São Paulo, v. 16, n. 31/32, 1996, p. 193-206.

MARGLIN, Stephen A. "Origem e funções do parcelamento das tarefas. Para que servem os patrões?" In: GORZ, André. *Crítica da divisão do trabalho*. 2ª ed. São Paulo: Martins Fontes, 1989, p. 37-77.

MARONI, Amnéris. *A estratégia da recusa. Análise das greves de maio/78*. São Paulo: Brasiliense, 1982.

MARSON, Adalberto. "O taylorismo e seus artifícios". In: ARAÚJO, Ângela M. Carneiro (org.). *Trabalho, cultura e cidadania: um balaço da história social brasileira*. São Paulo: Scritta, 1997, p. 153-175.

MARTINS, Heloísa Helena Teixeira de Souza. *O Estado e a burocratização do sindicato no Brasil*. São Paulo: Hucitec, 1989.

MARX, Karl. *O Capital*. 6 v. Rio de Janeiro: Civilização Brasileira, 1975.

MATTOS, Marcelo Badaró. *Novos e velhos sindicalismos no Rio de Janeiro (1955-1988)*. Rio de Janeiro: Vício de Leitura, 1998.

MEIHY, José C. Sebe Bom. *Manual de história oral*. 4ª ed. rev. e amp. São Paulo: Loyola, 2002.

MENDES, Alexandre M. *Classe trabalhadora e Justiça do Trabalho: experiências, atitudes e expressões do operário do calçado (Franca-SP, 1968-1988)*. Tese (Doutorado em Sociologia)- FCL, UNESP, Araraquara, 2005.

MONTGOMERY, David. *El controle obrero en Estados Unidos. Estudios sobre la historia del trabajo, la tecnología y las luchas obreras*. Madrid: Ministerio de Trabajo y Seguridad Social, 1985.

MOREL, Henri E. "As discussões sobre a natureza dos países de leste (até a segunda guerra mundial): nota bibliográfica". In: NEVES, Artur J. C. (dir.) *A natureza da URSS (antologia)*. Porto: Afrontamento, 1977, p. 229-252.

MOREL, Regina Lúcia M.; MANGABEIRA, Wilma. "'Velho' e 'novo' sindicalismo e uso da Justiça do Trabalho: um estudo comparativo com trabalhadores da Companhia Siderúrgica Nacional". *Dados*, v. 37, n. 1, 1994, p. 103-124.

MOTTA, Fernando C. Prestes; PEREIRA, Luiz C. Bresser. *Introdução à organização burocrática*. 6ª ed. São Paulo: Brasiliense, 1988.

MOURA, Esmeralda B. B. de. *O acidente do trabalho em São Paulo (1890-1919)*. Tese (Doutorado em História)- FFCL, USP, São Paulo, 1984.

NASCIMENTO, Eliana M. de F. *Itinerário da sobrevivência: processo migratório no contexto de expansão e crise do parque industrial francano – 1970/1995*. Dissertação (Mestrado em História)- FHDSS, UNESP, Franca, 1998.

NAVARRO, Vera L. *Trabalho e trabalhadores do calçado: a indústria calçadista de Franca (SP): das origens artesanais a reestruturação produtiva*. São Paulo: Expressão Popular, 2006.

NEGRO, Antonio Luigi. *Ford Willys anos 60. Sistema auto de dominação e metalúrgicos do ABC*. Dissertação (Mestrado em História)- IFCH, Unicamp, Campinas, 1994.

NELSON, Daniel. *Managers and workers. Origins of the new factory system in the United States. 1820-1920*. Madison, Wisconsin: The University of Wisconsin Press, 1975.

OLIVEIRA, Tito F. B. N. de. *Inovação sindical e burocratismo: limites e avanços do sindicalismo cutista no Sindicato dos Sapateiros de Franca (STIC)*. Dissertação (Mestrado em História)- FHDSS, UNESP, Franca, 2002.

PAOLI, Maria Célia; SÁDER, Eder; TELLES, Vera da Silva. "Pensando a classe operária: os trabalhadores sujeitos ao imaginário acadêmico". *Revista Brasileira de História*, São Paulo, v. 3, n. 6, 1983, p. 129-149.

PEREIRA, Luiz Carlos Bresser. *A sociedade estatal e a tecnoburocracia*. São Paulo: Brasiliense, 1981.

PERROT, Michelle. *Os excluídos da história*. Rio de Janeiro: Paz e Terra, 1988.

PINHEIRO, Paulo S; HALL, Michael M. *A classe operária no Brasil. Condições de vida e de trabalho, relações com os empresários e o Estado*. v. 2. São Paulo: Brasiliense, 1981.

PRIORI, Ângelo. *O protesto do trabalho. História das lutas sociais dos trabalhadores rurais do Paraná: 1954-1964*. Maringá: EDUEM, 1996.

REID, Donald. "Industrial paternalism: discourse and practice in Nineteenth--Century French mining and Metallurgy". *Comparative Studies in Society and History*, v. 27, n. 4, 1985, p. 579-607.

REIS, Carlos N. dos. *A indústria brasileira de calçados: inserção internacional e dinâmica interna nos anos 80*. Tese (Doutorado em Economia)- IE, Unicamp, Campinas, 1994.

REIS, Marisa dos. *Reestruturação internacional e inserção do Brasil na indústria de calçados*. Dissertação (Mestrado em Economia)- IE, Unicamp, Campinas, 1992.

REZENDE, Vinícius D. de. *Lutas silenciosas: experiências de vida a partir da memória de velhos sapateiros (Franca 1920-1980)*. TCC (História)- FHDSS, UNESP, Franca, 2003.

_____. "'Virada Sindical': a construção de uma historiografia legitimadora a respeito do Sindicato dos Sapateiros de Franca-SP nos anos de 1980". In: *Anais do XXIII Simpósio Nacional de História - História: Guerra e Paz*. [CD-ROM]. ANPUH. Londrina: Editorial Mídia, 2005.

_____. *Anônimas da História: relações de trabalho e atuação política de sapateiras entre as décadas de 1950 e 1980 (Franca – SP)*. Dissertação (Mestrado em História)- FHDSS, UNESP, Franca, 2006.

_____. "A construção social da divisão sexual do trabalho entre as operárias do calçado. (Franca-SP, décadas de 1950 a 1980)". *Esboços*, Florianópolis, n. 16, 2006, p. 221-247.

RINALDI, Dalva M. C. *A indústria curtumeira em Franca. Relatório Trienal*. (mimeo). Franca, 1987.

_____. *O façonismo em Franca*. Franca: UNESP, 1987.

RODRIGUES, Leôncio Martins. *Conflito industrial e sindicalismo no Brasil*. São Paulo: DIFEL, 1966.

_____. *Industrialização e atitudes operárias (Estudo de um grupo de trabalhadores)*. São Paulo: Brasiliense, 1970.

RODRÍGUEZ, Jessita M. *A mulher operária: um estudo sobre tecelãs*. São Paulo: Hucitec, 1979.

ROE, Richard. "The United Shoe Machinery Company". *The Journal of Political Economy*, v. 21, n. 10, Dec. 1913, p. 938-953 e v. 22, n. 1, Jan. 1914, p. 43-63.

SADER, Eder. *Quando novos personagens entram em cena: experiência e luta dos trabalhadores da grande São Paulo (1970-1980)*. Rio de Janeiro: Paz e Terra, 1988.

SILVA, Adriana V. G. da. *Trabalho e educação: ensino profissionalizante em Franca – Escola Industrial "Dr. Júlio Cardoso"*. TCC (História)- FHDSS, UNESP, Franca, 2002.

SILVA, Fernando T. da. *A carga e culpa: os operários das docas de Santos: direitos e cultura de solidariedade 1937-1968*. São Paulo/Santos: Hucitec/Prefeitura de Santos, 1995.

_____. *Operários sem patrões. Os trabalhadores da cidade de Santos no entreguerras*. Campinas: Ed. da Unicamp, 2003.

_____. "Valentia e cultura do trabalho na estiva de Santos". In: BATALHA,

Claudio H. M. (et. al.) (orgs.). *Culturas de classe: identidade e diversidade na formação do operariado*. Campinas: Ed. da Unicamp, 2004, p. 205-245.

_____. "Justiça do Trabalho brasileira e Magistratura *Del Lavoro* italiana: apontamentos comparativos". In: CAIXEITA, M. C. D. (et. all.). (orgs.) *IV Encontro Nacional da Memória da Justiça do Trabalho*. São Paulo: LTR, 2010, p. 63-89.

_____.; COSTA, Hélio da. "Trabalhadores urbanos e populismo: um balanço dos estudos recentes". In: FERREIRA, Jorge. (org.) *O populismo e sua história: debate e crítica*. Rio de Janeiro: Civilização Brasileira, 2001, p. 205-271.

_____.; GOMES, Angela de C. (orgs.) *A Justiça do Trabalho e sua história: os direitos dos trabalhadores no Brasil*. Campinas: Ed. da Unicamp, 2013.

SOUZA, Fabiana T. de. *Amazonas: a trajetória de uma empresa*. TCC (História)- FHDSS, UNESP, Franca, 1999.

SOUZA, Samuel F. *Na esteira do conflito: trabalhadores e trabalho na produção de calçados em Franca (1970-1980)*. Dissertação (Mestrado em História)- FHDSS, UNESP, Franca, 2006.

SOUZA-LOBO, Elisabeth. *A classe operária tem dois sexos: trabalho, dominação e resistência*. São Paulo: Brasiliense/Secretaria Municipal de Cultura, 1991.

SUZIGAN, Wilson. *Indústria brasileira: origem e desenvolvimento*. São Paulo: Hucitec/Ed. da Unicamp, 2000.

SWEEZY, Paul M. "A ilusão da revolução dos gerentes". In: *Ensaios sobre o capitalismo e o socialismo*. Rio de Janeiro: Zahar, 1965, p. 40-66.

TEIXEIRA, Wagner da Silva. *Educação e poder local: formação do sistema de ensino em Franca e os limites da cidadania (1889-1928)*. Dissertação (Mestrado em História)- FHDSS, UNESP, Franca, 2000.

THOMPSON, E. P. *A miséria da teoria*. Rio de Janeiro: Zahar, 1981.

_____. *A formação da classe operária inglesa*. 3v. Rio de Janeiro: Paz e Terra, 1987.

_____. *Senhores e caçadores: a origem da lei negra*. Rio de Janeiro: Paz e Terra, 1987.

_____. "Tempo, disciplina de trabalho e capitalismo industrial". In: *Costumes em comum. Estudos sobre a cultura popular tradicional*. São Paulo: Cia. das Letras, 1998, p. 267-304.

_____. *As peculiaridades dos ingleses e outros artigos*. Campinas: Ed. da Unicamp, 2001.

VARUSSA, Rinaldo José. *Trabalho e legislação: experiências de trabalhadores na Justiça do Trabalho (Jundiaí-SP, décadas de 40 a 60)*. Tese (Doutorado em História)- PUC, São Paulo, 2002.

VILHENA, Maria I. de F. "A Indústria de Calçados em Franca". *Revista da FFF*, Franca, v. 1, n. 2, 1968, p. 61-86.

VITORINO, Artur J. R. *Máquinas e operários: mudança técnica e sindicalismo gráfico (São Paulo e Rio de Janeiro, 1858-1912)*. São Paulo: Annablume/FAPESP, 2000.

WEID, Elisabeth von der. *O fio da meada: estratégia de expansão de uma indústria têxtil. Companhia América Fabril, 1878-1930*. Rio de Janeiro: FCRB-CNI, 1986.

WEINSTEIN, Barbara. "The model worker of the paulista industrialists: the 'Operário Padrão' Campaign, 1964-1985". *Radical History Review*, n. 61, 1995, p. 93-123.

_____. *(Re)formação da classe trabalhadora no Brasil, 1920-1964*. São Paulo: Cortez/CDAPH-IFAN/USF, 2000.

WINN, Peter. *Tejedores de la revolución. Los trabajadores de Yarur y la vía chilena al socialismo*. Santiago: LOM Ediciones, 2004.

WOOD, Stephen (ed.). *The degradation os work? Skill, deskilling and the labour process*. London: Hutchinson, 1982.

ZAHAVI, Gerald. "Negotiated Loyalty: welfare capitalism and the shoeworkers of Endicott Johnson, 1920-1940". *The Journal of American History*, v. 70, n. 3, dec. 1983, p. 602-620.

ZELENY, Milan. "Bat'a system of management: managerial excellence found". *Human Systems Management*, v. 7, n. 3, 1988, p. 213-219.

Anexos

Anexo A

Profissionais empregados no setor de produção da indústria do calçado[1]

A – Corte

1. Cortador de pele: corta pele a mão, verificando qualidade do material, posicionando o modelo sobre o material, de modo que o corte resulte econômico e evite as partes defeituosas. Após o corte, numera com tipo de punção ou ma-

---

1 Descrições fornecidas pela Indústria de Calçados Sândalo S/A., a partir de um documento sobre pesquisa salarial por ela realizada em conjunto com mais 8 empresas do calçado, no município de Franca: Calçados Charme S/A., Calçados Paragon S/A., Calçados Samello S/A., Calçados Terra S/A., Cortidora Campineira e Calçados Ltda., Fábrica de formas para Calçados Ltda. e Fundação Educandário Pestalozzi.

nualmente e amarra lotes de peças, encaminhando-as, a seguir, para conferência. Acima de 1 ano de experiência para atingir padrão normal de eficiência.

2. Cortador de forro: corta peles a mão, verificando qualidade do material, posicionando o padrão sobre o material, de modo que o corte resulte econômico e evite as partes defeituosas. Após o corte, numera e amarra manualmente lotes, encaminhando-as a seguir, para conferência. Acima de 6 meses de experiência para atingir padrão normal.

3. Revisor de corte: verifica quantidade e qualidade de peças vindas do corte de peles, separando as defeituosas e reencaminhando-as para a área responsável. Faz anotações de produção e rejeição. Acima de 1 ano de experiência.

4. Balanceiro de pele: corta peles no balancim, por meio de lâminas que substituem o modelo de papelão de uso manual. Acima de 1 ano de experiência.

5. Chefe da seção de produção: sob sua coordenação, movimenta uma equipe diretamente produtiva, avaliando os resultados qualitativos e quantitativos do trabalho. Autoridade para propor alterações de pessoal. Acima de 3 anos de experiência

6. Balanceiro de sola: corta sola de couro, borracha e outros materiais, por intermédio de lâminas de aço, acionando a prensa mecânica. Estende o material sobre o cepo, escolhendo facas, e posiciona as mesmas sobre o material, de modo a minimizar o desperdício e evitar partes defeituosas do material, numerando a primeira peça da pilha. Acima de 2 anos de experiência.

B – Preparação

1. Chanfrador: chanfra, em máquina, peças já cortadas, a fim de obter a espessura desejada para as operações seguintes. Acima de 2 anos de experiência.

2. Dobrador manual: dobra, manualmente, peças chanfradas já cortadas, preparando-as para o pesponto. Acima de 6 meses de experiência.

3. Dobrador a máquina: dobra, em máquina, peças chanfradas já cortadas, preparando-as para o pesponto. Acima de 6 meses de experiência.

4. Picoteador: recebe peças de corte da dobração, tintura, chanfro etc... picoteando-as para efeito ornamental, de acordo com ordens de produção. Acima de 2 anos de experiência.

C – Pesponto

1. Pespontador/eira: costura a máquina, cosendo forro, cano fantasias, vivos, gáspeas, traves etc..., verificando a máxima qualidade, bem como a produtividade requerida. Acima de 1 ano de experiência, para alcançar padrão normal de execução de trabalho.

2. Chefe de pesponto: sob sua coordenação, movimenta uma equipe diretamente produtiva, avaliando os resultados qualitativos e quantitativos do trabalho do cabedal do calçado. Autoridade para propor alterações do pessoal. Acima de 3 anos de experiência.

D – Montagem

1. Moldador de mocassino: com o gancho de cortes em mãos, separa-os por numeração e, em seguida, leva-os à máquina de vaporização a fim de dar maior elasticidade ao corte. Após esta operação, coloca-os na forma quente de moldar, iniciando a operação de espianação a mão e a martelo, para eliminação de rugas e acertos de costura, deixando-os determinado tempo para modelagem completa. Acima de 3 meses de experiência.

2. Montador manual: tendo em mãos forma e corte de vaqueta, ajusta esta àquela manualmente, observando a perfeita aderência; revisa o próprio trabalho ou de colegas. Acima de 1 ano de experiência.

3. Aviador de palmilha: tendo em mãos a forma e a palmilha, modela, isto é, apara manualmente ou em máquina eletromecânica as sobras de material, de forma que o mesmo acompanhe o formato da forma, inclusive planta. Acima de 1 ano de experiência.

4. Ensacador de mocassino: de posse da forma e da palmilha passa cola na frente da palmilha; após, ensaca a forma no corte e completa esta operação por intermédio de uma máquina eletromecânica, verificando posição do corte e padrão de costura na forma. Acima de 6 meses de experiência.

5. Tacheador de base a máquina automática: retira o sapato com biqueira montada da esteira, levando-o para a máquina de tacheamento automático, já regulada para pé direito ou esquerdo; após a operação de montagem de base, examina o alinhamento da base e falhas de pregadura, recolocando, em seguida, na esteira. Acima de 1 ano de experiência.

6. Montador a máquina: prepara máquina para o trabalho, verificando suprimento, temperatura de cola e pressão do ar; coloca a forma com corte no vaporizador, verificando previamente correspondência entre os números de corte e forma. Em seguida, leva-os à máquina de montagem, verificando posição e aderência do corte na forma, a fim de obter padrão de qualidade. Revisa serviços anteriores de seus colegas. Acima de 1 ano de experiência.

7. Operador de injeção de couraça a máquina: tendo o corte pespontado em mãos, leva-os à máquina eletromecânica de aplicação de couraça TRULINE, aplicando-as na biqueira do sapato, a fim de dar maior reforço e resistência ao calçado. Acima de 3 meses de experiência.

8. Fechador de lado a máquina: tendo em mãos o sapato já montado com bico e base, leva-os à máquina eletromecânica e procede ao fechamento dos enfranques internos e externos. Acima de 6 meses de experiência.

9. Costurador de ensacado: de posse do corte e pala, confere a numeração de ambos, iniciando a costura pelo lado esquerdo, com a biqueira do sapato voltado para ele, e terminando com os arremates e nós. Acima de 6 meses de experiência.

10. Costurador de mocassino: costura manualmente a pala e gravata com o corte, bem como laterais e traseiros, com a finalidade de união de peças e enfeites. Acima de 6 meses de experiência.

11. Apontador de pala: confere dados de ordem de produção com a peça na forma; verifica qualidade do material e do serviço executado; assenta e prega pala no lugar próprio. Acima de 1 mês para atingir padrão médio de eficiência.

12. Aparador de mocassino: de posse do sapato enformado, arranca as tachas do cabedal, coloca a pala sobre a gáspea e faz a marcação através de risco e lápis; apara as sobras da gáspea com faca própria, fazendo ajuste da pala com a mesma; após, coloca a pele entre a forma e o corte, a fim receber a costura manual. Acima de 1 ano de experiência.

E – Acabamento

1. Espianador: tendo o sapato enformado em mãos, aplaina saliências tais como defeitos de materiais, quina de palmilha, caroços, rugas etc. através de máquina rex eletromecânica, máquina vulcão por processo de vaporização, lamparinas à álcool ou bico de gás, que, com a aplicação a martelo, chega a qualidade desejável. Acima de 1 ano de experiência.

2. Rebaixador de plataforma: de posse do sapato enformado e semi-solado, leva-o à máquina eletromecânica em lixa própria, desbastando a plataforma até a altura exigida, de acordo com o contra tipo, a fim de obter padrão de produção. Acima de 1 ano de experiência.

3. Blaqueador de sola: executa a costura (união) de sola, vaqueta e palmilha, através de máquina eletromecânica, costurando-os na canaleta do enfranque direito ao esquerdo, procurando evitar danos ao corte. Acima de 1 ano de experiência.

4. Lixador de planta: leva o sapato enformado à lixa, obtendo nivelação da planta de sola com o formato da forma, prevenindo eventuais danos à vaqueta. Acima de 1 ano de experiência.

5. Lixador de plataforma: leva o sapato enformado à lixa, obtendo nivelação da plataforma com a altura da facheta, retirando o pó e prevenindo eventuais danos à facheta e à vaqueta. Acima de 1 ano de experiência.

6. Arrunhador de fundo: arrunha a base do calçado, em máquina eletromecânica, através de escova de aço ou lixa, a fim de dar maior aderência de colagem da sola com a base do calçado. Acima de 6 meses de experiência.

7. Lixador de sola: de posse da sola requisitada no almoxarifado, separa-a por uma numeração, levando-a à máquina de lixar e procede à primeira operação; em seguida, leva-a a escova de aço a fim de asperar as laterais. Após estas duas operações, aplica a escova de pelo para tirar o pó. Acima de 3 meses de experiência.

8. Requista: de posse do sapato enformado, leva-o à máquina rex, passando a base do salto no ralo; após rebaixada, passa-a nos anéis a fim de obter um padrão de nivelamento da planta da base, para que o salto assente corretamente sem deixar gaveta. Acima de 3 meses de experiência.

9. Tirador de fio: tendo em mãos o sapato semiacabado, executa o friso externo no salto em máquina eletromecânica, observando rigorosos padrões de uniformidade, bem como evitando danos à vaqueta, frestas entre o salto e a base etc. Acima de 6 meses de experiência.

10. Apontador de salto: de posse do sapato solado verifica a arrunhação e passagem de cola na base do salto, aponta o salto, examina a posição, centralização, ângulo e gorgulhamento do salto. Acima de 3 meses de experiência.

11. Embonecador de sola: de posse do sapato enformado, leva-o à máquina eletromecânica e aplica lixa fina por igual no solado de couro, a fim de receber acabamento de tintas. Acima de 2 meses de experiência.

12. Rebaixador de salto: de posse do salto de madeira e com capa, leva-o à máquina eletromecânica e aplica a lixa apropriada a fim de gorgulhar até o ponto ideal, obtendo, assim, um equilíbrio entre a base do salto e da sola, evitando frestas e jogo entre os mesmos. Acima de 5 meses de experiência.

13. Frisador: tendo em mãos o sapato semiacabado, executa em máquina eletromecânica o friso externo na sola e salto, observando rigorosos padrões de uniforme, seja em linhas retas ou curvas, bem como evitando danos à vaqueta. Acima de 2 anos de experiência (sola). Acima de 1 ano de experiência (salto).

14. Lixador de salto: leva o sapato enformado à lixa, para obter nivelação entre sola, salto e base, prevenindo eventuais danos à vaqueta. Acima de 1 ano de experiência.

15. Lustrador/eira geral plancheamento: com a preparação do maquinário, materiais de aplicação, etc. e de posse do sapato já desenformado, verifica se está em condições de receber o polimento, isto é, a preparação do salto, gigação, lustração de sola, limpeza em geral, etc. além da constatação de defeitos de fabricação. Em seguida, leva-o à máquina eletromecânica e aplica graxa e escovas de polimento. Acima de 6 meses de experiência.

16. Esfumaçador: aplica vaporização para correção e fixação de brilho da vaqueta, examinando possíveis situações de não preenchimento de pré-condições (limpeza e ausência de defeitos). Acima de 1 ano de experiência.

Anexo B

Sequência de trabalho [seção de pesponto] – calçado para homem – Modelo Patrick – 1981/I[2]

Operação	Equipamento
Chanfrar	Máquina de chanfrar
Costurar pala 2 agulhas	Máquina de costurar 444
Idem, costura grossa	Máquina de costurar 268
Unir traseiros	Máquina de costurar 463
Abrir costura	Máquina de rebaixar costura
Costura reforço traseiro	Máquina de costurar 463
Dobrar traseiros	Máquina de dobrar
Gaspear 2 agulhas	Máquina de costurar 472
Gaspear com cordonet	Máquina de costurar 268
Carimbar forro	Máquina de carimbar forro
Costurar forro língua no têxtil	Máquina de costurar 463
Costurar taloneira no forro	Máquina de costurar 444
Costurar traseiro no forro têxtil	Máquina de costurar 463
Colar forro de língua	Mesa – Manual
Costurar forro sobre traseiro	Máquina de costurar 471
Aparar forro	Mesa – Manual
Travetar	Máquina de costurar 3335
Furar e colocar ilhós	Máquina de furar e colocar ilhós automático
Colar linhas	Mesa – Manual
Revisar	Mesa – Manual
Amarrar – transportar	Mesa – Manual

---

2   Zdenek Pracuch faz a seguinte observação: "O exemplo que damos é bastante reduzido, pois a finalidade deste livro não é ensinar a fazer calçado, mas sim como organizar um pesponto. E para definir este propósito, o exemplo, mesmo reduzido, preencherá o objetivo." Isso indica que na produção de modelos de calçados mais complexos a fragmentação das tarefas da seção de pesponto foi ainda maior. PRACUCH, Zdenek. *Organização e Gerência do Pesponto*. Franca: Editora do Calçadista, 1981, p. 87.

Anexo C

Ministério do Trabalho, Indústria e Comércio
Portaria Nº 43, de 27-4-53
(Dispõe sobre a aprendizagem industrial e comercial)[3]

Art. 1º - Determinar, como preceitua o parágrafo único do art. 3º do Decreto nº 31.546, de 6 de outubro de 1952, a publicação das relações enviadas a este Ministério pelo SENAI e pelo SENAC, referentemente aos ofícios e ocupações objeto de aprendizagem metódica nos seus cargos.

Art. 2º - Aprovar, em face do pronunciamento do SENAI e do SENAC, como reza o art. 4º do Decreto nº 31.546, de 6 de outubro de 1952, e segundo relação anexa:

a) os limites máximos de tempo necessários à aprendizagem metódica no próprio emprego, de que cogita o § 1º do art. 2º do prefalado Decreto nº 31.546;

b) a relação dos ofícios e ocupações para os quais não se torna necessária a aprendizagem metódica. [...]

Relação de ofícios ensinados em cursos do SENAI

Grupo II - Indústria do Vestuário

2- Acabador de calçados - 10 meses integ.

5- Apontador de calçados - 5 meses

6- Cortador de calçados - 1 ano

7- Cortador de sola de calçados - 5 meses

10- Frisador de calçados - 5 meses

11- Gigador de calçados - 5 meses

12- Lixador de saltos de calçados - 5 meses

13- Montador de bico de calçados - 5 meses

14- Montador de calçados (curso Eclético) - 10 meses integ.

15- Montador de lados de calçados - 5 meses

16- Palmilhador de calçados - 5 meses

17- Palmilhador de calçados (curso eclético) - 10 meses integ.

---

3   Adaptação a partir do original transcrito em RUSSOMANO, Mozart V. *Comentários à Consolidação das Leis do Trabalho.* 5ª ed., vol. V, Anexos, p. 1629-1655.

18- Pespontador de calçados – 1 ano
19- Ponteador de calçados – em branco
20- Pregador de saltos de calçados – 5 meses
21- Preparador de aviamentos de calçados – 5 meses
22- Rondador de calçados – em branco
23- Sapateiro – 2 anos
24- Solador de calçados (curso eclético) – 10 meses integ.

Grupo VII – Indústria de Artefatos de Couro[4]
235- Ajudante – 1 ano
236- Amaciador – 1 ano
237- Arreeiro – 2 anos
238- Cinteiro – 2 anos
239- Coureiro – 2 anos
240- Correeiro – 3 anos
241- Curtidor – 3 anos
242- Depilador – 1 ano
243- Etiquetista – 1 ano
244- Guincheiro ou Guindasteiro – 1 ano
245- Lombilheiro – 2 anos

Grupo VII – Indústria de Artefatos de Borracha[5]
251- Timbrador – 3 anos
250- Seleiro – 2 anos
249- Pergaminheiro – 3 anos
246- Maleiro – 2 anos
247- Marroquineiro (marroqueiro) – 3 anos
248- Peleteiro – 1 ano
252- Ajudante – 1 ano
253- Borracheiro – 2 anos
254- Capacheiro – 1 ano
255- Etiquetista – 1 ano
256- Guincheiro ou Guindasteiro – 1 ano

---

4 Nem todas as funções listadas abaixo fazem parte do trabalho em curtumes.
5 A maior parte das funções listadas não fazia parte do trabalho em indústrias de artefatos de borracha para calçados.

257- Mangueireiro – 3 anos
258- Manicobreiro – 2 anos
259- Recauchutador – 3 anos
260- Timbrador – 1 ano

Relação dos ofícios e ocupações que não demandam aprendizagem metódica

Grupo II – Indústria do Vestuário
127- Acondicionador em calçados
129- Amarrador em calçados
130- Carregador em calçados
131- Embalador em calçados
141- Encaixador em calçados
143- Entregador em calçados
150- Faxineiro em calçados
151- Limpador em calçados

Alameda nas redes sociais:

Site: www.alamedaeditorial.com.br
Facebook.com/alamedaeditorial/
Twitter.com/editoraalameda
Instagram.com/editora_alameda/

Esta obra foi impressa em São Paulo na primavera de 2017. No texto foi utilizada a fonte Minion Pro em corpo 10,5 e entrelinha de 15 pontos.